U0836623

理性应对风险·智慧创造价值

**谨以此书献给**

引领、参与中国企业国际化的

奋进者们

中概股同华尔街博弈大揭秘

# 跨洋大鏖战II

## 中国概念股的华尔街淘金路

**Corporate Governance:**

China Concept Companies

卓继民／著

中国财经出版传媒集团
中国财政经济出版社

尊敬的 卓继民 先生：

冬安。

丙申新年将至，我们藉此简书，聊表对您的感谢之情。

过去的一年中，您所赐大作，持续汇入百家数据库，与近千名互联网作者一起，成为高质量原创内容的创造者。从 2015 年 6 月 1 日的《唯品会应战诉讼 胜算几何》开始，我们一起经历了《美国中概股 2015：诉讼和大撤退》、优酷土豆大战美国 SEC、分众传媒遭美国证监会重罚等重要事件和趋势变化。

2015 年 6 月开设账户以来，您在百家共发稿 18 篇，月均发稿 3 篇。其中，阅读量最高的文章为：《阿里收购优土 遭世界最大空头对冲基金创始人看空》，共 6 万用户阅读；《阿里集体诉讼：争辩焦点与战情解析》，共 4 万用户阅读；《迅雷在美遭诉讼：讲故事惹的祸？》，共 4 万用户阅读。大作持续关注中国公司在美国司法体系和资本市场中的生存状态，内容生态位锚定精准，专业，理性，零度感情。

在此，百家全体编辑向您表示由衷的感谢！

2016 年，百家将在内容与渠道上继续开疆拓土，收纳各圈层的内容生产力量。我们希望得到您一如既往的支持，并邀您一起见证。

最后，恭祝春节愉快，阖家欢乐！

百家全体 谨呈

2016 年 2 月 2 日

百度百家给卓继民先生的新年贺信

图书在版编目（CIP）数据

跨洋大鏖战．Ⅱ，中国概念股的华尔街淘金路/卓继民著．—北京：中国财政经济出版社，2017．4

ISBN 978-7-5095-7363-1

Ⅰ．①跨…　Ⅱ．①卓…　Ⅲ．①国际证券市场—经济纠纷—民事诉讼—案件—美国　Ⅳ．①D971．251

中国版本图书馆CIP数据核字（2017）第058331号

责任编辑：张若丹　　　　责任校对：刘　靖
封面设计：王　坦

中国财政经济出版社 出版

URL：http：//www．cfeac．com



社址：北京市海淀区阜成路甲28号　邮政编码：100142

营销中心电话：88190406

天猫网店：中国财政经济出版社旗舰店

网址：https：//zgczjjcbs．tmall．com

北京财经印刷厂印刷　各地新华书店经销

710×1000毫米　16开　40印张　620 000字

2017年6月第1版　2017年6月北京第1次印刷

定价：98．00元

ISBN 978-7-5095-7363-1

（图书出现印装问题，本社负责调换）

本社质量投诉电话：010-88190744

**打击盗版举报热线：010-88190414　QQ：447268889**

# 自序

20 世纪 90 年代以来，国际资本市场出现了一个新现象：中国概念股横空出世！

“中国概念股”简称“中概股”，是指在国际资本市场上投资者对中国概念公司股票的称呼；是指一系列以在中国内地的资产或营业收入为其主体组成部分公司的股票。在海外上市是中国公司获取境外投资的重要方式之一。目前，中国公司在海外上市的主要目的地包括：香港交易所、纽约证券交易所、纳斯达克、美国证券交易所、新加坡交易所、伦敦证券交易所、泛欧交易所、东京证券交易所、法兰克福证券交易所。

之所以会有“中国概念股”产生，一是因为有大量中国公司在海外上市；二是因为国际投资者看好改革开放以来中国经济快速增长的良好态势和前景。1992 年 10 月 9 日，在国际财团运作下，华晨（中国）汽车率先在纽约证券交易所上市，开启了中国企业赴美上市的历史先河；此后在政府直接推动下，中国移动、中国石油、中国联通等一批航母型央企陆续赴美上市；进入 20 世纪 90 年代末期，民企异军突起，开始向美国资本市场发起冲击，中概股在美国资本市场大获丰收；经过 2011 年下半年始发的危机后，2014 年中概股继续平稳发展。目前仅在美国直接和间接上市的中概股超过 400 家。

那么，中概股该如何定性？仅是一般性的国际融资，还是中国经济发展的新形态？笔者认为，在国际市场融资是中概股的表象，以企业融资推动中国经济国际化才是中概股的内在本质。企业国际化是指企业的生产经营活动跨出国门、走向世界市场的行为。新兴经济体的企业国际化路径通常有：一是贸易国际化，把产品和劳务从国内卖到国外；二是生产国际化，为国际市场生产产品和劳务；三是投资国际化，在全球范围内配置资源，包括境外直接投资、并购等；四是要素国际化，包括利用境外资金、设备、技术、人才、信息、管理、标准等。现在中概股的出现，开辟了一条企业国际化新路子——企业组织形式国际化。在法律上，企业组织形式有三种：独资、合伙、公司制，其中公司制中，向社会公开发行股票的股份有限公司是企业组织的最高形式，中概股就属于这类企业。中概股国际化的独特性表现为股东国际化。有的中概股注册地虽然在中国（也包括在国外注册但业务和关系在内地的公司），但却是在美国等国际资本市场上发行股票，投资者来自全球各地；同时公司必须遵守股票发行国的相关法律和国际惯例，必须接受发行国监管当局的监管，必须接受全球股东的约束。这就使得中概股企业跃出国门，成为世界公众公司，进而引领中国经济通过中概股融入世界经济一体化进程。

实践证明，以中概股的方式推进国际化给中国经济发展带来了大量正面效应，极大提升了企业乃至整个国家的国际化水平。比如，向国际社会展示了中国改革开放新形象和东方文化的巨大魅力，让国际投资人分享了中国改革开放的成果；一批大型国有企业脱胎换骨，获得新生，中石油、中石化等数十家央企进入世界500强；一批民营企业，尤其是高新技术企业，如阿里巴巴、百度、腾讯等异军突起，直接与国际产业接轨，成为中国新经济的代表；中国管理层创新了一整套对接国际资本市场的体制机制和法规政策，包括外商独资企业（WOFE）和可变利益实体（VIE）法律架构、中美会计准则和法律事务对接等，为探索有中国特色的国际化道路积累了丰富经验；锻炼和培养了一大批具有国际视野的企业家和国际型商务人才，这是中国加快发展十分宝贵的软资源。

助力中国经济的国际化，是中概股公司的天然使命。近年来，阿里巴巴积极推进全球化战略，大力进军印度和东南亚的电商市场；2016年11月，携程以17亿美元（约120亿元人民币）的对价收购天巡控股有限公司（Skyscanner Holdings Limited），这是进行全球布局的又一中概股公司。

据安永会计公司和新加坡发展银行（DBS）于2016年11月的一份研究报告表明，中国现在已经成为世界金融科技不可争辩的全球领导者，在可预见的接下来几年内，以阿里巴巴、腾讯、百度、京东、小米等为代表的中国金融科技公司，将会和美国的亚马逊、谷歌和脸书等公司，在全球范围内进行直接竞争，一场面对面的鏖战将不可避免。中国的崛起，需要中国经济国际化竞争能力的提升；而中概股在这个过程中必将起到重要作用。

当然，对于刚刚摆脱旧体制束缚的中概股，一步踏入世界经济洪流，交些学费是不可避免的。2011 年下半年开始，中概股出现危机，做空、破发、缩水、停牌、退市、私有化、停止上市、集体诉讼等全面爆发。这既有做空机制的因素，也有中概公司治理不完善、内控出问题，以及上市后不久业绩不佳，导致集体诉讼等原因。面对危机，不少中概股学会应对，反击做空机构攻击，迎战集体诉讼，修补公司治理，提升业绩水平等。一批企业在危机中得到磨炼，成长为中国企业走向国际市场的典范，成为真正扎根于中国的跨国公司。历经 3 年，中概股危机逐步解除，尤其是 2014 年京东和阿里巴巴先后在美国成功 IPO，更标志着中概股赴美上市进入一个全新的时期。阿里巴巴 2014 年以 250 亿美元的总融资额，创下美国资本市场历史上科技公司最大规模 IPO。

美国中概股诞生至今已走过 25 个年头，从拟人的角度看，正好步入青壮年。那么，美国中概股还会成长吗？其前景如何？这要看大势。首先必须了解、把握中概股形成的三个历史条件：一是中国改革开放；二是经济全球化；三是中美两国友好合作。改革开放是中国的富民之本，强国之路，是中国政府的既定国策，特别是随着“一带一路”大战略的实施，中国企业无疑将进一步走向国际市场；全球化是人类相互依赖不断加强，并最终走向一体化的必然趋势，也是各国市场经济国际化的客观要求；中美两国作为世界上两个最大的发达国家和发展中国家，对维护世界和平与发展举足轻重，加强交流合作、实现互利共赢，符合两国人民的根本利益，哪怕特朗普总统搞战略收缩，推行贸易保护主义，也阻挡不了中美两国加强合作的步伐和滚滚向前的全球化浪潮。显然，从宏观大环境研判，中概股从根本上说已经走上一条符合历史轨迹的“不归路”，前景只会更好、更靓。

从微观和实务层面看，中概股的美好前景还要取决于中国管理层对中概股国际化管理规则的进一步接轨、熟悉和灵活应用；取决于中国企业家的创新精神、高效经营、公司治理透明，以良好的业绩回报投资者，及对国际监管机构特别是美国监管制度的适应和有效应对；取决于中国学界对中概股这一新兴学科的深入研究，为中国企业更好国际化提供坚实的理论支撑；取决于业界继续培养既熟悉中国会计、审计、法律事务又熟悉国际会计、审计、法律事务，既熟悉中国金融证券监管又熟悉美国金融证券监管的“双料”型人才。

关于中国融入世界经济的过程，习近平主席在2017年1月份达沃斯论坛的演讲中，打了一个非常精彩的比方。他说：“中国经济要发展，就要敢于到世界市场的汪洋大海中去游泳，如果永远不敢到大海中去经风雨、见世面，总有一天会在大海中溺水而亡。所以，中国勇敢迈向了世界市场。在这个过程中，我们呛过水，遇到过漩涡，遇到过风浪，但我们在游泳中学会了游泳。这是正确的战略抉择。”而中概股公司正是中国融入世界经济的重要体现之一。我们相信，在国际大环境向好不变的态势下，只要相关各方初心不改，共同努力，一定会有更多的中概公司继续走向国际资本市场，继续引领中国经济创新，继续给中国这个正崛起的世界第二大经济体不断注入新的活力。

2013年，拙著《跨洋大鏖战：美国证券集体诉讼之中国概念股》出版发行，主要分析研究了2013年之前，美国中概股发展状况和具体案例。本书是上本书的续卷，和2013年出版的《跨洋大鏖战》相比较，本书分析的案例不仅包括美国中概股的集体诉讼，还包括SEC调查、反击做空、股价波动、商业模式分析、财务风险分析、私有化回归、并购整合分析等方面。为了使读者更好地了解美国资本市场的监管环境，同时也作为中概股的参照，本书就SEC近年来的监管热点和华尔街近期大案也进行了解读和分析。

本书中的不少文章是笔者过去两年来在新浪科技创事记专栏、百度百家专栏和继民财经汇公众号（jimincaijing）所公开发表的，这些文章的写作思路和分析角度，大部分是基于其发表当时所能掌握的信息，随着事件的进一步发展，在本书中，笔者皆尽量以不同方式予以更新和补充。当然，由于笔者水平有限，书中仍然有不少疏漏和不足之处，恳请读者予以指正。

伴随中概股的不断发展，笔者将持续跟踪中概股。欢迎对中概股感兴趣的有志之士，一同研究，一同贡献，一同分享。

CONTENTS

# —— 目录 ——

# 第一部分

# 中国概念股

# 1. 美国中概股2016：再向虎山行

（本文于2016年12月31日发表于继民财经汇、新浪科技创事记和百度百家）

刚刚过去的2016年，记忆是如此的新鲜，美国中概股：

- 有哪些大事、要事值得关注？
- 有哪些新的诉战爆发？曾经激烈厮杀的战场是依然硝烟弥漫还是有鸽子在飞翔？
- 哪些中概公司成功挫败“诉棍”围剿？哪些中概握手言和？
- 在“反空”的战场上，中概遇袭后的反击战果如何？
- 面对SEC的问讯和调查，中概股是“华山论剑”还是“猫抓老鼠”？
- 在2015年发起的私有化大潮中，2016年又有哪些公司弄潮而上？
- 2015年宣告从华尔街撤退的中概公司，哪些已经顺利撤离？哪些还在苦苦鏖战？哪些放弃撤退，继续留守？
- 已经从大洋彼岸撤离的中概公司，哪些已经入壳顺利上岸，实现资本跨境套利的梦想？哪些还在苦苦寻壳？哪些还在苦苦等待？哪些无疾而终？
- 2016年，有的中概鏖战诉讼，有的中概继续撤离，然而，仍然有中概明知山有虎，偏向虎山行，继续选择赴美上市……
- 美国中概股的2016，依然是个精彩的一年；中概的故事依然充满悬念。

## 上篇：集体诉讼战情战况

### 三大新战役

2016 年上半年，中概诉讼并无新战事。然而，入秋以来，突然爆发了几起令人意外的诉战。

**宜人贷：上市半年多，“诉棍”来一群**

宜人贷（YRD）于 2015 年 12 月 18 日以每个美国存托股票（ADS）10 美元的价格在美国纽约证券交易所（以下简称纽交所）成功 IPO 上市。

2016 年 8 月 24 日，中国银监会正式发布《网络借贷信息中介机构业务活动管理暂行办法》。

此消息一出，宜人贷公司当天股价暴跌超过 22%，交易量超过 500 万个 ADS；之后，至少 8 家华尔街“诉棍”开始围攻宜人贷，集体诉讼战正式打响。

原告指控宜人贷在诉讼期间进行了重大不实和误导性陈述，而且还隐瞒了公司在业务、经营和前景方面重大的负面信息。

2016 年 11 月 15 日，宜人贷公布第三季度业绩，并披露公司在 7 月份发生极速贷款产品遭遇有组织的欺诈事件，导致公司在第三季度确认管理费用 8 130 万元（风险准备金）。

这也是 2016 年中国概念股在美国遭遇的第一起集体诉讼案。

**中冠农业：和“诉棍”阔别八年再相聚**

中冠农业（又称华奥物种）于 2007 年 11 月 8 日在纽交所上市，交易代码为 GRO，号称是中国首家赴美上市的农业科技公司，IPO 发行价格为每个 ADS 16.5 美元，IPO 融资金额高达 2.82 亿美元。

2016 年 11 月 4 日，中冠农业宣布收到了来自纽交所于 2016 年 11 月 3 日所发的信函，通知将启动取消其美国存托股在纽交所交易的程序。

纽交所通知指出，取消中冠农业在纽交所交易的决定是基于由纽交所监管机构的调查作出的，调查发现的证据表明，中冠农业：①通过高管和其他中介机构进行人为托高中冠农业股价的交易行为，包括采取不当行为以避免该公司由于不符合纽交所持续交易标准的要求而被迫摘牌。纽交所规定股票30天均价必须在每股1美元以上方能在纽交所挂牌交易。②就相关问题的调查提供不完整、具有误导性或虚假信息。中冠农业同时还披露美国证监会正在进行的某项调查。

2016年11月4日，集体诉讼爆发。

这是中冠农业赴美上市后第二次遭遇诉讼。2008年4月11日，中冠农业遭遇第一起股东集体诉讼，并于2010年6月30日原被告双方达成和解赔偿协议，赔偿金额为375万美元。

**新东方：和“诉棍”狭路再相逢，勇者定中原**

2012年7月，由于“浑水摸鱼”的捣乱，新东方股价暴跌近60%，缩水超过20亿美元，并遭遇和VIE信息披露相关的股东集体诉讼；该诉讼案于2014年5月以475万美元金额得到和解。时隔四年，新东方再次遭遇美国股东集体诉讼。

2016年12月2日，路透社发表的一篇报道称，新东方的留学咨询业务存在“造假”。受此报道影响，新东方在纽交所的股价当天大跌，最终收盘跌幅14.27%。在股价最低点时，公司市值蒸发超过18亿美元。当天交易量超过1 540万个ADS，是平均日交易量月180万个ADS的数倍。此后，有数家律师宣布调查，拟发起集体诉讼。

2016年12月16日，集体诉讼正式爆发，目前至少有4家律所宣布已经向法院提交诉讼状，指控新东方公司、新东方董事长、CEO和CFO违反美国1934年证券交易法相关条款。

这是2016年爆发的第三起美国中概股集体诉讼。

## 奏响诉战凯歌的中概公司

### 中石油

2013年9月3日，中石油在美国遭遇了股东集体诉讼，诉讼的导火索是中石油的反腐信息披露。2015年8月3日，也就是在诉讼爆发大约两年之后，美国联邦法院最新裁决，驳回了原告的起诉，而且不允许原告进行诉状修改，但原告仍然可以通过向巡回法院的上诉继续诉讼。原告不服这个裁决，2015 年 8 月 10 日，原告提出上诉；2016 年 4 月 16 日，联邦第二巡回法庭裁决维持地区法院的判决。中石油取得这场跨洋诉战的彻底胜利。

**阿里巴巴**

国家工商总局公布了《关于对阿里巴巴集团进行行政指导工作情况的白皮书》后，阿里巴巴股票在 2015 年 1 月 28 日和 29 日下跌了 12.8%。美国联邦层面的集体诉讼即刻爆发，有多家美国律师事务所提交诉讼状，诉讼期间从 2014 年 9 月 19 日至 2015 年 1 月 29 日。

2016 年 6 月 21 日，美国联邦法官 Colleen McMahon 裁决：阿里巴巴已经在 IPO 招股说明书中披露了这些监管风险，阿里巴巴并未刻意回避在其平台销售假冒伪劣产品，以及阿里巴巴可能因此而遭遇行政诉讼等问题；而且原告也没有证据表明阿里巴巴的管理层刻意隐瞒 7 月 16 日的行政指导会议以确保阿里巴巴的 IPO 不受影响。因此，法官接受了阿里巴巴的申请，同意驳回该集体诉讼。至此，阿里巴巴在美国联邦层面所遭遇的集体诉讼落下帷幕，以阿里巴巴战胜华尔街“诉棍”而结束。

不过，同样是因为国家工商总局的“白皮书”事件，阿里巴巴现在还面临在美国州层面的集体诉讼；据阿里巴巴 2016 年年报第 187 页披露，2015 年 10 月，有投资者在美国加州起诉阿里巴巴违反 1933 年美国证券法的第 11、第 12（a）（2）和第 15 条款；被告人除了阿里巴巴公司及董事长、副董事长、时任 CEO 和 CFO 之外，还包括另外一名董事和总法律顾问，以及共计 34 家参与阿里巴巴 IPO 的投行。

2016 年是阿里巴巴在华尔街奋战的一年，这些大战包括：勇斗“诉棍”取得联邦集体诉讼的胜利；抗击“诉棍”在美国州层面所发起的集体诉讼；恶斗“做空”（包括“大空头”查诺斯），阿里巴巴的股价从最低的 59.25 美元回升至最高的接近 109.87 美元；积极应对 SEC 的问讯；以及和法国科云集团的诉讼博弈。这些战役，有的已经落下帷幕，有的硝烟正浓。

不过就在 2016 年 12 月 21 日，美国再向阿里巴巴伸出“黑手”，阿里巴巴的淘宝又重进美国恶名市场名单，12 月 21 日，阿里巴巴股价收盘 86.80 美元，与 12 月 20 日收盘价比较跌了 2.53 美元，跌幅为 2.83%。阿里巴巴又面临着新的挑战。

2017 年的阿里巴巴，是否依然愈战愈勇，继续取得辉煌战果？值得期待。

**优酷土豆（合一集团）**

2015 年 3 月 19 日，优酷土豆在第四季度业绩公告上同时对外披露 SEC 正在对公司的年报进行例行审核，并对三大会计政策（捆绑销售、外购版权和互换交易）提出了询问，公司正在和 SEC 进行沟通，会涉及收入等某些调整，而目前公布的第四季度数据并未体现这些潜在的调整，公司预计将在 2015 年 4 月份公布年报的时候一同考虑 2014 年及之前的历史数据调整。

消息公布当天，优酷土豆的股票价格下跌 10.89%，报收于 13.50 美元。当天交易量超过 1 000 万个 ADS，是平均 140 万个 ADS 交易量的 9 倍，股票市值缩水约 3 亿美元，缩至约 27 亿美元。

2015 年 3 月 25 日集体诉战爆发，先后至少 6 家律所提交诉状。

2015 年 4 月 28 日，优酷土豆向 SEC 提交 2014 年的年报，至此优酷土豆和 SEC 的年报大战落下帷幕。优酷土豆承认外购版权和互换交易这两个会计政策存在错误，并对过去两个财年的报表进行重述；然而，在最为重要的捆绑销售会计政策上，优酷土豆守住底线，取得这场大战的决定性胜利。

2015 年 5 月 22 日，两家律所（Pomerantz LLP，Bronstein Gewirtz & Grossman LLP）共同向法院提交文档，代表相关原告自动撤诉。

2016 年 4 月 6 日，本案的首席原告代表律所 Levi & Corsinsky LLP，与被告律所 Skadden、Arps、Slate、Meagher & Flom LLP 签订协议，本案自动撤诉。

**搜房网（房天下）**

2015 年 10 月 30 日，由于媒体所报道的虚假租房交易和裁员事件，搜房网（房天下）遭遇股东集体诉讼。

2016 年 10 月 8 日，法官认为原告指控不符合重要性原则，欺诈要素的指控也不充分，所以驳回原告的起诉，但允许原告 14 天之内重新提交诉讼状。

2016 年 10 月 27 日，原被告双方律师签订协议，原告自动撤诉。自此，于

2015年10月30日爆发，经过双方鏖战近一年，搜房成功挫败了这起集体诉讼。

诉战的硝烟已经散去，搜房网得胜归来。但是在诉讼爆发后的一年左右期间内，搜房网的股票价格呈现下跌趋势，缩水接近60%。

此外，曾经在纳斯达克上市的中国格瑞集团（CHOPF），也于2016年5月16日成功申请驳回股东集体诉讼，该诉讼于2014年11月26日爆发；但法院允许原告重新提交第三次修正诉状。

## 2016年和解赔偿的诉战

2016年，中概集体诉讼主要和解案例包括：

**西蓝天然气（China Natural Gas）**

• 2010年8月26日，西蓝天然气因为涉嫌隐瞒给关联方的贷款而遭遇美国股东集体诉讼（2012年5月SEC也起诉该公司，2013年6月公司和董事长遭受SEC91.5万美元罚款而和解）；

• 2012年7月6日，法院驳回原告起诉；

• 2013年7月27日，原告重新提交诉讼状；

• 2013年4月9日，由于西蓝天然气破产，所以本案暂停；

• 2014年6月18日，法院批准本案的原告集体成员资格（class certification）；

• 2016年1月28日，原被告双方达成和解赔偿协议，赔偿金额为150万美元；

• 2016年6月2日，法院批准了该协议，本案结案。

**金融界**

• 2015年6月3日，做空机构GeoInvesting发布文章指责金融界隐瞒相关信息，没有对投资者披露如下信息：

① 金融界董事长兼CEO从2014年第三季度开始，连续两个季度没有出席公司的业绩公告会议，并在过去几个月突然短时间内辞去在公司三家关键VIE的法人代表、董事等职务；

② 由于公司CEO是廊坊房产项目的间接股东之一，因此公司在廊坊房产

项目上的投资属于关联交易；

③ 公司某前独立董事，也是公司 CEO 合作伙伴，2014 年逃离中国，导致他的公司在廊坊房产项目上欠金融界 2 500 万美元债务。

此文章发布之后，金融界的股票价格当天跌了 1.28 美元，跌幅 21%，收盘价格为 4.67 美元。

• 2015 年 6 月 4 日，金融界公司迅速作出反驳，公司认为 GeoInvesting 的报告包含了大量不实信息、误导性推测和对相关事件的恶意解读。

• 2015 年 6 月 4 日，腾讯《棱镜》栏目对金融界相关历史交易做了进一步报道。

• 2015 年 6 月 5 日，做空机构 GeoInvesting 趁机以《棱镜》杂志的最新报道继续指责金融界。

• 2015 年 6 月 5 日，集体诉讼爆发，诉讼期间从 2014 年 5 月 6 日到 2015 年 6 月 3 日；起诉状主要依据是 GeoInvesting 的研究报告内容。

• 2015 年 9 月 14 日，加州联邦法院任命了本案的原告首席代表和律师代表。

• 2015 年 10 月 27 日，原告提交合并诉讼状，同时追加公司的前任（Gran Thornton China）和现任审计师（BDO China）为被告。

• 2016 年 2 月 15 日，原告撤销对个人被告和审计师被告的指控。

• 2016 年 4 月 8 日，被告金融界向法院提交动议，申请驳回起诉。

• 2016 年 5 月 6 日，原告提交动议，反对被告的驳回申请。

• 2016 年 5 月 13 日，金融界回复原告的反驳动议，再次申请法院驳回该诉讼。

• 2016 年 5 月 18 日，原告和被告双方代表进行了和解会谈。

• 2016 年 8 月 15 日，原被告双方达成和解赔偿方案，赔偿总金额为 300 万美元。

**500 彩票网**

• 2015 年 2 月 25 日，500 彩票网公告：某些省体彩管理中心将暂停接受彩票的在线投注，这将会影响公司 4 个高频产品，其占公司 2013 年和 2014 年收入金额分别为 10.6% 和 9.6%；当天公司股票下跌 22% 至收盘价格的 12.83

美元。

- 2015年2月26日，公司宣布3 000万美元的股票回购计划。
- 2015年2月27日，集体诉讼爆发。
- 2015年2月28日，曾经是公司上市的主承销商德意志银行，落井下石，发布研究报告，将500彩票网股票评级从“买入”下调至“持有”，而目标股价从20美元下调至11美元。
- 2015年3月2日，公司公告称，在2015年2月28日获知其余省份体彩在线投注暂停，因此该公司预计交易量将会大幅下降，由此将会对公司业绩产生实质性影响；受此消息影响，公司股价当天最低跌到8美元以下，和一年前最高的54美元价格相比较，市值缩水超过八成。
- 2015年7月7日，法官批准了原告首席代表和律师代表。
- 2015年9月15日，原告提交第一稿修正后的诉讼状。
- 2015年11月16日，被告提交动议，申请驳回起诉，包括德意志银行等在内的投行也提交动议，申请驳回起诉。
- 2016年1月11日，法官拒绝了所有未决的动议。
- 2016年1月22日，原告自愿撤销对投行被告的指控。
- 2016年1月26日，被告（公司和自然人）向法院提交动议，申请驳回起诉。
- 2016年3月15日，法院拒绝了被告的驳回起诉申请。
- 2016年3月29日，被告提交对原告的诉讼状进行答复文件。
- 2016年4月4日，当事人之间首次进行文档（证据）交换和质问。
- 2016年5月2日，原告传唤（subpoenas）三家投行（Deutsche Bank Securities Inc., Piper Jaffray & Co. and Oppenheimer & Co.）。
- 2016年5月19日，原被告双方首次在洛杉矶进行和解会谈，并原则上达成和解协议。
- 2016年9月12日，原被告达成最终和解赔偿方案，赔偿总金额为250万美元。

**联拓国际**

• 2014年5月28日，做空机构GeoInvesting在Seeking Alpha网站上发布了对联拓国际的质疑报告，报告中指出替联拓国际持有VIE实体公司股权的联拓集团发行了两笔合计2.5亿元人民币的信托产品，但这些融资并未体现在上市公司2013年年报中；然而做空报告披露后，联拓国际的股票当日开盘价为2.24美元，股票在盘中被临时停牌，但复牌后迅速上涨，收盘时价格为2.63美元，涨幅为19%；被做空后，公司的股票价格反而上涨。

• 2014年5月29日，联拓国际就做空报告发布了澄清公告，否认有关的指控。

• 2014年6月2日，公司股价从开盘2.64美元最高涨至4.48美元，收盘3.82美元，涨幅高达41.48%。

• 2014年6月5日，针对公司于5月29日的澄清公告，做空机构再次出手进行反驳。

• 2015年1月16日，由于平均收盘股价连续30天低于1美元，公司收到纽交所退市警告通知。

• 2015年1月22日，公司公告称其管理层将动用个人资金在一个月之内尽快买入公司股票，累计最高购入金额为100万美元。

• 2015年3月10日，《北京商报》报道联拓集团深陷经营困境，联拓国际股价连续下跌，截至2015年3月19日股票收盘价格为0.41美元。

• 2015年3月13日，集体诉讼爆发，诉讼期间从2013年6月14日（公司公布2013年第一个季度的业绩开始）到2015年3月9日（《北京商报》报道日，中国时间是3月10日）。

• 2015年6月9日，法院批准任命本案原告代表和首席律师。

• 2015年8月6日，原告提交第一次修正后的诉讼状。

• 2015年9月21日，联拓提交动议，申请法院驳回起诉。

• 2016年1月7日，法院同意联拓的申请，驳回起诉，同时允许原告重新提交诉状。

• 2016年1月25日，原告重新提交诉讼状。

- 2016 年 3 月 23 日，法院同意延长被告的答复时间，以配合原被告双方和解谈判。
- 2016 年 9 月 2 日，原被告双方达成和解赔偿协议，赔偿金额为 100 万美元。

在和解赔偿之外，还值得关注的赔偿案件是双威教育（Chinacast Education）诉讼案。该案于 2012 年 12 月 7 日一审驳回起诉，原告于 2012 年 12 月 10 日上诉；二审推翻地方法院判决；但是公司后来没有应诉，于 2016 年 11 月 8 日，公司被缺席判决赔偿 6 580 万美元，外加利息；对审计师德勤的诉讼被驳回。

## 中篇：私有化和重组

有资本的地方就有江湖，有江湖的地方就有险恶；而带有套利色彩的私有化则更是江湖中的江湖。Dealogic 数据显示，2015 年共计有创纪录的 28 家在美上市的中国企业宣布了私有化计划，这些交易的总价值高达 327 亿美元。

那么，2016 年，中概股私有化江湖上又发生哪些值得关注的事件？

### 2016 年新发起私有化

#### 智联招聘（1 月）

2014 年 6 月 12 日，智联招聘在纳斯达克上市，IPO 价格 13.5 美元，开盘价 14.51 美元，较发行价上涨约 7.4%，以开盘价 14.51 美元计算，智联招聘市值达 7.25 亿美元。

2016 年 1 月 19 日，智联招聘宣布收到来自鼎晖资本和 Shanghai Goliath Investment Management L. P. 的初步非约束力私有化要约，拟以每股 ADS 17.5 美元的价格收购智联招聘母公司 SEEK 尚未持有的全部股票。该价格与提出私有化前 1 月 15 日收盘价 14.35 美元相比，溢价约 22%。

2016 年 5 月 5 日，智联招聘公告称，CEO、CFO 和其他几位管理层，及红杉资本组成买方财团，向智联招聘董事会发出私有化要约，提议以每股 ADS 17.75 美元的价格（相当于每股普通股 8.875 美元）现金收购该买方团尚未持有的全部智联招聘已发行流通股。这一价格较前 30 个交易日的成交量加权平均价格溢价 12.17%，较前 90 个交易日的成交量加权平均价格溢价 14.33%。

**酷 6（2 月）**

2016 年 2 月 1 日，酷 6 传媒宣布，收到来自控股股东盛大集团的私有化协议。根据这份协议，酷 6 传媒的私有化价格为每股普通股 0.0108 美元，或每股 ADS 1.08 美元。

2016 年 7 月 12 日，酷 6 传媒宣布，已完成日期为 2016 年 4 月 5 日的合并协议及计划进行的合并，控股盛大投资和酷 6 收购公司成功合并。合并后，该公司将成为盛大投资控股的全资子公司。其在美国的股票于 7 月 12 日营业日结束后正式暂停交易。

**科兴生物（2 月）**

科兴生物（美股代码“SVA”）是一家总部位于北京的生物制药企业，2009 年 11 月 16 日在纳斯达克全球精选市场上市，是第一家在北美上市的中国疫苗企业。

2016 年 2 月 1 日，科兴生物披露公司收到董事长与赛富基金（SAIF Partners）的初步非约束性私有化要约，提议以每股 6.18 美元收购该公司剩余的流通股。该报价较科兴生物 2016 年 1 月 29 日收盘价溢价约 23.11%。

3 天以后，在深圳上市的未名医药组建买方团提出每股普通股 7 美元的私有化要约，相较于科兴生物董事长和赛富基金提交的内部要约所提议的每股普通股 6.18 美元的报价溢价约 13.3%，相较于 1 月 29 日（即科兴生物收到尹卫东和赛富基金内部要约的前一个交易日）收盘价格溢价约 39.44%。科兴生物总股本为 5 581 万股，以 7 美元/股的价格计算，买方团给出的估值约为 3.9 亿美元。

2016 年 12 月 21 日，Seeking Alpha 网站公布了 GeoInvesting 研究机构的一篇文章，据法院所公开的文档，指责科兴生物董事长兼 CEO 涉嫌行贿行为。此后有数家律所宣布启动调查，以图发起集体诉讼。

2016 年 12 月 23 日，科兴生物公告其审计委员会授权对该事件启动内部调查。审计委员会聘请美国律师 Latham & Watkins 作为外部独立顾问，协助调查。

**聚美优品（2 月）**

2014 年 5 月 16 日，聚美优品在纽交所正式挂牌。其开盘价 27.25 美元，较 22 美元/股发行价上涨 23.86%，此后也曾攀升至 40 美元/股的高峰，然而从 8 月起，假货风波、起诉风波等相约而至，4 个月市值缩水近六成。

2016 年 2 月 17 日，聚美优品宣布，公司董事会收到董事长兼首席执行官、产品副总裁，及现有股东红杉基金组成的收购方发来的非约束性“私有化”交易提议，即按照每个 ADS 7 美元的价格（IPO 时每个 ADS 27.25 美元）收购聚美流通的、未由收购方持有的全部股票，该价格比最近 10 天均价高 27%。

**百度爱奇艺（2 月）**

2016 年 2 月 13 日，百度公告：公司董事会接到公司董事长兼 CEO 和爱奇艺 CEO 的初步非约束性收购提议，计划收购百度所持有的 80.5% 的爱奇艺股份。排除现金及负债之外，该交易为爱奇艺估值 28 亿美元。

2016 年 7 月 19 日，百度大股东、美国对冲基金 Acacia Partners LP 近日致信百度董事长，对爱奇艺的私有化提出批评，认为该交易的估值“过低”。Acacia 在信中表示，对于百度来说，爱奇艺应该是一个有价值、重要的流媒体视频平台，出售它违背百度的利益。Acacia 称，独立研究机构 86Research 对于爱奇艺的估值为 58 亿美元，远高于 28 亿美元。

2016 年 7 月 25 日，百度董事长兼 CEO 和爱奇艺 CEO 代表买方财团致信百度董事会，宣布撤回同年 2 月提出的爱奇艺私有化要约。

**汽车之家（4 月）**

2013 年 12 月 11 日，汽车之家在纽交所上市，发行价为 17 美元，开盘价为 30.16 美元，较发行价上涨 77.4%。

2016 年 4 月 15 日，澳洲电讯宣布，将以 16 亿美元价格出售汽车之家 47.7% 股权予中国平安，出售价格为 29.55 美元/股。交易完成后，澳洲电讯将持有 6.5% 股权。这笔交易一旦完成，中国平安持股将达到 47.7%，也将取代澳洲电讯成为汽车之家最大股东。

2016年4月16日下午，汽车之家公告称，由汽车之家CEO牵头的公司管理层以及博裕、高瓴资本、红杉中国准备以每个ADS 31.50美元的价格进行私有化。

**去哪儿（6月）**

2015年10月，携程与百度达成股权置换交易，交易完成后，百度拥有携程普通股可代表约25%的携程总投票权，携程将拥有约45%的去哪儿总投票权。

2016年以来，携程先后用10亿美元现金和新发行的18亿美元股份来换取去哪儿股票。去哪儿提交的SEC文件显示，截至2016年3月，携程共持有去哪儿1.9亿股股票，占比43.8%。

2016年9月7日，携程通过发行新股+可转债的方式，完成了中概股历史上最大规模的“公开发行式”配资。携程宣布发行2 850万股ADS，定价45.96美元，同时发行总额9亿美元、于2022年到期的高级可转换债券，初始转换价格约为每个ADS 65.49美元。

2016年6月23日，去哪儿公告称收到来自远洋管理有限公司（Ocean Management Holdings Limited）私有化要约，计划以每个ADS 30.39美元，相当于每普通股10.13美元的价格收购拥有多数投票权股东尚未持有的去哪儿在外发行普通股。交易对价较之去哪儿6月22日ADS溢价15%。

2016年10月19日，去哪儿公告称，已与远洋管理有限公司达成最终的收购协议，后者出价44.4亿美元实现去哪儿的私有化。据报道，去哪儿私有化背后的主要操盘手是携程。

## 2016年撤销私有化

**瑞立集团（1月）**

2016年1月8日，在纳斯达克上市的瑞立集团（股票代码：SORL）宣布，由CEO牵头的财团放弃私有化提议，放弃私有化的理由是市况不利。瑞立集团成为第一家撤回私有化的中概股公司。

**欢聚时代（6月）**

2015年7月9日，欢聚时代（YY）宣布收到董事长和CEO的非约束性私有化要约。目前持有35.7%股权的买方，提出以每个ADS 68.50美元的价格收购其余的64.3%。在提出私有化要约的前一个交易日（7月8日），YY的收盘价为58.35美元，溢价率为17.4%。根据要约价格，完成私有化总共需要39.7亿美元（约259亿元人民币）的资金。

2016年6月15日，欢聚时代宣布，将正式撤回私有化要约。

**世纪互联（6月）**

2015年6月份，世纪互联董事长、金山软件和清华系紫光国际组成的买方财团宣布，按照每个ADS 23美元的价格对世纪互联发起私有化邀约。

2016年6月30日，公司公告称，由公司董事长、金山软件、清华紫光组成的买方财团已通知世纪互联董事会，撤回2015年6月10日开出的私有化世纪互联的要约。

**陌陌（8月）**

2015年6月23日，陌陌宣布，该公司董事会已经收到了来自公司联合创始人兼董事会主席兼首席执行官、Matrix Partners China II Hong Kong Limited、红杉资本中国以及Huatai Ruilian Fund Management组成的买方集团的日期为2015年6月23日的非约束性私有化要约。

买方集团拟以每个ADS 18.90美元的现金价格收购买家集团在陌陌公司中未持有的全部发行在外的A类普通股。这一价格比陌陌公司股票在6月22日（在上述要约提出之日前的最后一个交易日）的收盘价格高出20.5%。买方集团及其附属机构目前共持有陌陌公司所有发行和流通股票的47.8%左右，约占公司总投票权的84.1%。

2016年4月7日，有消息披露阿里巴巴加入陌陌私有化交易买方团。这一消息直接刺激陌陌股价大涨33.64%，涨幅达4.05美元。

2016年8月18日，陌陌公告收到买方财团函件，称将撤回私有化要约。

## 2016年完成私有化

### 深圳迈瑞3月份完成私有化

2016年3月6日，迈瑞医疗宣布完成价值33亿美元的私有化交易。

迈瑞医疗联合CEO及董事长在2015年6月曾为私有化出价30美元/股，合35亿美元。之后又将报价调低至27美元/股，合31.5亿美元，而最终在2015年11月各方就28美元/股的价格达成了协议。

### 麦考林4月份完成私有化

麦考林于2015年7月21日收到每个ADS 4美元的私有化要约，较当天麦考林收盘价股价每个ADS 3.5美元溢价14.3%。

2016年4月15日，麦考林宣布信中利和三胞集团共同完成对麦考林的私有化。根据2015年12月22日达成的收购协议与计划，公司已于4月14日完成私有化进程。收购方以每股普通股0.114美元现金，相当于每个ADS（每个ADS代表35股普通股）4美元现金的对价，收购所有麦考林在外发行的近30%的流通股。

### 优酷土豆（合一集团）4月份完成私有化

2015年10月16日，优酷土豆集团宣布其董事会已接到阿里巴巴集团签署日期为10月16日的非约束性要约——阿里巴巴以每个ADS 26.6美元的价格现金收购其尚未持有优酷土豆全部已发行普通股，包括美国存托凭证（ADS）普通股（每个ADS相当于18股A类普通股），预计总金额将超45亿美元。该报价比优酷土豆股票在纽交所10月15日——该交易前的最后一个交易日的收盘价溢价30.2%，比其纽交所最近3个月交易量加权平均价格溢价44.5%。

2016年4月6日，合一集团与阿里巴巴集团已完成合并交易，正式成为阿里巴巴旗下全资子公司，3300多名原合一集团员工并入阿里巴巴。

### 博纳影业4月份完成私有化

2010年12月9日，博纳影业在纳斯达克上市，发行价为8.5美元，但IPO首日收盘价为6.58美元，下跌1.92美元，跌幅为22.6%。

2015年6月12日，博纳影业公告，其董事会已收到来自董事长、红杉资本及复兴国际的私有化要约，三家联合以每股 13.7 美元的价格要约收购博纳。这一价格距离 6 月 11 日博纳的收盘价 12.86 美元溢价约 6.5% 左右。

2016 年 4 月 9 日，博纳影业宣布完成私有化交易，同时宣布停止其 ADS 在纳斯达克证券交易所的交易。

2016 年 12 月 20 日，博纳影业官方微信正式宣布，目前公司已完成继私有化之后总规模为 25 亿元的 A 轮融资。此轮融资由阿里巴巴影业、腾讯领投，中信证券金石基金、国开金融有限责任公司、中植企业集团、招银国际金融有限公司、工商银行、新华联集团等国内外机构参投。此次 A 轮融资完成后，博纳影业的估值达到 150 亿元（投前估值 125 亿元）。

**乡村基（4 月份停牌至今）**

2016 年 4 月 21 日，乡村基股票停牌。

2016 年 4 月 20 日，乡村基特别股东大会通过了 5.23 美元的私有化方案，股票 21 日停牌，停牌前报收于每个 ADS 5.17 美元。

2010 年 9 月，乡村基在纽交所上市，成为首家在美上市的中国餐饮企业。

乡村基 IPO 定价为 16.5 美元，上市后股价于 2010 年 10 月 26 日盘中曾高达 36.45 美元。

**世纪佳缘 5 月份完成私有化**

2011 年世纪佳缘在美上市，发行价为 11 美元。不过，在上市后，股价长期低迷。

2015 年 3 月 3 日晚，世纪佳缘宣布，收到宏利联合创投基金（Vast Profit Holdings）发出的私有化邀约，报价为每 ADS（美国存托股）5.37 美元现金。世纪佳缘的股票 3 月 2 日收于 4.64 美元，上述报价的溢价比为 15.7%。

此后世纪佳缘收到来自宏利联合创投基金的更新版不具约束力私有化提议，私有化价格提升至每个 ADS 7.20 美元，署名日期为 2015 年 6 月 4 日。

2015 年 12 月 7 日，世纪佳缘宣布，与 LoveWorld Inc. 及其全资子公司 FutureWorld Inc. 达成合并协议与计划，后者为百合网间接全资子公司。据合并协议，母公司将以每普通股 5.04 美元，或每个 ADS 7.56 美元的现金对价收购世纪佳缘。

2016 年 3 月 10 日，世纪佳缘宣布，已与百合网间接子公司 LoveWorld 和全资子公司 FutureWorld 签署协议书。

2016 年 5 月 14 日，世纪佳缘宣布完成私有化并暂停在纳斯达克股票交易（5 月 13 日美东时间）。

**艺龙 6 月份完成私有化**

2015 年 5 月，Expedia 将其持有的艺龙全部股份转让给携程和其他另外三家股东。

随着这项交易的完成，携程成艺龙的最大股东，持股比例为 37.6%。

2015 年 8 月 4 日，艺龙宣布收到来自腾讯公司的非约束性私有化要约，腾讯希望以每股 18 美元的价格收购除携程、铂涛和腾讯自己等艺龙股东外的全部艺龙流通股，随后艺龙启动私有化程序。

2016 年 2 月 4 日，艺龙宣布与中国艺龙控股有限公司和母公司的全资子公司签署最终的合并协议与计划。该交易完成后，母公司实际拥有人为艺龙当前股东，包括携程、腾讯、铂涛、Luxuriant Holdings Limited、Seagull Limited 和艺龙特定管理团队成员（“买家联盟”）。

2016 年 5 月 30 日，艺龙公司股东赞成有关授权并批准此前宣布的合并计划及私有化协议提议。

2016 年 6 月 1 日，艺龙发布公告以每股 18 美元的价格完成私有化交易，结束 12 年的中概股历程。据报道，本次私有化金额共 1.5 亿美元。

**学大教育 6 月份完成私有化**

2016 年 6 月 5 日，学大教育宣布，根据 2015 年 7 月 26 日和 10 月 30 日宣布的并购计划与协议，完成与 Xueda Acquisition Limited 的合并，从而实现私有化。后者是厦门银润投资股份有限公司的全资子公司。

学大教育股东于 2015 年 12 月 16 日投票批准了并购协议。根据协议，学大教育私有化的每股普通股除利息外价格为 2.75 美元，每个 ADS 股份的除利息外价格为 5.50 美元。

2015 年 4 月，由紫光集团支持的银润投资向学大教育初步提出私有化要约。

2016 年 6 月 15 日，紫光集团举行“学大教育回归 A 股交接仪式”，学大教育正式归入紫光集团旗下，成为紫光集团教育产业板块的核心企业。

**明阳风电6月份完成私有化**

2016年2月3日，明阳风电在官网上宣布，已经达成将使其私有化的最终合并协议。根据协议，公司将被包括明阳风电董事长兼首席执行官在内的财团收购。

明阳风电表示，公司的估值约为4.08亿美元，上述财团将以全现金的方式收购公司。交易预计将于2016年上半年完成。届时，明阳风电将从纽交所退市。

2016年6月6日，明阳风电宣布股东投票通过私有化交易。

**淘米6月完成私有化**

2016年6月23日，淘米（NYSE：TAOM）宣布，根据2015年12月11日宣布的并购协议和计划，完成了与Orient TM Merger Limited的合并交易。后者是Orient TM Parent Limited的子公司。交易完成后，淘米将成为Orient TM Parent Limited的全资子公司。

根据2016年4月15日股东大会批准的并购协议，淘米每股普通股的私有化价格为0.1884美元现金，每股ADS股份（代表20股普通股）的私有化价格为3.767美元现金（扣除每股ADS股份0.05美元的注销费）。

**奇虎360 7月份完成私有化**

2015年6月，奇虎360收到来自董事长、中信证券或其附属公司、Golden Brick Capital Private Equity Fund IL. P、华兴资本或其附属公司、红杉资本或其附属公司的不具约束力私有化要约，每个ADS报价77美元。

2015年12月，奇虎360已与投资者联盟达成最终的私有化协议，后者将以约93亿美元（每个ADS 77美元）的现金收购奇虎360。这是目前为止中概股规模最大的私有化交易。买方团成员包括中信国安、金砖丝路资本、红杉资本中国、泰康人寿、平安保险、阳光保险、New China Capital、华泰瑞联和Huasheng Capital，及其附属机构。

2016年3月30日，奇虎360审议通过了私有化方案。4月19日，360私有化项目获得国家发改委审批通过。

2016年7月15日，奇虎360宣布私有化交易完成。除创始人翻转股票以及异议股东股票外，奇虎360全部已发行的普通股将以每股普通股51.33美元

（每个 ADS 77 美元）的价格被现金收购并注销。

**海王星辰8月份完成私有化**

2016年3月17日，海王星辰宣布，已与中国海王生物药店控股有限责任公司及其全资子公司海王银河医药投资有限公司达成确定合并协议。

海王生物控股将以每股普通股1.31美元（每股ADS相当于2股普通股）收购深圳海王星辰连锁药店。该价格对应的深圳海王星辰连锁药店估值约为2.586亿美元，相当于较该公司ADS 2015年7月2日收盘价2.2美元溢价19.1%。

海王星辰最终于2016年8月份完成退市。

**易居8月份完成私有化**

2015年6月9日，易居中国董事局主席致信易居同仁，宣称其和沈南鹏先生已向易居中国董事会提交了私有化收购要约，正式启动将易居中国私有化的战略计划。

2016年4月15日，易居中国宣布，公司就“私有化”并购方案达成最终协议。按照“私有化”方案内容，易居控股有限公司（合并母公司）将以每股普通股6.85美元的现金收购易居中国。

2016年8月28日，易居宣布私有化完成，易居旗下易居营销服务集团与克而瑞信息集团合并成立“易居（中国）企业集团”。同时，恒大、万科、云锋领衔16家百强房企与专业投资机构入股新易居。

2016年11月22日，新浪增投约1.4亿美元认购母公司发行的新股。交易完成时，新浪持有易居母公司全部股份的43%，并继续使用权益法核算其对易居母公司的投资。

**当当9月份完成私有化**

2010年12月8日，当当网在纽交所上市。

2015年7月9日，当当宣布公司董事会已接到来自董事长和CEO的私有化要约，以每个ADS 7.812美元的现金收购买家联盟尚未持有的公司全部已发行普通股。

2016年5月28日，当当网与当当控股有限公司和当当合并有限公司签署了最终的合并协议，按照该协议，当当控股有限公司将以每股普通股1.34美元（相当于每股 ADS 6.70 美元）的现金收购当当网全部已发行普通股。

2016 年 9 月 12 日，当当网股东投票批准了该私有化协议。同日，当当网与中国银行签订 1.4 亿美元的两年期过桥贷款，以支持 5.56 亿美元的管理层收购。

2016 年 9 月 22 日，当当网宣布公司已完成 5 月份签署的私有化协议，随后将从纽交所退市。

**乐逗游戏（DSKY）9 月份完成私有化**

2015 年 6 月 13 日，乐逗游戏的母公司创梦天地收到以该公司董事长、CEO 为主的买方团的私有化要约，买方团拟以每股普通股 3.50 美元（相当于每个 ADS 14 美元）的现金收购其尚未持有的创梦天地全部已发行股份。同年 12 月 31 日，购买团与创梦天地上市公司签署了合并协议。

2016 年 5 月 16 日，私有化交易获公司特别股东大会通过。

2016 年 9 月 8 日，完成私有化交割，从纳斯达克退市。

**私有化过程中往往存在“抢食”“纷争”的现象和众多不确定性，以下几个案例尤其引人关注**

盛大游戏自 2014 年 1 月 27 日宣布收到私有化要约以来，共经历了数次私有化财团变更，春华资本、完美世界、FV Investment Holdings 和 CAP IV Engagement Limited 等最先出局，之后东方证券、海通证券几经出局和入局。最后，世纪华通和中绒集团作为大股东成为新的盛大争夺战主角。盛大游戏借壳上市一事依然悬而未决。

中国脐带血库（CO）企业集团先后有大股东金卫医疗、中源协和、南京新百发出私有化要约。2016 年 1 月 8 日晚间，南京新百发布公告，在停牌半年之后完成了对中国脐带血库企业集团中国境内所有资产及业务的收购。在交易完成之后，南京新百拥有 CO 集团 65.4% 的股权。对于剩余的股份，南京新百表示将持续对 CO 集团进行私有化，预计最终的收购价格为 75 亿元人民币。

爱康国宾则是在 2015 年 9 月 2 日宣布，收到创始人每个 ADS 17.8 美元的价格私有化的要约；2016 年 6 月 6 日云锋基金拟以每个 ADS 20 ~ 25 美元或每股普通股 40 ~ 50 美元的价格，收购爱康国宾发行在外的全部 A 类和 C 类普通股（包括美国存托股份代表的普通股）。之后传出消息，公司创始人和美年健康则撤回其私有化提案。

## 退市后登陆A股资本市场的情况

2015年12月29日，分众传媒作价457亿元借壳深市中小企业板上市公司七喜控股重组方案实施完毕，分众传媒12月29日实现国内A股上市。本次交易是迄今为止美国上市“中概股”企业私有化以借壳方式登陆国内A股市场的最大规模交易，成为中概股回归A股市场的标杆，这一胜利成果，鼓舞了无数在私有化归途中的中概股。以下几个交易更是中概成功回归A股市场的经典之作。

**完美世界作价120亿（3月份获得证监会批准）**

2014年12月19日，完美影视通过借壳金磊股份登陆A股市场并更名为完美环球。

2015年1月2日，在纳斯达克上市的中国游戏公司完美世界宣布，收到公司董事长于2014年12月31日发出的每股20美元的私有化提议。

2015年4月，完美世界宣布与公司创始人兼董事长的关联公司Perfect Peony Holding Company Limited及后者全资子公司Perfect World Merger Company Limited签署合并协议。完美世界私有化的价格是每股20.20美元现金。此次交易价格与完美世界发布收悉“私有化”提议的公告前最后一个交易日（即2014年12月31日）公司每股ADS收盘价格15.76美元溢价28.2%。

2015年7月，完成私有化。

2016年1月20日，完美环球复牌，完美环球宣布拟以发行股份的方式购买完美数字科技和石河子骏扬合计持有的完美世界100%股权，作价为120亿元。该次交易构成借壳上市。本次重组完成后，完美环球实际控制人并未发生变化。

2016年3月30日，完美环球娱乐资产重组方案获得中国证监会并购重组委员会会议无条件通过。

自2007年纳斯达克上市后的9年中，完美世界经历了完美影视拆分—完美影视借壳 A 股—完美世界私有化—完美世界回归 A 股的系列资本运作过程，堪称并购市场中的经典案例。

**巨人网络作价约 131 亿（3 月份重组获证监会批准）**

2007 年 11 月，巨人网络在纽交所上市。

2013 年 11 月 25 日，巨人网络宣布，已接到以董事长及霸菱亚洲投资的私有化要约，估值约 29.5 亿美金（按总股本计算）。具体报价为每股 ADS 11.75 美元，与上一个交易日 10.13 美元的收盘价相比溢价 16%。

2014 年 3 月 17 日，巨人网络公告称，已经就私有化与其母公司巨人投资及其全资子公司 Giant Merger 签订最终合并协议。巨人投资将以约 30 亿美元现金收购巨人网络股票，这一报价对应的股价为每股 12 美元。

3 个月后，完成私有化交易的巨人网络正式退市，公司市值约 28.7 亿美元。

2015 年 10 月 30 日，世纪游轮公布收购巨人网络的估值：130.9 亿元。该交易完成后，巨人网络董事长成为世纪游轮的实际控制人。

2015 年 11 月 11 日，世纪游轮正式复牌并表示，公司拟以 29.58 元/股的发行价格，向巨人网络的全体股东非公开发行 4.43 亿股，作价 131 亿元购买巨人网络 100% 股权，同时，公司拟以 29.58 元的价格发行股份 1.69 亿股，募集配套资金 50 亿元。根据公告，交易完成后，兰麟投资将持有上市公司 1.56 亿股，持股比例为 30.77%。而兰麟投资由巨人投资 100% 全资控股，巨人网络董事长持有巨人投资 97.86% 股权，也就是说巨人网络董事长间接持有上市公司 1.53 亿股左右。

2016 年 3 月 2 日世纪游轮发布公告指出，该重组事项获证监会通过。

**如家作价约 110 亿（4 月份和首旅开曼合并）**

2015 年 6 月 11 日，如家酒店管理有限公司收到了来自北京首旅酒店、PolyVictory Investments、携程、沈南鹏、梁建章、孙坚发出的无约束力提议，以每 ADS 32.81 美元现金收购如家尚未拥有的所有流通在外普通股。

2015 年 12 月 6 日，签署合并协议。按照计划，首旅酒店以每股普通股 17.90 美元及每股 ADS 35.8 美元现金对价收购如家酒店集团非主要股东持有的如家酒店集团 65.13% 股份，交易总对价为 11.24 亿美元，约 71.78 亿元；

首旅酒店以 15.69 元/股的价格向首旅集团发行 2.47 亿股股份购买 Poly Victory 100% 股权，间接获得如家酒店集团 15.27% 的股权；另外，以 15.69 元/股的价格，向携程上海、沈南鹏等 8 名交易对象发行股份，获得如家酒店集团 19.60% 股权。以上重大资产涉及金额分别是 71.78 亿元、21.06 亿元和 17.14 亿元，总计约 110 亿元。

2016 年 4 月 5 日，首旅酒店发布公告，宣布 2016 年 4 月 1 日如家酒店与首旅酒店（开曼）完成合并。如家酒店集团作为合并后存续主体，已成首旅酒店的控股子公司。

同时，如家酒店集团美国存托股份（ADS）已停止在纳斯达克全球市场进行交易。

## 借壳重组拟登陆 A 股尚未成功

以下几家公司的回归计划，则没有前面所提到的几家那么幸运。

**搜房网（房天下）拟作价 161.8 亿**

2016 年 5 月，万里股份披露重组预案并复牌。根据该重组方案，公司拟以向现任控股股东出售全部资产及负债，同时拟以发行股份方式，合计作价 161.8 亿元收购搜房房天下及其一致行动人持有的丽满万家、搜房媒体、北京搜房网络、拓世寰宇、宏岸图升 5 家公司各 100% 股权，并拟非公开发行股份募集配套资金不超过 30.1 亿元。重组后，公司将介入互联网信息服务行业房地产领域，主营业务彻底转型。同时，搜房房天下及其一致行动人将成为公司控股股东，公司实际控制人变更为莫天全，此次交易构成借壳上市。

2016 年 7 月 18 日，重庆万里股份公告称暂时撤回该重组方案。

2016 年 12 月 13 日万里股份披露，考虑到目前相关政策尚未明确，且未来何时明确存在不确定性，相关重组方正协商是否终止重大资产重组事项。

**中星微拟作价 101 亿元**

2016 年 5 月 4 日，综艺股份发布重大资产重组预案，以 12.20 元/股发行 6.39 亿股，并支付现金 23 亿元，合计作价约 101 亿元收购中星技术 100% 股权；同时拟以 15.20 元/股非公开发行股份募集配套资金不超过 51 亿元。根据预案披露，中星技术净资产4.69亿元，增值率达2 055.57%。

中星微于2005年在美国纳斯达克上市，并在2015年12月完成私有化退市。退市前，中星微市值约为3.46亿美元。根据预案，中星微私有化时估值约为4.53亿美元，对应人民币估值为29.34亿元。此次拟置入资产主要是视频安防监控业务，而并非芯片业务。

这也意味着，仅仅不到半年，中星技术回归A股的估值已经是母公司海外退市估值29.34亿元的3倍多。估值差异也曾引发交易所问询关注。

2016年9月26日，综艺股份公告重组终止。

中概股在私有化回归交易中，面临的两大不确定性包括外汇和A股资本市场的监管。一方面，数十家中概股的私有化交易所需要的外汇高达几百亿美元；另一方面，这些回归中概公司的再估值普遍高于在美国资本市场的估值，从以上的案例来看，这几家的估值都达百亿元人民币。美国和中国资本市场的巨大估值差异是中概股回归的主要动力，也是最为主要的不确定性。几十家美国和香港中概股的总估值高达数千亿（甚至上万亿）元人民币，如果短时间内都在国内上市，估计对A股资本市场会带来不小冲击。

2017年，这些从华尔街归来的“前中概公司”如何在中国资本市场，给中国投资者上演“中国概念股”精彩大戏？值得期待。

表1－1是自2015年以来宣布启动私有化的中概股信息汇总。

**表1－1　在美上市中国概念股2015年发起私有化信息汇总**

（截至2016年12月31日）　单位：美元

| 公司名称 | 交易代码 | IPO价格 | 发起日股价 | 私有化价格 | 年底股价 | 年底市值（亿美元） | 首次发起日 | 状态 |
|---|---|---|---|---|---|---|---|---|
| 去哪儿 | QUNR | 15 | 29.29 | 30.39 | 30.13 | 44 | 2016/06/23 | 未完成 |
| 汽车之家 | ATHM | 17 | 32.15 | 29.55/31.5 | 25.28 | 28.6 | 2016/04/15 | 未完成 |
| 聚美优品 | JMEI | 27.25 | 6.32 | 7 | 5.01 | 7.35 | 2016/02/17 | 未完成 |
| 百度爱奇艺 | n/a | n/a | n/a | n/a | n/a | n/a | 2016/02/13 | 撤回 |
| 酷6 | KUTV | 10.25 | 0.86 | 1.08 | n/a | n/a | 2016/02/01 | 2016年7月完成 |
| 科兴生物 | SVA | 转版 | 5.8 | 6.18/7.00 | 5.9 | 3.35 | 2016/02/01 | 未完成 |

续表

| 公司名称 | 交易代码 | IPO价格 | 发起日股价 | 私有化价格 | 年底股价 | 年底市值（亿美元） | 首次发起日 | 状态 |
|---|---|---|---|---|---|---|---|---|
| 智联招聘 | ZPIN | 13.5 | 15.74 | 17.5/17.75 | 15.11 | 8.37 | 2016/01/19 | 未完成 |
| 天合光能 | TSL | 9.39 | 9.55 | 11.60 | 9.3 | 8.52 | 2015/12/12 | 未完成 |
| 明阳风电 | MY | 2.95 | 2.22 | 2.51 | n/a | n/a | 2015/11/01 | 2016年6月完成 |
| 瑞安汽车 | SORL | 0.49 | 2.33 | 2.84 | 3.04 | 0.57 | 2015/10/30 | 撤回 |
| 合一集团 | YOKU | 53.08 | 24.91 | 26.60 | n/a | n/a | 2015/10/16 | 2016年并入阿里巴巴 |
| 爱康国宾 | KANG | 14.05 | 15.72 | 17.80 | 17.33 | 12.4 | 2015/08/31 | 未完成 |
| 乡村基 | CCSC | 1.34 | 4.59 | 5.23 | n/a | n/a | 2015/08/24 | 2016年4月停牌 |
| 艺龙 | LONG | 6.15 | 14.22 | 18.00 | n/a | n/a | 2015/08/03 | 2016年6月完成 |
| 麦考林 | MCOX | 0.49 | 3.50 | 4.00 | n/a | n/a | 2015/07/21 | 2016年4月完成 |
| 欢聚时光 | YY | 34.23 | 59.31 | 68.50 | 39.42 | 21.7 | 2015/07/09 | 撤回 |
| 当当网 | DANG | 5.81 | 6.77 | 7.81 | n/a | n/a | 2015/07/09 | 2016年9月完成 |
| 海王星辰 | NPD | 2.41 | 2.06 | 2.60 | n/a | n/a | 2015/07/06 | 2016年8月完成 |
| 空中网 | KZ | 3.53 | 7.39 | 8.56 | 6.94 | 3.28 | 2015/06/29 | 未完成 |
| 陌陌 | MOMO | 30.53 | 17.24 | 18.90 | 18.38 | 43.6 | 2015/06/23 | 撤回 |
| 奇虎360 | QIHU | 93.89 | 70.06 | 77.00 | n/a | n/a | 2015/06/22 | 2016年3月完成 |
| 中国信息 | CNIT | 0.56 | 3.73 | 4.43 | 0.721 | 0.31 | 2015/06/22 | 未完成 |
| 中星微电子 | VIMC | 3.46 | 12.33 | 13.50 | n/a | n/a | 2015/06/21 | 2015年12月完成 |
| 航美传媒 | AMCN | 3.36 | 5.02 | 6.00 | 2.46 | 1.51 | 2015/06/19 | 未完成 |
| 乐逗游戏 | DSKY | 5.82 | 13.13 | 14.00 | n/a | n/a | 2015/06/15 | 2016年9月完成 |
| 博纳影业 | BONA | 8.29 | 12.99 | 13.70 | n/a | n/a | 2015/06/12 | 完成 |
| 如家 | HMIN | 16.46 | 31.35 | 32.81 | n/a | n/a | 2015/06/11 | 2016年完成，并入首旅 |

续表

| 公司名称 | 交易代码 | IPO价格 | 发起日股价 | 私有化价格 | 年底股价 | 年底市值（亿美元） | 首次发起日 | 状态 |
|---|---|---|---|---|---|---|---|---|
| 世纪互联 | VNET | 18.41 | 21.85 | 23.00 | 7.01 | 7.65 | 2015/06/10 | 撤回 |
| 人人 | RENN | 12.58 | 3.99 | 4.20 | 1.59 | 5.25 | 2015/06/10 | 未完成 |
| 易居中国 | EJ | 12.41 | 7.02 | 6.64 | n/a | n/a | 2015/06/09 | 2016 年 8 月完成 |
| 世纪佳缘 | DATE | 2.53 | 7.39 | 7.20 | n/a | n/a | 2015/06/08 | 2016 年并入百合网参股公司 |
| 晶澳太阳能 | JASO | 4.8 | 9.07 | 9.69 | 4.76 | 2.22 | 2015/06/05 | 未完成 |
| 深圳迈瑞 | MR | 31.81 | 30.47 | 28.00 | n/a | n/a | 2015/06/04 | 2016 年 3 月完成 |
| 淘米 | TAOM | 1.27 | 3.50 | 3.59 | n/a | n/a | 2015/06/01 | 2016 年 6 月完成 |
| 中国脐带血库 | CO | 4.65 | 6.33 | 6.40 | 6.12 | 4.56 | 2015/04/29 | 未完成 |
| 学大教育 | XUE | 3.37 | 3.15 | 5.50 | n/a | n/a | 2015/04/20 | 2016 年 6 月完成 |
| 药明康德 | WX | 32.59 | 38.83 | 46.00 | n/a | n/a | 2015/04/15 | 2015 年 12 月完成 |
| 久邦数码 | GOMO | 1.52 | 5.06 | 4.90 | n/a | n/a | 2015/04/13 | 2015 年 11 月完成 |
| 完美世界 | PWRD | 10.03 | 19.25 | 20.00 | n/a | n/a | 2015/01/02 | 2015 年 7 月完成 |

注：①该表由继民财经汇（jimincaijing）编制。②2016 年年底最后一个交易日是 12 月 30 日。

## 下篇：IPO 上市：再向虎山行

正当数十家中概公司纷纷撤离华尔街之际，仍然有不少中国公司选择赴美上市。

2016 年是 2009 年以来美国 IPO 最为缓慢的一年。

据复兴资本（Renaissance Capital）的报告分析，2016 年美国 IPO 融资金额是2003年以来的最低水平，融资交易也是2009年以来最差的一年。2016年全年，美国IPO融资总金额为188亿美元，和2015年相比下滑37.9%；全年IPO定价交易共105起，和2015年同比下滑38.2%；全年提交IPO申请交易共125起，和2015年同比下滑46.6%。

也正是在2016年，下面中国公司的赴美上市梦想得到了实现；这些公司的成功赴美上市，给中概股群体注入新鲜的血液。

**2月份百济神州**

2016年2月3日，国内创新药研发的领军企业——百济神州（BGNE）正式登陆纳斯达克，成为2016年美国IPO第一单，也是2016年第一家赴美IPO的中国公司，发行价为24美元，当日收报28.32美元，上涨18%。IPO融资金额约为1.58亿美元；公司总股本为2 980万ADS，发行市值7.2亿美元；承销商为高盛、摩根士丹利、Cowen和Baird。2016年12月31日（最后本年度交易日为12月30日），公司股票价格为30.36美元，总市值为11.5亿美元。

**3月份和黄医药**

2016年3月18日，李嘉诚长江和记实业有限公司旗下的公司和黄中国医药（Hutchison China MediTech）登陆美国纳斯达克，发行价13.5美元，募资约1.0125亿美元。和黄医药曾于2006年5月在英国伦敦证券交易所AIM市场成功上市，代码为“HCM”。此次和黄医药登陆美国纳斯达克仍将沿用“HCM”。2016年12月31日（最后本年度交易日为12月30日），公司股票价格为13.57美元，总市值为16.6亿美元。

**4月份银科控股**

2016年4月27日，银科投资控股有限公司（YIN）正式在纳斯达克上市。该公司为买卖白银、黄金等贵金属和大宗商品的中国个人提供（线上）现货商品交易服务。上市前，该公司获得新浪子公司微博的1 000万美元投资；本次公开发行共募集1.01亿美元资金，公司的市值估计达到了8.57亿美元。本次发行的主承销商是Jefferies Group LLC。2016年12月31日（最后本年度交易日为12月30日），公司股票价格为16.4美元，总市值为11.2亿美元。

**6 月 51 Talk**

2016 年 6 月 10 日，51Talk（COE）在纽交所挂牌交易，开盘价为 19.50 美元，相较 19 美元的发行价上涨了 2.6%，市值达到 3.83 亿美元。

此次，51Talk 首次公开募股定价为每股 19 美元，将发行 240 万股美国存托股票，公司给予承销商超额配售选择权。51Talk 此次融资包括 4 560 万美元 A 类普通股、2 000 万美元基石投资，以及投行行驶绿鞋机制的 680 万美元融资，共融资约 7 240 万美元。IPO 的承销商为摩根士丹利和瑞士信贷。2016 年 12 月 31 日年底（最后本年度交易日为 12 月 30 日），公司股票价格为 15.55 美元，总市值为 2.94 亿美元。

**9 月份国双科技**

9 月 23 日，企业级大数据分析软件提供商国双科技（Gridsum Holding Inc.）正式在纳斯达克全球市场挂牌交易，股票代码为“GSUM”。每股 ADS 定价为 13 美元（每股 ADS 代表 1 股公司 B 类普通股），共发行 670 万股。

2016 年 9 月 30 日，该公司宣布其早前公布的首次公开招股承销商已行使全部超额配售选择权，额外购买了公司 1 005 000 股美国存托股票（ADS），以涵盖超额配售。公司预期其首次公开招股总募资金额将达到 1 亿美元，其中包括承销商行使全部超额配售选择权额外购买的 ADSs。

此前，国双科技进行过三轮融资，投资方包括迪士尼旗下的思伟资本、诺基亚成长基金、索罗斯的量子战略基金和高盛集团的自有基金 PIA，三轮总计融资 6 850 万美元。

IPO 的承销商包括高盛（亚洲）、花旗集团全球市场、Stifel，Nicolaus & Company。2016 年 12 月 31 日（最后本年度交易日为 12 月 30 日），公司股票价格为 10.19 美元，总市值为 2.87 亿美元。

**10 月中通快递**

10 月 27 日，中国快递公司中通快递（ZTO）在纽交所上市，IPO 发行价为 19.50 美元，共发行 7 210 万股，融资金额约 14 亿美元，成为 2016 年迄今最大规模的美国 IPO。这也是阿里巴巴 2014 年 250 亿美元 IPO 以来规模最大的一次。这次 IPO 使其市值超过 120 亿美元。摩根士丹利和高盛为本项 IPO 牵头承销行；外界估计，此次发行价约为中通 2017 年预期每股盈余（EPS）的 27 倍。10 月 27 日 IPO 首次交易日开盘价 18.4 美元，收盘价格 16.57 美元。2016 年 12 月 31 日（最后本年度交易日为 12 月 30 日），公司股票价格为 12.07 美元，总市值为 89.2 亿美元。

**11 月 GDS 万国数据**

2016 年 11 月 2 日，中国数据中心开发商和运营商万国数据（GDS）11 月 2 日登陆纳斯达克证券市场，成为继世纪互联、蓝汛通信之后又一家在美国上市的中资独立第三方大型数据中心运营商。

万国数据本次 IPO 共发行 1 925 万份美国存托股票（ADS），每份 ADS 代表 8 股 A 类普通股，定价为每份 10 美元，在承销商未行使超额配售权的情况下，募资规模约为 1.925 亿美元。2016 年 12 月 31 日（最后本年度交易日为 12 月 30 日），公司股票价格为 8.6 美元，总市值为 8.29 亿美元。

美国资本市场以相对高效和相对透明著称，而这一切都是因为严格的全方位监管体系。赴美上市可以说是公司的命运之旅，对公司治理不足、商业模式缺乏竞争力、仅仅以圈钱和纯“资本运作”为目的的公司而言，选择赴美上市类似奔赴“夺命岛”或是踏上一条天涯不归路；而对于具有创新精神、实业精神的企业家而言，选择赴美上市，其所展现出的则是一股再向虎山行的胆量和远识。助力中国公司和中国经济国际化，是中概股公司的天然使命。以下这首老歌《再向虎山行》或许唱出了这些公司、其创始企业家和团队的跨洋情怀和气势。

**再向虎山行**

曲：黎小田　词：邓伟雄　歌手：徐小明

平生勇猛怎会轻就范
如今再上虎山
人皆惊呼　人皆赞叹
人谓满身是胆
何必劝我不要招麻烦

明知我要闯关
为心所痴　为心厌恶
难让猛虎为患
但莫问此去那时还
分离难说短暂
若日后大家再见面
必回赠一双虎眼
明知要去此际不平凡
行者笑带傲慢
头上朗月　明灯一盏
何惧无路往返

## 2. 美国中概股 2015：诉讼和大撤退

2015 年有多少中国公司赴美上市？赴美上市是否到了梦醒时分的时刻？这一年，又有多少中概遭遇股东集体诉讼？又有多少中概摆脱诉战纠缠，或是挫败，或是和解？这一年，谁创下了和 SEC 和解赔偿的最高纪录？这一年，又有哪些中概股打算从华尔街撤退？中概现在和华尔街说再见会不会太早？中概股是否会消失？中概的出路会在何方？接下来将总结和探索在美国上市中概股 2015 年的诉讼战场情况、私有化撤退等话题。

**赴美上市：梦醒时分？**

你说你做了不该做的赴美上市，你的心中满是伤痕；
你说你犯了不该犯的错，心中满是悔恨；
你说你尝尽了被监管的苦，找不到可以理解的人；
你说你感到万分沮丧，甚至开始怀疑人生；
早知道伤心总是难免的，你又何苦一往情深？
因为诱惑总是难舍难分，何必在意资本那一点点温存？
早知道伤心总是难免的，在每一个梦醒时分；
有些事情你现在不必问，有些人你永远不必等。

我们或许可以借用这首歌来形容大部分赴美上市公司（包括已经上市和拟上市的）2015 年所面临的境况。

如果说 2014 年因为有阿里巴巴、京东等超大型中概股成功上市，所以是中概股赴美 IPO 的丰收年（2014 年共有 15 家中概在美国 IPO，总融资额为 254 亿美元），那么 2015 年则可以说是惨淡无比。2015 年总共虽说有超过十家中国公司成功在美 IPO，但多数是小型规模，年度 IPO 总的融资额不超过 5 亿美元，规模稍微大一点的包括：窝窝团（融资约4 000万美元）、宝尊电商（融资约1.1亿美元）钜派投资（融资约0.53亿美元）、宜人贷（融资约0.75亿美元）。

2015年这个成绩只比2012年的情况好一点，2012年只有2家中概在美国上市，融资额只有2亿美元左右；而2010年、2011年和2013年分别有37家、13家、8家中概在美IPO，对应的总融资额分别为36亿美元、19亿美元和8亿美元。

当然，整个美国IPO市场在2015年也不如2014年活跃，据复兴资本信息，2015年美国约有170家公司为IPO定价，这一数量比2014年下降38%。由于美国股市剧烈波动，削弱了投资者风险偏好，而且一些曾经受到高度瞩目的IPO表现不及预期，导致美国IPO市场2015年的活跃度陷入困境，有不少公司不得不递延IPO计划。

除了上市数量和融资额处于低谷之外，这些新上市的中概公司的股价都全部破发，12月刚上市的宜人贷的股价在最低时候几乎是被腰斩。这些2015年IPO公司的上市后股价表现普遍不如那些2014年上市的公司在其当年度的状况。不仅新股，就是阿里巴巴这样的次新股中概公司，于2015年其股价也破发，从最高接近120美元跌到最低的约57美元。

有中概互联网大佬说：上市后日子更难过了，如果能有其他选择，我不会让公司在美国上市；还有一位知名中概股CEO多次表示后悔上市，认为赴美上市是给自己做了一个笼子，无法往外钻，否则笼子一收紧，就被吊死了。

漂洋过海来上市，遇到的却是破发、腰斩的“新常态”。赴美上市是否是个无奈的错误选择？拟上市公司是否已经梦醒时分从而改弦易辙，转战其他资本市场？是否还会有更多公司选择赴美上市？这些问题的答案都值得期待。

## 集体诉讼：有些战你不得不打

有些人你不想见，有些人你永远不必等，因为他们可能会时刻来敲门，比如无情杀手“浑水”和华尔街无耻“诉棍”；有些战你不想打，但却不得不打，比如诉讼战。

美国每年大约有170起上市公司股东集体诉讼，遭遇股东集体诉讼对美国上市公司而言是常有的事。在美上市的世界500强公司诸如微软、通用电气以及高科技公司脸书，都曾遭遇集体诉讼；华尔街银行诸如摩根、美洲银行等更是集体诉讼法庭上的常客。集体诉讼可以督促上市公司放弃高傲的姿态，放下身段，本着对全体股东（尤其是公众股东）负责的态度，虚心谨慎地做好公司治理和风险管理工作，毕竟吃人家的嘴短，拿人家（股东的钱）的手软，上市公司接受公众的直接监督，这似乎是天理。

如果说破发、腰斩是 2015 年中概股所遭遇的普遍情况，那么集体诉讼则是对中概股“落井下石”。

2015 年共有 13 家中概股公司遭遇集体诉讼（具体信息见表 2 – 1），至此中概股在美集体诉讼突破百家，中国概念股在华尔街正式迈入“百团大战”。

中概公司早就熟悉了华尔街“诉棍”那种“一哭”（先高调宣布调查）、“二闹”（到法院起诉）、“三要”（伸手要钱）的套路，并在上百起诉讼中积累了丰富的实战经验，也因此认识到，需要将防范做空和股东集体诉讼纳入日常的全面风险管理流程之中。

**表 2 – 1　　在美上市中概念股 2015 年集体诉讼案件汇总**

（截至 2015 年 12 月 31 日）

| 公司名称 | 交易所 | 交易代码 | 诉讼日期 | 案由和进展 |
| --- | --- | --- | --- | --- |
| 搜房控股 | NYSE | SFUN | 2015/10/29 | 员工“刷单”事件信息披露/未决 |
| 蓝汛通信 | NASDAQ | CCIH | 2015/10/09 | 平台转换信息披露/未决 |
| 网秦 | NYSE | NQ | 2015/08/13 | 并购信息披露和拒绝私有化方案/未决 |
| 航美传媒 | NASDAQ | AMCN | 2015/06/25 | 信息披露/未决 |
| 迅雷 | NASDAQ | XNET | 2015/06/08 | 信息披露/未决 |
| 金融界 | NASDAQ | JRJC | 2015/06/05 | 信息披露/未决 |
| 英利太阳能 | NYSE | YGE | 2015/05/29 | 信息披露/未决 |
| 唯品会 | NYSE | VIPS | 2015/05/19 | 会计政策/未决 |
| 乐逗游戏 | NASDAQ | DSKY | 2015/04/02 | 信息披露/未决 |
| 优酷土豆 | YOKU | NYSE | 2015/03/25 | 会计政策/未决 |
| 联拓集团 | NYSE | LAS | 2015/03/17 | VIE/未决 |
| 500 彩票网 | NYSE | WBAI | 2015/02/27 | 信息披露/未决 |
| 阿里巴巴 | NYSE | BABA | 2015/01/30 | “工商局事件”信息披露/未决 |

## 2015 年的重大诉讼了结

除了以上在 2015 年新开打的 13 起诉讼案件之外，同样值得关注的是有些之前的诉讼案件在 2015 年得到和解（见表 2－2）；而值得庆幸的是，因反腐败信息披露而遭遇集体诉讼的中石油，于 2015 年成功挫败了华尔街“诉棍”的攻击，法院驳回了该起诉讼案件。

表 2－2　在美上市中概念股诉讼（含 SEC 诉讼）2015 年和解赔偿金额超百万美元案件汇总

| 公司名称 | 交易所 | 交易代码 | 诉讼日期 | 和解/赔偿情况 |
|---|---|---|---|---|
| 分众传媒 | NASDAQ | FMCN | 2015/09/30 | SEC 罚没和解总金额 5 560 万美元 |
| 网秦 | NYSE | NQ | 2013/10/25 | 510 万美元 |
| 尚德电力 | NYSE | STP | 2012/08/02 | 500 万美元 |
| 飞鹤乳业 | NYSE | ADY | 2012 | 650 万美元 |
| 香格里拉藏药 | OTC－BB | TBET | 2012/05/25 | 2015 年从上市投行破产法庭获得 1 400 万美元赔偿（约为公司 IPO 融资额） |
| 科元塑胶 | OTC | KEYP | 2011/11/15 | 集体诉讼和解赔偿 265 万美元；公司和 CFO 被 SEC 罚款 100 万美元 |
| 晶科能源 | NYSE | JKS | 2011/10/11 | 505 万美元 |
| 东南融通 | NYSE | LFT | 2011/05/23 | 2015 年 CFO 230 万美元，总赔偿超过 10 亿美元 |
| 旅程天下 | NYSE | UTRA | 2011/04/15 | 2015 年 1 月 14 日签订和解协议 200 万美元，2013 年同 SEC 和解 93.5 万美元 |
| 普大煤业 | NASDAQ | PUDA | 2011/04/14 | 投行总赔偿 2 360 万美元 |
| 盛达科技 | NASDAQ | SDTH | 2011/03/18 | 2015 年 3 月 27 日毕马威（香港）和解 190 万美元 |
| 高速频道 | NASDAQ | CCME | 2011/02/04 | 2015 年 5 月德勤（香港）赔偿 1 200 万美元 |
| 中国生物 | NASDAQ | CHBT | 2010/09/19 | 2015 年 3 月和解合同赔偿 140 万美元 |
| 富麒国际 | NASDAQ | FUQI | 2010/03/19 | 2015 年 1 月宣布和解赔偿 750 万美元 |

**分众传媒**

分众传媒和 SEC 之间诉讼的罚没和解金额，创下了中概股同 SEC 诉讼的最新纪录。

**科元塑胶**

因公司和创始人之间关联交易没有披露引发股东集体诉讼和 SEC 诉讼。公司和 CFO 被 SEC 罚款 100 万美元，审计师被禁止 3 年并罚款 3 万美元；2015 年 4 月 27 日集体诉讼和解赔偿 265 万美元。

**晶科能源**

晶科能源于 2010 年 5 月 13 日在纽交所上市，2011 年 9 月因为其下属浙江子公司爆发当地污染事件，并引发了当地群体事件，公司承认对该起污染事件负责，此后在一周之内公司的股票价格缩水 42%。集体诉讼爆发之后，原被告双方在围绕公司就环境保护合规的风险披露是否充分这个环节，展开了激烈的博弈；2013 年 1 月 22 日，一审法官同意了被告的请求，驳回原告的起诉；原告不服，继续向巡回法庭上诉；2014 年 7 月 31 日，经美国联邦第二巡回法庭裁决推翻一审原来判决，发回一审法院重新审理；2015 年 9 月 15 日，原被告双方达成和解赔偿协定，和解总金额 505 万美元。这个案例的审理过程中，原被告双方和法官，就环保合规性风险的披露在措辞上是否合理充分，有非常精彩的推理和判断，值得赴美上市公司在编制招股说明书和年报过程中予以借鉴。

**普大煤业**

普大煤业在 2005 年 7 月通过反向收购进入美国资本市场，它于 2009 年在纽交所挂牌上市，2011 年退市。

据报道，普大煤业董事联同前首席执行官于 2009 年 9 月将公司唯一核心资产山西普大煤业集团 90% 股权悄悄转移至自己名下，2010 年 7 月，又将普大集团 49% 的股权出售给中信信托，以获取 12 亿信托优先股，并且将剩下的 51% 股权作为抵押，贷款 35 亿元人民币。此事引发了股东集体诉讼和 SEC 诉讼。

审计师马施云国际会计公司和投行（麦格理）在集体诉讼中申请驳回起诉，被法院拒绝；2015 年 10 月 16 日集体诉讼案件中投行和解赔偿 860 万美元；在 SEC 诉讼中，2015 年 3 月 SEC 和麦格理和解 1 500 万美元；SEC 还对公司的两名高管提出诉讼，但 SEC 对公司的诉讼未送达，目前未决。另外一起集体诉讼案件中，投资者还诉讼中信信托，但最后被法院驳回起诉。

本案后续发展：审计师于 2016 年 12 月以 12.5 万美元和解；公司及其董事长于 2017 年 2 月 8 日被缺席判决共同赔偿 2.28 亿美元。

**东南融通**

2013 年公司和董事长缺席被判决赔偿 8 亿多美元外加利息，总计超过 10 亿美元赔偿；2014 年 12 月 21 日 CFO 被陪审团裁决需要负责，2015 年 5 月 22 日 CFO 和解赔偿 230 万美元，CFO 赔偿比例为 1%、董事长 50%、公司 49%。本案是中概股所有集体诉讼中唯一进入陪审团裁决的案件，该案件的总赔偿金额也创下了中概股赔偿案的最高历史纪录，也是从 1995 年以来美国联邦集体诉讼案件中为数不多的进入开庭审理，并裁决被告需要承担责任的案件。

**盛达科技**

2011 年 3 月 15 日，公司公告称其外部审计师在进行 2010 年度财务报表审计时，发现公司下属子公司涉嫌存在重大会计违规情况，公司启动了独立调查程序，并通知 SEC，同时暂停股票交易。此后，股东集体诉讼爆发，公司及其主要管理层和外部董事——审计师毕马威（香港），都成为本案被告。

2014 年 8 月 12 日，就上市公司外部独立董事的责任，法院裁决：即使原告指出这些独立董事是专业人士，对公司的财务报告负有专业的监督义务，也可以随时获得公司的账目信息，而且也发现了公司存在舞弊的某些“警示信息”，但这也仍然不足以说明原告可以充分指控外部董事需要承担法律责任，所以法院驳回了原告对外部董事的指控。这个裁决将会成为美国联邦证券集体诉讼针对外部董事责任的最新案例，对担任上市公司外部董事的专业人员来说，是个好消息。

虽然被驳回起诉，但是原被告和解没有谈妥，原告提出动议申请法院重新考虑这个驳回，原被告进行两次和解谈判都没有成功，被告申请法院驳回原告的这个新动议，目前法院尚未裁决。最终，原告和盛达科技的外部董事是否会达成和解赔偿，还有待观察。

毕马威（香港）为盛达科技提供了2008年和2009年两年审计，审计师请求驳回诉讼的申请被拒绝；法院对审计师毕马威（香港）的裁决非常简单，没有说明具体原因。审计师和原告申请法院暂停审理，因为双方已经启动和解谈判。2015年3月27日，毕马威（香港）同意和解赔偿190万美元。

本案针对公司和其他个人被告的诉讼尚未结束。

**尚德电力**

2005年尚德在纽交所上市，施正荣成为中国新首富，尚德的股票价格最高每个ADR超过80美元，公司最高总市值超过百亿美元。然而，时过境迁，这家曾经号称全球最大的光伏组件制造商宣告破产后彻底从美国资本市场消失了。

据报道，尚德、施正荣和GSF资本三方共同成立环球太阳能基金（GSF），分别持股80%、10%和10%，该基金在运营一个145兆瓦的意大利电力项目，国开行为该项目贷款3亿欧元，尚德为此提供担保，GSF资本又为尚德提供反担保，反担保物为5.6亿欧元德国政府债券。2012年7月30日，尚德电力突然宣布目前发现某些证据表明该担保物可能不存在，并就此启动调查程序。受此消息影响，尚德的股票当天下跌0.23美元，跌幅14.65%；2012年7月31日，股票继续下跌0.21美元，跌幅为15.67%。股东集体诉讼于2012年8月2日爆发。

2013年10月14日，依照美国破产法第七条款，四位债权人向法院申请要求尚德公司进入破产程序。

2015年8月14日，股东集体诉讼的原被告双方达成和解赔偿协议，赔偿总金额为500万美元。

**高速频道**

在股东集体诉讼案件中，2014年1月17日公司被缺席判决超过53 550万美元的总赔偿，并从即日起计息；2015年5月6日，法官批准德勤（香港）赔偿1 200万美元，创下中概股诉讼案件中审计师赔偿的第二高金额，仅次于安永在嘉汉林业中1.17亿加元的赔偿。

在SEC对公司和高管的起诉中，2013年10月9日联邦法院缺席审判裁决公司赔偿总金额本息合计41 894 082.05美元，另外承担民事处罚725万美元。

2014 年 2 月 19 日，联邦法院缺席审判裁决公司董事长兼 CEO 承担个人赔偿本息合计 17 718 359.07 美元，另外承担罚金 150 万美元。在中概股 SEC 诉讼金额中，高速频道所创下的纪录于 2015 年被分众传媒所超越。

另据披露 2013 年 1 月 16 日，投资者 Starr Investments 在香港获得裁决，高速频道的三位创始人被要求赔偿原告 7 700 万美元，该投资者同时也在起诉审计师德勤。

以上诉讼累计赔偿总金额达 692 862 441 美元（未计利息）。该案最终的总赔偿金额目前还不可知，还要取决于在香港诉讼案中对审计师的诉讼结果。

## 大撤退：现在向华尔街说再见是否太早？

中概股第一次私有化高峰期是 2011 年和 2012 年，当时中概股由于被大规模做空，陷入危机，不少优质中概公司被殃及池鱼，为了自保，只能选择私有化。2015 年是中概股第二次私有化高峰，同样面临在美股价被普遍低估的情形，同时 2015 年中概股选择私有化更多是因为中国 A 股市场在上半年的高估值，以尽可能低的价格在美国退市，同时寻求在 A 股的高估值，是中概公司私有化的动机。因此，受到国内 A 股资本市场高估值这个甜蜜歌曲的吸引，私有化后回归成为很多中概公司 2015 年的甜蜜事业。2015 年有超过 30 家中概公司宣布私有化（见表 2－3），拟从美国退市，除了优酷土豆是由于阿里巴巴全资收购之外，其中大部分据称是期望以不同方式回归国内资本市场。

为寻求尽快回归，有的中概选择退市（有的甚至刚上市不到一年就寻求私有化退市）、拆除 VIE 然后借壳 A 股公司（如分众传媒和正在进行的奇虎 360）；有的选择保留美股上市公司但将某些资产分拆后注入 A 股公司（如搜房网）；有些中概公司，虽然没有高调宣布私有化，但也悄悄地剥离和出售某些业务（比如通过管理层并购 MBO），暗度陈仓，以伺机抢滩国内资本市场；而对于那些拟赴美上市公司，则更多选择直接拆除 VIE 并寻求国内基金接盘。面对国内资本市场的隔岸互换，2015 年不少中概公司是憧憬着美好未来，心儿飞离华尔街，哪怕是迎着私有化路上诉讼的风雨，也要为国内资本市场贡献青春和力量。总之，2015 年上半年 A 股资本市场的火爆，让众多中概公司感觉到回归之路充满阳光。

然而，中概股的回归之路并不平坦。一方面，可能需要面临私有化和拆 VIE 过程中的枪林弹雨，回也是有挑战的；另一方面，由于国内资本市场从 2015 年下半年开始进入了动荡期，有可能导致回而不归，无法按期在国内上市。在这个回和归的过程中，处于煎熬的是企业及其创始人，上市后私有化，则意味着企业和创始人再次面临新资本的介入、对赌和可能股份稀释；而如果无法预期境内上市，那么则可能对赌失败；更为重要的是，不少中概股在美上市之后的股价低迷是因为业务增长不如以前，有的业务模式在国际资本市场中已经没有吸引力，所以，在回归国内资本市场的过程如果太长，则可能会影响业务的增长性和业绩。因此，看似充满阳光的甜蜜事业，可能并非适合所有中概公司（当然某些具有特殊性的、有明显竞争性的公司情况会好一些），过程中的变数和不确定性，对任何公司而言都是个比当初赴美上市更难以把握的新挑战。

文章至此，桌面那台多年前一朋友搬家弃下的老式收音机里传来了老男人李宗盛的一首老歌：

曾经以为上市后人生就这样了，疲倦的心拒绝再有浪潮；
持续的承诺却断不了，四季财报它将我围绕；
有人问我赴美上市你究竟是哪里好？这么多年我还忘不了？
春风再美也比不上当时我的笑，没敲过钟的人你不会明了；
是华尔街无情也好，是分析师不明也好；
然而这一切已不再重要，如果股价能重回我怀抱；
是大市的安排也好，是“浑水”存心作弄也好；
然而这一切已不再重要，我愿意送你到天涯海角；
虽然岁月总是匆匆地催人老，虽然美股总是让人烦恼，虽然未来如何不能知道，现在向华尔街说再见会不会太早？

记得数年前在北京工体现场看过一次李宗盛的演唱会，这首歌引起了现场的再次高潮；虽然李宗盛每次在唱这首歌时总会流露出一点忧伤、一点无奈、一点冲动、但未见其老，激情依稀可见，其所呈现出的更多是成熟、稳重、淡定、坚毅和自信！我想，不论是面对诱惑还是困境，人生如此，企业亦需要如此。

**表2-3　　在美上市中国概念股2015年发起私有化信息汇总**

（截至2015年12月31日）　　单位：美元

| 公司名称 | 交易代码 | 估计市值（亿美元） | 发起日股价 | 拟私有化价格 | 年底股价（2015/12/31） | 发起日 | 涉及买家/财团 |
|---|---|---|---|---|---|---|---|
| 天合光能 | TSL | 9.39 | 9.55 | 11.60 | 11.02 | 2015/12/12 | CEO/上海兴晟股权投资 |
| 明阳风电 | MY | 2.95 | 2.22 | 2.51 | 2.32 | 2015/11/01 | CEO |
| 瑞安汽车 | SORL | 0.49 | 2.33 | 2.84 | 2.53 | 2015/10/30 | CEO |
| 合一集团 | YOKU | 53.08 | 24.91 | 26.60 | 27.13 | 2015/10/16 | 阿里巴巴 |
| 爱康国宾 | KANG | 14.05 | 15.72 | 17.80 | 20.44 | 2015/08/31 | CEO/万泽基金 |
| 乡村基 | CCSC | 1.34 | 4.59 | 5.23 | 4.98 | 2015/08/24 | CEO |
| 艺龙 | LONG | 6.15 | 14.22 | 18.00 | 17.12 | 2015/08/03 | CEO/腾讯控股 |
| 麦考林 | MCOX | 0.49 | 3.50 | 4.00 | 3.78 | 2015/07/21 | CEO/南京商圈网和Leading Capital |
| 欢聚时光 | YY | 34.23 | 59.31 | 68.50 | 62.47 | 2015/07/09 | 董事长/CEO |
| 当当网 | DANG | 5.81 | 6.77 | 7.81 | 7.19 | 2015/07/09 | 董事长/CEO |
| 海王星辰 | NPD | 2.41 | 2.06 | 2.60 | 2.44 | 2015/07/06 | CEO/张思民 |
| 空中网 | KZ | 3.53 | 7.39 | 8.56 | 7.50 | 2015/06/29 | CEO/IDG - Accel 中国成长基金 |
| 陌陌 | MOMO | 30.53 | 17.24 | 18.90 | 16.02 | 2015/06/23 | CEO/经纬/红杉/华泰瑞联 |

续表

| 公司名称 | 交易代码 | 估计市值（亿美元） | 发起日股价 | 拟私有化价格 | 年底股价（2015/12/31） | 发起日 | 涉及买家/财团 |
|---|---|---|---|---|---|---|---|
| 奇虎360 | QIHU | 93.89 | 70.06 | 77.00 | 72.81 | 2015/06/22 | CEO/中信证券及其附属基金/华兴/红杉 |
| 中国信息 | CNIT | 0.56 | 3.73 | 4.43 | 1.68 | 2015/06/22 | CEO/管理层 |
| 中星微电子 | VIMC | 3.46 | 12.33 | 13.50 | N/A | 2015/06/21 | CEO/董事联席 |
| 航美传媒 | AMCN | 3.36 | 5.02 | 6.00 | 5.59 | 2015/06/19 | CEO |
| 乐逗游戏 | DSKY | 5.82 | 13.13 | 14.00 | 13.39 | 2015/06/15 | CEO |
| 博纳影业 | BONA | 8.29 | 12.99 | 13.70 | 13.23 | 2015/06/12 | CEO/红杉/复星国际 |
| 如家 | HMIN | 16.46 | 31.35 | 32.81 | 34.16 | 2015/06/11 | CEO/首旅酒店/宝利投资/携程网/联席董事长 |
| 世纪互联 | VNET | 18.41 | 21.85 | 23.00 | 21.14 | 2015/06/10 | CEO/金山/紫光集团 |
| 人人 | RENN | 12.58 | 3.99 | 4.20 | 3.68 | 2015/06/10 | CEO/ COO |
| 易居中国 | EJ | 12.41 | 7.02 | 6.64 | 6.29 | 2015/06/09 | CEO/沈南鹏 |
| 世纪佳缘 | DATE | 2.53 | 7.39 | 7.20 | 7.45 | 2015/06/08 | CEO/宏利基金 |
| 晶澳太阳能 | JASO | 4.8 | 9.07 | 9.69 | 9.70 | 2015/06/05 | CEO |
| 深圳迈瑞 | MR | 31.81 | 30.47 | 27.00 | 27.12 | 2015/06/04 | CEO等 |
| 淘米 | TAOM | 1.27 | 3.50 | 3.59 | 3.60 | 2015/06/01 | CEO/总裁/东方睿德 |
| 中国脐带血库 | CO | 4.65 | 6.33 | 6.40 | 6.37 | 2015/04/29 | CEO/金卫医疗 |
| 学大教育 | XUE | 3.37 | 3.15 | 5.50 | 5.40 | 2015/04/20 | CEO/银润投资 |
| 药明康德 | WX | 32.59 | 38.83 | 46.00 | N/A | 2015/04/15 | CEO/汇桥资本集团 |
| 久邦数码 | GOMO | 1.52 | 5.06 | 4.90 | N/A | 2015/04/13 | CEO/COO/IDG |
| 完美世界 | PWRD | 10.03 | 19.25 | 20.00 | N/A | 2015/01/02 | 董事长 |

## 中概股公司，路在何方？

目前中国概念股在美国资本市场大约有150家（不含大型蓝筹股），而其中市值超过10亿美元的中概股不超过40家，这其中的大约30家正在进行私有化。过去数年中累计约有120家中概股从美国退市，其中有的是自动私有化，有的是被迫摘牌退市。因此有人担心，如果没有更多的中国公司选择赴美上市，中概股在美国资本市场是否会日趋消失？

从客观角度看，大部分中概股是中国公司中的精英，也是代表中国经济走向国际的先锋队。它们是真正扎根于中国本土，在资本和公司治理层面率先走向国际，是有机会和有条件做到既接中国地气又可以面向世界的中国企业。正因为扎根中国，它们拥有了中国经济高速增长和本土庞大市场这样得天独厚的机遇，而且是唾手可得；而走向世界，不仅可以引进并落地先进的商业模式、获取“按需自取”来自国际资本市场的无穷尽资金，同时还可以探索和寻求中国企业国际化的途径。因此，既背靠中国巨大的本土市场，又享受着国际资本市场的高效和便利，中国概念股不能不说是投资界的“宠儿”。

进一步看，一方面，中概股公司对内有机会利用最新的商业模式，影响和改变中国这个世界第二大经济体超10亿人口的国民日常生活行为、消费方式，甚至观念，引领中国新经济不断创新，在转型升级中发挥独特作用；另一方面，中概股又是处于中国和世界经济接轨的最佳位置，中概股的成功，不仅可以让世界投资者分享中国经济成长带来的好处，增强中国对世界投资者的吸引力，而且直接证明了中国的崛起是和平的崛起，造福世界人民的崛起。更为重要的是，中概股的成功对于中华文化和中国价值观走向国际将起到促进作用，世界将会有更多机会和渠道听到来自中国的声音，感受到来自中国日益发展的力量，更好领略东方的古老文明。

显然，在中国日益崛起和国际化过程中，中国概念股应该认识到自己的天然使命。尤其已经成功上市的企业，不仅对内要打造成“国民的企业”，更应该对外树立起“全人类的企业”的形象，在共建人类商业文明、引领人类科技进步、提升人类福祉等方面有更多的担当。而这些使命和担当不正是中国概念股当初上市时，在招股说明书、全球路演PPT和公司官方网站上，所宣示的公司使命/理念（mission）、公司愿景（vision）乃至核心价值观（core vale/philosophy）吗？

其实，不论是继续赴美上市，还是回归 A 股，还是赴港甚至赴新上市，或者中美异地同时上市，或者中、美、中国香港三地同时上市，如果仅仅是因为资本市场一时间估值存在差异，受控于少数资本的意志，期望境内外市场套利，而疲于东奔西跑，则对大部分公司而言，其道路并不可能都是一帆风顺的，甚至还颇为艰难。因此，在国内外资本市场普遍低迷时刻，如要探询中国概念股公司真正的路在何方，依我所见，不论是继续在美上市还是回归国内，中概股公司的基本发展方向还是在于各自公司对自己使命/理念、公司愿景以及价值观，这些美丽文字描述下所表达的真正内涵的深刻领会和顽强坚守。正所谓，对有志于基业长青和打造百年企业的中概公司而言，与其为了一时的资本意志而南征北战、东奔西跑，不如坚守初衷，东成西就。

## 3. 美国中概股2014：战火不曾熄灭

爱他，就带他去华尔街，参加敲钟仪式，共享喜悦；恨他，就留他在那街上，面对360度的全天候治理，独受煎熬。中概和华尔街之间总是不停地演绎着爱恨交加的故事，一方面是时时有新中概被追捧，另一方面是诉讼战火不曾熄灭。2014年，在阿里巴巴和京东等15家中概成功上市的同时，有众多中概在被做空和诉讼的战场上拼力厮杀、浴血奋战。这一年，有哪些新的诉战爆发？战火如何燃起？战况和战果如何、哪些中概成功挫败诉讼，哪些握手言和，哪些经裁决赔偿，哪些创下赔偿新纪录？东南融通、高速传媒这些大案结局如何？同属战场归来的教育公司，为何新东方依然如故而安博却无疾而终？法官对VIE最新裁决是什么？VIE是否还有未引爆的地雷？

### 上篇：开打在2014年的新战役

2014年新爆发诉讼12个，其中5家公司市值超过10亿美元，分别是：澜起科技、巨人网络、中国手游、世纪互联和聚美优品。遭遇集体诉讼主要原因有：被做空导致诉讼（澜起科技、世纪互联），IPO之后业绩下滑导致诉讼和被做空（聚美优品），重大人事调整导致诉讼（中国手游），因私有化被诉讼（巨人网络）等。表3-1是公开披露的2014年新发生集体诉讼案例信息。由于对巨人网络的诉讼已经撤诉，所以我们将另外4家市值超过10亿美元中概公司的诉讼爆发情况作逐一介绍。

**表 3－1　　2014 年新发生集体诉讼案**

| 公司名称 | 交易所 | 交易代码 | 诉讼日期 | 案　　由 |
|---|---|---|---|---|
| 东北石油（审计师案） | OTCBB | CNEC | 12/31 | 关联交易、几千万美元资金往来不透明，对公司诉讼被驳回；审计师和 SEC 于 2014 年 12 月和解之后遭遇集体诉讼 |
| 聚美优品 | 纽交所 | JMEI | 12/11 | 2014 年第三季度业绩下滑，未到达华尔街预期，股价下跌，被指控公司业务模式的披露存在误导 |
| 河南鸽瑞复合材料 | 纳斯达克 | CHOP | 11/26 | 作为钢铁公司，因投资 2.3 亿美元用于购买一组价值 9.05 亿美元古董瓷器导致股价下跌 |
| 平潭远洋渔业 | 纳斯达克 | PME | 11/24 | 涉及 2012 年度和 2013 年度关联方渔船租赁的报表重述，股价大跌 |
| 世纪互联 | 纳斯达克 | VNET | 9/12 | 被做空认为收入虚增，业务不真实，股价大跌 |
| 鲈乡农村小贷 | 纳斯达克 | CCCR | 8/6 | 2 月份 CEO 公开中国小贷公司的高风险贷款并未扩散；5 月股票增发，7 月公告称两笔数百万美元坏账，股价重挫 |
| 鑫达集团 | 纳斯达克 | CXDC | 7/15 | 被做空认为中国报表和美国报表之间收入和利润重大差异，同业比较毛利率偏高，公司 CFO 涉嫌其他案件 |
| 中国手游 | 纳斯达克 | CMGE | 6/20 | 9 名高管同时被免职，人事震动引发股价下跌 |
| 中国陶瓷 | 纳斯达克 | CCCL | 6/16 | 因子公司设备资产减值、审计师辞职、年报无法提交，独立董事兼审计委员会主席辞职，股票停盘 |
| 丽华国际 | 纳斯达克 | LIWA | 5/1 | 业务下滑，2014 年几乎停产，公司董事长挪用被法院查封的仓库抵押库存，涉罪被查 |
| 巨人网络 | 纽交所 | GA | 4/30 | 私有化退市导致诉讼，8 月 8 日原告自动撤诉 |
| 澜起科技 | 纳斯达克 | MONT | 2/19 | 被两家研究机构出具做空报告，指控收入等财务信息不实 |

注：以上信息来源于美国联邦法院公开文档、相关网站和媒体报道，并由笔者整理而成。

## 澜起科技：上市就被做空，闪电退市

• 2013 年 9 月 26 日，正式成为在美纳斯达克挂牌上市的模拟和混合信号芯片提供商，IPO 发行价为 10 美元，融资 7 100 万美元。

• 2014 年 2 月 6 日，投资研究机构 Gravity Research Group 发布了一份研究报告指出，澜起科技最大的一家经销商是一家空壳公司，主要目的是为了伪造公司的财务业绩，属于关联交易，而且没有披露；受此消息影响，澜起科技股价在 2014 年 2 月 6 日放量下跌 3.76 美元，跌幅达到 18%，收盘价接近 17.45 美元。该股次日再跌 10%，2014 年 2 月 7 日报收于 15.72 美元。

• 2014 年 2 月 19 日，集体诉讼爆发，诉讼期间从 2013 年 9 月 25 日至 2014 年 2 月 6 日，包括公司和 CEO、CFO 高管在内成为被告。

• 此后 3 月底，私人投资公司 Aristides Capital 发布了一份研究报告指出，澜起科技虚构营收，合理股价应在 5 ~6 美元之间。

• 2014 年 4 月 22 日，审计委员会发布的初步调查结果显示对所谓澜起科技财务指控不成立。

• 2014 年 5 月 23 日，法院批准了本案的原告代表和律师代表，2014 年 7 月 22 日，原告提交合并和修改后的起诉状。

• 澜起科技因为推迟提交了 2013 年年度文件、2014 年季度文件，在 2014 年 10 月遭到纳斯达克启动摘牌程序，2014 年 8 月 19 日、10 月 1 日，澜起科技曾两次收到纳斯达克的摘牌警告。

• 2014 年 10 月 15 日，调查机构 Jones Day 完成针对做空报告指责的调查最终结果，维持 4 月份的初步调查结果。

• 2014 年 11 月 20 日，澜起科技宣布私有化收购完成，完全摊薄股权估值约为 6.93 亿美元，公司股东在 2014 年 6 月 30 日的股东大会上批准了这项交易。该公司在上市之后不到半年就遭遇做空，而且从上市到私有化前后不超过一年半的时间。虽已成功私有化，但股东诉讼仍旧尚未了结。

## 世纪互联：贷款融资因做空而搁置

• 2011年4月21日，以15美元的发行价在纳斯达克上市，发行115万个ADS，融资1.56亿美元，最高股价超过30美元，最高总市值超过20亿美元。

• 2014年9月10日，投资机构Trinity Research Group（TRG）发布报告称该公司可能是一场骗局，指其数据中心网络业务和互联托管网络服务业务收入虚增等，预计其股价将跌至零；该报告一出股价盘中一度暴跌35%，至最低为14.23美元，创出52周新低，至收盘时，股价下跌8.04%，报收于20.12美元，当天成交量约为3 000万股，较90天平均成交量高出35倍；在2个交易日之内，股价累计跌幅超过了30%。

• 2014年9月12日，公司作出回应，称该报告存在诸多不实和片面的信息、对行业发展的错误解读，以及一些荒谬的推测，并对所指问题作出逐一的回应。

• 2014年9月12日，集体诉讼爆发，诉讼期间从公司的IPO日2011年4月21日至做空报告出具日2014年9月10日。

• 2014年9月15日，公司CEO向公司股东发出了一封公开信，指出公司的业务、资产、客户和合同真实，做空者对公司的指控完全是一种恶意、毫无依据的攻击。

• 2014年9月17日，TRG发布第二份指控报告，增加了额外的细数该公司未披露的“内幕和关联交易”内容，并提请SEC、审计师尽快调查。

• 2014年9月18日，公司发布了第二份反驳报告，逐一反驳了TRG的指控，称世纪互联遵守了一切应该遵守的SEC规章制度。

• 2014年9月18日，汤森路透旗下银行贷款资讯数据供应商基点（Basis Point）报道消息人士称，世纪互联最高达1.75亿美元的境外贷款案已暂时搁置。

• 2014年12月1日，消息报道，金山软件宣布向世纪互联认购其3 908.71万股A类股份及1 825.03万股B类股份，总购买价为1.72亿美元；公司自从2014年9月10日被做空之后至今的大部分时间内，股价低于18美元，尚未恢复到做空前长期处于每股20多美元的水平。

## 中国手游：一场人事调整引发的股价暴跌诉讼案

● 2012年9月25日，登陆美国纳斯达克，成为国内首家登陆纳斯达克资本市场的手机游戏公司，中国手游集团是港股上市公司第一视频的子公司。2012年9月，中国手游集团通过“介绍上市”方式在纳斯达克挂牌，上市以来已经总共融资1.2亿美元；2014年3月26日，中国手游第二次公开融资总额高达7 870万美元，上市后股价最高超过40美元，最高市值超过10亿美元。

● 2014年6月19日，公司电话会议披露称，包括总裁在内的9名高管集体被免职，要求这些高管在3天内完成工作的全部交接，当天公司股价暴跌22.57%，交易所叫停股票交易，停牌价格为14.63美元。

● 2014年6月20日，集体诉讼爆发，诉讼期间从2012年9月20日至2014年6月19日；指控被告在中国境内从事贿赂活动，从事关联交易而且未向投资者披露，还缺乏对公司的有效管理；包括公司、CEO、总裁和美国瑞士信贷、巴克莱等在内的5家投行成为被告。

● 2014年6月20日，公司成立了由4名独立董事组成的独立委员会，聘请美国盛信律师事务所协助其调查这些指控。

● 2014年8月14日，公司宣布独立委员会已完成对贿赂相关的市场传闻的调查，调查结果显示没有发现任何对公司或是公司内任何人贿赂指控的证据。

● 2014年8月18日，国外媒体报道，公司COO和CEO将各自购买中国手游1 000万元人民币美国存托股票。

● 2015年1月16日，GeoInvesting机构发布了做空报告，指该公司涉嫌通过将未对外披露关联关系的空壳公司营收计入公司营收，营收虚增。

● 面对做空，中国手游CEO和COO指出该指控报告错漏百出，不仅有大量欠缺根据的推断臆测，还有许多针对过去事件及具体情况的错误解读。

## 聚美优品：上市就转型，高估值下的高增长压力

• 2014年5月16日，在纽交所挂牌，发行价22美元，共发1 113万个存托股，融资额达2.45亿美元；上市当天，以高于此前发行价24%的27.25美元开盘，挂牌首日上涨9.91%，报收于24.18美元，当天交易量达1 590万股；在8月18日达到39.45美元的最高值；2014年12月11日，股价跌到12.87美元的低水平，市值已经从最高点55亿美元，降到19亿美元，缩水超过60%。

• 2014年11月20日，公司发布了截至9月30日的2014财年第三季度未经审计财报，报告显示本季度某些业绩未到达华尔街预期：

①成交总金额（GMV）为2.73亿美元，同比增长率只有31.4%，远低于第二季度的64.3%同比增长率；

②总净营收同比增长28.0%，远低于预期；2012年年度同增长900%；2013年年度同比增长107%；营收数据和华尔街预期间的缺口达1 113万美元；

③每个ADS利润比华尔街预期数低0.01美元；毛利率从第二季度的46.3%下滑至38%，上年同期为43.7%；本季度所收到的订单环比下降50万个。

• 该财报公布当天，公司股票收盘价格每个ADR下跌2.91美元，跌幅高达13%，收盘价位19.32美元，为上市以来最低价格。

• 财报公布后，财经杂志Baron发表文章分析了该公司商业模式失败的原因，认为GMV的下跌是由于公司商业模式变更所导致，然而这个变化并没有在公司IPO的招股说明书中详细披露。文章指出，之前该公司的大部分收入来自于第三方销售商，而此时公司主要是提供市场服务业务，但也由此产生了很多假货销售；而新的商业模式更多侧重于自营销售。

• 2014年12月11日，集体诉讼爆发，诉讼期间为2014年5月16日到2014年11月20日；公司及CEO和两位联席CFO都成为被告；指控称被告在知情的情况下，发布了虚假的误导性声明和/或未披露以下信息：①公司通过从市场服务业务转变为商品销售业务的方式改变了营收模式；②这种转变给聚美优品此前成功的财务表现带来了重大风险，这个转型必然会带来GMV的下

降及成本和费用的增加，但这个风险在公司 IPO 的招股说明书中并没有被披露，相反公司在招股说明书中大量披露原先业务模式（市场服务业务）的扩张计划和相关风险；③公司并未像其宣称的那样扩大市场服务业务。

• 面对诉讼，公司创始人回应称“聚美是最干净的电商”，并表示公司董事会批准一项股票回购计划，宣布将在未来 12 个月内最多将回购 1 亿美元股票，以提振股价。

• 截至 2015 年 1 月 28 日，该公司的股票收盘价格为 13.01 美元，总市值约为 20 亿美元，对应的静态市盈率 48 倍。高估值必须有高增长的业绩在支持，而且这种业绩增长是通过季度来衡量的，失去了高增长，就很容易成为资本市场的弃儿。只不过上市不到半年，就发生业绩下滑，市值大规模缩水，这个比较少见。

以上 4 家遭遇集体诉讼的中概公司，目前股价都尚未回到原先的水平。从众多中概集体诉讼的案例来看，中概容易被做空和引发集体诉讼的常见因素有以下 15 个方面：①被指估值过高、核心技术不高、商业模式不透明或者不可持续；②远高于同行业的毛利率；③中国报表报忧，美国报表报大喜；④可疑的关联交易（涉嫌隐瞒或者严重依赖）；⑤可疑的主要股东和管理层股票交易；⑥举报和秘密证人、内部矛盾外部化；⑦某些重大交易会计处理涉嫌违规（如收入确认、大规模冲销并购形成的无形资产）；⑧VIE 结构过于脆弱，或者仅停留在纸面上，合同没有实际执行；⑨CFO 频繁更换；⑩过度外包、销售依赖代理或收入通过中间商；⑪历史业绩突然变脸、预测业绩突然下调；⑫复杂难懂的超过商业实际需要的公司结构；⑬税收缴纳和收入之间严重不成比例；⑭报表重述；⑮重大资金挪用或者支付缺乏透明（这个指控最为常见）等。

当然这些引发诉讼的常见因素，也仅仅是一种预警信号，并不代表公司就一定存在财务或者信息披露的实质问题。另外我们观察到，和集体诉讼经常相伴而随的是 SEC 诉讼，如东南融通、高速传媒、中国能源技术、东北石油、富麒国际、双威教育、中国生物、西安宝润、旅程天下、中国阀门等都遭遇过这两类诉讼。对这些中概公司来说，不得不在两条战线上同时作战，倍加艰辛。

## 下篇：是战，是和还是赔？

美国证券集体诉讼从程序上看主要有三个阶段：起诉阶段、证据开示阶段和庭审阶段。从 1995 年开始，在累计数千起的美国联邦证券集体诉讼案件中，真正进入庭审阶段的很少，至今为止只有 14 起，大部分不是在起诉阶段被驳回起诉，就是在庭审开始之前和解。在针对中概公司近百起的集体诉讼中，约一半以上目前已经结案（包括原告自动撤诉、法院驳回、和解赔偿或者最终裁决的）；其中涉及赔偿的案件约 40 个，公开披露的累计总赔偿金额接近 20 亿美元（不含利息）。2014 年和解/赔偿案件（含在多伦多上市的嘉汉林业案件），主要信息见表 3－2。

**表 3－2　　　　中概诉讼 2014 年和解/赔偿信息汇总**

| 公司名称 | 交易所 | 交易代码 | 诉讼日期 | 已披露和解/赔偿情况 |
|---|---|---|---|---|
| 潍坊昱合畜禽 | OTCBB | YUII | 2011/06/24 | 2014 年 1 月份和解赔偿 270 万美元 |
| 高速传媒 | 纳斯达克 | CCME | 2011/02/04 | 累计总赔偿为 680 862 441 美元，针对审计师诉讼尚未了结 |
| 中国绿色农业 | 纽交所 | CGA | 2010/10/15 | 2014 年 3 月份 250 万美元和解赔偿 |
| 科莱特系统 | 纽交所 | CIS | 2012/01/05 | 2014 年 3 月 19 日和解合同签订日 275 万美元和解赔偿（包括投行和公司被告） |
| 泛华保险 | 纳斯达克 | CNISURE | 2011/10/17 | 2014 年 3 月 19 日和解 662.5 万美元 |
| 分众传媒 | 纳斯达克 | FMCN | 2011/12/12 | 2014 年 5 月 13 日和解 370 万美元 |
| 新东方教育 | 纽交所 | EDU | 2012/07/23 | 2014 年 5 月 23 日达成和解赔偿 475 万美元 |

续表

| 公司名称 | 交易所 | 交易代码 | 诉讼日期 | 已披露和解/赔偿情况 |
|---|---|---|---|---|
| 中国智能照明电子 | OTCBB | CIL | 2011/04/01 | 2014 年 6 月 26 日审计师赔偿 633 950.13 美元，9 月 8 日公司被缺席判决 8 443 364.87 美元，外加利息 |
| 兰亭集势 | NYSE | LITB | 2013/08/27 | 2014 年 9 月和解赔偿 155 万美元 |
| 富麒国际 | 纳斯达克 | FUQI | 2010/03/19 | 2014 年 9 月 8 日和解赔偿 750 万美元，2013 年 7 月 1 日 SE 和解总罚金 115 万美元 |
| 中国综合能源 | 纳斯达克 | CBEH | 2011/03/25 | 2014 年 10 月 7 日审计师和解赔偿 40 万美元，其余被告未结案 |
| 稀尔威（美加上市） | 纽交所 | SVM | 2012/12/28 | 2014 年 10 月达成 1 400 万美元和解赔偿 |
| 安博教育 | 纽交所 | AMBO | 2012/06/11 | 2014 年 10 月 24 日达成和解赔偿 150 万美元 |
| 东南融通 | 纽交所 | LFT | 2011/05/23 | 2014 年 11 月 21 日 CFO 被陪审团裁决需要负责；此前，公司和董事长缺席被判决赔偿 882 300 000 美元，并从 2008 年 2 月 21 日开始按照 9% 年利率计算利息 |
| 嘉汉林业 | 多伦多 | TRE | 2011/06/20 | 2015 年 1 月投行被告达成赔偿，加上安永等共累计 157 800 000 加元，BDO 和某些高管董事诉讼未结 |

注：以上信息来源于美国联邦法院公开文档、相关网站和媒体报道，并由笔者整理而成。

另外一个重大缺席判决案件是在纳斯达克上市的江波制药，该案件曾经于 2014 年 9 月驳回起诉，原告不服继续上诉，但是被告缺席；于 2014 年两个自然人被告被缺席判决共同赔偿 27 472 498 美元，外加利息。

值得一提的是，因渤海漏油事件而于 2012 年遭遇集体诉讼的中海油在 2014 年成功挫败了该起诉讼。2014 年 2 月 3 日，美国联邦第二巡回法庭维持地区法庭的裁决，驳回原告对中海油的起诉。此外，在被“浑水摸鱼”做空之后而引爆的网秦公司诉讼案，虽然当时曾经引起众多关注，但于 2014 年 1 月 6 日原告主动撤诉。在以上和解或者赔偿案件中，有的是经过法院裁决最终赔偿的，有的是经过法院对原告驳回起诉申请作出裁决之后和解赔偿的，我们重点介绍以下几个比较有借鉴意义的诉讼案。

## 东南融通：如何“创下”中概最高赔偿纪录？

这家曾经员工超 8 000 人，市值超 20 亿美元的中概软件第一股，在遭遇做空之后，仅 4 个月就股票退市公司解体，并引发了中概遭遇做空的全面危机和一系列诉讼。

在针对公司的 CEO 及 CFO 的集体诉讼中，于 2013 年 11 月 14 日公司和董事长缺席被判决赔偿 88 130 万美元外加利息，从 2008 年 2 月份开始按照 9% 年利率计算利息，直到付款，所以至今累计超过 10 亿美元赔偿；在针对该公司原 CFO 的集体诉讼中，于 2014 年 11 月 21 日，这位四大审计经理出身的曾任数家中概公司 CFO 的加拿大人，被陪审团裁决需要负责，美国联邦证券集体诉讼从 1995 年来仅有另外 13 起案件进入由陪审团最后裁决；该 CFO 的庭审过程十分短暂，因为投资者无法寻求那些在中国境内的证人出庭，该 CFO 是唯一出庭被告也是唯一的本案出庭证人，可谓是孤独的被告和证人。目前法院尚未最后裁决该 CFO 需要承担赔偿的具体金额，按照惯例，在证券诉讼中一般是允许被告首先动用其保险来支付赔偿，不足部分才会涉及个人财产，即便如此，也允许个人保留 20% 的净资产。但对于东南融通超高 10 亿美元的诉讼标的来说，该 CFO 的赔偿几乎是微不足道的。

在针对审计师德勤的集体诉讼中，被告连续两次成功获得法院支持，驳回原告的起诉。而原告并没有获得审计师的审计底稿，甚至连 SEC 当时也无法获得审计底稿，所以原告主要是依据做空机构的研究报告以及东南融通 CFO 在证据开示过程中所提供的信息来指控德勤，而做空的报告并没有指出东南融通的财务造假具体金额有多少，这样的指控信息显然没有被告抗辩所提供的信息细节充分，因此法院认为原告对审计师的指控是不充分的；相反从审计师提供的抗辩信息来看，在审计过程中对某些关键事项德勤倒是对东南融通步步紧逼，因此最多只能说审计师是被东南融通的欺诈行为欺骗了，法院同意德勤的申请，驳回原告对德勤的指控。SEC 也对东南融通提及诉讼，然而该公司并没有应诉，因此外界无法确切知道东南融通财务欺诈的具体方式和所涉及金额，所以对于股东来说，其指控的力度可能会受到影响。我们不妨假设一下，如果当时 SEC 已经获得审计工作底稿，或者说东南融通也有类似的安然那样来自独立第三方、更为全面、有具体量化数据的调查报告，或者说做空报告所指出的那些审计预警信号可以量化且在诉讼期间是十分易于识别的，那么原被告之间的博弈可能会更加激烈。

虽然法院作出了超过 10 亿美元的缺席审判裁决，由于东南融通公司已经解体，而且公司所剩余资产（如有）和涉案高管也在中国境内，这个裁决是否能够真正得到执行目前还无法判断。不论如何，东南融通证券诉讼案赔偿金额不仅创下了中概在美诉讼的最高纪录，在美国证券诉讼历史上，也属于由法院作出被告缺席审判的最高赔偿案件。SEC 虽于 2011 年 11 月 10 日对东南融通提起诉讼，但公司一直没有应诉，该案目前尚未结案。

## 高速传媒：缺席审判的高额赔偿，如何追讨？

这家通过反向并购于 2010 年 6 月在纳斯达克上市的城际巴士车载电视媒体广告公司，先后被 Citron 和 Muddy Waters 出具研究报告做空，股价暴跌超过三成；2011 年 5 月 19 日股票恢复交易后，暴跌 81.8%，至 2.16 美元；至 2011 年 10 月 20 日，股票价格只有 0.17 美元。审计师、CFO 和外部董事先后离职。集体诉讼于 2011 年 2 月 4 日爆发，公司本身、CEO 和 CFO、外部审计师德勤（香港）成为被告；被告中还包括前身公司的两高管、德勤英国总部和德勤（美国），及公司前任小型审计师，对这些被告的指控后来被法院驳回。

做空报告指出，该公司 2009 年的收入被虚增 464%，广告巴士数量有一半以上是虚报，中美报表存在巨大差异，属于中报报忧、美报报喜的阴阳财务数据；有媒体文章指出，该公司香港总部员工在大白天不是睡觉就是打牌；德勤的辞职信还透露，在审计函证和银行交易记录查询过程中，无法实施有效审计，德勤审计无法实地考察重大客户，无法发出客户函证，有些回函明显造假（有不同客户的回函竟然由同一个人在同一天在同一个邮局寄出）；当审计师到某银行进行实地记录调查时，竟然遇到企业员工在银行下班后在制作打印虚假银行记录；德勤 3 月 11 日辞职并撤回 2009 年审计报告。

2013 年 2 月 28 日，法院拒绝了审计师德勤（香港）和公司驳回起诉的申请。这主要因为高速传媒财务造假金额巨大，而且德勤稍后也发现了众多造假的预警信号，而且这些预警信号并不难发现，也正是因为这些预警信号导致了 2009 年的财务报表严重失真，德勤也就此撤回了 2009 年度的审计报告。德勤在诉讼中抗辩表明其审计程序符合公认审计准则，然而这些预警信号是如此明显（尤其是重大客户无法验证），假设执行了基本审计程序应该是可以发现的，这说明德勤或者没有发现这些预警信号，或者发现了但熟视无睹。正是由于从原告提供的诉状来看，高速传媒财务涉嫌造假金额之巨大而且预警信号之如此明显，法院认为可从中推导出审计师的工作至少属于有意识的不当行为或者轻率，这符合证券诉讼法起诉标准中的欺诈要件。除非进入证据开示环节，出具审计底稿予以证明，但这对德勤来说就变得被动了。至于德勤为何无法类似于东南融通案那样，在申请驳回起诉的抗辩中就这些预警信号提供证据表明其审计的尽职合规，这就不得而知了（从目前法院公开信息中，我们发现德勤在本案中的抗辩强度要远弱于东南融通案）。

2014 年 1 月 17 日，公司被缺席判决超过 53 550 万美元的总赔偿，并从即日起计息；审计师德勤最终和原告达成 1 200 万美元的和解赔偿。2014 年 8 月 15 日，法院作出裁决认定原告的诉讼集团确认范围，诉讼仍在进行中。

在 SEC 对公司和高管的起诉中，2013 年 10 月 9 日联邦法院缺席审判裁决公司赔偿总金额本息合计 41 894 082.05 美元，另外承担民事罚款 725 万美元。2014 年 2 月 19 日，联邦法院缺席审判裁决公司董事长兼 CEO 承担个人赔偿本息合计 17 718 359.07 美元，另外承担罚金 150 万美元。

另据披露 2013 年 1 月 16 日，投资者 Starr Investments 在香港获得裁决，高速频道的三位创始人被要求赔偿原告 7 700 万美元，该投资者同时也在起诉审计师德勤。以上诉讼至今累计赔偿总金额达 692 862 441 美元。

## 新东方：高起低落，有惊无险

2012 年 7 月 17 日，新东方公告 SEC 开始调查其 VIE 结构和合并报表会计政策，当天公司股价下跌约 35%；第二天“浑水摸鱼”发布报告，指责新东方存在 VIE、报表合并、税务等一系列问题，新东方股价当天继续下跌 35%。新东方股票市值累计缩水接近 60%，损失约 20 亿美元。2012 年 7 月 23 日，集体诉讼爆发。在 VIE 指控上，原告指出被告的 VIE 相关合同在诉讼期间无法满足公认会计准则下的报表合并要求，新东方不是 VIE 公司的主要受益人（primary beneficiary）因此对其进行报表合并违反公认会计准则。

新东方的 VIE 相关合同包括：服务合同、权益抵押合同、权益独家回购合同。原告指控被告没有披露某些年度服务合同的收费金额和费率信息，2011 年披露的收费率很低，明显不足以支持对 VIE 的控制权；而且被告并没有向法庭提供证据表明其有单方面的调价权；法院认为没有证据可以表明在诉讼期间被告有权依照服务合同收取 VIE 的大部分剩余回报（residual return）；原告还指出权益抵押合同并没有在有效的政府部门登记，所以是不可执行（无效）的；关于权益回购合同，原告指出，在诉讼期间，中国的法律并不允许外商独资公司并购本案中从事教育活动的 VIE 公司，所以该合同在约定可执行的法律范围内也是无效的；据此，法院认为原告已经充分指控了被告缺乏对 VIE 的有效控制权。法院在本案中对 VIE 是否有效的法律逻辑推理，对将来可能产生的 VIE 诉讼案来说是可以成为判例法的，因此值得引起 VIE 模式上市的中概关注。

被告从重大不实陈述、欺诈企图、损失因果关系这三个方面进行抗辩，申请法院驳回原告的起诉。被告抗辩指出其报表并没有进行重述，而且外部审计师仍然出具无保留意见，因此不存在重大不实陈述；法院认为，虽然可以在诚信的基础上接受审计师的意见，但审计师的审计意见并不能解除企业在 VIE 合同有效性上的义务。被告还抗辩到，公司成立调查委员会启动调查，因此不存在欺诈的企图；法院指出被告的调查委员会在 VIE 事件上并没有作出最终结论，而且当新东方公布 SEC 企业融资部门（corporate finance division）启动了对新东方 VIE 调查的时候，股价开始下滑；虽然后来该调查终止了，而且 SEC 该部门并不反对新东方的 VIE 会计合并政策，但 SEC 的执法部门（enforcement division）对新东方的调查并没有终止，因此法院认为依照判例法，本案中，在损失因果关系要素上 SEC 的调查起到关键作用，原告符合指控要求。法院认为，假设原告所指控属实（请注意：仅仅是假设，并不是认定指控属实），那么就 VIE 诉讼事项而言，对原告的指控已经符合重大不实陈述、欺诈企图、损失因果关系这三个要求；从原告指控可以推导出被告在 VIE 报表合并事项上虽然不存在故意的动机或者企图，但至少属于轻率（reckless）性质，而这是符合证券集体诉讼起诉标准中的欺诈要件；因此于 2013 年 12 月 23 日就 VIE 的指控，法院拒绝了新东方的驳回申请。法院本身并没有裁决这个 VIE 是否有效，也没有裁决新东方是否存在欺诈或者轻率，因为案件并没有进入开庭审理阶段。从现有公开信息来看，新东方 VIE 更类似于在合同文字和会计技术处理这些形式上存在小小瑕疵，从而被做空机构钻了空子；至于是否存在实质上的问题，由于案件并没有进入证据开示阶段，所以外界并无法判断。但即便如此，为何会有形式上的小小瑕疵，新东方期后进行了哪些改进措施，这同样值得中概公司借鉴学习。做空机构曾指控和公司业务规模及同期其他中概公司相比，新东方的数年度审计费偏低，并以此质疑新东方财务报表的可靠性。虽然法院并没有认可这样的指控，但从中亦可以看出做空机构的丰富遐想能力和成熟的做空套路。

法院拒绝新东方驳回起诉的申请后，意味着该案可以继续往前走，或者进入证据开示阶段然后庭审，交由陪审团裁决，或者当事人双方考虑庭外和解。2014 年 4 月 19 日，原被告双方律师开始进行和解谈判，并于 2014 年 5 月 23 日达成和解赔偿 475 万美元（其中存托股诉讼 450 万美元，期权诉讼 25 万美元）。这样的结果对新东方来说无疑是个巨大胜利，算得上是有惊无险，赔偿金额不大，避免了接下来的证据开示程序，从此可以彻底摆脱 VIE 所导致的集体诉讼纠缠，走出被做空的危机。VIE 风险从最初被放大从而引发华尔街恐慌，到投资者相对理性把控各中概的 VIE 风险，至少可以认为目前 VIE 的现实风险是可控的，并得到投资者认可。最明显的是在阿里巴巴上市时，华尔街对认购阿里巴巴股票所展现出的高度热情，几乎可以说是对VIE的风险忽略不计。VIE接下来还会产生哪些现实风险，还有哪些地雷未被引爆，是否仍然有惊无险，还有待观察和视具体公司情况而定。

## 安博教育：无疾而终，何时重生？

安博于2010年8月5日以每个ADR 10美元上市，融资超过1亿美元。从2008年到2010年，安博在全国范围内完成的收购近30宗，耗资超过14亿元人民币，系列并购对公司在整合、治理方面带来了众多挑战，也埋下了隐患。

2012年4月30日，安博发布公告称其年报将延期发布；5月16日，公司公告称：由于①收入确认方法变更，冲回8 500万到9 500万美元原先确认的收入；②追加计提人民币1 500万美元的坏账准备；③增加折旧和其他费用，所以将继续延迟年报公布；5月16日和17日，股价连续以17.55%和6.45%速度最后跌至4.35美元；6月11日集体诉讼爆发；7月5日，公告称由于前员工举报，公司审计委员会将对涉及2008年某并购的涉嫌财务违规启动内部调查程序，当天股价暴跌一半，从4美元多跌至略高于2美元；7月9日和10日，投行将安博股票降级。

事件在2013年继续发酵，3月18日，安博四名独立董事中的三人辞职；3月22日，安博聘请的泛伟律师事务所在牵头调查可能存在的财务不当行为9个月之后辞职；3月22日，审计师普华永道宣布辞职，并指出辞职是因为担心这项调查可能无法获得必要的资源和时间，而安博现有管理层的存在可能使调查无法在普华永道认为必要的范围内展开；此后，纽交所暂停了安博的股票交易；3月25日，霸菱以有关方面辞职和股票停盘为由，撤回了10天前提供的收购要约；4月，主要基金股东之一向开曼群岛的法院提交申请，要求对安博进行清盘，并提出弹劾安博教育总裁兼董事会主席，开曼群岛法院支持临时清盘申请并任命毕马威为临时清盘托管人；2014年3月，媒体报道，安博控股联合临时托管人委托的欧华（美国）律师事务所最新出具的一份独立调查报告表明，由前员工及并购学校原负责人向普华永道提出的任何指控均没有充分依据。

在集体诉讼中，原告指控被告存在虚假并购和虚假收入确认。2014 年 2 月，法院裁决认为由于在诉讼期间并没有公开的信息来证明安博以前所做的对外披露是错误的、需要修正的，没有修正性披露（corrective disclosure）存在也就无法认定安博的股票价格下跌是由于公司的对外信息披露所造成的，所以被告损失的因果关系不成立，法院驳回原告的起诉，但允许修改诉状重新起诉；2014 年 10 月 24 日达成和解赔偿 150 万美元。但为时已晚。在经过财报延迟、并购公司员工举报、股价暴跌、诉讼爆发、投行降级、董事离职、审计师离职、律师离职、私有化夭折、大股东逼宫等一系列密集爆发事件之后，此时的安博已经回天无力，至今股票仍处于停牌状态，安博公司可以说是无疾而终。

同属于中概教育行业，新东方和安博虽然在集体诉讼中最后都以不大的金额达成庭外和解，但两公司的命运却是截然不同；前者股价已经回到了被做空前的水平，而后者股票仍然停牌，公司被托管，期待重生。我们可以理解的是，真实的业务、健康的模式、良好的公司治理、管理层面对被做空和诉讼所展现出来的诚信、透明和智慧水平，不仅会影响到集体诉讼的最终结果，也会影响到公司的生命线。

## 嘉汉林业：多少中介因你而困在诉讼战场？

在多伦多交易所上市的中概公司嘉汉林业（Sino forest）最高市值超过 60 亿加元，被浑水做空后被迫退市，公司被指控隐瞒负债、账目不实。该案的诉讼总标的超过 90 亿加元，证券集体诉讼被告中，除了公司及 CEO、CFO 和其他董事之外，还有外部审计师安永和 BDO，评估师以及 TD、RBC、CIBC、枫叶银行、瑞信等在内的加国老牌投行。审计师安永于 2013 年达成和解，赔偿金额为 1.17 亿加元，创下加国历史上金额最大的会计师赔偿；在另外一场相关的诉讼中，安永同意和解赔偿 200 万加元；此外，安永还和安省证券交易监督委员会（OSC，类似于美国的 SEC）达成 800 万加元的和解；2014 年嘉汉林业的前 CFO 也在证券诉讼中达成和解赔偿 560 万加元，另外被 OSC 罚款 70 万加元；2015 年 1 月 26 日，投行被告同意赔偿 3 250 万加币，同时愿意向原告提供相关文件用以支持对另外一审计师 BDO 的诉讼。所以该案至今累计总赔偿金额达 157 800 000 加元。尚未结案的被告包括审计师 BDO 和除前 CFO 之外的其他董事成员。嘉汉林业案还引发了一系列相关诉讼，包括：投行诉讼中国通商、竞天公诚两家律所；后两者稍后又对投行律师君合所、嘉汉林业独立委员会的三位外部成员、美林和瑞信提出诉讼，审计师安永对资产评估师的诉讼，以及基金投资者对约翰·保尔森所管理对冲基金的诉讼等。曾经在 IPO 项目中的合作团队，现在只能在诉讼的战场上互相厮杀了。目前这些诉讼尚未结束。

2015 年诉场战火不但没有熄灭，反而在春节前夕，由中概股“带头大哥”阿里巴巴打响了中概集体诉讼的第一战。面对诉讼，阿里巴巴发出了强劲的声音，要通过强烈抗辩，让世界更好地了解阿里巴巴、了解中国。2015 年 2 月 13 日，马云在致员工信中指出，阿里巴巴会高度重视集体诉讼，会坚持客观、透明、诚信的原则处理好。是的，对众多优秀的中概公司而言，理性面对和积极迎战集体诉讼是适应和利用国际规则来维护自身权利，提升公司软实力的过程，是较量也是展示。我们需要有更多优秀的中概公司在包括集体诉讼这样的国际博弈战场中，发出强劲的声音。

# 4. 尚德电力“反担保”迷局诉讼案

- 最高市值超150亿美元的太阳能巨子，如何从辉煌走向破产？
- 激进的会计政策，神秘的反担保安排和失利的集体诉讼。
- 尚德电力是如何逐步陷入国际骗子的反担保陷阱？
- 尚德管理层对反担保骗局是否知情？是否轻率？
- 在美国股东集体诉讼中，为何最后只有CEO一人赔偿？
- 中国企业在国际化过程中如何避免上当？
- 如何寻求“又红又专”的全球化业务负责人？

## 从上市到退市

• 2001年1月无锡尚德电力（Wuxi Suntech Power Co.，Ltd.，or Suntech China）成立。

• 2005年1月11日，成立BVI公司（尚德BVI公司，Power Solar System Co.，Ltd.，or Suntech BVI）；成立该公司的目的是引入外部投资者，进行私募融资；然后以此资金收购无锡尚德电力的原先股东中某些股东退出的全部股份。

• 2005年5月，BVI公司向高盛等六名投资者以每股2.3077美元的价格，共发行34 667 052 A类优先股，总融资金额约8 000万美元；该资金主要用于收购无锡尚德电力的原先股东中某些股东退出的全部股份（据报道退出的是国有股份）；国有股退出后，无锡尚德电力变成一家无国有股份的纯外资企业；国有股退出是高科技中概股公司准备赴美上市过程中比较常见的安排，同时也是一个具有技术挑战的安排。

• 2005年8月8日，在开曼成立尚德电力控股公司（开曼公司，Suntech Power Holdings Co.，Ltd.，or Suntech），以此公司作为在美国的上市公司主体，也就是最终控股公司。

- 2005 年 8 月 29 日，开曼公司向 BVI 公司发行股票，换取 BVI 公司股东的全部股份。
- 2005 年 12 月 14 日，尚德电力控股公司（以下简称尚德公司）完成在美国的 IPO，公司股票在纽交所上市；此次 IPO 以每股 15 美元的价格（1 股等于 1 个 ADS），总共出售股票 2 638 万股，总融资约 3.96 亿美元；其中公司共发行新股 22 820 655 股，公司总融资约 3.2 亿美元；2005 年 12 月 14 日 IPO 后第一天交易，当天收盘价格 21.2 美元。
- 2013 年 11 月 8 日，由于股价长期低于 1 美元，而且公司也迟迟没有提交 2012 年年报，尚德公司从纽约证券交易所退市（图 4－1 为尚德电力从上市到退市期间的股价走势图）。

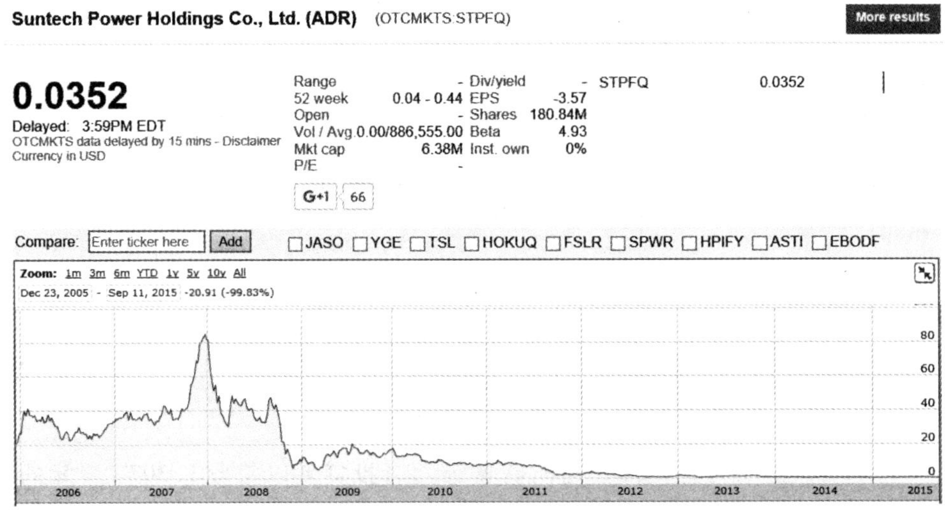


**图 4－1 尚德电力从上市到退市股价走势图**

## 和 GSF 的江湖恩怨

环球太阳能基金（Global Solar Fund, S. C. A., Sicar，简称 GSF）于 2008 年 2 月在卢森堡成立，其是一家由尚德电力为主要投资人的基金，并委托管理公司全权管理，主要从事太阳能光伏电站开发、建设和运营的投资。

2010 年，该基金在意大利建成并网 145 兆瓦光伏电站。其间，为确保项目建设顺利进行，尚德电力为项目融资提供了担保，基金管理公司相关方同时以 5.6 亿欧元等值的德国政府债券为尚德电力提供了反担保。

然而，2012 年 7 月，当经营已每况愈下的尚德计划变卖所持环球太阳能基金股份，从而偿还将于 2013 年 3 月 15 日到期的“可转债”时，却意外发现，基金管理公司相关方为尚德电力提供的 5.6 亿欧元德国政府债券“有可能存在瑕疵”。

2012 年 8 月 14 日，尚德电力宣布称，已在多个国家获得相关法院令状，对环球太阳能基金资本公司和哈维尔·罗梅罗（Javier Romero）在全球的所有资产进行冻结。此外，法院还委派独立经理接替哈维尔·罗梅罗所担任的环球太阳能基金经理职务，接管该基金的运营。

2013 年 3 月 7 日，距离“可转债”大限还有 4 天，尚德电力突然对外宣布，公司已与此前“反担保欺诈事件”中的“被告”环球太阳能基金资本公司和哈维尔·罗梅罗达成和解协议，目前，环球太阳能基金资本公司已经把其在 GSF 持有的股权转让给尚德电力。受此消息刺激，在 3 月 7 日、8 日两个交易日中，尚德电力股价累计涨幅达 10.53%。根据这份和解协议，环球太阳能基金资本公司已经把其在 GSF 持有的股权转让给尚德电力。尚德电力在该基金的股权从原来的 79.3% 增加至 88.15%，同时，尚德电力前董事长施正荣所拥有的 Best（Regent）Asia Group Ltd. 所持股份由原来的 10.7% 增加到目前的 11.85%。基金股权变更的相关手续完成后，环球太阳能基金将与尚德电力进行会计账目合并。

2013 年 9 月 24 日，尚德公司宣布，于 2013 年 9 月 19 日收到意大利布林迪西法院发布的一项裁决通知，通知决定查封由 GSF 投资的公司所建造的 37 个太阳能电站，总装机容量约 30MW，约占 GSF 拥有的太阳能电站总装机容量的 21%。法院同时下令冻结由这些电站获得的上网电价补贴和投资收益。根据意大利法律程序，GSF 及参与电站投资、建设的相关公司部分人员被送达了审前拘留的命令。为了决定下一步行动，GSF 根据法院要求的规章进行评估，尚德也与 GSF 协作来保持 GSF 的运营，并使 GSF 的运营符合法院的裁决。如之前在尚德 2010 年 Form 20 - F 公司年报所公布，意大利布林迪西法院对多个由 GSF 投资的公司在该地区太阳能电站的建造许可流程的合规性进行调查核准。在法院发布的裁决中，法院诉讼的指控主要为：多个太阳能电站在获取建造许可权方面可能存在不当操作，尤其是在环评、设计和获取电价补贴方面存在犯罪嫌疑。

2013 年 10 月 14 日，四位债权人向美国法院申请，要求按照美国联邦破产法第七条款（Chapter 7 of the U. S. Bankruptcy Code），对尚德公司（在美国纽交所上市的 Suntech Power Holdings Co.，Ltd.）进行强制破产。

## 独特的商业模式和会计优势?

尚德公司于 2008 年成立环球太阳能基金公司（GSF），并通过该基金公司进一步投资某些太阳能项目开发公司。GSF 的日常管理是由哈维尔·罗梅罗负责，罗梅罗曾经是尚德公司的一个销售代理（sales agent），他之前也同时担任中概股其他太阳能上市公司的销售代理；据说，他曾经是一位公司律师，还担任一家市值规模很小的上市公司董事职务。尚德公司同意成立 GSF，通过基金公司的模式进一步开拓欧洲市场，打通太阳能产业的上下游，这个商业模式的策划据说是罗梅罗出的点子（brain child）。

GSF 作为投资基金，其上面有 Global Solar Fund Partners S. a. r. l. 为该基金一般合伙人（General Partner，GP）。罗梅罗作为 A 类管理人，负责 GP 的日常运营，而尚德 CEO 施某和尚德公司的 CTO 则作为 B 类管理人。A 类管理人全权负责 GSP 的日常管理。

尚德公司于 2008 年 5 月份签订投资 GSF 的协议，首次投资承诺金额为 5 800 万欧元；于 2008 年 9 月，又追加投资承诺金额 2 亿欧元，所以总的投资承诺金额为 2.58 亿欧元，以换取 GSF 的 86% 股权；2010 年 12 月 31 日，尚德公司对 GSF 的实际总投资金额为 1.557 亿欧元，拥有 50% 的投票权。

2012 年 12 月 12 日，尚德和 GSF 之间的架构模式如图 4 - 2 所示（来源于诉讼状）。

在 2008 年 10 月份的时候，罗梅罗对 GSF 的最终持股仅有 3.33%；2011 年 11 月，尚德将其所持有的 6.7% 股权转给罗梅罗，导致尚德的持股下降至

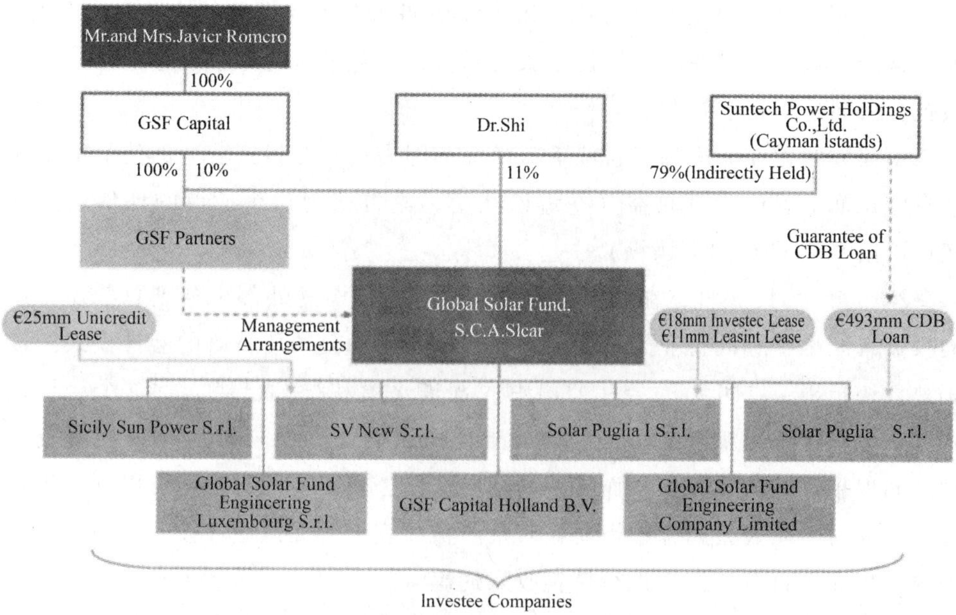


**图 4-2 尚德与 GSF 之间的架构模式**

79.3%，GSF 资本的持股上升至 10.03%；据说这一转让是为了认可罗梅罗对尚德公司的贡献。

在图 4-2 的架构中，尚德公司间接持有 GSF 79% 的股东权益，CEO 施某持有 11%，GSF 资本持有 10%；GSF 资本是由罗梅罗夫妇所拥有。GSF 的日常管理运营则由 GSF Partners，也就是所谓的 GP 来负责，而这个 GSF Partners 则是 GSF 资本公司全资拥有。这个 GP 由三人管理委员会组成，罗梅罗是 A 类管理者，B 类管理者包括尚德公司 CEO 施某和尚德公司。

GSF 下面投资了 7 家太阳能项目（电厂）公司。尚德公司的产品直接销售给这 7 家被投资公司，并直接确认为销售收入。尚德的美国上市公司报表并不需要对这 7 家被投资公司进行合并，所以这 7 家被投资公司的损益和尚德公司并没有直接关系，也就是说如果这 7 家公司出现运营亏损，尚德的美国报表并不受负面影响；相反，尚德可以在销售货物给这 7 家公司的时候，确认销售收入。

2009 年，尚德公司销售给这些被投资公司的金额高达 1.158 亿美元；2010 年，该金额估计超过 1.974 亿美元。

通常而言，太阳能项目的开发和建设初期都会出现金额较大的运营亏损，通过这个模式，尚德在确认销售收入的同时，避免了对这 7 家可能存在亏损的被投资公司进行报表合并。

不仅如此，在激进的权益法下，尚德还因为这些被投资公司的估值增长而在自己账面上确认投资收益（在诉讼状中，原告认为这个所谓的评估增值其实可以由 GSF 进行内部操纵）。

2010 年 1 月 12 日，在投资者会议上，尚德公司的外部事务副总裁还特地向投资者炫耀了和同行业太阳能公司相比较，尚德公司所特有的会计模式。该副总裁还指出，“四大”会计公司中的普华永道和德勤已经同意这个会计模式，认为在这个组织框架下，这些夹层公司以确保尚德公司和 GSF 所投资公司之间保持足够的距离，从而导致尚德向这些公司出货的时候就可以确认销售收入；同时，尚德公司并不需要在其资产负债表上合并这些被投资公司，也不需要采用完工百分比法来进行销售收入的确认。

图 4 – 3 和表 4 – 1 为尚德公司在一次投资会议上，向投资者所炫耀的其特有的会计模式。

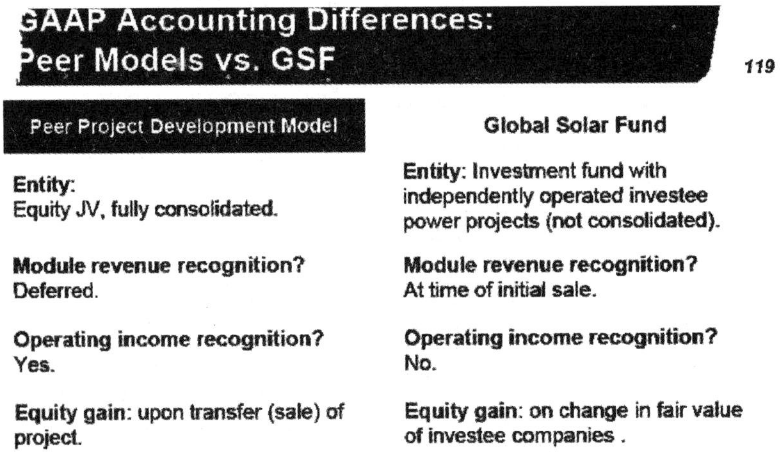


Available at http://ir.suntech-power.com/phoenix.zhtml?c=192654&p=irol-EventDetails&EventId=3571053.

图 4 – 3 尚德公司的会计模式

**表 4－1　　　　尚德公司和其他太阳能公司会计模式比较**

| 项　目 | 同行业其他公司 | 尚德的环球太阳能基金模式 |
| --- | --- | --- |
| 权益法核算 | 建立合资公司，或者按照子公司合并 | 通过建立投资基金，并将该投资基金所投资项目的日常管理独立运营（不是由尚德公司运营），从而不需要进行报表合并 |
| 收入确认 | 太阳能组件在出货的时候不能马上确认收入，只能递延，或者通过完工百分比法确认收入 | 在太阳能组件初始销售的时候（通常是出货的时候）就可以确认收入 |
| 营业利润确认 | 需要确认所投资项目公司的运营利润（通常而言，在前期是运营亏损） | 不需要确认所投资项目公司的前期运营亏损（通常而言，前期是亏损） |
| 权益估值确认 | 只有在将所投资项目转让的时候才能确认 | 对被投资项目进行定期公允价值的评估，在其公允价格变化的时候确认收益或者损失 |

2009 年、2010 年和 2011 年尚德公司的总销售收入分别约为 17 亿美元、29 亿美元和 30 亿美元；毛利润只有 3.6 亿美元、5.4 亿美元和 3.9 亿美元；2009 年和 2010 年净利润为 0.86 亿美元、2.4 亿美元，2011 年净亏损 10 亿美元。

图 4－4 为尚德公司从 2007 年至 2011 年的财务数据趋势图。

2011 年底的总资产约 45 亿美元，总负债 36 亿美元；

2010 年的净利润仅有 2.4 亿美元，其中确认来自被投资公司的权益估值收益高达 2.5 亿美元。

这个商业模式看来是一本万利，但尚德的美国报表毕竟是要经过“四大”会计公司的审计，这样的“会计游戏”其依据何在？为何尚德可以不用合并这些被投资公司？为何尚德可以直接确认出货给这些被投资公司的货物为销售收入？为何尚德可以在账目上确认对这些被投资公司的评估增值？

当 SEC 质疑尚德为何不对这些 GSF 所投资的公司进行报表合并的时候，

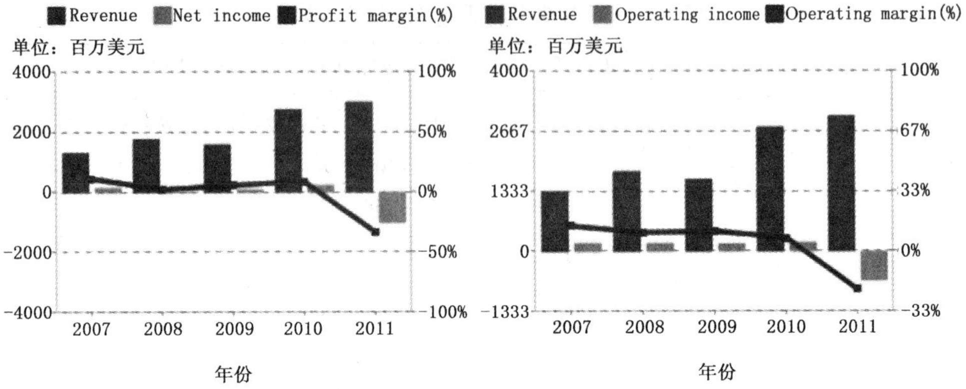


图 4－4　尚德公司 2007～2011 年财务数据趋势

尚德公司于 2009 年 12 月 4 日给 SEC 的回复中，对此进行了如下解释：

①GSF 和这些被投资公司的日常经营决策独家授权给 GP 公司的 A 类管理者——罗梅罗先生；

②GSF 的投资和处置决策必须经过罗梅罗的同意，因为此项决策必须同时获得罗梅罗和任何一位 B 类管理者的同意；

③如果未经过罗梅罗的同意，在 GSF 基金层面不能通过任何会形成针对第三方的权利或者义务的决议；

④如果未经过罗梅罗的同意，GSF 的公司章程不能修改；

⑤如果未经过 GP（其实也就是罗梅罗）的同意，GSF 资本作为 GSF 的 GP 地位不能被更换；

⑥在 GSF 派发利润的时候，GSF 所有的股东都有权得到股利派发，所有股东作为整体都有义务承担 GSF 的亏损或者剩余权益；

⑦GP 在收取 GSF 的日常运营管理费之后，并不能免除其作为股东承担 GSF 亏损的责任或者享受 GSF 剩余权益的权利；

⑧GP 并没有义务基于尚德公司的利益作为运营 GSF 的出发点，尤其是：第一，GSF 并没有被明确要求必须从尚德公司购买太阳能组件（虽然在实际业务中，GSF 所投资的那些公司所购买的太阳能组件大部分甚至全部来自于尚德公司）；第二，GSF 并不是尚德公司产品的销售商，和尚德公司之间也不存在任何服务合同；

⑨GSF 预期将会引入其他更多的外包投资者。

尚德认为，基于以上分析，其不需要合并 GSF 所投资的这些公司。如果对这些公司进行报表合并，则可能会大大影响尚德作为美国上市公司所披露报表的销售收入和利润。

当然，SEC 并未就此罢休，又进一步质疑尚德公司和罗梅罗之间到底是什么关系？在 2010 年 10 月 28 日尚德公司回复 SEC 的信件中，尚德公司告诉 SEC：罗梅罗作为 GSF 基金管理人的 A 类管理者，全权负责 GSF 的日常经营；他曾经是尚德公司的非执行代表和西班牙的销售代理（non - executive representative and sales agent），但从来都不是尚德公司的雇员；他现在已经不是尚德公司的销售代理了，而是 GSF 的独立管理人员；此外，他和公司及公司的其他关联方之间，没有任何的其他关系。

当然，以上仅仅是从会计技术上的解释。会计技术上行得通的，往往并不代表经济交易的实质就没有问题。安然事件就是最好的例子。安然通过特殊实体进行 SPE 表外融资交易，虽然从会计技术上符合当时的美国公认会计准则，但是从经济交易实质而言，导致会计报表严重误导。

而对于尚德的以上交易安排而言，最为关键的是看这 7 家被投资公司的资金独立性。如果这些被投资公司的资金来源是独立于尚德公司的，那么尚德公司和这些公司的销售收入比较接近公允交易，而如果这些公司的资金来源需要尚德公司承担很大的风险，那么问题就来了。

## 反担保交易

2010 年 5 月，尚德公司就中国国家开发银行（以下简称国开行）向 GSF 最大的被投资公司的 5.54 亿欧元贷款提供担保，并同时被要求提供 3 000 万欧元的银行存款作为追加抵押物。这也是尚德公司至今为止向第三方提供的最大金额财务承诺。作为反担保的安排，尚德公司接受了来自 GSF 资本，也就是 GP 的母公司，金额为 5.6 亿欧元的德国政府债券作为反担保抵押物。而在会计处理上，对该项融资交易的反担保安排，尚德公司在报表上仅确认了约 200 万欧元的负债。

2012 年 7 月 30 日，也就是大约在两年之后，尚德公司突然公告称这个所谓的德国政府债券抵押物根本不存在。

2012 年 12 月 7 日，尚德公布了 2012 年第三季度的业绩，并告知投资者，公司是这起欺诈案的受害者，原先报表上所确认的 200 万欧元负债被低估了，这个负债金额应该在 6 000 万至 8 000 万美元左右；而且，尚德公司 2010 年和 2011 年所公布的财报不再可被信赖。公司拟对以前年报进行重述。

尚德“反担保”交易事件的过程汇总如表 4 - 2 所示。

**表 4 - 2　　尚德公司反担保欺诈事件爆发后大事记**

| | |
|---|---|
| 2012 年 7 月 30 日 | 尚德公告称正在对 GSF 相关方提供的反担保展开调查。GSF 的管理者 GSF Capital 向尚德提供的 5.6 亿欧元等值的德国政府债券担保存在瑕疵，其可能系伪造而根本不存在 |
| 2012 年 8 月 1 日 | 美国投资机构 Maxim Group 下调尚德目标价至 0 美元 |
| 2012 年 8 月 15 日 | 施正荣辞任尚德 CEO 职务，仍继续担任董事长；金纬担任 CEO 职务 |
| 2012 年 9 月 24 日 | 尚德发公告称因收盘均价连续 30 天低于 1 美元，收到纽交所退市警告。尚德有 6 个月缓冲期用于提振股价 |
| 2012 年 10 月 10 日 | 尚德首席财务官辞职，媒体报道认为尚德高管离职潮爆发 |
| 2013 年 1 月 14 日 | 尚德电力连续 30 个交易日平均收盘价高于 1 美元，在美退市风险解除 |
| 2013 年 1 月 15 日 | 尚德员工不满公司取消年终奖，发公开信要求 CEO 金纬辞职 |
| 2013 年 3 月 4 日 | 施正荣辞去尚德董事长职位，继续留任董事 |
| 2013 年 3 月 7 日 | 和 GSF 和解 |
| 2013 年 3 月 11 日 | 尚德电力发布公告称，与超过 60% 的可转债持有人签订了债务延期协议，获得 2 个月延缓时间 |
| 2013 年 3 月 12 日 | 40% 未与尚德签订延期协议的债券持有人表示，要求尚德必须在 3 月 15 日到期时，按时偿还可转债，否则将向法院起诉 |
| 2013 年 3 月 18 日 | 尚德发公告承认债务违约：公司收到 3% 可转债托管人的通知，即 2013 年 3 月 15 日到期的可转债，仍有 5.41 亿美元的未支付金额，已经违约并要求尽快付款 |
| 2013 年 3 月 19 日 | 尚德电力发布公告称，任命周卫平为尚德执行董事兼总裁，即刻生效 |

续表

| | |
|---|---|
| 2013 年 3 月 20 日 | 无锡市中级人民法院依据《破产法》裁定，对无锡尚德太阳能电力有限公司实施破产重整 |
| 2013 年 9 月 19 日 | 意大利法院查封 GSF 37 家电厂 |
| 2013 年 10 月 14 日 | 债权人在美国申请要求上市公司尚德电力强制破产 |
| 2013 年 11 月 8 日 | 尚德公司股票从纽交所退市至柜台交易 |

图 4－5 为该笔反担保贷款的交易结构图。

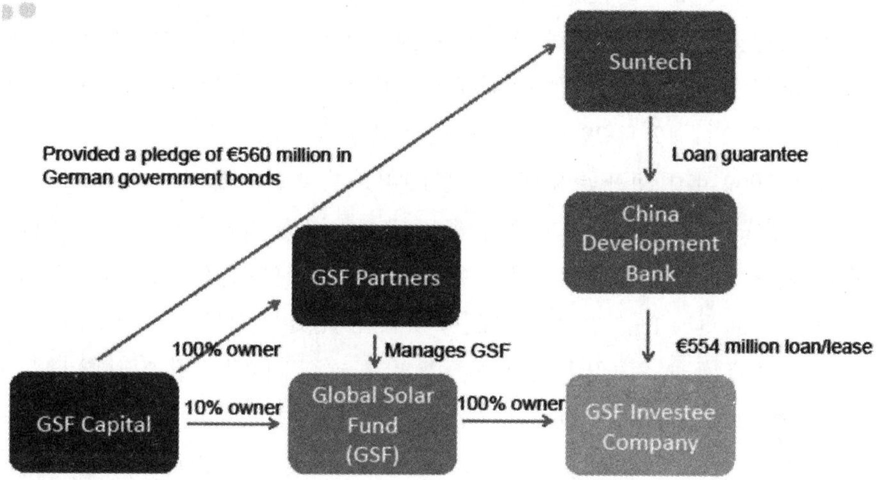


Available at: http://ir.suntech-power.com/phoenix.zhtml?c=192654&p=RssLanding&cat=events&id=4815367.

**图 4－5　尚德公司反担保贷款交易结构**

国开行的这笔贷款，解决了 GSF 最大的被投资公司资金需求，也有利于尚德公司的产品出口和销售收入确认。因为如果尚德销售给这些被投资公司的产品，在对方付款能力不确定的时候，尚德并不能确认销售收入。而来自国开行的资金支持，解决了这个问题。但是由于这个贷款是尚德提供担保的，所以尚德还需要承担重大的信用风险，在美国公认会计准则下，这就有可能导致销售收入不能确认。因此，尚德必须寻求将该风险进行转移的方式；而进行反担保，则可以确保尚德在本交易中不存在重大风险，这样一来，尚德卖给该被投资公司的货物不仅在收款上没有问题，虽然这个所收的款可能是来自国开行的贷款，而且这个贷款也是尚德所担保的，但是通过第三方的反担保，尚德已经将重大风险转移出去了。因此，尚德的收入确认也就可以实现，并且符合美国公认会计准则。

所以，反担保的安排，对尚德而言是十分重要的，因为这还会涉及收入确认的问题。正因为如此，SEC 也十分关注这笔交易；就该笔交易，SEC 对尚德进行了持续的询问。

这笔反担保交易所引发的问题包括：

（1）尚德公司为何要提供担保？因为会不仅涉及收入如何确认的问题，还涉及到担保义务的公允价值计量问题，所以这个也是 SEC 一直在追问的。尚德公司在 2010 年 12 月 29 日给 SEC 的回复信函中回答道：

GSF 于 2009 年中期开始和国开行接触申请贷款，与那些欧洲财团相比较，国开行所给出的贷款利率和其他条款都比较有吸引力。但由于：①国开行之前并未向欧洲的项目提供过项目贷款；②国开行对如何持有位于欧洲资产的抵押物并不熟悉，也不放心；③对于在西方项目融资交易中所流行使用的“不具备追溯性”融资模式，国开行并不熟悉，也不放心。因此，作为其放贷政策的要求，国开行要求债权人提供位于中国境内的实质性房产、工厂、设备和其他资产作为抵押物。所以，这是基于国开行的特殊要求，才需要由本公司而不是 GSF 提供担保。

（2）尚德公司对于反担保物的虚假是否早已经知情，或者应该知情？尚德公司是否进行了合理的尽职调查？尚德公司或者其 CEO 等高管是否早就知道罗梅罗这个“国际大骗子”不可信？事件爆发之前，是否有一些明显的警示信号（red flag）？这些也是集体诉讼原被告双方争辩最为激烈的问题。

2010 年 9 月 27 日，SEC 的公司融资部门（Division of Corporate Finance）发信要求尚德公司具体披露其在 GSF 融资贷款交易中的担保情形；2010 年 10 月 28 日，尚德回复 SEC，宣称在该担保交易中，尚德收到来自 GSF Capital 的德国政府债券作为反担保抵押物。

SEC 对此交易继续质疑，于 2010 年 11 月 30 日发信给尚德公司的 CFO 张某，要求公司提供详细说明，评估该担保交易对尚德是否符合款项可回收性这个收入确认条件的影响。

2010 年 12 月 29 日，尚德公司 CFO 张某回信给 SEC 指出：尚德公司的收入确认符合美国公认会计准则 ASC 605 - 10 - S99 - 1；该担保交易对公司的收入确认并不存在影响，因为该担保并不影响销售交易安排的任何证据（美国会计准则下，对收入确认的证据要求十分严格），不影响销售收入的定价安排，也不影响销售交付的时间安排和收款的时间安排。在销售的回款安排上，首先，尚德只有在收到这些公司的款项之后并确信所进行的项目进度正常的情况下，才会确认收入；其次，至于融资担保交易本身而言，尚德收到来自 GSF 一般合伙人 GP 的母公司 GSF 资本（第三方的非关联公司）所提供的德国政府债券作为反担保抵押物，如果出现被投资公司付款违约的情况，由于公司在获取该债券作为偿还物时并不受任何限制，因此公司认为如果出现担保违约而又无法通过反担保补偿的可能性很低。

可见，这个反担保对于尚德公司而言是十分重要的，否则尚德公司的销售收入将会被迫递延。然而，实际上，这个反担保的抵押物竟然是不存在的。

## 集体诉讼

2012 年 7 月 30 日，尚德公司公告宣称 GSF 资本所提供的反担保物价值高达 5.56 亿欧元的德国政府债券可能根本不存在，公司是该起诈骗的受害者。该消息公布后，2012 年 7 月 30 日，尚德的股票价格下滑 14.45%，收盘为 1.34 美元；第二天继续下跌至 1.13 美元，而且交易量巨大。尚德公司的可转换债券交易价格于 2012 年 7 月 31 日收盘于 45 美元，和消息公布前的 69 美元比较，下跌 35%。同时，华尔街纷纷调低尚德公司的股票目标价格，有的将该目标价格调整至零。

2012 年 8 月，集体诉讼爆发，诉讼期间从 2010 年 8 月 18 日至 2012 年 7 月 30 日；在最初的诉讼状中，尚德公司、公司 CEO 施某、时任 CFO（金某）和前任 CFO（张某）成为被告。尚德公司于 2013 年 7 月提交动议（motion），申请法院驳回该起诉讼，但由于 2013 年 10 月份尚德公司申请破产，所以尚德公司作为本案证券集体诉讼的被告人之一，针对其诉讼则自动中止（automotive stay）；法官于2013年12月的驳回诉讼裁决中，并不涉及尚德公司。之后，原告主动撤销对前任CFO的指控。所以，第一次修改后的合并诉讼状中，只有CEO施某和CFO金某成为被告。而在第二次修改后的合并诉讼状中，只有CEO施某一个人为被告。上市公司股东集体诉讼仅仅将公司CEO一个人纳入被告，这在美国证券诉讼历史上是十分罕见的。

原告指控被告违反1934年交易法的10（b）条款、SEC的10b－5规则和交易法的第20条款（控制人责任条款），在诉讼期间没有及时披露反担保交易中根本不存在的抵押物（德国政府债券），作出重大不实陈述，隐瞒重大信息，从而导致投资者产生损失。

2013年12月，就原告所提交的第一次修改后的合并诉讼状（consolidated amended complaint，CAC），法官指出，原告的起诉状在欺诈（scienter）、损失和因果关系（loss causation）与重大不实陈述（falsity）三个要素上指控不充分，因此，法官驳回了原告的起诉，但是允许原告重新修改诉讼状。

2014年8月12日，就原告所提交的第二次修改后的合并诉讼状（second amended complaint，SAC），美国加州北区联邦法院的法官拒绝了施某驳回该起诉讼的申请。

以下我们共同了解一下法官在拒绝被告施某的驳回申请过程中的法律分析：

本案争辩的焦点在三个地方：

- 被告是否存在欺诈（scienter）；
- 被告是否存在重大不实陈述（falsity）；
- 损失的因果关系是否成立（loss causation）。

**被告是否存在欺诈（scienter）**

欺诈是一种主观意识（a mental state），也包括主观上轻率（recklessness）；轻率行为则是指高度不合理性的行为（highly unreasonable），极度偏离应有关注的标准（an extreme departure from the standards of ordinary care），其所对应的重大不实陈述或者信息遗漏，被告其实是知情的，或者说是如此的明显所以被告是应该知情的，但由于被告主观上的轻率，而被忽视。

原告指控被告存在两个重大不实陈述：①对于向国开行贷款提供的担保，

尚德公司所作的公允价值评估存在误导，从而导致财务报表失去公允（尚德公司在报表上仅确认了200万美元左右的公允价值负债，而其实际负债金额大约是6 000万至8 000万美元）；②反担保抵押物根本不存在，但是尚德公司此前却对外宣称公司可以不受限制地获取该抵押物。

原告认为，施某作为公司的CEO，对以上实际情况是知情的；所以，他的公开不实陈述，至少是属于蓄意轻率（deliberately reckless）性质。

在第一次合并诉讼状（CAC）中，原告提出了以下“警示信号”，认为被告因为轻率而忽视了这些“警示信号”。这些“警示信号”包括：

• 罗梅罗在其他的商业行为中已经透露出其缺乏诚信（dishonesty），他甚至在一次于欧洲举办的公开大会上，标榜自己是尚德西班牙的总裁；后来尚德公司和罗梅罗本人不得不对此进行解释，重申罗梅罗并非尚德公司的雇员；被告施某对此是知情的，由此应该知道罗梅罗缺乏商业诚信。

• GSF根本就没有将所谓的德国政府债券这个反担保抵押物交付给尚德公司；虽然双方合同约定GSF应该作出如此交付，但双方并没有实际履行这个合同要求。

• 所谓的德国政府债券是否存在？对此，尚德公司并没有进行验证，在当时甚至没有和托管银行直接沟通联系过，也没有和这个虚假债券的前手人直接联系过。

• GSF提供给尚德公司的文档表明，这个政府债券是GSF从欧洲的一家公司借来的，而这家公司本身也不拥有该债券，更为重要的是，这家公司的股东曾有刑事方面的不良记录。

• GSF资本和罗梅罗本人，是否具备财力获取金额高达5.6亿欧元的债券？对这一点，尚德公司并没有进行妥当评估，在尽职调查过程中，尚德公司并没有获取GSF资本的财务信息。

• GSF为获得意大利政府的快速批准，曾经向政府部门虚假申报该项目；而且GSF在意大利的项目缺乏实际的经济价值（did not make economic sense）。

然而，法官认为，以上“警示信号”过分依赖抵押物（德国政府债券）实际并不存在这样的事实，所以属于依赖事后证据来指控先前的欺诈（fraud by hindsight）；因为这些事后的证据，一方面可以说明尚德公司的尽职调查不到位，但另一方面也可以说明尚德公司在履行了尽职调查程序之后，本身也是该欺诈事件的受害者。所以，法官认为，原告的以上指控并不充分。

在第二次修改后的诉讼状（SAC）中，原告追加了一些事实（目前阶段法院假设这些属于事实），所以法官认为欺诈的指控是充分的。这些追加的事实大部分来自于尚德公司和 GSF 在新加坡和英国的纠纷诉讼中的法院文档；法官认为，这些追加的内容足以说明尚德公司在做尽职调查过程中当时并没有尽最大努力（best effort）去验证这个抵押物（德国政府债券）是否真实存在；所以，原告认为，被告施某当时已经知晓众多的“警示信号”，足以表明这个反担保交易问题重重。原告追加提供的指控其内容包括：

• 从罗梅罗于 2009 年 12 月份发给被告施某的数封电子邮件中可以看出，先是国开行拒绝接受 GSF 提出以德国政府债券作为抵押物，所以罗梅罗才提出建议由尚德公司作为融资的担保方；罗梅罗多次强调这个贷款的反担保安排应该对市场保密，也应该对贷款发放行国开行保密；他在电子邮件中写道：如果让国开行知道反担保安排，则有可能会产生意想不到的后果，可能会降低国开行对所融资项目的信心，比如：如果我们认为该项目是完美和安全的，为何尚德公司需要进行反担保安排？这样有可能会导致融资成本的大幅度提高。（笔者注：罗梅罗的这个要求很奇怪，难道他不知道尚德公司是一家在美国上市的公司吗？难道他不知道上市公司需要对担保交易进行披露吗？他为何要求尚德公司对此担保安排进行保密？目的何在？这样的要求，不能不令人怀疑）。

• 从罗梅罗同被告施某和其他管理人员的邮件沟通中，可以看到：

①在整个交易过程中罗梅罗不停地给尚德公司相关人员（包括投资总监和公司内部法务人员）施加压力，要求尽快完成尽职调查工作。

②而尚德公司的投资总监基于某些信息的敏感（包括 GSF 资本的财务报表），竟然没有继续完成董事会所要求的详细调查程序，没有确认反担保抵押物的真实存在；该投资总监的电子邮件还显示，公司和其外部审计师对交易的会计处理和信息披露进行了讨论。

③虽然已经知晓 GSF 资本并不配合尚德公司的尽职调查工作，但迫于罗梅罗的压力，尚德公司董事会有条件地批准了该项担保交易，但是尚德公司管理层在没有实现董事会所要求的条件下就完成了担保交易（董事会要求的两个条件：a. 完成对德国政府债券提供者的尽职调查；b. 完成对该提供者和 GSF 资本之间债券转让安排的尽职调查）。

• 从罗梅罗向被告施某和尚德公司管理人员所提供的抵押物相关资料中，可以看到这些资料存在明显错误，前后明显不一致，甚至有英文错别字和语法错误，然而尚德公司并没有对此足够关注。比如：

①罗梅罗宣称这个德国政府债券是从一家叫 Werner Richter 的英国公司借来的；然而，当尚德内部律师要求提供该公司注册资料信息的时候（Company profile），罗梅罗所提供的注册信息上连公司名字都拼写错误，在被要求重新提供之后，还出现再次拼写错误。原告认为，很明显，这个所谓的公司注册资料是伪造的，而且伪造的手段十分低下，存在英文拼写和语法错误，应该是属于非英语为母语的人员所伪造。

②2009 年 12 月 16 日罗梅罗电子邮件中提供的 GSF 资本和 Werner Richter 公司之间所谓的德国政府债券交易合同，仅仅是一份草稿，而且并没有签名；更为可疑的是，该合同上列明债券的托管银行是 RBS，而罗梅罗告知尚德公司托管行应该是位于香港的 ABN AMRO（法国巴黎银行）。

③尚德公司电子邮件显示，Werner Richter 其实是一家空壳公司，不具备任何财力可以获得金额高达 5.6 亿欧元的政府债券；且该公司已经于 2010 年 7 月 20 日清算解体。

从尚德公司在新加坡诉讼过程中提供给法庭的资料可以看出：通过公开的信息调查，并无发现 Werner Richter 公司有任何实质性经济活动，公司注册的地址似乎是个居民区；如果从意大利公开新闻报道中则可以很容易发现，该公司的唯一股东 Marco Russo 于 2001 年因涉嫌刑事犯罪、欺诈、逃税和洗钱而被逮捕；当地新闻还报道指出，Marco Russo 曾经通过黑客行为试图在法国巴黎银行（BNP PARIBAS）摩纳哥分行的电子系统中伪造 1.2 亿美元的贷款担保文件，以骗取法国巴黎银行巴拿马分行的信用额度。

原告指出，虽然存在以上众多疑点，除了查看 Werner Richter 公司的注册资料之外，尚德公司并没有最终有效解决这些问题，也没有采取进一步的调查程序。

Werner Richter 公司的总裁 Prudence Clark 也证实，尚德公司并没有同她直接联系。如果直接联系和沟通，那么尚德公司就会知道，她从来没有和罗梅罗会过面，她本人对所谓的抵押债券交易也全然不知情；其实，也就是大约在交易两年之后，Clark 女士才从 Marco Russo 的办公室里看到一份 GSF 资本和 Werner Richter 之间的合同，而合同上她的签字是被伪造的。

尚德公司在新加坡诉讼法庭上承认该笔交易确实十分可疑（inherently suspicious）；而被告施某对这个固有的可疑，早在 2009 年就已经知情。

在交易过程中，尚德公司虽然也聘请了国际知名的律师协助（Simpson Thacher），但外部律师的主要职责是起草合同，仅仅是进行文字工作，并没有进行尽职调查来验证抵押物的真实性；而尚德公司也承认，其内部律师对此类国际性交易并非十分熟悉。

根据新加坡法院的文档，原告还指出了该笔交易在执行过程中，所存在的一些疑点：

• 在整个交易过程中，罗梅罗不停地通过电子邮件给被告施某和尚德公司的投资总监施加压力，罗梅罗先是假装从国开行的角度，后来又假装从 Werner Richter 的角度，要求尚德公司尽快签订给国开行的担保合同。没想到，罗梅罗这一招还真管用，他正是利用了尚德公司也希望能够确认销售业绩的心理，诱导尚德公司在未完成董事会要求的尽职调查程序下，签订了担保合同。

• 2009 年 12 月 24 日，罗梅罗通过电子邮件发给被告施某和尚德其他高管一份电子截屏（screenshots），宣称这个德国政府债券已经从 Werner Richter 转给了 GSF 资本；罗梅罗宣称该截屏来源于欧洲债券登记结算中心（“欧债中心” Euroclear）网站。

• 2010 年 1 月 21 日，罗梅罗又发电子邮件给尚德公司高管，宣称该债券的交易已经完成，并随同邮件附上：①2009 年 12 月 24 日电子邮件中的那个截屏；②所谓的“德国政府债券证书”；③所谓的来自 RBS 银行的交易完成确认函。

本案被告施某在新加坡法庭上也承认，以上交易文件存在众多疑点，比如：

- 这个截屏是来自欧债中心的资金结算平台（FundSettle），然而，欧债中心的债券交易并不使用该平台；
- 这个截屏上有很多拼写错误，而这在真实的欧债交易中是不可能发生的；
- 截屏上所用的措辞是“share”（股份），这个措辞对债券交易而言并不适用；
- 截屏上还使用措辞“subscription”（认购）和“redemption”（回购），这些措辞仅会在投资基金交易中出现，并不适用于债券交易；
- 截屏上并没有显示这些基本信息，如交易各方的清算账户信息、托管行信息、交付/转让的方式，也没有显示托管行的账户号码，等等；
- 截屏上所显示 GSF 资本的交易参与代码（participant code）前后不一致。

就连所谓的 RBS 银行确认函也存在众多疑点，比如，该确认函上所标明的国际银行账户号码（IBAN）其实是无效的；正常的号码应该是 16 位，但这个确认函上的号码只有 12 位；如果将这个号码输入 RBS 银行的系统进行查询就可以马上发现这个号码是不存在的。

2010 年 1 月 22 日，尚德公司法务部门负责人电邮给罗梅罗，要求 RBS 银行确认该“德国政府债券”如果未经过尚德公司的同意不得解冻（release）；罗梅罗于 2010 年 1 月 25 日电邮回复尚德公司，并附上两封信函：一封是落款日期为 2010 年 1 月 22 日，由 Werner Richter 发给 RBS 的，信中要求 RBS 如果未获得尚德公司的同意，不得解冻该债券；另外一封是落款日期为 2010 年 1 月 25 日，由 RBS 发给 Werner Richter 的，信中确认如果未经尚德公司同意，RBS 不会解冻该债券。

对这两封信函，尚德公司在后来的新加坡法庭上也承认，其疑点众多，可能属于伪造的，比如：

- 所使用的纸张不是 RBS 的银行信笺；
- RBS 的回函中也没有提供银行地址；

• 信函中 RBS 的标志很明显是从其他文件中拷贝而来的；

• RBS 回函的签字人名很潦草，无法辨认；

• 该信函是致给“先生”（Dear Sirs），然而，Werner Richer 的总裁 Clark 是位女士；

• 此外，这两封信函连收件人的称呼都出现错别字，而且错的一样，都把 Dear 这么简单的词写成了 Dears；很明显，这两封信是出自于同一个人，而且其英语为非母语。

原告指出，在接下来的超过两年时间之内，尚德公司竟然没有采取任何简单的步骤来确认该债券是否真实存在。直到 2012 年 5 月 31 日，尚德公司的法务部门人士写信给 RBS 要求对方确认该债券确实存在，事情才得到揭露。2012 年 6 月 18 日，RBS 告知尚德公司法务部门，并未发现任何此等债券，而且罗梅罗所提供的银行账户并不存在。RBS 还指出，所谓的 2010 年 1 月 25 日信函，看来像是一份标准的扫描件而已。

被告施某自己也承认，于 2011 年，尚德公司已经隐约感觉到罗梅罗对 GSF 基金所投资资产的管理能力存在问题，因为 GSF 在意大利所拥有的几个电厂由于涉嫌在申请执照过程中造假，从而遭受政府的刑事和监管调查，有些项目还被意大利法院暂时查封。此外，GSF 所投资项目还涉嫌员工工资拖欠和虐待，而遭受调查，并有数人被刑事逮捕，罗梅罗自己也遭受指控。

当尚德公司打算出售 GSF 股权的时候，罗梅罗十分不情愿地向尚德公司提供相关信息和估值情况；甚至从 2012 年年初开始，罗梅罗就似乎故意躲避尚德公司的 CEO，也不参加每月和尚德公司 CEO 的管理例会。

原告还指出，被告施某在公司于 2012 年 7 月 30 日公告之前，早就对该抵押物不存在这个真相是知情的。原告援引罗梅罗在英国法院所作的陈述内容。罗梅罗向法院陈述道：他于 2012 年 2 月 20 日打电话给尚德公司 CEO（本案被告施某），这个德国政府债券又重新被 Werner Richter 单方面给拿回去了。因此，这至少可以说明施某是在 7 月 30 日公告之前的 5 个月就知道事情真相，但他不仅隐瞒，还对外作出了重大不实陈述。而且施某在新加坡法院的陈述中也指出，至少从 2012 年初开始，他对罗梅罗就开始产生怀疑（比如，罗梅罗拒绝参加每月的管理会议)。原告指出，这更进一步说明施某对此虚假抵押物应该知情。

原告指出，正是由于被告施某早就对罗梅罗的诚信表示怀疑，所以从2010年之后，虽然罗梅罗代表GSF数次发出要求施某个人完成分阶段注资的通知（capital call)，施某数次拒绝了这个注资要求。然而，在涉及尚德公司的利益上，被告施某就忽视了其对罗梅罗诚信的怀疑。

对原告的以上指控，施某抗辩指出，如果缺乏有效验证（corroboration)，那么罗梅罗的电子邮件及其在后续诉讼中的那些陈述应该不具备可信度（lack the reliability)。施某还指出，既然原告的诉讼状中指出这么多的信息来证明罗梅罗是个多么缺乏诚信的人，那么法院就不应该采纳罗梅罗的电子邮件和法庭陈述作为对施某存在欺诈的指控依据。

然而，法官指出，原告的诉讼状在引用罗梅罗的陈述方面具有充分的依据。因为：①罗梅罗的法庭陈述内容来自于英国法院的文档；这虽然无法直接说明罗梅罗所作的陈述内容（关于2012年2月20日他给施某的电话）就是真实可靠，但是，这个文档毕竟给原告提供了某种事实基础（factual basis)，原告可在该基础上认为罗梅罗当时确实给施某打过电话。罗梅罗本身的诚信虽然不是无懈可击；但是，被告施某认为罗梅罗在法庭上的陈述完全不可信赖的主张，也是比较激进的。②欺诈是一种主观意识，原告并不需要验证罗梅罗那些邮件中所描述事项是否真实。十分明确的一点是，从原告起诉状来看，被告施某在反担保交易达成之前，就已经收到这些电子邮件，这些“警示信息”足以让他提高警惕。

法官认为，尚德公司并没有要求外部律师对反担保抵押物是否真实存在进行验证（公司聘请外部律师仅仅是起草反担保协议，而且，尚德公司也没有完全履行该协议中规定的重要条款：要求GSF资本向尚德公司交付抵押物)，被告施某直接大量参与该交易、施某还是公司董事会主席和CEO，以及交易过程中所出现的大量“警示信息”，这些都足以强力推导出被告施某蓄意轻率（deliberately reckless）地进行了重大不实陈述（包括两个不实陈述：该抵押物的存在和尚德公司所面临的风险缺口)。

施某又抗辩指出，原告的指控显然没有考虑到被告是尚德公司的创始人和最大股东这个因素；施某拥有尚德公司约1/3的股份，如果反担保抵押物不存在，那么施某本人也会损失大量财富；在这样的情况下，如果法官真的认为被告存在欺诈，那么这只能说明被告施某是经济上不理性（economically irrational），这和原告所宣称的施某是位经验丰富、老道的和成功的商人相矛盾。

从尚德电力招股说明书和相关年度的年报所披露的信息中，我们发现：

• 2005年公司IPO的时候施某个人售股363 655股；（2005年12月31日，总股数为147 487 707股）；

• 2006年4月25日，施某的个人股份为66 500 000股，占总股份44.97%；

• 2007年6月8日，施某的个人股份为59 400 000股，占总股份38.6%；

• 2008年（年报上写成2007年为错误）3月24日，施某的个人股份为52 845 000股，占总股份34.2%；

• 2009年5月7日，施某的个人股份为55 170 000股，占总股份35.1%；

• 2012年4月1日，施某的个人股份为54 699 779股，占总股份30.2%；公司在2011年12月31日总股份约为1.8亿股。

从以上股份变动信息可以看出，除了在IPO时候出售小部分股份之外，在尚德上市之后直到2012年4月1日期间，施某个人出售的股份超过1 000万股；但即便如此，截至2012年4月1日，施某个人仍然持有尚德30.2%的股份。所以，如果尚德被退市，施某个人的损失也是巨大的。

法官认为，施某以上的抗辩理由隐含了太多的假设了。首先，原告对被告存在欺诈的这个指控是否充分，并不一定要满足欺诈的动机要素；其次，原告的诉讼状上也提到了某些细节和施某个人有关。比如原告指出，施某本人也理解，如果国开行知道了这个担保安排真相，那么这笔贷款融资可能就会终止，或者国开行有可能会提高贷款利率；原告还指出，施某本人也知晓，如果尚德公司的外部审计师发现了这个担保安排的真相，那么尚德公司报表上就需要增加确认公允价值法下的担保负债金额。

总的来说，从原告的指控内容中可以认为，被告施某轻易相信（simply believed）其不实陈述的风险不会最终爆发。虽然施某最终揭露了这个欺诈的事实，也于2012年7月30日将实际情况告知给投资者，然而，从起诉状内容看，这个过程实在是太长了（waited too long to do so）。因此，施某在早些时候的公开不实陈述属于蓄意轻率。

在原被告双方的口头辩论中，施某指出，从罗梅罗2012年2月份的电话，到2012年7月份尚德公司公告抵押物不存在，这中间虽然有5个月，但不代表被告在对外陈述的时候就存在欺诈。施某认为，正是这个电话导致公司决定启动内部调查，从而最终发现该抵押物不存在；然而，原告的律师指出，验证该抵押物是否存在是个十分简单的行为，甚至连1个月的内部调查都会太长。法官指出，内部调查是否应该启动、调查范围如何，以及该调查发现了哪些内容，这些都不是本案在目前诉讼阶段所应该关注的。

法官认为，原告的第二次修改诉讼状，在被告是否存在欺诈的主观意图上，其指控成立和不成立的力度，二者之间是旗鼓相当的。因此，原告的指控符合交易法第10（b）条款的欺诈要素。

**被告是否存在重大不实陈述（falsity）**

是否存在重大不实陈述，也是交易法第10（b）条款下起诉的要素之一。原告指控被告存在两个不实陈述：①担保债务的公允价值（应该是6 000万至8 000万美元，但只披露了大约200万美元）；②反担保抵押物不存在。

被告认为，担保抵押债务公允价值的陈述，是一种意见表达（opinion），不是一种事实陈述（factual statement），而且他本人确信在这个意见表达的时候是没有错误的，因此不属于交易法下可起诉的不实陈述。

但法官指出，意见表达（statement of believe）如果在以下情况，也属于交易法第10（b）条款下可起诉的事实陈述（factual statement）：①意见表达并非基于实际确信（not actually believed）；②该确信缺乏合理的基础（no reasonable basis）；③陈述人其实知晓某些隐瞒事项会严重影响所陈述内容的精确性。

原告认为，被告的不实陈述属于以上第②和第③种情况。例如，尚德公司于2012年4月27日提交其年度报告20－F，而这个时间距罗梅罗给被告施某打电话已经2个多月；还有在2012年3月、4月和5月份的一系列新闻公告中，被告施某都作了类似的不实陈述。所以，目前并无法排除，施某关于担保债务公允价值的任何一个对外陈述，都是不属于交易法下可以起诉的。

被告施某又抗辩指出，对于尚德公司新闻公告中那些一般性陈述（general statements），他不应该承担交易法下的责任。尚德公司在诉讼期间发布了一系列新闻公告，其中都提到被告施某的陈述内容，虽然原告并没有指出施某的陈述具体哪一天属于误导，但是，原告指控施某对公司的新闻公告拥有控制权（possess the power and authority to control），所以施某也应该对这些新闻公告中的其他陈述内容负责。施某抗辩认为，被告仅仅应当对其自身所作的陈述内容负责。

法官并不同意被告的抗辩理由。法官指出，本案的原告提供了十分强有力的证据，足以证明被告施某应该对尚德公司的不实陈述负责（即：这些陈述是尚德公司作的）。这是因为，首先，在相关期间，被告施某是公司董事会主席和CEO，这足以令人相信他对公司新闻发布拥有最终的授权（ultimate authority）；其次，原告还指出，被告施某每次都参与了公司新闻发布，这也足以说明他审核过并批准了新闻公告的内容。

法官认为，原被告双方可以在诉讼的后续阶段，就被告施某对每次新闻公告的参与度进行继续抗辩；但在诉讼的目前阶段，原告已经充分指控了被告施某个人需要对这些新闻公告的陈述内容负责。

**损失的因果关系是否成立（loss causation）**

法官认为，以上分析已经表明，正是被告施某在反担保抵押物所有权上所作不实陈述的主观意愿（willingness），意味着施某蓄意轻率（欺诈）的存在；虽然抵押物所有权上的不实陈述并没有导致投资者损失，但是，被告并没有反对其他的不实陈述符合损失的因果关系。

所以，法官认为，被告申请驳回起诉的动议，总体而言，并没有指出原告诉讼状的任何致命缺陷。因此，法官拒绝了被告驳回起诉的动议。被告需要在法官令之后的20天之内回复原告诉讼状中的指控。

2015年8月14日，原被告双方达成和解赔偿，被告施某个人赔偿总金额为500万美元。至此，这场集体诉讼落下帷幕。

## 反思

尚德公司从2001年创立到2005年上市，最终于2013年退市，这个周期总共12年。在这12年期间，尚德电力从辉煌到退市，虽然说这其中主要是由于产业环境导致企业经营风险失控，但是，在这个失控的过程中所爆发的各种事件（和GSF的恩怨、反担保陷阱等）都折射出在美上市公司所面临的全方位风险，涉及公司治理、企业流程、管理团队国际化运营的胜任能力、融资安排、会计政策，等等。而要应对这些风险，在美上市中概股只能扎实建设和落实全面风险管理体系。

## 申明和信息来源

本案例的主要信息来源于相关法律文件，案件中所提到的指控内容，可能属实，也可能并非属实，本书对此并无任何立场；同时由于本案并未经过陪审团和法院的最后判决，而是和解结案，所以也意味着这些指控的事实认定在美国证券相关法律下并未予以确认；本案例的主要信息来源包括：

- Consolidated Complaint; Case 3: 12 - cv - 04061 - RS Document 56 Filed 02/05/13.

- Stipulation of Settlement; Case 3: 12 - cv - 04061 - RS Document 144 - 1 Filed 08/18/15.

## 5. 晶科能源："污染门"集体诉讼案

- 一场大雨，鱼死畜亡，五百乡民愤而起身；
- 媒体聚焦，投行看空，四成市值瞬间蒸发；
- 集体诉讼，驳后重审，皆由几句不当描述；
- 四年抗辩，左右权衡，数百万美元了官司。

晶科能源于2010年5月13日在美国IPO并在纽交所（JKS）上市，此次IPO以每个ADS 11美元的价格公开发行5 835 000个ADS（共23 340 000个普通股），总的融资金额约为6 400万美元。2012年11月4日，公司进行了第二次公开募股（secondary public offering，SPO）。

2009年6月，晶科能源并购位于海宁市袁花镇的浙江太阳谷能源应用科技有限公司（以下简称浙江晶科），完成产业链整合，专业从事太阳能光伏产品的研发、生产与销售。和污染事件相关的，正是这家工厂。

### "污染门"事件

据媒体报道，晶科能源"污染门"事件的经过如下：

- 2011年8月20日，浙江晶科与立佳环境服务合同到期，固体废料在仓库里放不下，露天堆放。
- 2011年8月24日、25日，大雨致部分污染物冲入河道。
- 2011年8月26日，海宁市袁花镇红晓村村民发现小河出现大量死鱼。
- 2011年9月15～18日，约500名当地居民到浙江晶科能源工厂抗议，后部分人员冲入浙江晶科能源公司，将停放在公司内的8辆汽车掀翻，造成部分办公用品及财物受损，引发"群体事件"。
- 2011年9月17日，海宁环保局通过水质检验，发现水体氟化物超标10

倍；海宁环保部门透露，曾在2011年4月对这家公司发出整改通知，在5月对其立案调查，之后还作出过行政处罚，但该企业至今仍未完成整改。

- 2011年9月18日，环保部门作出对晶科能源责令停产以及47万元的数项行政处罚，包括依法对浙江晶科能源有限公司存在的环境违法行为进行处罚，责成企业对产生废气废水的生产工序实施停产整治；责成企业按照环保要求扩建规范的固废堆放场所，防止再次发生污泥流失，造成二次污染；扩建应急池，梳理完善雨污管网系统。同时，对调查中发现的废气治理方面的问题，责成企业对治理设施进行提升改造。

- 2011年9月19日，晶科能源召开情况说明会，称海宁工厂已停产，将影响1.2GW产能；同时承认当地环保部门的初步调查结果显示，所发生的污染事件可能是由于工厂F储藏不当所导致；并就"与记者冲突"及"固体废料处理不当"致歉。

- 2011年9月22日，晶科能源承认已经收到通知，其所排放水体氟化物的含量和2011年5月份一样，都是严重超标。

## "污染门"引发股价暴跌

从2011年9月15日至9月20日，国内外媒体大量报道晶科该工厂的"污染门"所引发的"群体事件"。晶科能源的股票价格从10.02美元下跌至5.89美元；也就是说，在不到一周的时间内，晶科能源的市值缩水超过41%。

9月19日，晶科能源举行发布会承认污染事件，股价3日累跌逾36%的导火索被引爆。北京时间当日22时因受此污染事件影响，晶科能源股价跳水低开，7.60美元的开盘价较前一交易日收盘价9.04美元，跌幅达15.93%。盘中最低触及6.44美元，收报于6.50美元，大跌28%，创52周股价新低，而420万股的成交量则是上市以来的新高。

9月20日，晶科能源以6.53美元价格小幅高开，最高冲至6.62美元，然而盘中该股股价再度下挫，截至收盘，公司股价报5.89美元，成交量为297.6万股。

9月21日，晶科能源股价走势与前一交易日类似。早盘再次高开，盘中最高触及6.30美元，然而好景不长，当日最高点出现后股价开始下跌，最低达到5.76美元并收报于该价格，当日成交357.6万美元。

实际上，从9月以来新能源概念股即集体遭受重挫，晶科能源更是从15元附近快速下挫，暴跌63.28%。按照2 378万股的股本计算，十几个交易日来公司市值蒸发了2.36亿美元。同一时间，评级机构纷纷下调晶科能源评级。9月19日Collins Stewart评级机构对晶科能源给予最新的评级，由此前的“买入”调降为“中性”，目标价从24美元降至10美元；瑞信亦将其评级降至“中性”，目标价由25美元暴降至10美元；此外，Avian、William Blair、高盛、罗仕证券等机构也纷纷调降对晶科能源的评级。

## 集体诉讼爆发

污染事件爆发之后，公司召开新闻发布会，承认对此负责，并承诺进行整改。此后，公司的股票价格在一周之内，缩水超过42%，投资者损失惨重。

- 2011年10月11日，集体诉讼爆发，诉讼期间从2010年5月13日至2011年9月20日；
- 2012年3月19日，法院批准了原告代表和律师代表；
- 2012年6月1日，原告提交了修正后的诉讼状；
- 2012年8月1日，晶科能源和投行等被告向法院提交动议，申请驳回起诉；
- 2012年9月27日，原告提交动议，反对被告提出的驳回起诉动议；
- 2012年11月7日和8日，晶科能源和投行分别作出回复，反对原告的动议；
- 2013年1月22日，法官同意了被告的申请，驳回原告的诉状；
- 2013年2月19日，原告代表提出上诉，其中一原告于3月25日主动撤诉；
- 2014年7月31日，美国联邦第二巡回法庭推翻地区法庭的裁决，退回重审；
- 2015年9月15日，在经过几个月的数轮抗辩之后，原被告双方达成和解赔偿。

原告指控晶科能源和包括瑞银证券等在内的投行承销商等被告违反1934年交易法第10（b）、第20条款（控制人责任条款），及1933年第11、第12（a）及第15条款（控制人责任条款）。

被告还包括8位自然人，他们是晶科能源的各位董事和董事长、CEO及CFO。

据诉讼状描述，浙江晶科于2010年6月向海宁环保部门提交了一份报告，指出公司在水排放方面存在的一些问题；2011年2月和7月，公司又分别提交环保报告，这两份环保报告中都提到该工厂所排放的废水中水体氟化物超标。2011年4月和5月，海宁环保部门也曾经告知该工厂此超标问题。2011年4月，浙江晶科收到环保部门的"调查通知"（pre – trial production notice），其中指出从晶科能源工厂中已经发现所排放的水体氟化物超标；2011年5月，环保部门报告了此事。被告指出，这个所谓的"调查通知"对晶科能源而言并不意味着什么。然而，在当地居民抗议过程中，有数家媒体报道，晶科能源的该工厂于2011年4月份并未通过环保部门的污染检查。

原告指控被告隐瞒以上重大信息。原告指出，晶科能源是2010年5月份进行IPO，但是直到2011年9月11日投资者才知晓被告存在污染问题。

就环保相关风险，晶科能源的招股说明书有如下相关披露：

①遵守环境、安全生产和建筑法规是昂贵的，而不遵守这些规定可能会导致不利的宣传和潜在的重大经济损失、罚款，甚至会导致我们的业务经营暂停。

②我们在制造过程中使用、储存和产生挥发性和其他危险的化学物质和废物，并受到各种有关使用、储存和处置这些危险化学品和废物的政府法规的管制。我们必须遵守所有PRC国家和地方的环境法规。

③在我们制造过程的不同状态，以及在回收硅材料的过程中，会产生和排放化学废物、废水、气态废物和其他工业废物。我们在生产设施上安装污染治理设备，以处理、减少、治疗，以及在可行的情况下回收废物处理前的材料；我们在制造过程中处理废水、气态和液态废物和其他工业废物。我们设有环境保护小组，来监督每一个制造设施监测废物处理和确保［这些］废物排放符合中华人民共和国环境标准。我们的环保团队24小时值班。我们必须遵守国

家和地方的所有环保法律和法规。

原告认为，晶科能源的以上信息披露，从字面的意思而言并没有错误，但是该披露隐瞒了该公司存在环境污染问题的重大事实。而被告则认为，两次招股说明书上关于环保风险的事实描述都是正确的，即使晶科能源确实需要对此次污染事件负责或者说即使此次晶科能源确实违反了中国环保相关法律，但是在美国相关证券法下，晶科能源并没有义务需要披露该事件。

法官认为，既然是针对重大不实陈述的指控，那么就必须以招股说明书上的文字描述为准，而不需要假设原告所指控的内容为真实。（the plain language of [a] prospectus controls and the court need not accept as true the allegations of the complaint）。通常情况下，在考虑是否驳回起诉的时候，法官是以诉讼状所描述的情况为假设事实；但是，本案中，法院所关注的是招股说明书上本身的文字描述内容。

就原告所指出被告招股说明书中以上三段信息披露存在不实和遗漏，法官认为，其中第①和第②段的描述并不存在误导，因为从这两段文字描述中可以看出：一方面晶科能源告诉投资者公司的环保需要合规；另一方面晶科能源也告诉投资者，环保合规与否都是需要有成本的（见第①段描述），这也就意味着公司需要在这两个成本之间进行平衡。晶科能源的此等披露是告知投资者，公司有环保合规的义务，但这个披露并不代表晶科能源告诉投资者公司打算致力于环保合规（因为合规与否需要从经济角度进行平衡）。所以，法官认为原告对第①和第②段描述的指控不成立。

至于对第③段描述的指控，法官认为其相对复杂一些，并作出如下法律分析：就这段信息披露文字而言，原告并没有指出其中有任何不实之处，比如：原告并没有指控晶科能源实际上没有安装环保设备，也没有指控晶科能源实际上不存在环保小组，等等；原告所指控的是，这段文字披露给投资者带来了这样的理解，那就是，晶科能源的环保应对体系是有效的，及晶科能源的环保记录是干净的，但实际情况并非如此，所以原告认为晶科能源的此段描述存在误导。原告认为，晶科能源招股说明书的这一段文字描述，其实是在向投资者展示其环保记录，既然如此，晶科能源就有义务向投资者披露其所发生的环保污染事件。

法官认为，在某些情况下，上市公司的某些披露虽然从表面文字看并无不妥之处，但是如果考虑到前后文及该信息披露的方式，则有可能会构成对投资者的误导。所以，在判决某一信息描述是否会构成误导，则需要考虑其披露给投资者带来的整体理解（total impression）。

法官认为，仅仅是第③段这一段话足以导致晶科能源的招股说明书存在误导，这其实是存在争议的。第③段的大部分描述内容并不存在问题，比如晶科能源公司解释其有什么系统来减少污染，以及提醒投资者公司需要遵循中国的相关法规，这些描述并不会存在误导。然而，该段落中的其中一句话却引起了法官的注意，那就是："我们设有环境保护小组，来监督每一个制造设施监测废物处理和确保［这些］废物排放符合中华人民共和国环境标准。"

这句话，可以从两个角度来理解：其中一个角度的理解，是通过设立环境保护团队，晶科能源能够确保我们的废物排放符合中国环境法规标准；另外一个角度的理解，则是晶科能源设立了环保小组，而这个小组的职能（功能）是监督环保并确保环保合规。

法官指出，考虑到这句话的结构，第二个角度的理解比较合适。因为在任何情况下，一个合理的投资者在读到这段描述的时候，都可以认为晶科能源是在宣称其保证遵循了中国的环保要求。如果结合招股说明书其他提醒性质的描述，尤其是晶科能源指出遵循环保要求的成本和不遵循的后果（被罚款的可能性确实是存在的），再加上原告其他内容的力度偏弱，则可以得出的结论是，理性的投资者并无法从招股说明书中判断认为晶科能源是在告诉投资者其环保记录良好。法官指出，鉴于在生产光伏产品业务的其他中国企业的不良环境记录，理性的投资者不会过分相信这些公司所宣称的致力于环保的承诺。

法官指出，由于招股说明书在环保风险提醒方面有披露，因此，晶科能源的招股说明书并不会给理性的投资者带来这么一个整体印象（total impression）：晶科能源是环保模范。所以，原告对被告在环保风险上存在重大错报和漏报的指控并不充分。

法官认为，如果一家公司宣称其已经雇佣员工以确保合规，这其实并不代表该公司宣称其已经合规（Stating that one's company maintains employees to ensure compliance is not at all the same as claiming to be in compliance）。

基于以上的法律分析，地区法官认为，原告对晶科能源在环保问题上的重大不实陈述和信息隐瞒的指控不充分。于是，法官接受了被告的申请，驳回原告的起诉。

## 上诉法庭的不同判决

针对地方法庭的以上裁决，原告很快提出上诉。联邦上诉法庭（第二巡回法庭）进行了如下法律分析，推翻了一审判决，要求退回重申。

巡回法庭的法官注意到诉讼状中的如下描述：

2010 年 6 月 8 日，晶科能源向海宁环保部门提交了一份关于晶科能源公司最近扩大太阳能电池生产环保报告，报告中有一节题为“存在的问题”，其中指出：该工厂没有依照环保要求处理复合固体废物，其氟化物排放不符合标准。该报告还指出了 20 项必须整改的措施，以符合环保要求。

巡回法官认为，就招股说明书的披露来看，晶科能源需要遵循各种环保污染法规，以及合规与否都可能给公司带来成本，这样的陈述并不构成误导；这些陈述涉及晶科能源的生产经营可能会引发环保问题，以及公司需要采取相对应的预防措施；但是，我们相信，招股说明书仅仅是指出公司采取了预防措施，而没有说明这些预防措施其实是无法防止严重且持续存在的污染问题，因此，招股说明书的此等披露其实是给投资者产生了误导。

法官指出，公司的招股说明书并不需要因为某个理性的投资者对某个具体信息感兴趣，公司就必须披露该信息；但是，如果不披露某个信息，则可能会导致原先已经披露的信息存在误导，那么公司就有义务披露这个信息。

法官援引判例法指出，公司虽然没有单独的义务需要披露某个具体信息；但是，如果公司就某个问题或主题进行陈述，就有责任告诉整个真相（the whole truth）。被告的抗辩理由是公司不具有披露该信息的单独义务（lack of independent duty）；但是法官以上面的判例法拒绝采纳被告的这个抗辩理由。

晶科能源 2010 年 5 月份的招股说明书中披露，晶科能源安装了污染治理设备并安排环保监测团队，一天工作 24 小时值班；但是，这些描述语句必须结合招股说明书中所披露的其他内容一起来读，即招股说明书中还披露到晶科能源的生产经营过程中涉及产生、使用和储存危险化学品和废物这些活动，而且这些需要符合中国相关法规的要求。招股说明书还告诉投资者，环保合规的成本很高，如果不合格则可能会遭受政府罚款，甚至会被停产。

法官认为，晶科能源的以上信息披露，从技术角度而言是正确的；公司安装了环保处理设备，并设立专门的环保团队进行24小时监控，这样的描述其实是给投资者带来了某种放心，是给投资者的一种安慰。诚然，这样的预防措施并不能总是100%确保公司的环保时刻都是合规的，理性的投资者也不会有这样的期待；然而，实际的情况是，这些预防措施已经无法防止公司环保出现重大违规，也就是说，这些预防措施从某种角度看，已经失效。

原告诉讼状中所援引的2010年6月8日晶科能源环保报告，其中所描述的环保问题，如果确凿，则足以说明这些问题在2010年5月13日（晶科能源IPO日）的时候就实质上已经存在。

法官认为，招股说明书没有披露这些问题，其直接后果导致了招股说明书中在环保风险所给投资者告慰的陈述性内容产生误导；虽然招股说明书有披露，如果公司的环保不合规，则会有严重的经济损失，但是这个披露并不能够弥补前面所产生的误导。虽然晶科能源已经告知投资者其可能会存在环保违规所导致的财务风险，但是公司并未披露其持续存在的严重环保不合规问题，这会导致合理的投资者对风险作出过于乐观的评估；如果某个未披露事项会大大影响到合理投资者的投资风险概率计算，那么公司仅仅是作出一个泛泛的风险警示是不够的。如果风险已经发生了，而公司仅仅是对未来的风险作出警示性披露，那么这个风险警示披露是不足以作为抗辩理由的。

法官还作出如此比喻，一家上市公司提醒投资者其经营业务存在火灾的固有风险，同时又披露公司已经安装了复杂的喷洒系统，但是，其并没有告诉投资者，这个所谓的复杂喷洒系统是无效的；公司的如此披露，不能不说是在误导投资者。

虽然说，误导的内容必须符合重要性原则，但是，就晶科能源招股说明书中所描述的情形来看，理性的投资者可以认为，公司如果环保严重不合规则会对其生产经营和盈利能力构成严重威胁。晶科能源的招股说明书也正是如此告诉投资者的，而之后的事实也表明，情况也确实如此。

基于以上法律分析，美国联邦第二巡回法庭的法官裁决，推翻地区法官的裁决，要求退回重审。

2015 年 9 月 15 日，在经过几个月的数轮抗辩之后，原被告双方达成和解赔偿。

## 申明和信息来源

本案例的主要信息来源于相关法律文件，案件中所提到的指控内容，可能属实，也可能并非属实，本书对此并无任何立场；同时由于本案并未经过陪审团和法院的最后判决，而是和解结案，所以也意味着这些指控的事实认定在美国证券相关法律下并未予以确认。本案例的主要信息来源包括：

- Amended Complaint；Case 1：11 - cv - 07133 - JPO Document 57 Filed 06/01/12.
- Memorandum and Order；Case 1：11 - cv - 07133 - JPO Document 75 Filed 01/23/13.
- Stipulation of Settlement；Case 1：11 - cv - 07133 - JPO Document 100 Filed 09/15/15.

## 6. 安博教育的华尔街“悲情之旅”

安博教育（以下简称安博）始创于美国硅谷，2000 年公司创始人 CEO 回到中国发展。2007 年、2008 年，安博分别获投资 5 400 万美元和 1.03 亿美元；2010 年 8 月 5 日，安博以每个 ADR10 美元上市融资超过 1 亿美元；从 2008 年到 2010 年，安博在全国范围内完成的收购近 30 宗，耗资超过 14 亿元人民币，难以消化，进行剥离，股票停牌；2013 年 3 月，安博被停牌至今。安博的华尔街之行可谓是“无疾而终”。

### 自豪的领航者

以下是安博在成立短短的几年时间内所获得的成绩，称得上是行业自豪的领航者：

- 中国十大教育服务品牌
- “中国最具成长性企业 21 星”
- 连续三年“中国 100 快”公司
- “建国 60 年中国教育培训十大品牌”
- “中国教育连锁最具影响力品牌”
- “卓越雇主——2009 中国最适宜工作的公司”
- “2009（第三届）中国创业投资价值榜最具投资潜力企业”
- 腾讯网“2009 中国最具影响力教育集团”
- 网易大选“十大最具影响力教育机构”、“十佳就业竞争力机构”、“十佳最具投资价值机构”
- 新浪教育“2009 年度最具社会责任感教育集团”、“2009 年度最具就业竞争力 IT 教育机构”
- 居德勤“2007 年亚太高科技、高成长 100 强”前列

## 悲情 CEO：创业难，守业更难

- 2000 年从美国硅谷回国创办了安博教育集团
- 荣获“首届华人华侨专业人士创业奖”、“中关村优秀留学人员”称号、“改革开放 30 年中国民办教育 30 名人”、“中国教育行业十大风云人物”等荣誉，被视为“中国软件和信息服务业领军人物”
- 2010 年带领公司在美国上市
- 2013 年被大股东弹劾，公司停牌，清盘

## 安博股价历史数据（见图 6－1）

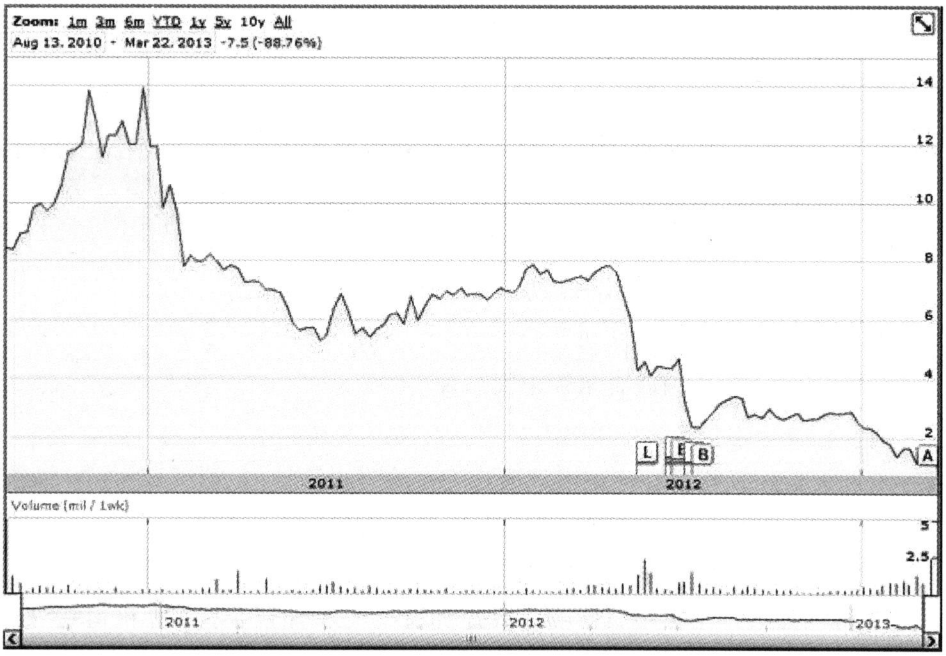


图 6－1　安博历史股价示意图

## 安博事件历程

- 2012 年 4 月 30 日和 5 月 1 日，安博发布公告称其年报将延期发布；
- 2012 年 5 月 16 日，公告称年报将继续延迟发布，原因是：①收入确认方法变更，冲回人民币 8 500 万元到 9 500 万元的收入；②追加计提坏账准备 1500 万元人民币；③增加折旧和其他费用；
- 2012 年 5 月 16 和 17 日，股价连续以 17.55% 和 6.45% 的跌幅跌至 4.35 美元；
- 2012 年 5 月 29 日，提交年报确认对原先公布年度未经审计财务数据进行调整；
- 2012 年 6 月 11 日，集体诉讼爆发；
- 2012 年 7 月 5 日，公告称由于前员工举报，公司审计委员会将对涉及 2008 年某并购的涉嫌财务违规启动内部调查程序；股价暴跌一半，从 4 美元多跌至略高于 2 美元；
- 2012 年 7 月 9 日和 10 日，投行将安博股票降级；
- 2013 年 3 月 15 日，霸菱公司发出每个 ADR 为 1.46 美元的私有化收购要约，约 45% 的溢价；
- 3 月 18 日，安博四名独立董事中的三人辞职；
- 3 月 22 日，安博聘请的泛伟律师事务所（Fenwick & West）在牵头调查可能存在的财务不当行为 9 个月之后辞职；
- 2013 年 3 月 22 日，普华永道宣布辞职；“普华永道在信中说，它辞职是因为担心这项调查可能无法获得必要的资源和时间，而安博现有管理层的存在可能使调查无法在普华永道认为必要的范围内展开”，纽交所暂停了安博的股票交易；
- 2013 年 3 月 25 日，霸菱以有关方面辞职和股票停盘为由，撤回了收购要约；
- 2013 年 4 月，拥有安博 21.6% 股份的艾威资本集团执掌的一个基金向开曼群岛的法院提交申请，要求对安博进行清盘；大股东还提出弹劾安博教育总裁兼董事会主席黄劲的提案；

• 开曼群岛法院支持临时清盘申请并任命毕马威为临时清盘托管人；支持此举的包括持有安博10%股权的霸菱，以及持有11.6%股权的澳大利亚银行麦格理（Macquarie）旗下一个投资部门；

• 2014年3月，媒体报道，安博控股联合临时托管人委托的欧华（美国）律师事务所最新出具的一份独立调查报告表明，由前员工黄某及被并购学校原负责人王某向安博当时的独立审计机构普华永道所提出的任何指控均没有充分依据。

## 集体诉战详解

接下来，我们详细了解一下安博在美国遭遇集体诉讼的情况：

• 2012年6月11日，遭遇集体诉讼，指控存在对长沙学校的虚假并购和某些教育中心的虚假收入确认（包括软件销售收入和教育服务收入混淆，及无信用记录客户提前确认收入）；

• 2012年11月19日，合并形成集体诉讼，任命首席原告代表和律师代表；

• 2013年2月15日和5月3日，先后提交合并诉讼状两次；

• 被告抗辩认为原告在重大不实陈述、欺诈企图和因果关系三方面指控不充分；

• 2014年2月6日，法院驳回原告起诉，认为原告在因果关系指控上不充分，没有指出修正性披露（corrective disclosure），同时允许原告重新提交诉讼状。

安博集体诉讼战引发的一些法律判断十分值得关注，比如：什么是修正性披露？如何认定公司的违规行为得到揭发？如何认定损失的因果关系？接下来，我们依据法院的裁决书，具体了解原被告双方的博弈和法官的裁决过程。

安博的股票于2010年8月5日在美国纽交所上市。本案的被告包括安博公司、董事会审计委员会的三位成员、公司CEO和CFO。第一次诉讼案于2012年6月11日爆发，所对应的诉讼期间为2011年5月18日至2012年5月

16 日。原告指控被告违反 1934 年交易法的第 10（b）和第 20（a）条款，及 SEC 的 10b－5 规则。在合并诉讼状中，诉讼期间变更成从 2010 年 8 月 5 日（公司 IPO 日）至 2013 年 2 月 27 日；并对相关被告追加指控其违反了 1933 年证券法第 11 条款和 15 条款。

原告指控安博的招股说明书中存在重大不实陈述和遗漏，从而导致股票价格虚高。原告的具体指控包括：①安博并没有真实并购长沙学校，该学校位于长沙，向中小学生提供课外学习课程；②安博通过虚构软件销售，并将应该对应至学费的那部分收入转移成为软件销售收入，从而虚高收入；③安博招股说明书中所列的收入被虚高了。

关于长沙学校的并购，原告指出，安博宣称其于 2008 年 11 月 15 日并购该学校；而实际上，安博和该学校前股东达成协议，只是借用该学校的名义和收入以实现安博在美国的 IPO，该学校并没有正式转给安博。原告还指出，安博所支付的并购款，最终又通过在三年的期间之内以虚构软件采购的方式，转回到了安博。原告的这些指控依据一部分来源于对该学校股东某位家庭成员的采访，另一部分来源于中国相关媒体所报道的四篇在互联网上公开的文章。

至于虚构软件销售的指控，为推高股价，安博将实体教育中心的学费收入故意错误地确认为软件销售收入，从而制造出软件销售高增长、高利润的假象。安博 2009 年、2010 年和 2011 年所宣称的软件销售增长率分别为 300%、74% 和 63%。原告此项指控的信息来源是对一位安博前雇员（未透露姓名）的采访，该雇员宣称，安博的所有实体教育中心都同意将学费收入转为软件销售收入，并同安博签订了虚假的软件销售合同。

至于收入虚高的指控，原告指出，安博于 2011 年确认的销售收入中，包括对某些并无历史付款信用记录的经销商赊销，对这部分赊销在没有计提相应的应收账款坏账准备的情况下就确认为收入。原告认为安博的会计处理方法，违背了美国公认会计准则，因此安博 2011 年度财务报表存在虚增收入的情况。

## 法官的分析和裁决

要满足对 1934 年证券交易法 10（b）条款的指控，原告的诉讼状需要符合以下六个要素：①重大不实陈述或者遗漏（material misrepresentation or omission)；②被告存在欺诈的主观意识（scienter)；③被告的不实陈述和原告证券买卖之间存在关系（connection)；④信赖关系存在（reliance)；⑤被告确实存在经济损失（economic loss)；⑥损失的因果关系成立（lose causation)。

被告对原告的指控从①、②和⑥三个要素的不同角度进行了抗辩，然而，对以上三项指控所共同的抗辩理由，则是损失的因果关系。被告认为原告的所有这些指控，并不符合起诉要素之一的损失因果关系，所以申请法院予以驳回起诉。

由于本案的诉讼状中，损失的因果关系要素是否成立比较明确，所以法院先从这个角度进行分析。依照美国证券判例法，要满足这个要素，原告必须能够指出，被告的不实陈述（遗漏）不仅仅是通过修正性披露的方式（揭发）(corrective disclosure）从而被市场所知晓（revealed to the market)，而且还必须能够说明是这个修正性披露的信息（所揭发的信息）导致了投资者的损失。具体而言，原告必须能够指出，其所指控的不实陈述（重大遗漏）通过修正性披露的方式得到揭发，市场从而获知这个具体的（且必须也是原告所指控的）不实陈述（重大遗漏)，市场对此也作出了反应（即：股票价格下跌)。如果市场是因为知道其他原因（如：公司财务恶化等)，而不是知道原告所指控的内容从而作出股价下跌的反应，那么，损失的因果关系也并未建立。只有满足这样的要求，原告起诉状才能够符合损失的因果关系要素。

在本案中，原告指出以下 7 种事件可以构成安博的修正性披露（corrective disclosure)，也就是说，这些事件可以表明安博原先的对外陈述存在重大不实，或者原先的对外披露存在重大遗漏；而且，正是通过这 7 个事件的公告，安博的重大不实陈述（遗漏）情况一步一步地（bit - by - bit）得到了揭发，市场由此而知晓该情况，从而引发安博股价下跌，给投资者带来损失，所以损失的因果关系得以确立。原告所指出的 7 种事件如下；

①2012 年 4 月 30 日，安博向 SEC 提交文档，说明公司将延迟提交财报，并于第二天新闻公告此事（“2012 年 4 月公告”)；

②2012 年 5 月 16 日，安博再次公告称其财报将继续延迟提交（“2012 年 5 月公告”)；

③2012 年 5 月 29 日，安博提交 2011 年年报（20 - F)，并作出新闻公告，

对原先公布的未经审计财务数据进行最终调整；

④2012 年 7 月 5 日，安博公告称，就 2008 年对某一培训学校的并购交易是否存在财务违规的指控，其审计委员会将启动内部调查；

⑤2012 年 7 月 9 日和 7 月 10 日，投行派杰（Jeffries）和麦格理（Macquarie），分别将安博的股票价格评级下调；

⑥2013 年 2 月 27 日，彭博社发布文章，详细披露本案第一次合并诉讼状中所指控的内容；

⑦2013 年 3 月 22 日，安博的审计师普华永道辞职。

法官对以上 7 个事件，是否构成修正性披露，是否满足损失的因果关系，逐一进行了分析之后，认为以上 7 个事件中的任何一个公告都没有向市场揭露出原告诉讼状的三个指控：

**（1）2012 年 4 月公告**

该公告仅仅是告知投资者，安博的年度财报（20 – F）发布将会延迟，因为年报中所需要披露事项的审核工作尚未完成，而且公司预计在年报提交的最终时间限制内无法完成。

诚然，这些信息公告会给公司的股票价格带来不利的影响；但是，就原告诉讼状中所指控的三项内容而言，安博公司的这些信息公告并没有透露出公司的原先公开陈述存在任何不实和误导之处。需要注意的是，市场对信息公告所作出的负面反应（negative）和 修正性的信息披露（揭发）（corrective disclosure）。而且，原告也没有指出是这些信息公告导致了安博公司的股票价格下跌。因此，这些信息公告本身并不能构成安博不实陈述的修正性披露（得到揭发）。

**（2）2012 年 5 月两次公告**

同理，5 月份的公告中，安博告知投资者其需要更多的时间来完成年报工作，因为安博正在进行内部调查，发现需要对原先公布的未经过审计财务数据进行调整，年报因此再次延迟。这个公告也不构成安博不实陈述的修正性披露（揭发）。安博在公告中指出，这些调整主要由于：①收入确认政策变更，主要是针对某些经销商销售软件产品和教育服务；②需要追加计提坏账准备，估计金额从 210 万美元至 240 万美元；③公司正在评估是否需要对 2011 年的某项并购交易，一次性确认非现金费用，金额大约为160万美元至320万美元；④正在评估是否需要对某一子公司追加计提税收费用，金额约为320万美元至480万美元。2011年5月29日，安博提交了年报20－F，确认了以上的调整。

虽然法官注意到，安博作出以上公告之后，其股票价格下跌大约17%；但是，法官认为，这个公告中的内容，并无法证明安博之前的公开陈述或者信息披露出现错误。因此，该公告并不能成为安博的修正性信息披露。

原告指出，安博的这个公告中提到需要对收入进行重新确认，这表明安博原先的收入确认存在错误。但是，法官认为，原告的这项指控并不充分。相反，安博2012年5月16日公告强调，未来收入确认政策变更（prospective）是公司作出的决定，并不表明原先的会计政策存在错误（美国法官对会计政策变更和会计错误之间的差别还是十分清楚的）。所以，安博对收入确认政策变更所作的公告，并没有承认公司过去存在会计错误；否则，则可能会类似于向市场披露其之前的重大不实陈述或者遗漏（揭发）。

法官认为，本案中，安博并没有对外明确披露（expressly）或者透露（implicitly revealed）其存在任何会计违规，安博仅仅是公告其将对收入确认政策作出变更，对原先的收入金额进行调整，这并不表明原先的财务数据就是错误的。既然安博没有向市场透露出任何其会计存在违规之处，那么股票价格的下跌就不能说是由于安博存在会计违规所导致的。所以，从法律角度看，原告的指控不满足损失因果关系的要求。因为毕竟证券法不是投资者的保单，投资者如果要请求赔偿，则必须能够说明市场知晓了被告的不实陈述，并因此导致股票价格下跌。

**（3）2012年7月公告**

安博于2012年7月5日公告称，公司前雇员指控安博于2008年的某一培训学校并购交易中，存在财务违规和其他不妥行为。原告指出，该公告应该是安博不实陈述得到揭发（修正性披露）的最清楚和最直接的证据。然而，法官认为，该公告还是不符合损失因果关系下所指的修正性披露要求。原因如下：

首先，该公告仅仅是提到某一个培训学校的并购交易，没有明确指出是“长沙培训学校的并购”，而后者才是原告诉讼状中所指控的内容之一。相反，安博提交给SEC的文件中显示，安博于2008年至少并购了9所新的培训学校，

2012 年 7 月 5 日的公告中所提到的某一培训学校，可以是这 9 所中的任何一所学校。原告的起诉状中也是如此描述的，那就是，除了并购长沙学校之外，安博还并购了其他学校。因此，市场并无法从这个公告中可以合理地推断认为，公告中所称的某一学校就是长沙学校，而不是其他学校。判例法要求，虽然并不需要指出被告不实陈述的所有细节都得到揭露，但至少原告的起诉状必须能够指出其中某一部分。

其次，该公告也仅仅是指出并购交易中涉嫌财务违规和不当行为，依据判例法，仅仅是指出可能存在财务违规行为，并不足以满足损失的因果关系，因为这属于猜测性陈述（speculative statements）。

最后，公告中所提到安博启动内部调查，这也不足以构成损失的因果关系，并不表明安博的不少陈述得到揭发；因为启动内部调查这样的公告，仅仅是告诉市场启动了内部调查，并无其他信息。正如上市公司公告其接受 SEC 调查、收到美国联邦检察官的调查传票、启动内部调查，等等，这些只能表明公司存在违规或者不当行为的风险或者可能性，不代表公司的不实陈述得到揭发，这本身也不足以构成损失的因果关系。

法官指出，原告虽然试图回避（sidestep）以上问题，但是原告的指控逻辑并非无懈可击（does not hold water）。

**（4）投行的评级下调**

2012 年 7 月 5 日安博公告其启动内部调查之后，投行派杰和麦格理下调了安博的股票评级。法官认为，这个信息并不代表安博不实陈述得到揭发，因为安博的公告并没有透露出公司存在任何重大不实陈述或者隐瞒；而且原告也无法指出，投行下调安博评级的举动和安博之前的信息公告之间有何种逻辑关系，更无法指出评级下调是否导致了安博股票的进一步下跌。

**（5）彭博社的文章和原告诉讼状**

法官认为，彭博社的文章仅仅是具体报道了原告第一次合并诉讼中所指控的内容，和该诉讼状相比较，并无额外重大信息。因此，将彭博社的文章作为安博不实陈述的修正性披露（揭发），并不符合损失的因果关系。如果原告能够在最初的诉讼状中（original compliant）就可以证明其损失的存在，那么彭博社的该文章或许可以作为本案件修正性信息披露的补充证据；因此，仅仅是凭据彭博社的该文章，原告的指控无法满足损失的因果关系。

**（6）2013年3月公告**

2013年3月22日，安博公告称其外部审计师普华永道辞职。普华永道在辞职信中指出，其辞职是基于担心安博正在进行的内部调查工作无法获得足够的资源投入；普华永道还指出，虽然其尚未就安博正在调查的事项达成任何结论，但这并不排除安博原先公布的财务报表存在误导的可能性。

原告认为该信息公告可以成为本案的修正性信息披露（揭发）；然而，法官基于以下两个原因，拒绝了原告的这个主张：

首先，最重要的是，该公告并没有具体指出安博公司的任何不实陈述或者信息遗漏；相反，该公告指出，虽然安博原先发布的财务报表可能存在误导，但是普华永道最终并没有对安博此前的财务报表是否合规作出任何结论。原告对该公告内容之外所进行的猜测（speculative statements），并不足以说明安博的任何不实陈述就得以揭发，更不足以说明市场知晓了安博的财务违规行为。

其次，即使法院可以采纳原告的主张，同意将该公告作为安博的修正性信息披露，那么，原告仍然尚未阐明其损失和具体某一个不实陈述之间的逻辑关系。也就是说，普华永道对安博财务报表整体是否违规的表述内容和原告所指控的三项内容之间，并不存在任何相符合之处（coincide with）。

法官指出，2013年3月22日的公告，不仅没有披露安博的任何不实陈述，也没有披露出原告所指控的三项任何内容。所以，法官认为该公告不能成为安博的修正性信息披露（揭发），原告的损失因果关系尚未建立。

**（7）法官的结论**

修正性披露并不需要详细透露诉讼状所指控内容的所有事实依据；然而，本案中，以上的信息公告并未透露出原告对安博的任何指控要点（三项指控）。原告指出，安博的财务违规是逐步被揭发和透露给市场的；然而，法官认为，原告并没有指出安博的任何修正性披露信息。法官认为，投资者不能仅仅因为股票价格下跌就主张认为，市场已经知晓（吸收）了财务违规信息的揭发，投资者不能仅仅认为其所购买的股票价格是被人为推高了（inflated price）就可以要求赔偿，如果要证明其损失的因果关系，投资者需要自我证明的不仅仅只是这些。

针对1934年交易法第20（a）条款的指控，法官指出，由于1934年交易法第10（b）条款下的指控损失因果关系不成立，所以第20（a）条款下的指控也予以驳回。但允许原告重新提交诉讼状。

## 1933年证券法第11条款的指控

要成功实现1933年证券法第11条款的指控，原告只需证明被告存在重大（material）的不实陈述（misrepresentation）或者信息遗漏，并不需要指控被告存在欺诈的主观意图，因为即使被告在主观上是无辜的（innocent）或者过失（negligence）的，被告仍然需要承担责任。

本案中，被告提出了三个抗辩理由：①原告无权作出和证券法第11条款相关的指控；②被告不存在不实陈述或者遗漏；③损失因果关系不明显。

由于法官采纳了被告的第三个抗辩理由，这足以驳回原告的此项指控。法官的分析如下：

虽然损失因果关系并不是1933年证券法第11条款起诉的要件之一；但是，法院惯例是，如果被告能用消极损失因果关系（negative causation）作为抗辩理由，能够指出原告的起诉状明显缺乏损失因果关系，那么，该抗辩会得到采纳。

被告指出，原告的起诉状十分明显缺乏损失因果关系；原告则反驳指出，在目前诉讼是否驳回阶段，损失因果关系不应该成为双方争辩的理由。然而，法官并不同意原告的反驳。法官，认为，如果被告的消极损失因果关系抗辩成立，那么是可以驳回原告的起诉。

在2006年Global Crossing案例中，法官指出，损失因果关系可以作为对抗1933年证券法第11条款和第15条款指控的积极抗辩理由（affirmative defense），而且如果被告能够指出，原告的起诉状即使在表面上就很明显缺乏损失因果关系，那么在诉讼是否驳回阶段，法官也可以考虑采纳这个抗辩理由。

本案中，在1934年交易法第10（b）条款指控内容中，原告十分明确地指出，安博公司的股票价格是由于且仅仅是由于，前文所提到的7个修正性的信息披露（揭发）所导致的。然而，法官已经在前文的法律分析中指出，这7

个所谓的修正性信息披露，其中并没有任何一个信息合理地透露出原告所指控的那三项不实陈述（重大遗漏）；这 7 个披露并没有提到原告所指控的软件销售“循环交易”（round tripping，指虚构收入），也没有提到服务费和软件销售收入之间的不当分类，也没有提到长沙培训学校的并购交易。因此，从损失因果角度看，这 7 个信息披露并不构成修正性披露，也就是说，即使安博存在原告所指控的这三项不实陈述，这 7 个信息披露并未合理揭发此等违规，市场对此违规也并不知情。市场既然并不知晓该违规（假设违规），那么股票的价格也就没有吸收和体现了原告所指控的违规内容，所以原告损失的因果关系也就不成立了。

法官指出，1933 年证券法第 11 条款下的损失因果消极抗辩（negative causation defense），与 1934 年交易法第 10（b）条款下的损失因果抗辩之间，是互为对照的（mirror images）。从法律分析角度看，1933 年证券法和 1934 年交易法下，各法院对于损失因果关系的推理逻辑是一样的。

综上分析，法官指出，从原告起诉状中，所能够得出的结论是，安博股票价格的下跌，是由于市场对这些一系列公告所透露出安博可能存在的财务违规而作出的反应；并不是由于原告所指控的违规事项得到揭发而导致股价下跌。由此，于 2014 年 2 月 6 日，法官裁决驳回原告 1933 年第 11 条款下的指控，但允许重新提交诉状。

2014 年 3 月 17 日，原告提交第三次修正的合并诉讼状。

2014 年 10 月 24 日，原被告双方达成和解赔偿协议，赔偿金额为 150 万美元。

**安博留下的疑问**

- 收入是否造假？
- 为何需要对收入确认政策进行变更？
- 并购交易是否真实？（并购对价的构成，并购后的母子公司之间的业务交易）
- 内部人为何举报？
- 被并购方为何要求拿回学校？
- 是否阻碍内部调查？大股东弹劾所指控是否属实？

以上疑问的答案，外界至今无从知晓。虽然如此，但是这些问题所暴露出公司治理的常见风险，值得应以为戒。

**安博倒下的轨迹**

我们可以将安博倒下的轨迹总结如下：

- 并购
- 上市
- 整合
- 内部冲突
- 股价波动
- 内部冲突外部化
- 股价继续波动
- 董事辞职、中介离场，投行抛弃
- 大股东和创始管理层冲突
- 停牌和清盘，期待重生

以上轨迹中的每一个里程碑事件，都暗藏风险，可谓步步惊心。安博的华尔街之行可以说是无疾而终，我们在为这家中概公司如此迅速倒下而感到惋惜的同时，希望中概公司能够从安博倒下的轨迹中吸取经验教训，避免重蹈覆辙。

## 申明和信息来源

本案例的主要信息来源于相关法律文件，案件中所提到的指控内容，可能属实，也可能并非属实，本书对此并无任何立场；同时由于本案并未经过陪审团和法院的最后判决，而是和解结案，所以也意味着这些指控的事实认定在美国证券相关法律下并未予以确认。本案例的主要信息来源包括：

- Complaint; Case 2: 12 - cv - 05062 - PSG - AJW Document 1; Filed 06/11/12.
- Order Granting the Motions to Dismiss with Leave to Amend; Case 2: 12 - cv - 05062 - PSG - AJW Document 71 Filed 02/06/14.

## 7. 新东方教育的“VIE 历险记”

- 同时面临 SEC 两大部门（企业融资部门和执法部门）的调查，新东方报表合并政策的硬伤到底在哪里？
- 被告行为是属于欺诈，轻率，还是疏忽大意？法官是否采纳被告的抗辩理由？
- 德勤继续出具无保留的审计意见，能否足以对抗原告的指控？
- 成立特别调查委员会，启动独立调查，这些举措是否有助于反驳原告的指控？
- 特别委员会后来为何终止了公司报表合并政策的调查？
- SEC 企业融资部门不反对报表合并，为何 SEC 执法部门仍然继续调查？其最终调查结果如何？
- 法院为何不支持原告对新东方品牌授权项目的指控？
- 新东方的 717 公告（SEC 调查）能否被认定为是引发当天股价下跌的原因？

2012 年 7 月 17 日，在美上市的新东方教育公司（EDU）公告 SEC 开始调查其 VIE 结构和合并报表会计政策，当天公司股价下跌约 35%；第二天“浑水摸鱼”发布报告，指责新东方存在 VIE、报表合并、税务等一系列问题，新东方股价当天继续下跌 35%。新东方股票市值累计缩水接近 60%，损失约 20 亿美元。2012 年 7 月 23 日，集体诉讼爆发。图 7－1 和图 7－2 分别是新东方上市后的股票价格走势图，及 2012 年 7 月新东方被做空而引发的股价暴跌和交易量信息图。

案件诉讼期间从 2009 年 10 月 19 日至 2012 年 7 月 17 日。被告人包括新东方公司及其 CEO 和时任 CFO。原告指控被告在合并报表和新东方品牌保护这两方面存在重大不实陈述，违反 1934 年证券交易法的第 10（b）条款，及

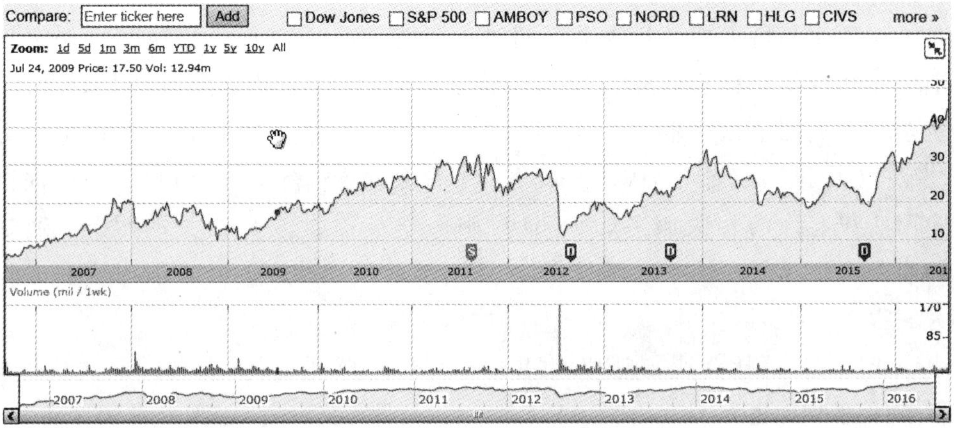


图 7－1　新东方股价走势

**New Oriental Education & Tech Grp (ADR)** (NYSE:EDU)

Daily prices　Jul 10, 2012 - Jul 27, 2012　Update

| Date | Open | High | Low | Close | Volume |
|---|---|---|---|---|---|
| Jul 27, 2012 | 11.73 | 12.12 | 11.70 | 11.95 | 3,250,896 |
| Jul 26, 2012 | 11.59 | 11.87 | 11.42 | 11.72 | 3,808,808 |
| Jul 25, 2012 | 12.30 | 12.45 | 11.41 | 11.49 | 7,352,688 |
| Jul 24, 2012 | 12.54 | 12.54 | 12.15 | 12.30 | 7,431,774 |
| Jul 23, 2012 | 12.77 | 13.12 | 11.98 | 12.19 | 12,922,603 |
| Jul 20, 2012 | 12.45 | 13.39 | 12.11 | 12.91 | 18,154,869 |
| Jul 19, 2012 | 10.56 | 13.06 | 10.40 | 11.20 | 48,191,369 |
| Jul 18, 2012 | 14.97 | 15.04 | 9.41 | 9.50 | 69,388,087 |
| Jul 17, 2012 | 15.59 | 17.50 | 13.86 | 14.62 | 30,648,478 |
| Jul 16, 2012 | 22.46 | 22.51 | 21.94 | 22.26 | 3,039,180 |
| Jul 13, 2012 | 22.66 | 22.75 | 22.23 | 22.45 | 1,455,179 |
| Jul 12, 2012 | 22.74 | 22.84 | 22.51 | 22.66 | 1,752,161 |
| Jul 11, 2012 | 23.67 | 23.76 | 22.62 | 22.92 | 2,547,149 |
| Jul 10, 2012 | 24.25 | 24.49 | 23.18 | 23.40 | 1,630,429 |

Historical chart

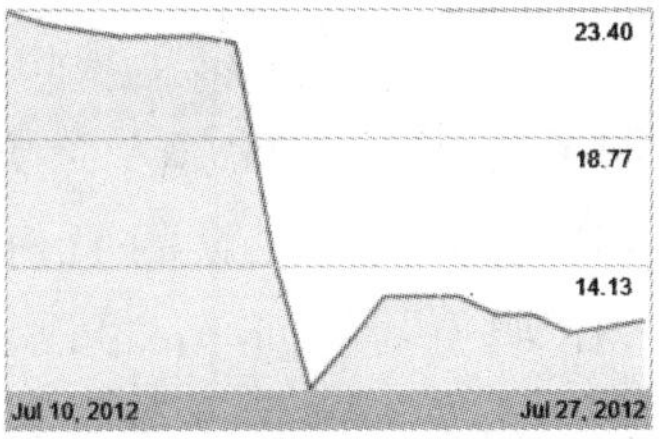


Export

Download to spreadsheet

图 7－2　被做空后新东方股价和交易量信息

SEC 的 10b－5 规则；原告同时指控自然人被告违反 1934 年的交易法第 20（a）条款，即控制人责任条款。

由于原告指控被告违反了交易法的第 10（b）条款，因此，依据联邦民事诉讼规则 9（b）及 1995 年的私人证券诉讼改革法案（PSLRA）的要求，原告的起诉状必须要符合欺诈（fraud）的指控要素。

在美国上市的新东方教育公司于2004年在开曼注册成立，2006年在美国纽约交易所上市，IPO融资超过1亿美元。中国相关法律禁止外资对小学和初中学校拥有产权，而对于高中学校，则是限制拥有产权；由此，新东方在美国上市采取VIE架构模式。新东方在国内的VIE公司以下称为“新东方中国”或者“NOC”，或者“VIE公司”。新东方公司向NOC提供中国法律允许的相关服务，而NOC则向学员提供教育相关的服务。通过VIE模式，新东方获取对NOC的经营活动的某些控制，并收取对应利润作为回报。

依照美国公认会计准则FIN46R（生效至2011财年），公司需要对某些符合条件的VIE进行报表合并。VIE能否进行报表合并，主要是看两个方面：①VIE的名义股东不能拥有VIE公司的剩余权益回报（residual returns of the entity）；②母公司是否构成VIE的首要受益人（primary beneficiary），比如：将承担VIE的大部分损失，或者获取VIE的大部分收益。新东方从IPO以来的财务报表都对这些NOC（VIE）公司进行报表合并。本案所涉及的是2009年和2010年财务报表的合并范围。

新东方基于以下理由将VIE公司纳入其合并报表：①双方签订了5个服务合同，由新东方全资子公司向VIE提供服务，并收取服务费；②由VIE名义股东同意的股份质押（equity pledge）合同；③新东方独家购买VIE股份的合同（exclusive option of share purchase）。新东方指出，双方签订的服务合同，确保了新东方可以获取VIE公司的绝大部分净利润（significantly all of NOC’s net income）；而股份质押合同和独家股份购买合同，则进一步确保了VIE公司能够履行这5个服务合同下向新东方公司付款的义务。

这5个服务合同包括：

- 商标使用权合同（trademark licensing agreements），由新东方授权给NOC使用相关商标，并按后者的季度收入计算使用费（predicated on quarterly revenues）；
- 网站开发和使用合同；
- 授课支持合同（teaching support）；

以上两个合同约定，新东方向某些 NOC 学校提供服务，按照这些学校的年度收入计算并收取合同中未明确比率的年度服务费（unspecified annual fee），服务费可按照季度进行调整（subject to quarterly adjustments）；

- 新的招生系统开发合同，该合同约定，依据 NOC 学校的每月新招生人数计算应该收取未明确比率的费用（unspecified fee），该费用可以按照季度进行调整；
- 教育软件合同，依据该合同，新东方以双方约定的价格向 NOC 销售软件，但并无价格合同。

此外，2009 年和 2010 年度的财务报告中，新东方并没有具体披露在以上服务合同下，新东方到底应该向 VIE 公司收取多少服务费。

原告指出，新东方 2012 年年报披露，依据任何一个服务合同，新东方有权可以从 VIE 收取其收入 2% ~6% 的服务费，并可按照每个新生 9.63 美元的价格收取招生系统开发服务费，而且这些费率安排在本案的整个诉讼期间是有效的。

新东方宣称，在近几个相关财年中，新东方已经从 VIE 公司收取了其绝大部分净利润（majority）；依据以上相关服务合同，于 2010 年和 2011 年，新东方分别从 NOC（VIE）公司中收取了其 56%（5 950 万美元）和 50.1%（6 570 万美元）的净利润。

新东方的 2009 年和 2010 年财报指出，股权质押合同要求 VIE 公司的股东将相关股份和权益进行质押，以确保 VIE 公司能够履行以上服务合同的付款义务。依据该质押合同，如果未经过新东方直接子公司的事先书面授权，NOC（VIE）股东不得从这些 VIE 公司转移利益。如果 VIE 公司违反相关服务合同的约定，则股权质押合同相关条款将会启动。

新东方 2009 年和 2010 年财报中还披露到，所签订的独家股份购买合同，确保新东方有权购买或者可以要求 NOC（VIE）股东将其在 VIE 中的所有股权转移给指定第三方；当然这个选择权是在中国相关法律允许新东方持有部分或者全部该等 VIE 公司股份的时间和幅度（范围之内）才会得到行使。

对于股份购买选择权的解读，本案中还存在一些事实认定的问题。据法院资料，该选择权是否还可以在新东方认为合适或者必需的其他情形下行使呢？也就是说，在中国相关法律允许的时间和幅度之外，新东方仍然（新东方所认为的其他情形）可以行使此权力来购买 VIE 的股权。对这个“其他情形”的书面措辞，曾经出现在新东方 2006 年 IPO 时候提交给 SEC 的注册登记文件（F-1 表格）中的附件合同中；但是，这个 F-1 表格附件中的合同，虽然有这样的措辞，但这个合同并没有日期；而新东方却指出其诉讼期间所对应财年年报中，所对应的股份购买合同签署日期是 2006 年 5 月 13 日。法院认为，目前还无法判断这两个合同是同为一个合同。但由于这个涉及事实认定范畴，在目前诉讼是否应该驳回的裁决阶段，还无法接受新东方所提出的这个“其他情形”；法院目前只能采纳，新东方只有在中国法律许可的时候，并在许可的幅度之内，才可以行使对 VIE 的股份购买权。这个认定其实很重要，会直接涉及新东方能否对 VIE 进行报表合并的会计判断。

新东方 2009 年和 2010 年的年报在公司架构相关风险部分披露到，公司对 NOC（VIE）公司存在依赖关系，并担心这些 VIE 公司有可能存在违约风险及潜在的监管风险。新东方还进一步披露到，新东方和 NOC 公司之间共享许多高管和董事，所以并无法保证这些存在利益冲突关系的董事和高管们都会依照新东方利益最大化的原则来行事。

2009 年，针对 VIE 能否进行报表合并，美国最新公认会计准则出台了 SFAS 167；该准则对如何认定首要受益人（primary beneficiary）作出了更详细规定，但并不倾向于量化测试，而是强调拥有决定 VIE 公司重大经营活动的权力，才可以进行报表合并。新东方从 2011 财年开始采纳该会计准则，并对 VIE 公司进行报表合并，因为新东方认为其拥有这样的权力，可以决定 VIE 公司的重大经营活动，并且其有权从 VIE 公司中获得收益。而对于 2009 年和 2010 年，新东方是基于前文所提到的系列合同（服务合同、权益质押合同和独家并购合同），作为对 VIE 公司进行报表合并的依据。

新东方于 2011 年的年报中披露指出，本年度和 NOC（VIE）公司之间至少有三类服务合同实际在履行（operative），包括商标许可合同、新学员录取系统开发服务合同及教育软件销售合同。2009 年和 2010 年的情况也基本如此。

新东方还指出，依据这些合同，2012 年新东方从 NOC 公司共收取了占这些公司净利润 75% 的费用，总金额为 1.186 亿美元。然而，原告指出，在 2011 年 1 月之后，仅有一个服务合同仍然有效（effective）。

新东方指出，上述的股权质押合同和独家并购合同于 2011 年仍然有效。然而，原告指出，对于 2011 年及之后年度而言，这个股权质押合同仅仅是用来确保所有服务合同中唯一一个仍然还有效的合同，而其他服务合同已经无效了。

关于品牌保护，新东方对外公开陈述其品牌对公司增长的重要性，并指出，公司的业务依赖于其品牌，如果公司无法维护和提升其品牌，则公司的业务和经营将会受到影响。新东方还指出，NOC（VIE）公司拥有所有教学学校和学习中心的产权。截至 2012 年底，NOC（VIE）公司共运营 55 所学校和 609 个学习中心，向 240 万学生提供服务。

2012 年 7 月 17 日，新东方公告了其未经审计的截至 2012 年 5 月 31 日的财政年度业绩，并公告指出 SEC 已经发出对新东方启动调查的正式调查令（a formal order）。新东方认为，SEC 的调查主要是和 VIE 公司的合并报表有关。当天，新东方的股票价格大跌，截至收盘价格每股下跌 7.64 美元，跌幅为 34.32%。

2012 年 7 月 18 日，“浑水摸鱼”——美国的做空调查研究机构，发布了针对新东方的做空报告，其建议投资者抛售新东方的股票。浑水的做空报告指出新东方不应该合并这些 VIE 公司，因为：①新东方并不拥有 VIE 公司的关键性资产，也没有从这些 VIE 公司的股东那里获得授权合同（proxy agreement），也没有从这些 VIE 公司的律师那里获得授权；②新东方对 VIE 公司的关键性（核心）软件代码和网站域名、VIE 公司的董事和高管，及 VIE 公司的经营决策，这些方面的控制十分薄弱，甚至缺乏；③新东方的 VIE 架构脆弱（诉状第 6 页）。

此外，做空报告还指出，和同行业比较，新东方的审计费偏低；而且从 2007 年到 2011 年期间，新东方的业务在增长，而审计费降低幅度超过 30%。由此，做空报告认为经过审计的报告可信度受到影响。

做空报告还指出，新东方于 2010 年 1 月启动了“品牌名字合作计划”

（brand name corporation program）。做空报告认为，该计划类似于品牌加盟合同，允许第三方加盟新东方的“泡泡儿童英语”和“新东方之星”幼儿项目；而新东方对这些第三方的控制力度要低于其对自身运营实体的控制力度。

“浑水摸鱼”预计新东方将不得不进行报表重述，而且其外部审计师德勤将会辞职。2012 年 7 月 18 日，在“浑水摸鱼”做空报告公开之后，新东方的每股股价下跌 5.12 美元，下跌幅度超过 35%。

针对“浑水摸鱼”的攻击，新东方成立了由三名董事组成的特别委员会，对这些指控进行调查。该委员会主要调查所谓的品牌合作项目是否就是加盟性质，以及新东方对 VIE 公司进行报表合并是否妥当。经过调查结果显示，这个品牌合作项目并不是所谓的加盟项目，而且在公司报表上的会计处理也是妥当的。然而，针对 VIE（NOC）能否进行报表合并的调查，特别委员会却予以终止。因为基于新东方向 SEC 所提供的信息，SEC 的企业融资部门（Corporate Finance Division）告知新东方，其并不反对新东方目前对这些 VIE 公司进行报表合并；然而，SEC 的另外一个部门，执法部门（Enforcement Division）仍然继续对 VIE 公司的报表合并进行调查。

事情发展到最终，德勤并没有辞职，新东方也没有重述其财务报表；德勤还是继续 2012 年的审计，并出具了无保留的审计意见。

原告在诉讼状中指出的第一个不实陈述指控是 VIE 公司的报表合并。原告认为，首先，新东方对 NOC（VIE）所作的合同安排，并不足以支持其能够按照美国公认审计准则对 VIE 公司进行报表合并；其次，通过对 VIE 进行报表合并，新东方虚增了资产和收入。第二个不实陈述指控是公司的品牌保护，原告指出，新东方的品牌合作项目将公司对品牌的控制权交给了第三方，这会给公司声誉带来负面的影响，而公司对此信息并没有予以披露。

面对原告的指控，新东方等被告从不实陈述和重大遗漏、欺诈（scienter）要素及损失的因果关系要素，这三个角度进行抗辩，并申请法院驳回原告的指控。

## 法官的法律分析和裁决过程

法官的法律分析和裁决过程中所涉及的相关问题，值得关注和考虑，比如：

- 相关年度，新东方到底是否有权力收取 VIE 的大部分收益？
- 上市公司到底是否有权力单方面调整 VIE 的服务收费率？
- 被告为何选择不向法院提供 2009 年和 2010 年的 VIE 服务合同？
- 2009 年和 2010 年 VIE 报表合并基础的陈述是否属于重大不实？
- 上市公司对 VIE 公司的重大经营活动是否真的拥有决定权？（2011 年开始）
- 上市公司对 VIE 公司的股权购买安排是否存在瑕疵？
- 上市公司对 VIE 公司的股权质押安排是否有效？
- 上市公司 VIE 相关合同的安排存在哪些致命缺陷？这些缺陷是否明显？
- 新的 VIE 会计准则出台后，新东方为何不及时更新其相关合同条款？
- 上市公司年报中对 VIE 的风险披露是否充分？

新东方能否合并 VIE 的报表？新东方是否是 VIE 的首要受益人（primary beneficiary）？面对原告的指控，新东方抗辩道，其已经正确陈述了公司可以获得 VIE 公司 绝大部分剩余回报（residual returns）。然而，原告指出，新东方在报表合并依据上存在重大不实陈述，从而误导了投资者。

在整个诉讼期间所涉及的财务报告期之内，新东方对外陈述到，通过其和 NOC 公司之间的系列合同，新东方将其绝大部分经营业务交给 NOC 公司开展。新东方指出，依照这些服务合同，新东方有权收取 NOC 公司的绝大部分净利润，而且股份质押和购买合同又确保了 NOC 公司履行这些服务合同的付款义务。新东方认为其真心是 NOC 公司的首要受益人，因为新东方持有这些 NOC 公司的可变动权益（variable interest）。

法官指出，能证明新东方有权收取 NOC 公司剩余权益的合同只有这些服务合同。然而，在 2009 年，2010 年和 2011 年财报中，新东方并没有披露其有权依照服务合同约定这些 NOC 公司中的多少收入金额。2012 年，新东方首次披露了依据服务合同，其收取 NOC 公司收入的百分比和所收取的费用金额。但是，原告指出，这些收费金额并不足以证明新东方能够收取 NOC 公司绝大部分剩余权益，因为这些收费仅仅占 NOC 公司总收入的 2% ~6%，以及其他一些金额有限的费用。原告还指出，2012 年的收费费率，也是在整个诉讼期间所涉及的报表期间所适用，所以，除了 2012 年之外，其他财年的收费金额也无法证明新东方可以获取这些 NOC 公司的绝大部分剩余权益。

新东方从三个方面作出了抗辩：

首先，依照服务合同，新东方已经收取了 NOC 公司的绝大部分剩余权益，所以新东方报表合并的基础并没有错误。然而，法院指出，新东方的这个抗辩并不在点上；因为即使新东方在相关年度恰好（happened to）收取了 NOC 公司的绝大部分剩余权益，但这并不意味着新东方有权（had the right）收取绝大部分剩余权益，也并不代表这些服务合同提供给新东方足够能力来控制这些 NOC 公司；因为，本案中，原告是指控新东方 2009 年和 2010 年的服务合同存在缺陷；法院提请新东方提交这些合同以反驳原告的这些指控，但是，新东方最终选择不向法院提交这些合同；所以，原告指控新东方 2009 年和 2010 年的服务合同并没有确保新东方在某个特定财年有权力向 NOC 公司收取其绝大部分的剩余权益。

其次，新东方又抗辩指出，这些收费费率是新东方单方面可以调整的。然而，新东方并没有向法院提交此等证据用以证明其拥有单方面调整费用的权力。新东方向法院提交了 2012 年度的两份合同——开发服务合同和技术服务合同，以此表明新东方有权按照其意愿调整服务合同下的收费比例；然而，法院指出，新东方所提供的合同并无法证明 2009 年、2010 年和 2011 年也适用此条款，相反，新东方选择不向法院提交这三个年度的服务合同。

最后，新东方又抗辩指出其合并依据并无不妥当之处，因为美国公认会计准则中的 FIN46R 并没有特定要求仅能够按照一种方法来作会计判断能否合并 VIE，所以，存在一定灵活性。法官指出，美国公认会计准则中的所谓灵活性确实存在，但这并不代表可以豁免公司对所采取合并政策进行准确陈述和披露的义务。因为原告指控被告存在不实陈述，被告对外陈述这些服务合同确保新东方有权收取 VIE 的绝大部分剩余权益，然而实际情况是，这些合同并非如此。

而且，2009 年和 2010 年，这些 VIE 公司所合并的资产占合并报表总资产的 65% 和 67%，并且是几乎占了全部的收入。因此，原告的指控符合重要性原则。原告对新东方 2011 年财报的指控性质也是类似如此。

新东方在 2011 年财报中指出，公司采纳了美国公认会计准则 SFAS167 的要求，对首要受益人的会计分析采取了更多的定性（而非定量）分析。这个新准则要求，对 VIE 进行报表合并，则必须要能证明公司有权力决定 VIE 的重大经济活动，并且公司有权力收取 VIE 公司的收益或者有义务承担 VIE 公司的亏损。新东方认为，由于系列合同，其合并报表政策符合 SFAS167 的要求。然而，原告认为，新东方的这些系列合同并无法确保新东方满足 SFAS167 的要求。原告指出，这些合同所约定的 2011 年仅仅是 NOC 公司收入的 2% ~ 6% 的收费金额，这样的收费比例偏低，无法证明新东方有权力决定 VIE 公司的重大经营活动。

法院还指出，新东方和 NOC 公司之间的其他合同，也难以证明新东方对 NOC 公司的重大经营活动拥有决定权。比如：依据新东方和 NOC 公司股东之间的独家股份购买合同，该合同仅仅是在中国法律允许新东方持有 NOC 公司股份的时候和范围之内才付诸实施（operative）；而原告却指出，在诉讼期间，中国相关法律并不允许新东方作为一家外资公司，持有在境内提供教育服务的 NOC 公司股份。所以，原告已经具体指出，这个股份购买合同在诉讼期间其实是无效的。而对于股份质押合同，原告则指出，该合同是无法执行的，因为该合同并没有向相关政府部门登记。

综上对服务合同、股权质押合同和独家股份并购合同的分析，法官认为，原告已经充分指控新东方的这些合同安排并无法证明其对 NOC 公司的重大经营活动具有控制权；所以原告已经充分指控新东方报表合并基础的陈述并不属实，对投资者造成误导；而且，原告对 2011 年的此项指控也符合重要性原则，因为就 2011 年而言，NOC 公司资产占新东方合并报表总资产的 62%，收入所占的比重更是高达 97.2%。

而对于新东方在品牌保护陈述方面的指控，新东方已经公开披露到，其拥有所有学校和学习中心，但是不拥有品牌合作伙伴提供项目的那些设施，因此并未将这部分所对应的资产纳入新东方的报表；而且，新东方所披露的新学员人数也不包括这些项目部分，原告对此并无异议。该项目对应的收入分别仅占新东方 2010 年和 2011 年总收入的 0.009% 和 0.45%，这一点，原被告双方并无异议。

然而，原告指出，新东方的品牌合作项目导致新东方的品牌重要性这个陈述存在误导。新东方的时任 CFO 曾经在投资者电话会议中指出，新东方从未在大城市进行品牌授权，并认为品牌授权并非是增长的优选模式，因为其存在一些对教学质量方面控制权流失的风险。

在是否符合重要性原则上，法院援引其他案例指出，曾经有法院认为占收入金额不到 5%，则不符合重要性水平。在重要性水平的定性分析上，法院借鉴了 SEC 的相关规定（SAB99），从是否为重大经营活动（如：某一重要产品或者生产线，不可缺少的某一业务分部等等）及资本市场是否对此有巨大反应，来判断某个事项是否符合重要性水平。本案中，法院指出，由于原告并无法证明：①品牌合作项目对新东方的成功是如此明显重要；②并无证据表明新东方允许第三方以其名义开立新学校和新的学习中心，目前新东方仅仅是允许第三方自行拥有教学设施；③该项目目前仅仅是这 21 个比较小的城市开展。况且，原告并无法提供任何证据表明，该项目已经对新东方的品牌造成了影响。所以，从定性分析角度看，原告的指控并不符合重要性原则。

原告又指出两个指控理由：①新东方 NOC 的某一原告曾经指出，新东方的 NOC 公司对这些第三方提供的教学服务在控制力度上要低于其自身拥有的学校；但法院认为，这个指控理由不充分，因为这并不足以证明此等项目将会损害新东方的品牌，从而导致任何理性的投资者都需要了解该项目；②原告指控的另一理由是，品牌授权项目的规模足以导致其将会损害新东方的品牌；然而，法院指出，原告并没有提供证据表明，这些第三方提供的教学会被认为等同于新东方的学校或者学习中心。所以，原告并无法证明品牌授权项目在收入、影响和规模方面是可以与新东方自身的学校相提并论的，从而导致该项目对投资者而言是属于重大信息。

由此，法院认为，关于品牌授权项目的指控，不论是从定量上还是定性上，都不符合重要性原则。所以，法院不支持原告的此项指控内容。

## 原告的指控是否符合欺诈要素（scienter）？

欺诈要素，是本案能否成功起诉的关键之一。被告抗辩认为原告的起诉状并不符合证券交易法等相关法律对欺诈要素的要求。而对于欺诈是否存在，则关键看能否从原告提供的证据中，强有力地推导出欺诈意图的存在，也包括轻率性质（recklessness）；当然，这个推导可以从被告的动机和机会、具体的情形性证据等角度进行分析和判断。

本案中，原告指控被告公司的 CEO 间接持有新东方公司的控制性股份，所以，该被告有这样的动机确保新东方能够合并这些 VIE 公司；原告还指控该被告通过其母亲，在诉讼期间，共出售了新东方公司超过 1 亿美元的股份；所以，原告认为，同其他被告相比较，该被告从中获得了非一般的巨大财务收益（uncommonly massive benefit）。这里“非一般”这个词很重要，因为根据美国判例法，如果仅仅指控公司高管等内部人士具有一般的（常见的）动机（generi cmotivations），则还无法充分指控欺诈动机的存在。

不过在本案中，法官认为，并不需要从动机是否存在的角度来推导欺诈要素是否成立。因为法官认为，从原告的指控中已经可以发现任何一位被告轻率性质的情形性证据（circumstantial evidence of recklessness），因此，原告的指控符合欺诈要素的要求。

法官认为，本案中，原告所指控的新东方合并 NOC 资产占总合并资产的 62% 和 67%，而收入占 97% 和 98.9%（2009 年和 2010 年）。原告还指出，新东方在美国资本市场能否持续站住脚，完全取决于其能否合并这些 NOC 公司。因此能否合并 NOC 公司，对新东方而言意味着价值无比。

虽然被告抗辩指出，其通过系列服务合同、股份质押合同及独家购买合同这些安排，足以证明其可以合并这些 NOC 公司。但是，原告已经充分地指出，这些合同中的任何一个合同，都存在致命和明显的缺陷（critically and obviously deficient），由此，被告应该知晓，这些合同安排并不足以支持其能够合并知晓 NOC 公司。原告在诉讼状中指出，新东方的系列服务合同并没有明文约定新东方可以从这些 NOC 公司收取除了一小部分金额之外的剩余回报（residual return）。

由于原告的指控充分，因此可以从中强有力地推导出，被告对 NOC 公司进行报表合并至少属于轻率的行为（at the very least recklessly）。所以，如果新东方公司的 CEO 和 CFO 对公司 VIE 系列协议安排所存在的明显缺陷（conspicuous deficiencies）不完全知情，那么，这样的不知情也只能是因为对如此明显的缺陷异乎寻常的熟视无睹（an egregious refusal to see）所导致，这更能强有力地推导出被告的行为属于轻率性质（recklessness）。

对于被告所主张的，新东方 CEO 或许对此等合同缺陷可能不知情，法官认为，该主张尤其不可接受（particularly implausible），因为在诉讼期间，该 CEO 同时也是 NOC 公司的控股股东，其或者是这些系列合同的当事方之一，或者是受这些合同直接影响。

法官认为，在欺诈要素上，至少原告和被告之间的抗辩是旗鼓相当的（as least as strong as）。

被告又抗辩指出原告的指控不符合欺诈要素，因为新东方的外包审计师仍然继续给公司的财务报告出具无保留的审计意见。然而，法官认为，对外部审计师的信赖（依赖）并无法完全免除（取代）新东方在确保 VIE 系列合同符合报表合并要求的这个义务。而且，在案件的目前阶段，法院还无法知晓新东方向其审计师提供了何种信息，也无法知晓是何种原因导致审计师可以出具无保留的审计意见；依照相关案例，如果被告试图在诚信的基础上以外部审计师的意见作为抗辩理由，那么被告需要向法院展示其向审计师所提供的所有信息披露。因此，本案中，法院没有采纳被告的这个抗辩理由。

被告又抗辩认为，本案不符合欺诈因素，因为在“浑水摸鱼”做空报告公布之后，新东方成立了独立委员会对合并报表政策进行独立调查，所以被告不存在欺诈的主观意识。法院认为，一般情况下，新东方成立了独立调查委员会对 VIE 架构可能存在的缺陷进行调查，这样的情况，在某种程度上可以抗辩原告对被告存在欺诈意图的指控；但是，本案情况并非如此，因为在关于报表合并政策是否恰当的调查结论还没有作出之前，新东方的独立调查委员会却终止了这个调查。如果试图以成立调查委员会来证明公司不存在欺诈的意图，那么被告必须能够证明其确实有决心（commitment）要对所指控的事项进行调查；然而，在调查结论作出之前终止了调查，这就显得被告在调查的决心方面模棱两可。

法官还指出，新东方年报中对 VIE 的风险披露并不足以证明其不存在欺诈的意图（non - fraudulent intent）。因为在年报中，新东方仅仅说明其系列服务合同在中国法律环境下或许无法履行，及这些 NOC 公司可能会违反合同约定；新东方并没有披露这些合同并不足以支持其能够对 NOC 公司进行报表合并。所以，本案中，并无证据表明新东方已经在年报中对 VIE 的相关风险进行了充分的披露。

被告又指出，SEC 的公司融资部门（Corporate Finance）最终并不反对（no objection）新东方的报表合并政策，新东方最终并没有对报表进行重述（restate），所以原告指控被告存在欺诈意图并不充分。然而，法官指出，SEC 的执法部门（Enforcement Division）对新东方在报表合并这个问题上的调查仍然继续，被告对此是知情的。所以，在目前这样的情形下，新东方决定不对报表进行重述，并无法推翻原告的指控。

法官指出，在综合考虑了被告的抗辩理由之后，基于所指控内容的重要程度（magnitude of the alleged fraud），原告对被告在欺诈主观意图上的指控是充分的。而且，由于原告已经充分指控了任何一个自然人被告存在欺诈的主观意识，所以在合并报表这个事项上，原告也就充分地指控了新东方存在此主观意识。对于品牌授权项目的指控，由于原告在是否存在重大不实陈述方面的指控不充分，所以在欺诈要素上的指控也就不成立。

## 损失因果关系的指控是否成立？

损失的因果关系是诉讼能否成立的关键要素之一。被告指出原告的指控并不符合损失因果关系，因为不论是被告的 717 公告（披露 SEC 对新东方报表合并进行调查）还是“浑水摸鱼”的做空报告，都不是对新东方原先信息披露的更正，所以，损失的因果关系不能成立。

然而，法院认为，依据相关判例法，上市公司披露 SEC 对其会计政策进行调查，这足以构成是对原先已经披露事项的修正性披露，因为投资者会认为公司可能存在某种会计问题，而之前公司并未披露该事项。况且，本案中，在新东方公告 SEC 调查事项后，其股票价格在之后的两天中累计跌了 12.76 美元；所以，就起诉标准而言，新东方的717公告足以证明损失的因果关系已经成立。

“浑水摸鱼”的做空报告是在新东方披露SEC调查之后的第二天发布的，其是否可以构成是修正性的信息披露，原被告双方持不同意见。法官认为，并不需要对此事项作出裁决，因为原告已经充分指控了新东方717公告之后股票价格的下跌符合损失的因果关系要求。

基于以上法律分析，纽约南区联邦法官John G. Koeltl于2013年12月23日裁决，就原告指控新东方品牌授权项目的指控驳回起诉，而对于合并报表的指控则拒绝了新东方驳回起诉的申请。

此后，本案件进行证据开示程序。

2014年4月19日，原被告律师进行了和解会谈。2014年5月23日，就ADS股东诉讼和期权股东诉讼，分别达成450万美元和25万美元的赔偿和解。至此，新东方在集体诉讼中的总和解赔偿金额为475万美元，其中约20%将作为原告律师的服务费，能够补偿给投资者的则不到80%。

对新东方而言，这个赔偿金额并不算大，但是，新东方的直接损失除了股价大幅度下跌之外，还体现在其自身的律师费用、SEC调查和内部调查等合规费用上，这些支出虽然没有单独披露，但据媒体披露，其对新东方后续几个季度的业绩构成了影响。

至此，新东方的VIE危机总算落下帷幕，可谓是有大惊而无大险。经过这次的SEC调查、股东集体诉讼和遭遇做空，新东方确实是历经磨难和考验，最终凭借扎实的风险管理能力、公司治理能力和创始人及管理层的“诚信和正直”，化解了危机。

通常而言，SEC对上市公司的年报是每三年审核一次；但是从SEC的网站上可以清楚看到，SEC对新东方的数年年报都进行了审核，这在中概公司中十分罕见。如果将SEC和新东方之间就年报（主要是针对VIE报表合并，SEC对此会计问题已经进行了多年的跟踪）审核沟通信函都打印出来，总共会超过300页，总字数则超过10万字。所以，新东方和SEC之间就VIE会计处理的博弈，跨了数个会计年度，历时数年，不可不说是激烈；而新东方这个被SEC紧盯多年的重大会计问题，在和SEC过招多年之后，虽然还引发了做空、股价暴跌和集体诉讼，最终还是得到软着陆。新东方的 VIE 历险记可谓是中概公司华尔街淘金历史上的绝唱。新东方公司创始人之后还接受了媒体的采访，首次对公众详细披露了 SEC 调查过程。经过这次长达数年的历险，新东方和公司管理团队已经更加成熟、从容和自信。我们期待这家公司在从优秀到卓越路上，继续取得优异成绩。

## 申明和信息来源

本案例的主要信息来源于相关法律文件，案件中所提到的指控内容，可能属实，也可能并非属实，本书对此并无任何立场；同时由于本案并未经过陪审团和法院的最后判决，且因双方和解而结案，被告并不承认这些指控，所以也意味着这些指控的事实认定在美国证券相关法律下并未予以确认。本案例的主要信息来源包括：

- Consolidated Amended Class Action Complaint; Case 1 : 12 – cv – 05724 – JGK Document 23 Filed 12/10/12.
- In Re New Oriental Education & Technology Group Securities Litigation, Opinon And Order; 12 Civ. 5724 (JGK), John G Koeltl, District Judge, United Sates District Court, Southern District of New York; Case 1 : 12 – cv – 05724 – JGK Document 67 Filed 12/23/13.

## 8. 新东方再遇美国集体诉讼：战情解读

2012年7月，由于“浑水摸鱼”的捣乱，新东方股价暴跌近60%，缩水超过20亿美元，并遭遇和VIE信息披露相关的股东集体诉讼；该诉讼案于2014年5月以475万美元金额得到和解。

没想到，时隔四年，新东方再次遭遇美国股东集体诉讼。

2016年12月2日，路透社发表了一篇报道称，留学中介新东方与另一家中国留学中介为客户代写申请陈述和推荐信，帮助客户在大学申请中造假。报道根据8名前任和现任新东方的员工透露，新东方在帮助客户申请大学的时候，会帮助客户撰写申请学校的文章、教师推荐信，捏造中学文凭。

受此报道影响，新东方在纽交所的股价当天大跌，收盘价格从前一天的48.99美元跌至12月2日当天的42美元（见图8－1）；在股价最低点时，公司市值蒸发超过18亿美元。当天交易量超过1 540万个ADS，是平均日交易量月180万个ADS的数倍。市场数据显示，新东方的股价自2015年10月起持续上涨，从18美元一路涨至近54美元。

2016年12月16日，集体诉讼正式爆发，目前至少有四家律所宣布已经向法院提交诉讼状，指控新东方公司、新东方董事长、CEO和CFO违反美国1934年证券交易法相关条款和SEC10b－5规则。诉讼期间从2016年9月27日至2016年12月1日。

这是2016年爆发的第三起美国中概股集体诉讼。

### 本案争辩的焦点可能会是哪些？

美国联邦证券集体诉讼如要获得成功起诉，则诉讼状必须能够同时满足5个重大要素——重大不实陈述/信息隐瞒；重要性；欺诈要素；证券交易的实际发生；信赖要素；损失的因果关系。其中最为关键的2个是重要性原则

**图 8-1　2016 年 12 月份新东方股价走势**

(materiality) 和欺诈性要素 (scienter)。

原告要能成功起诉被告（仅仅是起诉，并非指最终裁决一定是对原告有利），那么，原告的诉讼状必须能够充分阐明被告存在重大不实（虚假）陈述（包括隐瞒重大信息）；而且，原告的诉讼状必须能够令人强有力地推导出，被告的行为在主观意识上属于欺诈 (scienter)，包括知情而故意 (knowingly) 和疏忽大意 (recklessness)。从目前诉讼状来看，原被告双方可能的争辩焦点也会在这两点上。

## 重要性原则 (materiality)

重要性原则，也就是原告所指控的内容从理性投资者投资决策来看，是否属于重大内容？这涉及重要性原则如何具体运用到本案的问题。重要性原则需要从定量和定性两个角度考虑。

本案所涉及的业务内容是新东方的留学咨询业务，从新东方年报披露看，这是其2016年七大业务版块内容之一，不过不是最为核心的业务。其收入不会超过新东方年度总收入的10%。当然，从定量的角度看，5%就可以构成重要性原则。但是，目前的诉状内容十分简单，原告并没有指出到底新东方所谓的此等留学咨询“造假”业务占其总留学咨询业务的比重有多大？所以，原告的指控最多也只能说明，新东方留学咨询业务中存在某些“造假”行为，但是留学咨询业务本身是新东方总体业务中很小的一部分（最多也不会超过10%），所指控的“造假”行为对应的收入金额具体比例是多少也不明确（unspecified portion）。也就是说，这个“造假”行为仅仅是个案，还是普遍情况？目前诉状并没有指明，而要做到这个具体指控难度很大，所以新东方可以从这个角度驳斥原告。

从定性角度看，虽然有些信息从数据金额或者比重上看不大，但是对投资者的投资决策十分重要。从美国证券诉讼判例法角度看，通常包括如下情形：①这个信息的隐瞒导致了公司盈利局面的改变，或者盈利趋势的改变。从目前来看，新东方诉讼案件还不符合这个情形。②这个信息的隐瞒其实有助于公司管理层增加其个人报酬。这个情形目前也不明显，难以成立。

当然，原告可能会从股票市场的价格波动（新东方当天股价暴跌）的角度来说明，投资者其实十分看重该信息，所以此信息的隐瞒属于重大性质。但是，股价的波动是多方面因素造成的，比如市场的过分恐慌等；而且，从美国证券法的案例看，仅仅以股价的大跌很难证明信息的重要性，关键还是要看该信息本身是否属于应该对外披露。如果新东方仅仅是某些个别员工存在留学咨询的“造假”行为，从公司层面来看，并不需要对此作出具体的披露，一般性的风险披露足矣。

## 原告是否会引入“秘密证人”？

在美国联邦证券集体诉讼中，秘密证人经常会起到十分重要的作用，但是，秘密证人的证言只有在符合以下两个条件时才可以被采纳：①对秘密证人本身的情况描述必须足够具体（sufficient particularity），从而才足以说明他们的信息是可靠的（reliability），以及他们自身对此确实是知情的（personal knowledge）；②秘密证人所提供的证言，其本身确实可以显示欺诈的存在（indicative of scienter）。

本案目前处于起诉的初始阶段，不排除类似在其他集体诉讼状中出现的原告律师接下来会引入秘密证人。因此，如何加强公司的信息安全管理，也是新东方不得不防范的。

## 欺诈要素（scienter）

本案中的三位被告自然人是新东方的董事长、CEO 和 CFO。原告的指控并没有将所谓的留学咨询“造假”行为和新东方公司包括董事长、CEO 及 CFO 在内的高管（或者其他高管）相联系起来；所以，原告的指控很难满足欺诈要素。

就目前诉状看，新东方完全可以反驳原告，指出原告并无任何证据表明新东方的高管（董事长、CEO 或者 CFO 等）对所谓的留学咨询“造假”是知情的；也没有任何证据表明，新东方公司任何人员将这些所谓的留学咨询“造假”行为向公司高管汇报，也没有指出公司高管是故意疏忽大意（deliberately reckless）从而对此等“造假”不知情。因此，新东方可以从这个角度反驳原告的指控不符合欺诈要素。当然，原告有可能会进一步反驳，原告采用的理由可能会包括：①留学咨询业务是新东方的核心经营业务之一（core operations）；②被告本身就是希望能够隐瞒这些虚假交易，这也足以说明被告存在欺诈。除非原告能够拿出进一步的证据，否则新东方可以反驳原告，指出原告的指控仅仅是一种猜测和推测。

2017 年 1 月 17 日，新东方公布截至 2016 年 11 月 30 日的 2017 财年第二季度财政业绩。本季度的业绩亮点包括：

- 总净收入同比增长 22.7%，达到 3.412 亿美元；
- 营业收入为 20 万美元，而上年同期营业亏损 1 040 万美元；
- 归属于新东方的净利润同比增长 76.1%，至 1 040 万美元。

受此消息影响，当天新东方的股价继续保持前几天的连续上涨势头，当天的收盘价格重新回到50美元以上，为50.11美元。

所以正是由于强劲业绩的支撑，新东方此次遭遇的股价下跌看来是暂时的，从2016年12月2日的收盘价格42美元，在一个多月的时间内恢复到之前的股价水平。短时间内的股价回升，对新东方挫败最新的股东集体诉讼无疑是有帮助的。

## 申明和信息来源

本案例的主要信息来源于自相关法律文件，案件中所提到的指控内容，可能属实，也可能并非属实，本书对此并无任何立场；同时由于本案并未经过陪审团和法院的最后判决，所以也意味着这些指控的事实认定在美国证券相关法律下并未予以确认。

# 9. 500 彩票网：美国中概诉讼开春第一案

- 上市一年，利增三倍，为何市值却缩水八成？
- “浑水摸鱼”无孔不入，500 见招拆招，孰料“诉棍”在后，中概再遇劫难。
- 财政部批文、名律师意见能否护航中概、挫败诉讼？
- 业务暂停，风险披露是否充分？对外公告是否及时？企业事先是否知情？
- 德银投行，落井下石，调低评级，同为被告，是否尽职？
- 市值缩水、业务暂停、诉讼缠身，羊年春节挑战重重，一场悲剧正上演。
- 上市梦幻，如此短暂，面对危机，再次沉浮，风暴过后，能否重见彩虹？

在美上市的中概 2015 年初诉讼战火不断，春节前刚刚爆发了阿里巴巴集体诉讼案，七天长假刚过，在纽交所上市的 500 彩票网也投入了这一战场。创立于 2001 年的 500 彩票网，2013 年 11 月 22 日在纽交所上市，发行价为每个 ADS 13 美元（每个 ADS 等于 10 个普通股），总融资超过 7 500 万美元；公司上市当天股票价格开盘就 20 美元，“今天的感觉确实挺梦幻的，只是有些东西盼了很久，突然来了就麻木了。”上市首日公司 CEO 对媒体如是说。2014 年 3 月 6 日股价创下新高达 54 美元，以 3 313 万 ADS 的总股本计算，公司最高总市值接近 20 亿美元。然而，接下来所发生的一系列事件，对公司来说可能是始料不及的。

## 上市后的那些事

- 2014 年 5 月 7 日《京华时报》报道，从中国福利彩票发行管理中心和国家体育彩票管理中心获悉，两中心至今未授权任何一家网站或机构进行网上销售彩票的业务，所有网上销售彩票的行为均为非法违规。针对网上售彩行为，财政部、公安部也正在进行研究。

• 2014 年 5 月 7 日，GeoInvesting 投资网站刊登文章“500. com—on line sports lottery business facing legal controversy”，认为《京华时报》所披露信息和公司 SEC 文件中所披露内容相矛盾。

• 2014 年 5 月 7 日，公司股票价格下跌 5. 07 美元，跌幅高达 15%，前一天的收盘价格为 28. 61 美元。

• 2014 年 5 月 8 日，公司公告重申公司业务已经获得相关批准，并提供相关支持性文档，包括：2012 年 9 月 29 日财政部办公厅给国家体育总局体彩中心的批文，同意该中心委托深圳市易讯天空网络技术有限公司（500 彩票网）开展互联网代理销售体育彩票业务；最新招股说明书中的中国方律师法律意见；媒体采访财政部官员报道等。

• 2014 年 9 月 9 日，“浑水摸鱼”创始人卡森在纽约价值投资大会期间指责 500 彩票网，认为其业务在某种程度上处于灰色地带，原因是其许可制度并不明朗，也并未最终确定；还指出多个令人生疑的问题：税务状态复杂，2013 年 72% 的收入来自一项税务优惠，雇员的银行账户被用于收取博彩赢得的彩金，上个季度宣称公司应用的下载量达到 2 000 万次属于欺诈等；500 彩票网股价当天跌 8. 07%。

• 2014 年 9 月 10 日，针对“浑水摸鱼”的指控，公告重申已经获得相关批准，并且已经准确和全面披露了公司相关信息，公司还在公告中再次提供了相关支持性文档，公司也对“浑水摸鱼”的指控逐一进行了反驳。

• 2014 年 11 月 7 日，“浑水摸鱼”在 Twitter 中指控公司某董事以假名抛售公司股票，公司马上予以否认并作出澄清，指出这些出售行为是由一家独立经纪公司根据该董事在 2014 年 9 月依据 Rule 10b5 - 1 计划所作出的决定而执行的，出售的股票数量为 100 万股；当天公司股票跌 10. 84%，收报 24. 83 美元。

• 2014 年 11 月 27 日，《经济参考报》报道审计风暴剑指万亿彩票资金，指出 11 月中旬，审计署 18 个特派办全体出动，一个特派办负责一个省，对全国共计 18 个省开展彩票资金审计工作。

- 2015 年 1 月 17 日，新浪网报道，财政部、民政部、国家体育总局联合下发通知，要求自 1 月 15 日起，各省、自治区、直辖市财政厅（局）、民政厅（局）、体育局针对目前彩票市场中存在擅自利用互联网销售彩票现象开展自查自纠工作。
- 2015 年 1 月 20 日，股票价格下跌 3%，此前的收盘价格为 17.52 美元。
- 2015 年 2 月 11 日，公司公布 2014 年财报，显示 2014 年全年累计销量 71.5 亿元，同比增长 134.4%。非美国通用会计准则下归属于普通股股东的净利润为人民币 2.47 亿元，同比增长 344.2%，但业绩良好表现并没有体现在股票价格上涨上。
- 2015 年 2 月 23 日，Thesteet.com 网站有文章推测说公司业务资格已经被吊销而且其 CEO 被拘留。
- 2015 年 2 月 23 日，公司投资者关系部门（IR）向投资者发出电子邮件，宣称关于公司被吊销业务资格的传闻不真实，公司 CEO 被拘留的传闻不真实，由于在春节期间全国的彩票业务被政府要求暂停，彩票销售将在 2015 年 2 月 25 日春节假期结束后开始恢复。
- 2015 年 2 月 25 日，公司公告（“2.25 公告”）宣称某些省体彩管理中心将暂停接受彩票的在线投注；这将会影响公司 4 个高频产品，其占公司 2013 年和 2014 年收入金额分别为 10.6% 和 9.6%；当天公司股票下跌 22% 至收盘价格的 12.83 美元。
- 2015 年 2 月 26 日，公司宣布 3 000 万美元的股票回购计划。
- 2015 年 2 月 27 日，集体诉讼爆发，Scott - Scott 和 Rosen 两家律师所向美国加州中区联邦法院提交诉讼状，此后又有其他律所提交诉讼状。
- 2015 年 2 月 28 日，曾经是公司上市的主承销商德意志银行，落井下石，发布研究报告，将 500 彩票网股票评级从“买入”下调至“持有”，而目标股价从 20 美元下调至 11 美元。
- 2015 年 3 月 2 日，公司公告（“3.02 公告”）称公司在 2015 年 2 月 28 日获知其余省份体彩在线投注暂停，因此该公司预计交易量将会大幅下降，由此将会对公司业绩产生实质性影响；受此消息影响，公司股价当天最低跌到 8

美元以下，和一年前最高的54美元价格相比较，市值缩水超过八成。

图9-1见证了500彩票网从上市后到诉讼爆发期间股票价格变动过程。

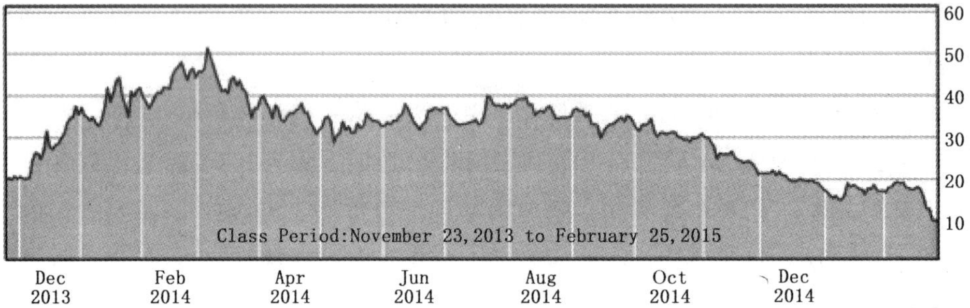


**图9-1　500彩票网股价走势**

## 证券法和交易法不同指控有何区别?

本案诉讼期间从2013年11月22日（公司IPO日）到2015年2月25日；案件中的被告除了公司本身、CEO和CFO这两位个人被告之外，还包括公司上市时候的三家投行：德意志银行证券、派杰（Piper Jaffray）和奥本海默(Oppenheimer)。原告分别指控它们：

- 所有被告违反了1934年交易法第10(b)条款和SEC的10(b)-5规则；
- 个人被告违反了1934年交易法第20(a)条款（控制人责任条款）；
- 所有被告违反了1933年证券法的第11条款；
- 投行被告违反了1933年证券法的第12(a)条款；
- 个人被告违反了1933年证券法的第15条款（控制人责任条款）。

这里我们有必要先了解一些证券法（1933）和交易法（1934）下的指控区别所在。

1933年证券法第11或者第12条款所界定的责任属于一种“严格义务”，并不需要符合信赖要件和指控被告存在欺诈的意图，只要能够证明被告作出重大不实陈述或者信息遗漏，被告就要承担责任；除非被告能够举证说明其有充分理由确信不存在不实陈述或者信息遗漏。法院允许被告采用“勤勉尽职”

的抗辩原则（due diligence defense）。

由于大部分美国证券集体诉讼的起诉依据都涉及1934年的第10(b)条款和SEC的10(b)－5规则，涉及这两个法律条文的诉讼都和欺诈性质相关，即：原告必须能够指控被告的行为具有欺诈性质，所以此类诉讼称为证券欺诈集体诉讼。有些诉讼指控被告违反了1933年证券法的第11或者第12条款，这两个条款虽然在法律上并没有书面要求必须以欺诈为前提，但在司法实践中，法官往往认为如果原告起诉状的描述中隐含有认为被告存在欺诈的假设，那么也就需要符合证券欺诈诉讼的条件。

## 原告到底揪住500彩票网什么不放？

原告在起诉状第36段指控被告在知情或者因为轻率而忽视的情况下，就以下对公司不利的信息作出误导性陈述和隐瞒：

- 公司网售业务并没有获得必要的批准（necessary approval）；
- 公司面临省级体彩管理中心单方面暂停在线投注的风险（voluntary suspension）；
- 公司对春节之后其业务不可能正常持续这个事情是事先知情的。

接下来，根据现有公开的信息，我们对这三个指控分别简要分析如下：

**是否获得必要的批准？**

原告指控公司的网售业务没有获得必要的批准，原告主要是依据《京华时报》2014年5月7日的报道而作出这个指控。对这个指控，公司比较容易抗辩，因为公司在2014年5月8日就已经作出公告，重申了公司业务的合法性，并提供了相关依据，其中包括公开的财政部办公厅文件、中国律师在招股说明书中的法律意见，以及当时新华网对财政部官员的相关采访报道。所以这个指控力度不是很大，原告很难反驳公司的这些抗辩，因为公司的历次对外披露信息都是有依据的，而且前后一致，这一点上目前并未发现有重大不实陈述或者遗漏和隐瞒的迹象。除非原告能够指出哪些批准对于公司来说是必需的而公司没有获得。

**省体彩中心单方面暂停的风险披露**

原告明确指控公司对这个风险没有披露。笔者查阅了公司招股说明书中相关披露内容，尤其是从第 12 页开始的风险因素披露部分，发现公司作出了一系列的业务风险提示，包括：

- 如果国家体彩中心无法获取财政部批准，则公司业务可能会被暂停（suspension）；
- 公司所销售的产品组合（product portfolio）取决于各省体彩中心；
- 公司和各省体彩中心的服务合同存在终止、补充和续签等方面的风险，等等。

然而这些风险提示确实并没有具体写明省体彩中心可能单方面暂停的在线投注的风险。但公司明确提到中国在线彩票销售存在政策不确定性风险，而且相关法规、规定比较新，可能会有不同的解释，实施起来会存在不确定性；而且公司还提到，为响应国家体彩总局 2012 年 2 月 28 日的紧急通知，公司于 2012 年 3 月至 11 月期间暂停在线销售服务。由此看来，暂停是有历史先例的，是由于监管的不确定性所导致的，而且公司也作了相应披露。但任何企业其实都无法估计和预测政府的监管趋势和下一步的监管行动。

这次的各省体彩中心暂停在线投注，也是这些机构对国家三部门的文件所作出的回应，所以也可以认为是监管的不确定性所导致的。因此，虽然公司没有在招股说明书中如此明确地提到省体彩中心单方面暂停的风险，但省体彩中心单方面暂停仅仅是作为监管风险的一个具体例子，企业并无法预测和列举出所有具体例子，尤其是以前没有发生过的，企业更没有义务去推测。而且由于公司已经作出了以上如此充分的披露，尤其是对这个具体风险的来源（即：监管所存在的不确定性）已经作出了总体描述披露和具体举例披露（如 2012 年 2 月的紧急通知），这足以削弱原告的指控力度。况且，假设即使披露了这个具体风险也不会改变投资者对监管风险的整体判断。

当然如果要能成功驳回原告的起诉，被告的抗辩强度必须要高于原告的指控力度，如果抗辩双方的力度旗鼓相当，那么在是否驳回起诉的裁决上，法官是倾向于原告的。

**公司对业务临时暂停是否事先知情？**

原告指控公司对其业务在春节后不可能正常持续这个情况是事先知情的，原告并没有具体指出为何可以推测出公司对此属于事先知情。虽如此，原告指出公司投资者关系部门（IR）于 2 月 23 日向投资者发出电子邮件，其中宣称公司业务将在春节长假后恢复正常；然而于 2 月 25 日，也就是两天之后，公司突然公告说某些省的网投业务暂停，影响了四个高频产品；这两次对外信息披露时间如此之近，但内容却不一致，可能会给公司带来风险。当然公司也可以抗辩认为，这仅仅是原告的单方面猜测，不同时间所披露的内容前后不一致并不代表有确切证据表明公司事先是知情的。

原告有可能会进一步指出公司 2.25 公告的措辞，该公告指出："it had recently come to the Company's attention that certain provincial sports lottery administration centers……"；也就是说公司并没有说明具体是何时间知晓该事项，而是近期注意到，这里的重点是"近期"两个字。2.25 公告和稍后的 3.02 公告不同的地方之一，就是公司对所发布信息知情时间的描述不一样；在 3.02 公告中，公司描述到"On February 28, 2015 the Company was further informed by the remaining provincial sports lottery administration centers……"。这个公告明确提到，公司是于 2 月 28 日知晓这个信息的。当然，公司也可以抗辩指出，公司在知晓事件之后的第一时间之内对外公布了该消息，这个过程是很清晰透明的，并没有任何隐瞒信息的动机。所以这个环节存在可对抗的空间，双方都有各自理由，需要法官的最后裁决。法律就是关注这些具体的文字描述和语言表达，从中寻求逻辑突破口，原、被告律师皆如此，法官亦如此。

在目前几个诉讼状中，原告并没有指出被告个人是否存在不当得利、诉讼期间是否存在个人抛售股票行为，如果有，那么欺诈条件会进一步加强。就被告目前的起诉状来看，公司可以作出以下抗辩，认为原告的起诉状不符合欺诈指控的要求，公司不存在欺诈的动机和机会，也没有情形性证据表明公司存在欺诈或者轻率行为，因此指控不充分，申请法院驳回起诉。比如：

- 公司招股说明书和上市后的相关公开披露并没有不妥之处，不存在重大不实或者遗漏和隐瞒之处，相关的风险已经在招股说明书第 12 页作相关的披露和描述；上市之后，根据市场上的传闻和"浑水摸鱼"的做空，公司先后两次（5 月 8 日和 11 月 7 日）公开澄清并以 6 - K 表格方式提交给 SEC。

- 公司对各省体彩暂停网投业务的决定事先并不知情，也无法知情；（原告目前只是指控被告知情，但并没有具体指出初步证据表明为何被告知情）。

• 在诉讼期间不存在不当得利以及高管和内部人士的股票抛售行为，说明欺诈的动机不存在（这项目前原告还没有指控，被告可以根据自己实际情况考虑是否出此抗辩）；反之，则对被告不利。

• 公司宣告了3 000万美元的股票回购计划，显示公司董事会和管理层对公司股票未来价值的信心，以弱化原告对被告欺诈动机的指控。

目前原告还没有非常具体、明确地阐明公司事先是如何知情及知情的内容是什么，所以指控欺诈的条件还不够充分。而且，原被告双方还可以就诉讼其他要件展开博弈，比如：信赖要件是否符合、损失的因果关系是否成立等。力争申请驳回起诉，避免进入复杂的证据开示程序，是公司当前诉讼策略的首要目标。当然，正如在预测一场篮球比赛一样，我们可以清楚地知道每个球队甚至每个球员的优劣所在，但在最终比赛结果出来之前，无法知道谁是胜者。

## 投行会有责任吗?

在以往中概股集体诉讼中，投行同时成为被告的曾发生过，但能成功要求投行赔偿的案例并不多。从已经披露的赔偿案例来看，投行赔偿金额最大的是中国能源技术（SinoTech Energy Limited）诉讼案，累计和解金额2 000万美元，其中投行赔偿1 800万美元。

本案中，原告虽然也指控投行违反了1934年交易法的相关条款，但由于这个指控必须要符合欺诈要素，而原告并无法指出投行在500彩票网上市过程中存在欺诈的动机和机会，也没有提供情形性证据来表明投行存在欺诈，所以这个指控目前看来难度很大。投行协助企业上市，收取承销费用，这并不构成欺诈的动机，这属于投行的正常业务。

然而，本案原告指控投行违反了1933年证券法相关条款，证券法下的指控并不需要符合欺诈要素，只要原告能够指出企业上市招股说明书中存在重大不实陈述或者隐瞒重大信息，那么指控就可以符合条件；而投行只能用勤勉尽职原则进行抗辩，投行需要提供证据表明其在上市过程中已经履行了尽职调查程序，而且有合理理由确信招股说明书不存在重大误导和遗漏。投行的尽职调查程序是否符合标准，这也是双方博弈的地方。依据世界通信集体诉讼所形成的判例法，投行不能仅仅依据会计师等专业机构的判决来代替应该由其自身履行的尽职调查的义务，投行需要自己履行相关调查程序。当然，本案的前提是公司招股说明书存在重大误导，如果这个前提不成立，原告对投行的指控也就失去了依据。

曾经市值近 20 亿美元的公司，在一年不到的时间里缩水至只有 3 亿多美元，确属难以预料。创业艰难、成长艰辛、上市拼搏、恶斗做空，从 2001 年成立至今十多年来，500 彩票网几经沉浮，挑战重重，如今再处于艰难时刻，应战“诉棍”。公司能否挫败诉讼、做好危机管理，能否在经历这场风雨后再见彩虹？我们期待。

## 防空要常态

维护股价和提升市值，是上市公司 CFO 和 IR 部门的核心职责；进行定期和不定期的非交易路演是履行这一职责的具体工作之一。但近年来中概股不断被做空，损失惨重，因此如何防止被做空，从而避免公司股价的大幅度波动，甚至由此引发集体诉讼和全面危机，更应该成为这一核心职责的常态工作内容。

面对资本市场的挑战，看来中概股不仅要练好推销企业的本领，积极通过公开路演来推荐企业的投资价值，还需要掌握扎实的风险管理能力，事先识别出可能被做空的风险点（包括公开信息可能被误读、误分析和曲解的地方），以方便及时和投资人进行有效沟通，减少信息被曲解的机会，提前防范被做空的风险。做空机构会从各个角度找寻公司的风险突破点，尤其会从公司招股说明书上所披露的风险因素（risk factors）入手，具体到公司法律架构是否存在缺陷、税收优惠、人事政策、重大会计处理、重大并购交易、行业法律法规变化对企业潜在影响等，进行全天候的观察，而且会在常见的投资网站和诸如 Twitter 之类的社交媒体中随时发布对企业不利的、基于其单方面的判断或者猜测，试图做空企业。这些做空言论虽说不构成捏造事实，但实属于“言论自由”外衣下的恶意解读。因为唯恐天下上市公司都是君子，这是做空机构的最高理念。中概股对此类即时负面信息，不仅要雷达一般地识别，更要在第一时间作出妥当的澄清和反击，全天候地防止被做空。当然公司应建立一套完善的对外信息发布流程，尤其是即时信息的沟通和发布流程，避免在对外信息披露环节出现风险。

被做空是在美上市公司面临的正常、固有风险之一；因此，防止被做空也应是中概股风险管理的常态工作。

## 本案后续发展

- 2015 年 7 月 7 日，法官批准了原告首席代表和律师代表；
- 2015 年 9 月 15 日，原告提交第一稿修正后的诉讼状；
- 2015 年 11 月 16 日，被告提交动议，申请驳回起诉，包括德银（Deutsche Bank Securities Inc.）、派杰（Piper Jaffray & Co.）、奥本海默 Oppenheimer & Co. Inc）在内的投行也提交动议，申请驳回起诉；
- 2016 年 1 月 11 日，法官拒绝了所有未决的动议；
- 2016 年 1 月 22 日，原告自愿撤销对投行被告的指控；
- 2016 年 1 月 26 日，被告（公司和自然人）向法院提交动议，申请驳回起诉；
- 2016 年 2 月 8 日，原告反驳被告的前一个动议；
- 2016 年 2 月 12 日，被告对原告的反驳作出回复；
- 2016 年 2 月 25 日，法院确定几个重要日期：2016 年 8 月 1 日为和解谈判的最后一天，2016 年 10 月 31 日为证据开示的最后一天，2016 年 11 月 7 日为动议听证的最后一天，2016 年 12 月 20 日为开庭第一天；
- 2016 年 3 月 15 日，法院拒绝了被告的驳回起诉申请；
- 2016 年 3 月 29 日，被告提交对原告的诉讼状进行答复的文件；
- 2016 年 4 月 4 日，当事人之间首次进行文档（证据）交换和质问；
- 2016 年 5 月 2 日，原告传唤（subpoenas）三家投行；
- 2016 年 5 月 19 日，原、被告双方首次在洛杉矶进行和解会谈，并原则上达成和解协议；
- 2016 年 9 月 12 日，原、被告达成最终和解赔偿方案，赔偿总金额为 250 万美元。

## 申明和信息来源

本案例的主要信息来源于相关法律文件，案件中所提到的指控内容，可能属实，也可能并非属实，本书对此并无任何立场；同时由于本案并未经过陪审团和法院的最后判决，最终是和解赔偿而结案，所以也意味着这些指控的事实认定在美国证券相关法律下并未予以确认。本案例的主要信息来源包括：

- Complaint; Case: 2: 15cv01463 Document 1 Filed 02/27/15.
- Stipulation and Agreement of Settlement; Case 2: 15 - cv - 01463 - JFW - E Document 88 - 2 Filed 10/28/16.

## 10. 阿里巴巴遭美国集体诉讼：争辩焦点和战情分析

（本文分别于2015年2月10日和7月24日发表于新浪科技创事记和百度百家）

2015年2月6日，阿里巴巴的股价收盘85.68美元，总市值2 145.1亿美元（总股本22.3亿股），从1月26日的收盘价格为103.99美元算起，短短10天阿里巴巴的市值缩水超过400亿美元，如果以上市最高股价的120美元计算，阿里巴巴市值至今累计缩水近千亿美元，而且有数家投行调低了阿里巴巴的目标股价。同时，被喻为“华尔街狼”或者“诉棍”的律师开始围攻阿里巴巴，集体诉讼于1月30日正式爆发，“美国集体诉讼”一词短时间内如同阿里巴巴公司一样在中国似乎家喻户晓了。然而阿里巴巴毕竟是阿里巴巴，面对诉讼闪电战、股价缩水、投行下调目标价格，阿里巴巴并没有打出像以往其他中概公司应对危机时的常见组合拳，比如：迅速组成独立调查委员会启动内部调查，或者宣布公司股票回购以增强投资者信心，维护股票价格；马云不轻不重地在香港抛出一句话：我们可以利用这个机会让世界更好地了解阿里巴巴，了解中国。

诉讼战火已经在跨洋彼岸被点燃，一边是华尔街老牌“诉棍”，一边是秉持独特管理哲学的阿里巴巴马云，阿里巴巴对外宣称要强烈抗辩，这场诉战将会如何打？接下来的第一次战役是什么？双方争辩焦点会在哪里？美国是讲究判例法的，所以仅凭几条短短的成文法文字根本无法对诉讼战作出分析，那些如浩瀚大洋的判例法才是最主要的核心依据。以下就依照相关判例法对阿里巴巴诉讼战情作简单分析。

## 老牌“诉棍”都打出了哪些子弹？

我们先看看原告是如何指控阿里巴巴的。从目前已经公开提交的几份诉讼来看，原告主要指控包括：

①阿里巴巴招股说明书中没有披露 2014 年 7 月份和国家工商总局（以下简称工商总局）会谈之事，隐瞒了“白皮书”及“白皮书”中所指出的阿里巴巴五大问题。

②阿里巴巴包括马云在内的高管的一系列对外言论存在误导，如：马云多次接受媒体采访所强调的阿里巴巴遵循顾客第一、员工第二、股东第三，阿里巴巴不会通过牺牲公司声誉和顾客利益来增加销售而迎合股价上涨需求；阿里巴巴高管在第三季度业绩公告会上对外宣称的公司业务强劲增长；以及阿里巴巴高管在不同场合对外宣称的公司打假努力、打假责任和打假能力。

③阿里巴巴第四季度业绩在收入上比华尔街预期的 44.5 亿美元低，只有 42.2 亿美元；第四季度净利润同比下滑 28%，以及季度业绩公告中提到阿里巴巴在移动业务方面面临挑战。

## 第一次会战如何开打？

目前原告仅仅是提交了诉状，并不代表成功起诉。如果原告不撤诉，阿里巴巴和“诉棍”之间的第一次大战应该在起诉是否能够被驳回，或者说阿里巴巴能否成功申请要求法院驳回这个起诉。证券集体诉讼的成功起诉门槛不低，诉状必须要能同时符合重大不实陈述（隐瞒）、交易存在、欺诈/知情、信赖、遭受损失及其因果关系这六大要素。通常情况下，这个回合双方会围绕以下三个要素进行重点博弈：

**“白皮书”是否重要？“行政会议”是否要单独披露？**

我们先谈谈阿里巴巴和工商总局 7 月份的行政会议以及所谓的“白皮书”。“白皮书”是 1 月 27 日才由工商总局公开的，之前这个“白皮书”是否存在？这个现在不得而知，工商总局没有说，阿里巴巴高管也说是第一次才听说的，所以原告目前也无法主张。倒是 7 月份行政会议目前看来是确实存在的。那么这个会议在阿里巴巴上市招股说明书中需要披露吗？或者说属于重大且必须要披露的信息吗？

当然阿里巴巴反击的第一招，可以申请法院拒绝采纳“白皮书”及相关内容，因为工商总局后来声明该文档没有法律效力，而且这也不是一常规正式的监管当局行文。那法官能否接受这个申请？正如法院对诸如“浑水摸鱼”等做空机构的研究报告并不在第一时间予以拒绝一下，如果在起诉是否驳回阶段就要求法院不予采纳“白皮书”估计难度很大。

那么，什么是重大信息呢？从美国证券判例法来看，只有对理性投资者在投资决定时起实质性影响的信息才符合重要性原则，而且即使属于重大信息，只有在符合一定的条件下企业才有对外披露的义务，那就是，如果不披露就会导致原先已经披露的信息存在误导；或者说这个隐瞒的信息如果披露，则会导致理性投资者从实质上改变其对已经公开信息整体角度的判断（见著名的TSC案件）；请注意，这里强度的是“整体角度的判断”。

回到阿里巴巴的诉讼案来，假设阿里巴巴当时在招股说明书中具体披露了这个行政会议甚至相关内容，能改变投资者在投资时对阿里巴巴已经公布信息的“整体判断”吗？请注意，“整体”这两个字是重点，这个原告估计很难说明。因为阿里巴巴已经在招股说明书中披露承认其平台上存在假货风险，阿里巴巴并不能完全杜绝该风险，而且政府可能加强监管所带来的不确定性不可估计等一般性风险提示。阿里巴巴可以用“预先警示”（bespeaks caution）原则进行抗辩，这些风险在招股说明书第25～68页中已经充分披露。

当然，原告可能会指出，阿里巴巴在招股说明书上仅仅是作了一般性的风险提示，并没有具体事项的披露，所以不充分，阿里巴巴需要就7月份行政会议这个具体事项作具体披露。原告还可能会指出，如果上市公司被诸如美国证监会（SEC）或者司法部门（DOJ）这样的监管机构调查，那么公司必须要对外披露，因为这对投资者来说至关重要。然而，阿里巴巴也可以指出，工商总局7月份的会议在性质上并不等同于SEC或者DOJ的调查，因为后者对公司的调查不是经常发生的，所以如果上市公司被SEC或者DOJ调查，则透露给外部的信息是该公司可能存在以前没有公开过的重大会计或者法律问题；而阿里巴巴和包括工商局在内的监管机构之间的沟通是很常态的、持续的，也是多种方式的（这在招股说明书风险提示部分也是有披露的）；所以，公司不可能也没有义务每次都对外公告公司和工商局这样的频繁沟通。只要确保阿里巴巴已经对外公布的信息在整体上不存在误导，不能仅仅因为某些信息对某些理性的投资者相关，阿里巴巴就有这样的额外义务。

当然联邦法官是否能理解、明白阿里巴巴和工商总局的这个会议在性质上不同于 SEC 或 DOJ 对企业的调查和质询，这就需要看阿里巴巴律师如何向法官阐述和分析清楚，也就像马云所说的，如何做到让世界（当然也包括美国联邦法官，笔者认为）更好地了解阿里巴巴、了解中国。

原告或许会指出，正是由于“白皮书”公开之后，阿里巴巴的股价下跌了 4%，所以“白皮书”及相关信息应该属于重大信息；同样，阿里巴巴也可以引用判例法指出，重要性原则既涉及事实认定也涉及法律判断，应该从前瞻性角度而不是从追溯角度来判断，即不能通过事后的市场反应来倒推某个事项是否符合重要性原则，这种后见之明（hindsight）的指控是不成立的。

关于原告所指控阿里巴巴高管的一系列对外言论存在误导，这个指控力度比较薄弱，基本上属于泛泛而谈。因为首先，原告并没有说明：①阿里巴巴高管的这个言论为何不属实？②这些言论和阿里巴巴第四季度业绩之间又存在何种关系？③这些言论又是如何误导了投资者？其次，按照判例法，企业高管对外宣称公司业务强劲，对未来发表乐观态度，只要没有作出具体数据的承诺，且没有证据表明这个表述是虚假的，则是不会因此而被起诉。所以，原告对阿里巴巴在这方面的指控估计很难成功。

而至于第四季度业绩数据中的收入不及华尔街预期，利润同比下滑等这些方面的指控更是薄弱，因为原告并没指出这个业绩数据和所谓阿里巴巴隐瞒 7 月份行政会议或者“白皮书”方面有何种具体的逻辑关系，这样的指控更类似是一种“堆砌和包装”指控。所谓的第四季度收入预期这个数据并不是阿里巴巴最初公布的，且实际收入和华尔街预期数据的差距也就是 5% 的水平，从判例法角度看，阿里巴巴可以抗辩认为这不构成严重偏离（有数个案例表明法官对于 8% 的数据偏差并不认为是重大）；而且对第四季度利润同比下滑，阿里巴巴已经指出主要是由于员工期权费用造成的，这个和前面的指控所谓

“行政会议”或者“白皮书”之间没有逻辑关系，所以估计成功指控比较困难。

**阿里巴巴有必要隐瞒信息吗?**

阿里巴巴是否存在欺诈或者对所隐瞒的重大信息知情，这是成功起诉的关键，所以也会是交锋的重点。阿里巴巴存在欺诈的动机和机会吗？上市过程中是否存在高管个人的不当得利？是否有其他情形性证据可以表明阿里巴巴可能会欺诈上市？

原告指出阿里巴巴以每股68美元IPO，总融资250亿美元，并有两位高管在IPO时候进行了献售，以及阿里巴巴在2014年11月份进行了高达80亿美元的发债。原告试图以此来说明阿里巴巴存在欺诈的动机。但这样的指控目前看来强度似乎不够，因为确保公司成功上市和发债，是企业管理者为公司利益应尽的勤勉义务，从判例法看，并不能仅仅因此而作出被告欺诈动机的指控；至于两高管在IPO时候的个人献售，原告并没有指出这是异常行为，比如：其献售比例占IPO总比例是否异常、占其个人所持公司股份比例是否异常等。

原告并没有指控阿里巴巴对“白皮书”是知情的，而是指控阿里巴巴对7月份和工商总局的行政会议是知情的，但这个会议本身是否给阿里巴巴带来额外的披露义务，那就又回到前文所讨论的第一个问题了。

原告可能会强调“白皮书”上“为不影响阿里巴巴IPO所以行政会议以封闭的形式进行”这样的字眼，而且境内外媒体将此解读为阿里巴巴隐瞒“白皮书”，因此指控阿里巴巴对此知情而没有公开披露。但这仅仅是工商总局单方面的措辞，原告并没有指出这是阿里巴巴公司本身的决策。当然，如果原告可以举证指出（目前没有），这是阿里巴巴公司当时的自身决策，阿里巴巴自身是在认为此事如果披露会影响IPO而仍然单方面决定要求工商总局推迟发布“白皮书”或者其他书面文件（假如有的话），那么事情的性质就非常不同了。

当然阿里巴巴还可以向法官阐述其招股说明书第25～68页上大量的风险披露，包括假货的存在、被客户投诉、被监管部门质询的现象、内部舞弊的现象、被美国贸易代表列为假货“恶名市场”等，用以表明阿里巴巴上市的透明度和诚信，阿里巴巴没有任何意图隐瞒任何重大信息，更没有必要隐瞒“白皮书”或者“行政会议”这种阿里巴巴自身从技术上判断并没有额外披露义务的信息，以此驳斥原告对阿里巴巴存在欺诈或者轻率行为的指控。

当然在裁决原告对阿里巴巴就此事件存在欺诈或者轻率行为的指控是否充分时，只要原告和阿里巴巴各自的辩论在强度上旗鼓相当，那么法官一般偏向原告，不会同意驳回起诉的申请。

**股价下跌到底是谁的错？**

1月28日和29日股价的下跌和阿里巴巴重大不实陈述（隐瞒重大信息）（倘若有）之间有关系吗？或者关系多大？这个涉及损失的因果关系是否存在，也是原告是否能够成功起诉阿里巴巴的关键要素之一。阿里巴巴可以从损失的因果关系不成立角度抗辩，比如：股票价格下跌并非是阿里巴巴之前的信息披露所导致，而是属于市场对所谓“白皮书”的媒体各自解读和种种猜测所导致的。从判例法看，这样的损失因果关系不能确定。

这里面有个重要的聚焦就是：是否存在修正性的披露（不论是阿里巴巴还是其他第三方所作出的）说明阿里巴巴原先的公开信息存在误导？如果存在，那么法官可能会认为，这个修正性披露和股价下跌之间存在因果关系；从判例法看，如果企业公告或者有媒体报道企业收到SEC的调查通知，那企业的这个公告或者媒体报道肯定属于修正性披露；那么阿里巴巴和工商总局7月份的行政会议是否属于应该披露事项呢？如果是，那么1月27日工商总局的“白皮书”公告对阿里巴巴以前公开的信息来说就算是修正性披露了。所以问题的焦点又回到，工商总局的行政会议及“白皮书”和阿里巴巴及其高管原先的对外披露之间，是否构成前后重大不一致？

当然阿里巴巴还可以指出股价下跌是由于公司第四季度业绩公告所导致。这个在起诉是否可以驳回阶段并不重要，这个认定可以在和解谈判过程中双方博弈，也可以在将来诉讼庭审阶段（如果诉战会打到那一步的话）来认定。

## 第一战鹿死谁手？是战是和，谁主命运？

诉讼是否驳回的裁决除了取决于原被告双方的辩论强弱之外，还会受法官个人判断的影响，而且每个案例具体情况不同，所以结果难以预计。倘若阿里巴巴申请驳回起诉被法官拒绝了，或者核心指控部分的驳回申请被拒绝了，除了和解谈判可随时随刻进行外，接下来的关键法律程序就是证据开示了，即原告可以申请要求阿里巴巴或者其他第三方提供和案件有关的信息。对原告来说，跨洋取证并非容易，比如：工商总局有这个义务配合取证吗？对阿里巴巴来说，不排除会被要求提供相关期间的内部会议记录、高管电子邮件等。所以这是一个对双方来说，都繁杂、耗时、费力的痛苦过程。

美国证券集体诉讼大多是庭外和解，1995 年以来进入庭审由陪审团裁决的只有 14 起。和解拿钱，尽快地和解、拿尽可能多的钱、尽快地寻找下一个被告，这是“诉棍”商业模式的终极目标。据报道，刚刚提交诉讼的原告律师已经放出话来，如果阿里巴巴现在要和解，他们很乐意。战役还没开打就谈和，这不符合阿里巴巴的哲学，何况阿里巴巴已经放出话来将进行激烈抗辩。但由于和解是集体诉讼很常见的结局之一，且打且和谈的情况是很正常的，阿里巴巴现在不和解不代表将来不和解，这主要取决于诉讼战的发展过程，尤其是阿里巴巴要全力打好第一战：争取成功驳回起诉。如果阿里巴巴在第一战失利，也无法和解的话，那么诉讼双方的命运将会由法官和陪审团来决定。

需要注意的是在第一战中，法官在裁决诉讼是否应该驳回的时候往往是更偏向原告的，因为一旦被驳回起诉，原告可能就会永远失去法律救济的机会，所以通常情况下，即使驳回原告起诉，也会允许原告在限定时间内修改诉讼状再次起诉。当然如果地区法院最终裁决是驳回起诉，原告仍然可以向联邦巡回法院进行上诉，直至联邦最高法院；不过从已有案例来看，上诉后被维持原判的比较常见。所以，如果阿里巴巴可以在关键性的第一战中取胜，成功申请驳回起诉，那么基本上是决胜了整个战役。

## 过程值得期待

中国至今有近 100 家中概公司在美遭遇集体诉讼，其中有 40 多起已经和解或裁决，披露的累计各种赔偿金额超过 20 亿美元；超过 30 起诉讼被驳回，其余的尚未结案。所以集体诉讼对中概公司来说并不是新的挑战。2003 年 12 月上市的中国人寿（年度最大 IPO 案），由于被指控没有及时披露国家审计署对前身公司的审计，在上市后两个月就遭遇集体诉讼，最后法院裁决驳回起诉。这次应战的是阿里巴巴，这家2014年也是科技史上最大的IPO公司在上市不到半年之内遭遇此诉，对阿里巴巴来说可谓是一场闪电之战，自然引发大洋两岸关注。马云说通过集体诉讼可以让世界更好地了解阿里巴巴、了解中国；同样，阿里巴巴之诉也会让更多人关注和了解这个充满智慧、精彩推理、过程透明的博弈。战斗的枪声已经响起，双方律师团正紧锣密鼓地查询案例、研讨策略，假设没有主动撤诉，一场跨洋战役即将展开，不论结局如何，这个过程本身就很值得期待。

## 申明和信息来源

本案例的主要信息来源于相关新闻报道和法律文档，本书对案件中所指控内容并无任何立场；同时由于本案最终被驳回起诉，所以也意味着这些指控的事实认定在美国证券相关法律下并未予以确认。

# 11. 阿里巴巴凭什么挫败美国联邦集体诉讼?

这是一场涉及市值缩水超300亿美元的争辩
一场西方规则和东方智慧的博弈
一场涉及理性和意志的交锋
一场跨洋的鏖战

## 今天是个好日子

2016年6月21日，对阿里巴巴来说是个好日子。

据路透社报道，当天下午晚些时候，美国联邦法官同意了阿里巴巴的申请，驳回股东对阿里巴巴在联邦层面的集体诉讼。至此，因祸起工商总局“白皮书”事件而于2015年1月份引发的股东集体诉讼落下帷幕；历经约一年半的鏖战，阿里巴巴终于挫败华尔街“诉棍”们的围攻，一举取得胜利。

2014年7月16日，中国国家工商总局网监司在浙江召开阿里巴巴行政指导座谈会（以下简称7·16行政指导会议），并根据座谈情况形成了《关于对阿里巴巴集团进行行政指导工作情况的白皮书》。该白皮书列出了阿里巴巴存在的一些问题，如销售侵权商品、不合格商品和假冒伪劣产品等。

工商总局公布该白皮书后，阿里巴巴股票在2015年1月28日和29日下跌了12.8%。美国联邦层面的集体诉讼即刻爆发，有多家美国律师事务所提交诉讼状，最后这些诉讼汇总归集成为一个集体诉讼，诉讼期间从2014年9月19日至2015年1月29日，该诉讼案件由美国纽约南区联邦法庭负责。工商总局后来撤回该“白皮书”，并表示这份文件实质是行政指导座谈会会议记录，不具有法律效力（阿里巴巴在美国遭遇集体诉讼的基本背景和战情分析，可参见上篇文章)。

2015 年 5 月 1 日，美国纽约南区联邦法官作出裁决，批准合并这些诉讼至一个统一的集体诉讼案件，同时批准了原告首席代表及原告律师首席代表；此外，还对案件接下来的重大程序性步骤作出了具体的时间表；根据这个法官令，原告需要在 6 月底前提交合并诉讼状，被告需要在 7 月底提交诉讼答辩(或者动议)，原告需要在 8 月底前对被告的答辩（或者动议）进行回复，而被告的进一步回复需要在 9 月 11 日之前完成。

原告于 2015 年 6 月 30 日向法院提交了合并诉讼状（consolidated complaint)，共 110 页；2015 年 7 月 31 日，阿里巴巴向法院提交共 40 页的法律动议书（motion)，申请法院驳回该起诉（dismissal)。双方正式进入激烈的诉战交锋。

2015 年 8 月 28 日，原告律师向法院提交共计 42 页反驳意见书（opposition)，试图反驳阿里巴巴于 2015 年 7 月 31 日所提交动议中的辩护理由。

2015 年 9 月 11 日，阿里巴巴再次向法院提交共计 20 页的回复，强烈驳斥原告的各项指控，指出原告诉讼状中的逻辑缺陷，请求法院驳回该诉讼。

2016 年 6 月 21 日，美国联邦法官 Colleen McMahon 在总计 40 页的裁决书中指出：阿里巴巴已经在 IPO 招股说明书中披露了这些监管风险。阿里巴巴也已经明确说明，在中国的法律和监管环境下，投资像阿里巴巴这样的公司存在一定的风险；法官指出：阿里巴巴并未刻意回避在其平台销售假冒伪劣产品，以及阿里巴巴可能因此而遭遇行政诉讼等问题；而且原告也没有证据表明，阿里巴巴的管理层刻意隐瞒 7·16 行政指导会议，以确保阿里巴巴的 IPO 不受影响。因此，法官接受了阿里巴巴的申请，同意驳回该集体诉讼。

至此，阿里巴巴在美国联邦层面所遭遇的集体诉讼落下帷幕，以阿里巴巴战胜华尔街“诉棍”而结束。

## 仍有硬仗还需继续努力

不过，同样是因为工商总局的“白皮书”事件，阿里巴巴现在还面临在美国州层面的集体诉讼；据阿里巴巴 2016 年年报 187 页披露，2015 年 10 月，有投资者在美国加州起诉阿里巴巴违反1933年美国证券法的第11、第12(a)(2)和第15条款；被告人除了阿里巴巴公司及董事长、副董事长、时任CEO和CFO之外，还包括另外一董事和总法律顾问，以及共计34家参与阿里巴巴IPO的投行。

这起在加州爆发的集体诉讼和联邦层面的集体诉讼最大的不同处是：前者指控被告违反1933年证券法相关规定，并将IPO的投行纳入被告；而后者是指控被告违反1934年的交易法和SEC相关规定。前者指控的依据是，当事人必须对招股说明书的陈述内容承担责任，被告只允许援引勤勉尽责的抗辩原则；后者起诉要求比较高，原告还必须能够指控被告存在欺诈的主观意识，起诉难度比较大。

此外，美国联邦证券集体诉讼和州的集体诉讼，在诉讼程序上十分不同；联邦层面的诉讼程序，对原告的诉状是否能达到起诉标准的门槛比较高。不过，目前阿里巴巴在联邦层面的集体诉讼中取胜，这一战果应该有利于阿里巴巴在美国州层面的集体诉讼。

## 阿里巴巴斗“诉棍”，过程是何等精彩

正如笔者在前文中所提到的，阿里巴巴斗“诉棍”的过程肯定精彩，值得关注。笔者在阅读完毕相关法律文档资料之后，更是发现了一些值得关注的话题，比如：

- “诉棍”又发起了哪些新攻势？增加了哪些新指控？
- 原告新诉讼状的主要火力聚焦点在哪里？
- 行政指导是一种“柔性执法”吗？
- “7·16行政指导会议”是一次常规会议，还是一次异常和前所未有的会议？是否必须要披露？
- 工商总局的“白皮书”能否作为指控依据？
- 工商总局的“红盾网剑”专项行动是否需要在招股说明书中披露？
- 面对协助售假的指控，阿里巴巴如何自我辩护？
- GUCCI对阿里巴巴的指控能否成为“诉棍”的利器？
- 市场已经知晓、媒体已经报道的事项，阿里巴巴是否仍需要披露？

- 阿里巴巴招股说明书对相关风险的披露到底是否充分?
- “诉棍”方秘密证人所提供的信息是否可靠和可信?
- 阿里巴巴指出了“诉棍”指控存在哪些逻辑缺陷?
- 哪些指控依据并不属实?
- 阿里巴巴的自我辩护策略如何?
- 法官接受了阿里巴巴的哪些辩护理由?在案件的几个关键指控上,法官是如何作出裁决的?

……

接下来我们会陆续就这些问题在公开法律文档的基础上,解读和分析这起跨洋大鏖战的精彩内容。

## 原告的最新攻势

2015 年 1 月底“白皮书”事件爆发后,有多家律师发起了股东诉讼:其中 4 起在纽约南区联邦法庭起诉,两起在加州中区联邦法庭起诉,一起在加州北区联邦法庭起诉。2015 年 5 月 1 日,纽约南区联邦法庭裁决,将所有这些诉讼合并成为一个集体诉讼,并任命了两名联席原告代表(co - lead plantiffs)、原告首席律师(lead counsel)。至此,这场诉讼状开始进入白热化,原告很快发起了最新攻势。

在了解原告最新攻势之前,我们首先介绍一下这场跨洋大战的交战双方代表:原告首席律师和被告辩护律师。

### 原告首席律师简介

原告首席律师是来自美国罗森律师所(The Rosen Law Firm P. A.)的罗森律师(Lawrence Rosen)。罗森律师曾任职世达律师事务所(Skadden Arps Slate Meagher & Flom)纽约办公室律师,参与了复杂的证券集体诉讼和派生诉讼;还曾任职新泽西州的迈克卡特律师事务所(McCarter & English)律师,专于证券诉讼和商业诉讼。

在纽约的索顿律师事务所（Solton Rosen & Balakhovsky LLP）从事证券诉讼和商业诉讼之后，罗森律师创办了罗森律师事务所，专门代理投资者的证券集体诉讼和派生诉讼。

罗森律师持有纽约大学法学院（NYU）法律博士学位，芝加哥大学商学院的财务及会计 MBA 学位及爱默里大学经济学学士学位。

这家律所在其官网介绍“我们的独特经验”中指出：“近年来，在美上市的多家中概股公司被披露证券欺诈，罗森律师事务所在代理客户起诉中概股公司领域独树一帜，并成绩斐然。当这些公司和董事违反美国联邦证券法时，罗森律师事务所将让他们承担自己不当行为的严重后果。”

美国最大的股东代理咨询公司机构股东服务公司根据证券集体诉讼庭外和解的数目，将罗森律师事务所评为 2014 年全美第二的律师事务所。这是罗森律师事务所第二次被评为前三名。

## 被告辩护首席律师简介

阿里巴巴所聘请的律师来自于美国华尔街赫赫有名的证券律师所——盛信律师事务所（Simpson Thacher & Bartlett LLP），辩护首席律师 Jonathan K. Youngwood 是该所的合伙人。英国法律权威评级机构“钱伯斯”（Chambers and Partners）一直认为他是美国证券诉讼律师的领军人物，将其描述为“一位享有盛誉、在庭上表现出色、十分值得尊敬的律师，他能在法官和庭审人员面前表现出令人不可思议的自信（the best lawyer on his feet—he is incredibly comfortable before judges and panels）；他还被描述为是“既注重细节，又能抓住问题大体、聪明、专注、有创意的律师；他还被美国 The Legal 500 评为领军律师人物（Leading Lawyer）；此外，Euromoney's Benchmark Litigation 也对其能力赞不绝口。

他于 1990 年本科毕业于美国布朗大学，1992 年获得芝加哥大学公共硕士学位，1994 年毕业于芝加哥大学法学院，获得法学博士（J. D.）学位。法学院毕业后，他在美国第二巡回法庭当了一年的助理，于 1995 年加入盛信律师所，于 2003 年被提升为该所合伙人。

## 合并诉讼状主要内容

原告于2015年6月30日提交合并诉讼状，接下来，让我们了解一下这个新诉状的主要内容。与2015年1月30日首次提交的诉讼状相比较，合并诉讼状无疑增加了不少实质性内容，仅从诉状的页数来看，从最首次诉状的总共25页增加到合并诉状的总共110页。

诉讼状第1~20段：本案性质。主要描述了本案的诉讼期间（从2014年9月19日，阿里巴巴IPO之日，至2015年1月29日）、案件案由的发生过程；尤其是简要描述工商总局“白皮书”事件的发生过程，及阿里巴巴股价由此缩水约330亿美元的情况。

诉讼状第24~34段，列明本案的原告代表和被告人；其中被告人除了阿里巴巴公司之外，还包括四位自然人，分别为阿里巴巴的董事长、副董事长、时任CEO和董事及时任CFO。原告指出被告董事长在阿里巴巴IPO之前约持有8.8%的公司股份，中IPO时候，其出售了大约1 275万个阿里巴巴的ADS，共获得金额约为8.67亿美元；副董事长持有阿里巴巴约3.6%的股份，在阿里巴巴IPO时刻出售了大约425万个ADS，获取总收入约2.89亿美元。

原告指控所有被告违反了1934年美国证券交易法的第10(b)条款和SEC的Rule 1 Ob－5规则、所有自然人被告违反了1934年美国证券交易法的第20(a)条款（控制人责任条款）。

诉讼状第35段开始，原告列出了其所指控的被告不当行为（defendants' wrongdoing）。

诉讼状第35~50段：阿里巴巴公司的背景信息。其中特别指出阿里巴巴（包括淘宝和阿里巴巴）曾经被美国贸易代表办公室（United States Trade Representative's，USTR）列入某名单（Deemed Notorious Markets）。诉讼状于第45段指出，为此阿里巴巴曾游说美国白宫、国会和美国贸易代表办公室；阿里巴巴还聘用了USTR的前首席律师；淘宝于2012年成功地免于被列入该名单。

诉讼状第51~75段：中国国家工商总局的基本信息（Background on SAIC）。其中主要提到两个重要信息：

①工商总局于2014年6月份发起的红盾网剑（Red Shield and Web Sword）特别行动（第57～62段）。该行动主要针对互联网电商交易所存在的销售假冒伪劣产品行为进行严厉打击，加大执法力度，施以重拳治理（工商市字〔2014〕第116号）。

②工商总局对阿里巴巴的7·16行政指导会议和"白皮书"（第63～75段）。诉讼状指出，工商总局牵头召开由六省一市工商局官员和阿里巴巴高管参加的在杭州召开的行政指导会议；该会议及后来公布的所谓"白皮书"指出了阿里巴巴5个领域中存在的19个问题，并要求阿里巴巴即刻采取措施整改；此外，省级工商部门还指出阿里巴巴电商平台在其他6个领域存在的问题。

诉讼状第66段特别提到，工商总局官员L指出，为不影响阿里巴巴正要进行的IPO，此次会议为闭门会议。第72段提到，该官员还威胁拟对阿里巴巴进行每年1 000次甚至数千次的罚款，而且每次罚款金额可以高达阿里巴巴每天营业额的1%。

诉讼状指出，阿里巴巴高管承认并接受该行政指导并承诺进行整改。

诉讼状第76～97段：行政指导是中国现行法律制度下的一种执法方式。

原告援引了两个行政法规（工商法字〔2009〕第230号和工商法字〔2013〕第3号文件），指出工商总局对行政指导的定义。

之后，原告进一步指出行政指导是在诸如行政罚款这些"硬执法"（Tough Law Enforcement）之前的一种"软执法"（或称"柔性执法"，Soft Law Enforcement）手段。虽然行政指导是属于非强制性质的手段（Non－compulsory），但是仍然是一种行政执法手段，而且如果对方拒绝接受行政指导，那么之后则有可能面临行政罚款。

原告援引了中国政府相关领导和行政指导相关的讲话（包括一位副总理和工商总局的某副局长），以及中国人民大学法学院行政法研究中心M教授的相关文章，用以进一步说明行政指导是一种重要的"软执法"手段，并指出工商总局已经建立起来了正式的行政指导程序。

原告还援引中国行政强制法第五条内容，如果行政监督的目的可以通过非强制性手段实现，则应该避免行政强制手段；而当该目的无法通过行政指导手段实现的时候，应该同时依法通过行政罚款手段实现行政监督目的。

在以上基础上，原告于诉讼状第 91 段指出，工商总局和阿里巴巴的 7·16 行政指导会议就是工商部门针对阿里巴巴的一种正式行政执法行为（a formal administrative law enforcement proceeding）。如果阿里巴巴拒绝接受行政指导，就很有可能面临行政罚款（比如 L 官员就威胁对阿里巴巴进行罚款）。原告指出，工商总局的“白皮书”更是进一步说明了该次会议并非仅仅是一场常规的行政指导（a routing administrative guidance）。原告认为，这次会议其实在实质上是史无前例的高规格行政指导会议（unprecedentedly high level administrative guidance meeting），该会议仅仅是用“指导”（guidance）作为名义而已，其实是监管部门向阿里巴巴发出的带有重大行政罚款威胁的严厉监管要求（a strong SAIC regulatory mandate）。

原告还从工商总局网站上查询“行政指导”，截至 2015 年 6 月 25 日，共可查询到 189 个行政指导，只有对阿里巴巴的 7·16 行政指导会议有工商总局和数个省局的高级官员参与。针对阿里巴巴的行政指导工作，工商部门在 7·16 行政指导会议前后共进行了五个步骤：

第一：在 7·16 行政指导会议前，总局市场监管部官员会同五个省级工商部门官员成立工作组，进行了广泛的研究和分析工作（extensive research and study）；

第二：总局会同 7 个省级工商部门官员约谈阿里巴巴管理层，召开 7·16 行政指导会议；

第三：浙江省工商局召开特别会议，审核 7·16 行政指导会议内容，并进一步考虑决定向浙江省政府提交特别报告；

第四：浙江省工商局计划赴阿里巴巴公司进行另外的行政指导；

第五：工商总局公布“白皮书”。

原告指出，在工商总局所公开的内容中，在范围和深度上并无其他的行政指导可以同阿里巴巴的 7·16 行政指导会议相媲美。

原告通过以上分析认为，7·16 行政指导会议属于《工商行政管理机关行政指导工作规则》第三节第十九条中所提到的特别程序，而不是一般或者简化的程序（特别程序第十九条：工商行政管理机关实施可能影响社会公共利益或者某一特定行业发展以及可能产生其他重大影响的行政指导，除适用一般程序外，还应当遵守本节规定）。

原告认为，考虑到工商总局在7·16行政指导会议前中后所采取的严厉立场、工商总局所指出的阿里巴巴不当行为所造成的严重负面社会和商业影响，以及工商总局所具有的行政处罚权力，如果阿里巴巴拒绝接受行政指导则会对其经营带来重大的风险。

## 原告所指控的阿里巴巴在诉讼期间的重大误导和不实陈述

### 招股说明书中的重大误导和不实陈述（从第98段开始）

原告指出阿里巴巴的招股说明书存在以下重大遗漏：

①没有披露7·16行政指导会议相关情况和所谓的罚款威胁；

②没有披露工商总局2014年6月份发起针对电商的“红盾网剑”专项行动；

③没有披露：阿里巴巴的收入中有一大部分（a material portion）同假冒伪劣商品相关；如果阿里巴巴作出符合工商总局要求的整改，则其业绩会受到重大影响；如果阿里巴巴整改无法符合工商总局的要求，则将会受到包括重大罚款在内的监管处罚，这会严重影响公司运营。

原告认为，由于阿里巴巴没有披露以上信息，所以导致阿里巴巴招股说明书中存在重大不实陈述和误导，尤其是风险披露部分。原告总共列出了招股说明书中存在的17个披露内容，指控这些披露存在误导或者不完整（诉状第106、108、110、112、114、116、118、121、125、127、129、131、141、144、147、149、151段）。

诉讼状第131段指出，阿里巴巴对外披露其对假货和售假行为持“零容忍”政策（no tolerance policy），但由于许多商家又是赖阿里巴巴商城以生计，因此面对售假投诉，阿里巴巴避免采取“先斩后奏”（shoot－first，ask question later）的做法。

原告列举了相关例子，采访了淘宝原某产品经理和某秘密证人（CW1），因此指控阿里巴巴对售假行为并没有采取“零容忍”的政策。

原告援引SEC规则S－K指出上市公司需要对已知趋势（know trends）和

不确定性（uncertainties）在招股说明书中进行披露［SEC 规则 S－K Item 303，Item 5（d）Form 20－F］。原告认为2014 年6 月份，工商总局公布了新的政策（new policy），对网上售假将进行优先打击（priority），因此依照 Item 5（d）要求，阿里巴巴的招股说明书需要披露工商总局的该项新政策和其对阿里巴巴的具体威胁（诉讼状 159 段）。

原告又指出，作为外国发行公司（foreign issuers）（由于公司不是在美国注册，所以阿里巴巴属于外国发行公司），Item 303 对相关披露的要求比本土注册公司更加严格，即使这些已知趋势已经属于公众所知晓事项，如果其对公司存在重大影响，仍然需要在招股说明书中予以披露（包括政府的经济、金融或者政治政策和因素等）。原告认为，2014 年 6 月 12 日工商总局发起了“红盾网剑”这个新的监管行动（new regulator enforcement program），这个行动代表工商总局对阿里巴巴的监管扩大和升级了（escalation），这是一项已知趋势（known trend），而且该行动会对阿里巴巴的运营带来重大影响，因此属于重大的已知趋势（material know trend），所以阿里巴巴需要在招股说明书中予以披露。

原告还援引了某案例予以说明上市公司需要披露来自监管部门的实际或者有计划的监管行动（actual or contemplated action）。

## 原告所指控的阿里巴巴于 IPO 之后的重大不实和误导陈述

原告指出了 5 个重大不实和误导陈述，主要是阿里巴巴高管在一些公开场合（如：在乌镇召开的首届世界互联网大会）关于阿里巴巴打假的言论。原告指控阿里巴巴是在知情的情况下，协助假货销售（knowingly facilitating the sale of counterfeit），因此，阿里巴巴高管的相关公开言论构成了重大不实和误导陈述。

接下来从 191 段开始，原告描述了工商总局“白皮书”公布之后海外媒体的相关报道、一些分析师的评论及阿里巴巴股票价格的下跌情形。原告指出工商总局的“白皮书”对阿里巴巴先前的公开披露信息作出了修正，所以这个“白皮书”构成了“修正性披露”（corrective disclosures），并引发了阿里巴巴股价的下跌，给投资者带来了损失。这个信息公开，直接导致中概电商股市值缩水约600亿美元，其中阿里巴巴的股价缩水约330亿美元。

原告又指控在“白皮书”公开之后，阿里巴巴高管的某些公开陈述存在误导，主要包括：

①阿里巴巴高管指出，和工商总局的7·16行政指导会议是一种常规会议（routine meeting）；原告认为该会议是总局和7个省局官员与阿里巴巴管理层之间的一次史无前例的高规格会议（unprecedented high level meeting），并非是企业和监管者之间的常规会议。

②阿里巴巴高管指出其中2015年1月28日之前并未阅过（review）这个“白皮书”；原告认为，或许阿里巴巴在此前并未阅过完整的“白皮书”，但阿里巴巴的高管对“白皮书”所描述的内容应该是充分知情的。

③阿里巴巴高管指出，阿里巴巴从来没有请求总局推迟到阿里巴巴IPO之后发布“白皮书”；原告指出，相关法规要求行政指导会议是公开举行的，此次会议“闭门”举行完全是为了不影响阿里巴巴的IPO，原告由此推测是阿里巴巴请求此次会议以“闭门”方式举行；原告推测，即使阿里巴巴没有要求总局以“闭门”方式召开此次会议，阿里巴巴仍然是已经知晓总局的“闭门”会议是照顾到不影响阿里巴巴的IPO，由此阿里巴巴认为总局不会公开行政指导会议内容，所以阿里巴巴决定不在招股说明书中披露该会议内容。

原告指出，工商总局虽然撤回了“白皮书”，但这并不影响该“白皮书”在事实描述方面的高度重要性和法律角度的重要性。

## 被告进行欺诈的财务动机（financial motive）

诉讼状第235～237段简要指出了被告欺诈的财务动机，那就是为了确保高达250亿美元的IPO成功和某些原始股东在IPO中套现（超过10亿美元），以及于2014年11月份进行总额高达80亿美元的债券发行。

这个指控明显偏弱，我们稍后看看阿里巴巴是如何反驳的。

## 被告故意（知情）协助售假的指控

诉讼状第238～274段，指控被告在知情的情况下协助售假（knowingly facilitated sales of counterfeits)。这部分指控内容在最初的诉讼状中是没有的，原告主要是援引了开云集团和阿里巴巴诉讼案件中的诉状内容，该案件当时还未经过法官裁决。原告从以下四个方面进行指控：

（1）指控被告向已知的售假商家提供保证和资金（vouches for and provides funding to known counterfeiters）。原告指出阿里巴巴将某些卖家列为金牌“供应商”（Gold Suppliers），某些卖家列为“经验证的供应商”（Assessed Suppliers）；通过这些分类，阿里巴巴向客户和投资者表明，这些卖家所售商品的合法性；原告指出，阿里巴巴还向某些中小卖家提供资金支持，截至2013年12月31日，获得阿里巴巴资金贷款的卖家超过34.2万个，贷款净余额约为20亿美元。原告援引了GUCCI起诉阿里巴巴诉讼状中的相关内容，指出于2014年6月4日至6日，阿里巴巴平台中至少有290个卖家在卖GUCCI假货，而这些卖家中有些就是所谓的“金牌供应商”和/或者“经验证的供应商”，并且也获得来自阿里巴巴贷款的资金支持；原告律师于2015年6月23日在阿里巴巴平台上搜索，也发现有12个卖家（经过验证评估的）存在类似售假行为。

（2）指控被告的技术故意引导客户购买假货（intentionally directs consumers to purchase counterfeits）。原告指出，其律师于2015年6月在阿里巴巴平台中进行相关品牌的搜索查询，其查询结果皆可以指向相关假货信息；原告还通过采访阿里巴巴的原某位高级经理，并援引GUCCI诉讼阿里巴巴的诉状相关例子，以指控阿里巴巴基于客户大数据的持续分析，故意开发出如此的搜索技术，从而将搜索结果指向明显的假货。

（3）淘宝上的假货是如此众目睽睽（Counterfeits are in plain sight on Taobao）。原告援引GUCCI诉讼阿里巴巴的诉状中所列的2014年5~6月份相关例子，以及原告律师于2015年6月所搜索查询的例子，用以说明假货在淘宝网站上是众目睽睽之；原告还指出，这个现象和工商总局于2015年1月23日所发布报告中对电商监督结果的信息颇为一致。

（4）指控被告打假执法不严（lax enforcement）。原告指出，虽然被告多次公开宣称其已经尽力打假，但这个对外陈述其实只是一种粉饰（window dressing）和合理的推诿（plausible deniability），目的是吸引投资者购买其IPO时候的股票。原告还质疑阿里巴巴于2014年6月16日推出的“三击出局打假政策”（three strike policy）；原告还援引GUCCI诉讼状指出，被告在工商局将进行执法之前向卖家提供预警，从而导致工商局执法失效；原告还列出其律师搜索查询到的三个案例，某些卖家即使因售假已经被刑事处罚，但仍然在阿里巴巴商城上进行销售。

原告指控所有被告违反了证券交易法的第10（b）条款和SEC的10b－5规则；自然人被告违反了证券交易法的第20（a）控制人责任条款。

总的来看，原告的这份诉状虽然是修正后的，但似乎起草得也比较匆忙，这么重大的案子，其诉讼状竟然连个目录都没有。

很明显，原告在起诉状中花很大的篇幅介绍工商总局的背景，以及行政执法的相关背景知识，其主要目的是为了说明7·16行政指导会议的严重性，并试图将其定性为是一种正式的行政执法（administrative action）。因为，如果是这样一种性质的事件，那么就增加其被认定为是符合信息重要性原则，从而导致阿里巴巴有披露该信息的义务。

诉讼状中的核心指控是7·16会议和行政指导，原告关于“红盾网剑”和阿里巴巴平台协助售假的指控，其实是作为核心指控的补充。

面对以上指控，阿里巴巴的辩护策略如何？阿里巴巴会从哪几个角度攻破原告的最新进攻？或者说，阿里巴巴是否找出了原告指控逻辑中的致命弱点？

## 阿里巴巴的首次强势抗辩

阿里巴巴律师团经过近半年的缜密分析和紧锣密鼓的准备，于2015年7月31日向法院提交动议，申请法院驳回原告的这个起诉，终于首次正式发出了强烈抗辩的声音。

接下来，我们基于阿里巴巴向法院所提交的这个动议，大体了解一下阿里巴巴的抗辩策略和具体抗辩要点：

### 辩护开场白

阿里巴巴在辩护开场白（preliminary statement）中指出：

先总结出原告的主要三大指控：①没有披露7·16行政指导会议（“7·16会议指控”）；②没有披露“红盾网剑”专项行动（“‘红盾网剑’指控”）；③没有披露阿里巴巴的重大部分（a material portion）收入和平台上的售假有关，而这将会对阿里巴巴业绩产生重大负面影响，因为要么阿里巴巴会流失这部分收入，要么阿里巴巴将会因为没有采取打假措施而遭受监管部门的罚款（“平台涉嫌售假”指控）。

针对以上三大指控，阿里巴巴进行如下抗辩：

**重大不实和误导的指控缺乏依据**

（1）阿里巴巴的招股说明书中以下几个方面的披露可以说是超充分（more than sufficient）：①阿里巴巴需要遵循中国各种法律法规（包括在IPO前刚出台的）；②中国政府对电商的监管预期将会加强；③就电商平台涉嫌售假，阿里巴巴已经且很可能继续会面临各种民事和刑事责任；④就这些事项，阿里巴巴已经面临来自中国监管部门的质询。虽然阿里巴巴招股说明书中已经就这几个方面作出了充分披露，但原告仍然指控7·16行政指导会议和“红盾网剑”专项行动对阿里巴巴而言是如此重要，因此需要具体披露。阿里巴巴认为，原告的指控是自相矛盾的。

（2）阿里巴巴指出：①“红盾网剑”专项行动，是对现有法律所进行的执法活动，而且在阿里巴巴IPO之前就已经被公开披露和广泛报道了；②7·16行政指导会议是一次自愿（voluntary）的会议，在此次会议上，监管部门向阿里巴巴提供了非正式的指导（informal guidance）；③如果阿里巴巴接受了新增指导，那么监管部门则不能够再进行罚款；④阿里巴巴接受了工商总局的行政指导；⑤在接下来的12个月中，阿里巴巴既没有被罚款也没有因会议中所提到的问题而被处罚。因此，原告指控阿里巴巴的披露不充分是缺乏依据的。

**原告的指控不符合欺诈要素标准（No Scienter）**

阿里巴巴认为，原告的指控仅仅是基于阿里巴巴为了IPO成功和四名自然人被告中的两名在IPO中献售行为，这样的指控并不充分，不符合欺诈动机和机会的指控标准；而且原告也无法指出阿里巴巴和相关被告对所谓的信息误导和隐瞒是故意知情或者存在重大疏忽的情形，相反，原告所指控的这些信息隐瞒，要么其实并不重要到需要在招股说明书中具体单独披露（如：7·16行政指导会议和“红盾网剑”行动），要么其实根本就不符合事实（如：指控阿里巴巴的一大部分收入来源于平台卖家的售假）。

**损失的因果关系不成立（No loss causation）**

阿里巴巴指出，原告认为工商总局的“白皮书”可以被看作对阿里巴巴以前对外所披露信息的一种“修正性披露”（corrective disclosure）；然而，这个“白皮书”并没有提到“红盾网剑”专项行动，也没有提到阿里巴巴的一大部分收入来源于平台上的卖家售假，也没有提到阿里巴巴的收入将会不可避免地受到影响（这些卖家售假行为停止，或者不然阿里巴巴遭受巨额罚款）。所以，这个“白皮书”并不构成一种修正性披露，诉讼状的损失因果关系并不成立。

## 阿里巴巴对相关事件和背景的描述

**关于“红盾网剑”专项行动**

阿里巴巴指出，“红盾网剑”专项行动中国媒体已经广泛报道，该专项行动并非增加电商公司的任何新义务，也不构成是一条新的法律或者法规；该专项行动是政府为寻求类似阿里巴巴这样的电商平台公司合作，以对第三方卖家进行执法。原告在诉状中也没有指出阿里巴巴在该专项行动中因此被调查、被罚款或者被处罚，也没有指出政府发布任何针对阿里巴巴的最终报告。

**关于7·16行政指导会议**

阿里巴巴指出，行政指导属于自愿和非强制性的，是对公司进行建议、指导、提醒、规劝，使其经营活动符合相关法律；因此，其不同于强制性手段；在中国监管环境下，其颇为普遍。

虽然原告认为7·16行政指导会议“异常和前所未有”（unusual and unprecedented），但是原告并没有说明在阿里巴巴IPO前后，工商总局对阿里巴巴进行行政指导的频繁程度如何；也没有说明通常此类的会议，阿里巴巴和工商总局参加会议的人员分别有多少，级别如何；同理，虽然原告指出此次会议前后共有五个步骤，但原告并没有说明通常此类会议应该会有多少个步骤。

阿里巴巴认为，正如同其他行政指导会议一样，7·16行政指导会议既非具备强制性，也并不能认为是工商总局对阿里巴巴正式调查的一部分；工商总局并没有正式作出阿里巴巴任何不当行为的调查发现，而仅仅是和阿里巴巴就其观察发现（observation）进行讨论，并通过某种色彩语言（colorful language）对阿里巴巴进行建议和规劝（advise and admonish），确保阿里巴巴配合工商总局，以改善电商行业和对2014年出台的相关法规的遵守。

阿里巴巴指出，在该会议中，作为规劝的一种，工商总局官员放言威胁对阿里巴巴进行每年数千次的罚款。同时，在会议上，工商总局也寻求并获得了来自省级工商部门和阿里巴巴的意见和建议；工商总局和浙江省工商局都在会议中表态，接下来要做到的是进一步“研究”和“分析”。

工商总局要求阿里巴巴将所收到的行政指导意见付诸实施，以提高内部控制流程，阿里巴巴接受了这些行政指导。在后来公布的“白皮书”中，工商总局也提到本次会议总体而言达到了预期的目标。

阿里巴巴指出，原告虽然指控认为如果阿里巴巴拒绝接受行政指导则很可能会遭受巨额处罚，但原告并没有指出阿里巴巴在IPO之前没有进行必要的整改措施以满足行政指导的要求；而且即使该会议过去近一年之后，也未发现工商总局对阿里巴巴有任何的执法行为、罚款或者任何处罚。

**关于阿里巴巴的IPO**

阿里巴巴指出，公司IPO的招股说明书对公司所面临的法律法规监管风险作出了充分披露。就工商总局“白皮书”所提到的五大问题，阿里巴巴逐一列出其中招股说明书所对应的具体披露内容。

这里尤其需要提到的是，阿里巴巴指出其招股说明书不仅披露公司可能（expected to face increased scrutiny）会面临更加严格的监管质询，还披露了公司曾经（had been）受到政府质询和调查。

**关于7·16行政指导会议内容的公开（publication of notes from July 16 meeting）**

阿里巴巴指出，2015年1月28日，工商总局网站上简短公开了自我标明为“白皮书”（a self - described “with paper”）。但该文档并没有指出在会议日期之后，任何同阿里巴巴相关的信息、指控、结论或者数据；该文档也没有说明或者威胁对阿里巴巴进行调查，或者提到任何罚款和处罚内容；该文档仅仅是将7·16行政指导会议的相关某些具体内容公开化而已；而且当天稍晚，工商总局从其网站上撤除该文档，并于两天后澄清该文档是属于会议记录，并非“白皮书”，而且不具备法律效力。

## 阿里巴巴的具体抗辩

接下来，阿里巴巴就其所归纳总结出来的原告诉讼状的三大指控，分别作具体抗辩：

**7·16行政指导会议相关的重大信息遗漏指控**

（1）阿里巴巴认为，公司不存在和7·16行政指导会议相关的任何重大信息遗漏（no material omission）：

①无任何重大误导（No statements rendered misleading）

首先，阿里巴巴已经作出的公开陈述并无重大误导。虽然原告指控认为阿里巴巴招股说明书存在数处误导，但原告的诉讼状也同样指出了此次7·16行政指导会议属于：a. 自愿性质；b. 会议中工商总局对阿里巴巴提出了相关问题的建议（advised）；c. 阿里巴巴同意接受这些建议；d. 阿里巴巴并未因此次会议或者会议上所关注事项，而遭受罚款或者其他任何处罚。此外，阿里巴巴在招股说明书中就监管环境的风险作了大量的实质性披露。

阿里巴巴指出原告忽视了这一重要事实，那就是行政指导是在现行法律法规的前提下进行的，并非是增加任何新的监管要求。即便是原告指控所依赖的“白皮书”也明确指出7·16行政指导会议已经达到了预设目标，而且阿里巴巴也同意落实整改要求。阿里巴巴认为7·16行政指导会议作为其所面临监管的其中一个例子，并不需要在招股说明书中作单独披露。

就原告指控阿里巴巴所列出的各种打假措施相关的公开陈述存在误导，阿里巴巴抗辩指出：阿里巴巴并没有就这些措施的有效性作出公开陈述，相反，阿里巴巴是明确指出这些打假措施并非总是时刻成功有效的；所以，即使工商总局对阿里巴巴在这方面有任何批评，但这并不会导致阿里巴巴招股说明书中的相关公开陈述存在误导；况且，原告也没有指出：a. 在7·16行政指导会议之后和阿里巴巴IPO这两个月之间，阿里巴巴是否采取了额外的打假措施；b. 在阿里巴巴IPO之前或者之后，工商总局是否仍然坚信阿里巴巴的相关措施是不充分的。

阿里巴巴再次强调，工商总局的行政指导属于非强制性，并不能形成任何强制措施，也不构成对阿里巴巴的调查，阿里巴巴并不需要单独披露，因此阿里巴巴招股说明书中“正在面临调查和司法案件”（proceeding）的陈述并不构成任何误导。

就原告指控阿里巴巴和工商总局关系的相关陈述，阿里巴巴指出，7·16行政指导会议上，阿里巴巴接受了工商总局的行政指导，这正好更加证明了阿里巴巴和监管机构之间的合作关系（working cooperatively）。

②无单独（额外）的法律披露义务（no independent legal duty）

阿里巴巴认为，既然招股说明书中已经充分披露了公司所面临的监管风险，那么就没有义务单独具体披露7·16行政指导会议。

原告认为阿里巴巴违反了SEC的S－K规则相关条款，但作为非美国（海外）注册的公司（foreign private issuer），SEC的S－K规则对阿里巴巴并不适用。阿里巴巴所适用的信息披露规则是Form 20－F Item 5（d），其要求上市公司需要披露对财务报表有重大影响的任何已知趋势（known trends）或者不确定性（uncertainties）事项。

阿里巴巴指出，如果7·16行政指导会议可以看作是对假货监管日趋严厉这个趋势的一个组成部分，那么阿里巴巴的招股说明书已经对此等趋势作出恰当披露。然而，如果非得依照原告所认为某一次具体的会议其本身就构成一个需要披露的趋势事项，那么就SEC的Item 5（d）条款而言，原告显然是错误的。因为从这个角度而言，7·16行政指导会议仅仅是一个孤立事项（an isolated occurrence）；而且，即使这么一次会议就算成为一个新“趋势”的开端，原告也没有指出这个所谓的“趋势”对阿里巴巴管理层而言在阿里巴巴IPO时候是已知的。

原告也无法指出该次会议可能会对阿里巴巴的财务报表（reasonably likely）产生重大影响，因为阿里巴巴并没有因此遭受罚款或者处罚。

阿里巴巴援引美国FDA调查某上市公司的判例法指出，阿里巴巴的招股说明书已经对监管风险进行充分披露，因此依照SEC Item 503条款，阿里巴巴并不需要单独披露7·16行政指导会议。

阿里巴巴还援引数个判例指出，对以下情况，上市公司并没有单独的披露义务：a. 监管机构的日常互动而言（day - to - day interactions）；b. 监管机构官员代表对被监管方某些经营活动的批评（critical comments），尤其是这些批评往往是监管部门的初步意见（interim statements），其旨在推动被监管方采取整改措施，以避免遭受更进一步的实质性监管措施；c. 除非明确否认面临司法行动，上市公司并不需要披露其和监管部门的日常互动，即使这些互动可能结果包括惩罚性制裁；d. 上市公司甚至并不都需要披露其收到 SEC 的“威尔斯调查通知书”（Wells Notice）。

阿里巴巴结合援引的案例指出，本案中并不存在阿里巴巴面临政府的调查（investigation），也不存在罚款，也不存在任何负面的监管决定；原告所指出的则正好恰恰相反，7·16 行政指导会议是阿里巴巴和监管部门之间的一次单一的、自愿的会议，是一次总体而言实现预期目标的会议，会议中阿里巴巴也计划积极配合监管（正如所谓的“白皮书”而言）；所以，在这样的情况下，如果披露这样的会议（又非法律所要求）则无疑是提高了将股东（投资者）埋葬于大量琐碎信息中的这一风险（burying shareholder in an avalanches of trivial information）。

（2）不存在相关言论构成的重大不实陈述（false statement）

原告指控阿里巴巴的高管涉及 7·16 行政指导会议和“白皮书”的某些言论构成重大不实陈述，阿里巴巴否认此项指控。

阿里巴巴指出，原告虽然认为 7·16 行政指导会议是非同寻常的前所未有的会议（unusual and unprecedented），但原告并没有将此次会议和阿里巴巴同工商总局之间的其他会议作任何比较，所以原告的这个观点并不成立。

而且原告也没有提供任何证据可以表明阿里巴巴的管理层知道 7·16 行政指导会议形成会议记录，或者会形成备忘录，原告也无法证明这就是工商总局的标准办事方式。

至于阿里巴巴高管指出阿里巴巴并没有要求工商总局推迟发布“白皮书”这一言论，同样也不属于不实陈述。原告并无法提供任何证据来支持其指控，原告的指控仅仅是一种推测而已，这样的指控并不成立。

（3）原告的指控不符合欺诈要素（scienter）

①在动机和机会方面的指控不充分（motive and opportunity）。原告指控两名自然人被告存在欺诈的动机是因为他们在阿里巴巴 IPO 的时候进行了原始股东的献售行为，指控阿里巴巴欺诈动机是因为阿里巴巴为了确保 IPO 成功。阿里巴巴认为原告的此等指控并不成立。

就两名被告自然人（董事长和副董事长）的指控而言，原告仅仅是指控他们进行了献售和对应的金额，但并没有说明这是否属于异常行为(unusual)，依照相关判例法，此等指控并不充分。而且对于其他两名被告自然人（CEO 和 CFO)，原告则没有提供任何指控依据。

而依据相关判例法，对于阿里巴巴公司如此的动机指控则更是不成立。

②有意识的不当行为或者疏忽方面指控不充分（conscious misbehavior or recklessness)。原告仅仅是因为这几位自然人在阿里巴巴所担任的相关职位就指控其应该知情，这样仅仅依据职位而做出的指控，依照相关判例法是不成立的；而且原告也没有指控这几位自然人参加了 7・16 行政指导会议，也没有指控这几位自然人对此事知情，所以原告并没有充分指控被告自然人知情。

由于原告并无法充分指控被告自然人知情，也无法指出阿里巴巴公司的任何高管存在不实陈述，所以原告对阿里巴巴公司的欺诈指控也不成立。原告并没有指出阿里巴巴公司的任何人对于 7・16 行政指导会议是如何作出反应的；相反，从这个事件的发生过程看，更可以推导并非阿里巴巴要隐瞒任何信息，而是阿里巴巴公司内没有人认为有任何需要追加披露的事项。

**“红盾网剑”专项行动相关指控**

（1）没有对此行动进行披露并不构成重大信息遗漏（material omission）

阿里巴巴指出，“红盾网剑”专项行动的公告在阿里巴巴 IPO 的前两个月就已经广泛报道，所以阿里巴巴没有在招股说明书中对此进行具体披露，这并不构成重大事项，尤其是阿里巴巴已经披露其所面临的日趋严厉的监管质询。

阿里巴巴所援引的相关判例法指出，美国证券法并不要求上市公司对公众已经知晓的信息作披露。

原告似乎指出工商总局的该专项行动是以阿里巴巴为主要目标的，所以阿里巴巴具有披露此项行动的义务。然而，原告的这一指控缺乏依据，仅仅是其推测而已，因此指控不成立。

（2）披露的义务不存在

①已陈述事项并不存在误导（no statements rendered misleading）。原告指控阿里巴巴由于没有披露“红盾网剑”专项行动，从而导致阿里巴巴招股说明书中的某些披露构成误导；阿里巴巴指出，招股说明书中的大量监管相关风险披露，其内含的时态和“红盾网剑”行动开始的时间是完全一致的（entirely consistent）；原告仅仅是有选择性地挑一些内容，而完全忽视了阿里巴巴招股说明书中对监管相关风险的大量披露。

阿里巴巴再次强调，“红盾网剑”专项行动并非是一条新的法律或者法规，而仅仅是在现行法规下的执法行动。

②阿里巴巴并无单独的披露义务（no independent legal duty）。首先，由于阿里巴巴并非在美国注册的公司，SEC 的 S－K Item 303 规则并不适用于阿里巴巴；其次，阿里巴巴并没有违反 SEC 的 Item 5（d）规则（该规则要求公司披露重大的已知趋势事项），因为在阿里巴巴已经披露了政府部门可能会有日趋严厉的监管之后，“红盾网剑”行动并不构成任何需要额外披露的已知趋势。

S－K Item 303 强调的披露事项是和财务状况及经营业绩相关，而“红盾网剑”行动显然不属于此类披露事项。而且需要披露的是“已知”趋势，而在本案中，在阿里巴巴提交招股说明书的时候，7·16 行政指导会议已经明确其达到了预定的目标，也没有下达任何罚款或者处罚决定，因此原告根本不可能指控认为阿里巴巴的管理层可以判断出“红盾网剑”行动在此刻会形成一种新的趋势或者不确定性；即使其可以构成一个“已知”的趋势，原告也没有充分指出其对阿里巴巴的财务状况会有重大影响。

即使在 SEC 的 S－K Item 503 条款下，由于阿里巴巴已经在招股说明书中披露大量的风险信息（共计 55 页，尤其是对监管风险增强的描述），所以“红盾网剑”行动并不会给阿里巴巴带来新的披露义务。

（3）此项指控不符合损失的因果原则（loss causation）

原告认为工商总局的“白皮书”构成修正性披露信息，因为其直接导致阿里巴巴原先披露的某些信息存在误导；然而，这个“白皮书”并没有提到“红盾网剑”行动。

而且依照判例法，如果市场对某信息已经知情，那么该信息也就不构成损失因果关系；由于在“白皮书”之前，工商总局已经自行公开披露了“红盾网剑”行动，市场对此已经知晓，所以即便“白皮书”中有提到“红盾网剑”行动，但由于市场对此信息已经知晓，其也不应当成为修正性信息。所以原告的指控不符合损失的因果原则。

（4）此项指控不符合欺诈要素标准（scienter）

原告并无法充分指控阿里巴巴存在欺诈的动机和机会，也无法充分指控阿里巴巴或者自然人被告曾经认为“红盾网剑”行动需要单独披露，况且该行动为公众所知情的，也并没有对阿里巴巴造成伤害，所以这其中不存在欺诈要素。

**平台售假相关指控**

（1）不符合损失的因果原则（loss causation）

①关于重大部分收入来源于售假的指控。阿里巴巴认为，虽然“白皮书”有提到售假现象，但并没有指出阿里巴巴的重大部分收入来源于平台上卖家的售假行为；而且由于：第一，阿里巴巴的招股说明书本身也披露了平台上第三方卖家涉及售假现象；第二，此事项在媒体和财经界都广为报道；第三，正如原告自己所指出的，“淘宝上的假货现象是众目睽睽”（counterfeits are in plain sight on Taobao）；这属于公众已经知晓的信息，所以工商总局的“白皮书”并不构成对阿里巴巴原先已经公开披露信息的修正（“修正性信息”，corrective disclosure）。

②关于不可避免影响的指控（inevitable impact allegation）。原告指出“白皮书”会给阿里巴巴带来不可避免的负面影响，因此属于修正性信息；阿里巴巴认为，该“白皮书”并没有显示阿里巴巴如果接受行政指导则会导致收入严重下滑，也没有显示阿里巴巴如果拒绝接受行政指导则会遭受重罚，所以“白皮书”不属于修正性信息，原告并没有充分指出“白皮书”和其对阿里巴巴的欺诈指控之间有任何逻辑关系。

③关于协助售假的指控（counterfeit facilation allegation）。原告对阿里巴巴协助售假的指控主要是依据 GUCCI 2014 年起诉阿里巴巴案件中的诉讼状，其中的信息已经是广为报道，而且是在阿里巴巴 IPO 之前的事情，所以也并非是

新的信息。所以即使于2015年1月份公布的“白皮书”提到了这个情况，由于相关信息已经被市场所熟知，所以“白皮书”并不构成对阿里巴巴原先公开陈述和信息披露的修正。

基于以上三点，阿里巴巴抗辩认为原告的损失因果关系并不成立。

（2）公司不存在重大信息遗漏，原告指控所依据信息不属实

①关于重大部分收入来源于售假的指控。原告指出，由于阿里巴巴没有披露其重要部分收入来源于平台卖家的售假，所以阿里巴巴招股说明书的某些披露存在误导。

阿里巴巴认为，原告的指控依据并不可信，也不够具体。

原告指控所依据信息来源于一号秘密证人（CW1），该秘密证人所提供的信息即使可信，也存在以下缺陷：第一，其并没有指出淘宝从所谓的平台卖家售假交易中总共获得了多少收入；第二，该秘密证人仅仅是说在其任职期间淘宝的情况，而且在阿里巴巴IPO的一年之前，其就离开了阿里巴巴；第三，该秘密证人的工作与程序开发相关，原告并没有说明这样职位的人员是如何能够知道淘宝对售假行为的政策？或者他又是如何能够知道淘宝到底有多少收入来源于原告所指控的所谓卖家售假。

原告指控依据信息的另一来源是淘宝前某经理XL。阿里巴巴认为该信息在本案中并不可靠，因为：第一，XL于2013年就离开阿里巴巴，和阿里巴巴的IPO时间相隔超过一年；第二，XL并没有指出在阿里巴巴IPO的时候，阿里巴巴或淘宝有多少比例的收入来源于第三方卖家的售假；第三，对2015年6月份所作的估计，XL并没有提供任何依据；第四，XL也没有说明他所指的淘宝涉嫌售假交易低于50%，是指1%还是49%，或者其他金额；第五，XL的职位是第三方卖家开发经理（third party development manager），并无合理的理由可以确信该等职位的员工能够知晓淘宝或者阿里巴巴在整体上有多少收入是来源于卖家的售假。

原告指控信息依据还有一个重要来源是2015年GUCCI起诉阿里巴巴的诉讼状，而这些诉状内容尚未经过验证。依据2003年美林证券研究报告诉讼判例法，此等未经验证的指控不能作为另一案件的诉状指控依据。而且GUCCI起诉阿里巴巴的案件其本身也不足以证明阿里巴巴的重大部分收入来源于第三

方卖家的售假。因为阿里巴巴有超过850万个卖家，GUCCI起诉案件中所提到的仅为290个卖家，所以仅此指控并不能充分说明阿里巴巴的重大部分收入来源于卖家的售假。

至于工商总局于2015年1月份的新闻公告所提到的，抽查显示淘宝上的假货（和非真品）销售比例高达62.75%，阿里巴巴认为这也无法支持原告的此项指控（即：阿里巴巴的重大部分收入来源于卖家售假），因为：第一，该抽查是针对和着重关注国内外知名品牌的可疑假货样本，所以仅仅是抽查了淘宝上的51个产品；和阿里巴巴平台上超过10亿种商品和服务相比较，则属于极度小的样本量。第二，该抽查并非仅是包括假货（counterfeit goods）还包括了非正品（non-genuine products），后者包括翻新品（refurbished good），有标签问题的产品，以及卖家缺少特定授权的情形。

阿里巴巴还指出，原告律师在阿里巴巴平台上所作的搜索抽查结果则同样不能说明阿里巴巴有重大部分收入来源于第三方售假。阿里巴巴认为原告律师所作的调查属于小量涉嫌假货样本的传闻性证据（anecdotal evidence），并无法具体量化到底阿里巴巴有多少收入来源于第三方售假。

②关于不可避免影响的指控（inevitable impact allegation）。原告指控，阿里巴巴如果遵循工商总局的整改要求，那么就会对其收入、盈利和股票价格带来负面影响（不可避免影响的指控）。阿里巴巴认为原告的这个指控不成立，因为原告并无法充分指控阿里巴巴的重大部分收入来源于第三方卖家的售假，尤其是考虑到阿里巴巴在接受工商总局行政指导之后（7·16行政指导会议之后），阿里巴巴公告的三个季度收入同比增长率分别高达54%、40%和45%。

此外，也没有任何分析师认为工商总局“白皮书”公布之后，阿里巴巴的收入会受到重大的负面影响。相反，原告诉讼状中所援引的分析师意见则指出，分析师仍然看好阿里巴巴的基本面。

③关于协助售假的指控（counterfeit facilation allegation）。原告从四个方面指控阿里巴巴协助售假，阿里巴巴首先指出，即便假设原告的这些指控属实，那么依据判例法，对于市场已经知晓的信息，上市公司并无披露义务。GUCCI曾经在2014年起诉阿里巴巴，而该案件的相关情形在媒体上已经是广泛报道；该案件的指控也涉及阿里巴巴协助售假的内容，因此从判例法角度而言，可以

认为任何对阿里巴巴在这方面披露不足的指控都不成立。

阿里巴巴接下来对这四方面的指控逐一反驳：

第一，优化搜索引擎协助售假的指控（optimized search engines）。原告指控阿里巴巴的搜索引擎将买家引导至假货，所以阿里巴巴是故意协助售假。阿里巴巴认为，搜索引擎是基于买家的购买或者搜索历史而作出的结果，这正好说明阿里巴巴平台是基于客户买家自身的购物习惯而提供购物建议，并非是阿里巴巴故意将买家引导至假货。

第二，金牌和认证卖家售假的指控（gold and assessed suppliers）。原告指控阿里巴巴协助通过对卖家进行金牌和认证方式告诉消费者其所售货物的合法性，从而协助这些卖家售假，然而原告没有提供任何证据表明阿里巴巴向这些卖家的货物提供保证（vouches for the goods of such suppliers）。

第三，向中小卖家提供资金的指控（loans to small and medium sized enterprises）。原告指控阿里巴巴向某些售假的卖家提供资金，阿里巴巴认为，向合格的卖家提供资金支持，并不由于其中部分卖家的不当行为而并认定为是协助售假。

第四，协助卖家逃避下架和工商执法的指控（assisting merchants in evading takedown and enforcement）。原告指控阿里巴巴故意拖延品牌公司的下架要求，对品牌公司的请求或者采取措施不充分或者不回应。就原告所认为的阿里巴巴在假货行为上的措施不合理和不充分，并将阿里巴巴的措施贴上标签认为是“协助售假”，阿里巴巴认为原告此项指控是不值得反驳的（is entitled to no weight），因为该等指控仅仅是结论性的，缺乏具体依据。而且该项指控在法律上也是不成立的，因为阿里巴巴已经清楚地向投资者披露了其业务的实际做法，那就是：由于很多卖家的生计是有赖于阿里巴巴的平台，因此予以售假举报，阿里巴巴通常情况下是避免采取“先斩后奏”的（we have generally eschewed a “shoot - first, ask questions later” approach）。

（3）对相关陈述存在重大误导的指控不充分

原告指控阿里巴巴在打击售假方面相关的某些陈述（如：阿里巴巴对假货的“零容忍”政策等）存在重大误导。

阿里巴巴反驳指出，原告仅仅是依据其自身的观点认为阿里巴巴故意容忍售假，甚至协助售假，但原告并无法指出阿里巴巴对售假行为没有采取严厉的措施，原告也无法指出阿里巴巴对售假行为没有采取措施（包括原告所指控的公开陈述中的措施），原告也无法指出阿里巴巴是积极协助售假，因此原告的指控并不充分。

（4）此项指控不符合欺诈要素标准（scienter）

首先，阿里巴巴认为原告在欺诈动机和机会方面的指控并不充分。其次，原告指控的依据并不属实，而且即使这些依据属实，原告也无法证明被告公司或者被告自然人对所指控事项是否知情或者故意疏忽；原告对阿里巴巴的指控可以说是一种套话或者结论性的指控，所以并不充分。

原告还指控相关被告自然人违反了 20(a) 的控制人责任条款。阿里巴巴反驳指出，由于原告在首要违规方面（primary violation）的指控并不成立，而且也无法指控被告参与责任人（culpable participation）存在任何欺诈，所以原告的控制人责任条款下的指控不成立。

## 原告对阿里巴巴首次抗辩的反驳

2015 年 8 月 28 日，原告向法院提交反驳动议，对阿里巴巴的首次抗辩作出反驳。原告的反驳动议书整个文档共 56 页（含目录，其中正文共 42 页），正文前 10 页（文档前 22 页）基本上是重新描述了一下事情经过，包括再次强调中国国家工商总局的行政执法性质。

原告反驳动议书正文第 10 页指出，“白皮书”公布之后，分析师们因为阿里巴巴没有披露 7 · 16 行政指导会议而感到震惊，IPO 研究机构 PrviCo. 的 CEO 指出：“毫无疑问的是，如果阿里巴巴披露了 7 · 16 行政指导会议，那么其招股说明书的披露内容需要修改；如果阿里巴巴披露了 7 · 16 行政指导会议，那么公司中 IPO 路演的时候会遭遇到一些问题。”

原告还指出，至少有三名分析师援引“白皮书”所披露的内容，然后或者下调了阿里巴巴股票的评级，或者下调其目标价格。BMO 则明确指出 2015 年 1 月 28 日和 29 日股票价格的下跌，正是由“白皮书”事件所引起。有的分析师提到“白皮书”，但并没有量化其影响，而是指出：如果阿里巴巴成为工商总局的打击目标，则阿里巴巴的广告收入会下跌；有的分析师则指出，阿里巴巴和工商部门的关系恶化会给公司将来的业绩带来不良影响。

阿里巴巴的股价于2015年1月29日收盘下跌8.64美元，至89.81美元，跌幅为9%，当天交易量高达7 650万个ADS。就“白皮书”事件，2015年1月30日，SEC开始对阿里巴巴进行非公开质询。

原告于正文第12页，援引第二巡回法庭2009年在JP Morgan Chase案件中的裁决指出：由于重要性原则是一个法律判断和事实认定相结合的课题（a mixed question of law and fact），所以法官不能仅仅凭认定所指控误导或者遗漏的信息不重要，就作出裁决驳回诉讼，除非所指控信息对任何理性的投资者而言是如此明显的不重要（obviously unimportant），以至于经过理性分析，在判断该事项是否重要这个问题上不会存在不一致的看法（reasonable minds could not differ on the question of their importance）。也就是说，被告不能以“任何理性投资者都不会认为7·16会议和行政指导是个重要的投资决策信息”这样的主张，作为其抗辩理由。——很明显，原告是从信息的重要性角度，试图防止原告以此为理由要求法官驳回起诉。

原告又指出，只要看一下“白皮书”事件公开后阿里巴巴股票价格的变动就可以知道，7·16会议和行政指导的信息是否符合理性投资者的重要性原则。

从动议书的正文第14页开始，原告从所遗漏信息的重要性、欺诈、和损失的因果关系这三个要素，对抗阿里巴巴的辩护。

## 关于所遗漏信息的重要性要素

原告指出：

（1）7·16行政指导会议，作为“红盾网剑”行动的一部分，以及工商总局持续进行的行政指导，都属于高度异常（highly unusual）（原告以出席该会议人员级别、会议前分析和研究、会议后的研究和报告、浙江省局的进一步行政指导、会议首次公布“白皮书”，等等，证明其观点）

原告认为，“红盾网剑”行动、7·16行政指导会议，还有行政指导工作，并非是仅仅一次性的、令阿里巴巴开心的事项（one off events）；相反，行政指导建议是来自中国商业最高监管当局的，对于阿里巴巴来说，只是一种可以接受不能够拒绝的方案（an offer you can't refuse）；并不存在所谓“自愿”和“非正式”的行政指导，尤其是7·16行政指导会议上所给予阿里巴巴的行政指导意见，更不属于“自愿”或者“非正式”。

（2）工商总局和阿里巴巴双方都高度重视7·16行政指导会议和其中的行政指导意见

双方都意识到这个会议和行政指导对阿里巴巴的IPO有潜在的不利影响，因此，虽然依据中国相关法律此等会议需要对公众开放（open to the public——果真如此？需要对公众开放吗？看看被告阿里巴巴是如何反驳的），但为了不影响IPO，7·16行政指导会议改为闭门会议。

原告指出，正是意识到了市场对此信息的高度重视，在工商总局公布“白皮书”之后，阿里巴巴不断要求（importuned）工商总局从其网站撤下“白皮书”（笔者：原告你确实有证据可以证明“白皮书”是因为这个而被撤下的吗?）。

原告还指出，阿里巴巴高管T于2015年1月29日几乎是花费了一整天时间召开投资者电话会议，以试图安抚投资者的担心。此外，阿里巴巴还向SEC提交了3页的临时报告（Form 6－k），由高管T就“白皮书”事件向投资者作出解释。

（3）阿里巴巴上市之后，平台上售假仍然是其业务的重要部分，因此行政指导将会对阿里巴巴的业务产生重大影响

原告援引工商总局定向抽检报告结果指出，淘宝上的假货比例高达62.7%，天猫的非真品比例高达14.3%（这个报告是否可靠？接下来我们看看阿里巴巴如何反驳）。

原告又援引两名证人，指控平台上的售假情形。两名证人皆为阿里巴巴前雇员。其中一位叫XI LIAO，他离开阿里巴巴之后创办FAN XI TECH公司并担任CEO，该公司是阿里巴巴淘宝认证的合作伙伴，其客户在阿里巴巴做大量广告，因此原告认为其虽然从阿里巴巴离职了，但仍然可以获取阿里巴巴平台售假的相关信息；而且阿里巴巴IPO承销商之一的野村证券采访过该人士，由此

可看出在阿里巴巴相关信息上，野村认为该人士是专家（这个证人是否可信？接下来，看看阿里巴巴是如何反驳的）。

原告的另外一名证人是秘密证人（CW1），原淘宝商品经理，2010 年 2 月至 2013 年 11 月在阿里巴巴供职。

（4）7·16 会议和行政指导对阿里巴巴的财务业绩会有重大影响

原告认为，7·16 会议和行政指导之后，阿里巴巴要么改变其经营内容，倘若如此，其业务收入则会下滑；要么接受监管部门的严厉惩罚；这两种皆会严重影响阿里巴巴的财务业绩（笔者：但从后续情况看，阿里巴巴不仅仅是业务高速增长，也未遭受重大罚款，这个事实可能对原告不利）。

被告指出：工商总局最终并未处罚阿里巴巴，而且阿里巴巴也接受了行政指导。但原告又指出，行政指导并非是一次性的行动，对阿里巴巴而言并非一蹴而就，工商总局的行政指导是持续进行的，总局和省局会持续保持监督，如果出现违法现象，工商总局可以不通过其他任何的司法或者行政听证程序，而对被监督企业处以重罚（笔者：这更多像是原告的推测）。

原告又指出，工商总局至今未重罚阿里巴巴，并不代表“红盾网剑”和 7·16 行政指导会议不构成重大信息，因为依据相关判例法，判断信息的重要性需要结合该交易发生时候的所有事项进行，而不是从其发生后很长时间的角度来看。

被告指出，工商总局对阿里巴巴处于重罚的风险可能性很低，所以并不构成重要性原则。但原告援引著名的 BASIC 案例指出，美国联邦最高法院裁决认为，如果所判断事项涉及或有（contingent）或者投机性质（speculative），那么在判断其是否符合重要性的时候，就要取决于该事件可能发生的概率（probability）及其对发行证券公司的影响度（significance）。

原告认为，7·16 行政指导会议对阿里巴巴的将来业务或者是否会被重罚构成了实质性风险（substantial risk）。原告主要是从华尔街分析师对该事件的反应和评价中作出这个判断的。而且，阿里巴巴 2014 年第四季度（自然年）的收入数据不及华尔街预期，由此分析师们认为这可能是因合规要求所致。

原告又从以下三个方面指出，阿里巴巴对 7·16 行政指导会议存在披露义务：

（1）为防止已经作出的公开陈述不误导，需要披露7·16会议和行政指导

原告指出“红盾网剑”行动和7·16行政指导会议在目标上是相同的，原告对被告在这两个方面的指控不能割裂开来，而是应该联系起来作整体评估。

针对被告将7·16行政指导会议和SEC的威尔士通知（Wells Notice）相比较，原告指出，威尔士通知仅仅是表明SEC计划对被监管对象采取执法行动（enforcement action），而本案中，工商总局实际上已经对阿里巴巴采取了执法行动。原告认为7·16会议和行政指导是一种正式的执法程序行为（a formal law enforcement proceeding）。

（2）被告有法律义务需要披露该事件

原告认为依据SEC的S－K Item 303条款的要求、年报5（d）条款要求，以及503条款要求，7·16会议和行政指导都需要在招股说明书中披露。

（3）作为股票出售方，有披露该事件的义务

作为股票的出售方，阿里巴巴及其两位高管有义务披露所有重大的信息。

原告又举例列出数条招股说明书中关于风险的披露描述，指出由于没有披露7·16会议和行政指导，所以这些描述存在不实或者误导。

被告援引市场已经知晓的抗辩原则（the truth on the market）指出，“红盾网剑”行动2014年6月12日已经在工商总局网站公开，西方媒体也对GUICCI起诉阿里巴巴平台售假的案件进行了广泛报道，因此，市场对这些信息是已经知晓了，所以依据判例法，阿里巴巴就不存在额外的披露义务。

原告指出，从媒体对阿里巴巴平台涉嫌售假的报道，以及阿里巴巴招股说明书中的披露，公众得到的印象是，阿里巴巴已经知晓平台售假情况，并很诚实地（making good faith efforts）采取措施进行打假；然而，招股说明书中并未披露7·16会议和行政指导；公众对阿里巴巴平台涉嫌售假这个问题或许已经知晓，但这和阿里巴巴招股说明书是否存在性陈述没有关系，尤其是阿里巴巴并未披露该问题的范围有多大，也未披露阿里巴巴已经知晓的违法行为。

原告还指出，市场已经知晓这一抗辩原则涉及十分复杂的事实认定过程，因此在考虑案件是否驳回起诉的阶段，尤其涉及重要性原则判断时，能成功援

引这一抗辩原则十分罕见。很明显，原被告双方在市场已经知晓这个法律原则的适用上，存在截然不同的观点。

法院在苹果电脑案件的裁决中指出，修正性的信息（corrective disclosure）必须能在强烈程度和可信程度上（degree of intensity and credibility）都能有效地同原先误导的信息相抗衡；如果公司主张相关信息可以公开或者通过其他途径获得，而没有在投票授权书或者招股说明书中进行披露，那么法院通常情况下都会对公司采取这一抗辩原则进行严格限制；公司信息披露资料，如果没有派发给股东，则不应该认为股东已经可以获得该信息。

原告又指出，“红盾网剑”行动的信息是在工商总局网站上用中文公布的，其中也没有提到阿里巴巴，因此投资者无法知晓这些信息；所以，阿里巴巴及其承销商需要在IPO时候向投资者披露该信息。原告援引山东富维薄膜公司（fuwei films）（2009年）案例，在该案件中，法官裁决：有三篇新闻文章，由于是用中文报道，因此不能认定文章中的相关内容已经被投资者知晓。所以不能据此免除被告信息披露的责任（笔者：好像是有点道理哦，阿里巴巴，你怎么看?）。

## 关于欺诈要素（scienter）

原告进行了如下补充指控：

（1）被告对该信息知情，或者应该已经知情，或者可以接触到该信息，所以被告原先的公开陈述存在误导

原告指出，参加7·16行政指导会议的阿里巴巴业务部门负责人的工作关系属于（BU heads）直接向CEO和CFO汇报，因此本案自然人被告（包括CEO和CFO）对此信息是知情的。

原告还指出，自然人被告对外公开积极评价公司的打假措施和合规努力（M参加的60分钟访谈，“假货的医生和癌症理论”和监管部门的良好合作关系等），同时又没有充分披露相关风险，并隐瞒了7·16会议和行政指导，这足以强烈推导出欺诈意图。原告还援引APOLLO案例（2005）指出，被告自然人一方面知晓政府报告中对公司负面的信息，而另一方面在该报告正式公布之前又公开积极评价政府正在进行的监管审核，据此，法院裁决可以从中推导

出被告的欺诈意图。

(2) 该信息涉及经营的核心业务，因此可以强烈推导欺诈的意图 (core operation doctrine)

核心业务这一法律原则，是指如果所指控的内容涉及被告核心业务，那么其和欺诈的相关性会加大；然而，如果仅仅凭据这一单一的法律原则，还无法直接推导出欺诈；这一法律原则通常作为欺诈要素的补充原则。

(3) 通过公司代理人理论，推导出阿里巴巴公司具有欺诈的连带意图 (scienter can be imputed to Alibaba through its corporate agents)

原告援引世界通信公司案例指出，法院通常认为，公司管理层和董事如果在其职责范围之内行事，则其主观意识可以认定为是公司的主观意识。

本案中，7·16 行政指导会议类似是一个如此重大的事件 (dramati cevent)，所以公司高管个人的主观意识可以被认定为是公司的主观意识。原告指出，阿里巴巴 C 级别的高管，包括首席风险官和公司合伙人 S 先生及阿里巴巴每个电商平台的高级经理参加了 7·16 行政指导会议，并接受了工商总局的行政指导；S 是该公司的合伙人之一，该公司的合伙人群体对公司董事具有直接的控制权，所以原告认为这些高管的个人欺诈主观意识可以连带到阿里巴巴公司本身。

(4) 通过合伙人理论，推导出其他被告自然人有欺诈的连带意图 (scienter can be imputed to individual defendants as members of the Alibaba partnership)

原告援引案例指出，合伙人制度下，其中一个合伙人所掌握的信息和所发生的行为，其他合伙人承担连带责任 (partnership doctrine)。本案中，S 先生参加了 7·16 行政指导会议，他是阿里巴巴公司合伙人之一，该公司的合伙人群体直接控制了公司董事会，因此可以推导出其他合伙人对该会议也是知情的。

(5) 自然人被告在 SEC 文件上签字，所以需要承担相关责任

由于这些向 SEC 提交的文件涉嫌存在误导，而自然人在这些文件上签字，所以从中可以推导出被告的欺诈意图。

在欺诈的动机和机会上 (motive and opportunity)，原告进行了如下指控：

(1) 两自然人被告 M 和 T 的个人售股

原告除了指出以上售股金额巨大之外（分别超过10亿美元和3.5亿美元），又援引案例支持：如果公司内部人士一方面隐瞒公司的不利信息，而另一方面却进行异常的股票销售（unusual insider sales），那么法院会认为被告缺乏诚信（笔者：这里的关键是“异常售股”，如何认定异常？值得讨论）。

通常法院会从以下四个方面判断该售股是否异常：①售股所获得的利润金额大小；②所售股占其持股的比例；③内部人士售股数量的变化；④内部人士售股的次数。原告通过数个案例指出，本案中两个自然人被告售股所得金额巨大（massive），足以推导出欺诈的动机。

（2）被告具有动机确保IPO成功

原告援引案例指出，如果试图通过IPO获取异常的财富（the desire to create or preserve extraordinary financial benefits），那足以符合欺诈的指控要求；同样，隐瞒公司的财务负面信息，也足以符合欺诈的指控要求。

原告认为本案中的欺诈动机明显：阿里巴巴的IPO规模高达250亿美元，被告并不希望其受挫；“白皮书”明确指出，为了不影响IPO，工商总局避免了7·16行政指导会议相关的一些具体信息披露；被告在公司IPO之后，仍然在公开陈述中隐瞒了7·16会议和行政指导，还隐瞒了其所知晓的假货相关问题。

原告指出，被告提出的所有“对抗性推导”（competing inference）就是试图淡化（downplay the significance）7·16会议、行政指导、假货风险这些事件的重要性；基于原告已经阐明了这些事件的严重性（seriousness）及其可能给阿里巴巴带来的重大罚款威胁和经营方面的影响，法院应该拒绝被告将此事件做轻描淡写（no big deal）的推导。

至少，原告认为，在诉讼是否驳回的裁决过程中，被告的对抗性推导并不显得比原告的推导更具有说服力（more compelling）。

## 关于损失的因果关系要素（loss caustation）

原告作如下补充指控：

原告认为，相关信息公布后，阿里巴巴股票价格的下跌，足以说明损失的因果关系是成立的。原告认为这些相关信息（“白皮书”及相关新闻报道）构成了修正性披露（corrective disclosure），即：对阿里巴巴原先披露的信息作出了修正。

原告又指出，被告仅仅反驳了“红盾网剑”和售假这两个指控的因果关系，故意将这两个指控和7·16会议及行政指导的指控割裂开来，而原告的核心指控是7·16会议和行政指导。

原告认为，被告没有披露7·16会议及行政指导、“红盾网剑”的相关风险，而这些风险随着“白皮书”的披露，于2015年1月27日具体化了；所以依据风险具体化的法律原则（materialization of risk theory），原告在损失因果关系的指控上是充分的。

最后，原告请求法官拒绝被告的申请，不予驳回该诉讼；倘若法官同意被告任何方面的申请，则原告请求法官给予原告修改诉讼状的机会（leave to amend）。

很明显，原告在反驳中所增加补充指控内容最多的部分，是涉及欺诈要素的认定。接下来，我们再看看阿里巴巴又是如何再次作出抗辩的。

## 阿里巴巴的再次强烈抗辩

针对原告2015年8月28日的反驳动议书，2015年9月11日，阿里巴巴再次作出强烈抗辩，向法庭提交了抗辩动议书（不含附件33页，主要文档共25页，其中正文总共20页）。

接下来，我们以这份抗辩动议书为基础，大体了解一下阿里巴巴的再次抗辩策略：阿里巴巴首先在开场白中指出，原告对阿里巴巴第一次抗辩所作出的回复仍然是重复其缺乏依据的结论，那就是：阿里巴巴应该告知投资者关于7·16行政指导会议及该会议可能会该阿里巴巴带来重大罚款或者收入下滑的影响；但原告并无法指控被告阿里巴巴就7·16行政指导会议而产生任何不利的后果（比如：罚款、处罚或者收入或利润方面出现下滑）；原告也故意忽视了阿里巴巴所指出诉讼状中存在的缺陷，包括：在“红盾网剑”和协助售假这两项指控上，无法充分指控阿里巴巴存在披露相关信息的义务，无法充分指控任何被告存在欺诈，也无法充分指控损失的因果关系。对于原告没有回应的那些抗辩理由，也就意味着原告直接忽视和因此接受了。

在开场白之后，阿里巴巴进入了正式的抗辩。

## 原告在10(b) 条款下的指控不成立

### 关于“红盾网剑”行动的信息披露指控不成立

原告指出，其并不是认为“红盾网剑”行动的信息披露与否会单独构成一项指控内容，而是将此项指控作为对7·16行政指导会议重要性的强调，并对整个案件的指控提供背景信息。

阿里巴巴认为，不论是作为单独指控内容，还是作为其他指控的背景信息，原告就“红盾网剑”所作的指控并不足以构成法律上允许的负债。这是因为：

(1) 原告不实陈述和信息隐瞒的指控不充分

首先，“红盾网剑”行动是公开披露的。2014年6月在工商总局网站和中国相关媒体都对“红盾网剑”行动公开报道过，这就足以说明阿里巴巴是否披露该信息并不会构成任何法律义务。

原告虽然不否认阿里巴巴的以上抗辩信息，但是却又反驳指出“这些报道是在工商总局的网站，而且是用中文报道，所以，阿里巴巴的投资者并无法知道这些报道的存在”。

阿里巴巴认为，用何种语言进行报道并不重要，因为资本市场会吸收和消化任何公众信息。更为重要的是，原告起诉状所依据的所谓的“白皮书”也和“红盾网剑”一样，是在工商总局的相同网站，同样也是用中文进行公开披露的（这里可以模拟和演绎一下，见下一篇文章）。

其次，“红盾网剑”行动的打击目标不是阿里巴巴。原告在诉讼状中认为工商总局在7·16行政指导会议上告诉阿里巴巴，“红盾网剑”行动的打击目标之一就是阿里巴巴；阿里巴巴指出原告的此项指控不属实，原告回避了阿里巴巴的反驳，但仍然试图据此认为7·16行政指导会议就是“红盾网剑”行动的一个组成部分，因为该行动在目标上和工商总局给阿里巴巴的行政指导是高度一致的。

阿里巴巴并不同意原告的这个指控逻辑，阿里巴巴认为法官应该拒绝原告的这个推断。因为，原告的这个推断并不是在起诉状中体现出来，而是在回复阿里巴巴的动议中才出现的。更为重要的是，阿里巴巴认为，即使“红盾网剑”和7·16行政指导会议二者之间在目标上有某些共同之处，但这并不能表明后者就是前者的一部分，也不能表明阿里巴巴就是“红盾网剑”行动的目标之一。

阿里巴巴指出，“红盾网剑”和7·16行政指导会议都与工商总局对2014年新法律的实施行为有关，尤其是工商总局自己所颁布的工商行政办法（Administrative Measures），而阿里巴巴在招股说明书中已经对此法规进行了披露；而且，考虑到阿里巴巴的规模及其在卖家和客户两方面的受欢迎程度，就2014年法律的实施行动，工商总局和阿里巴巴举行会议，这并不奇怪。

阿里巴巴还指出，“红盾网剑”行动及工商总局在期后所发布的报告都很清楚表明，此次行动的重点是查处在互联网上销售禁止商品的卖家。工商总局在落实该行动过程中，寻求电商平台公司的配合，而不是以电商平台公司为打击目标。

再次，阿里巴巴已经充分披露了相关信息。阿里巴巴指出，其招股说明书中已经披露了公司面临日趋严厉的政府监管风险；虽然没有具体披露“红盾网剑”行动，但原告并无法说明为何阿里巴巴的这些披露对于投资者进行风险评估来说仍然不充分。

最后，阿里巴巴并无义务需要具体披露“红盾网剑”行动。阿里巴巴认为，既然招股说明书中对公司面临日趋严厉的政府监管风险已经作出披露，那么公司就没有义务披露政府监管的某一项行动具体名称。

（2）“红盾网剑”行动的指控不符合损失因果关系（loss causation）

阿里巴巴在第一次抗辩中指出，原告不适合以“白皮书”作为修正性披露来指控损失的因果关系，因为所谓的“白皮书”根本没有提到“红盾网剑”。

在被阿里巴巴反驳之后，原告于2016年8月28日的回复中又抛出“风险具体化”法律原则（materialization of the risk theory）。然而，这个法律抗辩原则要求原告能够指出具体的某一项风险，而且还必须能够说明正是由于被告隐瞒了该风险，从而导致投资者产生损失（见美国在线时代华纳案）。

然而，本案中，原告所指控的风险隐瞒，是指工商总局可能会对阿里巴巴处以重大罚款或者阿里巴巴的收入会因此下滑；然而，实际情况表明，这两个所谓隐瞒的风险最终并未出现（具体化）；工商总局的“红盾网剑”于2014年11月份结束，其并未对阿里巴巴有任何处罚；相反，阿里巴巴的营业收入持续增长。

所以，阿里巴巴认为，原告并无法充分说明所谓向投资者隐瞒的风险和投资者损失之间有直接关联，因此，原告的起诉状并不符合损失的因果关系要求。

阿里巴巴还指出，原告故意无视基本的抗辩理由（common - sense argument），因为关于“红盾网剑”行动的消息由于已经在工商总局网站公布，所以已经是市场皆晓（know to the market）。所以，任何随后这方面的信息报道，都不能构成损失的因果关系。

（3）“红盾网剑”行动的指控不符合欺诈要素（scienter）

原告故意回避阿里巴巴于2015年7月31日动议中，关于“红盾网剑”行动的指控不符合欺诈要素的反驳理由。所以，原告这个指控并不符合欺诈要素的要求。

**关于协助售假的指控不成立（counterfeiting aggregation）**

原告认为阿里巴巴的大部分（material portion）收入是同第三方卖家的售假相关（“大部分收入和售假相关的指控”），所以如果阿里巴巴拒绝工商总局的行政指导意见，那么阿里巴巴就会招致重大罚款；而如果阿里巴巴接受这个指导意见，则阿里巴巴的收入会出现下滑（“不可避免的影响”，inevitable impact allegation）。

阿里巴巴认为，原告的这个指控不论是单独的，还是和7·16行政指导会议的指控互为关联的，在美国证券法角度看都不成立。原因如下：

（1）原告的指控不符合损失因果关系要求（原告故意回避阿里巴巴在2015年7月31日所提交的这方面抗辩理由）

（2）阿里巴巴在这方面并不存在重大隐瞒或者不实陈述

首先隐瞒重大收入和售假相关这一信息的指控不成立。阿里巴巴认为，原告这个指控并不充分。

原告先是仅仅依据阿里巴巴的前一员工（名字叫：Xi Liao，“XL”）在接受野村证券采访时候的表述，就认为假货是阿里巴巴平台上商品的两大分类之一；原告显然在故意回避阿里巴巴所援引的抗辩案例，那就是对已经离职的员工而言，如果其雇佣期不在诉讼期间范围之内，由于缺乏和案件相关的及时的信息，因此，对于这样前员工的证言，法院是不能予以采纳的；除非这样的证言能够和其他证据互为补充（见 Simon v. Abiomed Inc. 案）。而本案件中，原告并无法提供任何相同期间的证人（contemporaneous witnesses）。而且，类似 XL 这样的前员工，其并无法拥有公司管理层于诉讼期间真实意图（state of mind）的第一手信息。

阿里巴巴还指出，原告所援引野村证券的报告其实就是一页，是关于中国互联网和传媒的一个简要信息（quick note）；原告就凭据这么一个简单的信息，作为其指控阿里巴巴隐瞒重大收入来源于售假的核心依据，这样的指控并不成立。

野村的报告中，和工商总局或者和假货相关的只有这么一段话是 XL 所说的，他说：“最终，平台需要在假货和品牌货之间寻求一个平衡，因为这两类商品都有其各自的客户，…… 而且，淘宝上假货的比例不可能大规模下降，因为平台其实反映了市场的真实需求。”阿里巴巴指出，就这么一段话，根本无法推断出阿里巴巴的重大收入来源于第三方售假。

原告还指出野村报告认为假货占总收入的比例重大（substantially），阿里巴巴指出，该报告根本就没有这样的措辞。

原告又争辩道，工商总局的“白皮书”指出淘宝上的商品有 62.7% 是假货。阿里巴巴指出，这个所谓的“白皮书”根本没有提到这个内容。原告似乎是企图以工商总局 2015 年 1 月份所发的报告作为指控依据，该报告所说的是从知名商品中抽查了 51 个样本。但即使是依据这个报告，由于其样本量太小，也无法证明阿里巴巴的大部分收入和售假相关。

其次，不存在不可避免的影响（inevitable impact）。由于，阿里巴巴接受了行政指导意见，阿里巴巴并未遭受任何罚款，阿里巴巴的收入保持增长；因此，不存在原告所指控的所谓不可避免的影响。

然而，原告故意回避阿里巴巴的以上抗辩。反而，原告认为，华尔街某些分析师的观点支持原告的这个指控。阿里巴巴并不同意，阿里巴巴指出，虽然有些分析师认为所谓“白皮书”的公开及其影响对阿里巴巴存在一些不确定性，但并没有任何分析师认为阿里巴巴会因此遭受工商总局的巨额罚款或者阿里巴巴会改变其商业模式。相反，这些分析师认为阿里巴巴在接下来几年中的收入和利润都会持续增长，并仍看好阿里巴巴的基本面。

（3）原告的指控不符合欺诈要素的要求

阿里巴巴认为，原告并无法提供任何证据表明阿里巴巴对这些的指控是知情的，或者任何证据可以表明这些指控是属实的，因此原告的指控不符合欺诈要素的要求。

**原告关于7·16行政指导会议的指控不成立**

原告的核心指控是阿里巴巴没有披露7·16会议和行政指引。阿里巴巴认为，不论是单独看待这个指控，还是结合“红盾网剑”行动及协助售假这两个指控，阿里巴巴都不需要披露7·16会议和行政指引，这是因为：

（1）不存在和7·16行政指导会议相关的重大信息遗漏

①已经陈述内容不存在误导（no affirmative statements rendered misleading）

原告认为阿里巴巴招股说明书中对风险的披露存在误导，这些披露不充分，是属于一般性的披露；原告认为由于7·16行政指导会议，阿里巴巴所面临的监管更严厉，风险也在增加。

阿里巴巴认为原告故意歪曲了阿里巴巴招股说明书中的风险披露内容，并没有告知法官一些相关披露内容。接下来，阿里巴巴列出了四段相关风险披露内容，这足以表明阿里巴巴已经披露说明其正面临，而且还继续会面临，日趋严厉的政府监管，而且所对应的合规性成本也会增加。

原告认为阿里巴巴需要披露其将会由于7·16行政指导会议而或者遭致重大罚款或者盈利水平下降。阿里巴巴则指出，如果阿里巴巴作如此披露，则反而属于不实陈述，反而会误导投资者，这是因为：第一，阿里巴巴接受了工商总局的行政指导意见；第二，阿里巴巴也没有遭受罚款；第三，阿里巴巴的收入和利润在期后时间都持续增长。阿里巴巴认为，招股说明书目前的披露是属于合理的风险警告，而不能是不契合实际的不妥当的可怕警告（dire warning）。本案中，原告指控阿里巴巴误将确定的风险（certainty）作为可能发生的风险（possibility）来对待；其实，真实的情况是，原告要求阿里巴巴将可能性和小的风险（a remote possibility）作为确定的风险（a certainty）来进行披露。

纵观原告的诉状，原告仅仅是指出，工商总局在7·16行政指导会议上对阿里巴巴表达了某种关注（concern），阿里巴巴也知晓了这些关注并接受了行政指导意见，并承诺落实整改这些问题，而且工商总局也指出该会议达到了预期的目标。所以，原告并无法指出：第一，在7·16行政指导会议之后，阿里巴巴落实了哪些整改措施；第二，是否这些整改措施给阿里巴巴带来了不可预计的重大费用；第三，工商总局期后对阿里巴巴采取了哪些具体措施（是罚款、劝说，还是启动正式调查等）。如果原告无法指出这些信息，那就无法充分指控阿里巴巴必须在IPO时候披露7·16行政指导会议。

②阿里巴巴没有额外的法律义务（no independent legal duty）

阿里巴巴认为原告并无法指出：7·16行政指导会议显示出任何监管新趋势（注：如属于新趋势，则可能需要披露），也无法指出在阿里巴巴IPO时候，阿里巴巴管理层对该新趋势很可能存在对阿里巴巴财务有任何不良影响是知情的。因此，既不是新趋势，也无法证明该新趋势对阿里巴巴可能存在负面影响，原告也就无法充分指控阿里巴巴需要披露7·16行政指导会议。在本案中，唯一可能存在的“趋势”就是阿里巴巴所面临日趋严厉的监管，而阿里巴巴已经在招股说明书中充分披露了这个风险。

原告认为7·16行政指导会议是阿里巴巴IPO过程中存在的一个最为重大风险之一，所以需要披露。阿里巴巴认为，原告这一观点不成立。

原告又指出由于“白皮书”公布之后，阿里巴巴的股票价格下滑，所以阿里巴巴需要披露7·16行政指导会议。阿里巴巴认为原告的指控不成立：首先，资本市场对“白皮书”的负面反应，并不能以此证明7·16行政指导会议符合信息重要性原则（见SEC V. Bausch & Lomb Inc. 案）；其次，阿里巴巴股价在“白皮书”公布后下跌，这既不能证明该“白皮书”属于修正性信息（corrective disclosure），也不能说明阿里巴巴之前的披露存在误导之处。股票价格的下跌，可能因为资本市场由于一次6个月前会议的记录突然公开而产生困惑；也可能是这份突然公开的会议记录可能意味着工商总局期后会对阿里巴巴启动调查或者其他监管行为这样一个风险，资本市场所作出的反应。

原告指控认为7·16行政指导会议是史无前例和非正常的（unprecedented and unusual），其主要依据是出席该会议政府官员的级别，同时认为其他行政指导会议不会有如此级别的官员参加（包括原告从工商总局网站上查询到的189起行政指导会议）。然而，阿里巴巴指出，原告所列出的这189个行政指导会议根本就没有说明监管部门和被监管企业都有哪些人参加了这些会议。

原告又指出，工商总局对7·16行政指导会议采取了闭门会议的形式，这和常规做法不同，所以足以说明该会议的重要性。阿里巴巴指出，中国相关法律法规并没有要求此等会议必须要公众举行（be public），原告是将中文"公开"翻译成英文"publicly"（"公众"），所以误认为所有行政指导会议都必须要以公众的方式举行。其实，结合这个情况，中文的"公开"所对应的英文应该是"openly"，是指工商总局需要将行政指导的目的向被指导企业作公开的披露。阿里巴巴在申请驳回动议中并没有向法官提到原告的这个翻译错误，但在此次抗辩中提请法官注意该问题，以避免歧义。

阿里巴巴指出，行政指导意见（建议）和行政处罚程序（administrative penalty procedures）并不相同，后者可能会产生行政罚款（fine）。原告指出工商总局可以在没有任何司法或者行政听证的情况下，对公司处以罚款；阿里巴巴认为原告的这一观点不符合实际情况。在采取任何强制措施或者进行行政罚款之前，都需要经过详细的事实认定程序。原告认为"白皮书"是一份正式的程序性政府文件，但工商总局发言人已经说明了，该文档仅仅是一份会议记录，而并非是一份政府白皮书，而且也没有法律效力。

原告又指出，和SEC发出的威尔斯通知（Wells notice，SEC向被监管公司发出的追杀令，告知对方SEC要对其采取执法措施）不一样，本案中，工商总局实际上已经对阿里巴巴采取了执法行动（enforcement action）。阿里巴巴认为原告的如此定义是属于不恰当；阿里巴巴搬出了新牛津大词典（New Oxford Am Dictionary 574，3d ed. 2010），上面写着：执法行动是一种对法律、法规或者义务进行强迫性遵从的行为（Enforcement is the act of compelling observance of or compliance with a law，rule or obligation）。由于工商总局的行政指导是一种志愿的非强制的（voluntary and non - compulsory），所以其并不能强迫任何事情

(compel)。

阿里巴巴指出，原告所援引的案例涉及美国 FAA 对所监管企业的历史上最大的处罚，而这个案例并不适合本案。相反，阿里巴巴认为，在另外一个案件中，法官裁决，并不能因为监管官员对被监管企业的罚款警告，就可以预设其后果就是对企业不利的这么一个结论，尤其是当被监管企业已经向监管当局承诺进行整改。原告也仅仅是在反对驳回意见书中指出，工商总局保持对阿里巴巴的持续监控，而在原告的诉讼状中并没有指出工商总局在 7·16 行政指导会议之后对阿里巴巴有任何不利的执法行动和负面后果。

（2）不存在和 7·16 行政指导会议相关的不实陈述

阿里巴巴在招股说明书中指出公司目前没有面临重大法律纠纷或者行政调查（administrative proceedings），原告认为阿里巴巴没有披露 7·16 行政指导会议，所以这个陈述不实。阿里巴巴指出，行政指导会议属于非强制性，并不构成行政调查，因此原告这个指控不成立。

原告又指出阿里巴巴在反假货措施上的陈述不实，阿里巴巴认为原告的这个指控不成立，因为：①阿里巴巴并没有宣称其反假货措施是有效的；②并无证据表明，工商总局认为阿里巴巴在 IPO 时候，其反假货措施是不充分的；况且，阿里巴巴已经告诉投资者其反假货措施并不总是都成功的；所以，原告此项指控不成立。

原告最后又指出阿里巴巴的董事长马云于 2014 年 11 月 19 日所作的公开陈述“淘宝上没有假货”（“Taobao did not offer counterfeit goods”）存在误导；然而，实际情况并如原告的诉讼状所描述，马的陈述是“假货在淘宝上并不泛滥，而不是说不存在”（counterfeit goods are not prevalent on Taobao, not that they do not exist）。

（3）原告的指控不符合欺诈要素的要求（Scienter）

①在动机和机会方面的指控不充分（motive and opportunity）

对 W 和 L（前者是时任 CEO，后者是 CFO）这两个自然人的指控，虽然原告承认这两个自然并没有出售任何股票，但原告由宣称他们存在欺诈动机，目的是为了确保阿里巴巴 IPO 成功。阿里巴巴指出，仅仅是以确保 IPO 成功则不能作为指控欺诈的理由，这已经由多个案例表明。

关于M和T这两个自然人（前者是董事长，后者是副董事长）的指控，原告认为，由于他们在IPO时候出售股票，所以存在欺诈的动机。

阿里巴巴援引判例法指出，对于欺诈动机的指控，不能仅仅是依赖内部人士出售股票的总收入金额来判断（gross proceeds）；原告又依据股票出售的数量（volume）来指控这两个自然人存在欺诈的动机。阿里巴巴指出，从判例法上看，法院不会仅仅依据股票出售总收入或者数量来做判断的，而是更多考虑其他因素，比如：所出售股票的比例，出售的时间等。

阿里巴巴指出，原告故意忽视这些其他因素：在阿里巴巴IPO时候，M和T仅仅是分别出售了6.19%和5.09%的股份；这个比例远低于本法院所参照的10%售股比例，也低于其他任何法院参照的比例。阿里巴巴认为，和相关案例比较，本案中，在IPO时候出售股票后，M和T仍然各自保留其大约95%的公司股票，所以这和欺诈动机的指控完全不一致。

阿里巴巴还指出，根据判例法，于IPO时间出售股票则欺诈的推导力度更弱。况且，依据判例法，仅仅是因为确保阿里巴巴IPO成功，而指控M和T存在欺诈动机和机会，则是不成立的。

关于对阿里巴巴公司的欺诈指控，原告也仅仅是依据阿里巴巴为了确保IPO成功这样一个理由；因此，阿里巴巴反驳认为，原告对阿里巴巴公司的欺诈指控不充分。

②对于被告自然人是否存在有意识不当行为（consciously misbehaved）或者疏忽大意（reckless）的指控不充分

第一，可获得相关信息的指控不充分（access to information）。原告指出以上自然人被告对7·16行政指导会议相关信息是知晓的，包括该会议的重要性，工商总局对所关注事项的严厉程度，其对IPO的不利影响，如拒绝进行整改而可能遭受的惩罚，及遵循行政指导可能所付出的成本，等等。阿里巴巴指出，原告的诉讼状中并没有这些指控内容，这些内容仅仅是在原告反对意见书（opposition brief）中才出现的，所以不应采纳。

阿里巴巴又指出，即便在诉讼状中有这些指控内容，其所指控也是不成立的。因为，依据判例法，如果采用“可获取相关信息”这样法律原则进行指控，则原告必须能够指出该信息相关的具体报告或者具体文档；而本案中，原告并无法提供任何此等信息，比如：被告自然人所知晓的任何关于7·16行政指导会议的相关书面报告，更不用说关于此会议可能会给阿里巴巴带来重大不利影响的沟通。

阿里巴巴又指出，即便原告能够证明其中任何一个自然人被告对7·16行政指导会议都知情，这也不足以说明原告的指控成立。因为，依照判例法，原告必须能够说明在阿里巴巴 IPO 的时候，其中每一位自然人被告都知晓不披露7·16行政指导会议这一事件会构成重大的信息隐瞒。由于原告并无法证明在阿里巴巴 IPO 的时候，阿里巴巴正遭受7·16行政指导会议之后的相关重大后续影响，因此原告指控被告重大信息遗漏并不充分；同样，原告指控自然人被告存在欺诈的主观意识也不成立。

第二，核心经营业务的法律抗辩原则并不适用（the core operation doctrine)。判例法显示，这一抗辩原则只能补充使用，仅仅是该原则本身尚不足以指控被告存在欺诈的主观意识。除非原告能够证明公司的实际情况和对外陈述之间是存在如此明显的差异，而且还需要有证据表明公司管理层和董事对此实际情况知情，这样的情况下，法院才会采纳这一法律原则。

本案中，原告并无法证明阿里巴巴平台中涉嫌售假的相关收入是阿里巴巴的核心经营业务，也无法证明其是阿里巴巴收入的重要来源，原告也无法证明阿里巴巴所作的任何陈述存在明显的错误或者误导，因此，原告的此项法律抗辩原则并不适用本案。

第三，因阿里巴巴的合伙人制度而连带欺诈指控并不成立（imputation through partnership ineffective)。原告指出，阿里巴巴的其中一位合伙人 SHAO 出席了7·16行政指导会议，所以可以证明其中任何一名自然人被告存在欺诈的意图。阿里巴巴认为，原告的这一指控不成立，因为任何一个自然人的欺诈指控只能建立在对其个人进行质询的基础上（individual inquiry)。

第四，在 SEC 文件上签字并不足以证明欺诈的存在（signing an SEC filing insufficient)。原告指出，个人被告中 SEC 文件上签字，这构成了其欺诈意图的某些特点（indicative of scienter)。阿里巴巴指出，原告的这一指控逻辑直接违反了本案法庭的相关裁决，即：仅仅是因为公司整体公布的陈述文件存在误导性文字，则不能认定在文件中签字的所有人都对该误导性陈述知情；否则，原告只要指控其中一项不实陈述，就足以指控整改群体被告。

③连带推定阿里巴巴公司存在欺诈这一指控不成立（impute scienter to Alibaba）

阿里巴巴认为，原告并无法充分指控任何一个自然人存在欺诈的意图，也无法指控这些意图可以连带到阿里巴巴公司，所以原告对阿里巴巴存在欺诈意图的指控也不成立。

原告试图认为阿里巴巴的某些原告出席了7·16行政指导会议，就因此指控阿里巴巴存在欺诈的意图；然而，仅仅是参加该会议，并不足以证明这些员工或者阿里巴巴公司存在欺诈的意图。

由于原告并无法充分指控违反证券法规的行为存在，也无法充分指控参与者需要承担责任（culpable participation），因此，原告对控制人责任的指控也不成立［第20（a）条款］。

阿里巴巴还指出，原告对阿里巴巴中以下方面的抗辩并没有作出回复，因此可以认定原告认可了阿里巴巴的抗辩，包括：（1）指控阿里巴巴是“红盾网剑”行动的主要目标；（2）指控阿里巴巴协助售假的事实不成立；（3）由于在阿里巴巴IPO之前，以及2014年GUCCI诉讼案件的信息报道，原告对阿里巴巴协助售假这一指控，在原告损失因果关系上并不成立；（4）原告指控阿里巴巴的大部分收入和售假相关，及7·16会议和行政指导会导致对阿里巴巴产生重大不利后果的指控，皆不成立。

## 法官的裁决

2016年6月21日，法官对本案进行裁决。

在美国联邦证券集体诉讼中，要符合1934年证券交易法10（b）条款的指控，原告的诉讼状需要能符合以下六个要素：

①重大不实陈述或者遗漏（material misrepresentation or omission）；

②被告存在欺诈的主观意识（scienter）；

③被告的不实陈述和原告证券买卖之间存在关系（connection）；

④信赖关系存在（reliance）；

⑤被告确实存在经济损失（economic loss）；

⑥损失的因果关系成立（lose causation）。

原被告双方已经从①、②和⑥三个要素的同角度进行了抗辩。那么法官将会从哪些角度裁决呢？接下来，我们依据法官的裁决书，共同了解一下法官的裁决过程。

## 合并诉讼状对重大不实陈述和遗漏的指控不成立

法官认为招股说明书中唯一被指控没有披露的是7·16行政指导会议，及阿里巴巴所收到的非约束性行政指导意见（non-binding administrative guidance），这实质上是那个国家的监管当局对阿里巴巴的一个提醒。法官指出，原告并没有指控阿里巴巴没有披露即将面临的（pendency）的任何实际的政府行政执法（administration proceeding）或者惩罚（sanction）；其实原告根本就没有指控阿里巴巴没有披露任何此等执法行为或者惩罚。

法官认为，本案中唯一实质性问题就是，在阿里巴巴没有披露7·16行政指导会议和行政指导意见的情况下，阿里巴巴招股说明书中关于日趋严厉的监管风险和合规成本可能会增加这两方面风险的一般性披露是否会构成误导。

**7·16行政指导会议和行政指导信息的遗漏**

法官先是援引案例说明了何为重要信息，并同时指出，公司并不会仅仅因为某一理性投资者的兴趣就存在对某一事项的披露义务。已经有法院裁决，公司并不总是需要披露其和监管当局之间的沟通，即使在某些情况下监管当局已经告知公司其运营中存在缺陷（deficiencies in its operations）。法官援引了美国FDA相关的两个证券集体诉讼案例，并指出，在美国证券法下，只有当上市公司存在披露的义务，而没有披露时候，这样的信息遗漏才可以诉诸法律。

那什么情况下公司才具有披露的义务呢？在两种情况：一是法律法规要求披露的；二是如果不披露，则会导致公司对外陈述出现不精确，不完整或者误导的情况。

本案中，原告指控认为基于以下三个原因，被告需要披露7·16会议和行政指导，及其所遭受的任何罚款威胁：a. 确保招股说明书所披露的信息不会误导；b. SEC相关规则要求［S－K item 303 he 503，及年报20－F的Item 5（d）］；c. 被告作为股票的抛售者。

法官就被告所提的这三个原因逐一进行了法律分析：

（1）为确保招股说明书不存在误导而形成的披露义务

原告指出，政府对阿里巴巴平台涉嫌售假的调查其实已经开始，而且有可能会对阿里巴巴的业务产生重大的不利影响，但阿里巴巴招股说明书的披露则导致投资者认为阿里巴巴平台涉嫌售假不会对阿里巴巴的财务业绩构成威胁，因此阿里巴巴的招股说明书披露存在误导。法官认为，阿里巴巴的披露并不存在误导，因此原告的指控不成立。

法官认为阿里巴巴招股说明书在假货销售相关风险的披露是充分冷静的（sufficiently sober）；即使阿里巴巴没有披露7·16行政指导会议，也不会导致招股说明书目前所作的披露存在不精确、不完整和误导。

阿里巴巴也披露了中国的监管部门已经对阿里巴巴平台所涉及的假货销售进行质询和调查，并指出，目前这些质询和调查并未导致阿里巴巴的业务受到严重限制（significant restrictions）。当然，原告也没有指控中国监管部门曾经对阿里巴巴的业务进行严重限制。

虽然招股说明书没有具体披露“红盾网剑”行动，但原告也指出该行动是曾经广泛报道的，所以公众已经认知到工商总局的打击目标是那些假冒伪劣商品的销售者。依据相关判例法（见Garber v. Legg Mson Inc. 案），美国证券法并不要求公司披露那些公众已经知晓的信息；因此，阿里巴巴没有披露政府的某一具体行动名称，这并不会被诉诸法律。

其实，阿里巴巴招股说明书中已经披露了，中国相关监管部门，包括工商总局，已经加大了对市场主要公司的监管注意；并披露，由于阿里巴巴规模和影响力的持续增长，则来自监管部门的监管增强也是在期待之中的，这会增加阿里巴巴的合规成本。法官认为阿里巴巴的这些披露已经向投资者说明公司过去曾经面临、将来也会继续面临重大的法律诉讼风险，甚至会面临更高层次的风险。所以阿里巴巴和监管部门的会谈，并获取监管部门宣称的所谓非正式、非约束力的指导意见，这本身并不会导致阿里巴巴所披露的可能会遭受质询或者调查这样的陈述存在误导。

法官还认为，即使阿里巴巴所作的披露其本身可能不完全充分，但对这些披露的理解必须结合整个招股说明书披露内容；而整个招股说明书已经十分清楚地告诉投资者，中国公司正面临快速演变（rapidly evolving）且常常是多变（often erratic）的法律和法规环境；招股说明书中明确指出，中国的经济环境相对年轻，中国的法律体现尚未健全和完善，所以相关的法律、法规、条例往往会受到监管部门很大程度上解释的影响。法官举例列出了招股说明书的某一段相关披露文字。

法官指出，招股说明书的这些文字披露，已经是十分清楚地告诉了投资者，和投资那些处于相对成熟的监管环境里的公司相比较，投资中国的公司就需要面临实质性风险和不确定性（substantial risk and uncertainty）。本法院已经知晓，有许多投资者因为投资中国概念公司而遭受严重损失，所以如果投资者在投资决策时候没有考虑到中国并不是美国这样一个基本事实，那本法院将为此而震惊（见裁决书第22页，Indeed, this Court would be shocked if investors did not take the fact that China is not the United States into account when making an investment）。

综合来看，招股说明书的这些披露已经十分清楚地告知投资者，阿里巴巴持续面临假货相关风险，而且如果公司没有妥当监督好平台上存在的售假行为，则公司会招致执法行为和严厉罚款。所以，招股说明书已经告知投资者，中国的法律和监管环境会导致投资类似阿里巴巴这样的公司出现风险。

法官认为，即使没有披露7·16行政指导会议，招股说明书所作的以上陈述也不会存在误导之处。

法官认为，本案中，原告并没有指控阿里巴巴实际上正遭受政府质询或者调查，并由此可能会遭受对阿里巴巴经营业务的重大限制（significant restrictions）；原告在诉状中所指控的，仅仅是阿里巴巴参加了中国监管当局的一次会议，并在会议上收到了一份不具有约束力的行政指导建议（nonbinding administrative guidance），其目的是鼓励阿里巴巴志愿采取或者不采取某些措施；而最终，阿里巴巴接受了该指导建议。

法官认为，以上事实最多只能说明，阿里巴巴接受了这个行政指导意见，则表明阿里巴巴知晓其确实存在某些问题，而这些问题则是在招股说明书中充分披露的；也表明阿里巴巴知晓其所需要承担的法律和法规义务。原告的诉讼状或者其他任何文件并没有显示，阿里巴巴接受这个行政指导建议就意味着阿里巴巴将要改变其经营行为（alter its business operations），或者意味着阿里巴巴的收入预期减少。相反，联邦第二巡回法庭曾经裁决认为，并不能从被告向监管部门承诺整改其所识别出的经验缺陷，就推断出会有对被告不利的后续影响这样一个结论。

原告指出，鉴于中国中央监管部门对阿里巴巴的质询是如此异常严厉（extremely heightened level of scrutiny），这个行政指导应该是特别具有强制性质（compulsory）和正式的，因此很有可能对阿里巴巴的经营活动产生重大改变。

然而，法官指出，原告并没有提供进一步的证据来支持其以上的观点。原告也没有证据表明工商总局在7·16行政指导会议之后对阿里巴巴提高了监管措施，或者采取了正式的执法行为；原告自己也知晓，如果阿里巴巴不接受该行政指导意见，也不落实工商总局和其他7个省级工商部门的整改要求，那么阿里巴巴遭受行政处罚（administrative penalization）风险就变高了，但并不代表这个行政指导本身构成了一个行政处罚。

法官认为，原告似乎打算引导本法官不遵循中国监管体系下明文通知所体现的含义（not to defer to that system's pronouncements about its procedures are what they mean）；但原告并未提供相关事实来说服本法官。

关于“白皮书”本身，法官认为，考虑到其仅仅在工商总局网站上短暂发布，并很快被撤回，所以原告以白皮书的内容作为起诉依据就显得有些脆弱了（tenuous）；原告争辩认为“白皮书”的快速撤回正好说明了阿里巴巴在左右（sway over）中国的监管机构，但法官认为，“白皮书”被快速撤回这个现象同样似乎也可以说明该“白皮书”可能是未经授权而发布的，因此是不可信赖的。而这个推论则更是被后来的实际情况所进一步证实，那就是：工商总局之后也没有对阿里巴巴启动任何正式的执法行动，而SEC对此事件的非正式询问之后也没有启动任何正式调查程序或者任何指控。

法官进一步指出，即使假设“白皮书”可以信赖，其也并没有表明7·16行政指导会议就构成是一种正式的执法诉讼（enforcement proceeding）；从“白皮书”措辞来看，其仅仅是确保阿里巴巴知晓监管部门的关注所作，并提醒阿里巴巴对那些已经清楚披露的问题予以注意，这并不构成是一种正式的监管诉讼行为（a formal regulatory proceeding）。

至于原告所宣称的工商总局威胁要重罚阿里巴巴（每天销售金额1%的罚款，每年几千次罚款等等），法官并不予以过多采纳，因为原告的这一信息是来源于网络博客（blogger），并且该博客和政府相关部门并无关联，其信息亦来自无名人士。法官指出，对于不署名的秘密证人证据，原告必须能够充分证明该人士所处的职位足以确保其拥有和案件指控相关的信息，只有在这个条件下，法院才可以采纳。本案中，原告并没有提供此证明，而且所谓的“白皮书”也没有提到罚款；所以原告的这一宣称并不十分可信，因为从中似乎同样也可以认为该不署名的信息仅仅是一种投机性猜测（speculating）；况且，阿里巴巴的招股说明书中已经披露了，包括工商总局在内的中国监管部门，正在对市场上有影响力的企业在涉嫌售假泛滥行为上进行强化执法，包括进行重罚。

原告援引了另一中概股晶科能源证券集体诉讼案，指出，如果不披露7·16行政指导会议及行政指导，那么会导致招股说明书在平台售假泛滥所引发的风险被轻描淡写了（downplays）。法官认为，晶科能源案的裁决并不适用本案，因为本案中，阿里巴巴并没有宣称其合规性的控制措施是非常有效的，也不是万无一失的（foolproof）；正如前面所讨论的，阿里巴巴招股说明书的披露并不太可能导致投资者过分乐观地评估该公司的风险；相反，阿里巴巴在员工受贿、违法、串通等行为上的信息披露，已经足以明确告诉投资者该公司对此类事件所采取的措施并不总能都成功。而且，阿里巴巴已经披露指出，如果这些行为得不到纠正，则公司有可能会遭遇监管风险。

相反，在晶科能源案中，该公司仅仅是告知投资者如果违反相关环保法规，则公司会遭受财务风险；但该公司并没有告诉投资者们其已经知晓公司在环保合规方面失败，且公司将会因此遭受惩罚。

最后，原告又争辩，被告在假货话题，及公司反假货的努力和合规方面曾经进行公开言论，这就导致公司有义务披露完整的事实（tell the whole truth），包括公司于7·16行政指导会议上收到了严厉的行政指导。但法官认为原告如此解释披露的义务，则是将相关义务过分扩大化（far too broad）。法官认为，仅仅是讨论一下阿里巴巴平台上假货相关的风险，这不代表公司就有义务披露和该风险有关的所有事实。

考虑到阿里巴巴招股说明书在假货、阿里巴巴的打假努力、国内外政府监管环境、公司所受中国政府监管的日趋严厉、公司的合规措施，等等方面的披露措辞，已经可以清楚地看出，阿里巴巴并没有刻意隐瞒其平台上假货销售所带来的相关风险，及可能引发的行政执法风险。因此，阿里巴巴招股说明书的这些披露，并不如此不完整到需要阿里巴巴披露7·16行政指导会议和所收到的行政指导。

（2）法规所确定的披露义务（a regulatory duty to disclose）

原告又指控，如果没有披露7·16会议和行政指导，则违反了SECS－K规则Items 303条款，年报20－F规则下的Item 5（d）条款（SEC对年报中MD&A的要求），及503条款（招股说明书中的风险披露Risk Factor）。基于以上相同的原因，法官并不认同原告的指控。

因为原告并没有指控7·16行政指导会议或者行政指导会对阿里巴巴的财务状况或者经营活动可能会（reasonably likely）产生重大影响。从原告指控内容来看，7·16行政指导会议上所给予阿里巴巴的行政指导，是非强制性的；原告也没有指出在这之后工商总局对阿里巴巴采取任何正式的行政执法措施或者惩罚，比如：传令要求提供相关文档、面谈员工或者其他政府调查行为；原告也没有指控，阿里巴巴面临某种严重的、持续的刑事或者民事调查，且该等调查会导致阿里巴巴遭受潜在的刑事和民事责任；倘若如此，依照Item 303条款的要求，这些信息必须对外披露。

原告援引了案例（Indiana PubliCRetirement System）指出，依照item 303条款要求，即使是对公司经营业务仅仅是具有潜在不利的影响（potential harm），那么这样的事件也需要对外披露。然而，法官认为，第二巡回法庭从来没有如此扩大Item 303条款的披露要求。在Indiana Public Retirement System这个案件中，相关事件对该公司的经验业务所可能带来的不利影响，不仅仅是潜在的（potential），而且是很可能（probable），甚至是迫在眉睫、即将要发生的（imminent）。而在本案中，正如前文所阐述的原因，缺乏合理足够的理由可让人确信7·16行政指导会议将合理预期地给（might reasonably be expected）阿里巴巴的经营业务带来重大影响；甚至也无法让人确信7·16行政指导会议给阿里巴巴带来了相同的警示信息（red flags）。况且，阿里巴巴在招股说明书中已经披露了，其可合理预计到，日趋严厉的监管的相关新法律将会对公司经营活动产生影响。（裁决书中举例了相关披露内容）。

同样，原告指控被告违反 item 503 条款的指控也并不充分。原告指出由于阿里巴巴的招股说明书中没有披露以下内容：（1）工商总局对在诸如阿里巴巴这样的电商上所出现的售假行为进行严厉打击；（2）阿里巴巴缺乏有效的内控，以确保其能够遵循中国相关法律；（3）由于对客户或者品牌公司在打假的投诉上反馈不积极，阿里巴巴公司因此声名狼藉；因此该招股说明书违反了 Item 503 条款中关于风险因素（risk factors）的披露要求。

法官认为，以上第一个内容的指控很容易反驳，因为阿里巴巴的招股说明书已经披露了。在中国相关法规下，电商平台对售假需要承担连带责任，并且近年来，中国三个反垄断机构中的其中两个机构（包括工商总局）都加强了监管执法（包括处于重罚等），因此随着阿里巴巴业务规模的扩大，公司将会面临更多的质询，且至少可以预计公司在合规方面的投入会增加。法官认为阿里巴巴的这些披露和原告所指控的需要披露内容，刚好是精确和充分地相吻合（accurate and sufficiently candid with regard to）。

至于原告在内控方面和阿里巴巴在打假投诉上反馈不积极的这两个指控，法官认为，原告的如此指控等于是要求阿里巴巴承认其行为是违反中国和美国的相关法律、法规的要求；然而，原告并没有提供证据表明阿里巴巴曾经有这样的行为而遭到指控。所以，依据第二巡回法庭的案例，对于没有遭受刑事指控的行为（uncharged criminal conduct），那么在 Item 503 条款下，原告并无法指控被告有披露该事件的义务。

所以，法官认为，原告对被告违反 Item 503 条款的指控并不成立。

（3）出售股票而形成的相关义务（seller of stock）原告指出，阿里巴巴公司及其中两位自然人被告存在出售股票的行为，因此对于任何重大事项，都有披露的义务。法官认为，在美国证券法下，股票出售方所有的披露义务都已经在前文讨论过了，因此原告并无法充分指控被告有义务需要披露7·16行政指导会议和相关的行政指导。

**相关陈述并不误导**

原告又列出一系列阿里巴巴及其高管在IPO前后时间段内所作的陈述存在误导。然而，原告仅仅是因为阿里巴巴没有披露7·16会议和行政指导，就指控这些陈述存在误导；基于前面所分析过的相同原因，这些陈述并不存在重大误导。

此外，原告还指控其他的一些陈述存在误导，这些陈述都是概括性（笼统和泛泛的）的内容（too general to be considered false or misleading），在联邦证券交易法下，其并不构成不实或者误导的陈述。原告所指的这些陈述包括：阿里巴巴对假货的零容忍政策、阿里巴巴高管关于假货的“医生和癌症间关系的理论”、阿里巴巴和监管部门之间的合作关系、阿里巴巴严肃对待商标侵权（trademark infringement），等等；法官认为，这些陈述或者是和公司的道德文化相关，或者是和公司的诚信声誉相关，所以充其量仅仅是一种“吹捧的广告”（“puffery”），公司并不会因此而违反证券相关法规；同样，这些陈述是如此的一般性和笼统，在考虑是否投资该公司的时候，并不会有任何理性的投资者会依赖此信息作出投资决策的。

原告又辩论到，以上这些陈述应该是可以被指控的，因为被告已经知晓了某些信息会直接导致这些陈述或者不属实或者误导；法官认为，即便原告所说的属实，但是这也不足以否认这些陈述在性质上是概括性的（generality），这些陈述并不会达到潜在投资者在投资决策过程中的重要性水平。

所以，原告对被告违反10（b）条款进行重大不实陈述的指控，并不成立。

## 合并诉讼状不符合欺诈的起诉要件（Scienter）

**动机和机会（motive and opportunity）**

法官认同原告的说法，本案中的两位自然人被告 M 和 T，在阿里巴巴 IPO 交易中，其各自的售股收入金额分别高达 8.67 亿美元和 2.89 亿美元；如果考虑到后来的超额认购，则对应的金额分别超过 10 亿美元和 3.2 亿美元；法官认为，这个股票交易无疑属于异常行政（certainly unusual），因为这是个金额巨大的交易，从中所获得的巨额利润足以促使个人产生欺诈的动机。

所以，本案中，法官并不需要综合考虑股票交易的获利金额、股票出售的比例、内部人士出售股票数量的变化、内部人士所出售股票的数量等因素。因为，仅仅就股票出售的数量规模和金额大小而言，在目前裁决是否驳回起诉的时候，就足以增强自然人被告欺诈动机存在这样一种推导结论。

以上是针对自然人被告的指控，而至于对阿里巴巴公司的指控，已经有判例法表明，为确保 IPO 成功或者争取较好的债券定价，并不足以指控公司存在欺诈；同样，仅仅是因为公司内部人士拥有这些非常普通的目的，也不足以指控公司存在欺诈。因此，法官认为，本案中，如果仅仅是依据两位自然人被告（M 和 T）存在欺诈的动机，而没有其他进一步的指控，则对公司存在欺诈动机的指控不成立。

**有意识的不当行为或者疏忽大意（conscious misbehavior or recklessness）**

原告指出，被告自然人对 7·16 会议和行政指导这件事情是知情的。但法官指出，没有披露某一具体信息本身并不足以说明被告疏忽大意，除非能够证明被告具有明显的义务必须披露该信息（an obvious duty）。因此，如果要指控被告存在欺诈，仅仅说明被告对 7·16 会议和行政指导是知情的，还不足以说明被告疏忽大意，原告还必须能够说明被告有明显的义务必须要披露 7·16 会议和行政指导。

正如前文所阐述，原告并无法证明该信息属于明显必须要披露的，也就无法说明被告自然人有披露该信息的明显义务；既然披露该信息的义务如此不清楚（不明显），那么被告没有披露该信息，则很难因此说明被告疏忽大意。

原告还引用核心经营业务的法律原则（core operation）指控被告疏忽大意。但法官认为，原告并无法证明7·16会议和行政指导明显属于需要披露的事项，也无法证明被告清楚指导招股说明书存在不实陈述或者误导，因此原告引用该法律原则进行指控并不妥当。

最后，原告又指出被告自然人在SEC文件上签字了，所以存在欺诈行为；法官指出，这是一种最为薄弱的指控，因为法院早已经有先案例裁决了，如果仅仅因此就同意原告的指控，那么只要对外陈述存在重大误导，整个被告群体就会遭受指控。

法官指出，即使考虑到本案中两位自然人被告可能存在欺诈的动机，原告的指控并不满足PSLRA所要求的欺诈要素。虽然原告提供了某些证据可能足以推测M和T这两个自然人被告（不是阿里巴巴公司本身）存在欺诈的动机，但合并诉讼状从整体角度看，并无法强有力地推导出任何一位被告的行为具有欺诈性质（do not support a strong inference that any Defendants acted with scienter）。同时，由于合并诉讼状并无法指控违反证券法规的行为存在，因此关于20（a）控制人责任条款的指控也就不成立。

最后，法官指出，本案中，原告诉讼状的指控存在实质性问题（substantive），而并非是不充分（inadequately）或者不熟练（inartfully）；因为法官认为7·16行政指导会议仅仅是和监管部门的一次非正式会议（an informal meeting with regulators），被告并没有义务需要披露7·16会议及行政指导，这也就是本案的关键所在。因此，法官拒绝了要给予原告重新提交诉讼状的机会，并完全同意被告驳回本案件的申请（defendants' motion to dismiss is granted in full）。

2016年6月21日，纽约南区联邦法庭裁决，同意阿里巴巴的申请，驳回原告起诉，并不允许原告重新提交诉讼状。至此，阿里巴巴终于取得了这场诉讼战的胜利。

## 申明和信息来源

本案例的主要信息来源于相关法律文件，案件中所提到的指控内容，可能属实，也可能并非属实，本书对此并无任何立场；同时由于本案并未经过陪审团最后判决，而且美国法院驳回了原告的起诉，所以也意味着原告所指控的这些情形在美国证券相关法律下并未予以确认。本案例的主要信息来源包括：

- Complaint for Violations of the Federal Securities Laws；Case 1：15 – cv – 00759 – NRB Document 1；Filed on 01/30/15.
- Memorandum Decision and Order Consolidating Cases, Appointing Lead Plaintiff, and Appointing Lead Counsel；Case 1：15 – cv – 00759 – CM Document 50 Filed 05/01/15.
- in Realibaba Group Holding Limited Securities Litigation：Consolidated Complaint Class Action；Civil Action 1：15 – md – 02631 （CM）；Document 6；Filed on 07/01/2015.
- Memorandum of Law in Support of Defendants' Motion to Dismiss Plaintiffs' Consolidated Class Action Complaint；Civil Action 1：15 – md – 02631 （CM）；Document 17；Filed on 07/31/2015.
- in Realibaba Group Holding Limited Securities Litigation：Plaintiffs' Opposition to Defendants' Motion to Dismiss Consolidated Class Action Complaint；Civil Action 1：15 – md – 02631 （CM）；Document 20；Filed on 08/28/2015.
- Reply Memorandum of Law in Further Support of Defendants' Motion to Dismiss Plaintiffs' Consolidated Class Action Complaint；Civil Action 1：15 – md – 02631 （CM）；Document 25；Filed on 09/11/2015.
- Memorandum Dicesion and Order Granting Defendants' Motion to Dismiss；Civil Action 1：15 – md – 02631 （CM）；Document 30；Filed on 06/21/2015.

## 12. 阿里巴巴勇斗华尔街“诉棍”情景模拟剧

写在前面：震惊中外的阿里巴巴恶斗华尔街“诉棍”大战已经持续一年多，这是一场跨洋的鏖战，一场充满智慧的博弈，也是一场惊心动魄、险象丛生的较量，大战最终是以阿里巴巴大获全胜而告终。在法院公开的相关文档基础上，笔者选择案件中的某些关键对抗焦点，进行模拟并改编成小剧本，以方便广大读者更加易于了解和体会这场较量的精彩。当然，这些情景模拟剧是经过改编和加工的，它并不能代表和反映本诉讼案件的全貌，也不能被理解为是案件的全部真实情况；读者如欲了解案件的完整、真实情况，请务必阅读法院公开的相关文档。

**阿里巴巴勇斗华尔街“诉棍”情景模拟剧（1）：关于假货**

老棍：你们售假。

小里同学：你胡说，我们只是平台，不卖货。

老棍：你们协助售假。

小里同学：你没证据不要乱说。

老棍：你们向售假卖家提供信誉保证，比如搞什么所谓的“金牌供应商”。

小里同学：你有证据证明我们向这些商品提供保证吗？

老棍：你们向售假卖家提供资金支持。

小里同学：我借钱给朋友，不行吗？如果他们可能有部分人不小心售假，关我嘛事？

老棍：你们平台的搜索技术故意引导客户购买假货。

小里同学：搜索信息是依据用户之前的搜索和购买习惯给出的，技术无罪，这叫顾客自己导向。

老棍：你们平台上假货是如此众目睽睽。

小里同学：你凭什么这么主观？

老棍：我这有一个搜索结果清单。

小里同学：你有个破清单，你牛呀？你想说明什么？

老棍：所以你们的招股说明书存在误导。

小里同学：误导啥呀？连你自己都说是众目睽睽，你还想让我披露什么？你是哪个法学院毕业的？回去再复习一下证券法。

老棍：你们打假不严，虽然宣称已经尽力，但其实是推诿。

小里同学：我们早就说过了，招股说明书也披露了，我们对售假是零容忍，但我们并不打算“先斩后奏”，你不知道什么叫“厚道”吗？

老棍：还有别人也说你们协助售假。

小里同学：谁？谁？

老棍：那个姓开叫云的法国女子。

小里同学：噢，你说的是小云呀，本来我们商量好好的，没想到她一哭二闹三上吊，最后恶人先告状了。

老棍：可她已经身怀证据数月了呀！

小里同学：法官大人都还没裁决呢，她那些证据不算，你不能拿这来蒙我。

老棍：可她证据所说的，你们没有披露。

小里同学：她所说的那些东西，你们西方媒体早就报道了，大家都知晓了，还披露啥呀？你是哪个法学院毕业的？

老棍：我这还有两名秘密证人，大秘和二秘，都说你们售假。

小里同学：大秘和二秘？他们是在俺这拜过码头，可那都是猴年马月的事情了，他们早就不辞而别了，他们说的话你也当真？你是哪个法学院毕业的？

老棍；他们不仅对我说了，那个大秘还对国际投行也蠢公司说了，你看，这是也蠢的报告。

小里同学：这个蠢报告就一页纸，短短一句话，人家也没说我售假呀；何况大秘和二秘原来只是我这小小的经理，他们凭啥知道我们整体交易情况？

老棍：我，我，我……

小里同学：你，你，你，又怎么了？你再胡说，小心我揍你；

老棍的助理大呼：阿棍，阿棍，你怎么啦？

老棍：俺，俺，俺快不行了，俺胸口闷，快给俺速效救心大补丸……

**阿里巴巴勇斗华尔街“诉棍”情景模拟剧（2）：“红盾网剑”**

背景资料：“红盾网剑”是工商总局于2014年6月发起的针对电商平台上售假的专项打击行动；“诉棍”指控认为该行动应该在招股说明书中披露，原被告就此展开PK……

老棍：你招股说明书隐瞒信息了。

小里同学：啥信息值得俺隐瞒的？俺都披露得快恶心了，你们还想知道啥？

老棍：红，红，红盾网剑行动，你们没有披露。

阿里巴巴：啥行动？

老棍：红盾网剑行动，就是你们大唐帝国工商总局发起的那个专项运动。

小里同学：为啥要披露这个？

老棍：这个信息重要，如果不披露，你们招股说明书会误导俺们的。

小里同学：你胡说，你们咋这么脆弱呢。

老棍：我没有胡说。

小里同学：这个行动是代表新法规出台吗？

老棍：那倒不是；不过，这个专项行动是以你们为主要目标。

小里同学：谁说的？你有证据吗？

老棍：你们是电商大户，你们国家不是有一种说法叫“吃大户”吗？你们肯定是主要目标。

小里同学：你没有证据，乱推测，小心我揍你。

老棍：不过你们还是要披露，因为这个行动和7·16行政指导会议的目标是一样一样的。

小里同学：这个行动俺们总局在网站上不是已经公开披露了吗，新闻也报道了呀，为何招股说明书还要披露？

老棍：你们帝国总局网站是报道了，帝国媒体也报道了，可那都是用中文报道的呀？

小里同学：用中文报道又咋啦？犯法了？中文很快就会是世界上最大的商业语言了，你有意见？

老棍：不是，你用中文报道，有人看不懂呀？

小里同学：谁看不懂？

老棍：俺看不懂，俺们美帝投资者也看不懂。

小里同学：哎呀，俺就不明白了，我们总局的那个“白皮书”不也是用中文写的吗，不也是在这个网站公布的吗？而且才公布几个小时，你们就全都看懂了，还拿这个来告我们，挑拨我们和领导的合作关系，这“红盾网剑”行动现在网上还挂着呢，你们咋就看不懂了？

老棍助理：老大，你不是学过中文的吗？昨天你还对我说你的中文水平不是一流就是二流的呀？

老棍：你小子闭嘴，谁给你发工资的？

**阿里巴巴斗“诉棍”情景模拟剧（3）：7·16 会议和行政指导**

老棍：你有事隐瞒着我。

小里同学：俺们坦荡荡，小事不披露，要事不隐瞒。

老棍：有个叫 7·16 行政指导会议，还有该会议精神文件：行政指导，你没有披露。

小里同学：不就是个会议，有啥好披露的？

老棍：这不是个普通的会议，这是个史无前例的会议？

小里同学：你凭啥说它是史无前例？

老棍：我看了 189 起会议，只有你们这次会议参加的人员级别高，史无前例呀。

小里同学：你乱说，那 189 起会议上根本就没有写哪个人参加，你咋比较的？

老棍：你们总局大人在 7·16 行政指导会议之前和之后都作了部署，这个会议史无前例呀。

小里同学：我们和总局大人之间的会议是常态的，你了解我们和大人的其他会议吗？

老棍：这个会议还有个精神文件，叫行政指导，你没有披露？

小里同学：为啥要披露？俺们接受了这个指导，又没有罚款，又没有调查我们。

老棍：这个指导是一种“柔性”执法行为，你们要披露。

小里同学：你去查查牛津大词典，2010 年新版的，574 页上写得很清楚，强迫的才叫行政执法，我们这是自愿的。

老棍：这个会上还有个“白皮书”，你们没有披露。

小里同学：就是那个出来几个小时就撤下的“白皮书”？人家总局大人说了，这是个会议记录，没有法律效力的。

老棍：谁都看得出，是你们背后搞鬼，总局大人才下令撤下的。

小里同学：你没有证据，乱说，小心我揍你。

老棍：可是“白皮书”一公布，股价就大跌，大家的钱没了，所以这个 7·16 行政指导会议太重要了，不披露不行。

小里同学：对股价的下跌，我们只能表示遗憾和深深的同情，我们也是受害者呀；可是你想想，这可能是因为你们对所发生的事情存在困惑，或者是因为你们对将来的担心，但你不能就因此认为六个月前这个会议能有这么大能量，你这么倒推证明是行不通的。

老棍：你，你，你这是诡辩。

小里同学：你别喘气，贵国证券衙门对此是有裁决先例的，倒推证明是不允许的。

**阿里巴巴勇斗华尔街“诉棍”情景模拟剧（4）：柯大人的裁决**

公元 2016 年 6 月 21 日周二下午，纽约曼哈顿唐人街附近纽约南区联邦衙门，法官柯大人来了。

众衙役：升……堂，威……武……

柯大人：堂下何人？报上名来，家住哪里？

老棍：大人，小的有冤呀，小人名叫诉棍，住华尔街西里 250 号。

小里同学：大人，在下小里，家住东方。

柯大人：你就是江湖中人称的“街头老棍”？

老棍：正是小人。

柯大人：你就是传说中的来自东土大唐的“阿里巴巴哥哥”？

小里同学：正是在下，不过你们这也有人追着喊我“爸爸”。

柯大人：老棍，有何冤情快快说来！

老棍：大人，小的买了东方小里的股票，没想到亏了，请大人为小人做主！

柯大人：亏了多少？

老棍：330 亿美元呀，是美元呀，大人！

柯大人：哇！这么有钱，任性呀？孝敬老人，给小孩买点好吃的不好吗？你去炒股？总统在白宫三番五次提醒股市有风险，你还入市当韭菜？

老棍：大人，这次亏的主要是机构和庄家呀？

柯大人：庄家还有看走眼的时候？

老棍：是呀，买了新股，可没想到新股也亏呀！

柯大人：打新还会亏？咋这么不小心呀？

老棍：大人，不是俺不小心，只是此股难以抗拒，信息不实，有重大隐瞒呀！

小里同学：大人，不要听他胡言，所有信息都经投行和“四大”把过关的，花了俺好多银子。

柯大人：老棍，你说说哪些信息不实，哪些隐瞒了？

老棍：大人，这是诉状……

柯大人：哎呀，你这诉状列了这么多东西，你到底要说啥？长话短说，讲重点。

老棍：大人，有个叫 7 · 16 行政指导会议的和行政指导的没有披露。

柯大人：一个会议，为何要披露呀？

老棍：那不是一个普通的会议，那个会议上还有行政指导，那是一个史无前例的会议，是一个让市值缩水 2 000 亿的会议，是一个“软执法”的会议，是一个极可能给企业带来重罚的会议，是一个可能会改变企业经营行为的会议。

柯大人：是这样吗？

小里同学：大人，千万别信老棍的呀，某年某月的某一天，确实是有这么个会议，也是有这么个行政指导，可这是一次俺们自愿会议，是一次非强迫的会议，是一次没有罚款的会议，是一次非正式的会议，是一次常规的会议，是一次达到预期目标的会议，是一次合作的会议（团结的会议，成功的会议）……

柯大人：老棍，是这样吗？

老棍：大人，字面上是这么个情况，可是这是一次闭门会议，一次暗藏风险的会议，一次暗藏杀机的会议，如果没有披露，俺们就不知道风险多大呀。

小里同学：大人，我们招股说明书披露了很多风险；这世界上，不，这宇宙上，所有大大小小的风险，只要你能想得到的，我们都披露了，这是我们的风险披露图，请大人过目（此处省去50页）。

柯大人：哎呀，你这个风险披露得也太多了吧，你这么披露还有谁敢买你股票呀？

小里同学：大人说的是，不过为了有钱大家一起赚，就算多小的风险我们披露起来也在所不辞。

柯大人：我就喜欢你这么说。

老棍：大人，招股说明书上只是作泛泛的风险披露，没有提到7·16会议和行政指导呀；

柯大人：这是老夫这辈子看到最复杂的风险了，人家地处东方，来自东土大唐，不同的国度，人家已经告诉你这就意味有风险，难道你不知道我们美国不是大唐的一部分吗？如果你连这个都不知道就炒股，你太让本官震惊了，来呀！

众衙役：大人，在！

柯大人：给我打四十大板。

众衙役：威……武……

柯大人小秘：大人，使不得呀，上回你打了原告才被扣了奖金，要以德服人呀。

柯大人：对对对，以德服人，以德服人，你小子差点又要我被扣奖金。

老棍：大人，7·16行政指导会议之后，还有“白皮书”，请大人过目。

小里同学：大人，这个“白皮书”几个小时之后就撤下了，总局大人也说了，这只是会议记录，没有法律效力的。

柯大人：对呀，人家都说没有法律效力了，这东西在网上就活了几个小时，老棍呀，你拿这个短命的东西作令箭，你的指控太脆弱呀。

老棍：大人，这个“白皮书”是工商总局大人应小里要求才从网站上撤下的。

柯大人：你有证据吗？你凭什么说不是人家网站小厮不小心或者未经其老大批准发布错了呢？证据，证据，你得给证据。

老棍：大人，7·16行政指导会议上还说要罚小里很多钱，每天1%的营业额，每个月罚几千次。

柯大人：天哪，这还了得，这消息可靠吗？谁说的？

老棍：大人，这是微博说的。

柯大人：是姓微名博吗？他来了吗？你叫他来好好说说。

小里同学：大人，这是微博上胡说的，没这么个人。

柯大人：老棍呀，要是这信息不可靠，你就不要再提了。

老棍：大人，可是那个7·16行政指导会议，它真的不仅仅是一次会议呀，必须披露呀；

小里同学：大人，7·16行政指导会议确实不仅仅是一次会议，它更是一种我们业务发展的动力；7·16行政指导会议之后，我们的业务发展如滔滔江水，连绵不绝，同比和环比都增长迅猛……

柯大人：你听听，你听听，人家不但没有被罚款，没有被强制，业务反而增长到连数都数不过来；7·16行政指导会议，不就是一次会议吗？就你这德行，就算披露了这个会议，你就不打新股了？

老棍：大人，7·16行政指导会议只是字面上叫会议，依照大唐律法，其实是一种执法行为呀。

柯大人：老棍，我不晓得大唐律法，但我也认得“会议”这两个字，你如果非要让我不按照字面来理解，你得有证据呀？

老棍：大人，东方小里还说他对假货零容忍，还说他们打假很威猛，还说他们和总局大人关系融洽，还说假货是癌症，他是专门治疗癌症的医生，还说……他们误导呀。

柯大人：老棍，你不傻，这些话明人一看就知道是泛泛而谈，最多是自己的免费广告而已，谁会凭这些话来炒股票？

老棍：大人，大人，冤枉呀。

柯大人：你不要再说了，退堂。

众衙役：威……武，退……堂。

小里同学：大人英明。

老棍助理：阿棍，阿棍，你怎么又吐血了？

衙门大堂里，老棍正举着头，口朝四周不停地喷血……鲜血染出了衙门的一道道风采……

衙门外，夕阳西下，初夏“大苹果”街道的傍晚，凉风徐徐。

阿宽（小里同学的助手）：老大，我们好不容易来了趟纽约，不整点好吃的？

小里同学：纽约最出名的是牛排，就像我们北京的烤鸭，来纽约不吃牛排等于没来。

阿宽：牛排，我喜欢。

二人来到牛排店，一金发碧眼、秀色可餐的女服务员笑脸相迎，二人点完餐后：

服务员：How do you like your steak？

阿宽：老大，她问啥呀？

小里同学：她问，你想让厨师怎么搞你的牛排。

阿宽：我要红烧。

小里同学：人家不会。

阿宽：那我要酱油炖，或者清蒸也行。

小里同学：这些人家都不会。

小里同学（朝服务员）：medium。

服务员微笑离去，阿宽望着服务员远去的背影。

阿宽：老大，啥是 medium？

小里同学：medium 就是五成熟。

阿宽：老大，你只说了五成，那另外五成怎么办呀？

小里同学：傻呀，这是人家地盘，低调点行吗，你还想独吞？那五成送给那服务员了。

阿宽：老大，您真厚道。

小里同学：这叫“以德服人”，学着点。

这时阿宽的手机想了，阿宽接完电话：老大，不好了。

小里同学：咋啦？

阿宽：“诉棍”又来了，正在加州衙门口闹事，递诉状呢。

小里同学：怕啥呀，兵来将挡，水来土掩，吃完备马去。

阿宽：老大，去哪呀？

小里同学：去鸟不拉屎的鹅城：加州。

背景音乐：傲气面对万重浪，热血像那红日光，胆似铁打骨如金刚……

全剧终

# 13. 阿里巴巴战“空头”，华尔街爱恨交加

2016年对阿里巴巴来说，不仅是斗“诉棍”之年，也是和华尔街“空头”恶战之年。不过，阿里巴巴在这两个战场上都取得了辉煌的战果：2016年6月21日，阿里巴巴成功申请法院驳回集体诉讼，挫败了“白皮书”事件所引发的美国联邦集体诉讼；而在和“空头”的交战中，阿里巴巴则以股价的一路高涨，让空头们叫苦不迭。2016年这一年，华尔街对阿里巴巴可以说是爱恨交加。

接下来按照时间顺序，讲述阿里巴巴和华尔街“大空头”查诺斯之间的过招，以及阿里巴巴股价上涨给华尔街所带来的震撼。

## 阿里巴巴购优酷土豆之际，为何大鳄查诺斯来看空？

阿里巴巴并“优土”，资本市场有何反应？阿里巴巴股价为何当天突跌最高超4%？空头大师来路何方？为何看空阿里巴巴？阿里巴巴是否会启动“对空自卫反击战”？

2015年11月6日，阿里巴巴和优酷土豆集团宣布签署并购协议，前者收购后者的交易将以全现金形式进行，收购价格为每个ADS 27.65美元；这一价格较优酷土豆2015年10月15日的收盘价溢价35.1%（即优酷土豆收到阿里巴巴集团私有化要约的前一天），较优酷土豆在2015年10月15日前三个月的加权平均收盘价溢价49.9%。

和阿里巴巴宣布对阿里巴巴影业和阿里巴巴健康进行布局时的资本市场反应相类似（见笔者文章：《从阿里巴巴财报看阿里巴巴生态布局的固有风

险》），此次阿里巴巴宣布并购“优土”，被并购方股票猛涨，其中 2015 年 10 月 16 日宣布拟全盘收购优酷土豆时，优酷土豆的股价当天最高暴涨 23%；11 月 6 日，双方宣布达成并购协议，并上调了并购对价，优酷土豆的股价当天收盘涨 7.35%。

然而并购方阿里巴巴的股票价格反应平平。虽然阿里巴巴通过系列生态布局交易产生了大量的投资收益，但似乎阿里巴巴的公众股东至今对阿里巴巴每次重大的生态布局交易显得心中十分淡定，好像是持观望、中性的态度；而华尔街更关心的似乎是阿里巴巴电商主营业务收入的同比和环比增长率。所以 11 月 6 日上午股市开盘之后，阿里巴巴股价反应平稳。

但中午之后，阿里巴巴股票交易量增大，而且价格一度下滑 4%；于美国东部时间 12:39，阿里巴巴的股票成交价格为 81.82 美元，跌幅为 4.2%；当天的股票最低价格则为 80.77 美元，这是近一个月来未曾出现的红色警报。

是因为投资者不看好阿里巴巴并购“优土”吗？似乎不是。因为这时候市场传来了利空消息，华尔街“大空头”詹姆士斯·查诺斯（James Chanos）在摩根士丹利于迈阿密举办的投资论坛上透露其看空阿里巴巴股票。查诺斯在看空阿里巴巴的同时，指出其看多京东。受此言论影响，雅虎的股票价格当天下滑 3.1%，而京东的股票则上升 2.5%。

而阿里巴巴股票的全天交易量超过 3 800 万股，是日均量的大约 2 倍多，当天收盘价为 83.61 美元，与前天比跌幅约 2.07%。

## 查诺斯何许人也

詹姆斯·查诺斯是空头基金公司尼克斯联合基金公司（Kynikos Associates）的创始人和掌门人，该基金据说是世界最大空头对冲基金。查诺斯此前因准确预测安然、泰科国际有限公司等优良企业的股价会暴跌而名声大噪。

我们看看从网络上公开搜索到的关于查诺斯的故事。

2000 年 10 月份，查诺斯开始研究安然。当时他就发现，安然使用的会计方法实际上过分夸大了其营收。他认为安然管理层是滥用美国的公允价值会计，将市场标价法（Market - to - Market）滥用成空洞的纯评估模型法会计游戏（Market - to - Model）；这样的会计游戏给安然带来了无数的没有现金流的虚假利润，而且安然的资本回报率偏低（仅6%～7%）。2001年，查诺斯开始做空安然，随着一系列状况的曝光，最终安然的股票从最高的90多美元变成一文不值，而查诺斯也功成名就。

1982年夏天，查诺斯开始跟踪当时华尔街的宠儿Baldwin－United保险公司，该公司的股价持续在涨，并受到美林证券等大投行的追捧。但他心存怀疑地写了一篇研究报告，建议卖空Baldwin的股票。他的观点让华尔街震怒不已，有律师威胁要起诉他。

《福布斯》杂志的撰稿人迪克·斯特恩知道此事后开始调查这个故事。他飞到芝加哥，在那里，查诺斯向他解释了他的财务分析。随后，斯特恩在Chateau Marmont旅馆的一间套房内与Baldwin的CEO会面，言辞激烈地向他提出了查诺斯建议询问的问题。“吉姆给了我们一个概要。”斯特恩回忆道。当斯特恩继续为那篇文章忙碌的时候，实际上，查诺斯扮演了关键的背景资料提供者的角色，斯特恩深夜向在芝加哥公寓内的查诺斯打电话，一边回放他与Baldwin的CEO谈话录音，一边加以剖析。到了12月，《福布斯》刊登了斯特恩的这篇文章，结论倾向查诺斯这一边。几个月后，Baldwin崩盘，不得不递交规模高达90亿美元的破产申请，成为当时历史上最大的公司倒闭案。

网上报道查诺斯是高盛的死对头，有点像是华尔街的遗弃者。但这种感觉也是相互的，因为据说查诺斯把自己当成华尔街的局外人。“我大部分社会关系都不在商业圈内。”他说。查诺斯鄙视华尔街的精英文化，他自封为“富裕的自由主义者”。“仅仅因为事情还未出错，人人都流露出某种权力在握的感觉，这让我感到震惊。”他说道。

查诺斯还主张卖空中国经济，2010年1月他在接受美国经济电视台的采访时表示：“中国的房地产泡沫比迪拜严重1 000倍以上。”然而投资大师罗杰斯却表示，一个10年前连“China”都拼不对的人现在居然对中国发出预测，这是极为可笑之事，后者并不认为中国存在泡沫。

查诺斯之前还做空了电动汽车巨头特斯拉，让后者股票备受压力；又做空美国光伏能源租赁的开创者Solarcity。

此次查诺斯放言对阿里巴巴进行长期做空，是口出狂言，还是有备而来？是螳臂当车，还是胸有成竹？是瞒天过海式的佯攻，还是联合幕后大财团集中火力强攻？

## 阿里巴巴是否会启动“对空自卫反击战”？

国际资本市场总是险相重生，由于存在个股直接做空的机制，因此对任何上市公司总是有人爱也有人恨，除非是没人理的，或者是“连狗都不理”的“僵尸股”。上市公司不能单方面期望市场所有方都喜欢自己，在资本市场上，对投资者而言，人见人爱的热门公司可能会有更多的获利机会。但爱恨总是如影随行的，因爱可以获利；同样，因恨不排除也可能会发大财！不排除的还有一种可能，那些爱你的人，说不定同时也是恨你的人；只要能获利，爱恨两相宜！因此对阿里巴巴这样的热门股而言，在被华尔街追捧的同时也被大空头盯上也就不足为奇了。

在美国上市的中概股被做空已经不是新闻，包括“浑水摸鱼”在内的小机构也多次以做空中概股为业；前几年有数家中概公司因为被做空而倒下，还因此而引发中概股危机。

所以，在美国上市的公司，不得不面对各种挑战，既要面对严厉规则和360度监管的“明枪”，又要防范来自做空机构的“暗箭”。做空机构是唯恐天下上市公司及其管理层是君子，唯恐上市公司不违规。这就是上市的代价，或者说，这就是选择赴美上市的代价。中概除了当自强，拿出高增长的业绩和经得起考验的公司治理实力之外，还需要培育自身的软实力。面对做空的挑战，其实是中概公司展现硬实力和软实力的时刻；此次阿里巴巴如果能挫败查诺斯的做空挑战，无疑是中概公司整体实力的全面体现。

查诺斯在这个时间选择做空阿里巴巴，可能和两个背景有关。其中一个面是过去1个月以来阿里巴巴股价从9月底的57美元左右稳步回升至目前的85美元以上，阿里巴巴市值重上2 000亿美元，这说明阿里巴巴股价已经走出底部。股价在底部，尤其在发行价68美元以下时，做空阿里巴巴则难度很大，估计做空力量难以抵挡多头；而时下阿里巴巴股价重上85美元，而且离华尔街分析师给阿里巴巴的平均目标价格约94美元不远，所以做空方认为有机可乘。另一方面，由于阿里巴巴相关股东持有股票的解禁期已到，而且这部分股票总量达十几亿股，而阿里巴巴目前每天的股票平均交易量只有1 800多万股，因此这个已解禁的股票可能会构成阿里巴巴股价短期上行的压力。

华尔街整个投资界目前是非常看好阿里巴巴股价走势的。在股价最新评估中，共有44名分析师对阿里巴巴股价作出评价，35名建议买入，5名建议持有，无一人建议卖出；最新的平均目标价格为93.94美元。但尽管如此，查诺斯的做空信息还是给市场带来了不少冲击。

不过针对11月6日的市场表现，有评论留言指出这是市场的过度反映，属短期不理性行为，因为查诺斯本身是靠做空赚钱的，他的话怎么能盲目轻信？如果信了这老头的话，投资者是否赚钱不好说，查诺斯这老头肯定就会因此赚大了。总之，多空双方是势不两立、水火不容。

2015年9月《巴伦周刊》发布封面文章，攻击阿里巴巴的股价价格，阿里巴巴对此迅速进行了反驳，认为“《巴伦周刊》的报道存在事实上的偏差，并对事实进行了选择性的报道，它的结论将误导投资者。事实证明《巴伦周刊》的报道缺乏操守、专业和公平”。

面对“大空头”查诺斯的挑战，当时正忙于“双十一”大战的中概股“带头大哥”阿里巴巴，继年初大战华尔街“诉棍”之后，是否会启动“对空自卫反击战”？

## 想告，就告吧

马云一句话，阿里巴巴市值重回2 000亿美元

2016年7月11日

在美国上市的中概公司中，有巨额利润的公司，不多，但还是有；同时又能够保持高增长的，不多，但还是有；同时又能够保持巨额经营活动现金流入的，不多，但还是有；同时又能够保持轻资产的，不多，但还是有；但同时又有底气，有勇气，有自信，敢于公开表明“不惧怕”的，则只有一家公司了。

在阿里巴巴2016财年的年报中，阿里巴巴透露正遭遇美国证券交易委员会（SEC）的调查，调查事项涉及合并政策和操作（包括将菜鸟网络作为权益法被投资人进行会计处理），适用于关联交易的政策和行为，以及报告“双11”节的运营数据等，SEC质疑阿里巴巴上述行为和交易中可能有违反美国证券交易法的行为。

据媒体报道，2016年7月9日，在阿里巴巴首届全球XIN公益大会期间，马云接受了路透社的采访。在接受采访时，马云回应了此前阿里巴巴遭受SEC调查的消息。马云表示，这是一个机会，可以让更多的人了解阿里巴巴正在做什么。马云强调，阿里巴巴的业务一直是公开透明的，同时阿里巴巴已经配合SEC的要求主动提供相关资料，但调查的结果何时公布还不知道。

马云说：

“如果你想告我们，就告吧。”

我们用英文强调一下：

If you want to sue us, sue us.

“这是让他们了解我们正在做什么的好机会。”

这是所有在美上市的中概公司中，唯一一家敢于向华尔街公开表明不惧怕的公司；不惧怕诉讼，不惧怕调查，这充分表明了阿里巴巴的自信和实力；表明了阿里巴巴的信息披露自信，公司治理自信，生态业务模式的自信；这是一种自信，也是一种实力。

马云对阿里巴巴的自信，似乎也感染了华尔街投资者，并在阿里巴巴的股票价格上反映出来。2016年7月11日（周一），阿里巴巴股票价格从开盘的79.33美元，几乎是一路走高，当天收盘价格为81.46美元，和上一个交易日（周五）的收盘价格（78.99美元）比较当天涨幅为3.19%，阿里巴巴市值重新回到2 000亿美元（见图13－1）。

当然，当天美股大市走好，标普指数也创下新高，达2 137.16，上涨0.44%；道琼斯指数也上涨0.34%，至18 226.93。

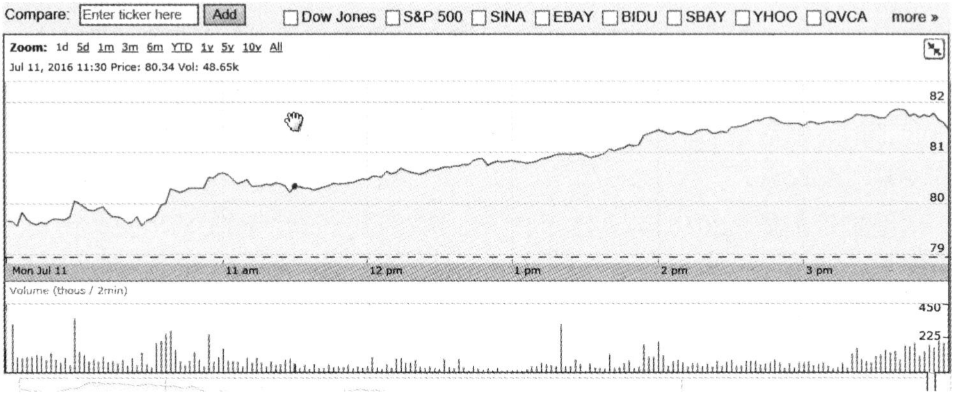


图 13－1　阿里巴巴 2016 年 7 月 11 日股价走势

## 阿里巴巴市值 2 750 亿美元，华尔街爱恨不已

对冲基金承认错失良机，

爱，是因为股价猛涨；

恨，还是因为股价猛涨；

阿里巴巴目前股价到底是高还是低？

2016 年 9 月 29 日

最近包括网易、微博、陌陌等在内的中概股在华尔街的股价表现良好。但如果要问过去三个月来，最被华尔街热捧的中概公司是哪家，应该是阿里巴巴；最让华尔街爱恨不已的高科技公司是哪家，答案还是阿里巴巴。

话不多说，直接上图（见图 13－2）。

爱，是因为股价猛涨：在短短的三个月中，阿里巴巴的股票上涨近 43%，截至 2016 年 9 月 28 日，阿里巴巴股票收盘价格为 108 美元，总市值突破 2 700 亿美元；阿里巴巴在过去三个月中市值增长约 800 亿美元。和过去 52 周最低价格比较，阿里巴巴的市值几乎是翻了一倍。可以说，过去三个月来，阿里巴巴的股价像一匹飞奔的骏马，势如破竹，牛气冲天。除了股票价格迅速上

**图 13-2 阿里巴巴 2016 年 7~9 月股价走势**

涨之外，阿里巴巴牛市还体现在交易量的增加上。交易量是十分重要的指标。尤其在 8 月份公布季报之后，阿里巴巴的日均交易量增加到约 1 800 万个 ADS。股价和交易量的持续上升，足以说明华尔街对阿里巴巴的热捧。

不仅如此，就在阿里巴巴股价一路高歌猛进的时刻，华尔街投行还纷纷调高了阿里巴巴股票的目标价格，瑞银华宝 UBS 将阿里巴巴的股票目标价从 107 美元上调至 124 美元；投行 Stifel 分析师 Scott Devitt 将阿里巴巴的目标价格从 104 美元上调至 125 美元；他还指出，如果按照分类加总估值法（sum-of-the-parts），那么阿里巴巴股票的目标价格将为 132 美元。在过去两周中，有 11 名分析师调高了阿里巴巴股票的目标价格；据彭博社的分析统计，46 名分析师中，有 38 名建议买入。据媒体分析，分析师们如此热捧阿里巴巴，除了因为阿里巴巴上季度财报所透露出营业收入约 59% 的年度高增长率之外，还因为阿里巴巴移动货币变现率的提高、云计算业务的迅猛增长、蚂蚁金服的 IPO 期待，以及快要到来的“双十一”交易等利好因素。

恨，还是因为股价猛涨：和阿里巴巴投资者因为最近股票价格不断上涨而兴奋所相反的，是那些在过去一段时间做空、看空，卖出阿里巴巴股票的对冲基金们。图 13 – 3 为彭博社所提供的一些对冲基金在阿里巴巴 IPO 之后每个季度所持有阿里巴巴股票金额；从中可以看出，这些基金是在不断卖出阿里巴巴股票，从最初的 140 亿美元，每个季度逐步减少，直到 2016 年第二季度持仓金额仅为 44 亿美元；其中就在 2015 年第二季度，持仓就减少了 220 万股，相当于三季度错失 6 100 万美元收益。

**图 12 – 3　对冲基金持有阿里巴巴股票情况**

在彭博社的报道中，对冲基金公司 Thornburg Investment Management（旗下管理 12 亿美元对冲基金）的基金经理 Charlie Wilson 说："阿里巴巴的货币化能力确实令人吃惊，我们之前持有阿里巴巴的股票，现在我认为当时减持阿里巴巴股票是个错误的决定；不过最近经过评估后，我们又买入了。"

不过和错失良机及过早减持阿里巴巴的对冲基金相比，最为痛心疾首的应该是做空机构，尤其是"大空头"查诺斯。自从查诺斯公开质疑阿里巴巴并扬言做空阿里巴巴之后，阿里巴巴的股价上涨超过 50%。倘若查诺斯果真大规模做空阿里巴巴，那么近期而言，其损失必定惨重无比；而当时听从查诺斯建议而做空阿里巴巴的，则最近看来日子也是处于煎熬之中。不过，资本市场历来都是虚虚实实，真实情况难以琢磨。但是，对冲基金所面临的压力确实是存在的。据 eVestment 8 月底所公布的数据，投资者 7 月份从对冲基金赎回 252 亿美元资金，创 2009 年 2 月份以来最高的当月赎回金额；也是对冲基金行业连续第二个月遭遇大规模赎回（6 月份赎回 235 亿美元），而 2016 年资金赎回规模达 559 亿美元。

包括“大空头”查诺斯在内的华尔街做空机构们看空阿里巴巴的几个主要原因包括：

## 中国宏观经济

不过即便中国经济整体增长放缓，增长率仍然比其他国家高出不少；更关键的是，中国电商市场规模和潜力实在是巨大，这从包括阿里巴巴在内的 BAT 中国电商巨头，过去数个季度来保持主营业务收入高增长就足以证明，阿里巴巴的同比增长更是接近 60%；所以，以此为做空理由将会弱化。但阿里巴巴主营业务过分依赖中国市场，这也是事实；阿里巴巴战略破局有待于国际业务的起色。

## 业务模式和会计透明度

这里主要是指菜鸟物流以及 SEC 对此所进行的调查；这也正是“大空头”查诺斯公开质疑阿里巴巴的核心所在，是否应该将菜鸟物流纳入阿里巴巴的合并报表，这看来不仅仅是个会计问题，可能还会涉及阿里巴巴商业模式的透明度问题。

关于 SEC 的调查，据菜鸟 CEO 透露，阿里巴巴和菜鸟都已经向 SEC 提交相关资料，目前 SEC 并没有进一步向 SEC 施加压力（笔者查看了 SEC 上市公司信息提交系统 EDGAR，也未发现有任何来自 SEC 新的询问函）。当记者询问阿里巴巴为何不对菜鸟进行合并时，阿里巴巴管理层指出，主要出于规模考虑，如果合并菜鸟，则阿里巴巴需要直接管理接近 200 万人的物流队伍；目前菜鸟平台每天需要处理约 4 000 万件物流包裹，而亚马逊每天的处理包裹数量只有 500 万 ~600 万件。

至于业务模式的透明度，阿里巴巴在首次召开的投资者大会上，也对相关新业务进行了公开解释，增进和投资者的沟通。

据 2016 年年报第 216 页披露，菜鸟网截至 2015 年 12 月 31 日财年未经审计的净亏损是 6.17 亿元人民币，未经审计的营业收入约 31 亿元人民币；阿里巴巴于2016财年确认了所对应承担的净损失约4 600万美元；同时，于2016财年阿里巴巴还一次性确认了4.48亿元人民币（见2016财年年报F-52）的相关投资评估收益。这些数据，相比较阿里巴巴财报整体数据而言，显得微不足道。

菜鸟物流下一步将如何发展，战略方向如何？据报道，菜鸟CEO曾经和马云交谈时，问马云是否需要考虑菜鸟下一年度如何盈利；马云答道：尔竟敢有如此念头？倘如此，则菜鸟将无法长大（报道原文是：He said “don't you dare think like that, because if you do you'll definitely make Cainiao small.”）

当然，菜鸟物流对于阿里巴巴整体交易流程的重要性不言而喻。正是由于没有进行报表合并，投资者无法看到阿里巴巴交易活动整体流程的完整性和全貌。

SEC对阿里巴巴关于菜鸟是否需要合并，和阿里巴巴关联交易整体流程的调查目前尚未结束，其最终结果无法猜测，但似乎华尔街目前对此并不担心。

## 假货困扰

这个是老话题，不久前，在和法国开云集团的诉讼中，阿里巴巴初战告捷，原告部分指控被驳回，其余指控双方正在激烈抗辩中。不过，投资者似乎已经很清楚地认识到其所对应风险的高低，这个风险应该体现在目前的股价中了，除非案件会出现重大意外。

## 估值过高

看空阿里巴巴的还有一个原因是认为阿里巴巴估值过高，其所依据的理由之一是将阿里巴巴和亚马逊作比较。比什么呢？不是比市盈率（PE ratio），而是比较二者的市销率（PS ratio）。亚马逊最新的市值约4 000亿美元，而阿里巴巴约为2 700亿美元；亚马逊2015财年的总收入约1 000亿美元，而阿里巴巴2016财年总收入仅为约1 000亿元人民币；但亚马逊年增长率高于20%，而阿里巴巴的年增长率超过50%；所以按照最新的年度收入估计，亚马逊的市销率仅为3倍多，而阿里巴巴的市销率则超过10倍；虽然，阿里巴巴的年增长率远高于亚马逊，但假设目前各自增长率不变，二者市销率之间的巨大差异仍然会保持数年。当然，如果比较市盈率，那么阿里巴巴就远甚一筹了，因为亚马逊的年度净利润不到阿里巴巴的十分之一。

到底市盈率更重要，还是市销率更重要？不同的投资者有不同的偏好，何况阿里巴巴帝国还有庞大的体外业务（如：菜鸟网、蚂蚁金服等），如果纳入上市公司，那么整个阿里巴巴生态就可以在上市公司的报表中完整体现出来。如果那样，二者的市销率差距将会缩小。

不过，不论是市盈率还是市销率，阿里巴巴的国际化战略布局对于阿里巴巴整体价值的提升是至关重要的，目前阿里巴巴业务过分依赖中国市场也是其估值短板之一；而随着阿里巴巴在东南亚和印度市场大刀阔斧般的扩张，阿里巴巴的国际化步伐正在加快。随着阿里巴巴国际化战略的推广，阿里巴巴和亚马逊直接的正面交锋将日趋激烈，目前市值 2 700 亿美元的阿里巴巴能否追赶甚至超越市值 4 000 亿美元的亚马逊，二者市值比拼的结果，很大程度上取决于二者在国际市场争锋的高低。

阿里巴巴如果能从现在的中国阿里巴巴，通过国际化战略变成世界阿里巴巴，那么今天谈阿里巴巴的估值是高还是底，就要避免显得短视了。

## 查诺斯指责阿里巴巴是“会计故事”，阿里巴巴反驳

截至 2016 年 10 月 26 日，对 2016 年华尔街基金经理而言，这世界上最悲催的事情，莫过于不小心听了“空头”查诺斯的言论，从而大力做空阿里巴巴股票了。据查诺斯自己透露，他从 2015 年 11 月开始做空阿里巴巴股票。然而，阿里巴巴的股价从 2016 年年初至 2016 年 10 月 26 日已经上涨了约 30%；阿里巴巴的股价，从过去 52 周的最低价格 59.25 美元上涨到最高达 109.87 美元，几乎翻了 1 倍；目前维持在 102 美元左右。

2016 年二季度以来，包括哈佛大学基金在内的机构都大举建仓阿里巴巴，获利颇丰；而上个月（9 月份），面对阿里巴巴一路上涨的股票走势，则有基金经理承认错失投资良机，流失了数千万美元的获利机会。看来，华尔街对阿里巴巴的股票表现，可以说是爱恨交加。

不过整个华尔街最为痛苦万分的，当下应该算是“空头”查诺斯了。但是即便如此，这位对痛苦具有“超强忍耐力”的大空头，这周又老调重弹，指责阿里巴巴是“会计故事”。

据 CNBC 2016 年 10 月 25 日报道，在 CNBC 访谈节目中，查诺斯再次表明其做空阿里巴巴的原因。他指出（注意：这仅仅是该“空头”个人的公开描述和观点，未必属实、未必可靠）：

• 由于不对联营公司进行报表合并，他无法看到阿里巴巴整体运营信息（entire operation），尤其是平台业务交付环节（主要指仓储和物流环节）。

• 阿里巴巴业务所对应的物流体系人员高达 200 万人，这些人的年工资如果按照 1 万美元估计，则总的人员年费用会高达 200 亿美元；然而，这些费用从阿里巴巴合并报表上无法看到；虽然，可以看到阿里巴巴联营公司的收入、利润、资产和负债这些信息，但是无法看费用的具体内容。

• 他指阿里巴巴现金流是负数，指阿里巴巴过去短短的时间内累计投入超过 200 亿美元的资本支出，但钱去哪里了？他指出阿里巴巴联营公司正在融资，为何需要这么多资金？他质疑是否这些资本性投入是用作不合并的联营公司运营亏损的资金支持（fund the operating loss）；他还指出，亚马逊从 1996 年开始至今累计资本性投入也只有 200 亿美元。

• 访谈节目中，看多阿里巴巴的基金经理认为，阿里巴巴和其他科技巨头一样，投资者看重的是生态布局；然而，查诺斯指出，他可以分析出亚马逊、谷歌和苹果公司的生态布局，但是阿里巴巴不同。

• 当主持人告诉查诺斯，阿里巴巴再次邀请他前去阿里巴巴公司现场了解情况的时候，查诺斯说他需要先看到将联营公司纳入合并范围的整体合并报表。

查诺斯的言论显然不是华尔街目前的主流观点，阿里巴巴的股价并没有受到查诺斯的言论而下跌。当前，华尔街仍然看好阿里巴巴的股价，比如花旗分析师刚刚将阿里巴巴的目标价格调高至 133 美元。而网上也有网友对查诺斯的言论进行指责，有网友指责他睁眼说瞎话，比如，阿里巴巴的现金流明明是正的，他却说是负数，阿里巴巴在 2015 财年的经营活动现金净流入大约为 80 亿美元。

查诺斯这次的言论并无任何新意，只是老调重弹。他所提到的这些角度，其实和SEC当下对阿里巴巴所进行的询问相关，无非就是菜鸟是否应该要合并，阿里巴巴的关联交易政策这些内容等等。阿里巴巴对这些问题已经进行了公开披露，阿里巴巴还详细披露了菜鸟的主要财务信息。而且就阿里巴巴目前的体量而言，从公开披露的信息看，菜鸟的财务数据对阿里巴巴整体报表尚未构成重大影响，即使合并了，也没有多大影响。SEC对阿里巴巴的询问目前是否结束，尚未有公开报道；但据说，在阿里巴巴已经提交相关信息之后，SEC尚未索取更多的资料。查诺斯作为“老空头”，似乎是借SEC的询问而再次炒作其做空立场，因为这是他的主营业务，他靠这个赚钱。

面对查诺斯的一贯做空阿里巴巴立场和言论，阿里巴巴多次作出严厉驳斥。于2016年9月份，阿里巴巴董事会副主席蔡崇信在接受CNBC采访时候指出，查诺斯并不了解阿里巴巴的业务模式，他欢迎查诺斯自己亲自到杭州来阿里巴巴公司；他还指出，查诺斯先生是十分值得尊重的，因为他正因做空中国电商巨头而不得不忍受“痛苦”。（Alibaba's Joseph Tsai said he respects short－seller Jim Chanos because he has endured“pain” shorting the Chinese e－commerce giant's stock.“You've got to pay a lot of respect to him to withstand that kind of pain”, Tsai, Alibaba executive vice chairman, said Tuesday at the Delivering Alpha conference sponsored by CNBC and Institutional Investor.）阿里巴巴在召开的投资者会议上，来自全球超过200名的投资者参加了该会议，然而查诺斯并没有来。

就查诺斯此次在CNBC访谈节目中的言论，阿里巴巴给CNBC发去电子邮件，再次驳斥查诺斯的言论。阿里巴巴指出（大意如下）：

- 查诺斯仍然不了解阿里巴巴，他仍然在犯错。
- 阿里巴巴从2014年IPO以来，每个季度的现金流都是正的。
- 在最近的季度，阿里巴巴的自由现金流量大约为20亿美元。
- 在过去12个月中，阿里巴巴回购了50亿美元的股票，我们将真实的现金返回给我们的股东。
- 至于查诺斯所指责的所谓200万名物流员工，这显示查诺斯不了解我们的业务模式；我们是一家有46 000名员工的平台型科技公司；我们平台每天交易产生约4 000万个包裹需要配送；如果招聘、培训和管理一个200万名员工的物流配送队伍，显然不合适，而我们的联营公司菜鸟可以满足这个需求；我们对此已经作出详细披露，包括利润、亏损、收入、资产和负债；这些信息都是公开的。

- 我们已经邀请查诺斯先生到杭州来了解阿里巴巴；然而，至今他一直拒绝这个邀请；我们随时都欢迎他来杭州，以便他可以更好地了解阿里巴巴。

# 14. 从阿里巴巴财报看阿里巴巴的股价表现

接下来的两篇文章，从阿里巴巴财报的角度入手，分析阿里巴巴财报数据和其股价表现之间的关系。

## 阿里巴巴主营业务增速创新低，过半利润来自阿里巴巴影业增发

（本文于2015年8月13日发表于百度百家）

2015年8月11日，在美国股市收盘之后，阿里巴巴公布了截至2015年6月30日季度业绩。此后，8月12日（美东时间周三），公司股价早盘一度大跌8%，创下上市以来每个ADS 71.03美元的最低交易价格，这仅比IPO的每个ADS 68美元发行价高3美元左右，大大低于IPO当天93.89美元的首日收盘价。虽然公司对外宣布进行40亿美元的股票回购，但并无法阻止股价继续下跌，周三当天的收盘价格为73.05美元，比前一天收盘价格仍然下跌5.5%；而且当天的成交量超过4 100万个ADS，几乎是平均交易量的4倍。这一收盘价格比2014年11月10日收盘最高价位的每股119.15美元下跌了39%；所以如果按照IPO之后的最高市值来比较，阿里巴巴的市值缩水超过1 000亿美元。

图14-1为阿里巴巴IPO之后至今的股价表现情况，从中可看到，自从IPO之后，短期之内股价冲高至120美元附近，此后，尤其是在经历工商总局“白皮书”事件及随后爆发的股东集体诉讼之后，阿里巴巴的股价大部分时间是不超过90美元的，长期低于IPO首日的收盘价格。

为何阿里巴巴的股价长期低于IPO首日价格，尤其是为何本周竟然跌至每

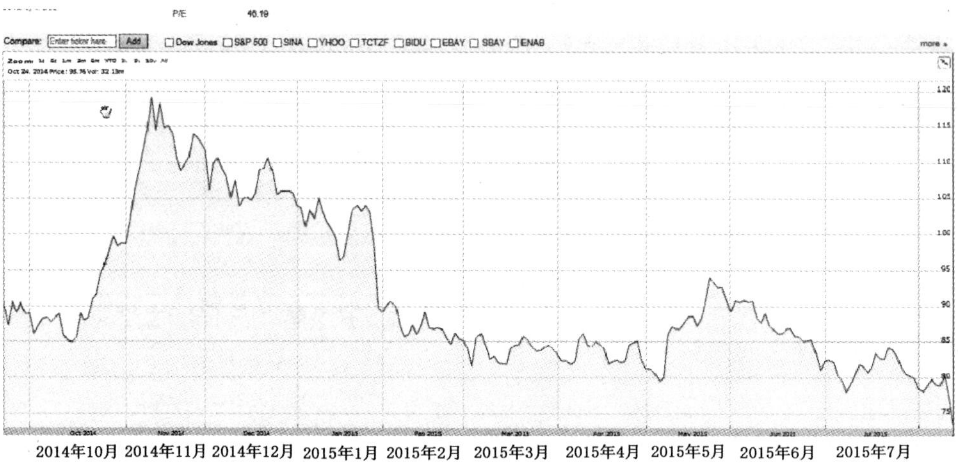


**图 14－1　阿里巴巴 IPO 之后至 2015 年 7 月股价情况**

股最低接近 71 美元？有分析认为是由于原先 IPO 定价过高；有的认为是由于人民币突然贬值所透露出的中国经济增长放缓信号，从而拖累了包括阿里巴巴在内的中概股股价，尤其阿里巴巴主要业务过分依赖中国经济，所以对其影响尤甚；也有的指出是阿里巴巴最新季度所透露出其业务增长放缓所致；也有的认为，阿里巴巴自身存在系列挑战，所以未来能否保持高增长存在很大不确定性，等等。以下我们不妨来看看阿里巴巴公开的季度和年度相关财务数据，从中或许可以寻求某些答案。

## 因经济增长放缓，还是因自身面临挑战？

表 14－1 和表 14－2 分别为阿里巴巴季度和年度的关键财务数据。从中我们可以发现：

• 在各会计期间，阿里巴巴的毛利率相对稳定，因此，会影响营业利润高低的，主要是主营业收入，所以投资者十分关注阿里巴巴主营业务收入的增长势头；

• 然而，本季度营业收入同比增长创下新低，只有 28%，同时 GMV 的增长率同比呈现放缓迹象，这将可能会直接影响公司的盈利能力预期；

• 公司营业利润率在个会计期间出现较大波动，不易预测，尤其在上市后营业利润率和上市前相比较，某些会计期间呈现下降，主要是由于股份薪酬因素所致；本季度的营业利润和营业利润率同比下滑严重，主要由于高于同期约 30 亿元的股份薪酬费用所致；

• 公司的净利润率波动很大，不易预测，主要是投资收益项目所致，这些生态布局的投资项目在本季度和去年同期对净利润影响巨大，削弱了公司整体获利能力的可预测性；在本季度业绩中，来自阿里巴巴影业的一次性投资收益是本季度营业利润的数倍；生态布局如何和主营业务之间产生协调效应，可能会引起投资者更多的关注。

**表 14 - 1　　阿里巴巴季度财务数据**　　单位：百万元人民币

| 指　标 | 2015/06/30 | 2015/03/31 | 2014/12/31 | 2014/09/30 | 2014/06/30 | 2014/03/31 |
|---|---|---|---|---|---|---|
| GMV（亿元） | 6 730 | 6 000 | 7 870 | 5 560 | 5 010 | 4 300 |
| GMV 同比增长率 | 34% | 40% | 49% | 49% | n/a | n/a |
| 营业收入 | 20 245 | 17 425 | 26 179 | 16 829 | 15 771 | 12 031 |
| 营业收入同比增长率 | 28% | 45% | 40% | 54% | n/a | n/a |
| 毛利润 | 13 534 | 11 292 | 18 659 | 11 233 | 11 186 | 8 561 |
| 毛利率 | 67% | 65% | 71% | 67% | 71% | 71% |
| 营业利润 | 5 161 | 2 180 | 9 347 | 4 345 | 6 844 | 5 412 |
| 营业利润率 | 26% | 13% | 36% | 26% | 43% | 45% |
| 利息和投资收益 | 27 382 | 1 846 | 313 | 468 | 6 828 | 568 |
| 净利润 | 30 843 | 2 893 | 5 936 | 3 028 | 12 404 | 5 602 |
| 净利润率 | 152% | 17% | 23% | 18% | 79% | 47% |

注：数据来源于公开季度信息。

表 14－2　　阿里巴巴年度财务数据　　单位：百万元人民币

| 指　标 | 2015 年 | 2014 年 | 2013 年 | 2012 年 |
|---|---|---|---|---|
| 营业收入 | 76 204 | 52 504 | 34 517 | 20 025 |
| 营业收入年增长率 | 45% | 52% | 72% | 104% |
| 毛利润 | 52 370 | 39 135 | 24 798 | 13 471 |
| 毛利率 | 69% | 75% | 72% | 67% |
| 营业利润 | 22 716 | 24 801 | 10 506 | 4 944 |
| 营业利润率 | 30% | 47% | 30% | 25% |
| 利息和投资收益 | 9 455 | 1 648 | 39 | 258 |
| 净利润 | 24 261 | 23 315 | 8 532 | 4 228 |
| 净利润率 | 32% | 44% | 24% | 21% |

注：①数据来源于公开季度信息。②每财年截至 3 月 31 日。

## 阿里巴巴影业本季度“唱大戏”

在阿里巴巴 2016 财年第一季度 2016 年 4 月 1 日至 2016 年 6 月 30 日业绩中，阿里巴巴影业扮演了“唱大戏”的角色。阿里巴巴影业在 6 月份进行增发，企业进行重新估值，出现增值，阿里巴巴集团所持有阿里巴巴影业股权从 59.4% 下跌到 49.5%，从而导致阿里巴巴集团在本季度中一次性确认收益 247.34 亿元人民币。同时，由于股权稀释，阿里巴巴失去对阿里巴巴影业在美国会计准则下所谓的控制权，所以，阿里巴巴影业不在阿里巴巴报表的合并范围之中。

这个巨额的一次性投资收益占了阿里巴巴本季度净利润的大头，所以本季度的阿里巴巴业绩是由阿里巴巴影业在“唱大戏”。

阿里巴巴影业应该属于阿里巴巴生态布局的一部分，终止阿里巴巴影业并表，给阿里巴巴带来了一次性的评估溢价收益确认，同时由于阿里巴巴影业目前年度营业收入不到 2 亿元人民币，所以对合并报表的收入影响不大。从阿里巴巴影业 2014 年财报看，年收入只有 1.7 亿元人民币，但亏损高达 4 亿多元人民币，如果业绩不改进，进行报表合并目前反而会拖累上市公司业绩。所以阿里巴巴终止影业业务的并表，似乎意味着要么阿里巴巴认为当前影业是高估值，值得放弃控制权用以引进新投资，要么阿里巴巴认为其主营业务阵容并不需要影业这块业务。

阿里巴巴影业的市场估值超过百亿美元，所以值得充分利用好这个资本溢价优势，但这个资本溢价对阿里巴巴集团主营业务价值提升并没有多大帮助。这也是由于阿里巴巴影业在香港上市，阿里巴巴集团在美上市，这两地投资者构成、理念、偏好不尽相同，所以阿里巴巴集团公司作为在美上市公司，将阿里巴巴影业踢出报表合并范围是基于理性和现实的考虑，而且将来如果需要或者时机合适，或许可以通过注入比如阿里巴巴娱乐宝盒、淘宝电影这些资产，重新获取控制权，纳入合并范围，这并非难事。

## 生态要布局，但主营须增长

阿里巴巴集团对阿里巴巴影业的投资可以看作是阿里巴巴生态布局的一部分，同时这个投资从收益角度看，由于产生了巨大增值，所以目前是十分成功的；但阿里巴巴集团投资者似乎目前并不买账。

这是因为，不论是战略转型还是时下流行的“生态布局”，在价值投资理念下，成熟市场投资者所关注的是企业核心、主营业务的持续获利能力，其最为关键指标是主营收入增长率和毛利润率。

阿里巴巴拥有资源万重，光是现金及等价物就超千亿元人民币，更不用说其难以估量的品牌溢价；然而，资本是为逐利而生，拥有越多资源，投资者对资源回报的期望也越高。因此如何将现有资源进行更好利用，应当是阿里巴巴管理层要重点考虑的。

进行生态布局、大力进军 O2O 领域，或许是阿里巴巴为其手握资源寻求更高回报的出路。然而就目前而言，阿里巴巴的主营仍然是平台电商（淘宝和天猫），如果生态布局无法促进目前电商这一主营业务的增长率和毛利率增长，那么即使生态业务增加了投资收益和净利润，企业在资本市场亦难以得到投资者的长期青睐，因为企业市值主要是由主营业务支撑的。

比如雅虎年营业额只有 40 多亿美元，而且数年增长乏力，虽然其投资阿里巴巴获得超百亿美元的收益，并没有因此保持在一流科技公司的阵营，其市值也只有300多亿美元。

资本市场看重的是上市公司主营业务的成长性和盈利能力，而并非投资收益之类的非主营或非营业利润项目，至于曾被许多中概股管理层热衷的政府补贴收入或者退税项目，更难以支撑股价。

投资收益，尤其是权益性投资实体评估增值所形成的收益，难以长期支撑股价，这不仅是因为其属于非现金、纸面的、未实现的收益，更由于其属于用公允价值市场标价法（market to market）下评估形成的收益，其可以由于市场情况而能够短期形成和存在，但也有可能会瞬间蒸发。安然公司和雷曼倒下案例再次说明这种市场标价法的数据由于会随市而动、随时而变且不易预测，因此不可轻易、简单采纳使用，需要进行近距离、深度的分析。何况，对阿里巴巴集团来说，这些投资目前尚未成为主营业务的增长点。

生态布局和当前主营业务之间应该有良性的协同效应。在生态概念下，所布局新业务可能是建立在现主营业务上的某种优势，比如利用现有电商流量优势；同时，新业务也应能促进现主营业务增长，比如增加客户粘合度，或者新业务也有可能变成主营业务一种，这样一来生态布局就直接促进了公司战略的自然、无缝转型。反之，如果打着生态布局的概念，进行大规模投资，但无法形成主营业务的新增长点，即使投资收益不菲，也难以获得资本市场的长期认可。

因此，在进行大规模生态布局的同时，如何确保主营业务增长不放缓、毛利率不下滑，以支持将来股价表现，或许正是阿里巴巴管理层需要考虑的。

## 股份（权）薪酬和股东输血，并非免费午餐

据公司披露，阿里巴巴本季度的营业利润和营业利润率同比大规模下滑，其主要原因是股份薪酬所致。公司披露到，如果不考虑股权薪酬，本季度的营业利润同比是增加16%，而不是下滑25%。

阿里巴巴的股份薪酬费用2015年第二季度为39.95亿元人民币，2015年第一季度为46.32亿元人民币，2014年第二季度为10.73亿元人民币。这个费

用的增加，主要是2014年9月份公司临近IPO时候所授予的员工和管理层股权薪酬所致，其中也包括授予员工和管理层的蚂蚁金服的相关股权，由于按照美国公认会计准则必须依据市场标价法（Market to Market）进行会计确认，所以导致费用大规模增加。

阿里巴巴员工股份报酬中有一部分股权是来自蚂蚁金服。蚂蚁金服并不在阿里巴巴集团目前在美上市公司的范围之内，其由阿里巴巴集团主要股东和管理层所控股，所以将蚂蚁金服的股份作为薪酬支付给阿里巴巴集团的员工，这类似于我们所熟悉的大股东向上市公司输血，但这个输血不是免费的，因为在美国会计准则下，这种输血在上市公司报表中是需要确认为费用的。这是目前中美会计准则实务中的重大差别之一。

前段时间国内某高科技公司大股东从公开市场巨额套现之后，据公告称将该套现所得免息无偿借给上市公司，在美国会计准则下，这样的免息仍然需要按照市场公允价值在上市公司损益表中确认费用，以体现关联交易和上市公司报表的公允性。

虽然，阿里巴巴也同时披露了不考虑股份薪酬费用情况下的非美国公认会计准则下的业绩信息，但股份薪酬是拿股东的钱给企业办事，而且还稀释了公司股份，不能不说其不会影响公司的股票市值表现。

## 卓越的，只能超越卓越

拥有越多的资源、具备越高的品牌溢价，就需要有越高的、持续的盈利水平，因为鞭打快牛而且颇为短视历来是华尔街的行事风格。所以如果说优秀的企业，其被期望的是成为卓越；那么，卓越企业所被期望的，则是持续卓越，直至超越卓越。

所以即使阿里巴巴现在面临着诸如中国经济增长可能放缓这样的大环境、公司主营业务增长放缓、国际化业务拓展暂时并未重大突破、生态布局虽然投入巨大但尚未体现在公司主营业务收入增长上、政府对电商监管日趋严格、中国市场电商竞争日趋激烈等等各种挑战，资本市场对阿里巴巴的期望仍然是在目前庞大规模的基础上，继续保持主营业务的高增长，保持现有的毛利率和主营业务获利能力，唯有如此，才可以长期支撑阿里巴巴的股价增长。

也许正因为如此，马云才说上市后日子反而艰难了。看来，人在资本市场，身不由己，人生如此，卓越的企业亦是如此。

## 阿里巴巴：靓丽财报为何难振低迷股价？

（本文于2016年2月3日首发于百度百家卓继民专栏）

过去几天在美上市的全球几家高科技巨头相继公布了最新季度的财报信息，对这些信息的解读和资本市场对业绩的反馈分析备受关注。

先是2015年1月27日苹果发布了令市场不太满意的2016年第一季度财报；营业收入为759亿美元，同比增长1.7%，净利润184亿美元，同比增长1.9%；营业收入未及预期的765.9亿美元；iPhone出货量略低于预期的7 550部；盘后交易股价稍微下跌，收盘价格为99.99美元；当天的市值为5 544亿美元。截至2016年2月2日，苹果的市值约为5 341亿美元，虽然比最高时候超过7 600亿美元的水平缩水不少，但仍旧保持全球第一的地位。

接着，2015年1月28日Facebook发布财报，第四季度净利润15.62亿美元，同比增长123%，季度业绩超过市场预期，当天股价上涨15.52%，创下自2013年7月份以来当日的最大涨幅纪录（月活跃访问用户达到15.9亿人，占全球人口总数的1/4），市值达3 086亿美元，成为仅次于苹果、Alphabet（谷歌母公司）和微软（4 000多亿美元）之后的全球第四大科技公司。

然后是2015年1月29日，全球第五大科技公司亚马逊公布季度和全年财报，市值跌破2 800亿美元。季度净营业收入为357亿美元（低于市场预期的359.3亿美元），同时运营成本上升，同比增长22%，净利润4.82亿美元，同比增长125%；每股摊薄利润为1美元，不及市场预期的1.56美元，导致当天收盘股价大跌7.61%，市值跌破2 800亿美元；目标价格被大幅度下调；截至2016年2月2日，亚马逊的市值跌至在2 700亿美元左右；有文章报道认为华尔街对亚马逊是不是太狠心了？

2015 年 2 月 1 日，Alphabet（谷歌为核心企业）公布第四季度业绩，各项指标超过分析师预期，股价上涨，其市值一度超过 5 500 亿美元，并短暂超过苹果市值，成为全世界市值最大的公司，苹果失去了占据四年半的这一称号。而一年之前，苹果的市值几乎是 Alphabet 的两倍多。截至 2016 年 2 月 2 日，Alphabet 谷歌的市值约为 5 236 亿美元，居全球高科技公司第二的位置。

接下来我们了解一下中概股“带头大哥”阿里巴巴公司最新公布的季度财报及市场的相关反馈。

## 靓丽财报之后的低迷股价

2015 年 1 月 28 日（上周四），阿里巴巴公布了截至 2015 年 12 月 31 日的 2016 财年第三季度财报。总体上看，这是一份十分靓丽的财报，亮点颇多。比如：本季度营业收入达 345.43 亿元，同比增长 32%；中国零售平台的收入同比增长 35%；非美国通用会计准则计算，经调整后盈利为 163.58 亿元（Non－GAAP 净利润），同比增长 25%；云计算和互联网基建收入按年增长 126% 至 8.19 亿元；合资公司“口碑”期内保持强劲的发展势头；中国平台的 GMV 同比增长 23%；等等。阿里巴巴高管对本季度的业绩表现用“骄人”、“出色”来表达其满意程度。

然而，这样一份亮点颇多、业绩超预期的财报不但没有导致阿里巴巴的股票价格上涨，阿里巴巴股票价格反而从 1 月 27 日收盘价格的 69.54 美元下跌至 1 月 28 日收盘价格的 66.92 美元，不仅再次破发，而且当天成交量高达 3 300 万股，超过平均日交易量的两倍。而且从最新的空头持股信息来看，过去几个月以来，做空阿里巴巴的股票数量呈现逐步增长的趋势。

从阿里巴巴最新的资产负债表来看，期末总资产 3 650 亿元（其中：商誉 820 亿元，权益投资 790 亿元，无形资产 60 亿元，投资金融资产 360 亿元），而财年初的总资产是 2 550 亿元，这样下来简单的平均总资产大约为 3 000 亿元人民币；净资产是 2 480 亿元，财年初是 1 570 亿元，简单的平均净资产约为 2 000 亿元人民币；现金及等价物 1 100 亿元。而阿里巴巴本财年前 9 个月的营业收入约为 770 亿元，估计本财年可以突破 1 000 亿元人民币。

据此估算，阿里巴巴的总资产周转率、净资产周转率和现金周转率都有很大的提升空间，而这就取决于营业收入的增长。由此可看出，手握巨额资源的阿里巴巴，如欲体现其世界级科技巨头的全球影响力，则在营业规模体量提升上还有不少空间。

在目标股价模型中，NON－GAAP 净利润（不含股票期权费用、不含并购无形资产摊销、不含评估增值等因素）是真正能体现阿里巴巴实际获利能力的重要参数。阿里巴巴 NON－GAAP 净利润本季度是 163.59 亿元人民币（25.25 亿美元），上年同期为 131.15 亿元人民币，同比增长率约为 25%；累计 9 个月是 351.06 亿元人民币（54.19 亿美元），上年同期为 272.4 亿元人民币，同比增长率约为 29%。在假设人民币汇率稳定情况下，如果按照累计同比增长率，阿里巴巴 2016 财年的 NON－GAAP 净利润会达到 70 亿美元；如果按照 2016 年 2 月 2 日收盘的大约市值 1 680 亿美元来倒推可以得出目前的市盈率 24 倍；如果预计下一财年保持这个净利润增长率，那么 NON－GAAP 净利润约为 90 亿美元（假设人民币汇率稳定），按照 24 倍的市盈率，则市值会达到 2 160 亿美元，这个市值对应的每股价格大约为 86 美元，这还远低于目前华尔街分析师所给出的 91 美元的平均目标价格（高盛按照 25 倍市盈率给出的目标价格是 96 美元；而派杰 Jefferies 给出的目标价格是 86 美元）。在总共 19 名分析师中，有 16 名给了买入或者更优的建议，没有任何分析师出具卖出的意见。可是遗憾的是，阿里巴巴目前的股票价格始终在发行价附近徘徊，目前市场的成交价格离这个目标价格还有很大的差距。截至 2016 年 2 月 2 日，阿里巴巴股价的收盘价格为 65.05 美元，总市值约为 1 680 亿美元，这比前段时间突破 2 000 亿美元市值之后，又缩水了接近 400 亿美元。图 14－2 可以看出阿里巴巴 2015 年 11 月至 2016 年 1 月的股价情况。

## 华尔街的逻辑：不增长，毋宁死？

华尔街有其自身的傲人规律，其不受控于任何企业和部门。你若不敢调高市场期望，公司股价则上不来；但你若给她期盼，她则让你亢奋；你让她失望，她让你绝望。如果她认可了你的高速增长潜力，则她可以让你的股价在短时间内迅速攀升，让你坐享纸面财富的荣华富贵，及其可能带来的飘飘然和自

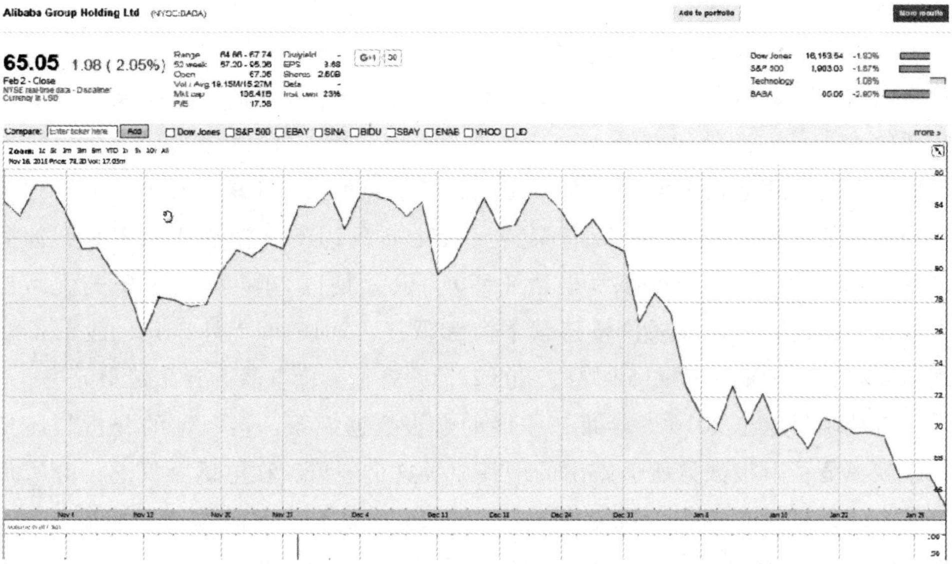


**图 14-2　阿里巴巴 2015 年 11 月至 2016 年 1 月股价情况**

我膨胀；但她也可以在短短的几个小时之内让股票崩盘，让你看到纸面财富的瞬间蒸发，让你崩溃让你疯狂到死亡，且义无反顾地将你抛弃，而去追逐其他新的投资目标。这就是无情、敏感、充满诱惑和冷酷的华尔街本性。

增长之后就期待继续增长，高增长之后则期待加速高增长，这就是华尔街对高科技股的期望；如果增长放缓了，那就必须至少盈利能力可以显著提升，短期的亏损或许可以容忍，但对增长的要求非常高。

对于在美上市的高科技公司来说，尤其是曾经被热捧的公司，如果业绩增长不高速（包括以牺牲利润为前提的低质量增长），则股价可能会瞬间崩盘甚至猝死，这样的例子并不少见。对中概公司而言，2015 年 11 月份所发生的唯品会股价崩盘事件则是最好的例子。2015 年 11 月 13 日，唯品会发布业绩预告：三季度营收预计为 86 亿～87 亿元，低于此前预计的 91 亿～93 亿元。唯品会称是 2015 年暖和的天气造成消费者减少了秋冬衣物的购买。此消息公布后，股票开盘暴跌逾 30%，当天的股票交易量接近 1 亿个 ADS，超平均交易量 10 倍；股票从上一天的收盘价格 18.62 美元下跌至当天收盘的 13.60 美元；当天放量暴跌（超过 20%），实际则可以称为崩盘。

而另一个中概股公司案例则是电商聚美优品，该公司在2015年市值缩水超七成，缩水金额超30亿美元。2015年8月20日聚美发布二季度财报，虽然营收大幅增长，但毛利率降至30%，低于一季度的31.4%，更明显低于上年同期的46.3%；此外运营开支同比大幅增长55.4%。信息公布后，公司股价从16.73美元跌至收盘价12.95美元，而且成交量接近1 000万个ADS，约为平均的5倍。2015年11月20日聚美优品发布了2015年第三季度财报，数据显示，聚美优品第三季度净亏损达8 690万元，是自2014年以来聚美优品首次亏损。至此，公司股票价格持续下滑和低迷。2016年2月2日，股票价格跌破6美元，远低于过去52周最高的28.17美元，总市值不到9亿美元。

虽然阿里巴巴2016财年第三季度的财报数据靓丽，但刁钻的分析师还是一眼就抓住了财报数据所透露出的增长放缓这个迹象。在电话会议上，分析师第一个问题就是：为何商品零售总额（GMV）的本季度同比增长只有23%，如果没有“双十一”活动，那么这个增长率是否不及20%？为何天猫的GMV同比增长率只有37%，而上个季度这个同比增长率是高达56%？阿里巴巴高管对此的答复则是认为由于2015年第四季度比较暖和，影响了售价较高的冬装销售不佳，但2016年1月份非常冷，过去几周类似产品销售非常大。

由此想起了唯品会在第三季度业绩会议中对投资者说：这个秋天太暖和，所以营收不佳；而此次阿里巴巴则对投资者解释说：第四季度比较暖和；分析师则在研究报告中说：可以理解，尤其是考虑到中国经济增速的放缓；于是分析师会后即刻修改了定价模型，下调了阿里巴巴的股票目标价格；但分析师看来显然还没有意识到2016年的1月神州迎来了据说是几十年来最冷的月份，在定价模型中似乎尚未将气候突然变冷作为参数纳入考量。

现在投资者过分聚焦于GMV的增速，这无疑给阿里巴巴仅就指定了一条路，而且每三个月考核一次，阿里巴巴只能在这条路上奋力奔跑和拼搏。其实不论是中国经济增速放缓也好，还是消费者支出不受影响也好，在这些问题上的争论实际上是徒劳的，因为阿里巴巴在9月30日的和12月30日的季度财报上的高增长已经给出了强力回击，接下来的增长趋势如何，三个月后可见分晓。

赴美上市是一条谁也无法掉以轻心的不归路。第一个阿里巴巴已经成功，甚至在 IPO 之前就已经存在；那么，IPO 之后，第二个成功的阿里巴巴会在哪里？会何时出现？当阿里巴巴正在努力探索和奋进之时，资本市场的短期、迫切心理和逐利本性，可能会让许多上市公司在中、长期战略布局上左右为难。对阿里巴巴而言，或许可以不用担心短期股价低迷对公司战略的影响，但如果希望将如今的“国民阿里巴巴”打造成为“世界阿里巴巴”或者“人类阿里巴巴”，那么其整体价值应该需要通过长期稳健增长和世界级高科技企业相同梯队的市值中得到体现。如今已经是十分赚钱的阿里巴巴，手握重金，如何才能寻求到一条让世界投资者所信服的更加值钱之路呢？

## 阿里巴巴能否破解华尔街的“紧箍咒”?

在投资者眼里，阿里巴巴仍然属于轻资产、平台型中国零售电商公司。投资者的这个定位，无疑是锁定了阿里巴巴市值增长动力的界线，成为阿里巴巴长期股价预期的“紧箍咒”。所以投资者不得不将阿里巴巴的目标股价和预期业绩同其对中国宏观经济增速放缓的大环境联动起来。投资者潜意识里认为：中国好，则阿里巴巴好；中国稍微放缓，则伤及阿里巴巴股价。

阿里巴巴如果接受了这个定位则等于接受了这个“紧箍咒”，而要破除这个“紧箍咒”，或者就只能每个季度保持高速增长，而且还必须能够说服投资者相信这个趋势，抢滩农村市场，不断扩大市场份额，虽然会大大增加市场拓展费用，但这是阿里巴巴目前的策略之一；或者逐步变化区域定位，比如：国际化，逐步成为世界的零售电商公司（不仅仅是中国的）；虽然阿里巴巴已经十分注重国际化布局，但这个布局对改变定位和财务数据的体现上来看，还道路漫长和艰难；或者添加业务构成：比如：口碑网的 O2O，不过目前还仅仅是合资公司，按照权益法核算，对营业收入并无贡献，而且华尔街对于 O2O 业务价值的认识有待提高，这可以从半年前百度宣称拟拆资 200 亿元投入 O2O 业务的资本市场当天反映可以看出；大数据和云计算业务的迅猛增长是阿里巴巴连续数个季度财报的亮点，不过由于目前规模太小，仅仅是个点而已，还没形成面和片，还有待中长期继续发力。这些现状也正是阿里巴巴破解华尔街“紧箍咒”的困境所在。

阿里巴巴作为平台型电商，和亚马逊最大的区别之一在于是否拥有自身的物流体系。对于亚马逊而言，其物流体系已经成为最主要的核心竞争力。阿里巴巴的物流和配售主要通过联营公司（affiliate）菜鸟物流或者其他第三方提供，虽然上市以来阿里巴巴累计至今进行了接近千亿元的“生态系统”投资，但其在财务报表上的协同效应并没有被投资人所感受到，“生态系统”投资中的一部分对增加新用户流量（如：收购高德/优土和投资手机业务）和电商交易的交付（如物流和配送）应该是有支撑和协同效应的，但仅仅是支撑而已，这些所投资的业务本身并未成为阿里巴巴的主营业务收入构成部分，所以也就无法直接成为阿里巴巴主营业务的增长和多元化的驱动力。而至于在影视、体育和文化方面的生态投入，一方面未构成主营业务的组成部分；另一方面看，不同于中国内地和香港资本市场，这些领域，其本身在华尔街资本市场并未被看好。所以阿里巴巴在美上市公司的估值中难以体现这部分生态投入的价值。在多次的季度业绩电话会议中，投资人和分析师并不关心这些领域。如何将“生态布局”演变成为核心竞争力，这个核心竞争力体现在报表上就是主营业务（不是投资收益、评估增值或者其他收入）的持续增长，而且是在保持获利的前提下，高质量的增长。这或许是阿里巴巴要破除“紧箍咒”而不得不考虑的。

阿里巴巴作为在美国上市、市值超过千亿美元的高科技公司，和Facebook、Alphat谷歌、微软、亚马逊、苹果这些世界级公司相比较，有个最明显的区别，那就是，阿里巴巴在其美国上市公司之外还有大量的体外业务，最主要的是支付宝；依照双方合同，阿里巴巴从蚂蚁金服公司定期收取相关费用，但目前在阿里巴巴市值估值中，有分析师给出的支付宝占阿里巴巴当前估值的不到10%；由于当前法规和政策的限制，阿里巴巴无法将这个支付业务纳入美国上市公司，这不仅削弱了阿里巴巴迈向世界级高科技公司总市值第一梯队的能力，也使支付宝业务的国际市场推广受到影响。除了支付宝之外，阿里巴巴上市公司之外还有庞大的“生态资产”，这些业务的估值目前尚未直接体现在总市值中，应该如何体现？何时体现？值得战略思考。这些体外业务能否协助阿里巴巴破除华尔街的“紧箍咒”？我们只能拭目以待。

全球化或许是阿里巴巴破除华尔街“紧箍咒”的又一出路。就阿里巴巴国际化或者全球化战略而言，在Ebay和Paypal于2015年7月份正式分拆的时候，市场曾经有猜测这两家公司都有可能成为阿里巴巴的收购对象。不同于亚马逊和京东，阿里巴巴是侧重平台型的电商，从阿里巴巴和 Ebay 的资产组成来看，都属于轻资产（Ebay 最大资产是商誉和长期投资，约 80 亿美元，占总资产的接近 50%），所以二者业务模式比较接近；而 Paypal 则是更类似于支付宝。当然也有人指出基于阿里巴巴在支付宝上的分拆案例，该交易未必能获批。不过如今，在脱离 Ebay 之后，Paypal 发展迅猛；而 Ebay 作为平台型电商，则是面临竞争加剧，增长放缓，目前市值仅有 280 多亿美元，已经风光大不如前。倘若阿里巴巴当时能够收购这两家公司，那么今天的阿里巴巴国际化格局定然会大有不同。

全球电商大王亚马逊，在全球化过程中，如今已经成为印度最大的电商；而阿里巴巴的全球化目前战略中所体现出来的主要是以华人和中国市场为依托或者纽带（不论是海淘业务还是全球速卖通）；阿里巴巴的全球化战略中，是否有类似华为和全球同行在世界市场的直接竞争的规划？是否将阿里巴巴文化、阿里巴巴流程、阿里巴巴核心价值观推广到全世界的主要市场，以体现阿里巴巴的核心竞争力？这些都是阿里巴巴在从“国民阿里巴巴”迈向“全球阿里巴巴”和“人类阿里巴巴”使命途中无法回避的命题和挑战。

综合来看，零售总额增长放缓（部分因为竞争激烈）、全球化占业务比重偏小（成长仍然严重依赖中国市场）、新兴业务有亮点但未成面、“生态布局”仅为支撑而尚不能变身为主营、获取新客户和新市场拓展的费用可能会上升，这些源自阿里巴巴自身的因素，加上外界认为的中国经济增速放缓和预期人民币继续贬值的趋势（有投资研究报告按照人民币于将来对美元贬值 7.8% 的假设，而下调了阿里巴巴的股票目标价格）都有可能给市值上升带来压力。同时，过去几个月来做空机构的头寸在不断增长，也需要阿里巴巴提高反空和防空的力度。

总之，我们在期待阿里巴巴探索出更多有效破除华尔街“紧箍咒”路径的同时，也期待阿里巴巴在投入上千亿资源紧锣密鼓地进行影视、文化、体育、医疗、手机、金融等多领域生态布局过程中，仍能丰富和凝聚核心业务的竞争力，引领中国电商走上世界电商之路，因为这不仅是一条充满黄金的宽广之路，也是一条大有作为和具有重大意义、划时代的使命之路。

## 15. 从阿里巴巴财报看阿里巴巴生态布局的固有风险

（本文于 2015 年 10 月 30 日首发于百度百家）

### 阿里巴巴市值为何能在短时间重上 2 000 亿美元?

2015 年 10 月 27 日，阿里巴巴公布了截至 2015 年 9 月 30 日的 2016 财年第二季度业绩。业绩公告当天，阿里巴巴股价上涨至当日收盘价格的 79.41 美元，每股上涨 3.06 美元，涨幅为 4.01%；并在第二天持续上涨突破每股 82 美元，至此阿里巴巴的股价在经历最低 2015 年 9 月 29 日的每股 57.2 美元之后，其对应的市值从最低的大约 1 500 亿美元重新回到 2 000 亿美元。虽然和 IPO 之后最高每股接近 120 美元和约 3 000 亿美元的市值相比，阿里巴巴目前的市值仍然缩水近千亿美元，但在短短一个月时间内收复 500 亿美元市值，这可能主要和阿里巴巴本季度财报所透露出的以下信息有关（见图 15－1）。

首先是本季度营业收入达 221 亿元人民币（34.8 亿美元），超过华尔街预期的 213 亿元人民币（33.5 亿美元）；而且同比增长率为 32%，高于上个季度 28% 的同比增长率。营业收入超预期的增长大大消除了投资者就中国经济放缓对阿里巴巴业绩负面影响的担心。当然，投资者的疑虑并未完全消除，尤其是阿里巴巴本季度公布的 GMV 同比增长只有 28%，这个增长率环比是不断在下降的（见表 15－1）。

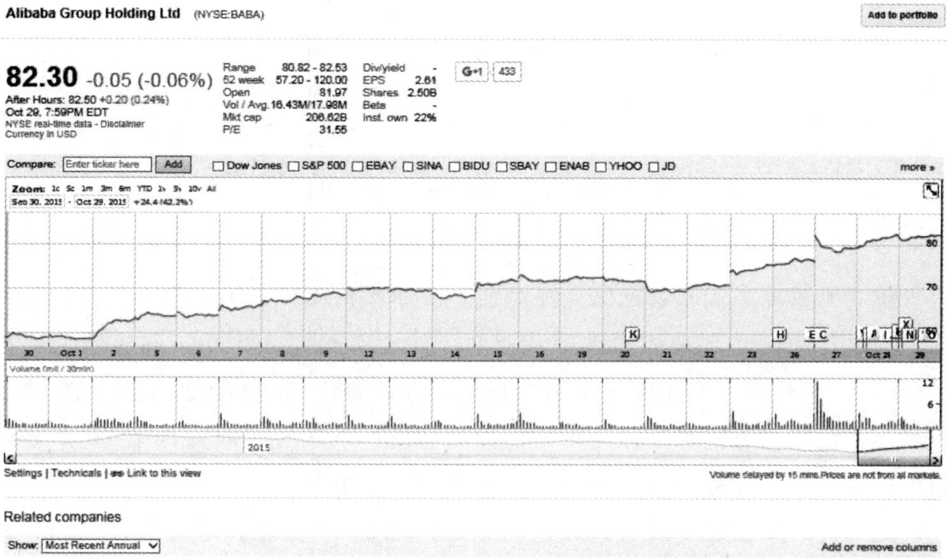


**图 15－1　阿里巴巴 2015 年 9 月股价表现**

**表 15－1**　　　　**阿里巴巴季度财务数据**　　　　单位：百万元人民币

| 项　目 | 2015/09/30 | 2015/06/30 | 2015/03/31 | 2014/12/31 | 2014/09/30 | 2014/06/30 | 2014/03/31 |
|---|---|---|---|---|---|---|---|
| GMV（亿元） | 7 130 | 6 730 | 6 000 | 7 870 | 5 560 | 5 010 | 4 300 |
| 同比增长 | 28% | 34% | 40% | 49% | 49% | n/a | n/a |
| 营业收入 | 22 171 | 20 245 | 17 425 | 26 179 | 16 829 | 15 771 | 12 031 |
| 同比增长率 | 32% | 28% | 45% | 40% | 54% | n/a | n/a |
| 毛利润 | 15 040 | 13 534 | 11 292 | 18 659 | 11 233 | 11 186 | 8 561 |
| 毛利率 | 68% | 67% | 65% | 71% | 67% | 71% | 71% |
| 营业利润 | 6 395 | 5 161 | 2 180 | 9 347 | 4 345 | 6 844 | 5 412 |
| 7 个季度累计营业利润 | | | | | | | 39 684 |
| 营业利润率 | 29% | 26% | 13% | 36% | 26% | 43% | 45% |
| 利息、投资收益 | 18 150 | 27 382 | 1 846 | 313 | 468 | 6 828 | 568 |
| 7 个季度累计利息及投资收益（占净利润比重为 67%） | | | | | | | 55 555 |
| 净利润 | 22 703 | 30 816 | 2 869 | 5 983 | 3 030 | 12 438 | 5 661 |
| 7 个季度累计净利润 | | | | | | | 83 500 |

续表

| 项　目 | 2015/09/30 | 2015/06/30 | 2015/03/31 | 2014/12/31 | 2014/09/30 | 2014/06/30 | 2014/03/31 |
| --- | --- | --- | --- | --- | --- | --- | --- |
| 净利润率 | 102% | 152% | 17% | 23% | 18% | 79% | 47% |
| Non - GAAP 净利润 | 9 252 | 9 496 | 7 741 | 13 115 | 6 808 | 7 317 | 6 671 |
| 7 个季度累计 Non - GAAP 净利润（扣除期权/评估收益/并购资产摊销、贬值） | | | | | | | 60 400 |

注：数据来源于公开季度信息。

第二个重要原因是移动端业务的成功。本季度 GMV 中有 62% 来自移动端的，而且移动业务带来的本季度营业收入为 105 亿元人民币，同比增长率为 183%。这个数据一方面说明了阿里巴巴从 PC 向移动端转型的成功，年初投资者担心阿里巴巴向移动业务转型过程中会受移动端广告收益低于 PC 广告收益的影响，本季度数据也部分消除了投资者的这个担心。

此外，阿里巴巴 8 月份宣布在两年之内出资 40 亿美元进行股票回购，截至 9 月 30 日，完成回购并注销股票 4 080 万股，耗资 27.4 亿美元，平均每股回购价格约为 67 美元，接近 68 美元的 IPO 价格；这个在短时间的巨额股票回购交易有助于维护阿里巴巴股票价格的稳定，确保阿里巴巴股价不继续下跌，并配合第二季度财报利好因素，共同推动股价上涨。

还有个利好因素，那就是 SEC 对阿里巴巴关于国家工商局“白皮书”事件非正式调查的结束；据阿里巴巴公告，SEC 不建议对阿里巴巴采取任何执法行动。SEC 非正式调查的这个决定至少可以确保阿里巴巴正在面临的股东集体诉讼不受 SEC 调查影响，也部分消除了投资者的疑虑。

不过阿里巴巴这个季度的财务数据还透露出来一个重大交易，那就是阿里巴巴健康方向收购交易完成，阿里巴巴合并报表一次性确认公允价值会计方法下的收益高达人民币 186.03 亿元。这是继上个季度一次性确认阿里巴巴影业 247.34 亿元评估收益后，阿里巴巴生态布局对阿里巴巴报表的又一次重大影响。所以，接下来我们和您一起从财务报表的角度探讨一下阿里巴巴生态布局的相关信息和其中所隐含的固有风险。

## 生态布局的巨额投入和产出

在阿里巴巴的生态布局中有五大战略投资：阿里巴巴健康、阿里巴巴影业、蚂蚁金服（notional interest）、优酷土豆和微博。阿里巴巴在生态布局中已经投入巨额的资源并在财务报表中得到相应的体现。我们从现金流量表、损益表和资产负债表角度分别看一下阿里巴巴生态布局的相关信息。

从现金流量角度看，阿里巴巴过去两年及六个月的经营活动现金流非常强，共带来931.2亿元人民币现金净流入；同时阿里巴巴对外投资实际使用的现金净流量也非常巨大，高达1 076.18亿元人民币（这其中大部分是和生态布局有关）；而阿里巴巴之所以能够进行大规模投资，除了强大的经营活动现金流作为支撑之外，还由于2015年IPO和发债共获得1 105.88亿元人民币的融资；在2015年9月份由于股票回购耗费27.4亿美元现金，导致2015年9月30日的现金及等价物余额下降至967.47亿元人民币。

如果从2013年、2014年和2015年三个财年具体现金流量表信息来看（见表15－2和表15－3），阿里巴巴在生态布局上的现金投入金额高达662.22亿元（其中证券投资AFS和HTM总金额为148.33亿元主要是和生态布局有关）。这其中主要的支出是用在联营公司的权益投资，高达403.5亿元人民币，用在并购上的现金支出为110.39亿元人民币（2016年前6个月数据尚未公开）。

**表15－2　　阿里巴巴现金流量表简要数据**　　单位：百万元人民币

| 项　目 | 2016财年前六个月 | 2015财年 | 2014财年 | 合　计 |
|---|---|---|---|---|
| 经营活动现金净流量 | 25 524 | 41 217 | 26 379 | 93 120 |
| 投资活动现金净流量 | (21 167) | (53 454) | (32 997) | (107 618) |
| 筹资活动现金净流量 | (16 124) | 87 497 | 9 364 | 80 737 |
| 现金及等价物净变动 | (11 446) | 75 148 | 2 649 | |
| 现金及等价物期初余额 | 108 193 | 33 045 | 30 396 | |
| 现金及等价物期末余额 | 96 747 | 108 193 | 33 045 | |

注：①2015年IPO净融资额100亿美元，约合人民币618.31亿元；发行高级债收入80亿美元，约合人民币487.57亿元，总计人民币1 105.88亿元。

②数据来源于公司公告。

表 15－3　　　　阿里巴巴现金流量表简要数据　　　　单位：百万元人民币

| 项　目 | 2015 财年 | 2014 财年 | 2013 财年 | 合　计 |
|---|---|---|---|---|
| 证券投资（AFS 和 HTM） | 11 801 | 2 972 | 60 | 14 833 |
| 企业并购（M&A） | 10 255 | 732 | 52 | 11 039 |
| 联营公司权益投资 | 23 430 | 16 468 | 452 | 40 350 |
| 合　　计 | 45 486 | 20 172 | 564 | 66 222 |

注：数据来源于公司公告。

从损益表角度看，阿里巴巴的生态布局数据主要体现在投资收益之中（由于无法区分其中具体利息收入金额，但其中绝大部分金额是来自生态布局的投资收益，所以为了简化，我们在分析过程中直接采用报表上的利息及投资收益科目中的金额）。从过去 7 个季度累计信息看，阿里巴巴累计经营利润是 396.84 亿元人民币，而利息和投资收益高达 555.55 亿元人民币；累计净利润是 835.50 亿元人民币。利息和投资收益（本书称为生态布局收益）占净利润高达 67%，远高于营业利润。不过需要指出的是，这个生态布局收益主要来自阿里巴巴健康和阿里巴巴影业等公司的评估增值收益（高达 499.33 亿元人民币）。这样的收益是一次性的、非现金的，所以在阿里巴巴对外披露信息中，非美国公认会计准则下的净利润是剔除这个收益的（Non－GAAP net income），所以其对股价的影响并不明显。

从合并资产负债表角度看，阿里巴巴生态布局所形成的资产主要是四大类：证券投资、联营企业权益性投资、无形资产和商誉（见表 15－4）。其中的证券投资和无形资产主要是和生态布局相关，因此本文将全部金额纳入生态资产。这四大类资产中，金额最大的是商誉。截至 2015 年 9 月 30 日，阿里巴巴的生态布局所占的公司总资产高达 56%，而其中商誉金额高达 821.09 亿元人民币。

表 15－4　　　　阿里巴巴资产负债表相关数据　　　　单位：百万元人民币

| 项　目 | 2015/09/30 | 2015/06/30 | 2015/03/31 | 2014/12/31 | 2014/09/30 | 2014/06/30 | 2014/03/31 |
|---|---|---|---|---|---|---|---|
| 证券投资 | 27 555 | 27 105 | 14 611 | 11 285 | 9 241 | 3 190 | 3 023 |

续表

| 项　目 | 2015/09/30 | 2015/06/30 | 2015/03/31 | 2014/12/31 | 2014/09/30 | 2014/06/30 | 2014/03/31 |
|---|---|---|---|---|---|---|---|
| 联营企业权益性投资（成本法或权益法） | 68 180 | 64 768 | 33 877 | 25 864 | 26 076 | 24 443 | 17 666 |
| 无形资产 | 6 661 | 6 202 | 6 575 | 6 803 | 7 261 | 5 950 | 1 906 |
| 商誉 | 82 109 | 32 174 | 41 933 | 40 677 | 33 661 | 29 289 | 11 793 |
| 生态资产小计 | 184 505 | 130 249 | 96 996 | 84 629 | 76 239 | 62 872 | 34 388 |
| 总资产 | 327 758 | 282 060 | 255 434 | 269 993 | 232 342 | 161 193 | 111 549 |
| 生态资产占总资产比例 | 56% | 46% | 38% | 31% | 33% | 39% | 31% |

那么阿里巴巴的生态布局又是主要通过哪些重大交易而形成的呢？根据阿里巴巴最新年报，笔者整理了汇总信息供参考，见表 15－5。

**表 15－5　　阿里巴巴生态布局近年主要交易汇总**　　单位：百万元人民币

| 目标公司 | 交易内容 | 总对价 | 商誉 | 无形资产 | 评估收益确认 |
|---|---|---|---|---|---|
| 主要并购交易（M&A） | | | | | |
| 高德地图 | 2013 年 5 月投资认购优先股和普通股，占全部股权 28%；2014 年 7 月全资收购 | 8 166 | 4 380 | 1 891 | 284 |
| 阿里巴巴影业 | 2014 年 6 月入股，约占 60% 股权（2015 年 6 月影业增发后，被剔除出阿里巴巴报表合并范围） | 4 955（不含影业增发交易的影响） | 9 759（不含增发） | 137（不含增发） | 24 734（增发影响） |
| UCWEB | 2014 年 6 月换股，从原先投资占 66% 变成全资控股 | 6 608 | 10 376 | 3 081 | 3 593 |
| 深圳一达通 Onetouch | 2014 年 5 月从 65% 股权到 100% 全资控股并购 | 1 884 | 3 998 | 928 | 2 719 |

续表

| 目标公司 | 交易内容 | 总对价 | 商誉 | 无形资产 | 评估收益确认 |
|---|---|---|---|---|---|
| 主要股权投资（Equity Investment） | | | | | |
| 魅族 Meizu | 2015 年 2 月认购优先股，占总股权 29%；该投资按照成本法核算 | 3 619 | | | |
| 银泰百货 | 2014 年 7 月认购新股占总股本 9.9%，外加可转换债券 26% | 4 264 | | | |
| 新加坡邮政 | 2014 年 7 月购入股份 10%；按照 available for sale security 核算 | 1 548 | | | |
| 优酷土豆 | 2014 年 5 月购入股份 16.5%（阿里巴巴年报披露）；但阿里巴巴最新新闻公告披露 2014 年 5 月入股优酷所持有其股份比例为 18.3% | 6 723 | 4 158 | 918 | |
| 阿里巴巴健康 | 2014 年 4 月认购新股 38%；权益法核算（2015 年第二季度反向收购阿里巴巴医药后，纳入阿里巴巴的合并报表范围） | 741（未含） | 157（未含） | 100（未含） | 18 603（反向并购） |
| 微博 | 2013 年 4 月投资，占总股权 18%；2014 年 4 月 IPO 时候认购后，占总股本 30%；权益法核算 | 6 409 | 3 978 | 1 126 | |
| 海尔 | 2014 年 3 月购入香港上市公司股份 2%；列为 available for sales security；之后又购入日日顺物流 9.9% 的股份 | 1 190 | 252 | | |
| 浙江菜鸟 | 2013 年 5 月及之后进行投资，占 48% 股权；权益法核算 | 2 400 | | | |
| 总　计 | | 48 507 | 37 058 | 8 181 | 49 933 |

注：数据来源于阿里巴巴年报。

以上信息尚未包括以下的后续重大交易：

2014 年 9 月，和北京中长石基信息（深圳上市公司）签订合同，购买 15% 新发行股权。截至 2015 年 3 月 31 日，该投资尚未结束。

2015 年 6 月，宣布和蚂蚁金服共同成立合资公司口碑网，阿里巴巴将投资 30 亿元人民币，占 50% 股权。

2015 年 8 月 10 日，宣布以 283 亿元人民币入股苏宁电器，后者认购阿里巴巴 140 亿元人民币股票。

2015 年 9 月 30 日，媒体报道阿里巴巴已向印度支付初创企业 PayTM 投资至少 5 亿美元。

2015 年 10 月 16 日，宣布拟全盘收购优酷土豆，所涉及对价估计超过 45 亿美元。

## 生态布局所隐含的固有风险

接下来我们从报表角度出发，分析和探讨一下阿里巴巴生态布局过程中，所隐含的除了大规模现金流之外的其他一些固有风险。

**合并报表的风险**

苹果过去 52 周（约一年）营业额高达 2 300 多亿美元，亚马逊 2015 年营业额突破千亿美元，谷歌年营业额也高达 700 亿美元，相较而言，阿里巴巴的年营业额目前也就只有 100 多亿美元。作为生态型的公司，如果只是百多亿美元营业额，即便有超高的获利能力，似乎也很难体现生态的内涵。

目前阿里巴巴生态布局投入巨大，但对公司合并报表的收入提升直接效果不明显（当然，不排除这些投资和并购给阿里巴巴电商业务带来新的客户流量，尤其在从 PC 到移动端转型过程中客户流量的稳定和增长）。所以从阿里巴巴损益表来看，生态布局的最大直接影响是在投资收益科目，而不是在主营业务收入科目。从某种角度看，阿里巴巴的生态布局业务和目前主营业务之间的协同效应还不明显。

这主要是因为阿里巴巴的许多投资只能按照成本法或者权益法核算，而那些可以合并的子公司（如：高德地图、阿里巴巴影业、阿里巴巴健康等），其本身的营业额目前相对很少。不但如此，这些被合并公司的盈利能力远低于阿里巴巴电商，所以合并这些公司从收入规模上来看增加不明显，但如果其盈利能力和阿里巴巴电商反差过大，反而降低了报表上所体现的毛利率和经营利润率。这是阿里巴巴合并这些盈利能力偏低的经营实体的风险所在。

同时，在美国会计准则下，并非拥有超过50%的股权就可以合并报表。合并报表的要求是需要母公司能拥有绝对的、单方面在经营和财务的控制权，而要做到这一点，则必须能够确认其他股东对经营决策没有否决权。所以，除非全资收购，不然要达到报表合并的要求也并非容易。尤其是对那些目前是联营公司（成本法或者权益法核算），阿里巴巴只能通过多步骤并购方式达到绝对的控制权。

所以是否合并报表？并还是不并？如何并？这三个看似单纯的会计问题，其实折射出阿里巴巴生态布局和其目前主营业务的协同效应是否明显，也反映了阿里巴巴生态是否得到逐步建立。如此看来，阿里巴巴的生态布局可能会催生生态会计这一新学科。

**金融工具的风险**

阿里巴巴在生态布局过程中，购入的目标公司（上市公司或者非上市公司）的各种金融资产，包括股票、债券等。截至2015年9月30日，该余额超过200亿元人民币。这些金融工具需要按照公允价值计量，其价值会随着金融市场（包括资本市场）的变动而波动。金融工具的这一特征意味着该项资产隐含有比较高的固有风险，需要企业有很强的风险管理能力。

**面临“会计杀手”——公允价值的挑战**

公允价值曾被称为是华尔街大公司的“会计杀手”。安然公司通过一系列的能源金融工具进行循环互换交易，依照美国公认会计准则公允会计确认了众多没有现金流的营业利润；至于安然的这一交易模式在会计上是否违规，并无定论，然而因过分依赖公允价值会计，安然帝国在诚信危机来临前不堪一击。

世通公司则是另一案例，通过系列并购，短时间内建立通信王国，无形资产和商誉迅速攀升，然而在行业环境巨变之际，被爆出会计违规，在报表重述过程中，依照公允价值概念选择冲销巨额无形资产和商誉。

类似案例在华尔街各公司（包括次级债危机中的雷曼等投行）中层出不穷。这里并非认为公允价值会计和财务违规有什么必然联系，而是可以从中让人们更清楚认识到，公允价值会计的杀手功能，它不仅可以锦上添花、更擅长于落井下石。

如果企业价值在短时间内过分依赖于公允价值概念体现，则面临行业和环境巨变之时，其内含的风险则会加大。

阿里巴巴在进行生态布局过程中，公允价值会计被普遍运用。在其企业兼并收购过程中、重大股权投资过程中、金融工具计量的过程中，正是在公允价值概念下，形成了报表上巨额的长期投资、无形资产和商誉。最为明显的例子是阿里巴巴影业和阿里巴巴健康，这两家公司收入水平和获利能力暂时并不高，但对应的市值各自都在几百亿元人民币，如果资本市场存在重大波动，导致其市值长期、严重缩水，则阿里巴巴报表上的资产贬值风险就会呈现。

**并购相关风险**

阿里巴巴在短时间并购和投资了这么多公司，需不需要整合？需不需要建立阿里巴巴生态系统文化、制度和流程并在所有被并购公司中推行？那些尚未全资并购或者并未纳入报表合并范围的联营企业，它们在阿里巴巴生态系统中扮演什么角色？它们是否需要推广阿里巴巴生态统一的文化和制度？

从阿里巴巴并购阿里巴巴影业的整合过程来看，并购之后的整合即使对阿里巴巴来说，也是个充满挑战的过程。在阿里巴巴入股阿里巴巴影业之后，后者爆出了财务违规、报表重述、更换审计师等系列相关事件。阿里巴巴影业是在香港的上市公司，其审计师是著名的“四大”会计师事务所之一的德勤，其公司治理水平应该不低。阿里巴巴影业尚且如此，则可以预见阿里巴巴在整个并购和投资行为中，将会面临更多的挑战。

**股东满意度的风险**

让股东满意——尤其是美国上市公司让公众股东满意，是其最重要的经营使命。阿里巴巴目前的生态布局虽然在公允价值评估下产生了巨大的财务报表收益，但似乎阿里巴巴的公众股东对此并没有特别的反应。我们不妨先看一下以下信息：

2015 年 4 月 15 日，阿里巴巴健康宣布拟反向收购阿里巴巴旗下的在线大药房交易平台，代价为 194.48 亿港元，阿里巴巴健康当天的复牌股价一度大涨 99%，至创新高的 13.5 港元。从 3 月 20 日的停牌价格上涨到 4 月 15 日收盘价格的 12.26 港元，当天交易量超过 3 亿股。相反阿里巴巴的股价几乎没变，4 月 14 日的收盘价格为 85 美元，4 月 15 日的收盘价格为 84.67 美元，4 月 16 日的收盘价格为 84.06 美元。

2015 年 8 月 10 日，阿里巴巴宣布 283 亿元人民币入股苏宁电器，后者认购阿里巴巴 140 亿元人民币股票；消息公布之后，苏宁股价从 8 月 11 日 15.17 元的收盘价格连续三日涨停，至 8 月 14 日收盘价格为 20.20 元；相反，阿里巴巴的股票价格却从 8 月 10 日的 80.47 美元收盘价格下跌到 8 月 11 日的 77.34 美元，8 月 11 日的交易量接近 2 300 万股。8 月 12 日阿里巴巴股价继续下跌至收盘价格 73.38 美元，而且当天成交量超过 4 000 万股。

2015 年 10 月 16 日，阿里巴巴宣布拟全盘收购优酷土豆，所涉及对价估计超过 45 亿美元。消息公布后，优酷土豆的股价当天最高暴涨 23%，而阿里巴巴自身的股票价格是几乎没有变化，10 月 16 日的开盘价格为 72.5 美元，收盘为 71.99 美元，反而略微跌了，10 月 19 日的收盘价格为 72.65 美元。

从以上案例来看，似乎阿里巴巴每次生态布局消息公布时最大、最直接的财富受益者是目标公司的股东，而阿里巴巴自身的公众股东似乎对此没有多大响应。是阿里巴巴公众股东不看好阿里巴巴生态布局？还是华尔街不明白阿里巴巴的生态布局？

阿里巴巴生态布局目前所产生的直接财务收益，在报表上能够直接体现出来的，是投资收益中的各种一次性评估增值，这样的收益在非美国会计准则的净利润（NON－GAAP net income）中是需要剔除的，而这个 NON－GAAP 利润是华尔街投资者所真正关注的数据，其直接影响公司的股价和估值。

阿里巴巴的生态布局已经产生巨大财务收益，但同时也投入了巨大的资源，目前生态布局相关资产已经占公司总资产的一半以上。在此情况下，如果生态布局出现失误而引发资产大规模冲销和贬值，公众股东的满意度或许会通过股价体现出来。因此，从长远看，如何将华尔街公众股东的满意度纳入生态布局决策过程中，可能是阿里巴巴要考虑的。

**阿里巴巴生态概念落地和实施风险**

阿里巴巴生态布局已经启动了，但启动后的实施过程和效果如何，目前没有更具体的信息。但这里面会有很多启发性的问题值得关注，这些问题有助于了解阿里巴巴生态概念是否得到实施以及进展如何，比如：

• 阿里巴巴影业和阿里巴巴健康等子生态实体，在“互联网 +”的过程中，通过利用云技术和大数据，目前已经取得了哪些里程碑业绩？这些公司的关键性经营活动考核指标是否已经建立？这些指标是否体现了“互联网 +”的精神（而不仅仅是基于财务利润）？

• 这些纳入阿里巴巴生态体系的公司，创新何在？

• 纳入阿里巴巴生态体系后，这些公司在用户体验方面，在影响人们日常生活方面都有哪些重大的变化？

• 各子生态实体的分部信息（体现其资产、收入、利润、主要经营活动指标）是否已经明确？等等。

阿里巴巴目前对外报表中披露的业务分部信息（segmental data）比较简单，仅仅是在收入层面对主要业务进行了分类，并没有提供分部资产、利润等更详细的信息（阿里巴巴从 2017 财年第一个季报开始对外提供更为详细的业务分部信息）。不过有意思的是，在香港上市的阿里巴巴影业，最新财年的年营业额不到两亿元人民币，这样规模的公司提供了比较详细的分部信息。所以不排除，随着阿里巴巴生态帝国的逐步建立和日益完善，外部信息使用者可能会对阿里巴巴生态分部信息越发关注。因为这些信息将会有助于外部人士了解阿里巴巴生态布局的实施过程和效果。

当然以上这些所提到只是阿里巴巴生态布局这一商业模式的某些固有风险，所以仅仅是中性的概念，风险是挑战，也意味着潜在的价值。而如何将这些挑战变成价值实现，则是阿里巴巴风险管理活动的过程。

阿里巴巴在生态布局上投入资源规模已经达到数千亿，而且目前还正在继续。所以，一场数千亿元规模投入的生态布局大戏已经拉开帷幕，这场大戏是否会跌宕起伏？又会演绎出哪些资本运作故事？这些固有风险中，哪些会变成现实的风险？从报表角度看，继阿里巴巴影业和阿里巴巴健康之后，哪一家目标公司有可能成为阿里巴巴下一个季度生态布局的重头戏？华尔街是否明白阿里巴巴的生态布局？投资者是否会越来越关注阿里巴巴的生态布局进度和实际收益？阿里巴巴的生态布局是否会对阿里巴巴股票价格产生更大的影响？能否推动阿里巴巴股票市值重返 3 000 亿美元？总之，阿里巴巴生态布局引发了无数好奇的问题，我们将继续关注这场生态大戏。

## 16. SEC 为何调查（问讯）阿里巴巴？

（本文于 2016 年 6 月 12 日首发于百度百家）

SEC 到底要调查（问讯）阿里巴巴什么？报表合并与否关键看什么？阿里巴巴到底有哪些重大关联交易？生态商业模式如何实现全概貌的公允表达？集体诉讼是否会再次爆发？

2016 年 5 月 24 日阿里巴巴公布其年度报告之后第二天，股票收盘价格跌幅接近 7%，而且当天成交量巨大，市值缩水约 100 亿美元（美东时间 2016 年 5 月 25 日，阿里巴巴股票价格从当天的开盘价格 78.53 美元跌至收盘价格 75.59 美元，当天的成交最低价格为 74.19 美元，当天总成交量 49 558 730 股，超过日均成交量的 3 倍）；2016 年 5 月 26 日美东时间 4:50 分的盘后交易量为 65 988 股，其交易价格为 65.47 美元，和前一天的收盘价比较，该交易价格下跌金额为 12.88 美元，跌幅高达 16.44%。华尔街“大空头”查诺斯则借机放言再次做空阿里巴巴。虽然此后第二天阿里巴巴的股价在止跌之后继续攀升，但一周后，于 2016 年 6 月 1 日，消息报道软银欲抛售约 89 亿美元（后续报道称总减持金额高达 100 亿美元）阿里巴巴股票，又引发阿里巴巴股价再次出现振荡，跌幅约 6.5%（2016 年 6 月 1 日开盘价格为 79.15 美元，当天收盘价格为 76.69 美元，成交量为 62 531 511 股），此后至今股价重新走稳，交易量也稳定在日均数量上下。所以，目前看来，以上信息引起了投资者一时间的过度反应。

### SEC 到底要调查（问讯）什么？

阿里巴巴于其 2016 年 3 月 31 日财年的年报第 188 页中披露到，于本财年早些时候，SEC 通知阿里巴巴启动了对阿里巴巴的调查。据年报披露，此次调查主要三个事项：阿里巴巴的报表合并政策和实务（consolidation policies and practices），包括阿里巴巴目前对菜鸟网络所采用的权益法核算会计方法；关联交易的总体政策和实务（policies and practices）；“双十一”交易数据的披露。

年报还披露，就所谓的“白皮书”事件，SEC 启动了非公开询问（non - public inquiry），并于 2015 年 9 月告知阿里巴巴已完成该询问，SEC 并不打算建议对阿里巴巴采取执法行动（enforcement action）。

从披露的措辞来看，此次属于调查（investigation），而上次（“白皮书”事件）则是非公开询问（non - public inquiry）。但不论是调查还是非公开询问，这并不意味着阿里巴巴存在任何违反证券交易法或者 SEC 相关规则的行为。

**报表合并政策**

阿里巴巴目前对菜鸟网络按照权益法核算。在美国公认会计准则下，是否合并，主要看是否存在对经营和财务决策的实质控制权，尤其是否存在重大经营决策的否决权，而不是仅仅看股权比例。阿里巴巴对菜鸟网络的初始总投资金额为 24 亿元人民币，持有 48% 的权益；2016 年 3 月，菜鸟进行重组融资，之后，阿里巴巴的总投资金额达 69.92 亿元人民币，持有的投资权益变成 47%；阿里巴巴从此次的交易中确认了人民币 4.48 亿元人民币的收益。

从阿里巴巴 2016 年年报第 122 页所披露信息来看，截至 2014 年 12 月 31 日和 2015 年 12 月 31 日，菜鸟网络的总收入分别是 9.41 亿元人民币和 30.99 亿元人民币；亏损金额分别是 1.83 亿元人民币和 6.17 亿元人民币；总资产分别是 59.51 亿元人民币和 59.29 亿元人民币；总的所有者权益分别是 33.09 亿元人民币和 41.68 亿元人民币。于 2015 年财年，菜鸟网络的收入中有大约 60% 来自于向阿里巴巴提供物流相关服务。

对阿里巴巴而言，在权益法之下，于 2015 财年和 2016 财年，阿里巴巴分别确认了对菜鸟网络的投资损失金额为 0.9 亿元人民币和 2.95 亿元人民币。

从菜鸟网络目前的经营规模来看，相比较阿里巴巴的规模，损益表的影响并不重大；但如果合并，基于物流业务重资产的特征，或许可能会增加阿里巴巴的资产比重，这和阿里巴巴目前资产负债表上所体现出来的轻资产模式不完全一致，其实际影响是否重大，由于目前缺乏更为详细的公开信息，所以无法判断。

**关联交易**

关联交易的风险在于其公允性，也就是常说的利益输送。这不仅包括上市公司向关联方利益输送，从而可能损害上市公司公众股东利益的风险，还包括关联方（如：母公司）向上市公司利益输送，从而可能引发粉饰报表的风险。在美国资本市场，这两方面的风险都是监管机构十分关注的。我们将在下文详细了解一下阿里巴巴有哪些重大关联交易。

**“双十一”交易数据**

这个属于非财务数据，对于高科技公司的非财务数据（比如：互联网公司的注册用户、活跃用户等非财务信息），SEC所关注的是避免上市公司以此数据误导投资者。所以SEC通常关注这些业务信息到底和收入之间是否存在真实的逻辑关系，以及这些数据本身的统计过程和披露是否透明。阿里巴巴上市后所公布的“双十一”交易数据不断冲高。但2015年公布“双十一”数据之后，其股票价格不但没有上涨反而微跌；但这并非说明投资者不关注这个数据，倘若该数据下滑，不排除资本市场会出现负面反应。

此外，从阿里巴巴目前所公布的季度GMV（商品总成交额）来看，截至2015年12月31日的这个季度是旺季，其金额远比其他季度要高。而这个季节性的数据表象，和每次“双十一”交易的屡创新高也不无关系。

## 阿里巴巴到底有哪些重大关联交易

阿里巴巴从2016财年年报的第172页至186页，披露了其关联交易的整体政策和交易类型，并在财务报表附注中详细披露相关财年关联交易的发生金额。接下来，我们主要依据报表附注所披露的信息，大体了解一下阿里巴巴到底有哪些重大关联交易。

**和雅虎的交易**

阿里巴巴和雅虎之间关联交易主要涉及提成费和专利购买（royalty fee and purchase of patents），据报表附注披露，此项交易 2016 年的发生额为零。

**和蚂蚁金服/支付宝/口碑网的交易**

从中获取的收入金额分别为：20.76 亿元、21.21 亿元和 30.29 亿元；从中支付的费用：23.7 亿元、41.59 亿元和 51.97 亿元（主要是 payment processing fee）。此外，Alipay 持有一些阿里巴巴的现金和短期投资管理账户；蚂蚁金服下属某子公司还管理阿里巴巴的一些现金和短期投资账户；截至 2015 年 12 月 31 日和 2016 年 3 月 31 日，所涉及的净资产分别为 142.8 亿元人民币和 151.7 亿元人民币。

**和阿里巴巴管理层的交易**

主要是某些管理层私人所拥有飞机的维护/运营等费用的分摊；此外，于 2014 财年向某两位管理层所指定的慈善信托机构发放 5 000 万股期权。

**和菜鸟网络的交易**

2014 财年向菜鸟网络下属子公司出售阿里巴巴的两个全资子公司，获得现金对价 5.24 亿元人民币（主要为土地使用权），阿里巴巴从中确认 0.74 亿元人民币收益；2016 财年又向菜鸟网络出售一全资子公司，获取现金对价 2.04 亿元人民币，主要资产为土地使用权，阿里巴巴确认了 300 万元人民币的收益。获取菜鸟网络提供的物流服务，于 2015 财年和 2016 财年所对应的服务费用为 7.85 亿元人民币和 23.7 亿元人民币。同时，阿里巴巴向菜鸟网络及其子公司提供主要是行政管理和云服务在内的共享服务，于 2015 财年和 2016 财年，该服务的总费用为 2 000 万元人民币和 8 600 万元人民币。

**和微博的交易**

于 2014 财年、2015 财年和 2016 财年，应获取微博所提供服务而确认的总费用为人民币 1.54 亿元、6.54 亿元和 7.15 亿元。同时，阿里巴巴向微博提供云服务，所对应的服务费为人民币 0 元、200 万元和 3 800 万元。

**其他关联交易**

阿里巴巴的生态体系提供了多种不同的平台，阿里巴巴向众多企业提供了平台的服务，期间所涉及关联方交易条款类似于同第三方。此外，阿里巴巴同软银和雅虎所投资的公司之间存在相互提供服务的交易，此等交易金额在相关财年并未超过阿里巴巴收入或者费用的1%。

除了以上持续性的和与日常经营活动相关的关联交易之外，阿里巴巴在相关的并购和权益投资交易中，亦涉及关联方，如阿里巴巴影业、阿里巴巴健康、优酷土豆（合一集团）等。

以上的与持续性经营活动相关的关联交易金额，相对于阿里巴巴2016财年超过1 000亿元的经营收入和290亿元的经营利润而言，不仅没有存在严重依赖关系，单个交易亦未过分重大。不过由于支付宝在阿里巴巴日常交易支付环节起重要作用，菜鸟物流在阿里巴巴日常交易的派送环节也起到作用，所以，虽然从损益表数据上看，其发生额的绝对数据没那么明显，但支付和物流派送是阿里巴巴平台交易流程不可缺少的关键流程，只有包括这些关键流程，阿里巴巴的平台交易才可以形成完整的交易活动；所以，此等关联交易，不仅对阿里巴巴生态的完整性至关重要，对阿里巴巴平台交易的实现也是不可缺少的。

此外，于2015财年和2016财年，阿里巴巴和关联方之间的存在多起重大并购（包括分步骤并购 step acquisitions）和投资交易，不仅相关的并购对价或者投资金额巨大，而且所形成的评估增值和收益金额也非常巨大（2016财年该金额超过500亿元人民币，不仅远高于290亿元人民币的经营利润，还占同期710亿元净利润约70%），所以不论是从资产负债表还是从损益表角度而言，这些关联交易对报表整体公允性的影响十分重大。

## 新的集体诉讼是否会爆发？

2016年6月6日，一家名叫 Lundin Law PC 的律所，宣布启动对阿里巴巴涉嫌违反美国1934年证券交易法10（b）条款和20（a）条款进行调查，以试图对阿里巴巴发起新的股东集体诉讼。据其披露，此次调查主要围绕阿里巴巴2016年5月24日所提交的年度报告中披露的SEC调查事项。但由于目前SEC对阿里巴巴的调查并未有结果，而且这个调查本身并不意味着阿里巴巴存在违反证券交易法和SEC的相关规定，所以如果没有进一步信息则“诉棍”

很难以得逞。

另外，据年报披露，此次 SEC 对阿里巴巴的调查是本财年初就已经开始，虽然阿里巴巴是在 2016 年 5 月 24 日财报中才予以披露，但通常而言，上市公司并无义务在第一时间披露 SEC 的调查；对此等事项，是否应该披露、何时披露，则需要上市公司基于信息重要性、公允性和披露惯例一致性的原则，由上市公司自行判断而定。所以，目前来看，新的集体诉讼爆发可能性不大。

## 生态商业模式对传统会计的挑战

我们还是先从阿里巴巴最新财年的年报数据入手（见表 16－1），看看阿里巴巴生态商业模式的建设情况。

**表 16－1　　阿里巴巴相关财年财务数据**　　单位：百万元人民币

| 项　目 | 2014 财年 | 2015 财年 | 2016 财年 | 附　注 |
|---|---|---|---|---|
| 总收入 | 52 504 | 76 204 | 101 143 | |
| 增长率 | 52% | 45% | 33% | |
| 销售成本 | 13 369 | 23 834 | 34 355 | |
| 销售成本中股份费用 | 1 154 | 4 176 | 4 003 | |
| 毛利润 | 39 135 | 52 370 | 66 788 | |
| 毛利率 | 75% | 69% | 66% | |
| 调整后毛利率 | 77% | 74% | 70% | 扣除股份费用 |
| 期权股份费用（a） | 2 844 | 13 028 | 16 082 | |
| 无形资产摊销（b） | 315 | 2 089 | 2 931 | |
| 经营利润 | 24 920 | 23 135 | 29 102 | |
| 经营利润率 | 45% | 30% | 29% | |
| 投资处置评估收益等 | 348 | 6 715 | 50 144 | |
| 净利润 | 23 403 | 24 320 | 71 289 | |
| 净利润率 | 45% | 32% | 71% | |
| Non－GAAP 净利润 | 28 274 | 34 981 | 42 741 | |

续表

| 项　目 | 2014 财年 | 2015 财年 | 2016 财年 | 附　注 |
|---|---|---|---|---|
| Non - GAAP 净利润率 | 54% | 46% | 42% | |
| 调整后经营利润 | 28 079 | 38 252 | 48 115 | 扣除（a）（b）之后 |
| 调整后经营利润率 | 54% | 51% | 48% | 扣除（a）（b）之后 |

注：数据来源于公司年报并经作者整理。

从总收入的增长率来看，过去三年阿里巴巴的增长率是逐年降低的。2016年33%的增长率，在目前高增长的中概科技公司中，并不算高；但是，如果总收入失去了高增长率，则会影响到中长期市值的预期。阿里巴巴自从在美国上市以来，累计进行了近2 000亿元的投资，以打造生态商业模式。然而，至少从营业收入的增长率来看，生态模式的潜力尚未完全体现出来。

除了总收入年增长率放缓之外，过去三年的毛利率也呈下降趋势；调整后的经营利润率和Non - GAAP净利润率也逐年下降。阿里巴巴在过去的财年中，销售成本的增长率高于收入的增长率；在阿里巴巴2016年财报第128页披露中可以看到，由于公司在新业务的获取以及客户服务和基础设施方面投入的持续增加，阿里巴巴预计其毛利率将有可能持续下滑。

阿里巴巴在其招股说明书和年报中多次提到其“生态体系”概念，生态这个概念需要具备主营业务多元化、共生、全概貌这样的基本特征。但其根据美国公认会计准则所编制的财务报表和附注，还无法体现“生态体系”的全貌；有些“子生态”实体只能以权益法或者成本法的传统会计方法在整个“生态体系”的合并报表中体现出来，比如阿里巴巴影业和菜鸟物流；甚至有的只能通过关联交易披露的方式予以体现，比如蚂蚁金服。这也是按照目前美国公认会计准则下，阿里巴巴所能够做到的。但也正因为如此，投资者就无法更好地看到阿里巴巴生态体系的财务信息全貌，从某种程度而言，也削弱了“生态体系”概念这个由阿里巴巴所提出的商业模式说服力和估值潜力。当然，我们也从年报中（第122页和第123页）看到阿里巴巴对菜鸟网络、口碑网、阿里巴巴影业相关财年的主要财务数据进行了披露（包括收入、净利润/净亏损、总资产、总负债和权益）。虽然所披露的这几家公司财年截止日期是12月

31 日，不同于阿里巴巴财年的 3 月 31 日截止日期，而且所披露的简要财务数据属于未经过审计的，但对于投资者更好地了解阿里巴巴生态全貌还是有所帮助。

从美国资本市场历史来看，具体公认会计准则的发展也往往是滞后于商业界的实务创新。比如十几年前华尔街爆发系列大公司的财务舞弊案件之后，美国会计界才推出 VIE 概念（“可变权益实体”，国内习惯称之为“协议控股”模式），以取代原先的 SPE 概念（special purpose entity，特殊目的实体），用以规范公司的报表合并范围，以防范表外业务不合并可能会给投资者带来的信息误导风险。正是由于美国资本市场认可 VIE 概念，众多中概股才可以借用这一模式走向国际资本市场，从而做大走强。所以，相关会计准则的与时俱进，对新兴产业的长足发展可以起到推动的作用。

因此，“生态体系”这个全新的商业模式，从报表呈报和信息披露角度而言，如何确保信息的完整性和公允性，并无先例可循，对阿里巴巴是个挑战，同样，对美国 SEC 也是个挑战，甚至对整个会计界都是个挑战。

2016 年 6 月 10 日，阿里巴巴公告，其将于 2016 年 6 月 14 日在公司总部召开投资者日大会，包括公司副董事长、CEO 和 CFO 等在内高管将出席做相关演讲。阿里巴巴此举表明其对投资者的关注，我们期待此次会议将提升阿里巴巴和资本市场之间的良性互动。

## 来如风雨，去似微尘

近年来，美国 SEC 调查中概股的事件并不鲜见，中概股和 SEC 之间的较量也时有发生。二者之间也曾经爆发过诉讼战，双方或和解或撤销诉讼也有不少先例。2015 年发生的中概股公司和 SEC 之间的 PK 战，则当属优酷土豆，最终结果是优酷土豆有惊无险。而之前也发生过新东方因为 VIE 事件、中国人寿股份因为国家审计署审计信息披露事件引起 SEC 的询问；SEC 对这两家公司的询问最终都没有引发进一步的执法行动。所以，对于有实力并且秉承严格公司治理原则的中概公司而言，不论是 SEC 调查，还是“诉棍”挑起的集体诉讼，还是做空机构的偷袭，往往是来如风雨，去似微尘。

君子须慎独，“十目所视，十手所指，其严乎”。在美国的上市公司面临着 360 度的全方位监管，正如同有十只眼睛看着你，十只手指指着你，这样的监督环境不能不令人畏惧。对中概股公司而言，正如同英雄行险道，严厉的监管风险必须要面对，仗要打，难要磨，困要破，唯如此，才可以巩固核心竞争力。中国需要更多类似阿里巴巴这样的领军企业，能参与国际资本市场的激烈竞争，并掌握和运用通用的规则，敢于打硬仗，积累和展现自身的软实力，发出自己的强势声音。

# 17. 百度的烦恼：要股价还是要战略

2015 年 7 月 28 日百度公布了 2015 年第二季度业绩，当天百度的股票放量暴跌，总成交量超过 2 700 万个 ADS，是平均日交易量 300 多万个 ADS 的 8 倍，收盘价格为每个 ADS 169. 03 美元。

百度当天股价下跌主要是由于该业绩报告所披露的两个信息。其中一个是百度第三季度的预计收入在 181. 7 亿元人民币至 185. 8 亿元人民币之间，低于华尔街分析师预计的 187. 9 亿元人民币；第二个原因则是，百度披露向 O2O 市场进军，创建“新百度”，在未来几年之内将向 O2O 业务投入约 200 亿元人民币，市场担心这样的巨额投入会拖累百度的财务业绩。

虽然华尔街的崇尚价值投资理念，但这并不是说华尔街就不会有短视的心态和行为，过分强调财务业绩，尤其是季度的财务业绩，或者短期的业绩，这往往是华尔街一贯的风格。正是华尔街这种短期逐利和鞭打快牛的特征，导致有许多优秀的创新公司被套上这个无形的考核枷锁，如果屈服于华尔街的这个短视要求，则企业在重大战略布局方面会裹足不前，最终失去长远的竞争力。此次，百度股价的放量暴跌，从某种程度上看，其实就是华尔街反应过度的短视行为。

## 财务业绩支撑下的价值投资

从历史财务数据看，百度是中概股公司中的绩优股，2014 年全年收入接近 500 亿元人民币，税后净利润约 131 亿元人民币，而且 2015 年第一和第二季度的收入和净利润同比都呈现增长势头；即使是让分析师稍微失望的 2015 年第三季度收入预计，其环比收入增长大约在 11% 左右，而同比高达 35% 左右，考虑到收入基数的增大，这个增长率也足以说明公司的预期收入增长强劲。可以看出的是，正是百度的历史财务业绩在强有力地支撑着百度的市值。

如果我们具体看一下投资分析中常用的几个财务指标，并同谷歌和奇虎360作一比较，会更清楚地看出百度是否符合价值投资的需求。从过去12个月滚动的数据来看，在净资产回报率方面：百度是27.64%，谷歌是14.57%，奇虎360是23.00%；在总资产回报率方面：百度是14.88%，谷歌是11.67%，奇虎360是8.56%；在市净率方面：百度是8.7，谷歌是3.3，奇虎360是7.2；在静态市盈率方面：百度是约34倍，谷歌约为26倍，奇虎360约为38倍。经过7月28日的大跌，百度的静态市盈率已经是接近30倍左右。所以从公司的基本面和相关投资指标来看，对于秉承价值投资的理念的投资者而言，百度似乎仍然是颇具有吸引力的投资对象。

## “新百度”是“新担忧”还是“新机遇”

向本地生活领域市场业务进军是构建“新百度”的核心战略步骤。O2O市场是时下各互联网和电子商务公司角逐的热点，因为中国的这个市场潜力巨大，而且据估计又是一个超万亿美元的市场，因此从战略角度看，任何互联网巨头都无法忽视这个市场。百度宣称将会投入200亿元人民币，阿里巴巴在这个领域的生态布局投入也颇为巨大，6月23日阿里巴巴和蚂蚁金服宣布双方各出资30亿元进军O2O市场，腾讯2014年在O2O市场投入25亿美元；京东、小米、58同城、携程等二线互联网公司也纷纷杀入这个市场。

百度在这个市场面临的将会是美团等尚未上市的O2O公司的竞争，但百度的技术、平台、品牌、流量都将成为其独特的优势。从公司对外披露的信息来看，百度在这个市场至今已经取得不俗的成绩，比如：百度糯米以3.5亿元的单日流水于7月18日刷新了O2O行业的纪录，预估全年交易额将突破450亿元；去哪儿网全年交易额或将达千亿级；百度外卖成为白领市场知名品牌，预计全年交易额达50亿元，百度地图作为百度移动战略中的三大入口之一，通过和Uber的深度融合也成功地向O2O进军领域，等等。百度似乎已经在O2O领域奏响狂欢的节奏。

当然这个市场目前仍然是个“拼血”的市场，需要大量的前提投入，比如对用户的补贴投入，因此会大大增加百度在市场和销售方面的费用；而且，短期而言，其可转换成货币收入的金额还无法具体预测。由此引发了投资者的担忧。

有文章分析认为，中国经济的增长放缓也可能导致百度在 O2O 市场转型中存在不确定性。任何国家的经济增长都是有周期性的，中国当前的经济增长放缓更多属于周期性质，而且 O2O 市场是属于刚刚启动的市场，并非属于成熟的领域，因此其增长在初期会是爆发式的，不会由于中国经济短期周期性的放缓而受多大影响。

正如就是因为百度从 PC 向移动业务的成功战略转型，才确保了百度这几年来连续的业绩强劲增长，从而带动了股价不断攀升一样，面对中国 O2O 的巨大市场机遇，面对其他互联网巨头生态布局的竞争格局，百度需要顺应这个市场变化，不能忽略这个机遇，因此需要创建“新百度”，参与到这个市场中进行竞争。因为在当今的互联网市场中，任何一个无法顺应市场变化的公司，没有创新欲望和内在动力的公司，用不了多久，就会被消费者淘汰，被行业淘汰，从而也会很快被资本市场永久淘汰。

因此，企业的转型和新战略的实施是企业基业长青的保障，期间固然需要和当前市场规模相匹配的投入，在这个过程中，企业不应该过多地受资本市场短期逐利心态的影响，更不应该由于股价的短期波动而动摇新战略执行的决心。因为股价的一时间短暂波动，最多也就是短暂的“担忧”（甚至还不是），但如果因此就患得患失、裹足不前，错失转型良机，耽误了战略的落地，那么这短暂的“担忧”才是真正变成了企业永久的“担忧”。

当然我们应该看到的是，短期逐利固然是华尔街的特征之一，但在成熟和透明的资本市场中，长远来看，价值投资理念始终是主流。所以，如果将来企业的业绩更加明朗了，公司的股价又会在短时间之内被追高。因此，对于一家成熟的公司而言，或者说对于一家有长远战略眼光的公司而言，其也应该用长远的眼光、自信的心态来看待资本市场的反应，只要公司基本面仍然保持健康，只要公司不会在新的战略机遇面前失去机会，而且确实是扎扎实实地执行和推进这个战略，并向资本市场披露其战略执行过程中所实现的关键性运营指标和财务指标，公司的市值会得到公允的体现的。这一点，对百度公司来说是如此，对其他中概股公司是如此，对正处在创业期间未上市的公司而言，也是如此。

## 18. 百度：从财务数据看战略转型效果

（本文分别于2016年6月20日和6月21日发于百度百家和新浪科技创事记）

百度突然下调业绩预测，华尔街分析师和股票市场有何反应？百度的业绩受何业务拖累？剥离去哪儿对百度的财务报表有何影响？百度真的会将爱奇艺私有化吗？面对新业务的巨亏，百度战略转型的决心如何？如何评估新业务生态布局对财务报表的影响？

### 业绩预测突然下调，华尔街反应如何？

从2016年5月开始，国家监管部门正持续对百度相关业务进行审查，这些审查工作正在进行，而且在不同地区、不同层面、不同时间持续进行，医疗行业公司（healthcare）正在等待最新监管政策的澄清，导致这些公司延迟广告推广投入。另外，为提高用户体验和服务质量，百度减少了网络平台中的某些推广链接。2016年6月13日，百度对外宣布，2016年第二季度的收入预测数据下调至人民币181亿~182亿元（折合28.07亿~28.23亿美元），而此前的预测数据是人民币201.1亿~205.8亿（31.19亿~31.92亿美元），下调的绝对金额为3.12亿~3.39亿美元，折合人民币约20亿元。

百度于2016年4月28日所公布的原先对2016年第二季度的收入预计数据意味着年度同比增长率为21.3%~24.2%；如果剔除去哪儿因素，其对应的同比增长率为28.1%~31.1%。因此很明显，此次下调季度收入预测数据，意味着季度收入同比增长率低于20%，创下百度历史上最低增长率纪录。

来自医疗行业的收入约占百度搜索业务的20%，除了来自该行业的影响之外，百度自身也正按照中国监管当局的最近要求，对其付费竞价搜索模式进行修正。这些都直接影响了该收入数据的预测。

针对百度的这一突然业绩预测下调，华尔街分析师们调低百度2016年和2017年的净利润预测数据；其中有两名分析师调低了2016年利润预测数，从每个ADS 5.51美元下调至4.85美元；另有三名分析师还调低了他们对百度2017年的利润预测数据，过去最后七天，分析师们对百度2017年利润的平均预测数据（每个ADS的利润）从7.61美元下调至6.98美元。花旗银行于2016年6月13日发布研发报告，调低了百度股价目标价格至180美元，同时将百度股票评级从“买入”调低至“中性”（neutral）。

然而，即便如此，分析师们的预测数据，仍然显示出他们预计百度利润年度同比增长率高达43%。这一方面说明分析师们目前仍然看好百度的利润增长潜力，另一方面也足以说明百度的利润增长压力；因为，如果将来实际数据不及华尔街预期，则不排除会出现股价波动的情形。

虽然此次中国监管部门对百度检查所持续的时间之长，超过了华尔街分析师预计；但是，分析师们认为这对百度的影响仅仅是短暂的，长期而言，百度的利润预期并不会受到大的负面影响；因为这些医疗公司并无其他合适的地方可以投放广告，这些医疗公司只是在等待中国监管部门对相关规定的进一步明确，在这些不确定性消除之后，他们仍然会回到百度来进行广告推广。因此，分析师们认为，目前的负面影响对百度而言是暂时的，百度的长期基本面并未发生变化。

百度下调季度业绩预测的消息公布之后，股票交易市场也作出了反应。2016年6月13日收盘价格163.55美元，6月14日低开价格159.24美元，当天收盘价格160.84美元，而且当天成交量巨大，高达10 154 418个ADS，是日均交易量460万个ADS的2倍多。2014年11月14日，百度股价创下每个ADS 249.7美元的历史新高，此后，由于业绩的持续下滑，股价长期远低于这个历史最高价格；目前每个ADS 160美元左右的股价，其所对应的前瞻性市盈率（forward P/E）大约为33倍。在华尔街分析师股票估值模型中，通常只考虑正常经营利润，对于通过资本运作而形成的一次性收益或者亏损项目通常不予以考虑；比如：百度将去哪儿股份置换成携程的股票，这个一次性200多亿元人民币的收益，在预期股价估值模型中，并不会被予以考虑。市盈率本身并不存在所谓的高低，这个数据所体现的更多是投资者对公司预期的偏好，百度的目前这个30多倍市盈率，似乎可以说明投资者仍然看好公司的前景。

2016年6月20日，百度的股票价格高开，当天的收盘价格为166.53美元，和上一交易日周五相比较上升了2.37%，当天最高成交价格高达172.29美元；不过全天交易量只有346万个ADS，低于平均日交易量的460万个ADS。图18-1为百度过去五天来的股票历史趋势。

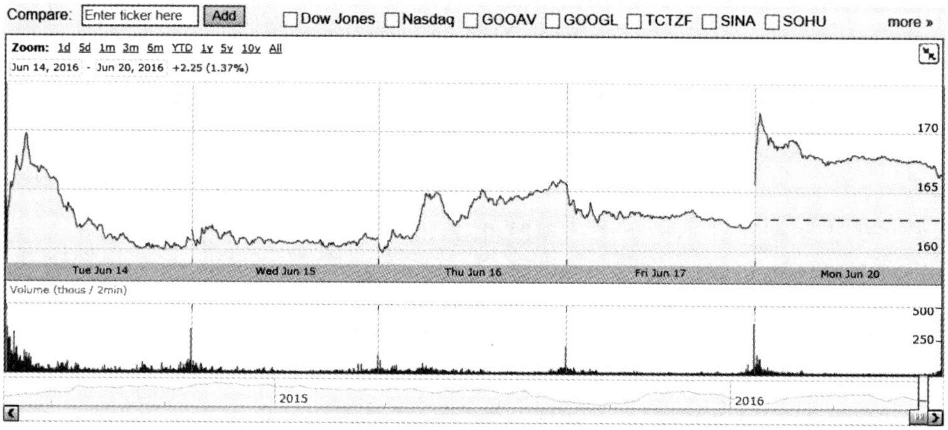


**图18-1　百度5天内股票历史趋势**

百度的股票价格在过去52周中，最低价格为100美元，最高价格为217.97美元，截至2016年6月20日的收盘价格为166.53美元，对应的总市值约566.7亿美元。

此前，为了维护股价的稳定，百度进行了股票回购计划。2015年第三季度，百度共投入约10亿美元从公开市场上回购了大约600万个ADS；2015年10月22日，百度宣布进行为期24个月总金额高达20亿美元的股票回购计划，从2015年年报披露信息来看，2015年该计划下尚未有实际股票回购交易。

## 到底哪些业务拖了百度业绩的后腿

从百度年度财务数据图（见图18-2）中可以看出，虽然百度的营业收入总金额每年是增长的，但经营利润率从2012年开始逐步下滑；在净利润率方面，2015 年由于携程股票置换的一次性影响，如果不考虑这个因素，则净利润率也是呈下降趋势。

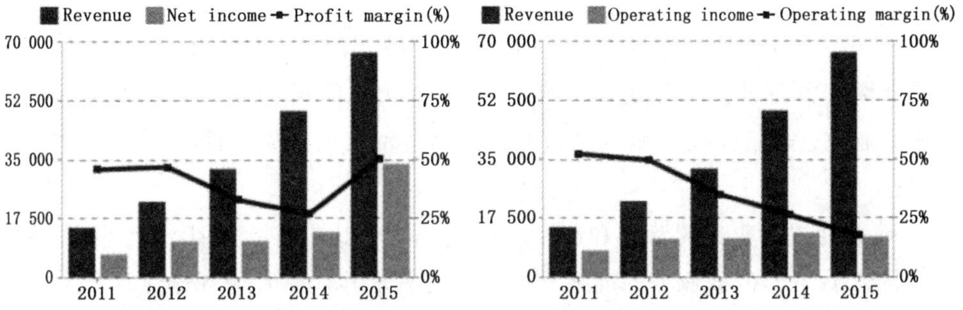


**图 18－2　百度年度财务数据趋势**

从 2015 年第二季度开始，百度在季报中解释经营利润下滑的原因，尤其是说明交易业务和爱奇艺业务对经营利润率下滑的影响分别是多少。从图 18－3 的季度数据中我们可以看出，剔除携程换股的交易，净利润、净利润率、经营利润和经营利润率在季度趋势上也呈现稳中下滑的情况。

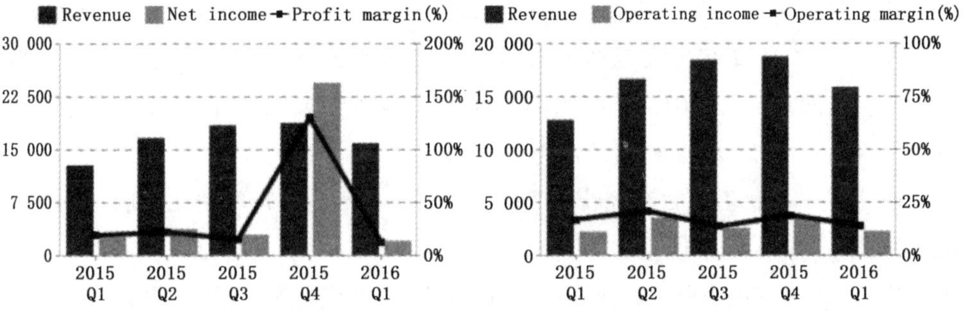


**图 18－3　百度季度财务数据趋势**

百度财务信息让我觉得厚道的地方是，该公司从 2015 年年报开始披露了分部业务的营业利润，在此之前，分部业务信息仅仅是披露营业收入。从 2015 年报看，百度的业务分为三大类别：传统的搜索业务，交易服务收入（transaction service，主要包括糯米、地图、外卖和其他 O2O 业务）和爱奇艺。

从表 18 - 1 提供的分业务的各年度财务信息中，我们可以发现：

- 传统搜索业务仍然是百度主营业务的最大来源，2015 年其占总营业收入的 84%；

- 百度过去三年总营业收入的增长在 2015 年降至 35%，而其中搜索业务的收入增长率在过去三年更是逐年下降，2015 年的增长率只有 27%；所以，非搜索业务，也就是交易服务和爱奇艺的高速增长，推动了百度总营业收入的增长；

- 百度搜索业务的营业利润率在过去三年中比较稳定，2015 年营业利润率提高到 51%，搜索业务的高盈利能力，为百度其他巨亏业务输血；

- 交易服务过去三年收入增长迅猛，不仅亏损金额巨大，营业亏损率也在提高；2015 年该业务的经验亏损竟然高达 130 亿元人民币；其中，百度外卖、地图、糯米业务到底分别亏损或盈利多少，外界并无法获知；

- 爱奇艺的经营亏损率也在上升，2015 年全年的亏损金额高达 24 亿元人民币；

- 由于以上因素，百度正常经营的净利润率也呈现逐年下降趋势；2015 年净利润包括去哪儿和携程换股交易，该扣除税后的一次性净收益约为 211.2 亿元人民币（244.2 亿元交易收益减所得税费用约 33 亿元人民币）；如果扣除这个一次性收益，则 2015 年净利润约为 12 544 173 元人民币，对应净利润率为 18.9%；比 2014 年度利润反而下降；

- 从合并层面看，百度经营利润的下滑，还由于销售市场费用占收入的比重在逐年加大，2015 年该比重达 21.8%，比上一年增加近 5 个百分点；此外，百度在研发费方面的支出占收入比重也在提升，2015 年该比重为 15.3%；相反，百度在管理费用方面的控制比较成功，这个费用占收入的比重在 2015 年反而下降，仅 3.9%；管理费用占收入比重如此之低，在中概公司中是比较鲜有的。

**表 18 - 1　　百度年度财务数据**　　单位：千元人民币

| 项　　目 | 2013 年 | 2014 年 | 2015 年 |
|---|---|---|---|
| 搜索营业收入 | 29 590 276 | 43 727 459 | 55 667 478 |

续表

| 项　　目 | 2013 年 | 2014 年 | 2015 年 |
|---|---|---|---|
| 搜索营业利润 | 14 178 852 | 20 547 793 | 28 117 837 |
| 收入同比增长率 | | 48% | 27% |
| 搜索营业利润率 | 48% | 47% | 51% |
| 交易服务收入 | 1 319 187 | 3 822 456 | 7 005 941 |
| 交易服务营业利润 | -1 522 279 | -5 973 978 | -13 145 445 |
| 交易服务营业利润率 | -115% | -156% | -188% |
| 爱奇艺营业收入 | 1 345 042 | 2 873 552 | 5 295 760 |
| 爱奇艺营业利润 | -743 013 | -1 110 299 | -2 383 438 |
| 爱奇艺营业利润率 | -55% | -39% | -45% |
| 总营业收入 | 31 943 924 | 49 052 318 | 66 381 729 |
| 同比增长率 | 43% | 54% | 35% |
| 总营业利润 | 11 191 720 | 12 803 764 | 11 671 554 |
| 总营业利润率 | 35% | 26.1% | 17.6% |
| 总销售市场费 | 4 012 709 | 8 298 558 | 14 503 787 |
| 总销售市场费占收入比 | 12.6% | 16.9% | 21.8% |
| 总管理费用 | 1 160 824 | 2 083 584 | 2 572 596 |
| 总管理费占收入比 | 3.6% | 4.3% | 3.9% |
| 总研发费 | 4 106 832 | 6 980 962 | 10 175 762 |
| 总研发费占收入比 | 12.9% | 14.2% | 15.3% |
| 净利润 | 10 550 657 | 13 196 932 | 33 664 173 |
| 净利润率 | 33% | 27% | 51% |

注：数据来源于公司年报并经作者整理。

2015 年 7 月 27 日，百度公布了 2015 年第二季度的业绩，经营利润同比下降，同时宣称将向 O2O 行业投入 200 亿元。此消息一公布，短视的华尔街闻风色变，百度股价收盘价从 7 月 27 日的 197.68 美元跌至 7 月 28 日的 168.03 美元，而且当天成交量高达 27 423 380 股，超过平常日均交易量的 6 倍。

百度的新战略目标很明确，就是要寻求新的增长点，打造新百度。互联网巨头们都认为 O2O 市场潜力无限，互联网流量已经从最初的 PC 端、传统电商、游戏逐步扩展到场景交易，因此对于 O2O 业务，互联网巨头们谁也不敢掉以轻心，明知道目前该业务巨亏，也只能不停地“烧钱”。然而，百度毕竟体量相对不算超级巨大，目前账面现金余额也只有 100 亿元人民币左右，每年持续性净利润 130 亿元人民币左右，因此每年几十亿甚至上百亿元 O2O 相关业务的“烧钱”，对百度经营毛利率和经营利润率及净利润率造成了严重威胁，何况还有从未盈利的仍然长期巨亏的爱奇艺和去哪儿这两大业务。

打造新百度，首先需要的是大量资源。百度过去三年每年的经营活动净现金流入为 100 亿 ~200 亿元人民币，然而这并不足以满足百度在 O2O 等新业务大规模扩张的资金需求。2015 年 6 月 23 日，百度宣布完成发行总计 12.5 亿美元的债券定价，该债券包括金额为 7.5 亿美元年息为 3%，于 2020 年到期，及金额为 5 亿美元年息为 4.125%，于 2025 年到期的债券；这些债券按照美国 1933 年证券法要求予以注册，并在新加坡交易所公开交易。但百度仅在回购股票上 2015 年第三季度就支出约 10 亿美元；而且接下来还有 20 亿美元的股票回购计划，如果接下来股票价格偏低，那么不排除百度会启动回购交易。

百度要前行，必须考虑如何进行资源的最佳战略配置，长期巨亏的业务需要妥当地退出，这样一方面可以免于业绩受其拖累，另一方面可以集中资源深攻 O2O 业务、百度金融、百度影业等新兴业务，利用百度在大数据、人工智能、现有搜索客户流量和 APP 用户群的优势基础上，打造新型互联网生态百度。

抛弃长期巨亏的去哪儿，置换成携程的股份，对去哪儿不再进行报表合并，而改用权益法对携程进行核算，这对于百度损益表数据的改良有正面作用。相比较百度每个季度 170 亿元的营业收入，由于不合并去哪儿而失去的每季度数亿元营业收入，这对合并报表中的营业收入数据影响几乎可以忽略不计；但是由于不用合并去哪儿，所以百度合并报表上可以不用确认去哪儿的每季度数亿元经营亏损，这有助于改良百度合并损益表。

百度经调整季度数据（见表 18－2）则可以很好地说明了这一点。2015 年第一季度，去哪儿业务直接拉低了百度合并经营利润率约 4 个百分点；如果 2016 年第一季度，百度仍然保留去哪儿，那么百度的经营利润率会低于 10%。当然，从资产负债表看，和携程换股直接导致百度账面总资产和净资产增加数百亿元，这对于总资产和净资产收益率构成了压力，尤其是换股交易所确认的几十亿元无形资产需要未来几年进行摊销，这也降低了每季度可以确认的按权益法下核算的来自携程的投资收益。

**表 18－2　　百度季度调整数据**　　单位：百万元人民币

| 项目 | 2016 Q1 | 2015Q1（不含去哪儿） | 同比增长 | 2015Q1（含去哪儿） |
|---|---|---|---|---|
| 收入 | 15 821 | 12 055 | 31.2% | 12 725 |
| 成本 | 7 563 | 5 151 | 46.8% | 5 326 |
| 销售管理费用 | 3 946 | 2 403 | 64.2% | 2 957 |
| 研发费用 | 2 101 | 2 000 | 5% | 2 286 |
| 经营利润 | 2 211 | 2 501 | －11.6% | 2 155 |
| 经营利润率 | 14% | 21% | | 17% |

注：数据来源于公司季度业绩公告。

从携程 2016 年第一季度业绩公告信息可知，去哪儿在 2016 年第一季度巨亏金额高达 11 亿元人民币；所以及时将去哪儿置换给携程，至少从财务报表角度而言，对百度是有利的。

而对于爱奇艺，百度公司 2015 年财报附注 22 的期后事项中披露，于 2016 年 2 月，公司董事会收到来自公司董事长和爱奇艺公司 CEO 的非约束性邀约，对方拟以总对价 28 亿美元收购百度公司所拥有的爱奇艺股份。爱奇艺 2015 年营业收入约 53 亿元人民币，但却巨额亏损 24 亿元，亏损额连续数年增大，因此如果能将通过管理层私有化方式将其从合并报表中剥离，则对提升百度损益表健康度很有帮助。不论这个私有化能否最后成功，由百度公司创始人和该业务 CEO 提出私有化邀约，至少从某种程度而言表明了拟购买方对该业务的信心，这对安抚华尔街投资者有正面作用。

一个有意思的、值得引起关注的现象是，同样都是巨额亏损的视频行业，优酷土豆（合一集团）是被阿里巴巴私有化收购，纳入阿里巴巴在美上市公司合并报表之中，而百度是拟将爱奇艺进行管理层并购，如若交易完成，爱奇艺将会从百度上市公司合并报表之中予以剔除。同属中概股互联网巨头，为何对视频业务在财务报表合并层面（至少从报表角度而言）会有不同的战略考虑，这值得进一步探讨。

## 战略转型的决心面临考验

2013 年 10 月份以 112 亿元人民币并购 91 无线之后，2014 年和 2015 年百度并无重大的并购交易；整个 2015 年只有两起并购，并购对价总金额也只有 3.3 亿元人民币。在投资领域，除了 2015 年和携程的换股交易之外，过去几年并无特别重大的新业务投资交易。所以，从百度的财报中似乎可以看出，相比较其他互联网巨头，过去几年百度在新业务领域的并购和投资鲜见重大活动。

据媒体报道，2016 年 4 月 13 日，百度 CEO 在内部邮件中明确表示："我会把更多的时间和精力放在互联网金融、无人驾驶车、人工智能等创新业务上，同时更多地从战略层面关注内容生态、服务生态、金融生态的布局和建设。"所以从中可以看出，由传统搜索公司向生态型互联网公司转型，已经是百度十分明确的最新战略目标。而近期百度更是在新兴业务方面，动作颇多，比如：

2016 年 6 月 17 日，在上海国际电影节上，百度糯米影业正式宣布以 20 亿元为资本媒介成立内容投资基金，发力电影内容产业，并表示在未来两年内投资至少 30 部电影。

2016 年 6 月 7 日，媒体报道，太平洋保险宣布和百度发起设立一家股份制财产保险公司，计划做我国首家真正基于大数据的科技型互联网汽车保险公司。这也是继 2015 年 11 月百度联合安联保险、高瓴资本拟发起设立百安保险后，再度在互联网保险领域发力。

2016 年 6 月 6 日，易车网宣布，其已经与腾讯、百度、京东签订最终协议，三者将分别向易车投资 5 000 万美元，这意味着百度开始进军汽车电商业务。

百度在金融业务方面的拓展，也取得了长足的发展。百度钱包活跃账户数也获得空前增长，由 2015 年年末的 5 300 万元增加到 2016 年一季度的 6 500 万元，同比更是翻倍。在消费金融场景方面，百度以“百度有钱花”切入，逐步体现出自己的优势。

2015 年 11 月，中信银行发布公告称，拟与百度合作共同设立直销银行，拟定名称为“百信银行股份有限公司”，注册资金 20 亿元，由中信银行控股。据悉，该拟成立的银行正在待最终审批。

总之，相比较前几年，百度从 2015 年以来向新业务的转型动作明显比较密集。当然，在对新兴业务进行生态布局时候，需要考虑的其中一个因素是：如果对新兴的业务进行报表合并，由于在业务初期，通常情况下难以盈利，所以可能会导致短期内合并报表的业绩下滑；相反，先对新兴业务进行股权投资，但按照成本法或者权益法进行核算，而不纳入报表合并范围，这或许可避免短期内由于新兴业务获利能力不佳而产生的负面影响；待到将来如果新业务成功的可能性更加明朗了，那么再通过一步或者分步并购方式，将其纳入合并范围，或许是一种可以考虑的策略。

互联网行业的发展模式变化迅速，固守传统模式风险巨大，资本市场所青睐是那些有创新能力、锐意进取、具备快速试错和新业务迅速规模化能力的公司。然而，新业务的投入其所隐含的风险也是巨大的，比如：目前的 O2O 业务更是需要大规模“烧钱”且前景难预测，百度 2015 年 O2O 相关业务的经营亏损高达 130 亿元人民币。要是没有铁定的转型决心，这么大规模的投入是不可能的。

因此，资本市场考验的不仅仅是百度战略转型的能力和自信，更重要的是考验百度战略转型的决心。

# 19. 当当网：私有化是否违反信托责任？

（本文于2015年7月23日首发于百度百家）

从1992年第一家中国概念股华晨汽车在美上市以来，至今已经超过400家中国公司直接或者间接在美上市，开开心心赴美上市去，曾是许多中国公司及其创始人的追求梦想，但自从2010年中概公司遭遇做空危机以来，除了被迫停牌或者被迫退市之外的，从2010年~2012年期间已经有超过30家已经在美上市公司宣布主动进行私有化退市；而今年由于国内资本市场上半年的良好态势，和同时间不少中概股在美股价不良表现形成巨大反差，又引发了约30家中概股公司宣布私有化。因此，今年以来，赴美IPO不是财经热点，相反，如何“高高兴兴回家来”倒成为众多中概股公司的战略选择。和IPO曾经被热捧相类似，今年中概股私有化也是当下热议的话题，而7月份宣布拟进行私有化的当当网则是这一热议话题的最新焦点。

## 一份遭致强烈抵制的收购要约

2010年12月8日，当当网以每个ADS 16美元（每个ADS等于5个普通股）的价格在纽交所上市，IPO总融资约2.72亿美元。图19-1是当当网上市后的历史股价表现图，从中可以看出，除了在2011年上半年，也就是公司IPO之后半年内股价最高超过34美元之外，其他大部分时间股价都在10美元之下，所以有一种观点认为当当网的股价长期处于低估的水平。

我们再看一下公司的业绩表现，表19-1和表19-2是当当网的相关历史财务数据，从中可发现几个比较明显的特征：

- 这是一家业务比较稳健的公司，各项比率在不同会计期间都比较稳定；
- 公司的业务也呈现稳步增长的态势；

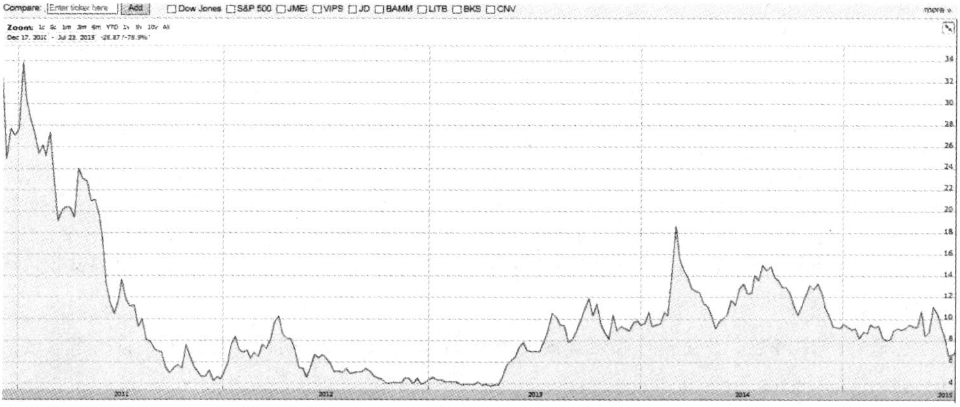


**图 19－1　当当网 IPO 后股票价格趋势**

- 2014 年是第一年出现全年盈利年份，主要还是得益于规模的增长；
- 2015 年第一季度重大亏损，主要因为电子书、移动和内容业务的投入导致毛利下滑。

所以从历史数据来看，可以预计 2015 年当当网的收入规模会突破 100 亿元人民币的规模，基于公司历史的稳健经营风格和管理层在最新季度业绩公告上所宣称的对将来业绩颇为乐观，其业绩预测和估值水平到底应该是多少才是合理和公允？

**表 19－1　　当当网季度财务数据**　　单位：百万元人民币

| 指标 | 2015Q1 | 2014Q4 | 2014Q3 | 2014Q2 | 2014Q1 |
|---|---|---|---|---|---|
| 收入 | 2 217.33 | 2 257.60 | 2 002.81 | 1 960.78 | 1 735.78 |
| 环比增长率 | －1.78% | 12.72% | 2.14% | 12.96% | |
| 毛利 | 337.86 | 428.82 | 365.71 | 358.57 | 316.66 |
| 毛利率 | 15.23% | 18.99% | 18.25% | 18.28% | 18.24% |
| 销售及管理费 | 347.94 | 385.37 | 341.46 | 312.92 | 275.29 |
| 占收入比重 | 15.69% | 17.06% | 17.04% | 15.95% | 15.85% |
| 研发费用 | 61.52 | 63.99 | 53.62 | 47.04 | 43.56 |

续表

| 指标 | 2015Q1 | 2014Q4 | 2014Q3 | 2014Q2 | 2014Q1 |
|---|---|---|---|---|---|
| 占收入比重 | 2.77% | 2.83% | 2.67% | 2.40% | 2.51% |
| 净利润（亏损） | -60.17 | 32.80 | 24.54 | 28.82 | 1.96 |
| 净利润率 | n/a | 1.45% | 1.22% | 1.46% | 0.11% |

注：①公司认为2015年第一季度亏损主要由于电子书、移动业务和内容业务的市场和科技投入增加所致。

②2015年第二季度，公司预计收入金额大约为23亿元人民币，同比增长约30%，当当商城的GMV同比增长约32%。

③数据来源于公司财报公开信息。

**表19-2　　当当网年度财务数据**　　单位：百万元人民币

| 指标 | 2014年 | 2013年 | 2012年 | 2011年 |
|---|---|---|---|---|
| 收入 | 7 956.96 | 6 325.00 | 5 193.81 | 3 618.97 |
| 同比增长率 | 25.8% | 20.98% | 43.52% | |
| 毛利 | 1 469.76 | 1 100.88 | 724.35 | 500.61 |
| 毛利率 | 18.47% | 17.41% | 13.95% | 13.83% |
| 销售及管理费用 | 1 315.05 | 1 137.59 | 1 069.60 | 708.93 |
| 占收入比重 | 16.53% | 17.99% | 20.59% | 19.59% |
| 研发费用 | 208.21 | 180.16 | 153.27 | 89.62 |
| 占收入比重 | 2.62% | 2.85% | 2.95% | 2.48% |
| 净利润（亏损） | 88.12 | -142.87 | -443.85 | -228.49 |
| 净利润率 | 1.11% | n/a | n/a | n/a |

注：数据来源于公司财报。

2015年7月9日当当网发公告称，董事会收到来自董事长和CEO两位人士的私有化要约，以每个ADS 7.812美元的现金收购买家联盟尚未持有的公司全部已发行普通股，相比当天公司股价6.77美元，溢价20%。实际上这个

“溢价 20%”，只比全年最低价高出 20%。通常而言，中概公司私有化价格至少在 30 天基线上，或者在一年均价以上。比较常见的是在公告前 30 天交易量加权平均价格 20% 的溢价以上。而当当私有化价格反而比 30 天均价低 25%，比一年均价低 30%，截至 2015 年 7 月 9 日当当网的股价 2015 年只有 4 天（3 月 17 日，7 月 6 日 ~ 8 日）低于该收购价，所以当当网的这个所谓“溢价”最多只能说是“瞬间溢价”。

当当网的这个私有化方案一公开就引发公众股东不满，有投资者在投资论坛发表文章进行抗议，认为私有化溢价太低，属于“恶意私有化”，有投资者还建立了中小股东维权网站，指责大股东违反信托责任。投资者进行如此抗议，在中概公司私有化案例中虽然不多见，但因为股东对私有化方案不满而爆发集体诉讼的中概公司最近倒是有例在先。接下来我们不妨先看一下巨人网和飞鹤乳业私有化而导致的集体诉讼案基本情况。

## 巨人网私有化诉讼案：无疾而终

• 2013 年 11 月 25 日，巨人网对外公告收到公司董事长为首的买家联盟私有化非约束邀约，价格为每股 11.75 美元。

• 2014 年 3 月 16 日巨人网对外公告，签订合并协议，包括公司创始人在内的买家联盟将以每个 ADS 12 美元现金的价格（总对价约 30 亿美元）私有化，同时公司董事会建议公众股东接受这个要约；该价格是公司 2013 年 11 月 22 日股票收盘价格 10.13 美元的溢价 18.5%，是 2013 年 11 月 25 日前 30 天和 60 天数量加权平均交易价格的 31.6% 和 33.6% 溢价。但这个价格其实是 2014 年 3 月 14 日公司股票收盘价格的 5.26% 溢价水平。原告指出在其他中概股相近期间的私有化溢价一般为要约公布前 30 天交易量加权平均价格的 34.3%，巨人网的溢价是 31.6%。

• 2014 年 3 月 27 日集体诉讼爆发，原告指控所有个人被告（所有董事）违反了信托责任（breach of fiduciary duties）；原告指控巨人网公司和买家联盟协助和教唆个人被告违反信托责任（aiding and abetting）；原告指控被告违反了证券交易法的第 13 条款。

• 原告主要指控内容包括：

一是私有化出售流程存在重大缺陷，指控公司董事会受控于公司董事长及其买家联盟，而没有进行有实质性质的公司拍卖和市场询价流程（auction and market check）。

二是私有化价格严重偏低，原告主要证据是公司过去几个季度连续强劲增长的业绩，以及在季度业绩公告中巨人管理层对未来业绩的乐观陈述。

三是该私有化交易存在严重的利益冲突现象：比如私有化特别委员会其中一名成员和公司董事长的是某私募基金的共同合伙人和董事，这违背了纽交所关于独立性原则的要求；此外，本次交易允许公司董事和高管尚未行权的期权加速行权，这些期权行权后可获得超过1.2亿美元的现金；原告认为，这些安排足以说明该私有化交易是以牺牲公众股东利益基础上进行的。

四是向SEC提交的交易文档13E－3表格（transaction statement）存在严重误导和隐瞒：①原告认为这些文档没有披露此次交易两个财务顾问（摩根士丹利和Duff & Phelps）在交易估值过程中所使用的方法的参数，也没有披露为何提供给买家联盟的和提供给这两个财务顾问的业绩预测在数据上存在不一致；大摩在估值中使用了七种方法，Duff & Phelps则使用了五种估值方法；②原告还指出这两个财务顾问所出具的公允意见报告中存在误导，比如：在未来现金流折现估值中，所使用的折现率高达24%～26%，而没有说明具体原因，对其中所采用的加权平均资本成本（WACC）也没有说明其合理性。

五是合并协议中的交易排他性条款影响了本次交易的公允性。原告指出：①买家联盟和相关公司签订协作合同，共同排斥对潜在竞购对手；②合并协议中的“No Shop”条款限制了公司寻求其他潜在买家，同时还禁止公司和其他潜在买家签订诸如中止（standstill）、保密义务等豁免条款（don't ask，don't waive），这样就限制了公司对其他买家的吸引力；③该条款还要求公司必须在48小时内向买家联盟告知任何潜在买家的信息，而且买家联盟并不需要出价高于第三方竞购者的报价（只需要匹配）；如果公司打算和潜在其他买家达成协议，则需要向买家联盟提供高达约4 000万美元的赔偿（termination fee）。

• 总之，原告认为，合并协议的相关条款对公司而言是不利的，是不公允的，其直接限制了公司董事会寻求其他第三方买家。

2014年5月20日法院批准合并诉讼并任命了原告首席律师代表，案件似乎开始进入诉讼答辩阶段，然而 2014 年 8 月 8 日原告自动撤诉。至此，本案戛然而止，无疾而终。至于原告自动撤诉的具体原因，外界不得而知。但本案的诉讼状所指控的内容（是否属实未经法院裁决）十分具体和明确，从中我们可以了解到中概股私有化的游戏规则，对于公众股东来说可以了解从哪些角度质疑公司私有化公允与否；而对于上市公司来说，则可以关注到私有化过程中的哪些流程、行为、合同条款、信息披露可能会存在法律风险。因此，本案对于其他中概公司的私有化交易具有参考作用。

## 飞鹤乳业私有化案：650 万美元和解赔偿

飞鹤乳业（飞鹤国际）2005 年 4 月转到纽交所，成为第一家赴美上市的中国乳企。其股价自 2009 年从 40 多美元的高位下跌后，最低曾跌至 2.2 美元，其余大部分时间一直徘徊在 6 ~ 7 美元之间。

• 2012 年 10 月 3 日，公司公告收到董事长兼 CEO 和摩根士丹利亚洲股权私募公司的非约束收购要约，以每股 7.4 美元价格进行私有化收购，该价格为本公告日前一天股票收盘价格的 21.3% 溢价，分别是前 30 天和 90 天交易量加权平均价格的 23.5% 和 22.7% 溢价，是前 180 天的 44.1% 溢价，本次交易涉及 11 617 166 普通股，总收购金额为85 880 028.40美元；以此价格为计，公司的整体估值大约在 1.47 亿美元。

• 2012 年 10 月 19 日股东诉讼在公司的注册地美国犹他州盐湖城爆发，指控的主要内容包括：买家联盟包括内部人士，其对内部信息的优先知情权；私有化特别委员会缺乏独立性，无法和公司管理层形成对抗；由此导致私有化价格偏低，公司的资产内含价格并没有得到公允体现；本次私有化交易中，设立了排他性条款导致其他潜在竞购买家无法参与竞购；公司提交给股东的表决授权书（proxy statement）存在重大误导和遗漏。

• 2013 年 3 月 3 日，公司私有化特别委员会批准建议公司董事会批准该私有化方案，此方案后来获得董事会通过。

• 2013 年 3 月 22 日，公司向 SEC 提交和股东投票表决授权书初稿相关的 14A 表格。

• 2013 年 4 月 1 日，原告提交第一次修正诉讼状，追加指控公司所提交的14A表格存在重大误导和遗漏信息。

- 2013年4~5月期间，被告向原告提供了约16 000页的相关文档，包括飞鹤董事会和私有化特别委员会是如何批准该交易的相关过程，以及本交易财务顾问奥本海默公司向特别委员会的书面申明等资料。
- 2013年5月16日和21日，原告律师还向私有化特别委员会某一成员和奥本海默的管理董事余某就此次交易的相关细节进行取证。
- 2013年5月20日，公司提交最终稿14A表格，提交公司股东对交易进行表决。
- 2013年5月20日，原告提请法院制止公司股东进行投票表决。
- 2013年6月6日，被告向法院提交动议反对原告的申请。
- 2013年6月6日，公司向SEC提供补充资料，增加了交易财务顾问奥本海默对私有化的财务分析。
- 2013年6月19日，法院作出裁决，拒绝了原告要求制止飞鹤国际股东对交易进行投票表决的申请。
- 2013年6月26日，大部分公众股东投票通过了此项私有化交易。
- 2013年6月28日，飞鹤国际私有化交易完成，价格为7.4美元。
- 2014年1月22日，原告申请对其诉讼状进行修改；该申请于2014年2月25日获得法院批准，允许原告提交第二次修改的诉讼状。
- 2014年4月18日，被告申请驳回原告的第二次修改诉讼状。
- 2014年6月2日，原告提交动议反对被告的申请。
- 2014年8月26日，法院同意了被告的申请，驳回原告第二次修改诉讼状，但允许原告对诉讼状进行第三次修改。
- 2014年11月17日，原告向法院提交第三次修改后的合并诉讼状。
- 2015年3月和4月期间，原被告双方律师在退休法官Layn R. Phillips主持下进行和解谈判。
- 2015年4月20日，达成和解谈判协议，飞鹤国际和摩根士丹利同意赔偿650万美元，至此本案进入尾声。

从该案件的以上发展过程来看，飞鹤国际是边诉讼边推进私有化步骤，虽然法院拒绝了原告的申请，没有同意原告要求阻止公众股东投票表决私有化方案，飞鹤国际最终成功私有化，但是原告律师在整个诉讼过程中是步步紧逼，虽然被多次驳回，但仍坚持不懈，最终飞鹤国际和摩根士丹利不得不同意和解赔偿。本案足以说明，在美国资本市场中，公众股东在上市公司私有化交易过程中的自我维权机制不仅在法律上是存在的，在实践中也行得通，而且其实际效果也颇为明显。

## 当当网私有化是否违背信托责任？诉讼是否会爆发？

现在我们回到当当网这个事件来。假设当当网执行了目前的低价私有化方案，是否违背了信托责任？股东诉讼会爆发吗？公众股东是否会申请法院阻止私有化进程？或者说这会是一件自导自演的纯排他性、纯为内幕人士套利的私有化交易，还是确保公司整体价值最大化并且确保不侵蚀少数股东利益的公允、阳光交易？要回答这些问题，则需要从公司估值和业绩预测是否合理、私有化特委会的独立性、合并协议排他性条款是否合理、交易公告信息是否充分完整这些角度进行预先考量。

**公司估值和业绩预测是否合理？**

私有化收购定价是核心问题，而这个定价是取决于公司的估值测算，而估值测算又是基于公司的业绩预测。所以公司的业绩预测会直接影响到公司估值，从而影响到私有化定价。当当网的业绩预测如何做？是悲观？是乐观？业绩预测所采用的假设是否合理？和管理层原先对公司将来的乐观预期是否一致？

从当当网的历史财务数据看，2015 年的总收入突破 100 亿元人民币的可能性很高，在保持 30% 左右的年增长率基础上，尤其是目前国内普遍看好互联网和电商业务模式的大环境下，对当当网而言，应该用那种估值方法合理？折现率和加权平均资本成本多少是合理？其原因何在？

尤其是公司大股东多次在公开场合宣称公司股票价格被低估的情况下，特别委员会及其所聘请的财务顾问，是否仍然会认为目前每个 ADS 7.812 美元的收购价格是市场公允价格？如果是，那么至少说明特别委员会的结论和大股东在公司股票公允价值上是不一致的；那么特别委员会和财务顾问又需要如何证明这一结论的？其主要依据仍然是来自管理层的业绩预测，管理层为此次私有化交易所作的业绩预测和其原先的乐观估计之间是否会存在重大矛盾？

反过来说，如果为了支持7.812美元私有化价格，那么管理层应该做出何种的业绩预测？财务顾问又应该采用何种估值模型？这些信息一经过披露之后，必须能够经得起公众股东的质询。

**私有化特委会的独立性如何？**

私有化特别委员会如果失去独立性，则会直接影响到私有化交易的公允性。所以，公众股东可能会质询：私有化特别委员会是如何选择的？为何选择他们？他们的独立性如何？他们个人和私有化交易的内幕人士及买家联盟是否存在有特殊关系，从而会影响到他们的独立性吗？他们能否不受管理层和大股东的影响？在涉及可能会影响公众股东利益的具体交易细节上，能否敢于和大股东持有不同意见？如果诉讼爆发，那么这些董事们、委员们则会成为首要被告，他们有可能会被指控违反了信托责任，没有忠于公司公众股东、没有尽到勤勉和应有关注的责任。如果诉讼进入取证阶段，那么董事们的所有信息沟通，甚至包括私人电子邮件都有可能被纳入取证范围。倘若诉讼，特委会成员甚至包括交易的财务顾问项目组成员都有可能被律师要求出庭作证。

**排他性条款是否合理？**

除了业绩预测可能会被质疑之外，合并协议是否有排他性条款也值得关注，这类条款是私有化交易中常见条款，但其实是双刃剑。可确保减少潜在买家进入，我们不妨假设一下，如果不放这些条款，一旦京东、阿里、百度、腾讯等巨头参与竞购，扮演了少数股东的白衣骑士，则对当当网大股东来说肯定是坏了大局，轻则会导致买家联盟被迫提高收购溢价、重则可能导致私有化交易流产，甚至还有可能被巨头抢了地盘、巨头乘机入室夺走几个董事会席位。但如果私有化合并协议中的排他条款过于严格，不合理，属于明显单方面保护内幕人士一方买家联盟的，那么其对公众股东的公允性则会受到法律质疑，如果发生股东诉讼，这些条款可能会被认为对中小股东不利、有失公允。因此如何妥当地采用排他性条款，需要公司进行利弊权衡。

**信息披露是否完整？**

美国证券交易法第13条款和SEC的13e-3规则，要求上市公司在私有化交易中，公开披露具体的交易原因、交易公允性意见报告、交易估值报告和其他相关信息，以确保公众股东不被误导。在美国证券集体诉讼案例中，重大并购交易信息披露（尤其是股权授权投票表决书）存在重大误导和遗漏是个常见的诉因。

公司向 SEC 提交的交易文档表格中需要详细描述交易背景，是什么事件触发了本次私有化交易，交易的真实动机是什么？明显的跨境资本市场套利不能以牺牲公众股东利益为前提；有些中概股公司公告宣称，私有化是基于中外资本市场估值存在严重差异，此等私有化动机，如果发生股东诉讼，则其公允性容易被质疑。

一旦诉讼爆发，那么原告律师会将公众股东的知情权发挥得淋漓尽致，原告律师会关注诸如私有化过程公司是如何挑选财务顾问，为何挑选这些买家联盟，买家联盟是如何组成的，如何进行市场询价，市场反馈如何，这个询价过程是否透明、独立，是否公开寻找了潜在第三方买家，这些第三方买家要约条件如何，或者说为何没有第三方买家报价等问题。原告律师会认为公众投资者在投票表决时候必须知道、也有权知道这些信息，所以通过这些问题试图指控公司的信息披露存在误导，死缠公司，直至和解赔偿。

**股东诉讼会爆发吗?**

正当少数股东高呼其因为公司违反信托责任而遭受投资损失，而寻求维权或者法律救济的时候，市场的另外一些力量则早就躲在暗处观察，他们到处捕捉公司及其董事存在违规的任何可能性，伺机而动，向公司和董事们发起围攻。华尔街“诉棍”就是这样一股力量。在美国资本市场制度设计中，做空机构和“诉棍”唯恐上市公司管理层不违规、不犯错，唯恐天下上市公司高管都是“君子”。虽然不能简单地认为这是“以恶制恶”，但是允许不同的利益方存在，在明确的规则下允许包括民间力量在内的各种力量进行透明的博弈，以到达均衡，则是美国资本市场的主要特征之一。对当当网来说，在今年 3 月份由于 2014 年第四季度业绩公告推迟，已经有“诉棍”高调宣布进行调查，拟发动诉讼攻击。此时，这些“诉棍”可能正在听所言，观所行，正猛追当当网这一最新剧情的发展。因此，如何做好私有化交易过程的全面风险管理，是当当网管理层不得不要谨慎考虑的。

目前来看，只是大股东抛出一个低价的收购要约，还不能推定当当网的董事们会违背信托责任；当当网于 7 月 14 日宣布成立由三名外部董事组成的私有化特别委员会，并拟聘请律师和财务顾问启动私有化程序。所以当当网的私有化故事才刚刚开始，只有让故事再“飞”上一阵，投资者和公众才会有更多、实质性、具体性、有法律意义的信息，用来判断在私有化过程中当当网是否遵守了公平、公开、公正的原则，当当网的董事们是否对公众股东尽其勤勉、忠诚义务之则，当当网公司本身和买家联盟是否协助和教唆这些董事们违反勤勉、忠诚的信托责任。所以接下来，还得看故事剧情如何发展。

## 2016 年 9 月，成功退市

2016 年 5 月 28 日，当当网宣布与当当控股有限公司（以下简称母公司）和当当合并有限公司签署最终的合并协议与计划。根据该合并协议与计划，母公司将以每股普通股 1.34 美元（相当于每股美国存托股 6.70 美元）的现金收购当当网全部已发行普通股。

交易完成后，母公司的实际拥有人为当当网董事长、CEO，以及其他几名高管。2016 年 9 月 12 日，当当网股东投票批准了该私有化协议。

2016 年 9 月 20 日，当当网宣布，已完成公司于 2016 年 5 月 28 日签署的私有化协议。当日，当当网还向纽交所提出申请，请求在 2016 年 9 月 21 日美股开盘前暂停其 ADS 交易。同时，当当还请求纽交所以 Form 25 表格的形式通知 SEC，其 ADS 将从纽交所退市并将其股票从 SEC 的注册登记中剔除（deregistration）。

此次交易，当当网私有化特别委员会所聘请的财务顾问是 Duff & Phelps、美国律师是 Shearman & Sterling LLP、开曼律师是 Maples and Calder；复兴资本（China Renaissance）则是作为当当网董事长和 CEO 在内买家集团的财务顾问、Skadden，Arps，Slate，Meagher & Flom 是买家集团的美国律师、Walkers 则是买家集团的开曼律师。

当当网于 2010 年 12 月 8 日在纽交所上市，2016 年 9 月 21 日退市，正式完成了近六年的华尔街淘金之旅。接下来当当网会何时以何种方式重新出现在哪个资本市场？值得期待。

# 20. 分众传媒：美国证监会和解案分析

（本文于 2015 年 10 月 23 日首发于百度百家）

分众传媒自从 2005 年踏入美国资本市场以来，通过短时间的一系列并购，迅速推升股价，在华尔街演绎了中概股传奇故事。但在这个过程中，该公司也遭遇了多次法律诉讼。2007 年 11 月 27 日和 2011 年 12 月 12 日，分众传媒先后遭遇了两起股东集体诉讼，这两起诉讼皆是并购交易所引起。第一次和第二次股东集体诉讼中，分众分别以 200 万美元和 370 万美元赔偿和解。而同样是由于并购交易，分众传媒此次遭遇 SEC 的行政诉讼。

2015 年 9 月 30 日，SEC 网站公开信息报道：SEC 和分众传媒及其 CEO 就一项行政诉讼（administrative proceeding）达成和解方案。根据该方案，分众传媒及其 CEO 既不承认也不否认 SEC 对其的指控，但同意接受 SEC 的行政禁止令（Cease and Desist Order）；SEC 的该行政命令禁止分众传媒及其 CEO 再次违反证券交易法的相关条款。同时，SEC 向分众传媒及其 CEO 开出了总金额高达 5 560 万美元的和解赔偿方案，其中包括：分众传媒则同意 30 天之内支付 3 460 万美元罚款（civil money penalty）；分众传媒的 CEO 同意退回所涉嫌的非法所得（disgorgement）969 万美元，另外交纳预估利息1 647 865. 43美元及罚款（civil money penalty）969 万美元。本案总的和解赔偿金额为 5 560 万美元，SEC 将用此款项建立专门的公平基金（Fair Fund），退还所得给受害的分众公众投资者。

## 案由

2010 年 3 月 22 日，分众传媒在年报和第四季度季报中披露，公司对其全资子公司 Allyes Online Media Holdings Ltd. （“Allyes”“好耶网”）进行了管理层收购（MBO），向部分高管和员工出售了 Allyes 38% 的股权，售价为 1 330 万美元，而分众传媒公司 CEO 购买的股份最多。据此估算，Allyes 的估值为 3 500万美元。

分众传媒在披露中还说明 MBO 是为了挽留和激励 Allyes 高管，从而推进分众传媒的长远发展和股东的利益。

2010 年 7 月 30 日，分众传媒披露一家私募公司 Silver Lake（“银湖”）同意以 1.24 亿美元收购 Allyes 62% 的控股权，其对应的 Allyes 整体估值为 2 亿美元。分众传媒和此前购买 MBO 的高管和股东都向 Siler Lake 出售了 Allyes 股份。短短四个月时间，Allyes 的公司估值翻了将近 6 倍。

就好耶网的这个 MBO 交易和期后的 100% 股权出售交易，SEC 指控分众传媒及其 CEO 违反了美国证券交易法第 17（a）（2）条款（禁止重大不实陈述和信息隐瞒条款）和第 13（b）（2）（A）条款（要求上市保留完整会计记录条款）。

**和解方案的几个看点：**

①本案被告是既不承认也不否认 SEC 的指控，但接受 SEC 的行政禁止令和罚没裁决；值得注意的是，从 2013 年开始 SEC 对某些恶性、影响较大的案件，即使和解，也必须要求承认指控（比如摩根大通和美洲银行都曾被迫承认 SEC 的指控，之后 SEC 才同意和解）。

②本案对公司和个人都有巨额罚金，没收个人不当得利。

③赔偿金额名列中概股诉讼案件前茅，本案和解赔偿总金额 5 560 万美元，就累计至目前而言，在 SEC 对中概股诉讼中赔偿总金额排名第二（排名第一的是中国高速传媒 68 362 441.12 美元）；如果和中概股的所遭遇集体诉讼而对应的赔偿金额而言，该金额是排名第三（排名第一的是东南融通，总金额超过 10 亿美元；排名第二的是中国高速频道，总金额超过 6 亿美元）。

④罚款金额在中概股案件中排名第一：本案件所涉及的罚款金额部分为 969 万美元，为目前 SEC 对中概股的最大罚款金额；由于该罚款是针对分众公司 CEO 个人的，因此也创下了 SEC 至今对中概股管理层个人的最大罚款金额；就对上市公司管理层个人罚款而言，从 SEC 过去二十年的调查案件中，该罚

款金额亦十分耀眼。

⑤美国证监会将设立公平基金，将本案所获得 5 560 万美元款项用于赔偿投资者，不是用来增加国库；从这一点上看，由于可以让相关投资者直接受益，其投资损失可以获得某种程度上的经济补偿，所以美国证监会对上市公司的调查和起诉确实是一项实实在在的民心工程。

这个公平基金是 SEC 依据美国 2002 年萨班斯法案所建立的，目的在于授权 SEC（由 SEC 自行决定），将所获取的罚没收入返还给遭遇损失的投资者；在此之前，SEC 对其所监控对象（包括上市公司和高管在内）的罚没收入是上缴给美国联邦财政部，并不是用于偿还给投资者。

至于和解方案中的禁止令，对在美上市公司和个人而言，则可能会存在一些后续的影响。

## SEC 的指控性质和要点

本案中，SEC 指控对分众传媒及其 CEO 的指控性质为疏忽大意（negligence），而不是故意欺诈（sicenter），不是轻率（recklessness）也不是严重重的疏忽大意（gross negligence）。SEC 认为至少是由于疏忽大意从而导致公司在此交易上存在重大不实陈述和信息披露隐瞒（material misrepresentations and omissions）。而不实陈述和信息隐瞒的内容至少包括：

①表面上对外披露是为了激励好耶公司的管理层所作出的 MBO，而实际上母公司 CEO 是最大的受益人，母公司管理层参与这个所谓的 MBO 股份比重超过 40%，所以并非是全部意义上的 MBO。

②参与到这个股份认购的还包括两个 BVI 公司，其并非公司雇员，而是顾问，但并无记录表明这些所谓的顾问到底向公司提供了何种顾问服务。

③MBO 交易下的内部股份认购价格是否真的公允？这个值得公司进一步考量。

④由于以上因素，公司在对外的一系列披露上（包括提交给 SEC 的相关文件和公司于 2010 年 9 月份增发股票再融资的公开文件中）都存在重大的不实和误导。

## SEC 为何没有接受被告的抗辩?

从 SEC 公告的内容来看，本案被告的主要抗辩理由是，在该 MBO 被正式批准之前，分众传媒及 CEO 对好耶网和 Silver Lake 之间按照 2 亿美元的估值并购谈判不知情。但 SEC 列出了相关证据，作为警示信号（red flags），认为被告如果不知情，则属于疏忽大意。而就 SEC 的执法范畴而言，疏忽大意也可以构成违法证券交易法的相关条款；这一点和股东集体诉讼不同，股东集体诉讼必须要能够指控被告存在欺诈（scienter）、轻率（recklessness）或者严重的疏忽大意（gross negligence）；也就是说，和股东集体诉讼相比较，SEC 的行政诉讼起诉门槛比较低。本案中，SEC 指出的主要警示信号包括：

①CEO 本身的这个所谓 MBO 的最大个人受益者；

②而且 CEO 还个人借款给其中一家 BVI 公司购买股份；

③CEO 还批准了支付 260 万美元给好耶公司某高管，作为出售好耶给银湖基金的介绍费；

④2009 年 12 月底，Silver Lake 的文件记录显示，应 Allyes 的要求，收购谈判暂缓，以待 Allyes 完成 MBO；

⑤Allyes 与 Silver Lake 在 2009 年 12 月 6 日讨论收购时的记录显示，双方商讨的 Allyes 对价区间为 1.5 亿 ~2 亿美元，而在同一天，分众传媒的董事会批准了 3500 万美元估值的 MBO；

⑥此外，公司董事会文件和所谓 MBO 的相关文件也存在前后不一致之处；

⑦况且，最为重要的是，在短短的时间内前后估值竟然差了六倍；因此，在这种情况下，如果分众和其 CEO 仍然不知情，则至少是属于疏忽大意。

## 与 SEC 和解可能意味着什么?

与 SEC 和解可能并非是在美上市公司的最佳选择。

在美上市公司和 SEC 的和解通常有两种方式，一种是通过在联邦法院民事诉讼（civil injunctive action），由联邦法官所裁定的永久禁止令，又称为法院禁止令（Order）；另外一种是在行政诉讼（administrative proceeding）下通过 SEC 官员所签发的行政禁止令（cease and desist order）。当然前者比后者要严厉，因此原先 SEC 比较倾向于民事诉讼（Civil litigation）；但由于 SEC 胜算并不高，而且后者在程序和证据方面相对比较宽松和灵活，可以由 SEC 自己掌控，所以 SEC 越来倾向行政诉讼。

那么如果选择和 SEC 和解，对在美上市公司而言，则可能意味着什么呢？

如果是不需要认错的和解（如本案），那么，被告不需要承认指控，但也不允许否认；也就是说，被告今后不可以在公开场合否认 SEC 的对此指控；而且指控内容非常具体细节，会形成对公众公开的永久性记录。

如果和解仅仅涉及公司，那么可以简单看作是一笔商业交易，但如果涉及个人，则会影响个人职业生涯、个人声誉，甚至职业资格年限等；所以，个人被告更多倾向诉讼到底，而不是和解。

如果当事人同时存在各种并行诉讼（parallel civil litigation），比如：而如果上市公司除了面临 SEC 诉讼之外，同时还面临美国司法部的刑事指控或者股东集体诉讼的指控，那么是否选择同 SEC 达成和解，则需要十分谨慎考虑，以避免同 SEC 的和解会对其他并行诉讼形成不利影响。因为这里面还有个非常重要的因素需要考虑，那就是同 SEC 的和解内容，在美国联邦证据法上面是否会被其他并行诉讼案件采纳（admissible or not）；虽然大部分情况下是不承认，但联邦各地区法院的判例法对此存在不一致之处，所以需要具体情况具体分析；不过那些聪敏又狡诈的律师们，总是拿公司和 SEC 的和解内容做文章，以试图寻找任何对公司不利的诉讼机会。而对于那些需要被告承认指控的 SEC 和解方案，则需要更加谨慎。

此外，如果同 SEC 达成和解则可能会存在以下附带后果（collateral consequence）：

①对外披露义务（disclosure obligation）；这个义务对上市公司、投资顾问、证券经纪人、投资公司、财务受益人各自的信息披露，都可能存在影响。

②受罚公司可能失去特定股票发行的资格（disqualification from certain offerings）；1933 年证券法下条款 D（Regulation D）所对应的规则 505 允许上市公司免于向 SEC 注册（registration）在 12 个月之内进行不超过 500 万美元的再融资（增发）；但被 SEC 的起诉并导致禁止令，则有可能导致无法享受这个豁免权；倘若如此，则加大了市公司增发融资的成本；

③可能无法享受不限额度的增发再融资优惠政策（Ineligibility to file shelf registration）；在SEC现行规则中，对于合格的上市公司（qualified Well-Known Seasoned Issuers，WKSI），可以享有12个月之内、不限额度的增发再融资优惠政策，其所提交的融资注册申请资料（shelf registrations）可以免于SEC的审核，可以直接、自动生效，马上进行增发；但如果被SEC诉讼并出具了禁止令的上市公司，则可能无法享受这个优惠政策。

④安全港保护条款（Safe Harbor Provision）可能失效；美国现行的证券交易法中，对于上市公司涉及前瞻性信息披露（如业绩预测）提供了安全港保护条款，以降低上市公司和高管在证券集体诉讼的风险；但如果上市公司被SEC调查起诉，并被出具禁止令之后，那么则有可能无法再享受该保护条款；倘若如此，则会加大了上市公司面临股东集体诉讼的风险。

⑤当事人可能无法继续在投资公司任职；依据美国投资公司法案（Investment Company Act），遭受到SEC禁止令和解的当事人，可能无法继续在互助基金（mutual fund）等投资公司任职。

⑥当事人可能会面临相关行业自律组织的额外调查或者惩罚，对某些高管董事诚信存在影响，有些专业资格机构有额外要求，尤其是在指控性质上，属于欺诈还是非欺诈指控，属于轻率过失大意为基础的欺诈（recklessness）还是属于知情恶意的欺诈（scienter），不同的指控性质都有可能会有不同的潜在后续影响；这些行业自律组织包括：地方证券交易机构、证券登记和结算机构、注册会计师协会、律师协会等。

⑦此外，根据当事人所处的不同行业，比如银行、保险、大宗商品；这些不同的行业都有各自的监管法律、法规，其都有可能由于当事人遭遇SEC诉讼和禁止令，而触发一些对当事人更加不利的条款。

因此，在美上市公司在考虑是否同SEC进行和解，尤其是如何进行和解、和解的谈判条件，是同意接收禁止令和支付罚款，还是决定继续抗争到底，将命运交由联邦法官和陪审团做最终的裁决，则需要进行全面的考虑。

由于以上各点，尤其是近年来SEC推出的要求在承认指控前提下才同意和被告和解，那么对在美上市公司而言，选择和SEC和解可能并非是最佳的解决方案，何况在很多联邦法院的诉讼案件中，SEC胜诉的概率并不高。这些因素对于在美上市的中概公司而言，同样值得认真考虑。

## SEC 调查和中概公司

早年在美上市的中概公司里，包括网易、UT 斯达康在内曾经遭遇 SEC 调查和起诉，并被裁决承担相关的罚款。据报道，从 2011 年开始，有超过 170 家在美上市的中概公司遭遇 SEC 正式或者非正式的调查，这其中主要是反向借壳上市的企业；其中超过 60 家中概公司在经过调查后，遭遇 SEC 的行政或者民事起诉，这些诉讼大部分还在继续之中，尚未结案；这 60 多家中概公司中，同时遭受股东集体诉讼的超过 30 家，其中同时还遭受美国司法部调查和起诉的有 2 家。以下几个典型案例值得关注：

中国高速频道因涉嫌财务舞弊而遭遇股东集体诉讼，被缺席判决赔偿 5.355 亿美元，外加利息；SEC 也对公司及其 CEO 发起诉讼，后被缺席判决没收公司的非法所得外加利息，合计 41 894 082.05 美元，另外承担民事罚款 725 万美元；公司 CEO 被缺席判决没收不当得利外加利息 17 718 359.07 美元，外加罚金 150 万美元；该公司及其 CEO 在被 SEC 起诉案的总赔偿金额为 68 362 441.12美元，创下了中概股遭遇 SEC 调查和诉讼的最高赔偿（罚没）金额。

中国节能科技（China Energy Savings Technology Inc.），因涉嫌操纵股价进行不当得利，于 2006 年而遭受 SEC 调查和民事诉讼，公司及四名高管被联邦法院判决没收非法所得和罚款，总金额为 3 400 万美元，其股票做市商被 SEC 罚款 250 万美元，其审计师也被 SEC 起诉并罚款约 12 万美元。

在 SEC 调查案件中，除了以上两个和解金额高达数千万美元的中概案例之外，另外还有一个重大诉讼案件就是东南融通。东南融通涉嫌财务舞弊，从而遭遇股东集体诉讼，公司及除 CFO 之外的高管被缺席判决赔偿 8.813 亿美元，外加利息；其时任 CFO 在集体诉讼中被裁决赔偿 230 万美元；而 SEC 也对该公司及高管提起诉讼，目前尚未结案。

虽然在对中概股的诉讼案件中，SEC 并非总是能够成功指控，大多是以和解结案，但最近的一个中概案例显示，中概公司并非只能选择和 SEC 进行和解，也可以选择进行抗辩到底，从而挫败 SEC 的诉讼。中国能源技术曾经因为涉嫌财务舞弊而遭遇股东集体诉讼，最后以两千万美元和解赔偿；该舞弊事项于2012年引发了SEC调查和诉讼，而作为被告之一的公司时任CFO并不认可SEC对其个人的指控，该CFO除了配合SEC调查之外，还亲自赴美和SEC对决；有媒体报道称这是有史以来第一个以C（CEO/CFO/COO）打头的中概公司高管跨过太平洋到美国直接和SEC官员面对面抗辩。该CFO最终抗辩成功，迫使SEC撤销对其指控。这也是有史以来，第一例中概公司成功挫败SEC对其高管的指控。

## 反思和警示

企业并购流程（M&A process）和股权报酬流程（share - based compensation）是美国上市公司在404流程合规建设中的两个关键流程。主要是因为这两个流程容易出现财务舞弊、内幕交易、低价购买股票或者低价发放期权（cheap stock）和其他侵犯公众股东利益的现象，而且比较隐蔽。本案就是由于这两个流程的风险控制不足，而引发了SEC调查和诉讼，及禁止令和天价罚款。

不少中概公司聘请了一流的美国证券律师、一流的国际会计师、一流的国际财务顾问公司和估值公司，但为何仍然没有很好的防范在美国的股东集体诉讼风险和美国证监会的调查风险呢？本案中，被告援引评估公司的报告以证明MBO的价格是公允的，然而这并无法说服SEC；评估公司报告是基于公司管理层所做的盈利预测基础上的，因此独立估值公司所给出的估值报告，并不能代替公司管理层对并购交易是否公允所需要履行的应有关注责任（due care），不能代替公司管理层对公众股东应该承担的忠于股东的勤勉义务责任。外部中介机构的责任和公司的责任是不能互相替代的。

在很多证券诉讼案件中，上市公司及其高管，是否真的进行了内幕交易、是否真的从事了财务造假或者虚假披露，这是问题的另一方面；最为重要的是，不要被全方位的各种监督力量（包括SEC、媒体、投资者、做空机构等等）识别潜在的漏洞，从而被绑上集体诉讼或者监管诉讼的战车。因此，只有在敬畏规则，不心存侥幸的前提下，上市公司及其高管才有可能会抵制各种诱惑，避免个人声誉受损和其他风险。

上市公司治理结构中，最为顶层的要求，其实也就是底线要求，那就是：上市公司管理层需要廉洁自律、干净做事、不能将个人私利或者小部分内部人士私利凌驾于公众股东利益之上。

美国资本市场近年来爆发了一系列的重大案件，SEC 也查处了一系列案件，并作出严厉惩罚。这些涉案的当事方有名不见经传的中小上市公司，也有赫赫有名的世界五百强，当然也包括屡罚屡犯的华尔街大银行。

从 SEC 所调查的这些大案要案来看，资本市场可以让少数人在短时间之内暴富，虽然资本市场的这个内在功能本身并不存在不妥之处，但这样的暴富不能以牺牲广大公众股东的利益为代价。马克思在《资本论》中论述资本原始积累时说过“资本来到世间，从头到脚，每个毛孔都滴着血和肮脏的东西”。所以资本制度本身是存在罪恶的，是需要救赎的，而其最重要的救赎方式就是建立公平、公正、公开的全方位监管体系。如果缺乏了这样的监管体系，或者监管体系失效，资本制度的丑陋一面就会在资本市场中大行其道。

## 申明和信息来源

本案例的主要信息来源于相关法律文件，案件中所提到的指控内容，可能属实，也可能并非属实，本书对此并无任何立场；同时由于本案并未经过陪审团和法院的最后判决，而是双方和解结案，所以也意味着这些指控的事实认定在美国证券相关法律下并未予以确认。本案例的主要信息来源包括：

- China - Based Company and CEO To Pay ＄55.6 Million for Inaccurate Disclosures; SEC Order ; www.sec.gov/news/pressrelease/2015 - 223.html.
- In the Matter of FOCUS MEDIA HOLDING LIMITED and JASON JIANG, www.sec.gov/litigation/admin/2015/33 - 9933.pdf.

## 21. 航美传媒：中概股的回归困局？

（本文于2015年7月17日首发于百度百家及新浪科技创事记）

受国内资本市场先前大好形势的影响，2015年以来有接近三十家在美上市中概股宣布私有化，其中不少希望可以回归国内A股市场。然而7月份A股市场的暴跌，无疑是给这些中概公司的回归之路带来了不确定性。同时，这些中概公司在私有化退市过程中又可能会遇到各种挑战，其中最为常见的挑战则是美国股东所发起的证券集体诉讼。因此，如果说国内资本市场的这场暴跌所引发的各种负面影响可能是中概公司归途的“拦路虎”，那么美国集体诉讼则是这些中概公司拟私有化回归路上的“追兵”。在美国上市的航美传媒最近就遇到了这股“追兵”；航美传媒成为2015年第十家、6月份第四家遭遇集体诉讼的中概公司。

### 跨境市场资本套利下的股权出售

2015年4月7日，航美传媒公布将向深圳联建光电（A股上市公司）出售其下属公司航美广告5%的股份，对应价格为人民币1.5亿元，而整个航美广告在此次交易中的估值是30亿元人民币（约5亿美元）。在公告中，公司明确指出传媒行业公司在中国境内资本市场的估值市盈率比境外资本市场高，因此，该项交易将有助于提升公司股东的价值，公司业务将向飞机、铁路WIFI运营转型。关于该项交易，此次公告十分简短，并没有披露其他更多的实质性条款。但从中可以推断出，公司决定此项交易的目的是利用中国A股市场和美国资本市场之间对传媒行业所存在的巨大估值差异，进行资本套利。

在公告之前，航美传媒的股票长期处于每个ADS（等于两个普通股）低于2美元，而且日交易量也不活跃，公司的整体市值也只有区区1亿美元，如果考虑到于 2014 年 12 月 31 日该公司账面有接近 1 亿美元的现金及等价物（含短期投资），这意味该公司的业务在美国资本市场的估值是零。当然整个中概股传媒行业的估值都不高，就航美传媒本身来说，低估值和其连续几年的业绩亏损也不无关系。而且该公司的管理层和员工期权的授予价格每股大部分是在 1～2 美元之间，所以每个 ADS 不到 2 美元的价格则意味着每股股票的市场价格长期不到 1 美元，也就意味已经发放的期权长期处于没有价值（贴水）的状态。所以利用好 A 股市场的大好时机进行跨境市场资本套利，就变成对管理层、员工、现有股东来说多赢的选择了。

此交易公告之后，公司股票价格从 4 月 7 日的收盘价 2.05 美元上升到 4 月 8 日的收盘价格 2.84 美元，而且当天的成交量从原先的每天几十万个 ADS 上升到超过 1 400 万个 ADS；此后一直到 2015 年 6 月 12 日，公司的股票收盘价格为 7.26 美元。可见资本市场还是十分认可公司的这个交易。先且不说该交易是否可以得到实质性履行，仅从公司股票的市值管理来看，航美传媒的这一公告无疑是成功的。

## 做空搅局：股权出售难道是"虚假交易"？

2015 年 4 月 28 日，理查德·皮尔森（Richard Pearson），一位自称为曾经是国际一流投行的银行家，在 seekingalpha 网站上发布了对航美传媒的做空研究报告。

做空报告认为该出售交易是"虚假交易"，是对市场的愚弄。其分析认为，该交易的合同条款角度看，买家并非是真心有意购买该业务，卖家也并非是有意出售该业务，因为这个合同缺乏实质性约束条款，并不属于法律上有约束力、预计会得到履行的合同（legally binding，enforceable agreement），否则该合同需要在公司公布年度报告 F－20 的时候提交给 SEC；在这个交易合同中，双方都明确规定了各自有取消交易的权力，买方可以在 75 天观察期之内取消交易，将目标公司股权售给第三方；卖方也有权要求买方回购这部分股权，返还对价并计息；所以这个交易可以很容易被取消，对交易双方并没有实质性约束；而且，这个交易还规定了对价的定价依据是目标公司 2015 年 2 亿元人民币的利润指标，而且卖方还对此作出了承诺。做空机构认为，这个条件是不可能实现的，因为航美传媒本身是连续几年亏损，该公司 2015 年第一季度的亏损更是超过 500 万美元，而且第一季度的收入同比和环比都在下滑，第二季度预计的收入也在下滑；同时航美传媒的财务状况也在恶化，其现金及等价物（包含短期投资）从 2014 年 12 月 31 日的月 1 亿美元，下降到 2015 年第一季度末的 6 400 万美元，要求目标公司实现 2015 年 2 亿元利润的目标很难实现，所以该交易也难以实现；而且假设即使该交易最终实现了，但由于买方有权要求卖方回购，所以充其量也仅仅是个变相的融资交易（售后回购性质）。

做空报告的作者皮尔森还宣称其手头有该交易完整的合同版本，而且还和交易的收购方深圳联建光电的证券部门进行过电话沟通。皮尔森指出，联建光电并没有对航美传媒或其下属公司进行尽职调查，这个并购还处于初期阶段；航美传媒在 4 月 7 日的公告中并没有详细披露这个交易的实质性条款，在公司于 4 月 27 日公布的年度报告中虽然披露了交易双方可选择取消交易的这个条款，但也没有披露该交易合同中所约定的卖方对目标公司 2015 年 2 亿元人民币利润的承诺条款；公司经过其外部审计师德勤于 2015 年 4 月 24 日签署的年度财务报表也仅仅是在期后事项附注中简单提到该笔交易，并无具体披露合同实质条款。

公司对这个做空报告迅速作出了反击，4 月 29 日，航美传媒发布公告驳斥做空报告的指控。公司指出这个交易是如实存在的，而且深圳联建光电于 2015 年 3 月份聘请了会计师、律师、资产评估师、财务顾问等中介机构对航美广告公司进行了尽职调查。但这个公告并没有提到股权出售安排中的利润承诺条款。

2015 年 5 月 18 日公司公布 2015 年第一季度业绩，并在投资者电话会议上强调和联建光电的 5% 股权出售交易及该业务对应的 5 亿美元估值。所以虽然遭遇做空报告的阻击，但航美传媒的股票价格在这段时间并没有受到重大的负面影响。相反，其股票价格是一路上涨直至 6 月 12 日的 7.26 美元，直到新的故事发生。

## 6 月 15 日最新交易公告，为何股价竟放量暴跌？

2015 年 6 月 15 日，航美传媒对外公告，宣称以 21 亿元人民币现金对价出售航美广告75%权益给北京龙德文创，同时取消原先同深圳联建光电的交易，此次交易航美广告的总估值为28亿元人民币，低于4月份同联建光电30亿元人民币的估值。或许是接受了前次交易对外信息披露过于简单的教训，对此次交易，公司做出了远比4月份交易要详细很多的披露内容，但在信息公告之后，航美股价高开后暴跌，收盘跌17.77%报5.97美元，当天成交量超过6百万个ADS，市值仅为3.6亿美元；此后股价连续跌至6月18日收盘价格的3.5美元（当天成交量超过1 100万个ADS）。2015年6月19日公司公告收到航美管理层对航美传媒发起每个ADS 6美元的私有化邀约收购，当天大涨42.6%至5.02美元，成交量超过2 300万个ADS。

为何存在连续几天的股价放量暴跌，其具体原因并不可知，或许是因为投资者担心本次交易仍然存在不确定性，会被取消？或者是因为失去对公司管理层的信心？还是因为投资者认为本次交易的条款并不如4月7日公布的交易条款优惠？虽然公司管理层认为，本次交易条款优惠于4月份的交易条款（比如：不需要通过政府审批，因为买家不是上市公司，而且对价是完全使用现金支付、交易赔偿金高达4亿元人民币等），但从两次交易所披露的条款来看，此次交易的目标公司整体估值只有28亿元人民币，比4月份交易的30亿元人民币低；而且此次交易的业绩考核期比较长，从2015年开始有4年，考核的总利润是约10亿元人民币，这个业绩考核期远比4月份交易仅仅是2015年一年2亿元人民币利润的业绩考核期长；也许是考虑到投资者对此会有所担心，航美传媒在公告中首次披露了拟出售业务的2014年模拟利润高达2 159万美元，并宣称公司管理层对2015年实现交易合同中所设定的利润考核目标是有信心的。不过本次交易，虽然不需要经过监管机构的审批，但仍然需要经过VIE拆除、公司内部业务重组等程序，而这个过程需要多长时间，是否会存在不确定性，外界还无法判断。

股价暴跌或许是因为投资者看到公司将其核心业务的大部分股权（75%）予以出售，而转型到飞机、高铁的WIFI业务，而且前者竟然是个利润不菲的业务（在此次交易中，管理层对该业务2014年的模拟利润高达2 159万美元，约1.34亿元人民币），而且在接下来的四年中预计累计利润超过10亿元人民币，虽然从合并角度看，航美传媒过去几年亏损的，所以投资者不认可公司出售这样具有高获利能力的业务，同时对将要转型的新业务缺乏信心？

或许是因为投资者认为，取消4月份的交易而进行此次交易确实是个利好消息，投资者也认可公司管理层的判断，认为6月份的交易比4月份的交易对公司更为有利，但同时也说明了公司已经利好出尽，从而转为利空？倘若如此，则正所谓利好也就是利空，只是不同的投资者有不同的价值判断而已。

其实不论具体原因是什么，从股价的连续几天放量暴跌现可以看出，当时资本市场好像并不看好这个交易安排及公司的预期价值。

## “诉棍”趁机围攻，集体诉讼爆发

自从做空报告出台之后，“诉棍”们就开始盯上航美传媒，而在6月16日公司股票价格大跌之后，他们乘机高调宣布调查，并于6月25日发起了集体诉讼，航美传媒由此被绑上诉讼的战车。本案的被告包括航美传媒公司，及公司CEO和CFO在内的个人被告。诉讼期间从2015年4月15日（股票价格超过4元）至6月15日（公告出售75%）。原告指控所有被告违反了1934年的证券交易法第10（b）条款和SEC的10b-5规则，两位个人被告违反了交易法第20（a）的控制人责任条款。原告的指控依据主要是做空报告对5%股权出售交易合同条款的实质性分析、公司对做空报告的反驳，以及航美公司于2015年5月18日第一季度业绩公告会议上，华尔街分析师和公司管理层就该笔交易的提问和回答。

原告指控所谓的向深圳联建光电出售航美广告5%股权的交易根本不存在，原告指出：①交易对方并没有认可航美广告整体3亿美元的估值；②在诉讼期间并不存在可接受航美广告接近3亿美元估值的其他潜在买家。因此原告指控被告于诉讼期间所作的对外披露存在重大误导，并由此给投资者造成了损失。

这个诉讼主要涉及企业并购交易的信息披露问题。从美国证券诉讼案例法角度看，如果上市公司的并购交易仅仅在初始谈判阶段或者仅仅是意向阶段，公司并没有对外披露的义务，但如果并购交易已经达成实质性条款，也就是说交易很可能会进行，那么企业就有对外披露的义务。但这个披露必须是全面的，不能是有选择性和误导性的。就本案而言，在涉及这个5%股权出售交易航美传媒所作的信息披露是否妥当，估计会是原被告双方抗辩的焦点。

## 并购业绩考核：中外资本市场的不同游戏规则？

中概股赴美上市前后进行并购交易是十分常见的，在通常情况下，这些并购交易也存在并购期间业绩考核的安排（earnout provision），这个期间一般是一年至三年不等。这个业绩考核和并购对价直接相关，对价就是依据考核期预计的总利润结合相应的市盈率计算出来的；但在交易日这个对价仅仅是个估计数，或者说是个或有对价（contingent consideration），收购方按照这个估计对价进行账务处理，包括无形资产、商誉确认等；对价的支付一般也是和考核期进度相关，并非在交易日一次性支付，而是根据在考核期有多少利润达标，按照进度相应支付部分对价，而在考核期结束的时候，根据考核业绩的实际达标情况，并购交易的最终总对价才得到实际确认。所以这并不等同于业绩承诺或者业绩担保，因为最终是用考核业绩的实现多少来确定并购的总对价。

在国内资本市场中，并购对价总金额是在交易日就予以确定，所以通常情况下不采纳或有对价模式；对于关联方重组和并购，则必须要求有业绩承诺，对于非关联方则没有强制要求；而且业绩承诺的补偿也需要结合并购日时候的估值水平。但是，由于不采用或有对价的模式，所以并购对价在并购日已经确定并支付，倘若所承诺的业绩没有实现，那么对于已经支付的现金部分对价，则可能会存在较大的契约风险，从而引发纠纷；而对于股票部分的对价，由于二级市场的波动，并购日和业绩承诺期之间的市场价格是不同的，但对于这样的市场估值风险则无法规避。

其实并购双方都明白，将来业绩可以预期，但不能承诺，更不能担保，不然就成为业绩保险了，也谈不上是对投资者的最佳、有效保护。企业运行和商业环境总是处于未来的某种不确定性之中，所以在透明和公开的资本市场中，在公司管理人履行其勤勉义务的信托责任之后，最终投资者理应在某种程度上承担公司经营的剩余风险（即：享受利润或者承担亏损）。所谓股市有风险，入市须谨慎，指的应该是和这个剩余风险相关的风险。而所谓的业绩承诺和补偿，虽然本意上是向投资者提供保底的保障，但很有可能是起到越俎代庖的作用，剥夺了投资者对投资风险的自行判断机会。当然，在现有的资本市场环境下要保护公众投资者，业绩承诺和补偿也是一种现实的选择。

## A股重灾之后，中概股如何回归？

和在国内资本市场上市相比较，赴美上市难度并不算大，但是如果打算通过从美国资本市场私有化退市，然后回归国内资本市场，这个过程倒是充满挑战和不确定性。不同的中概公司其VIE相关合同的实际履行情况可能有所不同，所以拆除VIE过程中所面临的风险也可能不一样；除了法律架构需要进行重组之外，有些公司业务内容也需要进行剥离和重组（比如本案航美广告）；此外，公司可能还会面临人民币基金接盘时候的对赌条款；更为重要的是，即使公司顺利拆除完毕VIE，新基金顺利接盘，万事俱备等待上市，但国内资本市场一时间的不确定性，有可能使这一跨境资本运作结果变得更加不可测；而在这个过程中，最为重要的是，企业的业务必须能够继续保持健康、快速的增长，不然则会严重影响估值。

随着这次国内资本市场股灾的消退，更多人体会到光靠讲故事是难以支撑股价的，价值投资的理念日渐人心，对拟回归的中概公司来说，其将可能在国内资本市场遇到的挑战也日趋类似于美国资本市场。因此，调整好业务模式，将优质业务回归，而不是将那些仅仅停留在故事层面的业务回归，将会是这场跨国资本运作的一个趋势。这一点其实从本案中也可以看到，不论是4月份和深圳联建光电，还是6月份和北京龙德文创的交易安排，都对目标公司有明确的利润考核要求，所以并非是仅凭一个动听的故事就可以撬开A股的大门。

同时，针对资本市场中的各种诸如重组、并购、分拆等眼花缭乱、层出不穷的上市公司所公告的信息，有的甚至可能是私下消息，投资者必须能够具备专业的识别、分析和判断能力，不能只看貌似利好文字游戏式披露，而是尽可能获取并分析所披露交易的重大条款内容，透视其所隐含而没有明确披露或者需要进一步解读的风险。唯如此，才可区别其中哪些可能是烟幕弹、哪些是属于短期的资本炒作手法、哪些可能是陷阱、哪些才是有实质意义的利好消息。从这点看，个人投资者很难具备专业投资机构的这样能力，所以在相对成熟的资本市场中，机构投资者是市场的主要力量。

总之，资本市场需要动听的故事，但健康、可持续的资本市场不会是

“故事会”，那些“故事大王”和所谓的“资本运作专家”应该让位给真正的创业者、企业家。在可预见的将来，中概股即使回归 A 股资本市场，其所面临的挑战也会日趋和国际资本市场接轨。

## 本案后续进展

2015 年 11 月 10 日，法院批准任命首席原告代表和律师；

2016 年 1 月 15 日，原告提交修正后的诉讼状。

## 申明和信息来源

本案例的主要信息来源于相关法律文件，案件中所提到的指控内容，可能属实，也可能并非属实，本书对此并无任何立场；同时由于本案并未经过陪审团和法院的最后判决，目前尚未结案，所以也意味着这些指控的事实认定在美国证券相关法律下并未予以确认；本案例的主要信息来源包括：

- Complaint; Case 1: 15 - cv - 04966 - ALC Document 1 Filed 06/25/15.
- Order; Case 1: 15 - cv - 04966 - ALC Document 30 Filed 11/10/15.
- Amended Class Action Compliant; Case 1: 15 - cv - 04966 - ALC Document 35 Filed 01/15/16.

## 22. 金融界诉讼案：又是 VIE 惹的祸？

（本文于 2016 年 6 月 17 日发表于新浪科技创事记）

自从最近 A 股突破 5 000 点以来，加上国家所透露出政策层面的鼓励，海外中概股拆除 VIE 架构回归 A 股，成为资本市场的热点话题。据说国内某“四大”和律师事务所举办的此课题研讨会场场爆满，座无虚席。和国内资本市场对 VIE 公司的高度热情形成巨大反差的，则是 2015 年以来，在美上市中概公司继续不断被做空和遭遇集体诉讼，不少中概公司在美国资本市场当前仍然处于枪林弹雨和水深火热之中。6 月以来，第一家遭遇此危机的则是金融界公司；金融界成为 2016 年第八起，6 月份第一起遭遇集体诉讼的中概公司，而这起诉讼爆发的原因则恰恰是和 VIE 架构相关。接下来，我们一起简单分析和探讨一下这起诉讼案件的基本情况。

2015 年 6 月 3 日，Geo Investing 研究机构发布文章“ China Finance Online - JRJC - CEO Resigns from Key Posts in China Amid Anti - corruption Probe”，指责金融界隐瞒相关信息，没有对投资者披露，其中包括：

- 金融界董事长兼 CEO 从 2014 年第三季度开始，连续两个季度没有出席公司的业绩公告会议，并在过去几个月突然短时间内（不到一个月的时间之内）辞去在公司三家关键 VIE 的法人代表、董事等职务；
- 由于公司 CEO 是廊坊房产项目的间接股东之一，因此公司在廊坊房产项目上的投资属于关联交易；
- 公司某前独立董事，也是公司 CEO 合作伙伴，2014 年逃离中国，导致他的公司在廊坊房产项目上欠金融界 2 500 万美元债务。

此文章发布之后，金融界的股票价格当天跌 1.28 美元，跌幅 21%，收盘价格为 4.67 美元；当天有数家律师所宣布调查金融界公司。

2015 年 6 月 4 日，金融界公司迅速作出反驳，公司认为 Geo Investing 的报告包含了大量不实信息、误导性推测和对相关事件的恶意解读。公司在公告中指出：其 CEO 是出于个人原因没有出现业绩公告会议，而且关联公司（VIE）法人代表和管理职位的变化是正常之举；至于廊坊项目，在相关期间，公司 CEO 已经不是该项目的间接股东，因此不存在关联交易。

2015 年 6 月 4 日腾讯《棱镜》杂志对金融界相关历史交易进行作了进一步报道；2015 年 6 月 5 日，做空机构 Geoinvesting 趁机以《棱镜》杂志的最新报道继续指责金融界；2015 年 6 月 5 日集体诉讼爆发，诉讼期间从 2014 年 5 月 6 日到 2015 年 6 月 3 日；原告指控金融界公司、CEO 和 CFO 违反了证券交易法的第 10（b）条款和 SEC 的 10b－5 规则；还指控 CEO 和 CFO 违反了交易法的第 20（a）控制人责任条款。起诉状主要是依据 Geoinvesting 的研究报告内容；主要指控有两个，其中第一个是指控被告对于其 CEO 辞去在 VIE 公司的职位这一信息没有披露，第二个指控是廊坊投资项目上涉嫌关联交易而没有披露。以下我们分析一下这两个指控的具体情况。

## VIE 管理层变更需要对外披露吗？

一个月之内先后三个关键 VIE 公司原同一法人代表（董事/管理层）作出变更，这是否属于重大且需要披露事项（这些职位原来是上市公司的 CEO 兼任，现在该 CEO 在一个月之内从这三家 VIE 中辞去该职务）？或者说这个信息对理性投资者来说是否属于重大且必须要予以披露的信息？这从美国成文法和案例法上都无法直接找到依据，因此是个专业判断。按照通常惯例，对类似的事项，上市公司应该会在和其美国律师和外部审计师进行妥当沟通之后，进行专业判断的；估计金融界也不例外。那么就金融界这个情况来说，这个信息是否需要对外披露？或者说，这个信息如果不披露，是否会导致金融界原先已经披露的信息存在重大误导？这个也就是原被告双方可能激烈争辩所在。

原告在其诉讼状中指出，美国投资者十分关注中概股对 VIE 的控制是否有效；原告还指出金融界 2013 年的年报曾经因为 VIE 披露信息不充分，而被

SEC 要求修改，增加披露。原告还指出这三家 VIE 公司的法人代表等关键职位的短时间突然变动，这并非属于正常情况，因为这三家 VIE 是金融界最为核心的三家协议控股公司，因此金融界没有对外披露该信息属于重大不实陈述。很明显，原告正是试图从这些角度向联邦法官渲染和夸大中概股 VIE 的风险，从而在没有成文法和判例法的情况下，促使法官作出不利于金融界的裁决。

当然金融界可以抗辩认为，此等人事变动属于正常的行为，并无相关法律明确要求上市公司需要对此进行对外公告。而且，即使 VIE 的人事进行了变动，这并没有影响到上市公司对 VIE 的有效控制权（原告并没有指控金融界对这三家 VIE 的控制权失效）。

不过原告有可能会继续指出，金融界于 2015 年 4 月 27 日公布的 2014 年的年报附注中有披露到，这些 VIE 公司的管理层和上市公司的管理层是相同的。而于 2015 年的 3 月和 4 月份，其中关键三家的 VIE 公司法人代表等管理人员出现变动，这有可能导致 2014 年年报的相关披露和期后（2014 年 12 月 31 日之后）实际情况存在不一致。但这个不一致是否构成重大不实陈述，或者说金融界是否需要在年报的期后事项中作相关披露，则需要原告提出更多实质性理由来说服联邦法官。

中概股由于 VIE 结构所引发的集体诉讼有不少，但到目前为止，在 VIE 结构有效性和信息披露方面，真正经过联邦法官裁决形成判例法的只有新东方诉讼案。金融界诉讼案中关于 VIE 管理层变动的信息披露是否会经过联邦法官的裁决，这还需要看原被告双方在诉讼是否驳回这个环节的博弈结果。但不论法官裁决结果如何（除非案件在法官裁决前原告撤诉或者双方和解），这个裁决将会形成中概股在 VIE 模式信息披露的新判例，对已经在美和拟赴美上市的中概公司来说，都值得关注。

## 廊坊项目到底是否属于关联交易？

廊坊项目到底是不是属于关联交易？这是本案的第二个辩论焦点。这涉及关联公司的认定，这个认定不仅是个会计判断，也是个法律判断，可以说是会计和法律两个角度判断的综合。公司之间是否构成关联，除了通过股权这个纽带之外，还有就是通过非股权纽带（比如各种协议），由于本案的指控属于前者，因此我们在此不讨论通过非股权纽带而形成的关联关系。

原告指控认为金融界在投资该项目时候（2013 年 3 月 19 日，投资合同签订日，见诉讼状第 16 段所援引金融界 2013 年年度报告），其 CEO 是该项目的间接股东，因为该 CEO 在廊坊项目主要股东青石公司持有 20% 的股份，而直到 2013 年 7 月 23 日（见诉讼状第 22 段）该 CEO 才将这 20% 股份转给另一股东王某。

这里面有个关键信息需要考虑的是，青石在什么时间段是廊坊项目的主要股东，因为如果在金融界投资廊坊项目时候青石并不是该项目的股东，那么原告的逻辑就不成立了。Geo Investing 的研究报告指出于 2013 年 12 月 26 日，青石公司拥有廊坊项目 75% 的股权。不过，有意思的是，原告的起诉状并没有引用这个信息。起诉状只是在第 22 段简单地提到金融界公司 CEO 拥有廊坊项目的间接股权；至于具体何时间拥有、如何拥有，起诉状并没有详细说明。所以看来，原告是故意回避了这个问题。

金融界在驳斥 GeoInvesting 研究报告的公告中指出，金融界认为在其投资廊坊项目时候，廊坊项目的股东是四个自然人，并不包括青石公司；而等到青石开始投资廊坊项目的时候，该 CEO 已经不再是青石的股东了，所以该 CEO 也已经不是该项目的所谓间接股东了，因此金融界认为此等交易并不构成关联交易。

就关联交易的指控，金融界的以上抗辩是最有效的，因为原告的这一指控主要是基于在金融界投资廊坊项目时候（或者该投资存续期间），青石公司是廊坊项目股东之一，这么一个前提假设的；而金融界的反驳是直接指出这个假设不成立；由此看来，如果金融界可以向法庭出示相关证据支持其这一阐述，那么，金融界的这一抗辩足以实质性削弱原告在关联交易认定上的指控。目前做空机构也没有指出进一步的实质性证据。

## 股权转让实际有效日如何判断？

本案所引发的一个值得探讨的专业问题是，工商变更登记日期是否就是股权转让的实际（有效）日期？股权转让日期（或者说并购实际日期）会计上如何判断？法律角度又该如何解读？对关联交易认定有何影响？众多在美上市的公司，在并购交易过程中，都会遇到这个现实的专业问题。

从美国会计准则看，工商局所作的股权变更登记日未必就是股权转让的实际有效日；美国公认会计准则下，股权转移的实际有效日期（effective date）需要考虑交易的实质内容，尤其是股权交易（转让）合同中所约定的相关条款，包括约定的转让日期、约定的股份受益起始日期；如果属于控股股权，则还会涉及出让人何时实际放弃控制权、受让人何时间实际拥有控制权等等；法律角度也是主要看双方在合同中如何具体约定；而至于股份变更的登记日期，则属于程序上的范畴，这个日期是工商部门实际完成变更程序的日期，这往往不是合同当事双方可以直接控制的。总之，股权转让的实际日期，类似于企业并购交易的实际日期（effective acquisition date），是个复杂的专业判断过程，并非仅凭工商变更登记日期就可以作出判断。

如果关联方的认定是基于股权的纽带，那么股权转让实际生效日也就是关联方关系的成立日期。

作为在美国上市的公司，对关联交易认定和股权交易安排，通常都会经过非常严密的会计和法律专业判断。根据诉讼进度，如有必要，金融界当然可以从以上角度向法官提供其所作的判断过程，反驳原告的指控，力争驳回原告的起诉；但其中仍然会有不可控的风险，因为在诉讼是否驳回阶段，法官一般是比较倾向原告的；就本案当前的起诉状内容看，VIE 信息披露指控属于专业判断的范畴，只要被告没能非常强有力地驳倒原告指控，或者说双方对某些事实的认定上存在重大差异，法官通常倾向原告有机会进入证据开示阶段（evidence discovery）。而一旦，进入证据开示阶段，则意味着原被告进一步陷入旷日持久的诉讼战。而至于关联交易的指控，现在看来原告的指控力度比较薄弱。

最近马云在纽约发表演讲时候说，“现在，我们已经上市了，日子更难过了”。马云还坦诚地说选择赴美上市是因为赴港上市被拒绝。上市就是被关注，在美国上市就意味着被全球、全方位的关注，而集体诉讼其实就属于被关注的例子之一。集体诉讼是美国资本市场制度所设计的，对上市公司来说是固有的、不可回避的风险；上市公司唯有做好日常的全面风险管理，才有机会让“难日子”变成“好日子”。

## 案件后续发展

- 2015 年 9 月 14 日，加州联邦法院任命了本案的原告首席代表和律师代表；
- 2015 年 10 月 27 日，原告提交合并诉讼状，同时追加公司的前任（Gran Thornton China）和现任审计师（BDO China）为被告；
- 2016 年 2 月 15 日，原告撤销对个人被告和审计师被告的指控；
- 2016 年 4 月 8 日，被告金融界向法院提交动议，申请驳回起诉；
- 2016 年 5 月 6 日 ，原告提交动议，反对被告的驳回申请；
- 2016 年 5 月 13 日，金融界回复原告的反驳动议，再次申请法院驳回该诉讼；
- 2016 年 5 月 18 日，原告和被告双方代表进行了和解会谈；
- 2016 年 8 月 15 日，原被告双方达成和解赔偿方案，赔偿总金额为 300 万美元。

## 申明和信息来源

本案例的主要信息来源于相关法律文件，案件中所提到的指控内容，可能属实，也可能并非属实，本书对此并无任何立场；同时由于本案并未经过陪审团和法院的最后判决，目前尚未结案，所以也意味着这些指控的事实认定在美国证券相关法律下并未予以确认。本案例的主要信息来源包括：

- Class Action Complaints for Violations of Ferderal Securities Laws; Case: 2: 15 - cv - 04256 - PA - E Document 1 Filed 06/05/15.
- Stipulation of Settlement, Case 1: 15 - cv - 07894 - RMB Document 115 Filed 08/15/16.

## 23. 澜起科技：在美诉讼首战失利，关联交易惹的祸？

- 上市不到半年就遭遇做空、诉讼缠身、财报夭折、闪电私有化退市，都是关联交易惹的祸？
- 中概股集体诉讼能否转到中国法院受理？
- 数次股权转让之后，为何还有关联交易的风险？
- 费时上万的昂贵调查报告为何没能挽救退市和诉讼危机？
- 公司、“四大”、律师、审计委员会、法官，关联交易认定到底谁说了算？
- 实质和形式，孰轻孰重？中概股如何把控关联交易风险？

截至2015年4月15日，2015年已经爆发了五起在美国中概股集体诉讼案件，在新诉战爆发的同时，战场上也传来了那些年前已经开打诉战的一些最新情况。2015年1月29日，美国联邦法官拒绝了澜起科技驳回起诉的申请，澜起科技在诉讼中首战失利。接下来我们一起分享和探讨为何澜起科技首战失利？本案原被告双方的如何进行抗辩？法官如何做出裁决？以及中概股关联交易风险等话题。

### 赴美上市：潇洒匆匆走一回？

据其公司网站介绍，澜起科技为模拟和混合信号芯片提供商，专注于为家庭娱乐和云计算市场提供以芯片为基础的解决方案，公司曾经获得包括永威投资和英特尔投资等在内的风险资本投资。

- 2013年9月26日，公司正式在美纳斯达克挂牌上市，IPO发行价为10美元，融资7 100万美元，上市交易代码为MONT，上市后的股票价格最高超过25美元。

• 2014年2月6日，投资研究机构 Gravity Research Group 发布了一份研究报告指出，澜起科技最大的一家经销商是一家空壳公司，主要目的是为了伪造公司的财务业绩，属于关联交易，而且没有披露；受此消息影响，澜起科技股价在2014年2月6日放量下跌3.76美元，跌幅达到18%，收盘价接近17.45美元。该股次日再跌10%，2014年2月7日报收于15.72美元。

• 2月19日集体诉讼爆发。

• 此后3月底，私人投资公司 Aristides Capital 发布了一份研究报告指出，澜起科技的营业收入虚构，合理股价应在5美元到6美元之间。

• 4月22日审计委员发布的初步调查结果显示该研究报告对澜起科技财务指控不成立。

• 2014年5月23日，法院批准了本案的原告代表和律师代表，2014年7月22日，原告提交合并和修改后的起诉状。

• 2014年9月22日，澜起科技申请法院驳回起诉。

• 澜起科技因为推迟提交了2013年年度文件、2014年季度文件，在2014年10月份遭到纳斯达克启动摘牌程序，2014年8月19日、10月1日，澜起科技曾两次收到纳斯达克的摘牌警告。

• 2014年10月15日公司，独立调查机构众达律所（Jones Day）完成针对做空报告指责的调查最终结果，维持4月份的初步调查结果。

• 2014年11月20日，澜起科技宣布私有化收购完成，完全摊薄股权估值约为6.93亿美元，公司股东在2014年6月31日的股东大会上批准了这项交易。该公司在上市之后不到半年就遭遇做空，而且从上市到私有化前后不超过一年半的时间，可算是赴美上市匆匆走一回。

• 2015年1月29日，联邦法官作出裁决，拒绝了澜起科技等被告提出驳回起诉的申请。

## 原告的核心指控是什么？

本案的诉讼期间从2013年9月25日（公司IPO日）至2014年2月6日（做空报告出具日），包括公司和CEO、总裁和CFO（三位个人被告）在内成为被告；原告指控公司违反证券交易法第10（b）条款，指控个人被告违反证券交易法第20（a）控制人责任条款；原告指控澜起科技没有披露其最大的分销商是关联公司，二者之间的重大关联交易没有披露，因此公司的招股书的相关文件存在重大误导和信息隐瞒，属于重大不实陈述。

公司在招股书中宣称其82%的收入是来自独立分销商，其中最大的分销商LQW占2012年总收入的50%，及2013年前六个月的67%，占2013年前九个月总收入的71%。

2014年2月6日研究机构Gravity Research发表报告指出，LQW实际上是由一家没有对外披露过的关联公司控制的，这家关联公司叫Shanghai Montage Microelectronic Co. Ltd.（SMMT），公司股票价格此后连续两天累计跌幅超过25%。

原告指控认为从一系列财务数据、家族关系、管理关系和办公室所处位置等角度可以判断LQW其实是关联公司，而被告没有披露其和LQW之间的关联交易。

LQW是本案个人被告之一Y的其中一位前雇员于2011年成立的，成立四个月之后由SMMT所并购。而SMMT本身是于2008年由澜起科技下属一全资子公司和澜起科技某一高管W合资成立；2009年7月份，澜起科技的全资子公司不再拥有SMMT的任何股份，而直到2012年7月份是由W拥有SMMT的大部分股权；之后SMMT的股权分别由两个自然人Y和C分别持有60%和40%；而这个自然人Y则是澜起科技总裁S（也是本案个人被告之一）父母所控制某家公司的法定代表人。

原告还指出澜起科技和SMMT之间存在的其他一些信息足以证明他们之间是关联公司关系，如：两家公司在某些对外网站上公布的电话是一样的，澜起还曾经在招聘广告中宣称SMMT是其子公司。此外，原告于2013年曾安排一次私下调查，LQW和SMMT的办公地址，发现被引到一个加锁的仓库，而SMMT并没有在此办公，相反此乃属于澜起的原先办公地址。在澜起科技网站所公布的公司办公室，原告的调查人员询问了公司前台人员，被告知SMMT也在同一楼层办公，其属于澜起科技的一部分。

而且澜起科技的数名前雇员还向原告调查人员透露相关信息；其中一名前

雇员告诉调查人员，SMMT 其实就是属于避税角度而成立的壳公司，也是由澜起科技人员在管理；另外一名前雇员则透露，LQW 则是属于在香港成立的中间性质壳公司。

法官认为，原告的以上指控，假设属实，（注意，在目前这个阶段，法官是假设原告的指控属实，仅仅是假设），那么原告已经充分指控说明 LQW 和澜起科技之间属于关联公司关系，二者之间的交易属于关联交易，也充分指控澜起科技提交给 SEC 的招股书等注册文件及澜起科技的其他对外信息披露，存在重大不实陈述和信息误导。

2014 年 9 月 22 日，澜起科技申请法院驳回起诉，澜起科技的抗辩理由包括：①从法院审理方便角度考虑（forum non conveniens），此案可以在中国境内审理，所以原告在美国的起诉应该予以驳回；②原告没有充分指控被告存在重大不实陈述和信息隐瞒；③原告的指控不符合欺诈要件；④原告的指控不符合损失的因果关系要件；⑤由于以上原因，以及原告并没有指出个人被告对信息隐瞒存在控制行为，原告对个人被告的指控也不成立。

法官认为澜起科技的以上抗辩理由不成立，因此拒绝了澜起的驳回起诉申请。以下我们一起了解一下法官是如何作出这个裁决的。

## 能转到中国法院受理吗？

被告抗辩指出，基于法院审判方便的原则（forum non conveniens），本案由中国境内法院受理更能减少当事人的诉讼成本，因为中国的相关证券法律同样适用，在中国法院审理该案，原告也可以获得相关的法律救济，因此请求美国联邦法院驳回本案在美国的起诉。

原告中国法律专家指出中国相关证券法律并不涉及在海外上市的公司，而且中国的证券法律民事诉讼有前置条件，那就是或者有中国证监会（CSRC）的行政处罚在先，或者有中国法院的刑事判决在先，这样法院才可以接受证券民事诉讼；而由于 CSRC 和中国的法院并没有对在境外上市交易的公司拥有相关领域的行政处罚权和刑事判决权，所以这样的前置条件是不可能出现的，所以中国境内不会有法院受理此案，本案的原告是无法在中国境内获得法律救济。

虽然被告中国法律专家从法律推理角度认为中国法律同样适用于在中国境外上市的证券交易行为，而且中国的法院在受理该案时也不一定非要考虑行政或者刑事前置条件，但是，美国联邦法官指出，被告的中国法律专家并没有提供任何案例或者其他证据来支持其这一观点，被告的中国法律专家所作的分析更多是一种推测而已。而且目前也没有先例有任何在美国起诉的证券集体诉讼会被转移至中国境内法院受理，因此本案的联邦法官拒绝被告以该理由申请驳回本案的起诉。

本案被告律师所采用的这个抗辩理由，在中概股集体诉讼中并不常见，只能说是个大胆的尝试。

证券交易法第10（b）条款和SEC的10（b）-5规则下的指控需要符合六个要件，包括重大不实陈述或者误导、欺诈要件、和证券交易相关、信赖要件、损失的存在、因果关系的存在。本案中，被告就重大不实陈述或者误导，欺诈要件、因果关系的存在，这三个要件进行了重点抗辩。以下我们详细了解一下原被告双方如何争辩及法官是如何进行裁决的。

## 关联交易认定，谁说了算？

在是否存在重大不实陈述或者信息遗漏方面，被告抗辩认为原告并没有提供具体事实来说明为何澜起科技和LQW之间属于公认会计准则（GAAP）下的关联公司；而且即使属于关联公司，则也没有达到重要性水平，所以不属于重大遗漏。

法官援引了美国公认会计准则FAS57（2）、（24）和SEC的S-X条款中关于其中一种关联方公司的定义：附属公司（affiliates），这里面主要涉及企业控制权（control）的定义，只要其中一方可以通过各种方式（股权、合同等等）拥有能力直接或者间接决定另一方的管理层和公司政策，那么这双方就构成了关联方中的附属公司关系，双方之间的交易当然就构成了关联交易。

本案中法官认为，原告所提供的信息足以说明澜起科技和LQW之间是关联公司。因为，首席被告自己也承认LQW在2012年7月份之前属于关联公司，因为那之前澜起科技的某一高管是SMMT的主要股东，而澜起科技IPO的注册文件和招股书中所包含的财务数据是追溯到2010年财务年度的，所以仅此一条就足以说明澜起科技的 IPO 文件中存在重大不实陈述和信息遗漏。被告抗辩认为 2012 年 7 月之前虽然属于关联公司，但即使没有披露也不构成重大不实陈述，因为这不在本案的诉讼期间（从 2013 年 9 月 26 日至 2014 年 2 月 6 日）之内。法官没有采纳被告的之个抗辩，法官认为，原告所指控的是澜起科技和 LQW 之间的关联交易没有披露，而且原告是信赖了这些被隐瞒信息的财务报表，这和案件的诉讼期间没有关系。

法官又指出，虽然在 2012 年 7 月之后，澜起科技和 SMMT 之间的股权关系在弱化，但原告所提供的其他一些信息又足以让人认为澜起科技和 SMMT 之间仍然在保持密切关系（见前文所描述）。法官认为，SMMT 两次股权变更这本身无法足以说明 SMMT 和澜起之间已经不是关联公司，相反，澜起科技还继续对外宣称 SMMT 是其子公司，外加上 SMMT 公司在办公地理位置上也没有独立于澜起科技，这足以推导出澜起科技通过不同方式继续拥有决定 SMMT 管理层和政策的能力，因此澜起科技没有披露其和 LQW 之间的关联交易是不符合公认会计准则。

法官还指出，原告的指控也符合重要性原则，因为原告指出 LQW 和澜起之间的交易金额占相关期间澜起总收入的 50% ~71%，而且澜起科技收入的增长主要也是来源自和 LQW 的交易。

审理证券集体诉讼的美国联邦法官并不需要会计师资格，但不得不佩服法官的会计知识水平。通常我们认为，关联方认定属于会计和法律相结合的专业判断问题，然而，本案的法官却可以依据公认会计准则，从常识的角度通俗易懂地作出关联方的认定。

## 澜起科技的行为属于欺诈（知情）吗?

被告指出原告仅仅是指出被告个人是管理层，而没有提供其他欺诈的证据，这并不符合欺诈的指控要求。然而法官通过援引案例法认为，在很多情况下，正是由于被告是管理层，而所被指控的事项是如此的明显，作为管理层如果认为不知情则是十分不妥当的。

本案中原告指出来自 LQW 的销售占澜起科技总销售的 71%，但被告认为仅仅如此指控并不能说明澜起科技属于欺诈。然而法官指出，原告已经提出了其他的追加指控内容，足以推导出被告存在欺诈。原告指出，在澜起科技某高管拥有 SMMT 股权期间，本案三位自然人被告皆为澜起科技的高管；直到 2013 年 8 月份，澜起科技和 SMMT 仍然共用电话号码，直到 2014 年 7 月份澜起科技和 SMMT 仍然共用办公地址，SMMT 没有自己独立的办公场所，澜起科技现和前雇员也认为该公司属于澜起科技一部分；而且澜起科技之前也曾经在财务报表中披露过关联交易，这说明澜起科技的管理层是明白其在关联交易信息披露上的义务。

就本案而言，现在有两个推导结论：第一个推导结论是：澜起科技的高管根本不知晓 LQW 是关联公司；第二个推导结论是：澜起科技的高管其实是知情，或者其实是由于蓄意轻率而不知道，这家和其共用办公室的、属于公司最大的经销商应该是关联公司，而且按照公认会计准则关联交易是应该予以披露的。对这两个推导结论，法官认为，很显然，第一个结论不可能比第二个结论更有说服力，两个结论的说服力也并非旗鼓相当。而且如果澜起科技的普通员工都知晓 SMMT 是澜起科技之间的关系，那么再普通的人也可以推导出澜起科技的高管是知情的。

所以，法官认为，综合以上这些信息，可以认为澜起科技的高管对公司所提交 SEC 的文件存在重大不实重述和信息隐瞒是知情的，因此原告的指控满足了欺诈要件。

## 股价下跌到底是谁的错？

被告还抗辩指出，本案的损失因果关系指控不充分，应该予以驳回。要符合损失因果关系的指控要件，原告必须能够指出：①虚假陈述推高了股票价格；②虚假陈述这个事件已经被对外公开了；③由此股票价格下跌。在起诉是否驳回阶段，并不需要原告来证明这个损失因果关系是成立的，只要求原告能够合理指控到位就可。

本案中，法官认为：①原告已经充分指控澜起科技的重大不实陈述和信息遗漏导致了公司股票价格被推高；②公司的这个重大不实陈述也由于做空机构的研究报告而被对外公开了；③该报告公开之后，公司的股票价格大幅度下跌。因此，原告的指控已经符合损失的因果关系要件。

被告援引案例法抗辩指出，做空机构 Gravity 的研究报告仅仅是指出澜起科技可能存在舞弊的风险，并不是说澜起科技存在欺诈或者舞弊，因此这个研究报告并不构成修正性披露（corrective disclosure）①，外界并不能由此判定澜起科技一定存在欺诈和舞弊，所以原告仅仅是引用这个研究报告是不符合损失因果关系的指控要求。

法官指出，如果仅仅是宣布对进行舞弊调查，那么这个宣布本身当然不会构成修正性披露；但是本案中，Gravity 的研究报告是指出其调查发现，是指具体的舞弊行为，并不是仅仅指可能存在舞弊的风险。因此，这个研究报告可以构成是澜起科技以前对外所披露信息的修正性披露。虽然这个报告本身在某些地方的措辞也不是十分肯定，具有一定的判断性质，但是在起诉是否驳回阶段，法官并不要求这样的修正性披露具有绝对的肯定。所以目前看，正是这个修正性披露导致了澜起科技股票价格的下跌。所以，法官拒绝了澜起科技这个抗辩理由。

## 公司高管需要承担责任吗?

要指控公司高管承担控制人责任，需要满足两个条件：①公司的违规行为存在（公司是首要违规者）；②高管人员实施了相应的控制权。而近年的一些案例法更是放宽了对控制人责任的起诉要求，对公司董事和高管相对不利。在起诉是否驳回阶段，法官往往不要求原告能够指出公司高管是恶意或者知情情况下参与了违规行为。所以经常是包括董事和公司高管在内的控制人，如果签署了重大不实陈述的文件，那么投资者就可以指控和起诉公司董事和高管，而法院则不会予以驳回起诉。

本案中，法官认为，原告已经充分指控了这三名公司高管，分别是公司 CEO、总裁和 CFO，签署了提交给 SEC 的包括公司上市招股书在内注册文件，而这些文件存在重大误导和信息隐瞒。因此，对控制人责任的起诉是充分的，

① 修正性披露指由企业自身或者其他第三方对外所披露的信息，该信息足以说明企业原先公开的信息存在误导，所以对原先公布的信息构成了修正，如果被认定为属于修正性披露，那么在诉讼是否驳回阶段，损失的因果关系比较容易成立。

法官拒绝了被告就此提出驳回起诉的申请。

澜起科技的驳回申请被拒绝之后，本案就可以继续往前发展，对澜起来说首战失利，如果马上进行和解当然会处于不利地位。但如果选择继续诉讼，则会面临复杂的证据开示程序。是选择尽快和解、边继续诉讼边和解、还是先诉讼不和解的拖延战略？这些都需要结合公司在诉讼博弈中的优劣处境而做出选择。

## 中概股关联交易风险如何把控？

中概股由于关联交易风险管理不到位而引发被做空和集体诉讼的是有例在先的，几年前的东南融通就是因为涉嫌通过貌似关联的公司进行人力外包交易，而被做空机构盯上，从而爆发全面的风险。

澜起在美国 IPO 的中介团队应该说是世界一流的，其承销投行包括德意志银行、巴克莱资本、富国证券等，审计师也是来自“四大会计师事务所”之一的普华永道；甚至在公司被做空机构出具研究报告之后，公司审计委员会下的独立调查委员会所聘请的外部调查顾问也包括大名鼎鼎的美国律所众达(Jones Day)，还有国际法务会计顾问。在 IPO 过程中，对于公司最大的分销商背景，我们相信投行应该是进行充分的尽职调查程序，审计师也是应该做过认真的专业判断；但即便如此，现在看来也没有将关联交易的风险降到最低的水平，这其中具体原因何在外界不得而知，但通常而言不排除 IPO 时候的审核是基于由公司所提供的信息而做出判断，这和做空机构私下进行调查所收集的信息或许会有不同之处。

那份据说耗时超过一万小时的独立调查报告指出，并没有结论性的证据表明澜起科技和 LQW 及 SMMT 之间存在不妥当的关系（inappropriate relationship)。调查报告还指出，澜起科技没有必要对历史财务报表进行重述。如果从所投入的一万个专业顾问小时的时间来计算，这份调查报告的总费用支出应该在数百万美元的级别，可以称得上是高投入的制作。这样的高投入，所得出的结论表面上看似乎是有利于公司的，但从实际效果来看，不仅无助（很多情况下不排除还有反作用）于公司外部审计师顺利出具无保留意见的审计报告（澜起科技上市后的首个年度报告始终没有出具），即使在证券集体诉讼中也派不上用场。因为证券集体诉讼中，原告直接挑明指控澜起科技和 LQW 之间属于关联交易，然而，这份调查报告并无法提供抗辩的理由，仅仅是有气无力地说没有结论性的证据表明二者之间存在不恰当的关系，这样的表述最多属于消极证明（negative assurance），其说服力度远低于原告的指控力度，所以作用不大。从法官裁决过程来看，整个诉讼中，似乎被告在抗辩过程中没有引用到该报告的结论。

企业在上市过程中，尤其是涉及重大客户、重大供应商、重大并购和其他特殊性交易，是否存在关联交易是需要重点关注的风险。这其中主要原因是，关联交易往往是上市公司操控利润和损害其他投资者利益的常见手段。因此如果要规避这个风险，企业首先需要识别出哪些属于关联方；而识别的依据除了公认会计准则和 SEC 相关规定之外，更为关键的是如何同时在实质和形式两方面来进行关联方的认定。本案中，可能从纯技术角度（如：直接股权关系、直接亲属关系等）判断，似乎 LQW 不会构成关联方，但从形式角度看，这个公司和澜起科技存在千丝万缕的关系，这样的状况虽然会计师会从实质大于形式的原则作出专业判断，但是，如果形式偏离实质太远了，那么就不是简单的实质大于形式的问题了，而是实质变化的问题了。所以，实质和形式之间并非是简单的孰轻孰重的关系，形式不能脱离实质而存在，二者之间更不能偏差太远，否则可能就自欺欺人，产生不可控的风险。而对于这个风险，外部审计师、律师、咨询顾问公司、调查公司都无法替公司背书，最终只能由企业自身来承担。因此，如果企业要避免被认定为是关联公司，稳妥的做法是，不仅仅要保持实质上的独立性，还要保持形式上的独立性。

## 本案后续进展

正在和解谈判之中。

## 申明和信息来源

本案例的主要信息来源于相关法律文件，案件中所提到的指控内容，可能属实，也可能并非属实，本书对此并无任何立场；同时由于本案并未经过陪审团和法院的最后判决，目前尚未结案，所以也意味着这些指控的事实认定在美国证券相关法律下并未予以确认。本案例的主要信息来源包括：

- Order Appointing Lead Plaintiff and Lead Counsel; Case3: 14 - cv - 00722 - SI Document 36 Filed05/23/14.
- Consolidated Amended Class Action Complaint; Case3: 14 - cv - 00722 - SI Document 38 Filed07/22/14.
- Order Denying Motion to Dismiss; Case3: 14cvM0722S Document62 FDec101/29/15.

# 24. “CDN 第一股”蓝汛科技的新挑战：美国集体诉讼

- 平台转换有风险，新贵技术需谨慎；
- 季度考核真要命，本季不知下季事；
- 预测乐观后遭罪，信息披露要哪般？
- 高管总裁突离职，市值缩水超三成；
- “无赖”诉棍来捣乱，死缠烂打日方长；
- 豪情万丈跨洋去，疲惫飘泊已厌倦？
- 与其满眼酸楚泪，不如翘望故乡云。
- 归来吧，那些浪迹华尔街的中概游子们。

## 祸起 CND 云的新贵技术？

2010 年 10 月 1 日，蓝汛公司（ChinaCache）登陆纳斯达克成功上市，成为我国第一家在海外上市的互联网内容及应用传输服务（CDN）提供商。蓝汛上市定价为 13.9 美元，融资 8 600 万美元，1ADS = 16 普通股；2010 年 10 月 1 日开盘价便达 27 美元，收盘 27.15 美元，涨幅达 95.3%，创下 2007 年来企业在美上市当天最大升幅纪录。然而，2015 年所发生的系列事件却导致公司面临美国股东集体诉讼的危机。

2015 年，蓝汛的基于高效云计算技术的下一代 CDN 基础核心平台——高效云分发平台 HPCC（High Performance Cloud Cache）正式上线。据介绍，HPCC 平台凭借其系统分布式化、业务存储分离、节点资源池化、内容智能感知等核心功能，使其稳定性、可用性、响应时延方面得到提升，极大地优化了整体运营管理效率，提升了交付能力。

2015 年 8 月 14 日，公告称其总裁将于 2015 年 8 月 31 日离职。

2015 年 8 月 20 日，公司公布第二季度业绩，收入不及原先的盈利预期，且公司的双平台运行存在问题，从而影响了当季度的营业收入；当天公司股票价格缩水超过三成。

2015 年 8 月 24 日，公司宣布在接下来的 12 个月之内进行总额不超过 600 万美元的股票回购计划。这个计划是在 2014 年 12 月 18 日已经批准的 1 000万美元基础上的增加计划，截至 8 月 24 日该计划仍然还有 872 万美元的额度尚未使用（也就是说，过去 9 个月公司的实际回购金额只有 128 万美元）。截至 2015 年 6 月 30 日，公司的现金和现金等价物余额为 1.048 亿美元。

2015 年 10 月 9 日，股东集体诉讼爆发。

这是 2015 年 10 月份第 1 起、2015 年第 11 起中概股在美遭遇集体诉讼。图 24－1 是蓝汛科技股票价格趋势图。接下来，我们一起分析和探讨这起刚爆发的诉讼案。

## 一份基于高管言论的股东诉讼状

原告的诉讼状并不复杂，基本上是援引蓝汛公司在 2014 年第四季度、2015 年第一季度和第二季度的业绩公告电话会议上，公司高管的言论作为指控的主要依据：

2015 年 3 月 26 日，在公司 2014 年财年第四季度的业绩公告电话会议上，公司总裁、本案个人被告之一张指出："HPCC 将会是公司将来业务增长的基础（foundation），我们 HPCC 推广计划正在执行之中，预计将会在 2015 年第一季度末全部运行。从我们持续的测试结果来看，和原来的平台相比较，我们的网络运营表现提升了超过 60%，而且非常明显是优于行业的其他竞争者"。

2015 年 4 月 10 日，公司向 SEC 提交了 2014 年财年的年度报告（20－F），其中关于 HDCC 的风险因素部分有相关如下描述："我们期望包括 HPCC 在内的计划，如果完成之后，将会极大地降低公司未来的运营费用和在设备方面的资本支出，但由于这些技术仍然比较新颖，因此我们对此期望也无法确保"。

2015 年 5 月 18 日，公司发布 2015 年度第一季度的业绩公告，其中指出预

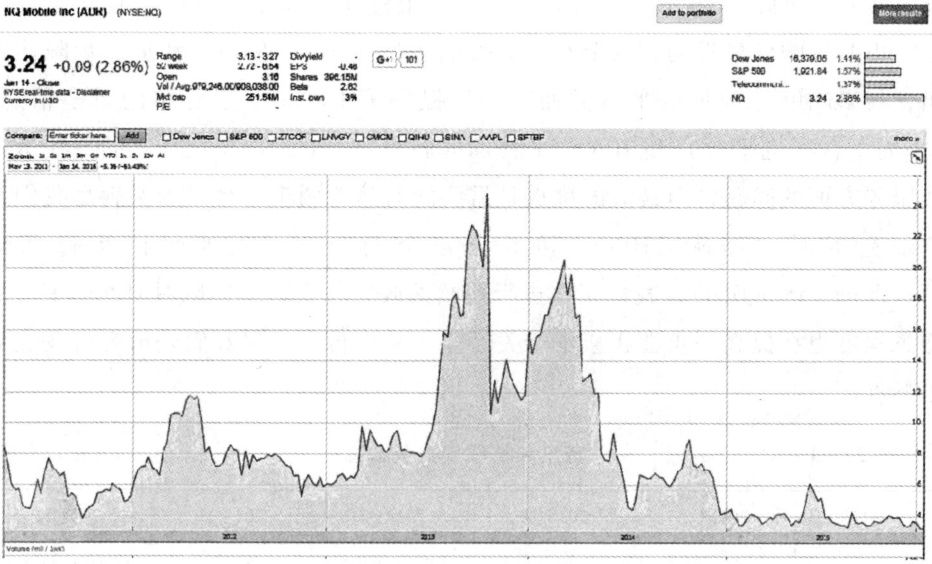


图 24－1

计 2015 年度第二季度的营业收入是在人民币 3. 92 亿～4. 03 亿元间；环比增长率为 7. 8%～10. 8%。

在该季度业绩公告电话会议上，就 HPCC 平台迁移之时，公司 CEO 指出：“于第一季度，我们持续致力于改善网络基础设施和运营效率。我们的 HPCC 平台迁移工作也已经如期完成。于第一季度，该平台在运营效率方面有明显的提升，在所有运营指标方面处于行业领先的地位。我们的 HPCC 是整个行业第一个基于云技术的 CDN 平台。”

在这个电话会议上，公司总裁就 HPCC 平台迁移对外作出如下陈述：“于第一季度，我们在 HPCC 平台迁移工作上取得了进展，我们推广运用了更加灵活和重复的广义节点（super node）并成功实现了 HPCC 平台迁移……。所以至第一季度末，我们的流量有超过 90% 是由 HPCC 平台支持的。”同时，公司 CFO 还补充道：“我们 HPCC 平台的迁移完成工作比较我们期待的要好。”

2015 年 8 月 20 日，公司公布了 2015 年度第二季度的业绩公告，其中第二季度的收入为人民币 3. 533 亿元，同比增长 2%；毛利润为 0. 968 亿元，同比降低6.8%（见表24-1）。公司指出，“虽然我们在平台方面遇到了一些问题，由此影响到最近的收入金额，但我们坚信……”。公司总裁进一步陈述指出，就影响财务数据的平台方面问题，提供了HPCC平台迁移的更多信息：“原先平台（老平台）和HPCC平台的并行（co-existence）产生了一些运营和服务方面的问题，但最大的挑战是需要同时运营两个平台以确保满足我们客户带宽资源的需求。HPCC其本身是个新技术，正处于试运行期间（breaking-in period），我们正在进行持续的改善；我们的团队对HPCC平台的熟悉程度也在提高，正在积累了相关经验，从而再次确保我们公司为行业确立了标准。”

**表24-1　蓝汛科技季度财务数据**　单位：百万元人民币

| 项目 | 2015Q2 | 2015Q1 | 2014Q4 | 2014Q3 | 2014Q2 |
|---|---|---|---|---|---|
| 收入 | 353.34 | 363.75 | 338.85 | 375.26 | 346.30 |
| 毛利润 | 96.82 | 107.45 | 101.69 | 113.89 | 103.86 |
| 经营利润 | -10.04 | -1.06 | -29.39 | 10.69 | 1.00 |
| 净利润 | -7.35 | -5.20 | -20.64 | 0.62 | 6.91 |

注：数据来源于公开信息。

公司的第二季度业绩公告之后，公司股票价格下跌2.92美元，跌幅超过34%，截至8月21日的收盘价格为5.59美元。

据此，原告指控被告隐瞒或者在以下方面存在重大的不实陈述：①HPCC平台的迁移其实是不成功的；②该平台迁移工作对公司的财务业绩存在重大的负面影响风险；③正是由于平台迁移的不成功，导致了2015年第二季度营业收入的下滑。因此，公司的对外陈述存在重大的误导，而且在相关期间内，这些陈述是缺乏合理依据的。原告指控所有被告违反了1934年证券交易法的10（b）条款和SEC的10b-5规则，包括公司CEO、CFO和总裁在内的三位个人被告违反了1934年证券法第20（a）条款的控制人责任条款。2015年10月9日，股东集体诉讼爆发。本案的诉讼期间是2015年4月11日至2015年8月20日（第二季度业绩公告日）。

## 本案可能的博弈焦点

作为典型的证券欺诈集体诉讼，在诉讼是否会被驳回这个关键战役上，原被告的主要博弈通常是围绕以下三个问题进行展开：是否存在重大不实陈述；是否属于欺诈（故意的、知情的或者轻率的）；股价缩水的因果关系是否成立。

美国证券集体诉讼并不认可通过事后信息来简单倒推先前信息披露存在误导，毕竟前后时间不同，运动是绝对的，静止是相对的，但仍然可以通过前后披露信息进行比较，从中判断就同一时间段发生、存在的事件，前后信息是否存在不一致和误导。

从原告提供信息看（仅限于诉状内容），本案中，被告先是对平台迁移表示乐观，并告知投资者平台迁移工作已经完成，其进度超预期，且正面效果明显；公司还对下个季度收入数据给出增长预期。然而在下个季度业绩公告会议上，公司指出平台运行存在一些问题，由此影响了当季收入金额，且这个问题和新旧两个平台同时运行有关，双平台运行给公司带来了挑战。

在这样的情况下，能否推导出原先的信息披露存在重大误导或遗漏？有几点可以考虑：

①平台迁移是否是个重大信息，是否要披露，企业是否有披露义务？这个问题估计原被告双方会有不同观点；当然，对任何信息，如果公司既然已经披露了，则需要披露详细、具体和充分。

②新旧双平台同时运行的风险是否要披露？公司现有在年报中对新技术风险的一般性提醒是否足以涵盖这一具体风险？

③双平台运行所产生的问题在第一季度时候是否存在？如果存在，则被告原先披露可能欠妥；目前诉状并没有具体提供该信息，所以不必额外推测；但从原告所提供信息看，可以合理推断出的是，双平台同时运行这个情况应该是不仅仅只在第二季度存在。

新旧平台切换的时候要双平台并行，这是必需的，也很正常，对公司所面临的挑战包括：技术人员的经验、平台的复杂难度、客户的流量需求等；从诉讼状提供信息看，双平台运行第一季度就存在，但双平台运行所产生的问题是否于第一季度就存在，这个还无法推测。

同理，即使双平台运行在第一季度也确实存在问题，但这个问题可能是公司已经解决了，而且不影响收入，这个也是有可能的；还有一种可能，即双平台运行在第二季度所产生的问题可能不是第一季度的问题，公司有能力解决第一季度所发生的问题，并不代表也能很好、很快地解决第二季度的问题，或者说第二季度的问题可能是新问题，而且技术难度比第一季度的问题要大，同时还影响到了收入金额，等等。

这样的各种可能性都会存在，被告可以从这些角度驳斥原告的指控，从而说服法官公司在第一季度和原先的相关披露并无不妥之处；目前原告所掌握的信息还不充分，诉讼状的描述也比较简单。

④是迁移完毕还是试运行（breaking－in period）？公司在第一季度业绩公告时，其高管向投资者披露这个新平台的迁移工作已经完成，而且在进度上是超预期，在效果上也是显著；但在第二季度其高管又指出，该技术目前处于试运行阶段；这似乎存在前后不一致，到底是在第一季度已经完成迁移，还是第一季度也属于试运行？这个信息点估计也会是原被告双方博弈的地方。

⑤第二季度收入业绩不及预期，离预期数据本身偏差是否重大？能否适用安全港条款？业绩不及预期这本身并不能证明公司原先披露存在误导，除非原告能具体指出公司在编制这个业绩预测时候是缺乏合理依据的。

⑥被告欺诈要件是否满足，这需要考虑该信息是否重大？有披露义务吗？公司管理层应该知情吗？信息披露前后公司股票存在重大内幕交易和不当得利吗？

⑦股价下跌的因果关系分析，股价下跌是因为预期业绩，还是因为过去信息披露误导？关键在于修正性信息披露是否存在？能否认为一季度及之前关于平台迁移的信息披露错了？错在哪里？能否认为第二季度管理层在业绩电话会议上关于平台迁移的讲话，是对第一季度相关信息的修正？如果法官认为这个信息修正存在，那么损失的因果关系在诉讼目前阶段就可以得到成立。

当然本案对中概股公司在业绩预测信息披露方面还是有借鉴意义的，任何业绩预测信息在发布的时候，公司自身需要有合理的理由确信这些预测信息有合理依据；一方面避免过分乐观，以免经营业绩不及预期，从而失去投资者的信任；另一方面，过分的保守也不利于市值管理。其中的关键原则在于公司管理层自身对数据的合理和确信。毕竟股价的波动是一时的，企业的经营是长期的，季度的考核又是如此的连续和密集，因此，任何上市公司创始人和管理层都不应该在季度业绩预测上偏离这个原则。

目前集体诉讼案件刚爆发，其下一步走向如何，我们将继续关注。

## 低估值中概出路在何方?

就市值来看，如果和在国内上市的同属于 CDN 行业的网宿科技相比较，蓝汛科技的市值只有 2 亿多美元，而网宿科技的市值是超过 400 亿元人民币（见图 24－2），前者仅仅是后者的零头；网宿科技的年度营业收入在人民币 20 亿元左右，但是毛利率接近 50%，远高于蓝汛科技的毛利率，而且网宿科技的年净利润达数亿元人民币，而蓝汛科技即使在盈利年度，其利润金额也不高，况且蓝汛科技目前处于亏损状态。

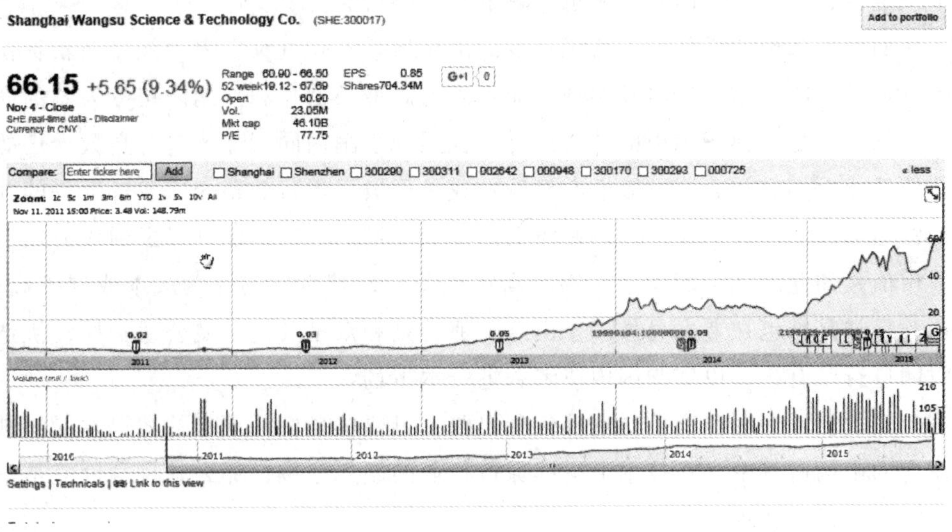


**图 24－2　网宿科技 2010～2015 年股票价格趋势**

但是，蓝汛科技的行业地位、市场地位和技术能力不可忽视，从公开披露的信息来看，这家公司有如下一些骄人的特征：

- 每天给61亿人网页浏览提供服务；
- 2014年，带宽规模超过3T；
- 全球部署的服务器超过17 000台；
- 中国互联网上最具规模的互联网内容传输服务平台，占中国市场份额过半；
- 2000年首家获信产部许可的CDN服务提供商；
- 国内外上万家知名企业提供网络应用基础服务等。

然而，就是这样一家中概高科技公司，其在华尔街的估值是如此的悲惨，如今只有2亿美元左右的市值，如果剔除公司目前约1亿美元的现金和现金等价物余额，这说明其业务的估值仅在1亿美元左右。从公司过去五年的股票价格表现来看，也只有在刚上市之后的短暂期间之内表现良好，而之后大多在发行价格之下。想当年赴美成功上市是何等的豪情万丈，IPO当天是股票价格几乎是翻倍；可如今，即使归来也只剩下空空的行囊。

面对华尔街的低估值，蓝汛科技的出路何在？是继续发愤图强，在新贵技术支持下，向华尔街透露其实现营业收入的高增长信号和短期内扭亏为盈的商业计划？或是忽视华尔街的估值压力，也无动于国内同行业比自身高数十倍的估值诱惑，不忘初衷，继续潜心经营？或是积极寻求行业整合，或者巨头的并购？当然，对巨头而言，并购蓝汛或许是个不错的战略，而且考虑到该公司目前市值是如此之低，而现金于额又高达亿美元，其直接的并购成本或许不高；蓝汛科技是否也在考虑另外一条出路，那就是和众多其他中概公司一样，挑选财团进行私有化，以回归国内或者香港资本市场？

总之，不论蓝汛科技是选择何种出路，只要服务好其现有的客户，保持其现有的市场占有率，在技术上继续保持行业的领先地位，那么其自身价值是不可能不会得到体现的。

## 本案后续进展

2016年1月5日，法院批准任命首席原告代表和律师代表；

2016年2月19日，原告提交修正后的合并诉讼状；

2016 年 8 月 15 日，法官驳回原告起诉，但允许重新提交诉状；

2016 年 9 月 14 日，原告重新提交诉状；

2016 年 3 月 1 日，法官再次裁决，驳回原告对被告的所有指控；

2016 年 3 月 6 日，原告向第九巡回法庭提出上诉。

## 申明和信息来源

本案例的主要信息来源于相关法律文件，案件中所提到的指控内容，可能属实，也可能并非属实，本书对此并无任何立场；同时由于本案并未经过陪审团和法院的最后判决，目前尚未结案，所以也意味着这些指控的事实认定在美国证券相关法律下并未予以确认。本案例的主要信息来源包括：

- Complaint, Case: 2: 15 – cv – 07952 – CAS – RAO Document 1 Filed 10/09/15.
- Order appointing lead plaintiff and lead counsel: Case 2: 15 – cv – 07952 – CAS – RAO Document 23 Filed 01/05/16.
- Amended Class Action Complaint; Case: 2: 15 – cv – 07952 – CAS – RAO Document 27 Filed 02/19/16.

# 25. 乐逗游戏诉案解读：中概如何破解业绩预测难题？

2015 年复活节前夕，窝窝团没有在纳斯达克挂牌交易，倒是华尔街“诉棍”又来了。真是未闻新股钟声，又见诉战硝烟。刚过去的几天是西方复活节的长周末，这是西方庆祝基督复活的节日，也是一个象征着重生和希望、小朋友们放长假忙着找彩蛋的欢乐时光。然而，即便在这个欢庆节日的前夕，中概诉讼战场的硝烟仍然没有停息，“诉棍”们在休假之前又匆忙地点了一把诉讼的战火。

这次应约赴战的中概猛将是游戏行业的黑马：乐逗游戏（创梦天地），而导致诉讼爆发的直接原因是公司在公布财报的前十天，突然大幅度调低原先公布的第四季度业绩预测，从而引发股价暴跌。乐逗游戏案是今年以来在阿里巴巴、500 彩票网、联拓国际、优酷土豆之后的第五起中概诉讼案，也是 IPO 上市不久的新股、曾经的热门股遭遇的诉讼战。

## 乐逗是谁？诉战如何爆发？

据公司网站介绍，乐逗游戏是深圳市创梦天地科技有限公司旗下运营的游戏中心；这是一家年轻的公司，于 2011 年才正式成立。公司宣称乐逗游戏是中国最大的独立手游发行平台，用户量及活跃用户量均雄踞市场第一，公司平均月活跃用户超过 1 亿人；拥有百款基于 android、iphone、ipad 等平台的国外版权高品质智能手机游戏产品，并获得了愤怒的小鸟国内发布权，携手联想、华为、酷派等手机厂商内置发布；同时，乐逗游戏获得了由 Halfbric 开发的全球超人气休闲游戏《水果忍者》的大中华区总代理权，负责正版《水果忍者》在大中华区的发行和运营。在赴美国上市前，公司先后获得了红点投资和联想控股旗下君联资本、DCM 等风投资本的投资。

- 2014 年 8 月 7 日公司在美国纳斯达克上市，总共发行8 855 000个 ADS，每个 ADS 价格为 15 美元，每个 ADS 为 4 个 A 股普通股，IPO 的承销费用为8 085 000美元，扣除承销费用之后的 IPO 总融资金额为 107 415 000 美元；上市时的市值约 6 亿美元，上市后股价最高接近 26 美元，最高市值超过 10 亿美元。

- 2014 年 11 月 25 日公布第三季度历史业绩（以下简称 11.25 公告）；同时预计第四季度的收入范围在 3.9 亿～4.1 亿元人民币区间。

- 2015 年 3 月 13 日发布公告（以下简称 3.13 公告）下调 2014 年第四季度预期业绩，股价暴跌三成，最低仅跌破 7 美元，最低市值曾低于 3 亿美元；公司同时宣布一年之内进行 2 000 万美元的股票回购；公司预计第四季度收入为 3.27 亿～3.29 亿元人民币，调整后的收入预期同比增长为 189%～191%，较预期的 3.9 亿～4.1 亿元人民币下调约 16.15%；调整后的收入预期同比增长 189%～191%，较预期下调约 22.35%。公司指出，业绩预测下调的原因有二：其一是在第四季度原本计划发行的一款休闲游戏被推迟；其二是由于在同一平台同时推出了多款游戏，导致另一款休闲游戏的盈利能力低于预期。

- 之后，有数家律所高调宣布进行调查。

- 2015 年 3 月 23 日公司如期公布历史业绩。

- 2015 年 3 月 24 日投行派杰调低乐逗游戏的目标股价从原来的每个 ADS 目标价格 24 美元下调至 12 美元。

- 2015 年 4 月 2 日股东集体诉讼爆发，包括 Rosen 在内的至少三家律所发起集体诉讼。

## 案情解读

本案的诉讼期间从 2014 年 8 月 7 日（公司的 IPO 日期）至 2015 年 3 月 13 日（3.13 公告日）。相关被告包括公司及六位非独立董事、公司 CEO 和 CFO，及包括瑞银、JP 摩根、派杰、Stifel Nicolaus 在内的四家投行；分别指控如下：①公司、CEO、CFO、六位董事及四家投行违反了 1933 年证券法的第 11 条款；②CEO、CFO 及六位董事违反了 1933 年证券法的第 15 条款（控制人责任条款）；③公司、CEO 和 CFO 违反了 1934 年交易法的第 10b 条款和 SEC 的 10（b）－5 规则；④CEO 和 CFO 违反了 1934 年交易法的第 20 条款（控制人责任条款）。

原告指控公司的招股书和相关期间对外陈述存在重大误导和信息隐瞒，主要包括：①高估了公司将用户群转化为收入的能力（monetization），高估了公司游戏发行渠道有效整合的能力，这是公司招股书中强调的四个核心竞争优势中的两个；②正是由于该原因，公司不得不调低第四季度的业绩预测；③所以，公司关于业务运营方面的陈述存在重大不实和误导，而且是缺乏合理基础的。

本案的特征是指控和 IPO 招股书相关，所以原告同时指控被告违反了证券法和证券交易法。基于证券法下的指控主要是涉及上市招股书的描述，因此上市的投行也成了被告之一。这个指控不需要满足欺诈要素，而被告可以采用的抗辩理由是勤勉尽职，就是说只要被告可以举证说明其已经履行了勤勉尽职的义务，那么即使存在不实陈述，被告也可以免责。

而基于证券交易法下的指控则需要满足欺诈要件，原告必须能够指出被告存在故意、知情或者轻率行为，从而导致重大不实陈述。可以通过动机和机会，或者各种情形性证据（比如：被告存在不当得利等情形）从而可以指控欺诈的存在。

以上两个指控都需要满足重大不实陈述是否存在这个要件。以下我们先探讨一下本案就目前公开信息而言，原告的指控是否符合这个条件：乐逗游戏存在重大不实陈述。要满足这个要件并不容易。原告仅仅是重复和罗列出了招股书的文字说明，依据上市后的两次业绩公告内容，并没有指出这些陈述为何存在重大不实之处。这些定性的文字说明，从性质上说最多属于企业对将来业务乐观的估计，这本身并无不妥之处，而且原告也没有指出任何事实可以说明被告在作出这些陈述的时候缺乏合理依据，原告并不能从事后的业绩环比下滑现象来指控认为原告之前的陈述缺乏依据。

虽然说第四季度的业绩预测在 3.13 公告中进行了修正，但这并不能说明公司在 11.25 公告中所作的第四季度业绩预测属于重大不实陈述，除非原告能够指出乐逗游戏在做出 11.25 公告的时候，在那个时点上，当时所作的业绩预测是缺乏依据的。不过这里面不排除有可辩论的空间，因为 11.25 公告的日期处于第四季度几乎是过了 2/3，原告可能会向法官指出，既然本季度已经过了 2/3，企业对本季度的业绩预测不应该存在重大偏差（本案中收入下调幅度约为 16%）；而且，乐逗游戏下调业绩预测的首要原因是其中一款游戏推迟发布，这个推迟发布是否在 11.25 公告的时候就已经知情？业绩下调的第二个原因是其中一款游戏因为存在同平台竞争问题，而导致效果不佳，这个情况是否在 11.25 公告的时候企业就已经知情？目前的诉状中原告并没有指出，但不排除原被告双方会就此进行博弈。当然，原告目前并没有掌握这个信息，至于法官是否会要求被告对这些关注提供支持性说明，这个还不得而知。

不过，本案可能还会存在的争辩焦点是业绩预测修正的时间。公司是在年度会计截止日期 12 月 31 日的 73 天之后，才宣告下调第四季度的预测数据，而且下调的幅度不低。很多企业在这个时间已经公告业绩了，为何乐逗游戏需要这么长的时间才确认原先的业绩预测需要修正？这是否可以推测说明原先的业绩预测缺乏合理依据？

当然，乐逗游戏还可以抗辩指出，虽然第四季度的业绩预测数据下调了，而且下调的比例并不低，但是，即便如此，下调后的收入数据在同比上还是增长的，而且增长的幅度也非常高，接近 200%；而且，虽然环比增长存在下滑，但同比的高速度增长也是同样得益于乐逗游戏的那些核心竞争优势（这些优势在招股书中描述过）。即便是现在，或者下一个季度，乐逗游戏的主营业务收入同比增长还是很乐观的，这也是得益于这些竞争优势，乐逗游戏的这些竞争优势即使在目前和可预计的下一季度仍然是存在的。因此，乐逗游戏对这些竞争优势的描述并不构成所谓的重大误导，原告的指控并不成立。

被告还可以引用安全港条款（safe harbor provision），那就是对未来的数据，只要陈述人不存在故意和恶意知情，只要其对所陈述的内容有合理的基础并确信，那么其对业务展望（包括业绩预测在内）的陈述是受法律保护的。

本案除了可能会在重大不实陈述是否存在这个要件进行重点博弈之外，原被告双方争辩的另一个焦点会在欺诈要件上。当然，对于投行被告而言可能不需要涉及欺诈要件的抗辩。从目前诉状来看，原告并无法指出乐逗游戏存在欺诈的动机是什么，也没有列出情形性证据证明乐逗游戏可能存在欺诈。这里需要强调的是，公司和管理层确保IPO成功或者意图维持公司股价上涨，这属于正常的经营职责，仅仅如此并不构成欺诈的动机。所以，目前看来，如果要进一步增强在欺诈方面的指控，原告可能还需要作出更多的努力来修改其诉讼状。

仅有概念是远远不够的，在成熟的资本市场，高科技概念固然重要，因为这会让投资者了解到公司的业务增长存在丰富的想象空间。但是，仅仅拥有一个吸引人的概念是远远无法支撑股价增长的。

如果要维持高股价（高市盈率或者高市销率），则公司必须有高增长的业绩支撑。而在美国上市的公司，其业绩是按照季度来衡量的，因此对上市公司来说压力很大。公司每三个月就要接受一次来自资本市场的考验，而且是滚动的。当然这里所指的业绩考核具体内容会根据不同公司、不同行业、处不同阶段而有不同的考核指标。对很多高科技公司而言，刚上市的时候利润往往不是最重要，收入指标（同比增长率、环比增长率）和其他一些经营性指标可能更关键（如：游戏行业的活跃用户指标、付费用户指标、付费率指标、平均付费水平等）。

如果公司连续几个季度的业绩都不及投资者原先的预期，那些短线投资者则会抛售股票，而即便是基础投资人也可能在观察一段之后，最终决定会弃之而去，这样公司股票的交易活跃度就会下来，而那些交易不活跃、缺乏投资者关注的上市公司股票通常被称为“僵尸股”。目前在美国上市的几百家中概就有不少是“僵尸股”，而这些公司有的也是通过IPO正式赴美上市的，其中有的在刚上市的一段时间内也曾经是华尔街追捧的明星股。

本案中，与其说是乐逗游戏的不实陈述导致股价大跌，还不如说是公司的业绩增长速度和投资者的预期之间存在差异，从而引发了投资者信心不足。我们可以详细看一下乐逗的关键性业绩指标的变化。

首先，我们看一下这几个季度的收入数据（2015年第一季度的收入为公司公布的预期数据），见表25－1。

**表 25－1　　乐逗游戏季度收入数据**　　单位：百万元人民币

| 项目 | 2015Q1 | 2014Q4 | 2014Q3 | 2014Q2 | 2014Q1 | 2013Q4 |
|---|---|---|---|---|---|---|
| 总收入 | 340 | 328.4 | 294.46 | 187.15 | 174.1 | 113.04 |
| 同比增长 | 95.30% | 190.60% | 276.20% | | | |
| 环比增长 | 4% | 11.50% | 57.30% | 7% | 54% | 44% |

乐逗游戏目前还处于年度亏损状态，因此总收入是个非常关键的业绩指标，其增长率会直接影响到股价水平。表 25－1 显示，虽然乐逗游戏的总收入金额各季度的同比增长率不低（甚至可以说很高），但是这个同比增长率的增长趋势却是减缓的，而如果从环比角度看，其增长率减缓就更加明显。虽然有季节性因素，但要说服投资者似乎还有难度。对于刚刚上市才半年多的新股来说，投资者的热情直接取决于公司业务的增长率，仅上市半年，增长率就放缓，难免伤到了投资者热情。

其次，我们再看一下乐逗游戏 2014 年第四季度其他几个关键性业务指标：

• 付费用户的平均月收入（也就是常说的 ARPPU 值）是人民币 15.9 元，虽然同比增长 120.8%，但是环比竟然减少 11.5%；

• 月平均活跃用户数（MAUs）为 1.106 亿人，虽然同比增长 21.5%，但环比竟然减少 9.3%；

• 月平均付费用户数为（MPUs）690 万人，同比虽然增长 35.3%，但环比减少 6.8%。

以上三个关键性业务指标的环比都是下降，虽然说不排除季节性因素，但这三个指标会直接影响收入金额，而公司预计 2015 年第一季度的总收入环比增长率也仅仅是 4%。

所以从以上分析看，乐逗游戏在业绩公布之后股价下跌，而且还被投行大幅度调低股票目标价格，其主要原因还是业务增长速度放缓。乐逗游戏 2014 年全年的总收入是 158 617 000 美元，截至 2015 年 4 月 2 日的股票市值约 3 亿美元，所以市销率不到 2 倍，如果乐逗游戏期望有更高的股票估值，那么看来其业务还需要回到高速增长的轨道上来。

这就是华尔街，高估值不能仅凭概念，必须要有高增长，而且是每个季度的高增长。没有高速增长的业绩支撑，那么高科技个股将会很快被遗弃，因为华尔街这个开放的资本市场从来不缺乏概念，华尔街热捧的是那些在可无限增长的空间里快速增长的真正潜力股。

## 中概业绩预测难题如何化解？

既然公司的股票价格仅凭概念无法支撑，那么业绩预测（有些地方习惯称之为盈余管理的内容之一）则是美国上市公司与投资者关系中的非常重要的工作内容，业绩预测工作做得好坏会直接影响到公司的股票表现和投资者对公司将来的信心。业绩预测如果偏保守，可能短期之内公司的股价会被低估；而业绩预测高了，如果达不到，则不仅可能会影响股价和投资者信心，还有可能会导致诉讼风险。所以对中概公司来说，业绩预测是个管理难题。本案所涉及的是上市公司业绩预测事项，中概公司也曾经因为业绩预测信息披露不妥当而遭遇集体诉讼，如前程无忧。

在美国上市的企业，如果是美国本土注册的（如新浪），则需要发布法定的季度业绩信息，非美国本土注册的公司（Foreign Private Issuer，FPI），考虑到同行业的惯例以及对投资者的吸引力，也会按照季度公布业绩，而且在公布上季度历史业绩的同时，通常也会提供下季度的业绩预测或者下一年全年的业绩预测（后者比较少），一般提关键性业绩数据，如：供营业额和每股利润EPS 的区间值，当然也有一些强势公司不向投资者公布业绩预测信息，而由华尔街分析师自己估计。

华尔街分析师希望看到的上市公司业绩具有可预测性，尤其是季度信息，在同比和环比角度都需要进行分析；如果上市公司的季度业绩刨除季节性因素外波动很大，缺乏可预测性，这样的公司往往会被认为其商业模式在可持续性方面存在很大的不确定性，会直接影响到投资人对股价的估值。因此如何做好包括业绩预测在内的盈余管理可以说是首席财务官（CFO）的首要职责。美国上市公司的财务高管成员不仅需要具备扎实的美国会计知识，以确保历史业绩符合会计准则，避免经过审计之后出现业绩变脸的被动局面；还需要能够深刻理解企业的商业模式，搭建匹配的季度、年度、滚动业绩预测模型，尤其要融入业务环境，对业务部门所提交业绩预测进行复核、论证，以确定有把握的公司整体层面的业绩预测数据。此间经常出现的情况是业务部门所提交的业绩预测是否可靠？预测是保守的还是激进的？其原因是多方面的，有可能是业务部门好大喜功、有可能是业务部门并不了解收入确认原则对其业绩预测的重大影响（比如：将会计上无法确认为收入的项目纳入业绩预测）等。

也正因为如此，强化每个季度对业务部门的业绩考核（而不是按照年或者半年来考核）、并将季度和滚动业绩预测的准确度纳入业务部门的业绩考核内容、公司 CEO 、COO 和 CFO 直接参与甚至负责执行这些业绩考核等都是在美上市公司很常见的管理实践。但不论如何，业绩预测都必须有合理依据，不能故意误导或者连公司自己都无法确信，而一旦有最新的信息表明原先对外公布的业绩预测（指引）存在严重不准确，那么及时进行公告和修正就成为上市公司法定的义务了。

因此要做好业绩预测（或者说盈余管理），则首先需要明确公司的商业模式，在此基础上，搭建相匹配的财务业绩预测模型，更重要的是需要在日常运营中，将这个模型融合到公司的业绩考核机制、业绩考核关键指标（KPI）、业绩考核信息流程设立、监督、反馈等一系列日常管理活动中去。所以，上市公司成熟、可靠的业绩预测信息，与其说是商业模式确定性、稳定性的体现，不如说是公司在包括绩效考核体系、投资者关系等在内的管理成熟度和整体软实力的体现。

## 本案后续进展

2016 年 3 月 25 日，原告提交合并诉讼状。

2017 年 2 月 22 日，法官裁决，部分同意/部分拒绝被告的驳回申请。

## 申明和信息来源

本案例的主要信息来源于相关法律文件，案件中所提到的指控内容，可能属实，也可能并非属实，本书对此并无任何立场；同时由于本案并未经过陪审团和法院的最后判决，目前尚未结案，所以也意味着这些指控的事实认定在美国证券相关法律下并未予以确认。本案例的主要信息来源包括：

- Complaint，Case 1：15 – cv – 02514 – JPO Document 1 Filed 04/02/15.

# 26. 反思网秦：私有化、借壳上市和集体诉讼

（本文于2016年1月19日和20日分别发表于百度百家和新浪科技创事记）

于2005年成立的、作为首家在美国上市的移动互联中概股公司，网秦公司曾经颇引人注目。两年前网秦和中概股杀手“浑水摸鱼”之间的一场激烈厮杀似乎已经销烟散去，虽然网秦并未因此而退市，但经过同“浑水摸鱼”厮杀之后，网秦看来确实元气大伤，不仅股价长期低迷、市值仅为几亿美元，经营业绩也出现亏损，传统手机安全业务模式不得不转型。公司在近年来进行了一系列出售行为，先是拒绝整体私有化，后又两次拟在香港借壳上市未果；网秦也因此先后陷入美国股东的两起连环集体诉讼之中。至今，在所有中概股公司中，除了已经告别华尔街的分众传媒之外，网秦是第二家遭遇股东集体连环诉讼。

## 大战“浑水摸鱼”，引爆串串地雷

网秦于2011年5月5日在纽交所IPO上市，融资总金额大约为8 900万美元；2012年，聘请摩根士丹利和德银为承销商进行二次公开募股（SPO），总融资约6 900万美元；2013年10月份，网秦又公开发行了高级可转换债券，总融资金额约为1.725亿美元。网秦在IPO上市之后，进行了一系列的并购交易，包括并购飞流、国脉灵通等，业绩和股价迅速增长，最高股价突破20美元，总市值也突破10亿美元。2010年9月，网秦被美国《时代周刊》评价为“可以改变人们未来生活的十大创新企业之一”，并于同年成为唯一入选达沃

斯2011年全球科技先锋（Technology Pioneer 2011）的中国科技企业，荣获达沃斯世界经济论坛“行业缔造者”称号。图26－1为网秦公司2011年5月份IPO之后至2016年1月中旬的股票价格走势。

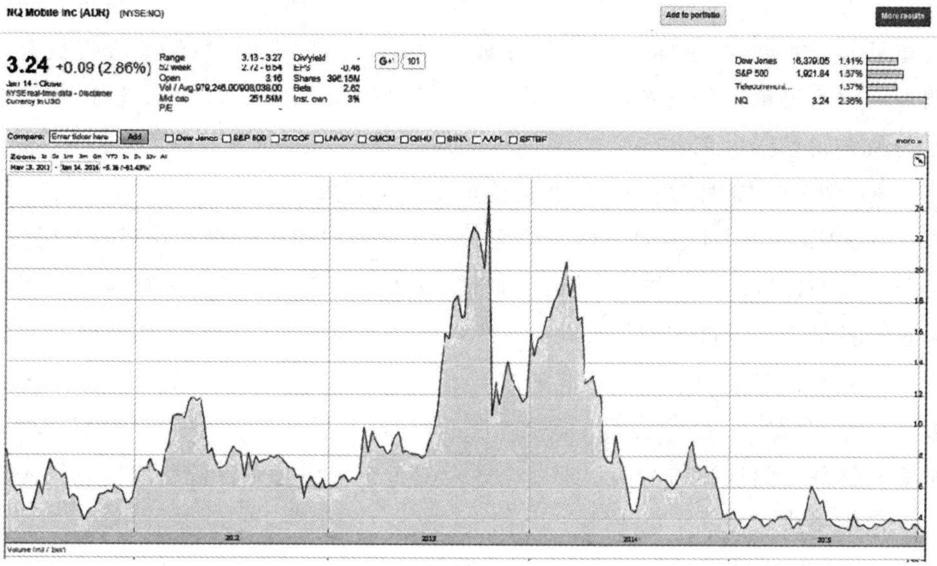


**图26－1　网秦2011年5月至2016年1月股票价格走势**

然而，好景不长，就在网秦迎来其成立八周年之际，中概股杀手“浑水摸鱼”盯上了网秦，于是网秦不得不打响一场对空战役，而在这一激烈的厮杀过程中，网秦在公司治理领域的串串地雷却被接连引爆。接下来，我们依照时间顺序，了解一下“浑水摸鱼”做空网秦之后，网秦所发生的一系列后续事件：

- 2013年10月24日“浑水摸鱼”发布长达81页的调查报告，指责网秦严重夸大其营业收入（至少有72%的2012年安全业务收入为虚假）和中国市场份额（网秦公司最大的客户是其自己，公司在中国的市场份额仅约为1.5%，而不是公司所宣称的55%），其并购交易存在腐败嫌疑、其银行存款可能虚假，并将其称为“大骗子”，将其股票评级列为“强烈卖出”，目标股价为1美元。当天股价从前一天收盘价格22.88美元下跌到收盘价的12.09美元，交易量接近3 000万个ADR；直到2014年7月，“浑水摸鱼”对网秦进行了持续共计九次的公开指责。

• 2013年10月24日，针对“浑水摸鱼”向网秦的发飙，网秦即刻发表反击公告，并于25日召开投资者电话会议，驳斥“浑水摸鱼”的指责，同时公布了公司的银行存款信息，并宣布成立由独立董事组成的特别调查委员会以调查“浑水摸鱼”的这些指控，并由美国律师Shearman& Sterling LLP和德勤参与独立调查。

• 2013年10月25日，股东集体诉讼正式爆发。

• 2013年10月29日，网秦公告其已经在渣打银行开户，并存入人民币1亿美元定期存款，并会在近期从工商行转存入1亿美元至渣打银行账户，以提高投资者信心；向投资者公布银行存款的具体信息，这是前几年中概股危机集中爆发时间很多中概股公司采取的措施之一；虽然大部分中概股公司的财务报表是经过“四大”会计公司审计的，然而投资者竟然连上市公司的银行存款都表示怀疑，到这样的不信赖程度，还需要上市公司公布银行存款信息则是实在无奈的举措。

• 2013年11月12日，网秦公告其管理层将在六个月之内回购300万美元股票（后来据称由于法律限制，而没有完成此承诺）。

• 2014年4月30日，网秦公告了该内部调查的进度，并指出其年报需要递延15天公布。

• 2014年5月15日，网秦公告指出公司仍然需要更多时间完成2013年年报工作，再次延迟年报披露。

• 2014年5月30日，网秦公告出售飞流最高至5.88%的股权，最高总对价位2 500万美元；其中1 500万美元对应的认购方位贝森资本（野牛资本）；该项交易所对应的飞流总估值（增资前）为4亿美元；2014年10月28日网秦公布该交易完成。

• 2014年6月6日，网秦公布该调查委员会的调查报告，宣称该调查并没有发现“浑水摸鱼”所指控内容的证据。

• 2014年6月10日，网秦公告出售国脉灵通最高5.7%的股权，以融资3 000万美元，此项交易所对应的国脉灵通总估值（增资前）为5亿美元，不过这个交易看来没有最终完成。

• 2014 年 7 月 3 日，网秦公告其审计委员会主席将于 7 月 6 日正式离职，并任命了新的独立董事和审计委员会主席。

• 2014 年 7 月 7 日，“浑水摸鱼”再次发布报告指责网秦，其中包括指出其管理层回购虚假承诺。

• 2014 年 7 月 9 日，就“浑水摸鱼”的 7 日报告，网秦作出回应，重申独立调查报告情况，驳斥“浑水摸鱼”的指责。

• 2014 年 7 月 18 日，网秦公告其解聘现任外部审计师普华永道，并聘请 Marcum Bernstein & Pinchuk LLP 为新的审计师，以确保完成 2013 年年报审计工作。

据称，普华永道指出，独立调查委员会报告中所涉及的电子数据信息，可能会导致普华永道扩大其审计范围，而这将导致普华永道不愿意（unwillingness）信赖公司管理层对其审计工作所作出的“管理层当局申明”（management representation）。这个解聘说明很有艺术性，一方面，审计师委婉地表达了其需要扩大审计范围，但并没有指出其审计范围是否受到不合理的限制，因为倘若如此，则可能需要出具拒绝发布审计意见的报告了；另一方面，其中也委婉地表达了，扩大的审计范围即使得以实现，也可能会涉及对公司管理层申明的信赖，而审计师是不愿意相信公司管理层申明的。这个情况在上市公司中很少见，似乎可以说明审计师失去了对管理层的信任，倘如此，则审计风险就无法控制了。同时，审计师所表达的是不愿意相信公司管理层的申明，并非不愿意相信公司，言外之意可能是如果公司更换管理层，则不排除会重新获得审计师的信任，因此，这个措辞并没有把公司重新聘请其他审计师的路给堵死，同时也避免了给现任审计师带来不必要的职业和法律上的风险；不过，即便如此，在所爆发的股东集体诉讼中，外部审计师普华永道还是成了被告之一。

• 2013 年 7 月 30 日，网秦公告其收到贝森资本（Bison Capital Holding Company Limited，有些媒体翻译为野牛资本，据说其创始人是曾经著名的母婴电商“红孩子”的创始人）的非约束私有化收购要约，每个 ADS（等于 5 个普通股）的拟收购价格为 9.8 美元，溢价 41%；然而，7 月 31 日、8 月 1 日两个交易日网秦分别下跌 9.14%、3.11%；

• 2013 年 8 月 15 日，网秦公告其 CFO 离职，公司创始人之一的 COO 担任代理 CFO；

• 2014 年 10 月 27 日，网秦公告其正式向 SEC 提交经过审计的无保留意见的 2013 年度年报；

• 2014 年 10 月 28 日，网秦公告其拒绝贝森（野牛资本）的私有化邀约；

• 2014 年 12 月 10 日，网秦公告其创始人 CEO 由于个人原因无法履行职务而离职，公司任命另外一创始人担任 CEO；同时公司人志愿延迟股票禁售期 2 年，这些股票占公司股份约 11.3%；之前有媒体报道该公司 CEO 失联，2015 年年初现身回到公司，但并不担任具体职务；

• 2014 年 12 月 18 日，网秦公告，宣布与香港上市公司野马国际集团（Tack Fiori）订立了一项非约束性谅解备忘录；野马提出通过支付 5.7 亿～6.3 亿美元之间的金额，购买网秦旗下移动游戏发行与运营服务商飞流（FL Mobile）100% 的股权，而支付方式是向网秦和飞流的其他股东发行一定数量的野马新股，新股股价较野马过去连续 30 个交易日内在香港联交所的平均收盘价低 10% ~20%；

• 2014 年 12 月 23 日，网秦公告 8 000 万美元为期一年的股票回购计划；

• 2015 年 1 月 6 日，公司宣布其管理层承诺进行总额为 400 万美元的股票回购计划，并已经实际完成约 100 万美元的回购交易；

• 2015 年 8 月 13 日，新的股东集体诉讼爆发；

• 2015 年 8 月 26 日，网秦宣布公司和清华控股下属公司达成具有约束力的合同，向后者出售飞流的 100% 股份，且估值不低于 40 亿元人民币（6.26 亿美元）；同时宣布将国信灵通以 8 000 万美元现金出售给该公司创始人兼 CEO，据公司披露该交易于 2015 年 12 月 31 日已完成；

• 2015 年 11 月 18 日，网秦宣布将向野马国际以 4 000 万美元现金的对价，出售网秦旗下北京天亚科创软件有限公司 100% 股权；2015 年 12 月 16 日，网秦宣布终止该项交易，原因是该交易案被港交所认定为“反向并购”案；外界将此解读为，网秦第二次试图在香港借壳上市的计划失败。

以上过程可谓激烈、艰难、复杂、不可预测。尤其是网秦和“浑水摸鱼”之间的大战，无疑耗费了公司管理层大量精力，这不仅会干扰到公司日常经营，还会影响到公司战略规划的制定和实施。

网秦的这些资本运作在“浑水摸鱼”搅局之前是否是无法预测到的？如果没有“浑水摸鱼”搅局，今天的网秦又会如何？接下来，飞流能否通过清华控股实现上市？网秦能否通过野马国际实现借壳上市？网秦是否还会寻求全面私有化，还是仅仅通过分拆旗下业务实现部分私有化？网秦、野牛、野马之间是否还会继续演绎出精彩的资本运作大戏？这些问题或许只有在未来才会有更进一步的答案吧。

## 股东集体诉讼连环爆发

随着“浑水摸鱼”向网秦发起做空报告及网秦当天股价的几乎腰斩，从2013年10月25日起，数起股东集体诉讼即刻爆发。这些诉讼于2014年4月9日汇总合并成为一个集体诉讼，原告于2014年7月21日提交修正后的合并诉讼状。原告指控网秦公司及包括CEO和CFO在内的高管违背了证券交易法的10（b）条款和SEC的10b－5规则，同时原告也将网秦当时的签字审计师普华永道中天列为被告，而普华永道国际则作为前者的“控制人”也被追加为被告之一。

2014年12月16日，网秦及其高管被告和普华永道国际向法院提交动议申请驳回原告的诉讼，这些被告抗辩指出原告的诉讼状在：损失的因果关系和欺诈要件方面不充分。

2015年3月27日，美国联邦法院同意了普华永道国际的申请，驳回了原告的起诉。从美国集体诉讼案例看，针对国际会计公司总部的诉讼（如：在帕玛拉特案件中的德勤），原告很少能够成功，主要是因为原告很难获得国际会计公司总部在具体诉讼审计案例上的直接证据，而仅仅是基于一般的代理人和被代理人原则（agency principle）是很难获得法院支持的。而对于普华永道中天的诉讼，虽然原告律师依据海牙公约相关规定安排诉讼状的送达，但法院文件显示，至2015年11月，该诉讼状尚未送达。由于针对普华永道国际总部的诉讼已经被法院驳回，而对签字会计所的诉讼迟迟未送达，基于诉讼的成本效益原则，原告申请法院撤回对普华永道中天的诉讼，并于2015年10月30日获得法院的批准。这样的结果，对于从事中概股审计的中国“四大“会计公司而言，无疑是个好消息。本案的审计师可以说一开始是有惊而最终无险。

同时，原告律师和网秦及其高管被告的代表律师从 2015 年 2 月份开始进行直接接触，并于 2 月中在纽约进行了一整天的面对面和解谈判，当天初步达成的和解赔偿金额为 510 万美元，并于 2015 年 10 月 8 日正式签署合同，该赔偿方案于 2015 年 11 月 17 日获得美国联邦法院的初步批准。

至此，由于“浑水摸鱼”搅局而引发的股东集体诉讼案件在历时约两年左右总算是落下帷幕。

本案中，虽然网秦等被告提出申请驳回起诉，但在法院作出裁决前就和原告达成和解赔偿，对网秦来说其实是个有利的选择。一方面，法院的最终裁决结果不可预测，倘若驳回起诉的申请被法院拒绝，则网秦在和解谈判过程中则会变成被动；另一方面，从中概股集体诉讼赔偿案例来看，510 万美元的赔偿总金额并不算大，基本上董事和高管责任险可以埋单。更关键的是，尽早摆脱诉讼纠缠，管理层则可以更加专注于网秦目前所正在进行的一系列战略转型、借壳上市等交易事项。

## 第二次集体诉讼：数起并购没有及时披露?

2015 年 8 月 14 日股东集体诉讼再次爆发，网秦公司及其前任/现任董事和高管成为被告；对应的诉讼期间为 2013 年 11 月 1 日至 2015 年 5 月 15 日。

原告指出 2013 年 12 月 23 日，网秦修改其公司章程，允许公司管理层将其持有公司的股票进行抵押以获取个人贷款；此后，于 2014 年，网秦进行了一系列有预谋的秘密并购交易，这些交易稀释了公司股东的股份，并给股东带来了损失。原告指出，网秦通常通过分两次步骤并购的方式进行秘密并购，先是用少量现金获取目标公司的少数股权，之后追加并购控股股权。而在这两次并购过程中的过渡期间，目标公司通常是业务迅猛增长，原告怀疑这样的迅猛增长是由于并购方大量资金的注入所导致的；在目标公司被网秦控股之后，目标公司股东获得了来自网秦的股票并在公开市场上抛售这些股票，用以偿还原先的贷款。所以，原告指控网秦是有这样的动机来高估目标公司的收购对价。原告指出，这样的分两步骤秘密并购，可以让网秦避免了二次增发股票的程序，但仍然可以获得公司的扩张；然而，这样的并购并没有及时向投资者披露，却是稀释了投资者的股份，从长远角度看，投资者所持有的网秦股票失去了价值上涨空间。

原告特地列出了两个在2014年发生的重大并购交易，网秦公司对此没有作出及时披露。

第一笔交易发生于2014年5月15日，网秦追加并购Beijing Showself Technology Co.，Ltd.（“秀色娱乐”）45%的股权，对应的并购对价是77 000美元现金，外加2 995万股网秦公司的股票；于2014年5月份，网秦公司的股票每个ADS成交价格在7～12美元之间（每个ADS等于5个普通股）；因此，这个追加并购的对价大约在4 500万～7 500万美元之间。

第二笔交易也发生在2014年5月15日，网秦并购Yipai Tianxia Network Technology Limited（“一派天下”）70%的股权，对应的对价为700万美元现金外加网秦公司33 900 125股的股票，折合总对价金额大约为5 400万～8 900万美元。

原告指出以上两个并购目标公司的现有业务情况并不吸引人，故认为以上两个并购对价偏高，而且在没有及时公开披露的情况下，严重稀释了网秦公众股东的权益。

原告指出，于2014年，网秦公司在系列并购交易上共花费了1 300万美元现金和1.37亿股的普通股份，然而网秦并没及时公开披露这些并购交易的原因，原告认为这些并购交易缺乏合理证据，无法说明其并购对价的合理性和对网秦股东的益处何在。

原告还在诉讼状中指出了网秦于2014年发生的一系列公司治理相关事件，包括：审计委员会主席于2014年7月份辞职、审计师普华永道7月份辞职、CFO于8月份辞职、公司年报递延等等。原告还指出网秦公司拒绝了贝森资本（野牛资本）每个ADS高达9.8美元的私有化建议（而在整个8月份，网秦的股票交易价格区间是6.44美元至6.91美元）；并指出网秦于2014年12月18日所公告的同野马资本之间关于出售飞流100%权益的交易，在七个月之后，仍然没有成交，不但如此，网秦公司也没有对公众股东作出任何进一步的披露，而在此期间，公司的股票价格却是持续下滑。

原告还指出，网秦公司账面现金已经十分充足，然而仍然于2013年发行高级可转换债券，获得了1.725亿美元的融资金额；这些资金大部分未使用，由此对公司股票价格带来负面影响。

基于以上所陈述的事项，原告对被告（包括网秦公司和16位现任和前任公司董事和管理层）提出了以下六大指控：

- 指控一：所有被告违反了证券交易法的10b条款，和SEC的10（b）-5规定；
- 指控二：所有个人被告违反了证券交易法20a控制人责任条款；
- 指控三：所有被告违反了勤勉尽职之义务（Fiduciary Duty）；
- 指控四：所有被告在公司管理上存在重大的疏忽行为（Gross Mismanagement）；
- 指控五：公司管理层被告浪费公司资产（Waste of Corporate Assets）；
- 指控六：公司管理层被告不当得利（Unjust Enrichment）和违背忠诚原则（Duty of Loyalty）。

第二次诉讼，从信息重要性上看是符合的，公司没有及时披露这些并购交易，很有可能会被认定违反披露义务，但是这些未及时披露信息和网秦的股价波动之间是否存在投资者损失的逻辑关系呢？这个逻辑关系从诉状文字来看，似乎还难以建立，因此如果网秦从这个角度进行抗辩，则很有可能会成功申请法院驳回原告的起诉。

## 赴美上市和公司治理的再反思

“浑水摸鱼”搅局之后，网秦在美国资本市场基本丧失了再次融资的功能，也许这也就是为何网秦需要通过私有化或者借壳在香港上市以融资。其实美国的资本市场不论在融资规模和融资效率上无疑是全球领先的。比如：根据SEC的规定，在美国已经上市的公司，如果诚信记录良好，可以申请为期一年的不超过一定金额的不限次数、不需要SEC事前审核的可在公开资本市场即刻增发再融资（Secondary Public Offering和Shelf－Registration）。相比较国内排队上市和证监会对增发和定增的严格审核，美国资本市场的高效率是不言而喻的。所以，对很多公司而言，尤其是对应在不同阶段有不同资本需求（再融资）的公司而言，在美国成功上市从某种角度而言意味公司获得了“钞票”（股票）的发行权，这一类似于中央银行的特殊权力。

对网秦来说，于2011年IPO之后，于2012年又进行了增发，如果不是因为

"浑水摸鱼"搅局，网秦在美国的上市公司平台可以非常有效率地继续发挥再融资功能。然而这一切已经不再，虽然网秦目前还继续保持在美上市，但再融资功能已经没有了，股价也长期低迷，和华尔街说还是不说再见已经没有实质区别。

从这个角度看，中国公司赴美上市首先需要关注的是公司的有效治理。在这个透明和全方位监督的资本市场中，公司治理方面存在任何的漏洞都有可能引发危机，而且其爆发的时间是所无法预计的，危机瞬间爆发可能会导致股票价格即刻腰斩。可以说上市公司在明处，而包括政府监管机构、集体诉讼律师、合法做空机构这些监督的力量是在暗处，正所谓暗箭难防。所以，在美上市公司如果存在公司治理方面的漏洞，则很容易被做空机构和集体诉讼的律师盯上。其实上市公司实际是否存在舞弊、实际是否存在信息披露和其他方面的违规，这些是需要一个复杂的过程来证明的，在特定阶段反而不是最重要的；最重要的是，上市公司要全方位防范，避免被盯上。因此，这不是一个黑与白的问题，也不是一个正义和非正义的问题，而是在公司治理领域的一个需要上市公司日常高度重视的全面风险管理的问题，而不仅仅是在危机爆发时刻的一时公关或者危机管理。在本案中，面对危机的爆发，网秦很老练地打出了一套经典的组合拳：及时公开反击、公布银行存款信息、宣布成立独立调查机构、宣布股票回购……；然而，这样的一切最终并没有取得预期的效果，反而是引爆了公司治理领域的一串串地雷。

总之，对中概公司来说，美国资本市场江湖险恶，这并非空穴来风，而是有上百个中概股公司遭遇集体诉讼作为先例的；而本文中的网秦作为这上百个中概企业公司治理的典型案例之一，为中国式管理和美国华尔街规则之间的系列博弈又增加了一个独特的故事。

## 申明和信息来源

本案例的主要信息来源于相关法律文件，案件中所提到的指控内容，可能属实，也可能并非属实，本书对此并无任何立场；同时由于本案并未经过陪审团和法院的最后判决，目前尚未结案，所以也意味着这些指控的事实认定在美国证券相关法律下并未予以确认。本案例的主要信息来源包括：

- Complaint, Case 1: 15 - cv - 06385 - NRB Document 2 Filed 08/14/15.

## 27. 唯品会：做空机构为何质疑收入确认

（本文于2015年5月15日发表于新浪科技创事记）

2015年，中概股在美国遭遇集体诉讼和做空似乎已经成为常态。在连续爆发五起中概公司集体诉讼案件之后，华尔街诉棍高调宣布对包括当当、奇虎360和航美传媒在内的中概公司进行涉嫌违反美国证券相关法律的调查，虽然这些所谓的调查目前似乎没有什么实质性的后续行为，然而本周又有做空机构发布研究报告，向中概发飙，而这次做空所指向的是市值超百亿美元的中概明星公司——唯品会。

### 中概明星“恶斗”做空

2012年3月23日唯品会登陆纽约证券交易所，发行1 118万个ADS（每个ADS=2股普通股），每个ADS发行价6.5美元，融资7 264万美元。经过短短的三年左右时间，公司市值从IPO时候的区区几亿美元到2015年突破150亿美元，成为中概明星。2013年5月，投资研究机构Greenwich Research Group发布报告称，唯品会涉嫌财务欺诈，误导投资者，一时导致股票价格下跌，但最终唯品会成功挫败此次做空。谁知时隔两年之后，唯品会又再次遭遇做空危机。

• 2015年5月12日，一名不见经传的做空研究公司Mithra Forensic Research（以下简称MFR）发布了一篇标题为《唯品会：你们发的财报我们不买账》的研究报告，从收入确认、存货会计、其他应收款、资本性支持、现金流、持有至到期投资、收购乐峰交易、物流公司建设、公司治理这几个方面质疑唯品会；当天唯品会的股票价格从前一天的27.32美元下跌至25.78美元，而且交易量超过 2 100 万个 ADS，是平常交易量的大约 3 倍；

- 5 月 13 日唯品会公告 2015 年度第一季度的业绩，并逐一反驳做空报告的指控，公司股票收盘涨 3.41%，至 26.66 美元，盘后涨 6.83%，当天的交易量超过 2 900 万个 ADS；
- 5 月 14 日，做空机构 MFR 继续发飙，就唯品会在 5 月 13 日的回复再次发出电子信件给唯品会，继续质疑，并将该信件抄送唯品会的机构投资者代表、外部审计师德勤、SEC 和纽约证券交易所；当天，唯品会的股票收盘价格下跌至 25.21 美元，当天跌幅为 5.44%，交易量超过 3 600 个 ADS，约是平均日交易量的 6 倍；而且盘后还继续下跌至 25 美元；
- 如果从 5 月 11 日收盘价格的 27.32 美元计算，截至 5 月 14 日，短短几天之内唯品会的股票下跌接近 8.5%，市值缩水超过 10 亿美元。

由于收入确认是所有中概股公司的核心会计事项，如果收入确认出现了重大问题，那么公司的整个财务报表就失去了公允性，因此对唯品会收入确认的质疑也是这次做空报告的核心所在。接下来，我们简单探讨一下这个话题。

## 高估值需要收入的高增长

在美国上市的互联网高科技公司，由于在业务早期或者市场扩张期，公司的净利润可能不是股票估值的最佳依据，而收入金额和收入的增长速度则往往是支持股票市值的最重要因素。唯品会也是如此，如果从唯品会过去四年对外披露的收入金额、毛利润和净利润数据，更可以看出，正是由于过去四年收入金额的高速增长构成了唯品会业绩的最佳亮点。唯品会从上市时候的几亿美元市值到如今超过 150 亿美元市值，这个市值增长应该是大部分归功于公司收入的高速增长。唯品会过去几年的收入不仅高增长，而且增长的绝对金额非常大，从几年前几亿美元收入规模的公司迅速成长成为年收入几十亿美元的公司，而且其 2015 年第一季度的收入金额也高达 14 亿美元，按照这样的成长速度，无疑很快就会成为年收入上百亿美元的公司。而且，更重要的是，唯品会的收入高增长并不以牺牲公司盈利能力为代价，反而是公司的毛利率在逐年的稳步提升，所以这样的高增长是属于高质量下的高增长，如表 26 - 1 所示。反观公司过去几年的净利润，不论是绝对金额还是利润率，都不是十分的耀眼。

如果按照2014年的收入规模，唯品会目前对应的市值销售比率超过4，所以投资者正是看好了公司的良好成长性和成长质量（在保证毛利率不但不降低反而还逐年上升的前提下的收入高增长），才给予这样的股票高估值。

表27－1　　单位：亿美元

| 项　目 | 2014年 | 2013年 | 2012年 | 2011年 |
| --- | --- | --- | --- | --- |
| 收入（全额法） | 37.7 | 17 | 6.9 | 2.3 |
| 同比增长率 | 122% | 146% | 590% | |
| 毛利润 | 9.4 | 4.1 | 1.55 | 0.43 |
| 同比年增长率 | 129% | 165% | 260% | |
| 毛利率 | 25% | 24% | 23% | 19% |
| 净利润 | 1.1 | 0.45 | －0.15 | －1.1 |
| 同比年增长率 | 144% | 400% | 86% | |
| 净利率 | 2.9% | 2.7% | | |

注：数据来源于公司年报。

## 净额法将会严重打压市值

而此次做空机构正是看准了唯品会收入增长对其股票市值的重要性，所以从收入确认方法角度入手，通过质疑公司的收入会计政策合理性，以试图打击公司的股票价格。做空机构认为唯品会的收入确认方法不正确，认为唯品会的商业模式属于寄售模式（consignment），按照这样的商业模式，在美国公认会计准则下，收入确认应该按照净额法（net method），而唯品会目前则是按照全额法（gross method）确认，因此唯品会的收入被严重高估了。

在全额法下，唯品会可以将从客户收取的总价款作为自己的销售收入，而将需要付给供应商的金额作为成本；而在净额法下，唯品会只能将从客户收取的总价款扣减掉需要付给供应商的金额之后的差额作为收入，简单的理解就是只能将毛利作为收入。显然，如果按照净额法，那么一个可能的最坏结果（仅仅是假设）是，唯品会2014年的总收入金额就不是接近38亿美元，而是仅仅不到10亿美元，这无疑对公司在投资者眼中的定位产生巨大影响，进而影响到公司的股票估值。毕竟一个在短短几年之可实现年收入超百亿美元的公司，是远远比年收入仅仅十亿美元级别的公司要更加诱人。

然而，在美国收入确认的会计准则中，到底是什么情况下应该采用全额法？什么情况下应该采用净额法呢？这主要取决于在交易安排中，对相关货物，唯品会是采取买断（principle）的方式还是代理（agent）的方式；如果是前者，则应该采用全额法，如果是后者，则应该采用净额法。那么又如何判断到底是买断还是代理呢？这需要对交易从以下几个角度的风险和义务进行分析和判断：

- 履约义务（delivery/performance obligation）。在交易中合同约定的主要义务是什么？是由哪一方主要负责履行？哪一方是主要履约人（primary obligator）？比如在同客户交易之前，货物完整所有权是在供应商还是在唯品会？由谁确保交易过程中所有权的让渡、货物质量的保证、售后责任的履行等，这个义务主要是在唯品会还是在供应商？

- 库存风险（inventory risk）由谁承担？是唯品会还是供应商？比如：如果库存过高了，货物卖不动了，那么唯品会可以退货给供应商吗？库存商品贬值了谁需要承担损失？如果库存商品实物损失了，比如被盗或者遭遇火灾，那么谁是直接损失承担者？如果这些风险主要都在唯品会，那么唯品会更类似是买断了这些商品，并拥有这些商品的所有权。

- 定价风险（pricing risk）由谁承担？是唯品会还是供应商？这里主要是指销售给最终用户的价格制定过程，包括最终定价权和其相对应的风险。如果唯品会仅仅是赚取销售佣金或者从供应商获取提成，那么唯品会应该不需要主要承担这个风险。

- 产品是否经过改装或者变更？如果唯品会对供应商的货物经过改装或变更或再卖给消费者，那么唯品会的角色更接近从供应商买断这个商品。

- 产品（服务）型号的决定权在谁？如果唯品会参与了产品的选型或者定制，那么唯品会的角色更接近买断。

- 信用风险（credit risk）主要由谁承担？如果客户不付款，那么主要损失是在唯品会还是在供应商？整个交易过程中，唯品会需要承担主要的信用风险吗?

经过以上的各风险判断，如果唯品会是主要风险的承担者，那么唯品会的角色比较接近买断，唯品会则可以按照全额法确认收入；反之，唯品会则是扮演代理的角色，其收入只能按照净额法确认。当然，更多情况下，是以上几点可能各个风险的情况不同，有的风险更接近是公司承担，有的很明确不是，有的可能需要公司承担部分风险。因此，这些都是属于专业判断过程，并没有公认的统一标准。但就唯品会所处的行业来看，可能以上各种风险最重要的是要看库存（存货）风险，之后是信用风险和定价风险。

在作以上风险分析和会计判断过程中，需要审阅公司各种相关法律文件，比如公司和供应商的合同、和客户的合同、货物所处仓储的保管合同、货物运输保险单据等，以及公司实际业务所发生的情况和这些书面合同约定是否属实。只有在这样的基础和前提下，才有可能作出比较合理的会计判断。

从做空报告披露的信息来看，做空机构显然是没有接触到公司的以上相关信息。做空机构仅仅是依据公司年度报告所披露的内容、法国巴黎银行的某次研究报告以及唯品会高管在2013年第四季度业绩公告会议上回答分析师的信息，认为唯品会对主要库存商品不拥有所有权，也不承担主要的信用风险，因此唯品会的商业模式属于寄售行为；如果属于寄售行为，则唯品会不需要承担以上几个主要风险，因此需要采用净额法确认收入，所以做空机构认为唯品会目前的收入确认方法违背了美国公认会计准则，收入被严重高估了。

唯品会的收入确认到底应该采用全额法还是净额法？相信公司在上市和年度审计过程中，已经对这个重大会计问题进行了详细的论证。当然做空机构也并非空穴来风，作为企业的外部机构，在无法获得企业详细的相关交易文档情况下，只能是通过分析和比较企业对外公开的信息（包括年度、季报和高管的对外言论等）和其他第三方信息（如投行分析师的报告），寻求蛛丝马迹，以试图找到打压企业股票价格的突破口，进而从中获利。

## 风险警示

唯品会此次收入确认方法被质疑也给中概公司的风险管理提供了一个警

示，那就是上市公司需要定期评估其会计政策，确保其会计政策首先要符合当前业务实质，否则需要及时调整；此外，还需要确保企业对外披露的会计政策和企业所披露的业务模式相一致，避免前后存在冲突；还有一点不可忽视的是，上市公司在进行持续对外信息披露过程中，不论是口头披露（比如高管接受采访和在业绩公告会议上的发言）还是书面披露，都需要围绕招股书内容，或者年报披露的内容，在公司商业模式、战略布局、重大风险、业务预测这些重大方面，保持和招股书或者年报的口径一致。招股书、年度报告、会计政策、持续对外披露、当前的业务实质这些要素前后需要保持一致，形成闭环，那就会大大减低被做空机构盯上的风险。

# 28. 唯品会：恶斗做空、应战诉讼，有何胜算？

（本文于 2015 年 6 月 1 日发表于新浪科技创事记）

截止到 2015 年 5 月底，本年度在美国 IPO 的中国公司只有 3 家，但有 8 家中概公司遭遇集体诉讼。华尔街“诉棍”还高调宣布对包括当当、迅雷、奇虎在内的多家中概公司进行调查。5 月份遭遇被做空和集体诉讼双重压力的中概公司，则是市值超 150 亿美元的中概明星：唯品会。5 月 12 日和 14 日，先后有两家做空研究机构出具报告指责唯品会包括财务数据在内的问题；紧接着，5 月 19 日开始有至少超过 5 家律师事务所向唯品会发起了集体诉讼；5 月 29 日，做空机构再次抛出报告，继续质疑唯品会，当天唯品会的股票开盘价格下跌超过 5%。

## 做空机构无孔不入，事件继续发酵

2015 年 5 月 12 日，做空研究公司 Mithra Forensic Research 发布了一篇标题为《唯品会：你们发的财报我们不买账》的研究报告，从收入确认、存货会计、其他应收款、资本性支持、现金流、持有至到期的投资、收购乐峰交易、物流公司建设、公司治理这几个方面质疑唯品会。唯品会迅速做出反击，逐一驳斥该研究报告的指控。这次做空研究报告的重点是收入确认的会计方法。这一会计课题的具体分析请见本书前一篇文章。

2015 年 5 月 14 日，一家名为 J Capital 的研究机构出具报告，指出唯品会提供给 SEC 的财务数据（“美国报表”）和报给中国工商局的合并财务数据（“中国报表”）之间存在重大差异，而且前者在收入、资产、利润等关键性财务数据方面明显乐观于后者，由此指责唯品会报告给 SEC 的财务数据存在虚假。唯品会也于当天迅速作出反击，指出该报告中所谓中国报表数据并不准确，比如：该研究报告指出唯品会合并中国报表数据中 2014 年的收入是 354 077 936美元，而实际上唯品会其中一家全资中国子公司的中国报表上所列示的 2014 年收入就高达 17.9 亿美元。而且唯品会还告知投资者，这些中国报表数据是公开的，投资者可以自行通过合法手段查询获得这些数据。

2015 年 5 月 29 日，MFR 再次发布信息，宣称其获取追加信息足以怀疑唯品会的财务及相关信息披露存在误导。主要是指并购乐峰网，指出公司在给 SEC 的年报告中宣称由于乐峰网 2013 年收入金额低于 4 亿元人民币（约 6510 万美元），所以这个并购不需要中国商务部的批准，而由渣打银行两位分析师所提供的分析报告中却指出乐峰网的年收入超过 31 500 万美元（做空报告认为分析师的数据应该是唯品会管理层所提供的），而且乐峰网曾经对外的宣传资料也透露其年收入超过 3 亿美元。这些对外披露的收入数据前后存在重大不一致，招惹来了做空机构。据做空报告所披露，其并不是怀疑并购乐峰网估值是否公允问题，而是怀疑公司故意夸大了并购规模，通过乐峰网并购交易进行大金额资金转移，从而可能使用该资金来虚增公司收入和表外隐瞒费用。

5 月 29 日的报告还就唯品会的收入确认应该采用净额法还是全额法这一会计判断作出进一步的补充。该报告指出，通过和唯品会的供应商沟通发现，唯品会需要遵循供应商的价格指导，也就是说公司并非拥有独立的定价权，从而进一步补充证明唯品会并非从供应商买断这些货物，唯品会和供应商之间的关系更接近是寄售或者代理的关系，因此需要用净额法确认收入，做空报告认为这进一步说明唯品会目前用全额法确认收入是不符合公认会计准则。

5 月 29 日的做空报告还对唯品会公司财务高管的个人简历信息披露前后不一致作出质疑；此外，还指出由于德勤同时是唯品会和乐峰网的审计师，从而质疑审计师德勤和公司之间的独立性。真可谓是费尽心机，无孔不入。做空机构正是在收集公司公开或者非公开的各种信息基础上，经过其逻辑分析和推理，抛出对公司质疑的报告，希望引起各方关注，从而对公司股票价格形成外部压力，以打压公司股票价格，实现套利。所以从某种角度看，做空报告本身也是具有“浑水摸鱼”的性质。

## 群狼“诉棍”乘机围攻，诉战即刻爆发

虽然不能说做空研究机构和“诉棍”之间是沆瀣一气，但“诉棍”最开心的事情应该莫过于每天可以看到有新的做空研究机构出台，因为做空研究报告往往会对公司股票价格在短期内进行打压，而对“诉棍”来说这就意味着新的商机出现。从5月19日至今，超过五家律师所向唯品会发起了集体诉讼，指控公司和包括CEO、CFO在内的高管违反了1934年证券交易法的第10（b）条款，和SEC所颁布的10（b）-5规则，而个人被告则违反了证券交易法的第20条款（控制人责任条款）。

从这些“诉棍”们匆忙炮制所提交的仅22页的诉讼状来看，主要指控内容包括：①唯品会在收入、应收款、利润、现金流、存货和投资账户方面，存在人为操纵和虚增；②唯品会的主要销售行为属于寄售性质，其收入确认应该是净额法，公司目前按照全额法确认收入不符合美国公认会计准则；③唯品会在财务报告流程的内部控制存在缺陷；④由此导致唯品会在相关期间的对外陈述存在重大不实之处。

诉讼状的主要依据是以上两家做空机构的研究报告。其中一个依据是涉及收入到底应该按照全额法确认还是净额法确认（“收入确认方法”），原告在诉讼状中几乎是全面引用了做空报告对唯品会收入确认方法质疑的分析过程和结论，包括内外部基础信息，如：唯品会曾经对外宣称其业务的寄售（consignment）性质、投行分析报告中曾经提到唯品会的寄售业务、唯品会业务模式特征的会计角度分析、是买断还是寄售的风险判断会计分析等。另外一个诉讼依据则是J Capital研究报告中所宣称的，其认为唯品会中美会计报表之间存在重大差异，所以唯品会的财务数据存在虚假。

原告在诉讼状中宣称，其确信如果法院批准进行合理的证据开示程序之后（discovery），则会有实质性证据足以表明对唯品会的以上指控属实。

原告如果能够实现成功起诉（注意：是成功起诉，确保案件不被驳回，不是指最终胜诉），则必须首先能够充分指出原告存在重大虚假的不实陈述，而且还必须能够指出原告的行为是故意或者疏忽大意（欺诈要件）。当然还有其他起诉要件需要满足，比如：损失的因果关系等。

本案中，关于重大不实陈述的指控有两个，其中一个是收入确认方法，第二个是中美会计数据重大差异。从收入确认方法是否妥当这个指控来看，这属于会计判断的范畴，在这个阶段，唯品会本身的会计政策是否妥当并不重要，关键是要看原告的会计分析、判断过程及其所依据的基础信息是否合理充分。所以唯品会可以从这些方面挑战原告，从而指出原告的指控是不充分的。

而对于唯品会的中美报表重大差异指控，唯品会已经公开驳斥，那就是，做空报告中所提到的唯品会中国报表数据本身就是没有依据的，而且这些中国报表是可以公开获得的，如此则有助于削弱原告的指控力度。由于中美报表重大差异是集体诉讼的常见诉因之一，在下文中我们对此再作探讨。

如果唯品会可以在以上两个指控内容中，实质性地削弱原告的指控力度，那么就可能成功申请法院驳回起诉。

原被告双方还可能进行重点博弈的地方是欺诈要件。唯品会可以指出原告的诉讼状并不符合欺诈要件，并没有提供证据表明唯品会是故意行为（比如：为了内幕交易而抬高股票价格，从而进行虚假陈述等）。原告唯一指出的就是，因为唯品会及其高管曾经公开承认公司的业务属于寄售性质（也就是说，不属于买断性质），据此，原告认为唯品会对其收入确认方法不符合美国会计准则是知情的，所以属于欺诈。

其实，原告的指控逻辑存在错误，如果正如原告所宣称那样，唯品会是公开承认其业务属于寄售性质，唯品会也就没有隐瞒这方面信息，那么就不属于欺诈了；况且，即使唯品会的业务（假设）确实属于寄售性质，也公开承认了，而且假设（注意，仅仅是假设）唯品会目前所使用的收入确认方法（全额法）也确实违背了公认会计准则（即：应该使用全额法），但由于唯品会已经公开披露了其收入确认方法（并没有隐瞒），那么欺诈也不存在，即便可能是属于会计错误，也是个公开披露、理性投资者已经知晓的会计错误（仅限假设）；这对企业而言，则不属于知情和欺诈。所以目前看来，原告在欺诈要件的指控上，其法律逻辑并不严密。同时，这也可能足以说明损失的因果关系可能不成立，因为假设这个会计错误是存在的，但这个信息是公开的，企业并没有故意隐瞒，所以理性投资者很难将其在唯品会上的投资损失（如果有）全部归因于此。

当然唯品会能否成功驳回原告的指控，避免案件进入证据开示程序，一方面取决于是否会有更多的不利于被告的信息出现，而另一方面则取决于法官在裁决过程中的个人偏好。

## 中美财务报表重大差异有何风险？

从目前累计超过一百起的中概公司集体诉讼各种诉因来看，中美财务报表之间存在重大差异是比较常见的诉因之一。当然，这之间的差异不同公司可能原因有所不同。所以存在重大差异并不代表企业的财务数据就不可靠。通常而言，在不考虑财务数据不真实的情况下，中美财务报表存在重大差异可能的原因包括：合并报表范围不同、对某些重大交易事项的会计处理中美会计准则不同等。从中概公司的集体诉讼判例法来看（如：多元印刷诉讼案、中国高速传媒诉讼案），如果仅仅指出被告的中美财务报表之间存在重大差异，可能还不足以有力推导出被告的财务数据属于虚假。法官往往会综合考虑其他指控内容，同时也会具体分析这个重大差异本身是否有可能足以说明虚假陈述存在。比如以下这些情况则很有可能会导致法官认为上市公司的财务数据存在嫌疑：①连续几个会计期间来看，美国报表报喜，而中国报表报忧，尤其在收入和利润这些关键数据上，这种情况会引起高度怀疑；②中美财务报表在现金流量表上存在重大差异，尤其企业一方面高利润，而另一方面所得税缴纳现金流出金额非常少；③在重大资产，尤其是有形资产和银行存款，中美报表存在重大差异。

总之，中美财务报表之间如果存在重大差异，那么中概公司（包括准备赴美上市的企业）应该首先需要进行内部评估，尤其是针对关键性财务数据，识别出其差异所在和具体原因为何，从而降低上市之后被做空的风险。对于准备赴美上市的公司而言，由于需要披露数年的历史数据，更应该要在早期就关注这个风险。

## “防空”“防诉”成常态，中概当自强

唯品会是华尔街近年来热捧的中概明星股，即便在本月做空报告公布之后，24个分析师中仍然有23个是给出买入评价的，另外一个是给出持有评价。包括华尔街日报和CNBC Market Alert节目都围绕做空报告进行了报道和辩论。美国的资本市场就是如此，只要有风吹草动，那么对明星公司而言，更容易迅速处于媒体的全方位聚焦之下。上市公司必须能够承受住这些压力，以维护投资者的信心。做空是

常态的，集体诉讼也是十分常见的，这些做空研究报告和集体诉讼可能短期之内会对公司的股票价格造成压力，但是，华尔街有数万名精英分析师，做空研究报告和集体诉讼的指控能否构成真正的威慑力，还是仅仅为一时的“浑水摸鱼”性质的反向炒作，在这个成熟的资本市场里应该会很快得到理性回应。

就唯品会这个案例而言，其收入确认到底是应该采用净额法合理，还是全额法合理？这个会计问题相信公司自己和其外部审计师德勤会有恰当的分析和结论。同样，唯品会中美财务报表之间是否真的存在重大差异，如果存在，那么是否可以说明公司对投资者公布的财务数据虚假？外部审计师的意见应该是可以给出答案的。但是，对做空机构和“诉棍”们而言，这两个问题的最终答案并不十分重要，因为他们所需要的是通过其质疑，能够引起投资者、监管当局（SEC）和联邦法官的注意，从而给上市公司施加压力，或者通过打压公司股票价格获利，或者将公司拖入诉讼之路，期望获取赔偿。所以，防止被做空和集体诉讼，这也就成了中概公司的常态工作之一。中概唯有自强，吸取其他中概公司的经验，才可以更好地降低被做空和集体诉讼的风险。

## 本案后续发展

2015 年 9 月 15 日，法院批准本案合并为一个集体诉讼，并批准任命本案原告首席代表和原告律师代表；

2015 年 11 月 23 日，原告自动撤诉。

## 申明和信息来源

本案例的主要信息来源于相关法律文件，案件中所提到的指控内容，可能属实，也可能并非属实，本书对此并无任何立场；同时由于本案并未经过陪审团和法院的最后判决，而是原告撤诉，所以也意味着这些指控的事实认定在美国证券相关法律下并未予以确认。本案例的主要信息来源包括：

- Complaint of Violation of Federal Securities Laws; Case 1: 15 - cv - 03870 - LTS Document 1 Filed 05/19/15.
- Notice of Voluntary Dismissal Without Prejudice; Case 1: 15 - cv - 05097 - LTS Document 15 Filed 11/24/15.

## 29. 迅雷：在美遭诉讼，讲故事惹的祸？

（本文于2016年6月26日发表于新浪科技创事记）

2015年的盛夏六月即将过去，而在过去的二十多天中，中国上市公司在境内外资本市场不断演绎出一个接一个的热点话题和精彩故事。

• 6月5日，时隔7年9个月后，沪指重新站上5 000点，而且两市的成交额突破2万亿元；

• 6月10日，尚未上市的小米公司和在国内已经上市的乐视公司之间开始了公开的“死磕”；

• 6月17日，奇虎宣布私有化，同天分众传媒拟借壳国内上市的宏达新材被证监会立案调查，中概私有化回归话题再次被热议；

• 6月19日，沪指暴跌6.42%，失守4 500点，创下“端午劫”；

• 6月23日，刘姝威教授如期发布乐视网分析报告，指出“烧钱”模式难以持续，乐视再处于风口浪尖。

在频繁大起大落、震荡不停的本月国内资本市场中，有两个比较热的话题：一个是中概股回归，另一个是对高科技“概念”（“故事”）公司的估值和“烧钱模式”如何进行合理考量。同样在六月，在美上市中概公司迅雷所遭遇的集体诉讼，则和这两个热点话题颇有关系。迅雷成为本月第二家、本年第九家遭遇集体诉讼的中概公司。接下来笔者和您共同探讨和分析这起诉讼案的基本情况和如何考量“讲故事”公司这个话题。

### 上市后即转型，急需新故事？

2011年迅雷首次冲击IPO，其估值曾一度达到20亿美元，后因“中概股风波”，才不得不暂缓 IPO。

2014 年 6 月 24 日，迅雷正式在美国上市，此次 IPO 共发行 841.225 万个 ADS（每份 ADS 代表 5 股普通股），每个 ADS12 美元，发行总收入为 10 094.7 万美元，扣除 706.6 万美元承销费用和 350.4 万美元会计师、律师等上市费用后，发行净收入为 9 037.7 万美元。

迅雷在此番上市前已进行过 5 轮融资，总融资规模超过 5 亿美元。其中单是 2014 年 4 月的融资就有 3.1 亿美元。

在过去的 52 周期间，迅雷的股价介于 5.93～16.18 美元之间；2015 年 6 月 24 日股票收盘价格 13.68 美元，总市值 9.43 亿美元；于 2015 年 3 月 31 日现金余额接近 3.9 亿美元。

以上的信息似乎可以说明：

①相对于上市前高达 5 亿美元的融资，迅雷的美国 IPO 融资金额并不高；

②考虑到迅雷目前现金余额，当前 9 亿多美元的市值似乎并不高。

但如果结合以下表格所展示的迅雷相关财务数据，我们会发现：迅雷在 2014 年 6 月份上市之前各季度的业绩呈增长趋势，而上市之后则业绩出现很明显的大规模下滑，尤其是 2014 年第四季度收入环比下滑严重，而 2015 年第一季度则是严重亏损，如表 29－1 和表 29－2 所示。所以，如果迅雷 IPO 时间稍微推迟，由于期后业绩表现不良，则很有可能对 IPO 造成负面影响。从这个角度看，迅雷 IPO 团队在把握上市时机方面还是十分成功的。

**表 29－1　　　　迅雷季度财务数据　　　　单位：百万美元**

| 指标 | 2015 Q1 | 2014 Q4 | 2014 Q3 | 2014 Q2 | 2014 Q1 |
| --- | --- | --- | --- | --- | --- |
| 收入 | 30.14 | 32.00 | 48.63 | 44.76 | 35.34 |
| 毛利 | 18.04 | 17.93 | 22.90 | 19.94 | 21.82 |
| 毛利率 | 60% | 56% | 47% | 45% | 62% |
| 净利润 | －4.29 | 0.33 | 0.35 | 9.26 | 0.88 |

注：迅雷预计其 2015 年第二季度收入金额在 0.25～0.29 亿美元区间，中间值同比下降 18.9%，环比下降 10.6%。

表 29-2　迅雷年度财务数据　单位：百万美元

| 指标 | 2014 年 | 2013 年 | 2012 年 | 2011 年 |
|---|---|---|---|---|
| 收入 | 165.38 | 174.59 | 140.52 | 81.90 |
| 毛利 | 76.89 | 81.33 | 56.51 | 33.83 |
| 毛利率 | 47% | 47% | 40% | 41% |
| 净利润 | 10.33 | 10.66 | 0.50 | -0.01 |

2015 年 3 月 31 日，迅雷宣布将所持迅雷看看股份作价 1.3 亿元出售给北京响巢国际传媒股份有限公司，迅雷表示这是为剥离“非核心及无盈利能力”业务，同时保证移动业务和“水晶项目”的战略执行。有媒体指出对迅雷看看的抛弃，意味着迅雷公司战略的全面转型，也就是迅雷要讲另外一个故事。只是没想到，这个新故事还没开讲多久，却引来了一堆“诉棍”。

## 集体诉讼：都是“美丽故事”惹的祸？

2015 年 5 月 20 日（美国东部时间）股市收盘之后，迅雷公布了截至 2015 年 3 月 31 日的第一季业绩：第一季营业收入 3 020 万美元，同比下滑 8.4%，环比下滑 14.9%；净利润为 240 万美元，同比降 47.8%，环比降 66.7%；由于订阅用户数量下滑（订阅用户数量从 2014 年 12 月 31 日的 495 万人下滑到 2015 年 3 月 31 日的 488 万人），迅雷的核心业务订阅服务营业收入持续下降；迅雷第一季订阅服务营业收入为 2 120 万美元，同比下滑 8.5%，环比下滑 14.7%。至 2015 年 5 月 21 日收盘，迅雷的股票价格下跌 1.69 美元，至 9.71 美元，跌幅高达 15%。

2015 年 6 月 8 日集体诉讼爆发，原告指控迅雷发布虚假和误导性信息，没有披露“水晶项目”以及移动战略可能对公司财务状况造成不利影响的重大风险；诉讼期间从 2014 年 6 月 24 日（公司 IPO 招股书生效日）至 2015 年 5 月 20 日（2015 年第一季度业绩公告日）。被告包括：迅雷公司、公司 CEO 和 CFO（“个人被告”）以及摩根大通、花旗和奥本海默在内的投行；原告指出：

- 以上所有被告违反了证券交易法的第 10（b）条款和 SEC 的 10b-5 规

则，此项指控必须要满足欺诈（scienter）条件，估计难度比较大；

● 两位个人被告违反了证券交易法的第 20（a）条款，即：控制人责任条款；该指控能否成功，很大程度上取决于上一个指控是否成立；

● 两位个人被告违反了证券法第 11 条款，这个指控主要针对招股书中涉嫌存在误导；

● 所有被告违反了证券法第 12（a）（2）条款，此项指控针对招股书内容，不需要满足欺诈条件；

● 个人被告违反了证券法第 12 条款，即控制人责任条款，此项指控能否成立主要取决于前项指控能否成立。

原告在诉讼状中的第 28 段，援引了迅雷在 2014 年 8 月 21 日业绩公告电话会议上的高管发言，指出迅雷在 2014 年 4 月就对“水晶项目”进行了 beta 测试，而且取得重大进展。此外，迅雷宣称其“水晶项目”对未来降低公司带宽成本方面十分乐观（very optimistic），因为该项技术可能会使带宽增加 9 倍或者 10 倍；迅雷还宣称小米将有可能会是“水晶项目”的第一个付费客户；但同时，迅雷高管也指出，“水晶项目”目前还处于早期阶段，如有更多实质性信息或者进展，公司将会向市场公布。

原告指出，这是迅雷公司首次对投资者披露其已经进行的“水晶项目”，此前公司于 2014 年 6 月 24 日生效的招股书中并没有披露此项目。原告认为，迅雷的以上对外信息披露存在重大误导，因为迅雷没有披露其向“水晶项目”和移动业务所作的业务战略转型对公司财务状况存在不利影响这一风险。

从这个诉讼状来看，原告如果要成功指控还存在不小难度。迅雷确实没有披露其“水晶项目”和移动业务的相关风险；但是，正如迅雷高管在季度业绩公告会议上所披露的，“水晶项目”目前还处于初级阶段，对于是否需要对外披露、如果不披露为何会构成重大不实陈述或者重大信息遗漏，原告并没有指出具体原因，所以从这一点上看，原告的指控力度并不强烈。至于移动业务，则更是如此，因为原告并没有指出迅雷为何需要、从什么时间开始需要披露此项业务相关信息。

此外，原告指出迅雷出售“迅雷看看”以提高公司的财务状况为据（见诉讼状第 31 段），似乎企图指出迅雷没有披露在向“水晶项目”和移动业务进行业务转型时，对公司财务状况不利影响的风险。原告的这个指控在逻辑上存在一定的缺陷，因为并非是业务转型导致了公司出现财务状况风险，而是如果不转型，公司的财务状况才会真正出现风险；也就是说，业务转型并非是公司财务状况出现风险的原因所在，公司财务出现风险并非是“水晶项目”或者移动业务所导致的（至少原告目前没有如此指出），导致公司财务状况出现风险的真正“元凶”正是“迅雷看看”这样的传统业务，而原告并没有指控公司在“迅雷看看”这个传统在线业务上的信息披露存在任何不妥之处。

当然，原告也可以指出，其所指控的并非仅仅是迅雷没有披露“水晶项目”和移动业务相关的风险，原告指控的是迅雷没有披露业务转型的风险。但即便如此，原告的指控力度也不充分，因为原告并没有指出迅雷业务实质性转型从什么时间开始，是在迅雷 IPO 之前吗？因为这会直接涉及迅雷从哪个时间开始有对外披露该信息的义务，这个原告并没有指出。相反迅雷可以抗辩指出，其业务转型的实质性步骤是出售“迅雷看看”，而对于这个出售交易，迅雷则是在第一时间进行了充分披露。

此外，原告也可能会指出，迅雷公司或者其他类似的互联网公司的用户从传统 PC 在线转到移动端的趋势很明显，所以需要对移动业务进行风险评估，比如 FACEBOOK 上市的时候 SEC 就曾要求其对此作风险披露，以避免误导投资者。不过从目前这一稿的诉讼状来看，原告并没有如此指控，而且就迅雷公司本身业务在 IPO 时候是否存在这个情况，外界也无从所知。所以，指控起来并非容易。

总之，迅雷诉讼案涉及“老故事”（迅雷看看传统业务）结束、“新故事”（“水晶项目”和移动业务）开讲这个转换阶段所引发的信息披露判断。我们期待，原被告双方将如何对此进行博弈和法官的分析、判决和裁决过程。

对“诉棍”来说，迅雷到底应该如何披露其风险他们并没有兴趣，“诉棍”只是希望能够成功起诉迅雷，将迅雷绑上诉讼的战车，如果本案能够发展到案件的证据开示程序，“诉棍”则有更多筹码进行谈判，获取赔偿金额。对中概公司来说，迅雷诉讼案裁决则会形成新的判例法，将来在业务转型或者“讲故事”时候需要注意哪些信息披露风险，则可以参考迅雷诉讼案例。

## 迅雷会加入中概私有化和回归潮吗?

中概股回归是2016年的热门话题之一，有报道称2015年至今已经有24家在美上市的中概公司宣布私有化，拟回归国内资本市场，其中有数家是2014年才上市的新公司（如：陌陌）。在国内资本市场，体量不大的暴风科技和乐视公司市值竟然分别超过300亿元和1 000亿元，这自然让在美国上市的同行业优酷土豆和迅雷羡慕无比。2015年6月24日，在迅雷上市一周年之际，迅雷CEO发出微博谈私有化，指出不能盲目跟风，并指出私有化要考虑两个问题：①如果回归A股，能得到什么？②如果不回归A股，可能失去什么？私有化回归国内资本市场，期间会涉及资金、VIE结构拆除、美元股东退出等法律、财务和税务专业技术问题以及国内资本市场的整体表现、上市排队时间等不可以预计的问题，所以并非对所有公司来说都是易事一桩，这个过程所隐藏的风险并非所有公司都能承受得起。但不论是在美国资本市场还是在中国资本市场，企业的业务健康是前提条件，如果业务模式出现问题、业务增长乏力，那么即使靠讲美丽故事，最多只能是获取资本市场的短暂青睐。而如果在美国遭遇集体诉讼是否会影响私有化进程和A股上市，则需要看具体的诉讼原因而定了。

## 如何考量“讲故事”的概念公司?

当前，国内外资本市场很流行会讲故事的概念公司，比如有的叫“互联网思维”，有的叫“生态系统”“生态圈”“生态链”“子生态系统”等，这些创新型公司往往是推动人类发展的先锋，但同时有的也会给投资者带来诱惑，甚至陷阱。有人认为，适用于传统行业估值的静态和动态市盈率和市净率可能不适合这些公司，甚至市销率可能也未必适合这些公司，那投资者难道只能用“市梦率”来幻想这些公司的估值吗？投资者到底应该如何考量这些概念公司？这些公司的估值合理吗？这些公司是否值得继续烧钱？

笔者认为，考量这些公司，需要从市场制度建设上入手，一方面上市公司需要从投资者需求角度充分披露所讲“故事”的关键信息；另一方面，需要和允许对故事的披露质量进行公开和全方位的评估和监督，以确保这个披露是高质量的，对投资者来说是有实质意义的。

**充分披露故事的关键信息**

充分披露故事的关键信息包括两个含义：第一个是需要披露故事的具体风险所在，不能只披露故事美丽动人的一面，对于其中所隐含的具体风险也需要作出披露，且不能只是泛泛而谈，更不能隐瞒某些风险。推行“生态系统”概念的公司，需要告诉投资者其各个子生态如果成功，则关键性因素会在哪里？其中的具体风险可能会在哪里？目前各子生态的发展趋势如何？既然每个公司之间有不同的概念，各自的故事有不同的美丽之处，那么其各自的风险也应该会不尽相同，因此这个风险披露不应该是雷同的。

第二个是需要有量化的考核数据。对于创新型的高科技公司和互联网公司，在初期或者市场扩张期，如果仅仅用传统的财务指标（如：毛利率、净利润等）进行估值，可能有失公允或者不符合投资者需求，所以这里暂先不探讨财务数据如何在考量这些公司时候发挥作用（请注意：这不代表财务数据不能发挥作用）；而关键性运营指标（key operational metrixs）可能在故事的初期阶段更为重要。这些运营指标分不同的行业而不同，比如：特斯拉汽车的订单量和交货量，游戏行业的注册用户数、活跃用户数、实际付费用户数、ARPU 值，智能手机行业的手机出货量、智能电视行业的电视出货量、续费用户数等。

但是这些所谓关键性运营指标，必须是和企业盈利能力有明显直接关系的，而不能仅仅是表面的（比如仅仅是市场占有率单一指标），不能是仅仅用来诱发投资者想象空间的那些指标（或者单一指标）。比如：游戏行业的实际付费用户数就比注册用户数更具相关性，因此不能只披露后者而不披露前者。又比如，视频网站如果仅仅披露其视频广告的累计播放时间，而不披露 ARPU 值，则有可能会误导投资者。投资者需要通过对这些关键性运营指标的持续跟踪来考量概念公司，所以这些指标不应该误导和迷惑投资者。

美国 SEC 主席怀特女士在 2013 年 11 月的一次会议上公开指出，科技公司用户数量可能和利润没有任何关系，她告诫投资者不要被诱人的用户数量所迷惑。SEC 关注的是这些所谓运营指标和公司获利能力之间的逻辑关系是否明确；如果这个逻辑关系不强，或者公司没有披露清楚，那么则有可能会误导投资者。在 GROUPON 、FACEBOOK、TWITTER 这些互联网公司上市时候，SEC 都曾要求其对相关非标准的运营指标和风险进行更为清晰和详细的披露。

所以，推崇生态和互联网概念的公司，需要向投资者披露其关键性运营指标，而且这些指标必须是和获利能力直接、明显相关，不能存在误导。也就是说，对投资者而言，这些指标必须具备相关性和非误导性。

**对故事的披露质量进行公开和全方位的评估和监督**

制度建设的另一方面，是需要和允许对所讲故事的披露质量进行公开和全方位的评估和监督。比如，上市公司所披露的风险是否充分？是否隐瞒某些风险？上市公司披露的关键性运营指标是否合理？是否和盈利能力直接相关？是否会误导投资者？

公开和全方位的监督，包括来自监管部门和民间的监督。美国 SEC 的企业融资部门（Corporate Finance Division）有大约 400 人的公司信息披露审核部（Disclosure Review Team），这 400 名专业人员负责审核约 5 000 家在美国上市公司的招股书、年报、季报、临时公告，在审核过程中，他们每年和上市公司之间有数千次的书面沟通，而这些沟通信息都是公开的，可以从 SEC 网站上获取，这些信息披露审核专家的职责就是确保上市公司所披露的信息对投资者而言是有价值的、相关的，而不是误导的。来自民间的监督也十分重要，因此应该予以鼓励。比如，刘姝威教授对乐视的分析报告、各专业投资机构的分析报告以及本案中的股东集体诉讼都属于来自民间监督力量的体现。

如果我们建立了以上制度，并确保其有效运行，那么不论上市公司推出何种“概念”，讲述何种“故事”，是不是在烧钱？钱都烧在哪里？还能烧多久？还允许烧多久？这些问题也就不是问题了，因为投资者可以根据有用的、可靠的、非误导的信息，自行作出判断和投资决策。

对投资者来说，股市有风险，入市须谨慎；同样，对仅仅擅长于“讲故事”的上市公司来说，故事有风险，烧钱需谨慎。不论当前这个“牛”市是属于“政策牛”“资金牛”还是“改革牛”，如果在此基础上再添加上一些诸如“监管牛”“透明牛”这些元素，那么就有可能催生出更多的“创新牛”“基业长青牛”；唯如此，方可珍惜当前来之不易的“牛”市，让当前的“牛”市走得更久、更远。

## 本案后续发展

2015 年 9 月 15 日，法院批准本案的原告首席代表和律师代表；

2015 年 11 月 9 日，原被告双方律所达成自动撤销诉讼的协议；

2015 年 11 月 16 日，法官批准本案自动撤诉。

## 申明和信息来源

本案例的主要信息来源于相关法律文件，案件中所提到的指控内容，可能属实，也可能并非属实，本书对此并无任何立场；同时由于本案并未经过陪审团和法院的最后判决，而是原告撤诉，所以也意味着这些指控的事实认定在美国证券相关法律下并未予以确认。本案例的主要信息来源包括：

- Complaint for Violation of Federal Securities Laws; Case: 2: 15 - cv - 04288 - MWF - AS Document 1 Filed 06/08/15.

# 30. 英利太阳能：非标审计报告引发的诉讼案

（本文于2015年6月12日发表于新浪科技创事记）

2015年5月20日，在香港上市的汉能薄膜股价暴跌47%，市值缩水超过1 400亿元，这无疑是中国在境外上市公司于5月份遭遇的最大挑战。关于汉能薄膜股价暴跌的原因，有人认为这是受前一天，也就是5月19日，在美国上市的英利太阳能股价暴跌所拖累。其真实原因是否如此，众说纷纭。虽然各自在美国和香港上市的这两家中国太阳能行业公司先后遭遇股价暴跌，但更为痛苦的是，在美国上市的英利公司随后很快又遭遇了集体诉讼，被绑上诉讼的战车。英利成为2015年5月份第二家、2015年第七家遭遇集体诉讼的在美上市中概公司，也是继中电光伏、江西赛维、阿特斯太阳能、无锡尚德之后，遭遇集体诉讼的又一家中国在美上市太阳能行业公司。接下来我们一起探讨和分析本起诉讼的基本情况。

• 2015年3月25日，英利公司公告2014年度的业绩，年度总亏损0.887亿美元，总收入金额为5.56亿美元，低于公司业绩预期，当天公司股票价格下跌0.35美元，跌幅达15%，收盘价格为1.99美元。

• 2015年5月15日，公司公布经过审计的年报，由于存在严重的持续经营风险，审计师出具了带解释段的非标准审计意见；公司在年报附注中披露说明，由于持续亏损和严重债务，公司严重怀疑其自身存在持续经营风险（substantial doubt on going concern risk）。当天公司股票价格下跌0.21美元，跌幅超过12%，5月18日的收盘价格为1.49美元，而且成交量巨大；年报附注还披露公司进行了截至2015年12月31日的整年现金流量预测，所考虑到的替代性融资计划包括：①向主要股东进行私募或者借款；②出售子公司土地使用权；③债务重组和引入新的战略投资者；④银行借款的展期或者续借。但公司无法保证以上融资计划可以顺利得到执行。

- 2015 年 5 月 19 日，彭博社发布文章进一步指出该公司的流动性风险，并指出公司管理层仍然有信心可以获得融资以偿还即将到期债务；当天，公司股票价格继续下跌 0.55 美元，跌幅超过 36%，收盘价格为 0.94 美元，而且成交量巨大，超过 2 400 万股。

- 2015 年 5 月 28 日，股东集体诉讼爆发，包括公司本身、CEO 和 CFO 在内成为被告；原告指控被告违反了美国 1934 年证券交易法的第 10（b）条款和 SEC 的 10b－5 规则，两高管违反了交易法第 20（a）的控制人责任条款；诉讼期间从 2014 年 3 月 18 日（公司 2013 年第四季度业绩公告日）至 2015 年 5 月 15 日（公司 2014 年度年报公告日）。

- 原告指控被告：①收入确认不妥当；②基于某些客户的历史记录，公司并没有合理预计这些客户的款项收回风险；③公司并无法继续获取商业银行贷款以支持其经营活动；④公司无法继续获取权益融资或者商业银行贷款，从而导致公司存在持续经营的风险。基于以上几点，公司曾经对外所作的关于公司业务、运营和前景的陈述，是存在重大误导或者是缺乏合理基础的。

从诉讼状来看，原告并没有详细披露为何英利公司的收入确认不妥当，也没有具体指出英利对某些应收款的回收风险没有合理预计，所以这两项指控看来没有实质性内容。而其余两项指控则涉及英利公司是否及时、充分披露其持续经营的风险。这个指控估计会是原被告双方激烈争辩的焦点所在。

那从诉讼状目前所提供的信息来看，到底能否充分指控英利在诉讼期间隐瞒了这个持续经营的风险呢？原告罗列了英利公司从 2013 年第四季度到 2014 年各季度和年度的业绩公告内容，从这些公告的内容来看，英利公司确实没有用文字直接指明公司存在持续经营的风险，而只是在 2014 年年报中才首次披露公司“严重怀疑”其存在该风险。在诉讼期间这些各季度的业绩公告中，英利主要侧重强调各季度的出货情况、市场开拓和需求情况，而且是属于乐观的，管理层对各季度的业绩表现所使用的措辞属于“满意”“乐观”的性质。

那么是什么情况导致公司在 2015 年 5 月 15 日公告年报的时候突然表示对

持续经营风险存在"严重怀疑"呢？是否公司在2015年第四季度业绩公告之后（3月25日之后），新发生了一些情况，导致公司管理层对公司的持续经营假设风险存在"严重怀疑"？从目前披露的信息来看，似乎并不是这样。如此看来，能否就说明公司其实在此前隐瞒了该风险而没有披露呢？原告正是从这个角度来指控英利公司的。那么，联邦法官是否会认同原告的指控？或者说，英利又应该如何反驳原告的指控呢？

首先我们需要认识：通常情况，公司在何种情形下，需要对外披露其存在持续经营风险，尤其是"严重怀疑"。从证券集体诉讼判例法的角度看，并没有发现先例。这个持续经营假设风险更多属于是一种会计判断，通常是企业常年亏损、高负债、运营资金存在严重缺口，而又无法获得即刻融资，或者短期无法重大扭亏的情况下，会计上需要对公司的持续经营假设进行评估，并作出披露。

如果我们看一下英利公司过去4年的关键财务数据，则会更清楚地发现，其实过去几年英利公司一直是亏损、高负债、负营运资本，从财务数据的健康度来看，至少2013年和2014年没有实质性区别，如果从毛利率和亏损金额来看，2014年其实比2013年还有所改善；所以，从公开的财务数据看，2013年的财务数据实质上已经触发了公司必须对其持续经营假设进行评估，并披露其评估依据和结果。但从过去几年的公司年报来看，2014年是首次对此风险作出实质性披露。如表30－1所示，英利公司2014年之前的审计师是毕马威，2014年是普华永道，是否由于不同审计师对此风险有不同的会计判断，这个现在还无从所知。但正是2014年经过审计年报的此项披露，引发了集体诉讼。

**表30－1　　英利太阳能相关财务数据**　　单位：人民币百万元

| 项　目 | 2014年 | 2013年 | 2012年 | 2011年 |
| --- | --- | --- | --- | --- |
| 收入 | 12 927.38 | 13 418.09 | 11 391.93 | 14 677.97 |
| 收入增长率 | －4% | 18% | －22% | |
| 毛利 | 2 238.24 | 978.67 | －368.80 | 1 597.98 |
| 毛利率 | 17% | 7% | －3% | 11% |

续表

| 项　　目 | 2014 年 | 2013 年 | 2012 年 | 2011 年 |
|---|---|---|---|---|
| 净利润（亏损） | -1 299.81 | -1 944.42 | -3 064.41 | -3 208.91 |
| 流动资产 | 11 324.30 | 11 356.53 | 11 112.87 | 12 738.30 |
| 流动负债 | 18 076.73 | 14 302.55 | 12 940.97 | 12 949.61 |
| 营运资金 | -6 752.43 | -2 946.02 | -1 828.10 | -211.31 |
| 总资产 | 27 108.45 | 27 449.54 | 27 153.59 | 27 483.41 |
| 总负债 | 27 325.81 | 26 941.52 | 24 783.72 | 22 322.22 |
| 资产负债率 | 100% | 98% | 91% | 81% |
| 经营活动现金流 | 433.95 | 352.55 | -2 055.69 | 340.83 |
| 投资活动现金流 | -315.85 | -670.59 | -2 027.79 | -5 504.65 |
| 筹资活动现金流 | -182.69 | -629.45 | 2 003.85 | 3 554.89 |
| 年底现金余额 | 1 069.05 | 1 105.48 | 2 084.86 | 4 181.04 |
| 长期债务中的短期部分 | 10 112.06 | 6 715.88 | 7 526.02 | 8 364.42 |

数据来源：公司公开年报。

不过正如英利公司高管对外所陈述的，此次所披露的持续经营风险，属于公司的潜在风险（potential risk），潜在风险并不意味着其将会发生，或者公司将会面临该风险。英利的此项风险，并非由于突发事件或者近期财务恶化或者隐瞒债务所引发的，更接近是基于已经公开财务数据而作出的会计判断和对投资者的一种提醒。目前并没有发现其财务数据存在不实之处，公司并没有对外隐瞒其不良的财务业绩；从这些公开的历史财务数据，作为理性的投资者应该足以警觉到英利公司的这一风险。所以从这个角度看，英利公司并没有隐瞒信息。英利或许可以从这个角度力求削弱原告的指控力度。而且，原告也无法指出在诉讼期间，英利公司有隐瞒任何具体信息；比如，原告也没有指出为何英利在其各季度所公告的内容上存在何种具体不实之处。从判例法看，公司对将来业务的一般性乐观表述并不会构成虚假陈述的指控依据；而且，原告不能采用年度报告的披露内容来指控原先各季度的披露内容存在错误，也就是说，年报披露时候公司认为持续经营风险属于“严重怀疑”，这并不代表在之前的各个季度该风险也属于“严重怀疑”。

目前还未有判例法要求持续亏损的、高负债的上市公司，在季度报告中，必须披露对持续经营风险进行评估和判断的结果；针对英利的情况，美国联邦法官是否会如此裁决，这也是本案值得关注所在。假设在诉讼是否可以驳回阶段，法官的裁决有利于原告，那么案件可能会进入取证阶段，原告有可能要求被告提供各个季度英利公司对此风险的判断和分析过程。倘若如此，这个过程对原告而言其实也非常困难；因为，持续经营假设风险是个会计判断，只要英利在各个季度业绩公告之前对该风险的判断过程合理有据，则足以削弱原告的指控力度。

过去几年是太阳能光伏行业的动荡期。从 2010 年以来，光伏产品的价格下跌超过 67%，这直接导致包括无锡尚德在内的超过 30 家太阳能公司倒闭。很多太阳能光伏公司不得不改变经营战略，更加专注，以提高产品利润，不以牺牲利润获取市场。随着市场价格的持续下跌，那些重负债和成本控制不力的企业将会被淘汰，只有那些成本控制良好的企业才会从需求市场增长中真正受益。

英利公司的持续经营风险，除了有行业大环境的因素之外，还和其前几年的大力资本性投入和扩张、以偏低的毛利率获取市场这样的经营战略有很大关系。短期看，英利公司的持续经营风险似乎是现金流问题，但即使英利可以在很短时间内获取新的融资机会，其面临的问题仍然是盈利能力不强；盈利能力偏弱问题如果无法解决，那么流动性问题即使在解决之后，很可能会很快卷土重来，毕竟以牺牲利润换取市场，这只能是短期的或者临时性的经营战略。在公司经营中，管理者经常遇到的情形是，要市场还是要利润？这其实是个伪问题，优秀的企业、优秀的管理者和业务部门领导，对业绩的要求肯定是要市场，要利润，还要现金流。

## 本案后续发展

- 2015 年 11 月 20 日，原告提交合并诉讼状，并于 2016 年 1 月 4 日修改后重新提交；

- 2016 年 5 月 10 日，法官裁决部分同意被告的驳回申请，部分拒绝；
- 2016 年 6 月 24 日，原告提交修正后的合并诉讼状。

## 申明和信息来源

本案例的主要信息来源于相关法律文件，案件中所提到的指控内容，可能属实，也可能并非属实，本书对此并无任何立场；同时由于本案并未经过陪审团和法院的最后判决，尚未结案，所以也意味着这些指控的事实认定在美国证券相关法律下并未予以确认。本案例的主要信息来源包括：

- Complaint for Violation of Federal Securities Laws；Case 2：15 – cv – 04003 – CAS – MRW；Document 1 ；Filed 05/28/15.

# 31. 优酷土豆和 SEC 的年报大战

（本文于 2015 年 3 月 24 日发表于新浪科技创事记）

- 几个会计政策失误，挤去市值一成，招来“诉棍”围攻。
- SEC 到底聚焦优酷土豆的哪些问题？双方 PK 结果如何？
- 在线广告，方式多样，捆绑销售，核算难办。
- 免费互换，皆不作账，本属双赢，熟料 SEC 竟不认账。
- 三十年前的几条会计老规定，尚能约束今日风靡的“互联网思维”？
- IPO 把关，“四大”审计，优酷土豆难道真会出错？
- 会计政策选择，SEC、“四大”、公司，到底谁说了算？
- 诉讼是否会爆发？会计差错对集体诉讼有何法律影响？
- 面对 SEC 例行审核，中概如何未雨绸缪、避免重大失误？

中国的 3 · 15 刚过，美国的 SEC 又来了。不过这次 SEC 并不是专程来打假的，而是对上市公司年报进行例行审核。这次受影响的是中国互联网视频老大：优酷土豆。2015 年 3 月 19 日，优酷土豆在第四季度业绩公告上同时对外披露 SEC 正在对公司的年报进行例行审核，并对某些会计政策提出了询问，公司正在和 SEC 进行沟通，会涉及收入等某些调整，而目前公布的第四季度数据并未体现这些潜在的调整，公司预计将在 2015 年 4 月份公布年报的时候一同考虑 2014 年及之前的历史数据调整。

消息公布之后，优酷土豆的当天股票价格下跌 10.89%，报收于 13.50 美元。当天交易量超过 1 000 万个 ADS，是平均 140 万个 ADS 交易量的 9 倍，股票市值缩水约 3 亿美元，至约 27 亿美元。对于 SEC 审核后可能出现的后果及公司经过调整后的财务数据之不确定性，市场呈现某种程度的疑虑，可见投资者还是比较关注这个事项。3 月 21 日，只会落井下石的华尔街老牌“诉棍”美国律师事务所 Pomerantz 宣布，将代表投资者对优酷土豆展开调查，说是希望了解优酷土豆及其部分高管和董事是否违反美国 1934 年证券交易法案第 10（b）和 20（a）条之规定；3 月 23 日，又有另一家律所宣布对此进行调查。

美国上市企业年度报告一般每三年就要被 SEC 进行详细审核，所以此次 SEC 对优酷土豆的年报确属于例行审核，并无特别之处。但即便如此，对大多数上市公司来说，SEC 来敲门虽不算如临大敌，但总会有一种忐忑不安和自然紧张的感觉。因为这毕竟意味着公司的财务数据在经历了“四大”等外部审计师严厉审核之后，现在又不得不面临另一层、远在大洋彼岸而且不“接地气”的会计专家们的检验。所以这对任何一家上市公司来说都绝对是非喜事但又不得不面对的事。SEC 对所发现的每一个会计事项，一般都会有一段评论文字，而这一段文字中则可能包括无数个小问题，而这每一个貌似小小的（有时候可能还有点天真）问题，对企业来说可能都是一个大的会计论文。所以被 SEC 就专业问题进行调查，陷入和 SEC 的 PK，对中概公司来说无疑是个痛苦和折腾的过程，但同时这又是当今世界会计专业领域的最高水平博弈，因此能够征服（低调点或者职业一点说，应该是沟通、解释和说服）SEC，则无疑是个满心欢喜、自豪无比的成就；反之则可能颇为沮丧，绝非“虽败犹荣”，因为这不是“友谊赛”，搞不定 SEC 则会有很多后续麻烦。当然现实的情况更多是喜忧参半，毕竟想完全征服 SEC 这些“不接地气”的会计专家并非易事，如能在关键性会计问题上坚持住企业的立场，避免重大会计调整和报表重述，那对企业来说就是重大胜利。

那么这次优酷土豆和 SEC 之间的 PK 到底焦点在哪里，具体情况如何呢？接下来我们稍作分析。

## SEC 到底抓住优酷土豆的哪几个问题不放

### 多方式广告投放交易（俗称“捆绑销售”）

正如在其财务报表附注中所披露的，优酷土豆的广告业务合同中，涉及捆绑销售性质，那就是在同一交易安排下，优酷土豆提供给客户的互联网广告投放方式可以是多种的，包括视频播放（Video）、网站页面横幅广告（Banners)、链接（Links)、标识（Logos)、标签（Buttons）等；这些不同投放方式各自完成的所需要时间并不相同，因此其对应的收入实现过程和收入实现所需要的时间长短（earning process）也不同。在最新的美国公认会计准则下（ASU 2009 – 13)，不同的广告投放方式就属于不同的交付义务，每一个方式是一个独立的义务，或者说是属于独立的元素，需要切割开来按照各自的销售价格（selling price）进行计量。举个例子，比如说某个合同总金额 100 万元人民币，其中约定的广告投放方式包括视频播放、页面横幅、链接这三种方式，那么企业需要将这 100 万元总合同在这三种方式中参照其单个方式的销售价格进行分摊和切割，然后在这三种方式（也就是三个独立的元素）各自完成投放时候确认各自对应的收入金额。

在一个合同交易安排之中，这些投放方式（元素)，在实际投放完成时间顺序上一般是有先后的。优酷土豆目前的做法是：在最后一个顺序广告投放之前，所有收入都不确认，只有在这最后一个元素开始投放了，才开始在这个投放期间之内按比例（ratably，直线法平均分摊？笔者估计）确认整个合同的收入（见公司年报所披露的会计政策)。优酷土豆的这个做法从操作角度来说可行性比较强，简单方便，但其直接影响是将前面已经完成投放的广告活动对应的收入被延迟确认了，而且不符合公认会计准则下更为常见的做法。这在优酷土豆的年报中是详细披露的，至于为何优酷土豆选择不同于常见的收入确认方法，会计报表附注解释说这是优酷土豆的合同性质所决定，如果最后一个方式的广告没有投放完毕，那么整个合同存在或有义务。当然这个原因解释得非常模糊，如果没有详细分析，报表使用者无法明白。

根据公司披露，SEC 目前是正在质疑优酷土豆的现行收入确认会计方法的合理性，但还没有表示反对。估计公司已经向 SEC 提交了详细的书面分析原因（俗称“会计备忘录”Accounting Memo)，进行论证其现行会计政策的合理性。公司宣称其仍然坚信目前的收入确认方法妥当，正在和 SEC 进行沟通和解释，SEC 还没有明确最后立场。如果 SEC 最终仍然要求优酷土豆修改，那么这个修改的过程将会是十分艰辛的，痛苦无比，尤其是涉及好几个会计期间和无数个合同安排。当然，过程虽然复杂，其最后对各会计期间的具体影响如何，目前还无法判断；不过可以肯定的是，这是不涉及现金流的会计调整。

**互换交易（Barter Transaction）**

优酷土豆和其他视频网站进行视频播放内容互相交换，这个互换交易是不涉及现金活动（非货币交易）；公司目前的会计政策是按这些视频播放内容的账面价值（carrying value）进行确认，而由于这些播放内容在优酷土豆账面上的价值为零，所以说穿了没有进行具体账务处理；但 SEC 认为应该用公允价值（fair value）进行确认，就是说公司需要对互换中交出去的和收到的视频播放权两者都要进行评估，计算出两者各自的公允价值和该交易形成的利润或亏损，同时对收到的播放权可能还要进行持续核算，如摊销、定期评估等。优酷土豆目前的核算方法简单（因为不排除其实质上有可能财务部门是没进行具体账务核算），而 SEC 所要求的方法无疑是很复杂，尤其是公允价值的评估工作量很大，费时、费力还费钱，而且还会影响损益，搞不好弄个大亏损出来可能还会影响其业务模式。所幸优酷土豆认为该等交易并不重大，所以估计对数据影响不会太大。但即便如此，又如何让 SEC 相信其统计过程完整可靠，以确保该等交易果真不重大？这也是需要做好充分的说服准备工作。总之，SEC 确实比较难缠。

**娱乐（传播）行业会计是否适用 ASC920**

SEC 认为，不论是传统的传播公司还是当下流行的互联网视频企业，其业务模式在本质上是一样的，都是通过购买内容进行传播、累积用户观看流量，然后以广告投放方式赚取收入；其实这也就是当今流行互联网各种商业模式所共同的地方。既然如此，SEC 认为优酷土豆对其外购播放内容（外购版权内容）应该遵循娱乐行业传播业务会计准则（Entertainment – Broadcasters ASC920）。然而优酷土豆现在对外购版权按照无形资产会计准则核算，这不符合公认会计准则的要求。因此 SEC 要求，优酷土豆也同意，按照 ASC920 重新核算其外购版权。重新核算，对优酷土豆来说是个全新的会计专题，也是个会计难题。ASC920 是 1982 年出台的，至今超过 40 年的历史，而且只有短短的十几段文字，在实践中如何具体实施对会计界来讲是个难题，“四大”会计公司都有专门的媒体和娱乐行业（Media and Entertainment）技术专家小组负责这一难题，当然也向企业推广其专业指南和行业解决方案。和这一方法相比，优酷土豆目前的方法无疑是十分简单、易操作，这或许是优酷当时选择该方法的原因之一吧（仅限笔者猜测）。无奈 SEC 有不同的立场，优酷土豆不得不改，修改后的数据和现在财务数据是否存在重大差异，目前还不可知，但由于外购版权是公司主要资产和成本之一，因此这个重新调整过程工作量很大，也提高了持续核算的难度和工作量。

虽然曾经被安然、世通等这些不法分子钻了空子，但从对经济交易实质的把握角度看，还是可感受到美国会计准则的博大精深和水平之高。ASC920 作为 40 多年前的几条简单规定，那时候连电脑的运用都尚未普遍；然而，就是这样的规定却紧紧抓紧业务模式的本质，即便时下所谓的“互联网模式”如此风靡，无论线上如何疯狂，都脱离不了业务模式的线下固有本质。看来形式是无法摆脱实质而单独存在的，或许这就是会计行业中一直强调的所谓实质重于形式吧。

以上三个问题中，最关键的是第一个问题，因为涉及优酷土豆的主要业务收入确认问题；至于第二个问题，由于优酷土豆披露其所涉及业务并不重大，所以估计对数据影响不大；而第三个问题无非就是对已经发生的支出进行重新计算、分类和表述而已，也就是数据的计算。后两个问题最多是增加了企业工作难度和会计复杂性，而第一个问题是关键所在。估计正是因为如此，优酷土豆采纳了 SEC 后面两个问题的意见，同意进行重新核算；而对于第一个问题，优酷土豆则坚信其目前会计方法合理，能坚持务必坚持，SEC 目前尚未定论。

## 优酷土豆会犯错吗？会计政策谁说了算？

这次优酷土豆可以说是核心业务收入和成本的会计政策受到了 SEC 的质疑，如果报表要进行重述可谓是伤筋动骨，即使最后发现所需要调整的绝对金额不大，可是不同会计政策下的数据金额即使相同其内涵也不一样，这不仅影响到历史数据的解读，还会影响到业绩预测的变更。对华尔街分析师来说，原来的预测模型数据可能要修改，参数估计也需要变更，而原来预测所使用的历史数据则可能就无效了。重新调整后的收入如果偏差巨大，季度收入趋势如果无法呈现出同比和环比的增长，或者是新数据下出现的趋势严重偏离于原先的趋势，无疑会对企业的估值产生重大影响。而这个历史数据和预期更新版数据会有多大差别，目前还无法知道，所以对分析师来说，至少目前暂时是找不到北了。

会计政策要企业自己选择、自己判断、自己证明、自己负责；SEC 不会为企业的会计政策正确与否背书，但 SEC 会关注企业会计政策的选择分析过程是否合理、是否公允、是否存在利用会计政策操纵报表的可能；审计师的责任是审核企业选择、制定、判断会计政策的过程，其本身由于审计独立性限制，不能代替企业作会计政策的选择。所以关键是企业自己要有自信，但不是盲目。优酷土豆以上三个会计处理有个共同特征，那就是都选择比较了简单、易于操作的会计处理方法；直接而言这并没有不妥之处，但需要结合公认会计准则和企业的实际业务性质详细地分析、推理、论证，就是说其会计判断或者估计过程需要有很强的说服力，不能仅仅是个简单的结论；只要这个分析论证过程充分、合理、公允，那么其结论就有依据、有自信。优酷土豆是“四大”之一的安永审计的，企业在上市和年度审计过程中，这些论证的基础工作应该是充分的。所以和 SEC 所 PK 的以上第一个问题，优酷土豆在其公告中宣称，公司对其现行的会计政策有信心，SEC 目前并未持反对意见，但最终结果尚不可知。而对第二和第三个问题，现在看来优酷土豆可能确实存在判断失误，或者至少说优酷土豆所主张的理由和分析过程没有得到 SEC 的认可其中具体内在原因，外人无法得知。

上市公司所使用的会计政策不被 SEC 认可也很常见，毕竟会计是涉及专业判断，允许不同专家有不同的判断，这在美国证券诉讼法中是有案例支持的。但在重大会计政策上，尤其是核心收入的会计政策上不被认可，这在目前中概公司中并不常见。此次优酷土豆能否说服 SEC，以确保企业能够坚持使用其对捆绑收入确认的现行政策，或者优酷土豆是否会放弃其目前立场转而采纳 SEC 的意见，答案应该很快可以揭晓。

## 集体诉讼会爆发吗？会计差错如何影响法律诉讼？

每每上市公司有任何风吹草动，华尔街“诉棍”们则欢呼雀跃、摩拳擦掌、颇为忙碌，不是马上递交诉状，至少也要高调宣布进行涉嫌违反证券法的调查，试图造势压人，有的还联手做空机构趁机打压企业股票价格。虽然美国是个诉讼泛滥的国家，但证券集体诉讼的门槛还是比较高的；不同于一般民事诉讼，美国联邦民事诉讼程序法并不适用于证券集体诉讼；证券集体诉讼是受到 1995 年由克林顿总统签署的美国联邦私人证券诉讼改革法案（PSLRA）的约束；这个改革法案其实是提高了起诉的门槛，对证券集体诉讼在起诉阶段就进行了限制，以防止“诉棍”们对上市公司进行无理“扰诉”。所以如若要起诉成功，则必须要符合重大不实陈述、欺诈、信赖、损失因果关系等若干起诉要件，这个要实现起来并不容易（见《跨洋大鏖战》第 43 页）。

虽然上市公司出现重大会计差错和报表重述，引发股价波动，则往往也会导致集体诉讼的爆发；但是，如果仅仅是因为会计差错或者报表重述，而没有其他的情形，则还不能满足证券诉讼的起诉条件。要起诉而且要确保这个起诉不会被驳回，原告必须能够阐明事实指出被告存在重大会计错误，而且这个错误构成了重大不实陈述，并且企业对此或者是知情，或者是故意，或者是由于轻率而导致的，而且企业这个信息被公开后股票价格下跌，由此导致投资者损失。举个例子：如果企业发生重大会计差错或报表重述，调查发现是由于管理层为了推高股价而人为操纵利润，而且管理层还进行内幕交易从中获利，那么证券集体诉讼的起诉要件就基本得到满足。出现会计错误并不奇怪，哪怕是重大会计错误，但如果是故意出错或者轻率（Reckless）行为导致出错，而且还从中牟利，那性质就不同了。

就优酷土豆目前这个事件所公开的信息来说，显然还很难符合以上起诉条件。当然随着事件的发展和“诉棍”们所谓调查的深入，是否还有其他信息产生，这个目前还不可知。

## 中概如何未雨绸缪?

SEC 对优酷土豆年报的此次例行审核给业界透露出了 SEC 关注的重点所在和对相关会计事项的立场。对于拥有视频业务的已经上市和拟上市中概来说，以及对于业务特征中涉及有捆绑销售和互换交易的中概来说，都有很强的指导和借鉴作用。中概可参照此信息对各自目前所使用的重大会计政策进行定期评估，未雨绸缪。

重大会计政策的选择不能失误，也失误不起。对于尚未上市或者尚未开始准备上市的公司而言，需要先行评估其所适合的重大会计政策，避免因为会计政策选择不妥而影响财务数据，从而影响上市进度；而收入确认是所有会计事项中的重点，历史上财务舞弊大案中有超过50%是和收入确认相关。高科技行业的多元素捆绑销售安排和非货币互换交易是容易出现操作利润环节的两类业务，其对应的会计要求也较为复杂，此次SEC对优酷土豆的会计调查就包括这两个会计问题。因此，对这些业务活动，企业在准备上市过程中需要重点关注。

还需要注意的是，企业所采纳的会计政策必须能够和其业务描述相一致，因此企业在制定其自身会计政策时需要了解各业务线的业务特征、主要交付内容、各交付内容之间是否互为条件、交付的方式和时间长短、对应的交付证据、合同的主要条款、对应的收款实现标准、交付完成的验收标准和验证依据、有无重大的售后义务条款等。以公认会计准则为依据，在全面了解企业业务实质的基础上，才可制定出有说服力的适合企业的会计政策。

会计本身不直接创造价值，但应该注意到的是，企业能创造多少价值却在很大程度上受会计政策制定和实施的影响，因为会计的重要目标之一就是要公允地计量企业的价值。

磨炼职业毅力，展现专业品质，中概公司的会计同仁们加油吧。

# 32. 优酷土豆：华尔街“诉棍”来袭，吹响集结号

（本文于2015年3月27日发表于新浪科技创事记）

可能发生的事情，它总会发生。在2015年3月19日公告2014年第四季度业绩之后（3·19公告），优酷土豆SEC年报审核事件短短几天之内继续发酵。先是3月21日和23日有几家律所高调宣布启动调查程序，进行造势；接着3月25日素以死缠中概股为名的纽约律所The Rosen Law Firm率先迅速向纽约南区联邦法院提交股东集体诉讼状，拎个云梯迫不及待地开始袭击，以图登城强攻；此后又有Pomerantz LLP、Milberg LLP、Scott - Scott、Rigrodsky & Long，P. A.、Levi & Korsinsky，LLP五家律所跟随，诉战正式爆发。对优酷土豆来说，那边和SEC的PK还在进行中，这边的股东集体诉讼战斗集结号即刻吹响。

## 一份匆忙起草的诉讼状

几天前这些律所刚高调宣布对优酷土豆启动调查，现在就匆忙递交诉讼状。从诉讼状来看，“诉棍”们并没有调查出什么新的内容，仅仅是将优酷土豆以往公开披露的信息（尤其是季度公告信息）进行简单罗列之后，就匆忙提出诉讼状。诉讼状指出的诉讼期间从2014年2月27日（2013年第四季度的业绩公告日）至2015年3月19日（优酷土豆公告第四季度业绩之日）。原告主要指控内容包括：①公司对广告多方式投放的捆绑销售收入确认不妥当；②公司对播放版权的非货币互换交易会计处理不妥当；③公司将版权作为长期资产核算并不妥当；④公司的财务报告环节内控存在缺陷；⑤由此导致公司的

财务报表在相关期间存在重大的不实陈述和误导。原告指控优酷公司及其CEO和CFO违反1934年的证券交易法第10（b）条款，及SEC的10（b）-5条款；以及两名个人被告（CEO和CFO）违反1934年证券交易法的第20（A）条款（控制人责任条款）。

诉状还指出，优酷土豆于2015年3月17日才告知投资者其第四季度的业绩公告日期为3月19日，仅仅提前两天才给投资者提出这个警示信息。而且，优酷土豆所公布的2014年第四季度业绩中，季度的亏损竟然高达0.51亿美元，上年同比亏损只有400万美元。由此导致股票价格从3月19日的收盘价15.15美元跌至3月20日的收盘价格13.50美元，跌幅约11%。

这份诉讼状看来是起草约比较匆忙，整个诉讼状只有22页，除了优酷土豆已经公告的信息之外，并无其他所谓调查出的爆料。那么优酷土豆能否成功驳回这个起诉呢？我们可以从以下几个角度予以探讨：

第一，需要判断的是否属于重大不实陈述或者信息隐瞒。在证券集体诉讼中，原告必须能够具体指出：①哪个陈述存在虚假？②谁是陈述人？③在哪里、何时间作出该陈述？④为何该陈述是虚假的？原告不能够仅仅是结论性、笼统的指控。本案中，优酷土豆在3·19公告中披露了其某些会计政策存在调整的可能性，所以历史数据会调整。但有多大调整？这个调整是否会导致原来的财务数据不可信、失去公允性，或者新旧数据会存在重大偏差，或者会导致报表重述？这个目前并不可知。况且针对核心业务的收入确认，其是否需要调整，当前也未定论。所以公司的这个信息披露只是告诉市场目前存在的不确定性，还未构成历史数据或信息的修正。如果仅仅是如此的话，那么对优酷土豆的重大不实陈述或者信息隐瞒的指控至少在目前阶段还不够充分。目前估计，这个公告是否会构成修正性披露（corrective disclosure），将会是原被告聚焦辩论的重点之一。目前原告仅仅是将优酷土豆的3·19公告内容重复了一遍，而并不能具体指出优酷土豆所公布的历史信息中哪些是重大不实陈述、原因为何，所以优酷土豆也可以从这个角度提出抗辩。当然，随着2014年经过审计的年度报告公告，这些新旧数据的具体差异有多大，会有更明确答案。

第二，也是非常重要的，那就是欺诈要件是否成立。也就是说，原告必须能够指控优酷土豆或者故意，或者轻率，或者有其他欺诈的动机存在。如果原告无法提供具体的事实来说明财务数据修正行为和虚假陈述之间存在的具体关系，那么财务数据修正本身不足以指控企业存在舞弊（见《跨大洋鏖战》第206页）。

目前原告仅仅是指出优酷在会计处理上存在不妥当之处，而这个不妥当就是会计政策的失误。在证券集体诉讼中，将这一类案件统称为违反公认会计准则案件（GAAP Violation）。会计政策选择失误和会计政策具体运用错误（会计方法）是不相同的。因为会计政策本身是需要公开披露的，这个失误往往不会是故意的，因为公司不会一方面如此操作，同时另一方面又不停地公开披露公认的、明显的错误（当然掩耳盗铃的情形除外）；对优酷土豆来说也是如此，这三项会计政策是公开披露的，并没有隐瞒这个政策。但如果是会计政策运用或者具体会计方法上的错误，由于对会计政策的具体运用（如某个具体会计方法、计算模型等）上市公司通常不会（也不需要）直接在财报上进行披露，所以就会有属于隐瞒或者主观上存在企图这个可能性。

但优酷土豆的情况并非如此，优酷土豆并没有隐瞒信息，因为这个会计政策是在财报上公开披露的。所以企业并没有这个主观意图或者动机，因为如果有的话，则不会披露这个政策。此外，这个政策不仅是向公众公开的，也是经过审计师审核的，而且是持续使用，并非是突然变更的。所以，如果现在认定存在错误，那最多只能是属于职业判断错误；何况现在和SEC的PK尚未最终结束，尤其是在最关键的核心收入确认政策上，SEC目前并未反对公司的现行会计政策。

当然，如果调查发现企业存在内幕交易，而且是利用这个会计政策的错误进行了内幕交易，并从中获利；或者企业利用了这个会计政策错误，进行利润操纵，迎合了华尔街对公司业绩的期望。这个利润操纵不仅仅是指虚高利润，也包括隐瞒利润，以及在不同季度进行利润调节，从而迎合华尔街分析师的预期，借以推高股价。比如我们在有的案件中发现，企业的会计政策并没有明显错误，但是企业是在故意利用貌似正确的会计政策从事一些特别交易，以持续满足华尔街对公司每个季度的业绩预期，比如：安然、施乐案、雷曼兄弟案件，那性质就完全不同了。对于这些貌似符合会计技术的交易，往往是会被法院认定为财务欺诈。不过，这些纯属于理论上的分析，优酷土豆案件目前并没有发现这些情形性证据。“诉棍”的诉讼状中也没有提到。所以，这么看来，目前原告的指控偏弱。

这些情形性证据如果没有详细的内部调查，外部是无法知情的，除非类似SEC或者FBI这样的监管当局，才有这个能力对上市公司作出如此详细调查。或者除非被告在起诉是否驳回阶段失败，股东集体诉讼进入了证据开示阶段（evidence discovery），那调查取证可就变得非常冗长、全面和复杂，甚至是翻箱倒柜的。而目前在起诉阶段，本案中原告显然没有这方面的信息，所以目前这份诉讼状的指控力度并不强烈，原告能否顺利迈过美国证券集体诉讼的起诉门槛，看来难度不小。

当然“诉棍”们可能还在紧锣密鼓地调查，他们可能会查询公司高管或者其他内部人士在诉讼期间的股票交易记录、查阅公司在诉讼期间的每次业绩公告录音内容及具体口头措辞、相关各种媒体报道（包括互联网博客上的爆料，如果有真名实姓的话），甚至会物色相关证人等，然后修改其诉讼状，以便进一步增强其指控的力度。所以，诉战在目前阶段，由于双方在信息上存在的固有不对称，如何做好信息领域的博弈，也会直接影响到案件下一阶段的战果，那就是优酷土豆能否成功申请要求驳回起诉。

第三，需要考虑的是损失的因果关系是否成立。优酷土豆3·19公告之后，股价确实下跌了约11%，但其中到底有多少是由于亏损的业绩不佳所导致，有多少是由于市场对公告的不确定性的猜测所导致？这个当然在起诉驳回阶段不重要，可以在将来的和解谈判（假设进入这个阶段）阶段再说。目前的关键还是取决于第一点，那就是3·19公告是否构成对以前信息公告的修正性披露。如果是，那么由于公告当天股价下跌，则损失的因果关系得以成立。

以上三点，只要优酷土豆能够驳倒原告任何一点，那么这个诉讼就很有可能被驳回。

第四，原告指控优酷土豆财务报告流程内控存在缺陷。然而原告并没有提供任何事实来说明公司在作出这些陈述的时候，公司的相关内控措施到底是什么？如何评估这些内控措施属于重大缺陷？为何存在重大缺陷？相反，原告仅仅是依据一般性的指控认为被告存在内控缺陷，这样的指控并不符合证券集体诉讼的起诉标准（见《跨洋大鏖战》第206页：阿特斯太阳能销售收入退回案）。而且优酷土豆对于其内控合规性的最后一次公开陈述应该是体现在2013

年年度报告（2014 年 4 月 16 日）中，而本案的诉讼期间是 2014 年 2 月 27 日到 2015 年 3 月 19 日，这两者之间在时间区间上存在重大脱节，原告并没有指出被告在诉讼期间对其内控是否合规作出重大不实陈述。此外，即使优酷土豆的会计政策最终认定属于重大不实陈述，这也不能用以倒推证明优酷土豆的财务报告流程内控存在重大缺陷，这种用期后事项进行倒推证明是证券集体诉讼中不予以支持的。所以，原告目前的指控力度并不强烈。当然，这个指控并非是核心指控，并不会对起诉是否驳回有重大影响。

## “诉棍”可恶，但制度不可缺

在美国证券集体诉讼战场上，“诉棍”盯上一个目标之后，通常步骤是一叫（高调宣布要进行调查以图造势）、二闹（提交诉讼状到法院起诉）、三要（要钱走人）。从历史数据来看，原告律师可以从和解赔偿中获取巨额收入，而真正能分摊到每个投资者手中的赔偿并不明显；如果诉讼和解金额低于 1000 万美元，那么原告律师通常可以获得高达和解金额 1/3 的律师费用；如果是数千万美元的和解案件，原告律师通常也可以获得约 10% 以上的收入，而那些和解上亿美元的案件，原告律师至少亦可以获得超过 5% 的收入，比如在安然的集体诉讼案件中，原告律师获得的总律师费收入竟然接近 8 亿美元（见《跨洋大鏖战》第 38 页）。

美国的上市公司对证券集体诉讼的律师一般都痛恨无比，在硅谷湾区，这些“诉棍”被称为是“最卑鄙的人”，这不仅因为证券集体诉讼制度给美国资本市场的参与方带来了巨大的威慑力，更关键的是这一制度在美国经常容易被滥用，尤其是曾经暴露出律师向原告行贿提供虚假证据等丑闻。当然，反过来看，美国的证券集体诉讼制度对资本市场的积极正面作用是不可否认的，这股代表着来自民间的监督力量，有着自身的恒久活力，只要程序透明、机制公平，其正面意义还是值得肯定的。在资本市场中，我们既不能把所有参与方都想象成魔鬼，也不能简单认为大家都是天使（虽然我们鼓励大家都向天使的方向努力），既然市场给了企业向股东直接融资的权力，也同时赋予了股东最直接的监督手段，以互相制衡。所以证券集体诉讼这一制度本身也就成为美国资本市场能够自我纠错、长期繁荣不可缺少的重要因素之一。

由此看来，证券集体诉讼并不是所谓“正义”和“非正义”的战斗，并不以让原被告双方“以证清白”或者“讨回公道”（毕竟能够给投资者挽回的经济损失并不明显）为目的，仅仅是美国资本市场制度中，为达到市场各参与方互相制约、互相监督，以实现市场的公平、公开、公正而设立的博弈机制之一。

截至2015年3月26日，这一年美国总共爆发36起证券集体诉讼，其中涉及中概股的有四起，分别是：阿里巴巴、500彩票网、联拓国际和优酷土豆。对在美国上市的中国概念股来说，正如同客户满意度、产品合格率、市场占有率、员工忠诚度等各种经营风险一样，证券集体诉讼是必须要面对的日常固有风险之一，如何防范和化解这个风险、避免被诉讼缠身，这本身也是企业价值管理的重要工作内容。

## 本案后续发展

- 2015年5月22日，两家律所共同向法院提交文档，代表相关原告自动撤诉；
- 2016年4月6日，本案的首席原告代表律所 Levi & Korsinsky LLP，和被告律所 Skadden，Arps，Slate，Meagher & Flom LLP 签订协议，本案自动撤诉。

## 申明和信息来源

本案例的主要信息来源于相关法律文件，案件中所提到的指控内容，可能属实，也可能并非属实，本书对此并无任何立场；同时由于本案最终是原告撤诉，所以也意味着这些指控的事实认定在美国证券相关法律下并未予以确认；本案例的主要信息来源包括：

- Complaint for Violation of Federal Securities Laws；Case 1：15 - cv - 02258 - WHP Document 1 Filed 03/25/15.
- PLAINTIFF'S NOTICE OF VOLUNTARY DISMISSAL WITHOUT PREJUDICE；Case 1：15 - cv - 02258 - WHP Document 5 Filed 05/22/15.
- Joint Stipulation and Order of Dismissal；Case 1：15 - cv - 02875 - WHP Document 30 Filed 04/06/16.

# 33. 优酷土豆：大战美国 SEC 结局如何？

（本文于 2015 年 7 月 31 日首发于百度百家）

数月前优酷土豆和美国 SEC 之间爆发了一场因重大会计处理不同意见的大战，当时消息一经公布，优酷土豆股价暴跌，并引发了集体诉讼。如今这场跨洋鏖战已经落下帷幕，其结局如何？SEC 和优酷土豆之间，谁战胜，谁完败？优酷土豆向 SEC 认了哪些错？优酷土豆是否最终守住底线，避免捆绑收入确认的重大调整？优酷土豆为何进行了报表重述？上市公司进行报表重述意味着什么？报表重述对集体诉讼有什么影响？本次事件对中概股公司有什么借鉴意义和启发？接下来，我们共同分析和探讨这些问题。

## “三大会计问题”优酷土豆得失如何？

关于优酷土豆捆绑业务收入确认和 SEC 之间“三大会计问题”的争议，请参见本书“31. 优酷土豆和 SEC 的年报大战”内容。以下我们简单了解一下这“三大会计问题”争辩的结果。

**捆绑销售**

谈到捆绑销售，大家并不陌生，比如当前流行的乐视超级电视和服务费捆绑在一起的套餐销售，以及电信公司流行多年的买手机加服务费套餐销售。捆绑销售的收入如何确认是一个复杂的会计问题，总体原则是要将所捆绑内容拆开分别确认，比如电视机硬件在销售时确认收入。会员年服务费部分则在服务期平摊确认收入，但如何将总金额在所捆绑不同内容之间进行分配是个会计难题；在电视机套餐交易中，其总金额中有多少属于电视机硬件收入金额，多少属于服务费？美国会计准则对此有严格而又复杂的规定，很多美国上市公司曾涉嫌利用捆绑销售收入确认进行操纵利润、提前确认收入，因此捆绑收入确认一直是 SEC 关注的重点，也曾有数家中概公司在这个会计处理上被 SEC 调查并引发集体诉讼。

所幸的是，SEC 虽然一直咬着优酷土豆的这个重大会计政策不放，但最终公司还是说服了 SEC，避免了进行会计政策调整，SEC 终于没有反对优酷土豆的现行会计政策，对公司来说算是守住了底线，无疑是个重大胜利，否则不仅报表数据可能要重大调整，而且会是个严重错误。

**外购版权**

优酷土豆原先对外购版权按照无形资产处理，SEC 认为这样不妥当，应该采用娱乐传播行业会计处理方法。优酷土豆承认原先会计政策错误，采纳了 SEC 的意见，并进行会计调整。此项会计调整增加了 2013 年的亏损金额约为 2600 万元人民币，而对 2012 年及以前年度的损益没有任何影响。在资产负债表层面，主要是进行重新分类，从原来的流动和非流动无形资产，重新分类对外购版权进行单独列示，同时对递延税务负债的影响进行确认。

**互换交易**

优酷土豆和其他视频网站进行视频播放内容互相交换，这个互换交易属于不涉及现金的非货币交易。公司原先是按照账面价值进行会计处理，SEC 认为应该按照公允价值进行会计处理。优酷土豆承认了这个会计政策上的错误，采纳了 SEC 的意见，并作出相应调整。此项会计调整增加了 2013 年的收入金额约 4 000 万元人民币，成本增加约 4 700 万元人民币，所以增加年度净亏损约 700 万元人民币；对 2012 年而言，增加收入金额约 1.14 亿元人民币，增加成本约 0.92 亿元人民币，所以减少年度净亏损约 2 200 万元人民币。同时在资产负债表层面也进行了一些金额不大的调整和重新分类。

优酷土豆承认以上两个会计政策（外购版权和互换交易）存在错误，对 2014 年按照 SEC 所认可的新会计政策编制年报，并进行了 2012 年和 2013 年的报表重述。

以上两项调整及其他相关影响所带来的总调整，对优酷土豆 2013 年和 2012 年的财务数据影响并不重大，分别如下：

- 净收入方面：2013 年和 2012 年分别调增约 4 000 万元人民币和 1.14 亿

元人民币，占年度调整后净收入比例分别只有 1.3% 和 6% 左右；

- 净亏损方面：2013 年调增约 1 900 万元人民币，2012 年反而是减少亏损约 2 100 万元，占年度调整后净亏损比例分别只有约 2.8% 和 5.3%；
- 以上所有调整，对截至 2013 年 12 月 31 日的净资产影响是净增加约 170 万元人民币，占公司合并约 90 亿元人民币净资产的比例微乎其微；对总资产的影响是净减少约 1 300 万元人民币，占公司约 100 亿元人民币总资产的比重仅为 0.1%。

除了承认会计政策存在错误进行政策修改，以及对 2013 年和 2014 年两个年度报表进行重述之外，优酷土豆还在年报第 125 页披露，管理层承认公司财务报告内控存在重大缺陷（material weakness），从而导致报表重述。公司还披露了拟进行整改的措施，包括：修改公司在这方面的会计政策、向财务人员提供教育和相关培训等。

至此，优酷土豆和 SEC 的年报之争落下帷幕，公司顺利于 2015 年 4 月 28 日向 SEC 提交年报。

## 报表重述意味着什么？

对在美上市公司而言，进行报表重述并非不常见，其他中概股公司也曾经进行过报表重述。同所有进行报表重述的上市公司一样，对优酷土豆来说，进行两年的报表重述是个既无奈而又现实的选择；对其审计的会计师事务所安永来说亦是如此。说是无奈，主要是因为，对公司而言这意味着历史财务报表存在错误，而现在是公开承认这个错误。当然这个报表重述一般而言是企业主动进行的行为，并不是外部或监管部门的强制命令；对审计师而言，这同样意味着其专业胜任能力受到挑战，而最后不得不作出艰难的同意。

即便发现（或者被发现）有会计错误，大部分上市公司的策略是能避免报表重述的尽量避免，有的上市公司采取替代性补救方法，在最新财报附注中进行文字加数字的解释说明。但这样的替代性方法未必会获得 SEC 专业部门的认可，尤其在涉及重要会计原则方面。有时候即便当期影响在绝对数值角度可能不会构成重要性水平，但由于是重大会计原则方面出了错误，对当期或者历史数值可能影响不大，但这种影响可能是长期存在的，这个错误如果不改则会影响将来以后各期财务数据，所以其影响是有前瞻性的，或许正是这个原因，优酷土豆不得不进行报表重述。

上市公司不愿意进行报表重述，除了因为基于人性中普遍存在不愿意承认错误的本性之外，更重要的原因是进行报表重述会给利益相关者带来风险。首先是诉讼风险，报表重述是集体诉讼的主要诉因。当然从案例法来看，仅仅是因为重述法院还不至于认为是可诉事项，但如果重述金额特别巨大，或者是因为故意、欺诈性质的会计舞弊导致重述，那法官很有可能支持原告的指控。其次是对当事人而言切身的、非常重要的风险，即“饭碗”风险。在美国上市公司或者中概股公司案例中，因为涉嫌财务舞弊而引发报表重述，从而导致CEO和CFO被董事会炒鱿鱼的颇为常见；而对外部审计师而言，如果其客户出现报表重述，审计合伙人的第一担心往往是该客户明年会花落谁家。审计师对其专业判断的正确性认可、可靠性、自信度似乎是与生俱来，所以出现会计判断错误或者审计错误，虽然不奇怪，但至少对审计师个人而言是一种内心伤害和声誉上的挫折。

## 事件意义和启示

优酷土豆大战SEC，公司虽然最后不得不进行了两个年度的历史财报重述，但是这个重述金额并不大，尤其是SEC这次所关注三个问题中最重要也是最致命的捆绑业务收入确认问题上，公司说服了SEC，后者接受了或者说至少不反对公司的论证过程和结论（请注意，未必需要经过SEC正式同意，只要SEC不明确反对就可以，因为SEC不会给企业的会计政策提供书面同意的背书），从而避免了大规模、伤筋动骨的报表调整，目前看来优酷土豆这种认小错、保大局的战略是成功的。而且也说明了优酷土豆的财务报告流程，在重大会计政策制定问题上还是能够守住底线，确保公司规避了重大风险。

优酷土豆年报事件最终有大惊而无大险，这对整个中国概念股而言是有正面意义的，因为在过去几年有数家中概股公司曾经涉嫌财务舞弊而引发了华尔街对中概公司的信任危机。本次事件刚爆发时优酷土豆股价爆跌，也显示出了投资人的担心。但优酷土豆本次报表重述并不同于那些因为涉嫌财务舞弊而不得不重述的其他中概公司，而且公司在本次事件中和SEC的沟通及对外披露都是透明、公开、及时的，展示了中概股公司及其管理层在本次事件中的坦诚，其最终对报表数据影响并不大，所以有助于消除华尔街对中概公司的疑虑，也是中概股公司向华尔街展示其危机公关能力和管理软实力的最佳案例之一；同时也说明了中国式的公司治理模式和管理方法同美国式资本市场规则之间并非是不可融合的，因此对其他中概公司具有良好的借鉴意义。

当然本次事件所暴露出的问题仍然是中概股公司对美国公认会计准则的运用和财务报告流程存在缺陷。从中概股集体诉讼案例来看，这是一个非常普遍且极易引发诉讼的问题。因此，对中概股而言，如何加大对财务报告流程建设的有效投入是公司高管需要正视的问题，这个流程如果投入不足、投入无效，其最大的风险可能会导致公司“翻船”，因此对此流程的建设不可轻视，主要是因为轻视不起。总之，面对美国资本市场的监管制度和华尔街游戏规则，中概股在公司治理和全面风险管理领域依然充满挑战，但通过优酷土豆和 SEC 的年报相争事件，我们看到中概股的未来积极面居多。

## 34. 中石油：在美国集体诉讼最新战果解读

（本文于2015年8月20日首发于百度百家）

2013年9月3日，中石油在美国遭遇了股东集体诉讼，诉讼的导火索是中石油的反腐信息披露。2015年8月3日，也就是在诉讼爆发大约两年之后，美国联邦法院作出最新裁决，驳回了原告的起诉。

中石油是中国境外上市央企第四家遭遇美国集体诉讼的公司，也是第一起因为管理层涉嫌贪污舞弊而引发集体诉讼的境外上市央企。这个诉讼案引发了一些值得关注的问题，比如：原告是否成功指控蒋某等腐败分子是否向外部审计师和投资者作出了虚假陈述和隐瞒？诉讼期间中石油的财务报告内控流程是否存在不实陈述？腐败分子的腐败行为是否可延伸归责至中石油在信息披露上存在欺诈？中石油是否需要因此承担雇主责任？中石油如何进行抗辩？法官拒绝了中石油的哪些抗辩理由？法官驳回了原告的哪些指控？法官裁决过程中的关键性法律逻辑分析是什么？中石油最终凭什么可以完胜华尔街“诉棍”？为何说这个完胜也是险胜？本案使我们对美国证券集体诉讼有什么新的理解？对其他中概股公司有什么借鉴意义？接下来，我们共同分析、探讨、解读这起诉讼案件的最新战果。

### 中石油打“老虎”，“诉棍”来捣乱

2013年8月27日，中石油公告称，公司于2013年8月26日接到控股股东中国石油天然气集团公司通知，公司副总裁、董事会秘书李某，公司董事、副总裁冉某和公司总地质师王某正接受相关部门调查。李某、冉某、王某均因个人原因已辞去上述各自的职务，该辞任即日生效。公司董事冉某已确认与公

司董事会和公司无不同意见，亦不存在公司股东需要知悉有关其辞任的其他事宜。该事项不影响公司正常经营，公司将根据监管部门要求对相关情况及时披露。中石油股票当天紧急停盘，第二天恢复交易，第二天在美国股票收盘价格比前一个交易日下跌约3.5%，每股下跌3.52美元，市值缩水约9.5亿美元。

2013年9月3日集体诉讼爆发；2014年6月6日原告提交合并诉讼状；2014年11月14日原告提交第二次修改诉讼状。

原告指控中石油公司和三位自然人被告违反了美国证券交易法的第10（b）条款和SEC的10b－5规则；以及这三位被告违反了证券交易法的20（a）控制人责任条款。本案的诉讼期间为2012年4月26日（中石油公布2011年年报时间）至2013年12月17日（中石油公告其监事温青山离职）。

本案中的三位自然人被告分别是：蒋某，中石油原董事长和代理CEO，他们在2011年年报的404合规申明中签字，2013年3月18日蒋某从中石油离职，调任国资委主任；李某，中石油原副总裁和董事会秘书，他在2011年和2012年年报上签字；冉某，中石油原董事和副总裁。

原告的指控被告没有披露以下信息，包括：

①中石油的内控是不充分的；

②和被告的对外公开陈述相反，中石油的管理层并没有遵循相关法律、法规和公司的治理要求和道德规范；

③因此导致公司被政府和相关监管部门调查；

④公司的财务报表也因此存在重大不实陈述和误导；

⑤公司高管所签署的404合规申明也存在重大误导，因为这些高管对任何舞弊行为（不论大小）和公司内控存在重大缺陷是知情的。

面对华尔街“诉棍”的挑战，中石油进行了激烈抗辩，分别于2014年8月6日和2015年2月13日向法院提交动议申请驳回起诉。原被告双方在围绕是否存在重大不实陈述和信息隐瞒、欺诈要素是否成立、损失的因果关系是否成立这三个焦点问题上展开了博弈。

原告指控在诉讼期间由蒋某所作出的三个不实陈述和信息隐瞒是：①任何中石油及其员工的舞弊皆已经披露（“舞弊信息披露”）；②任何内控缺陷皆已经披露（“内控陈述”）；③中石油2011年和2012年年报中，关于中石油内控充分性及公司在合法、合规、公司治理制度和道德规范的遵循性陈述（“合规性陈述”）。以下我们分别了解一下法官对这三个陈述指控的分析和裁决。

## 中石油是否隐瞒了贪污舞弊信息？

法官认为，原告对个人被告在受赂和贪污方面的指控内容并非发生在 2011 年和 2012 年年报所涵盖期间，相反，这些指控内容都是 2014 年发生的，这已经不在本案的诉讼期间范围之内，离原告诉状所指控的不实陈述也是数月之后。

原告并没能指出事实说明中石油于 2012 年 4 月 26 日，也就是 2011 年年报提交日之前这些自然人被告存在贪污舞弊行为，所以原告对蒋某的三个陈述的不实指控并不充分。

原告所指于 2013 年 3 月 18 日蒋某从中石油离职并出任国资委主任，但原告并没有指出从中石油角度看，如果该人事变动意味着任何腐败的存在，也并不一定就意味着中国媒体所报道的此项人事变动是为了防止蒋某干预有关部门对中石油的调查。所以原告并无列明事实指出中石油在 2013 年 4 月 26 日提交 2013 年年报前，其高管对蒋某涉嫌任何腐败行为是知情的。

虽然原告指出在年报提交期后于 2013 年 10 月 23 日官方公布了蒋某被双规的消息，而且于 2014 年 7 月 14 日因贪污其被刑事起诉，但这并不意味着蒋某在签署 2011 年萨班斯声明书时就已经犯有贪污行为，也并不意味着中石油在提交 2012 年年报时对蒋某的贪污行为是知情的。

原告最强有力的指控内容是，中石油 2013 年 8 月 27 日的公告，其三名管理层成员正接受调查，其中包括李某和冉某，这三位从公司辞去职务。然而这个公告并没有说这三名管理人员是因为贪污或重大违规而被调查，只是说明他们因个人原因辞职。所以原告并没有从中石油这一简单的公告中，具体指控李某或冉某在 2012 年年报中关于公司内控、治理和舞弊披露方面存在隐瞒。从法官的这个分析角度看，中石油的披露是十分严谨的，既符合信息及时披露的要求，又避免给华尔街“诉棍”钻空子。

总之，法官认为，虽然法律上并不要求原告能够指出所指控受贿、贪污行为的具体细节（比如说具体金额），但原告必须能够指出其所指控的贪污、受贿行为是发生在陈述期之内（2011 年和 2012 年年报所涉及期间），或者在诉讼期间之内，而且必须能够指出中石油内部有人对此是知情或者应该知情的；但原告目前的诉讼状显然没有做到这一点。所以，原告对被告存在信息隐瞒的指控是不充分的。

## 关于内部控制的陈述是否虚假?

法官认为原告在这方面的指控是结论性的，并没有具体的事实来指控中石油的内控存在缺陷，也没有指出中石油 SOX 萨班斯声明信中的哪些措施没有得到落实，也没有具体指出中石油的哪项会计处理不妥当，所以并没有充分指控中石油在财务报告流程的内控存在缺陷。

中石油在 2011 年和 2012 年年报中披露其财务报告流程的内控是有效的，并且是经过普华永道审计的；年报披露了中石油管理层对相关内控流程作过评估，并向其审计师披露了所有重大缺陷和任何舞弊行为。然而原告的起诉状并没有指出中石油的这些陈述哪些是不属实的。比如：原告并没有指出中石油的管理层（蒋某和李某）没有对内控进行评估或者没有向普华永道披露其内控缺陷；原告也没有指出中石油的管理层向普华永道隐瞒了公司的欺诈行为。所以也没能够充分指控，中石油的财务流程内控存在缺陷，甚至没有指出中石油的财务流程控制是如何及为何存在缺陷。

原告援引案例指出，蒋某受贿和中石油所付出的代价，这本来就是属于违法公司内控规定的，因此在萨班斯法案合规审核过程中就应该需要向审计师披露的。但法官认为原告所援引的案例不适用，所以没有采纳原告的这个指控理由。

中石油抗辩指出，原告并没有指控任何一笔受贿交易对中石油的财务报表或者内控构成了影响，而财务报表和内控才是美国萨班斯法案唯一关注的内容。但法官并不认可中石油的这个抗辩理由，因为在中石油所援引的案例中，法官拒绝对萨班斯所涉及的舞弊范围作出认定。

## 中石油关于合规性的陈述是否虚假?

原告指控中石油关于合规性的陈述存在虚假。然而中石油的年报仅仅确认公司制定有道德规范手册（Code of Ethics），且公司治理需要符合中国公司法、公司治理规则、香港和美国的证券法律、法规和上市规则。中石油并没有在年报中指出其自身是符合以上这些要求的；相反，中石油在年报中明确指出，依据中国相关法律和香港交易所上市规则，其CEO没有必要，目前也没有提交所谓的对公司是否违反纽交所上市规则知情的确认申明。

法官还指出，虽然中石油的道德规范手册禁止任何形式的贪污和舞弊行为，但这并不表明中石油对外陈述认为其管理层都遵循了该规范要求。虽然中石油的公司网站上宣称公司遵循了某些特定的公司治理要求（如：中国证监会、香港交易所和纽交所等颁发的法规要求），但原告并没有指出中石油违反了这些治理要求的哪条具体法规，和违反了内控制度的哪一具体条款。虽然原告在诉状中指出中石油违反了其自身的道德规范要求，但中石油的公司网站上却反而是没有宣称公司遵循了该要求。因此，中石油在这方面并无重大不实陈述。

## 欺诈指控是否充分？中石油是否需要承担腐败分子行为的雇主责任？

欺诈要素是证券舞弊集体诉讼成功起诉的关键要素之一。原告指出，依据雇主责任原则（respondeat superior）和代理人原则（agency principles），中石油应该承担这三位自然人被告贪污舞弊行为的相关责任。雇主责任原则是指，雇主需要对雇员在职责内发生的行为进行负责；而代理人原则是指，被代理人需要对代理人在代理职责内发生的行为负责。

按照原告这个逻辑，如果能够成功指控这三位自然人存在欺诈，那么也就间接地成功指控中石油存在欺诈。这种通过成功指控个人欺诈，从而将这个责任归因、归责（转嫁）至公司身上的指控法律逻辑在美国证券集体诉讼案例中是很普遍的。

对于原告的这个指控理由，中石油用“相反利益原则”（Adverse Interest Doctrine）进行抗辩。中石油指出，这三位自然人被告的贪污腐败行为本身是违背中石油利益的，他们的行为仅仅是符合他们自身的利益，所以原告的所谓雇主责任原则和代理人原则不适用本案。

然而法官认为中石油的抗辩理由不成立。法官认为，从假设的角度看，如果要保持投资者对公司的信心，那么对公司内部发生的贪污舞弊行为进行隐瞒，是符合公司利益的。而且中石油在使用这个抗辩理由中所援引的所有案例中，都是贪污舞弊分子的行为对公司利益造成了侵害（比如，另外一个中概股的集体诉讼：双威教育）。而且，原告在本案中是指控这些自然人被告的对外陈述方面存在虚假和遗漏，并不是指控他们贪污舞弊的行为本身。所以，只要原告能够成功指控这三位自然人在信息披露上存在欺诈行为，那么这个责任是可以转嫁到中石油公司身上的。

法官的以上分析值得引起关注，而且这个分析也会成为证券集体诉讼的判例法。那就是，上市公司管理层贪污舞弊行为和对该行为是否及时进行披露是两个不同的事项，应该区别对待；前者行为肯定是对上市公司有害，所以上市公司不需要承担雇主责任；而后者就未必，上市公司有可能需要对管理层贪污舞弊行为的不及时披露承担责任，这再次说明信息披露的重要性。

那么，本案中，原告是否能够成功指控这三位自然的行为属于欺诈呢？如果要成功指控欺诈，则必须能够说明被告存在欺诈的机会和动机，或者能够提供情形性证据来说明被告对不实陈述是知情，或者是应该知情，但由于疏忽大意（recklessness）而没有知情。

在是否存在欺诈的机会上，原被告双方并没有异议；但是在是否存在欺诈动机这个指控上，原被告双方存在争议。原告认为，这三位自然人为了保护其贪污舞弊行为所得利益，所以存在隐瞒披露该行为的动机。法官就这个争议，对原告诉讼状是否充分进行了如下分析：

法官认为，原告的诉讼状在欺诈动机指控上并不充分。首先，诉讼状仅仅是指出了蒋某存在贪污舞弊的行为，而并没有指出另外两名自然人被告是否存在该行为。既然没有指出这两名自然人存在贪污舞弊的行为，法官也就无法推断出他们有动机来代表中石油对外作出隐瞒贪污舞弊行为的不实陈述。此外，诉讼状也没有指出蒋某的贪污舞弊行为发生时间，在中石油 2011 年和 2012 年两年度的年报所涉及期间，这个行为到底是已经发生了还是持续正在发生？这里需要强调的是，该行为到底是否发生在诉讼期间？这一点原告的诉讼状没有具体指出，所以是诉讼状致命的弱点。

本案是否存在欺诈的情形性证据呢（circumstantial evidence）？

原告认为，这三位自然人贪污受贿，所以也就足以说明他们存在有意识的不当行为（conscious misbehavior），因为他们对自己的贪污受贿行为是充分知情的，而在这个知情的前提下，他们仍然隐瞒真相，对外作出了不实陈述，这属于知情或者至少是疏忽大意而导致欺诈。然而法官指出，原告的诉讼状仅仅是指出蒋某存在贪污受贿行为，而且诉讼状也没有指出这个行为是发生在那个时间段（是否在诉讼期间之内?）；而对于另外两名自然人，原告则没有指明他们存在具体受贿行为。

综上分析，法官认为，原告诉讼状对被告是否存在欺诈的指控并不充分。

## 中石油股价下跌是不当披露所导致的吗?

损失的因果关系是证券集体诉讼能否成功起诉的另一个关键要素。

原告指出：2013 年 8 月 27 日中石油公告其几位高管离职接受调查，当天股票停牌，而第二天股价收盘跌 3.93 美元，市值缩水 9.5 亿美元。2013 年 12 月 17 日，中石油监事温青山辞职信息公布后，股价又缩水约 6 亿美元。

损失的因果关系是否成立？原告诉状提到的相关信息主要涉及中石油的两个对外公告：第一个是2013 年 8 月 27 日公告，第二个是2013 年 12 月 17 日公告；还有就是彭博社于 2013 年 12 月 17 日所发布的报道文章，其中涉及中石油监事及昆仑能源董事长温青山的离职。

法官认为，原告并没有指出这些高管被调查的具体原因，也没有指出是中国的哪个具体部门进行调查，也没指出他们的任何行为和诉讼期间有任何关系，所以这个公告并不构成是个“修正性”公告（Corrective Disclosure），其并不能说明中石油先前的对外陈述存在不实之处或者有任何隐瞒。因此，损失的因果关系的指控并不充分。

经过以上的法律分析，于 2015 年 8 月 3 日，法官认为，原告诉讼状在不实陈述、欺诈机会和动机（包括疏忽大意）、损失的因果关系这三个最重要的起诉要素上都不充分，所以原告对中石油及三名自然人被告的指控不充分，因此法官同意中石油的申请，驳回原告起诉，终止本案。从这个角度来看，中石油几乎是完胜华尔街“诉棍”。

本案虽然经过联邦地区法院裁决予以驳回，而且不允许原告进行诉状修改，但原告仍然可以通过向巡回法院的上诉继续诉讼。当然这仅是法律程序上存在这个可能性，目前并未有信息披露原告要进行上诉。至此，这其历经约两年的中石油集体诉讼可以说是落下帷幕。

## 为何说是完胜也是险胜?

本案目前是中石油全面完胜华尔街“诉棍”。但这个完胜其实也是险胜。为什么呢？因为法官认为原告在这三个要素上指控不充分的主要理由是：原告并没有指出这三名自然人被告贪污舞弊的具体行为是什么，也没有指出贪污舞弊的行为是在哪个时间段发生，是否在诉讼相关期间所发生。因为原告的诉讼状无法做到这一点，所以这个诉讼状指控不成立。原告于 2014 年 11 月 14 日重新提交的诉讼状仅有 27 页，这比法官于 2015 年 8 月 3 日的裁决书页数（共 39 页）还少。所以从中可以看出，原告并没有多少具体内容可以指控被告。

但反过来设想一下，倘若原告能指出这三名自然人的任何其中一项贪污舞弊行为是发生在 2011 年或者 2012 年年报所涉及期间，或者说是在诉讼期间（从 2012 年 4 月 26 日至 2013 年 12 月 17 日），那么法官的裁决意见可能就很不一样了，很有可能中石油就无法成功申请驳回起诉。倘若如此，案件很可能会进入证据开示阶段，中石油就可能会继续被绑在诉讼的战车上，被迫继续打一场全世界公开的、透明的跨洋诉讼大战。

从本案来看，法官基本上是围绕诉状内容，所以诉状内容的完整性、具体性很重要，诉状不能是结论性、猜测性或泛泛而谈。所以如果没有第三方或监管层的调查报告，则原告的诉状信息来源主要是企业年报等公开披露信息和媒体报道。因此要满足诉状的这个要求难度不低，这也说明美国证券集体诉讼成功起诉的门槛不低。本案中，原告的主要指控信息是中石油 2011 年和 2012 年的年报、公司所作的相关披露，以及境内外媒体的相关报道。这些公开信息都没有具体指出本案中三位自然人的具体舞弊事件和发生舞弊的时间，所以原告的起诉难度很大。

同时我们也发现，法官在裁决是否驳回起诉时，其分析、推理是基于诉状内容，不作诉状内容外的假设，以避免证券集体诉讼被滥用。原告能否对诉状进行再次修改和补充，也取决于法官的裁决。本案中，法官仅允许原告对诉状进行了一次修改，在 2015 年 8 月 3 日法官的裁决中，并不允许原告再次修改诉状。所以看来，为避免证券集体诉讼相关法律被用作对上市公司涉嫌贪污舞弊的调查依据，美国联邦法官是紧紧把握证券集体诉讼的适用范围，避免越界，如果原告没有提供这些自然人被告的贪污受贿相关信息，那么其指控力度就不充分，这样也就防止了“滥诉”现象，遏制了“诉棍”对上市公司正常经营活动的骚扰。

至今已经有超过100家中概股在美国遭遇集体诉讼，其中有4家是央企（中航油、中国人寿、中海油和中石油）；“诉棍”对这四家央企所发动的集体诉讼全部都被美国联邦法官驳回。从中石油诉讼案的裁决过程来看，一方面说明美国证券集体诉讼的门槛不低；另一方面也说明中石油的对外信息披露工作还是比较严谨，以及中概股公司在应对美国证券集体诉讼风险方面日趋成熟。

我们在为中石油挫败华尔街“诉棍”挑战而高兴的同时，也注意到，中概股公司在对外信息披露上：一方面要避免出现隐瞒现象；另一方面也要注意避免新的披露会被误解为是对早前披露的修改，从而引发集体诉讼。如何平衡这两方面关系，中石油案例值得其他中概股公司借鉴和学习。

## 本案后续发展

- 2015年8月10日，原告提出上诉；
- 2016年4月16日，联邦第二巡回法庭裁决维持地区法院的判决。

## 申明和信息来源

本案例的主要信息来源于相关法律文件，案件中所提到的指控内容，可能属实，也可能并非属实，本书对此并无任何立场；同时由于本案最终被法院驳回起诉，所以也意味着这些指控的事实认定在美国证券相关法律下并未予以确认；本案例的主要信息来源包括：

- Second Amended Class Action Complaint fo Violatio of Federal Securities Laws; Case 1: 13 - cv - 06180 - ER Document 37 Filed 11/14/14.
- Opinion and Order; Case 1: 13 - cv - 06180 - ER Document 53 Red 08/03115.
- Summery Oder, 4/16/2016.

# 35. 联拓国际：烽火连三月，VIE 诉讼地雷引爆

（本文于 2015 年 3 月 20 日发表于新浪科技创事记）

- 做空搏斗貌似息鼓，孰料半年后诉讼战火瞬间燃起。
- 联拓集团信托迷城，VIE 诉讼地雷再次引爆。
- 做空后股价竟然上涨，损失的因果关系能否成立？
- “四大”审计意见能否助灭诉讼战火？
- 联拓国际、联拓集团，信托融资负债到底归属谁家？
- VIE 收入是否用于融资？VIE 权益是否被抵押？境内外披露不同，华尔街如何雾里看花？
- 股价低迷，退市警告，诉讼缠身，上市资格保卫战再添变数。
- 大股东如若另起炉灶，VIE 投资者路在何方？
- VIE 模式为何险象丛生、防不胜防？VIE 架构如何排雷？

2015 年 3 月，并没有新的中概在美上市，然而诉讼案件却接二连三爆发，目前看是每月一案，先是 1 月 30 日爆发的阿里巴巴诉讼案，接着是 2 月 27 日爆发的 500 彩票网诉讼案，3 月份新上战场的则是联拓国际。

## “集团”和“国际”到底谁是谁

据公司网站介绍，北京联拓机电集团（下称联拓集团）创立于 1994 年，是中国大型专业化的汽车销售及维修服务领先企业。旗下拥有多家独立法人的子公司、多个具有国际标准的品牌汽车 4S 店和汽车销售展厅，经营领域涉及整车销售、维修服务、汽车租赁和二手汽车等业务。2010 年 12 月，经

过一系列的上市前重组，原联拓集团旗下的经营公司（主要是4S店）以VIE形式重组形成联拓国际公司（下称联拓国际或上市公司），后者在美国纽约证券交易所挂牌上市（上市交易代码为LAS），成为中国首家在纽交所上市的汽车销售服务企业。IPO价格为每个ADS 8美元，共发行650万个ADS，每个ADS为2个普通股，总融资金额超过5 200万美元，IPO时的公司总市值大约为2.5亿美元。然而公司上市后股价表现平淡，每个ADS价格并没有超过10美元，总市值也一直在3亿美元以下。截至2015年3月19日，股票收盘价格为0.41美元，总市值缩水至大约只有1 500万美元。

根据联拓国际的2013年年报和相关信息披露，其过去几年的营业额皆超过30亿元人民币，联拓集团的创始人、董事长持有上市公司联拓国际46%的普通股（29 931 293股），同时还拥有联拓集团的控制权。公司经营12家授权品牌4S店、10家汽车展厅、1家汽车修理店及1家汽车租赁公司。

VIE重组上市对联拓集团而言，意味着虽然法律上继续拥有这些经营实体的权益，但仅仅是法律名义上拥有，其实际控制权和财务收益权是通过一系列合同契约方式最终让渡给了上市公司，而且按照合同约定，这些VIE公司的股权也必须是质押登记到上市公司在境内的独资公司名下，所以这些经营实体（VIE公司）到底属于集团还是属于上市公司，对外人来说并不一定能够识别出。从目前公开的信息看，联拓集团并没有直接持有联拓国际的股份，所以联拓集团并不是在纽约上市的联拓国际的股东；但是联拓集团的个人控股股东也是联拓国际的个人最大股东（虽然不构成拥有控制权的股东，因为联拓国际上市公司并没有设立超级投票权股份，也没有类似阿里巴巴的合伙人制度），而且联拓国际在中国境内的十几个VIE公司的股权是由联拓集团所持有，所以这样看来，联拓国际和联拓集团之间并非是母子公司关系，应该可以认定为是关联公司关系。这个模式比较独特，联拓国际在其网站的公司介绍中首先标明自己是非国有的汽车销售公司（non - state - owned automobile retailer）。这个模式和我们以往所熟悉的国有企业重组改制过程中的集团公司和股份制上市公司之间的关系完全不一样。在国有企业改制过程中，集团公司持有股份制公司的主要股份，是股份制上市公司的母公司，集团公司和股份制上市公司之间实行独立分开经营，上市公司自己下属的子公司当然也不需要通过类似境外上市的

VIE 那样安排，这些国有企业改制形成的上市公司对其下属子公司有完整的控制权和股权实名持有。或许正因为如此，联拓集团对外的宣传材料中是用“集团旗下上市公司”这样既非法律上也非会计上的专业术语来模糊表述其和联拓国际之间的关系。

## 诉讼战火是如何燃起的?

• 2014 年 5 月 28 日，做空机构 GeoInvesting 在 Seekingalpha 网站上发布了对联拓国际的质疑报告，报告中指出替联拓国际持有 VIE 实体公司股权的联拓集团发行了两笔合计 2.5 亿元人民币的信托产品，但这些融资并未体现在上市公司 2013 年年报中；然而做空报告披露后，联拓国际的股票当日开盘价为 2.24 美元，股票在盘中被临时停牌，但复牌后迅速上涨，收盘时价格为 2.63 美元，涨幅为 19%；被做空后，公司的股票价格反而上涨，做空机构的第一炮看来是没打响。

• 2014 年 5 月 29 日，联拓国际就做空报告发布了澄清公告，否认 2.5 亿元信托融资与公司有关的指控。联拓国际明确说明这两笔信托交易是其董事长控制下的联拓集团作出的融资，与上市公司无关，也未给上市公司或其资产带来任何责任或负债，因此无须披露。

• 2014 年 6 月 2 日，公司股价从开盘 2.64 美元最高涨至 4.48 美元，收盘 3.82 美元，涨幅高达 41.48%。

• 2014 年 6 月 5 日，针对公司于 5 月 29 日的澄清公告，做空机构再次出手进行反驳。

• 2015 年 1 月 16 日，由于平均收盘股价连续 30 天低于 1 美元，公司收到纽交所退市警告通知。

• 2015 年 1 月 22 日，公司公告称其管理层将动用个人资金在一个月之内尽快买入公司股票，累计最高购入金额为 100 万美元。

• 2015 年 3 月 10 日，《北京商报》报道联拓集团深陷经营困境，旗下的 4S 店处半停业状态，部分新车钥匙被银行收走，某些已卖出的车辆由于联拓方面将车辆合格证抵押给银行进行贷款，导致这些车主无法给买到的新车上牌；根据《北京商报》采访的一位 4S 店的负责人透露，联拓方面从去年年底就出现问题了；受上述消息的影响，联拓国际股价连续下跌，截至2015年3月19日股票收盘价格为0.41美元。

• 2015年3月13日，集体诉讼爆发，诉讼期间从2013年6月14日（公司公布2013年第一个季度的业绩开始）到2015年3月9日（《北京商业》报道日，中国是3月10日）；原告主要指控公司在以下三个方面信息披露存在误导，包括：①联拓集团，作为联拓国际的关联公司之一，于2013年进行了人民币2.5亿元的信托债务融资，用于4S店的建设，联拓国际对该信息没有妥当披露（“信托债务披露指控”）；②联拓集团应该纳入联拓国际的报表合并范围（“报表合并指控”）；③联拓国际2015年运营资金缺乏（“2015年运营资金信息指控”）。

## 基于做空报告的诉讼状分析

原告的起诉状主要内容是援引做空报告的内容，因此以下我们详细了解一下基于做空报告的具体指控内容。做空报告中详细列出了联拓集团两次已完成信托计划的融资条款和明细。其中2013年12月发行的甘肃信托——联拓集团贷款项目集合资金信托计划融资1.5亿元，为期2年，预期年化收益为10.5%~11.5%。融资主体为北京联拓机电集团有限公司，资金用途为“发放信托贷款，含北京奥迪4S店建设”，还款来源为联拓集团旗下所有4S店（包括新建设4S店）经营收入；该信托产品的抵押担保由众和投资有限公司拥有的位于北京市顺义区木林镇商业服务业土地及房产来提供，联拓国际董事长及其妻子提供个人无限连带责任保证。

此外，2013年初发行的联拓集团有限合伙对接单一信托（FOT）融资1亿元，为期2年，预期年化收益为10.5%~12%。融资主体同样为联拓集团，资金用于北京亚运村汽车4S店和长春汽车4S店筹建和运营，抵押担保为总价值超2亿元的内蒙古工职学院土地及房产，联拓国际董事长提供无限连带责任还款担保。信托融资材料还对外宣称：

• 截至2012年11月，联拓集团总资产约为8.53亿元（含联拓国际的那些VIE公司吗？笔者疑惑），该董事长作为联拓集团第一大股东持有集团82%的股权，约持有7亿元资产。

• 该董事长持有联拓集团旗下上市公司联拓国际 14 965 646 股股票，截至美国当地时间 2013 年 1 月 22 日，该股票收盘价为 1.56 美元/股，该对应股票市值约为 2 334.64 万美元。

• 截至 2011 年年底，借款人联拓集团年销售收入超过 37 亿元人民币，且根据预测，未来两年公司可实现经营收入超过 90 亿元……；2010 年联拓集团旗下联拓国际公司宣布在美国纽约交易所挂牌上市，这也是中国首家在纽约交易所上市的汽车销售服务企业……。

2015 年 6 月 5 日，做空机构 GeoInvesting 在 Seeking Alpha 网站就公司于 5 月 29 日的回应作出进一步辩论，主要内容包括：

• 做空机构理解联拓集团并非是联拓国际的组成部分，但需要指出的是联拓集团同时是由联拓国际最大个人控股股东所控制。

• 联拓国际 5 月 29 日的公告仅仅提到了其中 1.5 亿元人民币的融资情况，对于另外 1 亿元人民币的融资并没有进行反驳，联拓国际是否是在否认这个负债的存在？

• 联拓集团信托公开资料中披露 1.5 亿元人民币的信托融资部分是用来建设北京奥迪的 4S 店，由于联拓国际在年度报告中也披露了公司正在进行北京奥迪的 4S 店建设，所以做空机构认为联拓国际应该在年度报告中披露这个 1.5 亿元融资的相关信息。

• 做空机构认为联拓集团的报表应该予以合并纳入联拓国际的报表，因为联拓国际的 2013 年年报曾经披露：在上市重组过程中，联拓集团的历史财务数据就是合并在联拓国际的财务报表之中，以假设上市公司的新架构在历史期间就曾存在。

• 做空机构认为，由于这两笔信托融资的相关文件中披露的是如此细节（详见前文描述），所以对联拓国际来说这些融资极其需要纳入合并报表或者至少需要予以披露。

• 做空机构反问到，这些信托融资文件所指出的用 4S 店收入作为债务的偿还来源，如果不是联拓国际的 4S 店，那么又是其他哪些 4S 店？除了联拓国际的 4S 店之外，联拓集团有哪些 4S 店收入可用作债务的偿还来源？

• 做空机构指责公司的 5 月 29 日公告是在玩文字游戏，因为虽然公司指出其董事长在上市公司的股份并没有被用作信托融资的抵押，但是由于该董事长及其妻子对信托融资债务承担无限的连带责任，如果债务违约，债权人可以追溯至该董事长在联拓国际的股份和其他资产，而联拓国际对此风险并没有作出披露。

做空报告的以上内容也成为集体诉讼案中诉讼状的指控内容。做空报告指出在公司重组上市过程中，联拓集团的历史财务报表是合并在上市公司报表中的，因此需要继续合并；这个在联拓国际的年度报告中确实也有如此披露，但是，重组上市时将联拓集团历史数据合并至上市公司，仅仅是基于重组的模拟数据表述，并不代表上市后仍然还需要作如此合并，所以这个指控理由从会计专业角度看逻辑并不成立。

不过这里有个需要澄清的地方是，联拓集团除了代持有联拓国际的 VIE 实体公司之外，是否还有其他和联拓国际相类似的业务？也就是说，上市公司的大股东是否另起炉灶？如果是，那么确实存在同业竞争的问题，不排除上市公司要作出相关信息披露；如果没有，那么从联拓集团相关信托融资公开信息来看，似乎意味着联拓国际的收入来源确实被用于偿还这些债务，而且这些债务也和上市公司的 4S 店建设相关，而且上市公司大股东承诺用其个人资产对信托融资债务承担连带责任，这似乎也不能不说和上市公司的风险披露不无关系。

诉状中所提出的这些问题或许有不同答案，或许有不同的解读，然而正是这样的不同影响了信息的透明度，也导致了集体诉讼的爆发，通过原被告双方的抗辩或许可以让这些问题有更加明确的答案。当然原被告双方只要能达成合理的和解条款，或者联拓国际能够成功申请驳回起诉，那么对这些问题的最终答案也不必探究到底。

不过，由于联拓国际的报表是经过“四大”会计公司之一的安永审计的，2013 年度经审计的财务报告并没有反映出做空机构所指控的问题。联拓国际可以用此进行抗辩认为其不存在重大不实陈述问题，其报表合并范围是妥当的，以削弱原告的核心指控。然而时下 2014 年的年报即将出炉，就做空机构和诉讼状所提出的一系列问题，想必审计师已经有所关注、有所判断，因此，即将公布的年报或许会进一步提供这些问题的答案。

至于 2015 年流动资金信息的指控，从目前诉讼状来看，原告仅仅是罗列出诉讼期间联拓国际的各季度业绩公告内容，并没有通过事实来阐明为何联拓国际在诉讼期间对该信息是应该知情而故意隐瞒的，所以这个指控力度并不强烈。

由于证券欺诈集体诉讼的起诉要件之一是损失的因果关系必须能够成立。而本案中，做空机构出具做空报告后的当天（2014 年 5 月 28 日），公司的股票价格反而上涨了，而本案诉讼主要依据就是这个做空报告，所以损失的因果关系在逻辑上能否成立，这也是原被告双方可以重点博弈的地方。

面对诉讼，联拓国际只能奋力抗击，要么尽快和解，要么争取成功驳回起诉，了结诉讼，然而这都需要一个过程。由于目前联拓国际正处于 6 个月的上市资格保卫战期间，华尔街“诉棍”选择这个时机向联拓国际发起诉讼战，无疑是使联拓腹背受敌，也给上市保卫战能否成功增加了变数。

## VIE 风险的现实考量

联拓国际诉讼案的爆发再次说明了 VIE 模式海外上市风险的现实性。业界习惯称 VIE 模式为早年的“新浪模式”，其实 VIE 这个专业术语是在安然事件之后才正式有的。早年的“新浪模式”仅仅是境内合资公司的个人股东简单地向上市公司让渡该合资公司的管理权，从而在会计技术层面上确保符合当时的美国会计准则下的报表合并要求。在那个年代，美国公认会计准则在报表合并范围上的规定被公认为是不严密的，所以才被安然等大公司在表外融资上钻了空子；然而 VIE 模式的法律要求和会计要求远比当时的新浪模式要复杂。在安然事件之前，华尔街流行使用特殊实体（Special Purpose Entity，SPE）进行形式上不违背当时美国会计准则的表外融资安排，然而这一会计方法被普遍滥用，从而导致了安然事件的爆发；此外，为防止大公司进行重大表外融资业务，而不合并报表，从而可以在隐瞒负债的情况下继续融资，美国财务会计准则委员会推出了可变权益实体的概念（Variable Interest Entity，VIE），这就是我们现在所说的 VIE 概念。所以美国推出 VIE 概念的本意是防止不合并报表，是针对那些不想合并但必须要合并的情形；而面对中国限制外资对某些行业投资的法律环境，中国企业要海外上市首先面临的问题是如何可以进行报表合并，就是说我们的困境是想合并但合并不了；由此，投行和律师们创造性地利用 VIE 概念为中概境外上市找到了一条新的途径。

VIE 不是不合法，不是不能合并，但其内含风险百变丛生，防不胜防。尤其是在中国现行法律环境下，VIE 公司存在可能产权不清、身份不明的风险。如果 VIE 股权代持人的利益和境外上市公司股东的利益存在重大不一致的时候，比如：VIE 股权代持人在上市公司没有重大股份，无法分享上市公司股份升值的成果；或者上市公司市值长期严重缩水，VIE 股份代持人对股票价值失去信心，那么这些境内 VIE 本来产权不清的固有风险就有可能演变成现实风险。在资本市场中，能抵御住巨大利益诱惑的当事人毕竟占少数，那些所谓的世界五百强公司也是如此，早些年的安然、世通、施乐、泰科、雷曼兄弟等事件不正是最好的案例吗。因此，市场中出现有些当事人在利益面前铤而走险，VIE 公司被打主意这些现象也就不足为奇了。对中概公司来说，这也是有例在先的，比如：双威教育案、“农业第一股”华奥物种天价薪酬案等（见《跨洋大鏖战》第 184 页）。

如果上市公司的公众股东权益得不到保障，那么在美国资本市场的制度设计中，除了司法部（DOJ）的刑事指控外，其他法律救济手段还有 SEC 调查或起诉及股东集体诉讼。据不完全统计，自 2011 年中概危机以来，SEC 累计调查了超过 170 家中概公司，主要是针对反向并购上市的公司，也有一些是通过 IPO 直接上市的中概公司，SEC 还对其中超过 60 家的中概公司经过调查后启动了行政或者民事诉讼程序；而在股东集体诉讼方面，至今累计约 100 家中概公司遭遇集体诉讼；至今累计超过 30 家中概公司同时遭遇股东集体诉讼和 SEC 的调查及起诉；而其中有 2 家公司，除了遭遇集体诉讼和 SEC 起诉之外，还受到美国司法部 DOJ 的调查和指控。这些司法救济手段未必会给投资者追回多少损失，但无疑给当事人带来不少麻烦和挑战，对资本市场所有参与者会起到警示和风险防范作用。所以对资本市场参与者来说，最终是否被认定违规似乎并不是最重要的，最重要的是如何避免被盯上从而惹来麻烦。

中概公司利用 VIE 模式进行资本运作本是个无奈的“创新之举”，但如果变资本运作为资本炒作，导致上市公司股东的权益得不到应有保护，或者相关利益当事人偏离了勤勉尽职、忠于上市公司的职业原则，那么 VIE 模式也可能会受到美国资本市场的更多拷问和严厉监管。

## 本案后续发展

- 2015 年 6 月 9 日，法院批准任命本案原告代表和首席律师；
- 2015 年 8 月 6 日，原告提交第一次修正后的诉讼状；
- 2015 年 9 月 21 日，联拓提交动议，申请法院驳回起诉；
- 2016 年 1 月 7 日，法院同意联拓的申请，驳回起诉，同时允许原告重新提交诉状；
- 2016 年 1 月 25 日，原告重新提交诉讼状；
- 2016 年 3 月 23 日，法院同意延长被告的答复时间，以配合原被告双方和解谈判；
- 2016 年 9 月 2 日，原被告双方达成和解赔偿协议，赔偿金额为 100 万美元。

## 申明和信息来源

本案例的主要信息来源于相关法律文件，案件中所提到的指控内容，可能属实，也可能并非属实，本书对此并无任何立场；同时由于本案并未经过陪审团和法院的最后判决，而是双方和解而结案，被告并不承认这些指控，所以也意味着这些指控的事实认定在美国证券相关法律下并未予以确认。本案例的主要信息来源包括：

- Class Action Complaints for Violation of Federal Securities Laws; Case 2: 15 - cv - 01862 - MWF - MRW Document 1 Filed 03/13/15.
- Stupulation And Agreement of Settlement; Case 2: 15 - cv - 01862 - MWF - MRW Document 58 - 1 Filed 09/02/16.

# 36. 聚美优品私有化：为何败走华尔街

（本文于 2016 年 2 月 26 日首发于百度百家和新浪科技创事记）

2016 年 2 月 17 日聚美优品宣布收到其 CEO 和红杉资本等在内的初步、非约束性私有化邀约。这是继招聘网和酷六之后，2016 年第三家宣布拟进行私有化的中概公司。聚美优品拟私有化的价格为 7 美元，这个价格虽然比最近十天的平均价格高 27%，但不及其 IPO 价格 22 美元的 1/3。聚美优品 CEO 在内部信中称，目前的美股市场，聚美优品被严重低估，私有化有利于公司在转型期更灵活，作更长期的决定，能让公司更好地应对转型和竞争。聚美优品目前的市值约 9.5 亿美元，对比 2014 年 5 月上市时约 39 亿美元的市值，缩水超过 70%；如果对比 2014 年 8 月份最高 55 亿美元的市值，则缩水超过 80%。

据报道，这个远低于 IPO 发行价的拟私有化价格方案，引发了部分公众股东的不满和质疑。有的将聚美优品的这个私有化方案和人人网及当当网这两家中概公司的私有化价格方案相提并论，认为这几家中概公司的拟私有化价格都远低于各自的 IPO 发行价，类似于资本套利行为。接下来我们同您共同探讨和分析聚美优品公司基本面突变所引发的股价暴跌、集体诉讼和目前拟私有化的相关话题。

## 公司基本面突变：聚美已经不再那么美?

我们不妨从聚美优品过去十个季度的相关财务数据、公司上市前的股票估值情况以及上市后至今的股票价格信息入手，首先了解一下公司上市前后基本面的变化和其股票价格趋势之间的关系，如表 36－1 和表 36－2 所示。

**表 36－1　　聚美优品财务数据**　　单位：百万美元

| 指标 | 2015 Q3 | 2015 Q2 | 2015 Q1 | 2014 Q4 | 2014 Q3 | 2014 Q2 | 2014 Q1 | 2013 Q4 | 2013 Q3 | 2013 Q2 |
|---|---|---|---|---|---|---|---|---|---|---|
| 收入 | 306 | 308 | 251 | 166 | 158 | 154 | 159 | 140 | 123 | 109 |
| 同比增长 | 100% | 100% | 62% | 19% | 28% | 42% | | | | |
| 自营和服务% | 97：3 | 97：3 | 96：4 | 93：7 | 88：12 | 80：20 | 84：16 | 84：16 | 85：15 | 86：14 |
| 毛利率 | 26% | 30% | 31% | 30% | 38% | 46% | 44% | 43% | 44% | 42% |
| 销售管理费 | 90.21 | 78.31 | 64.66 | 46.42 | 42.74 | 50.45 | 51.2 | 70.9 | 33.39 | 25.65 |
| 净利润 | －13.68 | 17.14 | 15.69 | 10.70 | 19.50 | 19.18 | 16.56 | －15 | 16.4 | 15.81 |

注：①公司对于 2015 年第四季度的收入估计金额为人民币 18.3 亿～19.3 亿元，虽然同比增长率会在 80%～90%，但环比角度看几乎没有增长，而第四季度其实是电商的旺季。从 2015 年 7 月 1 日开始，公司财报的计量币种从原来的美元改成人民币，这将有助于部分消除人民币对美元汇率变化在报表折算环节对公司损益表的不利影响。

②数据基于公司财报公开信息整理而成。

**表 36－2　　聚美优品各年度收入情况**　　单位：百万美元

| 指标 | 2015 年 9 个月 | 2014 全年 | 2013 全年 | 2012 全年 | 2011 全年 |
|---|---|---|---|---|---|
| 自营收入 | 836.3 | 546.4 | 413 | 209 | 3.3 |
| 市场服务收入 | 27.8 | 86.5 | 70 | 24.2 | 18.5 |
| 收入总计 | 864.1 | 632.9 | 483 | 233.2 | 21.8 |
| 两类收入比重 | 97：3 | 86：14 | 86：14 | 90：10 | 15：85 |
| 毛利 | 251 | 250.2 | 199.7 | 84.7 | 19 |
| 毛利率 | 29% | 40% | 41% | 36% | 87% |

注：年度相关信息来源公司 2014 年报第 3 页，其余来自季报信息。

从数据上看，聚美优品 IPO 前不仅收入增长迅速，而且毛利率都在 40% 以上，这个毛利率在中概电商中仅次于阿里巴巴，高于唯品会，更远高于京东 15% 左右的毛利率，而且当时华尔街看好中国电商前景，可以说那几年是中国电商的黄金时光，这个概念在华尔街颇受欢迎。

聚美优品的高毛利率使其在中概电商中脱颖而出，而其高毛利率主要是由于在上市前服务业务收入占总收入比重不低，这部分收入对应的成本是零。如果不考虑这个收入，那么其毛利率大约为20%～30%，其实是接近唯品会的毛利率。所以，如果聚美优品要保持其估值的差异化，做到与众不同，那么服务收入占总收入的比重不能下降，否则会导致总体毛利率下滑，在获利模式和水平上出现和其他电商同质化情况，从而降低资本市场对其中长期估值的水平。

遗憾的是，聚美优品上市后短短的几个月就出现了毛利率严重下滑情况，于2014年第三季度业绩公告中（这是这家公司上市之后的第二次季度业绩公告），公司披露从2014年9月份开始战略重点转移到自营业务，逐步退出化妆品的市场服务，这正式宣告了上市前引以为荣的高毛利率商业模式不复存在。旧的商业模式已死，其生命周期是如此短暂，其死亡（正面说法叫转型）又是如此突然，而且公司还需要付出不菲的“死亡费用”（如：在这个转型过程中，聚美需要协助第三方渠道商清仓；同时为保持客户流量，聚美不得不自行从第三方购买商品以满足客户需求等，这些行为都降低了聚美的毛利率），而新的商业模式又前途未知，投资者对这个突然变化不知所措，只好在股票价格上用脚投票。

图36－1为聚美优品上市前后季度收入和毛利率趋势变化图。该图十分清晰地向我们展示了，该公司在上市之后的短短4个月不到时间内（5月份上市，9月份业务转型），就发生了基本面的重大变化：从2014年第三季度开始，虽然收入保持迅速增长的趋势，但毛利率却呈现剧烈下滑趋势。收入向上，毛利率向下，这说明聚美已经不是原来那个收入高增长、高毛利率的聚美了，聚美已经不再那么美了，聚美优品上市前的优美基因已经发生突变。要增长，同时也必须要有健康的获利能力，这是华尔街的期待；毛利率突然严重下滑，而且成为趋势，这成了聚美优品心中永远的痛。

聚美优品目前的估值水平只有9亿多美元，如果不计账面现金和短期投资4亿多美元，则实际估值只有5亿美元。为何企业上市之后、团队辛苦这么多年、规模增长了，然而企业价值反而越来越低呢？这是在创造财富还是在毁灭财富？资本市场估值的奥秘到底何在？其实这只是资本市场按其自身规律对资

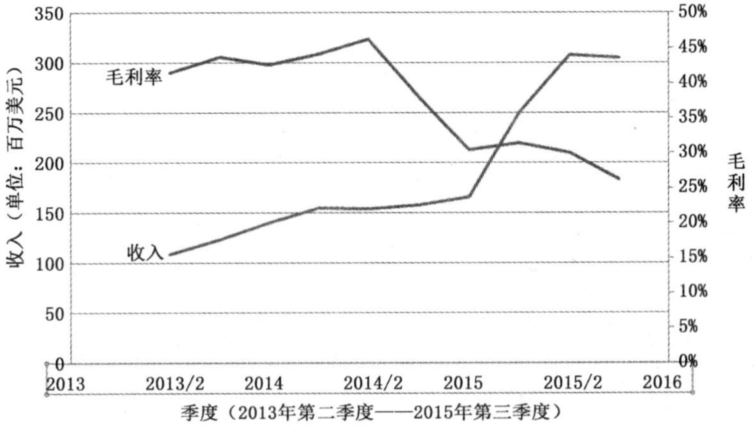


**图 36-1　聚美优品上市前后季度收入和毛利率趋势变化**

源配置的结果，沉舟侧畔千帆过罢了。

## 基本面变化所引发的两次股价大跌

我们再看一下聚美上市之后至今的股票价格表现，以及和历次股价波动相关的重大事件。聚美上市后的股票价格，如图 36-2 所示。

● 2014 年 5 月 16 日在纽约证券交易所挂牌，发行价 22 美元，融资总额超过 4 亿美元；上市当天，以高于此前发行价 24% 的 27.25 美元开盘，挂牌首日上涨 9.91%，报收于 24.18 美元，当天交易量达 1590 万股。

● 2014 年 8 月 18 日公司股票价格达到 39.45 美元的最高值。

● 2014 年 11 月 20 日公司发布了截至 9 月 30 日的 2014 财年第三季度未经审计财报，报告显示本季度某些业绩数据未达到华尔街预期：

· 成交总额（GMV）为 2.73 亿美元，同比增长率只有 31.4%，远低于第二季度的 64.3% 同比增长率。

· 总净营业收入同比增长 28.0%，远低于预期；2012 年年度同比增长 900%；2013 年年度同比增长 107%；营业收入数据和华尔街预期间的缺口达 1113 万美元。

· 每个 ADS 利润比华尔街预期数低 0.01 美元；毛利率从第二季度的 46.3% 下滑至 38%，上年同期为 43.7%；本季度所收到的订单环比下降 50

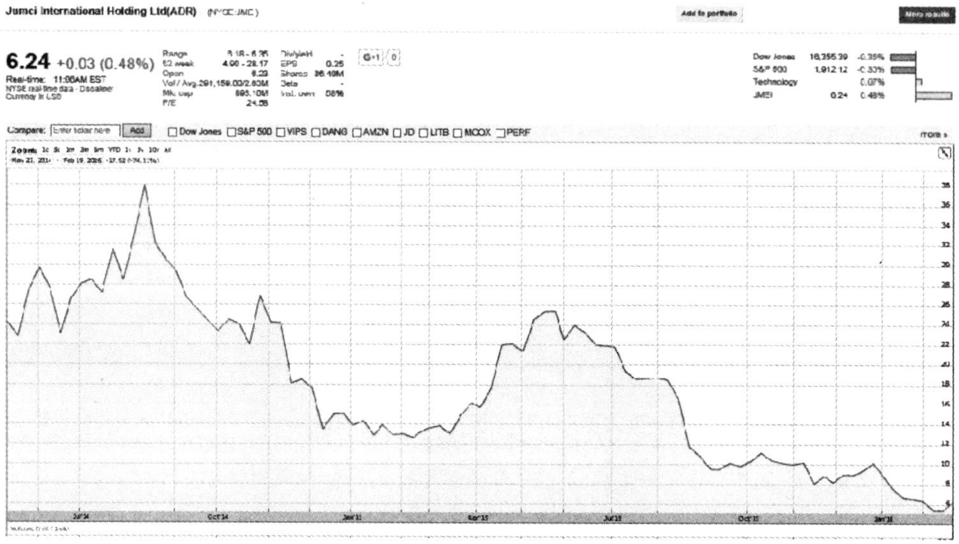


**图 36－2　聚美上市后的股票价格**

万个。

● 该财报公布当天，公司股票收盘价格每个 ADS 下跌 2.91 美元，跌幅高达 13%，收盘价位 19.32 美元，为上市以来最低价格。当天成交量接近 500 万个 ADS；这是聚美优品上市后遭遇的第一次股票价格大跌。

● 2014 年 12 月 11 日集体诉讼爆发；当天股票收盘价格为 13.51 美元，再次创下上市以来新低。

● 面对诉讼，公司创始人回应称“聚美是最干净的电商”，并表示公司董事会批准一项股票回购计划，宣布将在未来 12 个月内最多回购 1 亿美元股票，以提振股价；然而此后股价逐步走低到 2015 年 2 月 12 日的 12.36 美元。

此后股价逐步回升，在 2015 年的 5 月份和 6 月份重新回到二十多美元，2015 年 5 月 21 日的收盘价格为 28 美元，为 2015 年全年最高交易价格。然而好景不长，几个月之后，聚美优品又迎来了第二次股价大跌。

2015 年 8 月 20 日聚美发布二季度财报，虽然营业收入大幅增长，但毛利率降至 30%，低于一季度的 31.4%，更明显低于上年同期的 46.3%；此外运营开支同比大幅增长 55.4%。信息公布后，公司股价从 16.73 美元跌至收盘价 12.95 美元，而且成交量接近 1 000 万个 ADS，约为平均的 5 倍。2015 年 11 月

20 日聚美优品发布了 2015 年第三季度财报，数据显示，聚美优品第三季度净亏损达 8 690 万元，是自 2014 年以来聚美优品首次亏损。至此，公司股票价格持续下滑和低迷。2016 年 2 月 11 日的最低交易价格只有 4.9 美元，当天的收盘价格为 5.11 美元。

2016 年 2 月 17 日，聚美优品宣布拟私有化价格之后，公司当天的股票收盘价格虽然从 2 月 16 日收盘价的 5.84 美元上升至 6.32 美元，当天的成交量超过 700 万股，超过平均日交易量的 3 倍；然而，7 美元的私有化价格已经将该公司股票价格的上涨空间牢牢锁死。几乎是所有在 2016 年 1 月 14 日之前购入该公司股票的股东都损失惨重，因为这一天是公司上市之后以来首次收盘价格低于 7 美元。这些损失惨重的投资者欲哭无泪，即使不忍远离，其哭态也只能是绝惨，而非绝美。这估计是原先买入聚美这家公司股票的投资者所无法想象但又必须面对的下场。

当然这个 7 美元的估值对公司期权大部分早期获得者而言、对在上市前入股的风险投资者而言、对公司创始人等主要股东而言，由于他们原先的持股成本很低［这可以从聚美公司 IPO 之前的历次普通股价格评估（见图 36－3）、以及公司招股书和年报所披露的 A、B 轮风投投资成本和公司所授期权行使价格信息中可以看出］，所以对于低成本持有公司原始股的这些股东，即使在公司股价高于 IPO 时候没有及时套现，那么现在 7 美元的价格仍然是收获甚丰；而且公司私有化之后，不排除还可以继续寻求下一个风口。

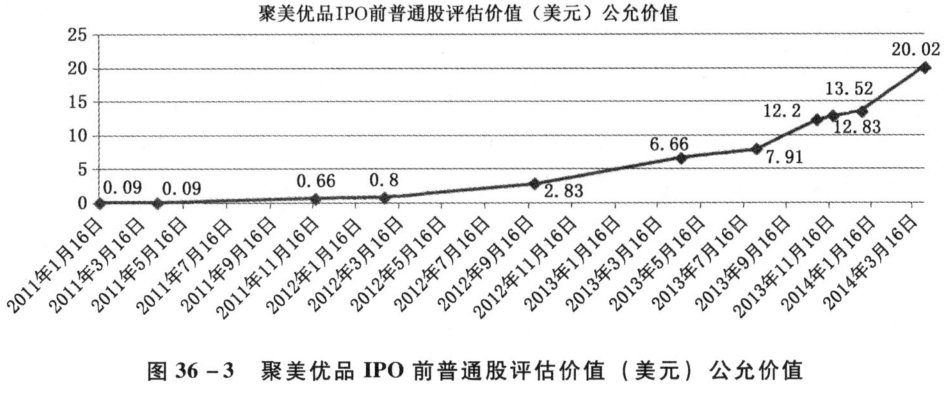


**图 36－3　聚美优品 IPO 前普通股评估价值（美元）公允价值**

所以，即使聚美优品公司的基本面突变从而引发股价大跌，那么遭受直接经济损失最大的仍旧是那些用真金白银从二级市场上（包括IPO时候）购入公司股票的投资者。或许这正是所谓的股市有风险，投资需谨慎吧。

## 市值“低估”“高估”是个伪命题？

不少上市公司在宣布私有化方案时，都或多或少透露出其拟私有化原因是目前股票价格被低估。然而当公司上市之后出现股票价格不断上涨的趋势的时候，我们很少能听到公司管理层认为当前股价被高估。其实不论是“高估”还是“低估”都是伪命题。伪命题是指没有逻辑意义的命题，其之所以没有意义是因为这些命题既无法通过先天的分析，也无法通过经验的判断，来断定其真假。

除非出现操纵市场、信息隐瞒、重大误导和不实陈述、监管机构的人为干预等情况，通常而言，在一个有效的资本市场中，市场的实际价格（market value）就是公允价值（fair value）的代表。虽然市场有时候也会失灵，导致价格出现短期的波动和较高振幅，但在华尔街这个高效的资本市场中，秉承的是“价值投资”理念，市场的主要参与者是机构投资者，而且华尔街拥有数万名训练有素的专业分析师，即使市场可能会失灵，但其本身具有较强的自我纠错机制，因此一段时间内的上市公司股票的实际平均交易价格就是市场认可的公允价格。

具体到某家上市公司股票价格而言，如果其在合理的一段时间内，公众交易量活跃（比如不是僵尸股），那么这一段时间的实际平均交易价格则是合理的公允价格。

如果非要将中概股在华尔街的当前估值和预计其回归A股后的想象估值进行比较，从而认为目前被低估，其实从某种角度而言是伪命题。因为这两个对象不具有可比较性，这并非是指华尔街和A股资本市场在内含特征上是否存在差异，而是因为所比较的对象在时间和空间上不一致，所以缺乏可比较性。首先，华尔街和A股这两个资本市场目前并不能互相自由交易，所以属于不同空间的资本市场；此外，中概股当前的股价和回归A股后可能的股价，是属于不同时间段的对象；前者是当前，后者是未来（而且还是想象的）；当前是确知的，而未来则是不可知的（尤其是回归 A 股过程中可能存在的各种不确定性属于不可预测）；因此将处于一个空间的确知对象同另一个空间的不确知对象进行比较，就失去逻辑意义。这正如将北京现在的房价和香港将来的房价相比较一样，由于在时间和空间两个维度上同时缺乏可比较性，所以这样的比较没有任何实质意义。

## 未了的集体诉讼

2014 年 12 月 11 日，针对聚美优品的集体诉讼爆发，诉讼期间为 2014 年 5 月 16 日到 2014 年 11 月 20 日；原告指控被告在知情的情况下，发布了虚假的误导性声明和（或）未披露以下信息：①公司通过从市场服务业务转变为商品销售业务的方式改变了营业收入模式；②这种转变给聚美优品此前成功的财务表现带来了重大风险，这个转型必然会带来成交总金额（GMV）的下降及成本和费用的增加，但这个风险在公司 IPO 的招股书中并没有披露，相反公司是在招股书中大量披露原先业务模式（市场服务业务）的扩张计划和相关风险；③公司并未像其宣称的那样扩大市场服务业务。

在 2015 年 10 月份最新提交的诉讼状中，原告除了将聚美优品、公司 CEO、兼任董事的副总裁、两位联席 CFO、另外两名董事纳入被告之外，还将高盛、大摩、瑞银、派杰、奥本海默、复兴资本这六家投行纳入被告。原告指控相关被告违反了 1934 年交易法和 SEC 的 10 - b（5）规则，以及 1933 年证券法相关条款。1933 年证券法下的指控并不需要符合欺诈要件，只要原告能指出招股书等上市文件中存在重大误导或者信息隐瞒，那么被告需要承担严格义务（strict liability），原告并不需要证明被告的行为是故意或者重大过失的，因此其起诉门槛较 1934 年交易法和 SEC 规则下的起诉要求低。

聚美优品公开披露指出公司是从 2015 年 9 月份开始进行业务转型，从市场服务转向自营销售，而且公司指出这样的转型是为了更好地控制商品渠道和商品质量，公司并没有指明是由于假货泛滥所迫。

从公司立场看，无论是在招股书所涵盖期间还是 2014 年第二季度，由于当时转型尚未开始，因此不存在需要披露该转型的相关风险的义务，也就不存在任何信息隐瞒或不实陈述。而当公司开始转型时，公司就对相关风险进行了恰当披露。

原告并无法指出聚美优品实际上从何时开始进行业务转型，原告更多是依靠美银/美林等投行的研究报告和财经杂志《巴伦周刊》的相关文章，这些研究报告和文章指出聚美优品股票价格下跌是由于业务转型所致。2014 年 11 月 20 日，聚美优品财报公布后，财经杂志 Baron 发表文章分析了该公司商业模式失败的原因，认为商品销售总额（GMV）的下跌是由于公司商业模式变更所导致，然而这个变化并没有在公司 IPO 的招股书中详细披露；文章指出，之前该公司的很大部分收入来自于第三方销售商的，而此时公司主要是提供市场服务业务，但也由此产生了很多假货销售；而新的商业模式更多侧重自营销售。

从诉讼状所提供的信息看，虽然投行的研究报告在时间上早于聚美优品自己于 2014 年 11 月 20 日首次公开披露业务转型影响，但是也没有指出聚美优品从何时起进行业务转型，尤其是并没有指出聚美优品是否在 IPO 期间或 IPO 之后的第一个季度期间就已经开始业务转型，所以这个指控依据看来并不十分有力。

不过这里面有两个因素值得考虑。其中一个是关于聚美优品市场服务业务的固有风险，就是说这个业务模式所隐含的基本风险是什么？正是商品渠道和质量存在问题导致聚美优品不得不关闭市场服务，而这两方面的风险影响了聚美优品市场服务商业模式的可持续性，对这部分风险在招股书中是否充分披露，其实是值得引起关注的重点问题之一。

第二个值得考虑的因素是市场服务业务的已知发展趋势（known trend）。在 2014 年第二季度业绩公告前和 IPO 期间，聚美优品市场服务业务已知发展趋势如何？是上升、平稳还是下滑？这一方面可以从市场服务收入占总收入比重的角度判断；另一方面也可从商品总销售额（GMV）中第三方渠道销售所占比重中，找出市场服务业务的已知趋势。从聚美优品公开数据来看，包括 2014 年第二季度在内的上市前连续几个季度，市场服务收入的比重占总收入的比重稳步上升，尤其是 2014 年第二季度，该比重高达 20%；正是这个稳步上升的比重，直接推动了上市前几个季度的毛利率上升，这说明聚美优品和同行业比较相对应较高的毛利率是严重依赖市场服务收入占总收入的比重，这个依赖同时也隐含了公司盈利模式可持续性的风险。

而按照 SEC 的 S－K 规定之 303 条款要求（管理层对公司业绩的分析和讨论），关于业务的已知趋势，上市公司有义务详细披露其对收入或者利润存在（或者可以合理预计将会存在）的重大有利或者不利影响。

如果原告继续从以上两个角度进行挑战，那么原被告之间的博弈将会更加激烈。

继 2015 年 10 月份原告的提交修正后的合并诉讼状之后，于 2016 年 1 月 22 日，法院文件指出了本案接下来程序的相关时间表；按照这个时间表，接下来几个月，原被告双方将会在诉讼是否驳回这个动议上进行博弈；如果聚美优品能够成功驳回诉讼，则会大大促进本案落下帷幕；反之，案件会进入复杂的证据开示程序，原告有权要求被告和其他第三方配合取证，这不仅对企业不利，而且还将耗费大量资源。不过聚美优品现在拟进行私有化，所以尽早结束诉讼是上策，和谈（如果进行的话）会在驳回动议裁决之前还是之后启动现在还不可知。

## 风继续吹?

聚美优品在阿里巴巴和京东之前赴美上市，而且是在其历史优良业绩趋势即将转变之前成功上市的。这不能不说其是充分抓住了中国电商行业的发展机遇，也很好地把握住了上市的时机，顺势而为，这或许正是聚美优品在过去短短几年之内取得巨大成功的奥秘所在吧。

中国电商行业在经过前几年的迅猛发展，现在已经进入比较明显的格局，互联网巨头在电商行业的霸主地位日趋明显；而原有的流量日趋枯竭，连巨头阿里都不得不下乡抢流量。垂直型电商更是在激烈的竞争中处于煎熬的状态。从电商第一股麦考林光环失落，到当当网拟私有化，到 2015 年股价几乎崩盘的唯品会，还有本文的聚美优品，以及尚未上市的蘑菇街和美丽说合并抱团取暖等等这些事件，已经是足以说明电商行业的风口已经不在，国际资本市场对电商概念也日趋理性和冷静。那些还在地上的电商则很难飞起来，已经飞上天的，又生怕掉下来，所以都期望风继续吹。

在互联网和高科技行业，如果说找对了风口，等风来了，连猪都可以飞起来，那么当风已不在，当天空转晴之时，那些曾经飞起来的（不论是猪还是非猪）是否还会继续飞？还是仍然在等待风继续吹？或者说，是否有飞了一通因风不在而从天上掉下来的？如果有，在阳光灿烂的日子里，天上会掉下个什么来呢？

截至2016年12月31日，聚美优品的最后一个交易日的股票收盘价格为5.01美元。曾经宣布私有化的中概公司中，有的宣布撤销私有化、有的私有化停滞、有的已经私有化了但还无法成功登陆A股资本市场。聚美优品是否会继续完成私有化？还是不忍远离华尔街？聚美优品是否会寻找和等待下一个风口？风是否继续吹？在哪里吹起？何时吹起？如果继续吹，聚美能否迎风再次腾飞？值得期待。

## 本案后续进展

2015年6月22日，法院批准本案合并为一个集体诉讼，批准任命首席原告代表和律师代表。

2015年10月16日，原告提交修正后的诉讼状。

2015年10月16日，原告提交修改后的合并诉状，并追加了被告；个人被告追加至6人，不过最终对这6位自然人的诉状并未成功送达；原告还追加聚美优品IPO的6家承销商为被告，包括高盛、瑞信证券、摩根大通、华兴香港、派杰和奥本海默。

原告的指控主要分为两大项目：第一项是指控被告违反1933年证券法，指控聚美优品IPO的招股书存在误导；对于该项指控，只要能说明招股书确实存在重大误导，而且是属于被告疏忽所导致（negligence），并不需要指控被告存在欺诈意图，那么就可以成功起诉。第二项是指控被告违反1934年交易法，在对外陈述方面存在误导和隐瞒；对于该项指控，原告必须能够指出被告存在欺诈的意图，即：被告对所隐瞒的信息是知情的。

2017年1月10日，法官终于作出裁决。法官认为，原告并没有证据表明任何被告在聚美优品IPO的时候，就已经知道聚美优品将会在2014年9月份快速关闭第三方美容产品，从而进行转型；因此，并无证据表明在IPO的时候，被告隐瞒了此等信息；美国证券法不允许用事后的情况（9月份所发生的情况）去倒推事前（IPO的时候）的行为是否妥当；此外，原告也没有证据表明，在2014年8月14日聚美优品公告2014年第二季度财报的时候，就已经对9月份要关闭第三方美容品业务知情；原告也没有证据表明，关闭第三方美容产品的决定是在2014年8月14日之前就已经作出的；所以，原告的指控并不符合欺诈要素。

法官还指出，聚美优品已经在招股书中对假货的风险作了充分的披露，在这个基础上，公司并不需要对假货风险所可能带来的每一个可能的具体后果都作出披露。所以，法官接受了被告的申请，驳回原告起诉。

至此，聚美优品和华尔街“诉棍”的这场两年鏖战，终于落下帷幕。聚美优品获得了诉战的胜利。于2017年1月10日，聚美优品的股票价格收盘价为4.66美元（总市值约6.85亿美元），远低于IPO发行价22美元。

## 申明和信息来源

本案例的主要信息来源于相关法律文件，案件中所提到的指控内容，可能属实，也可能并非属实，本书对此并无任何立场；同时由于本案并未经过陪审团和法院的最后判决，目前尚未结案，被告并不承认这些指控，所以也意味着这些指控的事实认定在美国证券相关法律下并未予以确认。本案例的主要信息来源包括：

- Class Action Complaint; Case 1: 14 - cv - 07269 - FB - VVP Document 1; Filed 12/12/14.
- Consolidated Amended Complaint; Case 1: 14 - cv - 09826 - WHP Document 73; Filed 10/16/15.
- Opion and Order, Case 1: 14 - cv - 09826 - WHP Document 105 Filed 01/10/17.

# 37. 深剖搜房网（房天下）：业绩没了该如何打天下？

（本文于2016年3月11日首发于百度百家和新浪科技创事记）

中概股公司搜房网（房天下，股票交易代码：SFUN）作为第一家赴美上市的房地产行业互联网信息平台公司，曾经创下最高约80亿美元的市值，而且以连续多年的收入高增长、高毛利率、高净利、高现金流、高股利的“五高”特征成为颇受华尔街热捧的中概股明星公司。然而自从2015年开始“激进”转型以来，出现了利润急剧下滑、市值缩水、大规模裁员事件、集体诉讼等一系列事件。接下来我们就搜房网IPO之后所发生的相关事件作一些剖析和探讨。

## 让数字说话：数据背后的搜房

我们不妨先从公司的财务数据入手，让数字说话，通过数据了解搜房网的故事。从搜房网过去连续8个季度和7年的损益表中我们可以看出：

• 搜房网的毛利率在2014年及之前几乎保持在80%以上，如此高的毛利率即便是中概股“带头大哥”阿里巴巴也望尘莫及。

• 从2015年第一季度开始，搜房网的毛利率急剧严重下滑，这主要是由于其从传统媒体平台公司向电商业务激进转型所导致。

• 虽然公司的毛利率从2015年开始剧烈下滑，但销售费用占收入的比重不但没有减少，反而保持上升的趋势，同时管理费用占收入的比重亦未见下降，这加快了从整体盈利步入亏损的步伐。

• 2013年可以说是搜房网的顶峰年，不仅毛利率创下最高水平，销售费用占收入的比重也比较低；当年度公司净利润接近 3 亿美元，EPS 也是历史最高水平；此后，公司的 EPS 呈现下降趋势，这主要由于公司盈利水平降低所致。

- 2015 年第三季度出现营业亏损 3 000 多万元，但仍然保持百万净利润，主要是因为本季度确认了一次性税务优惠（one – off tax credit）约 3 100 万美元；此后，于 2015 年第四季度又确认此等一次性税务优惠 3 000 万美元；2015 年累计确认此等收益约 6 100 万美元，如果没有此项收益，则 2015 年公司的净亏损超过 7 500 万美元；公司季度公告中并未披露该税务收益的具体情况，既然公司将其定义为一次性项目，则无法预计 2016 年仍然会有此收益。

从资产负债表重大科目信息中，我们可以发现：

- 搜房网的整体资产负债率长时间保持较高水平，始终在 60% 以上；
- 流动负债占负债的比重在 2015 年第四季度突然上升至 74%，显示公司流动性压力上升；
- 公司的资产负债率偏高，一方面是由于上市融资金额偏小，导致资本金不殷实，在 2015 年第三季度前，公司的净资产中主要是留存收益；另一方面是由于公司在 IPO 之后累计超过 5 亿美元的股利派发所导致；
- 2015 年第四季度，公司获得私募基金数亿美元注资之后，资本金得到补充，但资产负债率并未明显下降，显示公司的资金需求尚未得到根本性满足；
- 公司始终保持较高金额的现金等价物和短期投资，这一方面是布局金融业务的基本需求，另一方面也说明公司资产的流动性较高。

从现金流量表相关信息中，我们可以看出：

- 该公司从 IPO 中所获得的现金流量仅仅 1 000 万美元，这是中概股公司中极为少见的；公司在融资活动中所获得的现金主要来源于借款和可转债发行；
- 公司的经营活动现金流量一直保持较高的正数，直到 2015 年才变成负数，这一方面由于 2015 年的盈利水平急剧下降，另一方面由于公司的互联网金融放贷业务在 2015 年耗用了数亿美元的现金流；
- 投资所使用的现金流量并不明显，并购所使用现金不多，其中最大的并购交易现金支出是和物业并购相关，这说明该公司的业务并购交易并不活跃；

- 过去数年，公司在股利派发上耗费了超过5亿美元的现金，这直接减低的公司净资产水平。

总之，从历史财务数据中我们发现，2015年之前，搜房网是长时间保持高增长、高毛利、高净利、高现金流和高派股利的“五高”标兵公司，这样的好日子一直持续至2014年，如表37－1、表37－2、表37－3；图37－1和图37－2所示。

表37－1　　搜房网财务数据　　单位：千美元

| 项目 | 2015 | | | | 2014 | | | | 2013 |
|---|---|---|---|---|---|---|---|---|---|
| | 12/31 | 9/30 | 6/30 | 3/31 | 12/31 | 9/30 | 6/30 | 3/31 | 12/31 |
| 总资产 | 2 295 326 | 1 902 655 | 1 770 494 | 1 662 240 | 1 744 239 | 1 652 084 | 1 628 969 | 1 547 978 | 1 505 089 |
| 现金短投 | 983 659 | 639 060 | 567 230 | 718 020 | 857 260 | 567 230 | | | |
| 总负债 | 1 452 912 | 1 264 739 | 1 178 520 | 1 105 789 | 1 111 550 | 1 105 524 | 1 076 509 | 1 067 950 | 1 061 622 |
| 流动负债 | 1 075 969 | 686 211 | 564 317 | 493 984 | 500 139 | 501 347 | 398 153 | 397 690 | 445 626 |
| 净资产 | 842 414 | 637 916 | 591 204 | 556 451 | 632 689 | 546 559 | 552 460 | 480 028 | 443 467 |
| 留存收益 | 373 463 | 412 279 | 410 874 | 394 708 | 471 352 | 388 850 | 410 238 | 342 037 | 300 515 |
| 资产负债 | 63% | 67% | 67% | 67% | 64% | 67% | 66% | 69% | 71% |
| 流动负债 | 74% | 54% | 48% | 45% | 45% | 45% | 37% | 37% | 42% |

注：根据公司财报整理。

表37－2　　搜房网季度财务数据　　单位：千美元

| 项目 | 2015Q4 | 2015Q3 | 2015Q2 | 2015Q1 | 2014Q4 | 2014Q3 | 2014Q2 | 2014Q1 |
|---|---|---|---|---|---|---|---|---|
| 收入 | 300 662 | 248 508 | 210 887 | 123 454 | 222 974 | 190 532 | 168 155 | 121 221 |
| 毛利 | 82 295 | 60 046 | 105 960 | 79 821 | 180 262 | 141 701 | 138 864 | 96 316 |
| 毛利率 | 28% | 25% | 51% | 65% | 81% | 75% | 83% | 80% |

续表

| 项目 | 2015Q4 | 2015Q3 | 2015Q2 | 2015Q1 | 2014Q4 | 2014Q3 | 2014Q2 | 2014Q1 |
|---|---|---|---|---|---|---|---|---|
| 销售费 | 81 306 | 52 819 | 54 463 | 48 015 | 47 571 | 41 021 | 31 748 | 27 534 |
| 占收入百分比 | 27% | 22% | 26% | 39% | 22% | 22% | 19% | 23% |
| 管理费 | 33 595 | 38 966 | 29 041 | 23 806 | 25 228 | 30 175 | 25 852 | 19 316 |
| 占收入百分比 | 12% | 16% | 14% | 20% | 12% | 16% | 16% | 16% |
| 营业利润 | (32 569) | (31 734) | 22 312 | 7 476 | 107 593 | 70 685 | 81 736 | 49 519 |
| 净利润 | (38 818) | 1 400 | 16 160 | 6 085 | 82 502 | 60 992 | 68 201 | 41 522 |

注：根据公司财报整理。

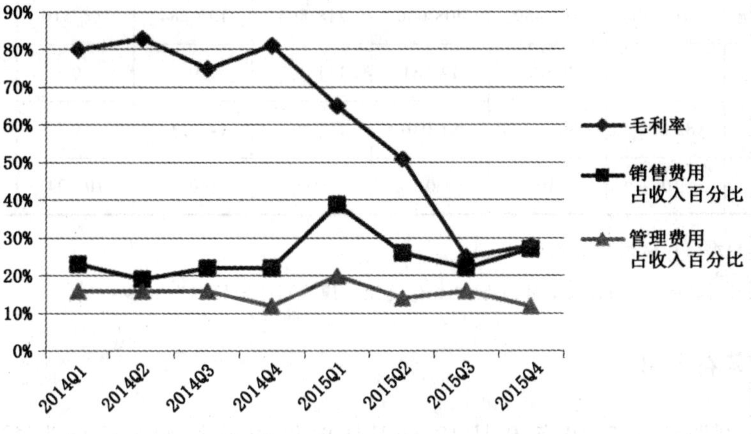


图 37－1　搜房网季度财务数据

表 37－3　　搜房网年度财务数据　　单位：千美元

| 项目 | 2015 年 | 2014 年 | 2013 年 | 2012 年 | 2011 年 | 2010 年 | 2009 年 |
|---|---|---|---|---|---|---|---|
| 收入 | 883 510 | 702 883 | 637 379 | 430 258 | 343 826 | 224 490 | 127 049 |
| 毛利 | 328 121 | 557 144 | 534 891 | 349 395 | 277 255 | 162 479 | 95 702 |
| 毛利率 | 38% | 80% | 84% | 82% | 81% | 73% | 76% |

续表

| 项目 | 2015 年 | 2014 年 | 2013 年 | 2012 年 | 2011 年 | 2010 年 | 2009 年 |
|---|---|---|---|---|---|---|---|
| 销售费用 | 236 603 | 147 874 | 101 935 | 80 056 | 67 207 | 42 512 | 25 186 |
| 占收入百分比 | 27% | 21% | 16% | 19% | 20% | 19% | 20% |
| 管理费用 | 125 408 | 100 571 | 83 384 | 70 780 | 70 891 | 41 547 | 22 176 |
| 占收入百分比 | 15% | 15% | 13% | 17% | 21% | 19% | 18% |
| 营业利润 | (34 515) | 309 534 | 350 358 | 198 559 | 139 157 | 78 420 | 48 340 |
| 净利 | (15 174) | 253 218 | 298 662 | 151 804 | 101 596 | 63 148 | 52 610 |
| 稀释 EPS | (0. 18) | 2. 87 | 3. 54 | 1. 85 | 1. 24 | 0. 79 | 0. 68 |
| 现金短投 | 983 659 | 907 932 | 847 065 | 145 008 | 194 820 | 233 932 | |
| 经营现金流 | -165 400 | 214 459 | 408 056 | 218 893 | 155 284 | 106 510 | 65 966 |
| 并购用现金 | | 9 806 | 12 781 | 111 367 | 0 | 0 | 0 |
| 派发股利 | 82 751 | 82 380 | 81 046 | 131 012 | 142 214 | 0 | 24 241 |
| IPO 融资 | 0 | 0 | 0 | 0 | 0 | 10 494 | 0 |

注：①根据公司财报数据整理。

②公司预计 2016 年的收入金额约为 10. 6 亿美元，预计同比增长率为 20%。

## 拨开迷雾看股价

搜房网股票在 2010 年 9 月 17 日 IPO 时候的每个 ADS 价格为 42. 5 美元，为何截至 2016 年 3 月 10 日收盘价变成 5. 25 美元？搜房网的市值在上市之后到底发生了什么变化？搜房网目前的市盈率到底是高还是低？搜房网股票价格的走势会如何？我们只有在具体了解搜房网 IPO 之后的 ADS 比例变动和市值变化之后，才有可能更好地探索这些问题的答案。

• 搜房网于 2010 年 9 月 17 日在纽交所挂牌交易，IPO 共发行 2 933 238 份 ADS（折合 11 732 952 股 A 类普通股），每 ADS 发行价 42. 50 美元（1ADS =4 普通股），所以每股约 10. 625 美元，募资约 1. 247 亿美元；本次发行主要

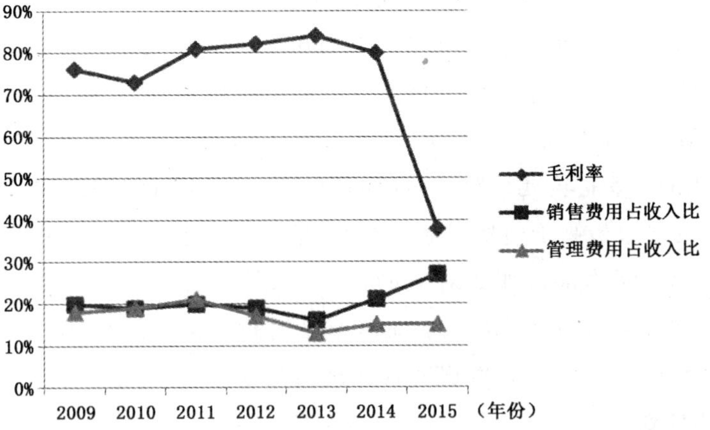


**图 37－2　搜房网年度财务数据**

为原有股东减持，搜房网实际融资 1 000 万美元；公司在进行 IPO 的同时还进行了私募，私募金额为 3.2 亿美元；此次交易，澳洲电讯约以 4 亿多美元的总对价从搜房网退出 50% 的股权；据公司 2010 年 IPO 的招股书所披露于 2010 年 6 月 30 日总共普通股数约为 73 932 217 股，据此估计，公司在 IPO 时候的总市值约为 8 亿美元；外界认为搜房网 IPO 属于“被上市”，因为此次 IPO 主要是为了大股东澳洲电讯的退出，而公司从 IPO 中的获得总融资额只有 1 000 万美元。

• 搜房网于 2011 年 2 月 18 日实行拆股，1 拆 4，即分拆之后 1ADS＝1 普通股。

• 2014 年 3 月 28 日，搜房网调整 ADS 和普通股的比例，调整之后 1 普通股＝5 ADS；所以现在的每 20 个 ADS 相当于 IPO 时候每 1 个 ADS。

• 2014 年 3 月 7 日每个 ADS 达到最高价格 18.49 美元（每股等于 5 个 ADS），折合每股最高价格为 92.45 美元；远高于 IPO 价格每股 10.625 美元的价格，这个最高价格对应的公司最高市值接近 80 亿美元；和 IPO 时候相比较，公司的总市值增长了 10 倍；此后搜房网的股价几乎是一路走低。

• 2016 年 3 月 10 日，每个 ADS 的股票价格约 5.25 美元，折合每股约 26.25 美元，如果按照公司 2015 年第四季度业绩公告所披露的平均加权稀释后股票数量约 85 170 886 股，则总市值约为 22.4 亿美元；虽然比历史上最高市值缩水约 7 成，但这个市值仍然接近当初 IPO 时候的 3 倍。如果以 2014 年公司净利润约 2.5 亿美元计算，目前对应的市盈率不到 10 倍左右；如果以过去 52 周股票最高价格每个 ADS 10 美元计算，其总市值约为 42 亿美元，按照 2014 年全年的 2.5 亿美元计算，对应的市盈率接近 17 倍；如果以 2014 年 3 月 7 日所创下的股票最高价格所对应的约 80 亿美元市值计算，仍旧以 2014 年的 2.5 亿美元净利润为准，那么对应的市盈率是 32 倍。从以上计算可以看出，搜房网的市盈率是在逐步下降，投资者对公司的成长性和盈利性预期在下降。

- 2015 年 2 月 25 日，搜房网宣布进行为期 12 个月的总金额为 2 亿美元的股票回购计划。
- 然而从 2015 年第三季度开始公司的营业利润首次变成亏损，并从第四季度开始出现净亏损，而且 2015 年全年是净亏损，所以公司的股价下一步走势如何还有待观察。

如今正在进行“激进”转型的搜房网，从高盈利陷入亏损，其新故事能否继续打动华尔街？华尔街对亏损能够容忍多久？这对公司而言是个不得不面对的挑战。

图 37－3 为搜房网自 2010 年 9 月份 IPO 之后至 2016 年 3 月初的股票价格趋势，其中每个普通股等于 5 个 ADS。

## 可转债：高股价时的优先选择？

发行股票之后，再发行可转债，这是中概公司很普遍的融资方法。据 2013 年年报披露，2013 年 12 月 4 日及之后，公司通过花旗、摩根大通和瑞银发行了总计 4 亿美元的可转换债券，债券的年利率为 2%，所设定的初始换股比率为每 1 000 美元本金可换成 49.2402 个 ADS，也就是说按照每个 ADS20.31 美元的价格进行换股。而在 2013 年 12 月 4 日，公司每个 ADS 的收盘价格为 14.75 美元，这个价格是按照 1 拆 5 之后的价格，如果按照当时每个 ADS 等于一个普通股的比率计算，当时的每个 ADS 价格应该为 73.75 美元（也就是每个普通股的价格）。

这个交易值得引起关注的两个问题是：首先，在当时公司股票价格远高于

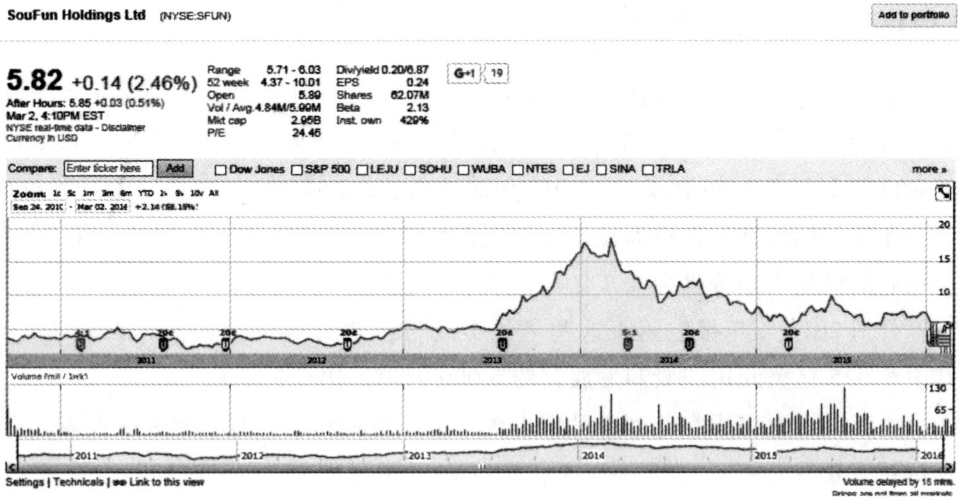


图 37－3　搜房网股价趋势

IPO 价格情况下，公司的融资战略为何选择发行可转换债券，而不是进行股票增发？其次，可转换债券所设定的折股价格为何远低于债券发行日的股票交易价格？前者价格不到后者的 30%。按照这个折股比例，这 4 亿美元债券可以转换成约 2 000 万股的普通股，而 2 000 万股的普通股在当时所对应的市值约为 14.75 亿美元。也就是说，如果搜房网在当时选择增发股票，那么相同规模的新股发行则至少可以从资本市场上融资超过 10 亿美元。虽然增发股票会即刻稀释股权，但对于公司业务处于上升期而言，这样的稀释比较容易获得资本市场的认可；相反，发行可转换债券对于股权的稀释是在债券到期日，如果彼时公司业务滑坡、股票价格低迷，则债转股会给资本市场带来更大的压力；倘若股票价格长期低迷，甚至低于可转换债所设定的换股价格，债权人如果要求公司进行债券赎回和偿还，则会引发流动性危机。

如果当时搜房网趁着业务上升期和资本市场对其高度认可之际，成功进行超过 10 亿美元的股权融资，那么或许就不需要在 2015 年求助于私募基金入场并低价发行股份。然而历史不容假设，至于为何当时搜房网在融资战略上没有选择股票二次公开发行（secondary public offering），其具体原因外人无法知晓。

## “内保外贷”：竟为股利?

从2011年开始，搜房网在境内用人民币存款作为抵押，从香港和新加坡借入美元借款（包括长短期借款），也就是俗称的“内保外贷”交易。2011年年底借款余额为2.56亿美元；2012年底该借款余额为3.6亿美元，其中8 000万美元为长期借款，对应人民币限制性存款余额为3.6亿美元；2013年和2014年年底的借款余额分别为2.7亿美元和1.8亿美元。

公司2014年年报披露，这些境外美元借款累计金额大约为4.3亿美元，其中约3.5亿美元用于股利发放，约6 000万美元用于物业购买。

由于境内人民币存款利率是高于境外美元贷款利息，所以搜房网报表上看到每年有几百万美元的利息差（利息收入减利息费用），可能和这个有部分关系。

搜房网的股利政策可以由其董事会来决定。虽然搜房网没有从资本上直接股权融资多少（IPO仅仅获得融资1 000万美元），但从财报的现金流量上看，在包括2015年的过去5年中，搜房网累计发放股利总金额约5.2亿美元。如此高的派息金额，在中概股中是十分少见的。如此高派息，而且是通过借款来派息，则直接导致搜房网的净资产比率偏低，提高了资产负债率；同时似乎透露出搜房网当时在业务的战略布局上并不需要这些资金，或者公司其实尚未进行重大的业务布局。

每年的高派息，对公众股东和创始股东而言，自然是皆大欢喜；尤其是对创始股东而言，虽然在IPO时候没有通过限售而套现，但通过每年派息，却可以在股权不被稀释的前提下进行套现；但这样的股利政策不仅影响到公司现金流，还会产生高额的税收费用，可能会影响了中长期的战略布局。时下正在进行“激进”转型的搜房网，是否还能够继续保持如此高的派息水平？或者说是否还继续通过借款来派息？这还需要看搜房网董事最终会如何决策。

## 激进的转型：从“自杀”到“自救”

“激进”“激进”“激进”，搜房网在2015年前三个季度的业绩公告中，其管理层都使用激进（aggressively）这个词来描述公司从媒体平台向新媒体平台、电商平台和互联网金融平台的转型。

搜房网要转型可以理解，不然营业规模上不去，而且竞争日趋激烈，如果没有新的业务增长点，无法长期支撑数十亿美元的市值。但是作为一家年营业额仅数亿美元、高负债率的信息平台公司是否要选择激进转型？这值得反思。我们理解在创业型的公司里，创业者每天需要像打了鸡血一样往前冲；但很少听说中概股中有进行“放血、自杀式”的激进转型。

据介绍，2015 年搜房网基于全新的信息媒体平台、金融平台和交易平台战略下，推出了“互联网 +”全新产品：二手房佣金 0.5%、租房免中介费、极限精装 666 元/平方米，转型大戏正式全面拉开帷幕。

激进转型最为突出的表现是短时间之内员工人数急剧猛增：据公司年报披露，2012 年底、2013 年底和 2014 年底，公司员工总数分别约为 8 000 人、9 000人和 12 000 人；其中于 2014 年中，包括编辑和制作员工约 5 500 人，销售员工约4 400人；而于 2015 年第一季度业绩公告时候，公司透露新增加员工约 11 000 人；这样一来，公司员工总数超过 23 000 人。在中概股公司中，能雇佣和养活数万员工的企业，除了曾经上市后来都集体退市的软件外包公司之外，就只有 BAT 和京东这几个大牌公司才有这个胆量了。搜房网在短时间内雇佣了上万名员工，先不说管理难度和绩效考核，光是社保等法定福利这一块就足以让公司大量“放血”，这样的动作无疑是“自杀式”转型。

**抢滩房产经纪业务：用低佣金消灭中介？**

搜房网从 2014 年开始抢滩房产经纪业务，并提高了房产中介的端口费，这一举措遭到包括链家在内数家中介的反对和封杀，在这一影响下，搜房网的市值从 2014 年 3 月底的 50 多亿美元滑至当年 6 月中旬的 30 多亿美元，缩水超过 20 亿美元。

2015 年，搜房网开始“直客式”服务，其通过其交易平台匹配潜在购房者，买卖双方达成交易后，收取成交金额 0.5% 的中介费。同时搜房网也在招募自己的经纪人团队。因端口费不断升价以及低至 0.5% 的佣金等问题，搜房网再度遭遇了各方的围追堵截。

为迅速获取市场，搜房网采取了过低的中介费策略，这其实破坏甚至颠覆了房产经纪行业的生态底线。对大部分人而言，房产投资是一笔重大的资本性投资，买和卖双方都需要经过慎重考虑后作出决策，正因为如此，才需要经纪顾问的专业服务。即便在时下流行的“互联网+”模式下，这个生态规律也不可能打破。

在成熟的房产交易市场中，买卖双方都有自己的经纪顾问，买卖之间的博弈往往是通过双方的专业经纪之间进行的。双方的经纪分别代表着买方和卖方的各自利益，通过其专业的服务，共享交易佣金。这才是房产经纪这个行业存在的价值所在。搜房网的过低中介费策略，表面上看是节省了中介费，但中长期而言其实是毁灭了房产中介的服务价值，最终也不利于房产买卖双方的利益。从长远看，房产交易信息平台的开放化、大众化、甚至公益性化，应该是个趋势；这个平台不应该被过分商业化，甚至变成资本运作的工具。这个行业需要大量的个人品牌经纪顾问和顾问团队，专业服务才是价值创造的基础。目前房地产经纪市场所存在的乱象并不足以抵挡这个行业最终会向成熟市场的规则靠拢。所以，搜房网当前的低佣金策略遭遇房产经纪公司的多次围堵并不奇怪。

房产经纪业务，不论是传统的线下业务还是所谓的“互联网+”模式，唯有专业和可靠的经纪顾问，才是行业持续发展的真正价值所在，目前的乱象仅仅是战略选择上的错觉。如何以消费者权益（客户利益，包括买卖双方）保障为核心价值，而不是仅仅将信息平台作为资本运作的工具，这才是房地产经纪行业得以长远发展的基础所在，也是企业的真正使命所在。

搜房网的低佣金策略，不仅导致其他房产中介公司的利益受损失，而且其自身也没有受益，这可以从搜房网的经营亏损结果中看出。

除了抢滩房产经纪业务之外，搜房网还低价杀入家装O2O市场，然而这种类似“你装修我贴钱”的模式直接拖累了公司的业绩。O2O这项烧钱业务不是谁都玩得起的，华尔街目前也尚未看好这个模式的盈利前景，百度公司2015年对外宣称要投入200亿元进入O2O业务，资本市场闻风色变，百度股价暴跌。市值数百亿美元的百度公司尚且不得不面对资本市场如此遭遇，以搜房网的体量，其所面对资本市场的压力可想而知。

如果说2015年前三季度的激进转型导致搜房网大量放血，那么从第四季度开始搜房网的转型进度似乎有所收敛，至少从第四季度业绩公告内容上看已经找不到其高管在前三季度所连续使用的“激进”（aggressively）这个词了。而2015年9月底和10月初媒体所报道的大规模裁员事件，似乎表明搜房网已经意识到短时间内变成数万名规模企业的管理难度；而在2016年3月初，则又有媒体报道指出搜房网悄然提高了原先0.5%的房产经纪低佣金水平，其家装O2O业务也从自营转为平台，媒体认为这是搜房网迫于财务压力的断臂自救行为。从激进、放血的自杀式转型，到目前的断臂自救，前后也就1年左右的时间。搜房网转型的进一步动向如何，还有待观察。

**进军房地产互联网金融业务：搜房网下一个利润增长点的希望所在？**

搜房网转型还有一个重要方向是进军房地产互联网金融业务。据其2014年年报披露，从2014年8月份起，通过房天下理财这个互联网平台，搜房网开始进行金融放贷服务，向购房者、房地产开发商和其他贷款申请人提供贷款；其委托（信托）贷款的期限从6～12个月，对应的年利率为12%～20%；抵押贷款的期限从1～18个月不等，对应的年利率为6%～9.6%；信用贷款的期限从1～36个月不等，对应的年利率为4%～12%。

据公司财报披露，截至2015年12月31日和2014年12月31日，此等放贷余额分别为3.2亿美元和8 200万美元。

互联网金融的本质仍然是金融，而金融的核心则是风险管理，尤其是道德风险和信用风险的管理。离开了这个本质和核心，互联网金融行业则只会有乱象丛生，正如躯体失去了灵魂，也就失去了活力。最近链家地产金融模式（封闭式运营模式）也引发了行业的反思和担忧；而2016年开春以来的某些核心城市房价上涨事件，更是引起了监管层对房产金融杠杆所隐含风险的关注。据2016年3月9日国内相关媒体的最新报道，房地产互联网金融业务中所涉及的买房首付贷款业务正在被加强监管，有些P2P平台（包括链家）已经暂停该业务。

虽然互联网金融是当下的热门概念，然而于2015年底首家在美上市的互联网金融企业宜人贷的股价自从上市之后长期处于腰斩水平，似乎足以说明华尔街尚未看好业务模式。进军互联网金融业务，对搜房网而言，除了需要修炼好风险管理这门必修课之外，基于其自身的高负债率，当务之急是需要筹措更多的资金。

## 私募进场："被迫上市"之后的"无奈融资"？

2015年9月18日，搜房网称IDG、凯雷及管理层成员拟向其投资4亿~7亿美元，股份的认购价格约为每ADS为5.85美元（每个普通股价格为29.25美元）；总投资其中的50%将为7年期、年利率为1.5%的可转债，其转换价格为当前ADS价格的122.5%。

2015年11月9日，搜房网公告称该融资交易完成，实际融资金额为6.4677亿美元。

转型资本金严重不足，高负债率，流动负债增加，因此选择在股价低迷时期进行融资，这或许是业务战略布局的需要，可能也是不得不进行的选择。如果说2010年赴美国IPO是为了让澳洲电讯的退出而"被迫上市"，那么在经历了借款和高派息之后，2015年为了业务转型而选择在股价低迷时候引入私募基金，对公司而言，是否属于"无奈融资"？

## 十月的尾巴，"诉棍"来捣乱

2015年9月底和10月初，国内媒体相继报道了搜房网大规模裁员事件，其中还涉及员工"刷单"虚构交易情况。华尔街"诉棍"闻风而动，忙中添乱，于2015年10月30日集体诉讼正式爆发。本案的诉讼期间从2015年5月20日至10月27日，公司和包括CEO、CFO在内高管成为被告。原告指控被告违反了1934年交易法的10（b）条款和SEC的10b-5规则，个人被告违反了交易法20（a）的控制人责任条款。这是2015年所爆发针对中概股的第12起集体诉讼。

原告除了援引搜房网2015年第一季度和第二季度业绩公告相关内容之外，还以新浪财经、一财网、南方都市报、Seekingalpha网站等媒体相关文章就搜房网裁员事件所报道的信息作为诉讼状的主要依据。原告指出，在这些媒体对搜房网裁员事件报道之后，于2015年10月27日，搜房网的股票交易收盘价格下跌3.67%，每个ADS下跌0.26~6.82美元。

原告指控被告没有披露搜房网员工常规性（routinely）销售合同造假行为，并指控被告对此是知情的。

对房产经纪行业而言，员工可以从虚构合同交易中获利，这说明公司的内控流程在设计的时候出了问题，如果员工的佣金提成是在交易完成之后兑现，形成闭环管理，那么员工虚构合同交易的机会就会大大减少。虚构合同交易本身也是不符合公司的管理要求，所以公司对参与虚构合同的员工进行处理和辞退，并不违背证券法的要求，否则就不可能会有上市公司敢主动对其内部违规行为进行治理了。但如果公司管理层对常规性的虚构合同现象是知情，并且默认的，那么就很有可能违背证券法的信息披露要求。

不过原告目前的诉讼状很简单，仅仅十几页，而且无法提供事实指明公司管理层对所谓的常规性合同造假事件是知情的。原告仅仅是引用媒体报道中某些涉事员工指责公司对合同虚构事件是知情的，但涉及利益冲突原则，这些员工的指证未必会被采纳；如果原告能够提供某些特定职位的管理人员作为内部证人，那么其指控力度就会更强。

诉讼状中最关键的字眼是“routinely”（常规/常态），因为如果可以认定员工的虚构交易行为是个常规现象，那么公司管理层则是有义务对此知情的，因为如果对常规性、常态性事件不知情则公司管理层属于疏忽大意，而疏忽大意也是符合证券集体诉讼中欺诈的起诉要件的。

所以关键是要看“常规/常态”这个描述是如何认定。这个词属于对事件进行归纳和一定程度主观判断，目前诉讼状仅仅是援引和依据媒体的报道来认定合同造假情况在搜房网是常态现象，原告并没有进一步提供证据说明如何可以认定其属于常态现象。

总的来说，原告的指控力度并不是很强。对目前正处于回归 A 股资本市场关键时刻的搜房网而言，尽快了结在美国的集体诉讼，而不是打一场持久战，或许是比较合适的选择。

2016 年 1 月本案件获得最新的进展，联邦法官任命了集体诉讼的原告代表和律师代表。

## 借壳万里：欲图“东方不败”？

搜房网的转型和战略布局需要大量的资金注入，仅仅是私募基金接近 7 亿美元的融资，对于高负债的搜房网而言，仍然不够。同时由于中概目前在华尔街估值普遍不高，以及搜房网本身的业绩下滑，所以搜房网如欲寻求从华尔街融资至少目前并非是最佳时机。

在寻求大规模融资道路上，虽然看来目前是“西方无望”，但借着众多中概股从华尔街撤退回购A股的大潮，搜房网似乎又探索出一条“东方不败”的道路：那就是出售上市公司核心资产，借壳A股公司重庆万里在国内资本市场上市，同时保持公司在美国上市。

在搜房网于2015年11月份公告披露其拟借壳重庆万里A股上市之后，2016年1月21日，重庆万里发布了《重大资产出售及发行股份购买资产并募集配套资金暨关联交易预案》，拟向南方同正出售全部资产及负债，并发行股份购买搜房网控股下属丽满万家100%股权、搜房媒体100%股权、北京搜房网络100%股权、拓世寰宇100%股权、宏岸图升100%股权，这些标的资产对应的总估值为人民币161.8亿元；同时锁价发行募集配套资金31.6亿元，主要用于拟购买资产的平台及项目。根据标的公司收益法预估数，搜房网（房天下）、房天下网络和搜房装饰承诺标的公司2016年、2017年及2018年扣除非经常性损益后归属于母公司的净利润合计分别为人民币8亿元、10.4亿元和13.52亿元。

这个利润承诺相对于搜房网2015年以前的几年的获利能力而言，其金额并不算大；而相对于A股的二级市场几十倍（甚至上百倍）市盈率而言，这个所承诺的利润金额和资本运作可能所获取的巨大收益相比较，也不算大。

据披露，这些标的资产在2013年度、2014年度和2015年1～9月分别实现营业收入25.12亿元、24.43亿元及14.42亿元，净利润分别为11.3亿元、9.5亿元及5.00亿元。公告指出，标的资产报告期内营业收入和归属于母公司所有者的净利润有所下降，主要原因系搜房网控股于2014年年中开始业务转型，新增互联网房产中介经纪业务，互联网广告营销业务的部分房地产经纪公司客户受此影响在短时间内减少在搜房网平台上的广告投放。另外，考虑房地产行业景气程度和竞争对手的价格情况，标的资产就广告营销业务采取了策略性降价政策，导致收入下降。从中可以看出，这些标的资产近几年盈利能力是下降的。不过这个盈利水平下降看来更多是属于用利润换取市场，属于战略选择所导致的，不排除未来市场份额稳定之后，盈利水平会重新得到回升。

就搜房网而言，这2016年8亿元人民币利润承诺所对应标的资产161.8亿元人民币的估值，其内含的市盈率为20倍。这个市盈率在A股市场而言虽然不算高，但相对于搜房网目前在美股的市盈率而言，可以说是个不错的提升。何况正如上所述，从历史数据看，标的资产的盈利能力是呈现下降的趋势。

搜房网能否借壳万里股份成功回归A股？借助A股的资本力量，搜房网能否重振当年雄风？我们所能期待的除了这场即将开演的跨境资本大戏之外，是否还有诸如搜房网在业务和经营层面转型的重大突破？搜房网是否仍旧能够谱写出高增长、高利润、高现金流的骄人业绩？当业绩已经逝去，搜房网应该靠什么打拼天下？我们将持续关注这些问题。

## （后续）万里撤回重组申请，搜房网股价应声下跌

2016年7月18日美东时间，在纽约上市的搜房控股（房天下，SFUN）发表公告，向投资者通报了其拟购买重庆万里股份交易的最新状况。

2016年7月18日北京时间，重庆万里股份公告称，公司于7月18日召开第八届董事会第十二次会议，审议通过了《关于暂时撤回重庆万里新能源股份有限公司重大资产出售及发行股份购买资产并募集配套资金暨关联交易申请文件的议案》。

万里股份的公告称，其已于2016年6月8日向中国证监会提交了公司重大资产出售及发行股份购买资产并募集配套资金暨关联交易（“本次重大资产重组”）的相关申请文件，并于6月16日取得证监会第161432号《中国证监会行政许可申请材料补正通知书》。

截至目前，交易各方正在按照补正通知的要求准备相关材料。但由于工作量较大，各方预计无法按照补正通知要求的时限提交补充材料。公司董事会经慎重研究，决定暂时撤回向中国证监会提交的申请文件。在相关工作完成后，公司将及时按照监管政策的要求向中国证监会再次提交本次重大资产重组的申请文件。

2016年5月重庆万里股份披露重组预案并复牌。根据该重组方案，公司拟以向现任控股股东出售全部资产及负债，同时拟以发行股份方式，合计作价

161.8 亿元收购搜房网（房天下）及其一致行动人持有的丽满万家、搜房媒体、北京搜房网络、拓世寰宇、宏岸图升 5 家公司各 100% 股权，并拟非公开发行股份募集配套资金不超过 30.1 亿元。重组后，公司将介入互联网信息服务行业房地产领域，主营业务彻底转型。同时，搜房网（房天下）及其一致行动人将成为公司控股股东，公司实际控制人变更为莫天全，此次交易构成借壳上市。

以上消息公告之后，当天搜房网的股票价格应声下跌，从上个交易日收盘价格的 5.46 美元跌至当天收盘价格的 5.26 美元，跌幅为 3.66%，而且全天交易量接近 600 万个 ADS，高于 470 万个 ADS 的平均交易量。

搜房网 2016 年第一季度的财务业绩并不如意，如表 37－4 所示，第一季度净亏损金额高达 1.14 亿美元，而且收入金额同比下滑严重；虽然收入金额同比下滑，但销售费用和管理费用占收入的比重仍然居高不下。看来，前段时间大力扩张所带来的业绩负面影响尚未完全消失。

表 37－4　　搜房网季度财务数据　　单位：千美元

| 项目 | 2016Q1 | 2015Q4 | 2015Q3 | 2015Q2 | 2015Q1 | 2014Q4 | 2014Q3 | 2014Q2 | 2014Q1 |
|---|---|---|---|---|---|---|---|---|---|
| 收入 | 204 623 | 300 662 | 248 508 | 210 887 | 123 454 | 222 974 | 190 532 | 168 155 | 121 221 |
| 毛利 | －5 183 | 82 295 | 60 046 | 105 960 | 79 821 | 180 262 | 141 701 | 138 864 | 96 316 |
| 毛利率 | －2.5% | 28% | 25% | 51% | 65% | 81% | 75% | 83% | 80% |
| 销售费用 | 61 597 | 81 306 | 52 819 | 54 463 | 48 015 | 47 571 | 41 021 | 31 748 | 27 534 |
| 占收入比例 | 30% | 27% | 22% | 26% | 39% | 22% | 22% | 19% | 23% |
| 管理费用 | 43 377 | 33 595 | 38 966 | 29 041 | 23 806 | 25 228 | 30 175 | 25 852 | 19 316 |
| 占收入比例 | 22% | 12% | 16% | 14% | 20% | 12% | 16% | 16% | 16% |
| 营业利润 | －110 157 | (32 569) | (31 734) | 22 312 | 7 476 | 107 593 | 70 685 | 81 736 | 49 519 |
| 净利润 | －113 851 | (38 818) | 1 400 | 16 160 | ·6 085 | 82 502 | 60 992 | 68 201 | 41 522 |

注：根据公司财报整理。

在公司财务状况角度，截至 2016 年 3 月 31 日，搜房控股（房天下）流动资产约 12.76 亿美元，总资产 21.21 亿美元，总负债 15.46 亿美元，流动负债 11.8 亿美元；净资产只有 5.76 亿美元。如果搜房网接下来继续保持 2016 年第一季度的亏损金额，那么这个净资产也就够再维持不到 5 个季度。而且，公司的流动负债过高，如果要继续进行大规模业务扩张，那么对资金的需求是不言而喻的。

万里股份暂时撤回重组的申请，无疑是给搜房网的私有化和融资计划带来了新的不确定性。搜房网接下来股票价格的走势如何？万里股份重组申请是否会在近期内重新提交？搜房网能否成功借壳万里？搜房控股自身的核心业务能否转型成功？这些问题值得我们继续关注。

## 集体诉案后续发展

- 2016 年 3 月 25 日，原告提交修正后的诉讼状。
- 2016 年 10 月 18 日，法官裁决，认为原告的诉讼状在重要性和欺诈这两个要素方面的指控不充分，驳回原告的起诉，同时允许原告重新提交诉状。
- 2016 年 10 月 27 日，原告和被告双方律师签署自动撤诉协议。自此本案结案。

## 申明和信息来源

本案例的主要信息来源于相关法律文件，案件中所提到的指控内容，可能属实，也可能并非属实，本书对此并无任何立场；同时由于本案是撤诉结案，所以也意味着这些指控的事实认定在美国证券相关法律下并未予以确认。本案例的主要信息来源包括：

- Class Action Complaint; Case 2: 15 - cv - 08508 - CAS - JEM Document 1 Filed 10/30/15.
- Amended Class Action Complaint; Case 2: 15 - cv - 08508 - CAS - JEM Document 35 Filed 03/25/16.
- Order to dismiss; Case 2: 15 - cv - 08508 - CAS - JEM Document 45 Filed 10/18/16.
- Stipulation of Voluntary Dismissal ; Case 2: 15 - cv - 08508 - CAS - JEM Document 46 Filed 10/27/16.

# 38. 搜房网（房天下）再爆巨亏，转型的路上如何拼才会赢?

（本文于2016年8月26日首发于百度百家）

2016年8月25日，在美国纽约上市的搜房网（房天下 SFUN）公布了本年度第二季度的业绩。

2016年第二季度的总收入为2.87亿美元，收入同比增长率为34.2%；其中互联网服务 E - Commerce Service 收入为1.895亿美元，同比增长率高达77.4%。2016年第二季度 EPS 是 -0.09，远高于华尔街分析师预计 EPS 平均值的 -0.12。

此外，本季度公司的 GMV 增长势头不错，这个指标是搜房网转型的重要经营业绩指标之一。表38 - 1为公司所公布的各季度 GMV 增长情况。

表38 - 1　　搜房网各季度 GMV 增长情况　　单位：百万美元

| 项目 | 2015Q1 | 2015Q2 | 2015Q3 | 2015Q4 | 2016Q1 | 2016Q2 | Amount | % |
| --- | --- | --- | --- | --- | --- | --- | --- | --- |
| New Home* | 1 281 | 3 441 | 4 580 | 5 644 | 3 406 | 3 879 | 438 | 13% |
| Secondary Home | 384 | 3 321 | 5 951 | 7 860 | 9 311 | 4 482 | 4 161 | 125% |
| Total | 1 665 | 6 762 | 10 531 | 13 504 | 12 717 | 11 361 | 4 599 | 68% |

* Only includes direct sales services.

虽然搜房网本季度仍然爆出巨亏，但环比而言，亏损金额已经大幅度减少；而且本季度的 EPS 也大大好于华尔街的预期。不过好像华尔街并不买账，当天业绩公告之后，搜房网的股价收盘价格跌幅超过4%，交易量超过550万个 ADS；搜房网目前的股票价格只有4.43美元，已经接近过去52周最低价格的 4.27 美元。图 38－1 为搜房网股票价格趋势状况。

图 38－1　搜房网股票价格趋势

本季度的亏损总金额约 4 000 万美元，2016 年上半年的亏损总金额超过 1.5 亿美元。截至 2016 年 6 月 30 日，搜房网的净资产只有 6.39 亿美元，如果目前的亏损趋势无法得到实质性扭转，那么离净资产为负数的时间就会更加临近了。

不过，更为重要的是，在本季业绩公告中，搜房网的 CEO 告诉投资者，公司预计将会在 2016 年底前恢复到高增长并获利的轨道上。这个目标如果能够实现，则意味着搜房网转型成功出现曙光。

表 38－2 为该公司过去 10 个季度的主要历史财务数据。

表 38－2　　搜房网季度财务数据　　单位：千美元

| 项目 | 2016Q2 | 2016Q1 | 2015Q4 | 2015Q3 | 2015Q2 | 2015Q1 | 2014Q4 | 2014Q3 | 2014Q2 | 2014Q1 |
|---|---|---|---|---|---|---|---|---|---|---|
| 收入 | 286 978 | 204 623 | 300 662 | 248 508 | 210 887 | 123 454 | 222 974 | 190 532 | 168 155 | 121 221 |
| 毛利 | 55 841 | (5 020) | 82 295 | 60 046 | 105 960 | 79 821 | 180 262 | 141 701 | 138 861 | 96 316 |
| 毛利率 | 20% | －2.5% | 28% | 25% | 51% | 65% | 81% | 75% | 83% | 80% |
| 销售费用 | 52 264 | 61 597 | 81 306 | 52 819 | 54 463 | 48 015 | 47 571 | 41 021 | 31 748 | 27 534 |
| 占收入百分比 | 18% | 30% | 27% | 22% | 26% | 39% | 22% | 22% | 19% | 23% |
| 管理费用 | 36 359 | 43 377 | 33 595 | 38 966 | 29 041 | 23 806 | 25 228 | 30 175 | 25 852 | 19 316 |
| 占收入百分比 | 13% | 22% | 12% | 16% | 14% | 20% | 12% | 16% | 16% | 16% |
| 营业利润 | (32 782) | (109 994) | (32 569) | (31 734) | 22 312 | 7 476 | 107 593 | 70 685 | 81 736 | 49 519 |
| 净利 | (40 602) | (113 698) | (38 818) | 1 400 | 16 160 | 6 085 | 82 502 | 60 992 | 68 201 | 41 522 |

注：根据公司财报整理。

从以上数据我们可以更清楚地看到：

①本季度（2016 年第二季度），在保持收入增长的同时，毛利率环比出现积极改变，从上季度的负数转为本季度的超过 20%；这是个非常好的迹象，意味着流血的转型模式得到纠正，盈利水平开始恢复。

②本季度的销售费用占收入比重仅为 18%，环比出现大幅度下降，同比也出现下降；这进一步说明了公司在销售管理方面的举措已经见成效，流血现象得到有效纠正。

③管理费用占收入的比重虽然环比下降明显，但仍然居高不下，这个看来会是长期挑战。

## 回顾 EPS，看 2016 年业绩压力

2016 年第二季度 EPS 是－0.09，远高于华尔街分析师预计 EPS 平均值的－0.12。

2016 年第一季度，华尔街分析师的平均的 EPS 中值是－0.07；然而，公

司实际的数据是 -0.24；差异高达 -0.17；意外伤心指数为 242.86%。

2015 年第四季度，华尔街分析师预计的 EPS 中值是 0.02；然而，公司实际数据是 -0.16，差异高达 -0.18；意外伤心指数为 900%。

2015 年第三季度，华尔街分析师预计的 EPS 中值是 0.04；然而，公司的实际数据是 -0.08，差异高达 -0.12；意外伤心指数为 300%。

2015 年第二季度，华尔街分析师预计的 EPS 中值是 0.03；然而，公司实际数据是 0.04，差距为 0.01；意外幸福指数为 33.33%。

公司对 2016 年全年的收入预计数据 11.486 亿美元，预计收入的年增长率为 30%。

目前，华尔街共 11 名分析师对该公司 2016 年全年的 EPS 预计平均值为 -0.4；其中最乐观的预计是 -0.24；最悲观的预计是 -0.54。然而，考虑到 2016 年上半年的 EPS 是 -0.32，如果要达到分析师的这个预期水平，搜房网所面临的压力还是不小的。搜房网的 CEO 告诉投资者公司将会在年底前恢复盈利，这意味着在收入保持 30% 的同比增长下，或者毛利率水平必须从本季度的 20% 大规模改善，或者销售费用和管理费用必须能得到更加有效的控制。尤其前者，更为重要。搜房网要如何才能够大规模提高其毛利率水平呢？这是搜房网管理层不得不时时刻刻考虑的首要经营目标。唯如此，才能恢复投资者的信心。

总之，从最新季度的业绩来看，搜房网的“流血”转型模式已经得到有效改进，亏损金额同比收窄，但 2016 年年底前能否恢复盈利，所面临的挑战依然艰巨。企业转型拼的不仅仅是实力，还得拼决心，拼精细管理，只有如此才有可能出现赢的局面。

# 39. 搜房网（房天下）美国集体诉讼战果解读

2015 年 10 月 30 日，由于媒体所报道的虚假租房交易和裁员事件，在美国纽约交易所上市的搜房网（房天下，SFUN）遭遇了股东集体诉讼。

2016 年 11 月 11 日，搜房网（房天下）对外公告，成功挫败该起集体诉讼。搜房网是如何历经一年的鏖战，挫败华尔街“诉棍”的围攻？接下来，和大家共同解读一下这起中概股诉讼战的战果。

美国联邦证券集体诉讼的几个重大要素中，最为关键的两个是重要性原则（materiality）和欺诈性要素（scienter）。原告要能成功起诉被告（仅仅是起诉，并非指最终裁决一定是对原告有利），那么，原告的诉讼状必须能够充分阐明被告存在重大不实（虚假）陈述（包括隐瞒重大信息）；而且，原告的诉讼状必须能够令人强有力地推导出被告的行为在主观意识上属于欺诈，包括知情而故意（knowingly）和疏忽大意（recklessness）。

本案中，法官认为，原告的诉讼状在重要性原则和欺诈性原则两方面的指控都不充分，因此，法官同意被告的申请，驳回原告此次起诉。

以下是法官于 2016 年 10 月 18 日具体法律分析过程。

## 这事到底有多大？重要性原则（materiality）

法官指出，原告并没有说明搜房网是如何计算其商品交易总额（GMV）的，也没有指出搜房网的 GMV 中有多大比重是属于虚假租房合同交易。

本案中，原告并没有指控搜房网存在任何会计违规（GAAP violations）；原告是指控搜房网由于虚假合同的存在导致收入和 GMV 被高估，但是，原告并没有指出到底高估了多少。

被告则抗辩指出，就原告诉状所指控的内容看，2015 年第一季度和第二季度，二手房租房交易的业务分别仅仅是占当期 GMV 的 2.8% 和 5.3%。原告也清楚地认识到，搜房网的业务是多元的，GMV 中的主要交易来自新房和二手房的买卖，而对于这些主要交易活动，原告并没有指控被告存在任何舞弊情况。

而且，GMV 仅仅是代表搜房网电商业务的规模而已，2015 年第一季度和第二季度，搜房网的收入金额中分别有 42% 和 51% 是来自电商业务；所以，原告的指控最多也只能说明，搜房网的租房交易收入存在舞弊，而且该交易是搜房网总体业务中很小一部分业务（最多也不会超过一半），所指控的舞弊交易具体比例是多少也不明确（unspecified portion）。法官还指出，即便所涉及的业务占总业务的比重是 5% 左右，原告也没有指出虚假销售的规模大概有多大?

原告反驳指出，所有 GMV 中的租房部分几乎都是虚假的；然而，法官认为，原告的这个指控并没有事实依据。原告的 1 号和 6 号秘密证人指出，有 95% 的租房经纪人至少都有一个虚假交易，其中某一个租房经纪人在 1 个月之中就伪造了 10 个虚假租房交易；而第八号秘密证人（公司最基层员工）指出，搜房网的大部分租房合同都是虚假交易。然而，法官认为，原告并无法提供任何依据表明，该秘密证人所指出的搜房网所对外披露的 4 亿多美元收入中，大部分都是虚假交易，该秘密证人所言的依据何在? 所以，法官认为，原告指控搜房网所披露的 GMV 存在重大虚增，缺乏充分事实依据。

法官认为，原告并没有指出搜房网租赁交易中有多少比重属于虚假合同，甚至也无法充分说明其中大部分属于虚假合同；而且，即便原告能够充分指出租赁交易中有多少比重属于虚假合同，原告自己也已经指出，租赁交易占搜房网的整个 GMV 比重很低，该业务规模最多也不会超过整体业务的一半。

## 搜房网（房天下）是否故意隐瞒信息：欺诈要素

本案中的两位自然人被告是搜房网的 CEO 和 CFO。法官认为，原告的指控并没有将搜房网经纪和各地分公司经理所存在的伪造虚假交易行为与搜房网包括 CEO 及 CFO 在内的高管（或者其他高管）相联系起来；所以，原告的指控并不满足欺诈要素。

被告抗辩认为，原告并无法指出搜房网的高管（CEO 或者 CFO 等）对所谓的虚假交易是知情的，也没有指出任何人员将这些所谓的虚假交易向公司高管汇报，更没有指出公司高管是故意疏忽大意（deliberately reckless）从而对此等虚假交易不知情，因此原告的指控不符合欺诈要素。

原告则认为：①数位秘密证人的证言足以说明被告存在欺诈企图（即：被告对虚假交易是知情的）；②租房经纪交易是搜房网的核心经营业务之一（core operations）；③被告本身就是希望能够隐瞒这些虚假交易，这也足以说明被告存在欺诈；④诉讼状从整体角度看，已经足以推导出被告存在欺诈。

但法官并不认同原告的观点，相反，法官接受了被告的抗辩理由。法官认为，原告的指控并无法构成强烈的情形性证据（strong circumstantial evidence）以证明被告是蓄意疏忽大意或者被告是有意识地进行不当行为（conscious misconduct）。法官的具体分析如下：

（1）原租房经纪业务小组负责人（rental brokerage team leader）所提供的证言，并不足以推导出被告存在欺诈

原告在诉状中提到，其第七名秘密证人指出，2015 年 4 月，搜房网南京分公司经理将其所发现的虚假合同交易向北京总部汇报，但是并没有得到答复也未见后者有任何行动；该秘密证人指出，搜房网的公关部门希望将此事隐瞒。

法官指出，在美国联邦证券集体诉讼中，秘密证人的证言只有在符合以下两个条件，才可以被采纳：①对秘密证人本身的情况描述必须足够具体（sufficient particularity），从而才足以说明他们的信息是可靠的（reliability）和他们自身对此确实是知情的（personal knowledge）；②秘密证人所提供的证言，其本身确实可以显示欺诈的存在（indicative of scienter）。然而，本案中原告所提供的秘密证人都不符合这两种情况。

首先，就其所宣称的该分公司经理向北京总部汇报虚假合同的情况，原告并没有提供任何依据，足以说明这位第七名秘密证人是如何知晓该信息的（basis for knowledge）。这位第七名秘密证人的职务是小组组长（team leader），

从搜房网的组织架构看，她是负责直接监督一线（最基层）租房经纪；而她的上一级领导是大组长（working group leader），再往上的领导才是当地分公司经理（branch manger）；所以，除非原告能够提供进一步的具体信息，否则很难以令人想象，这位小组组长（第七位秘密证人）是如何知晓和高级经理（和她之间隔了几层级别）同北京总部不具名人员之间的汇报，更不用说此等汇报是否涉及包括 CEO 和 CFO 在内的公司管理层。而且，原告也没有说明该秘密证人是如何知道搜房网公关部门确有动机（motivation）来隐瞒此事件。

其次，进一步而言，从这位秘密证人的并非确切的证言来看，也很难推导出被告存在欺诈。原告并没有指出这位秘密证人所说的南京分公司经理在 2015 年早些时候到底向北京总部的谁进行了汇报，汇报的具体内容是什么。所以，原告并没有将这些所谓的汇报和本案的被告联系起来，仅仅是指出“某某向某某进行了汇报”，从而推测认为本案的被告对此就必然知情。如此推测性质的指控并不满足证券集体诉讼的要求。同理，原告也没有将其所指控的搜房网公关部门隐瞒行为和公司高层联系起来，所以，也无法充分指控搜房网管理层对此是知情的。原告甚至连搜房网公共部门是何时间、如何隐瞒该事件这样的情况都没有提到。

所以，从原告的证人证言中并无法推导出本案的被告存在欺诈。

（2）原告并没有指控认为租房经纪业务是搜房网的核心业务之一（core operation）

原告又指出，租房经纪业务是搜房网的核心业务之一，所以如果说搜房网高层对合同虚假情况不知情则是不可能的。核心业务是证券诉讼法下指控欺诈的法律原则之一；就是说，如果所涉及的业务是属于核心业务，所发生的事情是如此的显眼（prominent），那么公司高管认为不知情则是失职。当然，这个指控法律原则也同时需要结合其他情形性证据，才会更有说服力；仅仅是依据这个法律原则，通常而言，指控力度还不够强烈。

然而本案中的情况并非如此，原告并没有指出所谓虚假租房交易到底占搜房网收入金额的比重是否重大（material portion），所以原告也就无法援引核心业务这个法律原则进行指控。

法官又指出，当然，原告或许可以援引另外一个法律原则来指控搜房网存在欺诈，这个法律原则成为“集体欺诈”（collective scienter）。然而，本案中，原告并没有从这个角度进行指控。

（3）原告也无法指控认为被告企图隐瞒虚假交易行为

原告指出，搜房网只有在媒体报道了这些虚假租房交易之后，才成立“反舞弊调查办公室”（Anti - corruption Investigation Office），这说明被告在此之前是有意隐瞒此等行为。然而，法官认为，搜房网于2015年10月份成立这个调查办公室，仅仅从这个事情本身，还不足以推导出搜房网在此之前对虚假交易是知情的。

（4）从总体角度看，原告的诉讼状也无法推导出被告存在欺诈

原告认为，在裁定是否成功起诉的时候，应该从诉讼状整体的角度看，而不是孤立地看其中某一个指控内容。法官认为，即使从该诉讼状整体角度看，仍然无法推导出被告存在欺诈的意图。

原告指出，搜房网租房业务经纪人的薪酬水平比市场水平高50%，这足以推导出欺诈的存在，因为如此超市场水平的薪酬其实是激励经纪人进行合同造假。然而，法官指出，原告的这个推理结果，从力度上看，并不比其相反的推理结果强；这个相反的推理结果可以是，搜房网向经纪人（员工）提供超市场水平的薪酬，作为激励经纪人（员工）进行真实的业务交易。

原告又指出，仅仅是在搜房网决定开除那些进行虚假交易的经纪人（员工）之后，中国的相关媒体才发现和报道该事件。也就是于2015年9月28日，中国的媒体开始报道搜房网裁员事件。

法院指出，如果搜房网确实在2015年5月和8月（季度业绩公布电话会议时间）就已经知道虚假租房交易的存在，原告并没有说明为何搜房网要到2015年9月28日才决定开除这些涉嫌租房造假的员工。而且，原告也没有说明，这段时间（信息隐瞒期间）相关被告是否抛售股票或者存在其他不当得利。所以，从原告所提供的系列内容来看，一个更为合理的推断结论是，搜房网在2015年5月和8月的季度业绩公布电话会议之前，对此等虚假交易是不知情的。

经过以上法律分析，2016年10月8日，法官驳回原告的起诉，但允许原告14天之内重新提交诉讼状。

2016 年 10 月 27 日，原被告双方律师签订协议，原告自动撤诉。自此，于 2015 年 10 月 30 日爆发，经过双方鏖战近一年，搜房网成功挫败了这起集体诉讼。

## 诉战后的搜房网

诉战的硝烟已经散去，搜房网得胜归来。但是 2016 年一年来搜房网的股票价格呈现下跌趋势，缩水接近 60%。图 39 – 1 为 2016 年搜房网的股票走势情况。

**图 39 – 1　搜房网 2016 年股票走势**

2016 年 11 月 28 日，搜房网（房天下）公布了截至 2016 年 9 月 30 日的第三季度业绩。这个季度最大的亮点包括：

①季度毛利率为 37%，高于上个季度的 20%，也高于上年同期的 25%；主要原因是缩减（downsizing）了二手房交易业务的经纪队伍和租房、家装电子商务业务；看来，搜房网（房天下）的转型起到了止血的作用；毛利率是生命线，提升了毛利率就等于挽救了生命。

②收入约 2.5 亿美元，基本和上年持平，但环比上个季度的约 2.9 亿美元则下滑严重；不过，对当下的搜房网，盈利能力远比收入规模重要，那些

“流血”的业务宁可不要，这个果断的战略选择挽救了搜房网。

③经营利润 22 万美元，金额虽然不多，但意义重大，因为上年同期是经营亏损 3 173 万美元。

④净亏损收窄，本季度净亏损约 500 万美元，虽然仍是亏损，但是本季度的这个数据同样意义重大，因为 2016 年第一季度和第二季度的净亏损金额分别为 11 370 万美元和 4 060 万美元。

总之，从所公布的数据看，搜房网（房天下）曾经“流血式”的转型在第三季度得到扭转。

但是，搜房网同时下调了 2016 年全年的收入预测数据，从 11.486 亿美元下调至 9.277 亿美元，下调后的年度同比增长率为 5%。在第二季度业绩公告的时候，搜房网对外披露其年度收入同比增长率是 30%，此次下调幅度十分巨大。

同天，搜房网还披露公司已经回购股票约 1 700 万个 ADS，总的回购金额约 8 100 万美元；公司将持续总金额不超过 2 亿美元的回购计划。

截至 2016 年 12 月 31 日，搜房网（房天下）年度最后一个交易日的股票收盘价格为 3.28 美元。因此，在 2016 年底，搜房网（房天下）正面临股价低迷、A 股回归受阻、业务转型、新业务资金需求等方面的挑战。2017 年，搜房网（房天下）能否在困境中继续奋进，化险为夷，值得期待。

## 后续发展

2017 年 3 月 31 日，搜房网（房天下，SFUN）发布了 2016 年第四季度及全年未经审计财报。搜房网 CEO 在最新业绩公告中说：

“我承认，我们长达两年的业务转型至今是个失败。我们对新市场和新业务线的认识深度不够。然而，我们却在所有业务线上同时进行过分激进的转型……我们将回归原先的开放平台业务战略……”搜房网是勇于向华尔街公开承认转型失败的第一家中国概念股公司。

财报指出，搜房网第四季度总营收为 1.747 亿美元，上年同期为 3.007 亿美元，同比减少 42%；归属于搜房网股东的净亏损为 1 040 万美元，上年同期为净亏损 3 880 万美元，同比亏损量下降 71%。年度业绩方面，搜房网 2016

年总营收为 9.164 亿美元，同比增长 4%；归属于搜房网股东的净亏损为 1.696 亿美元，同比净亏损增长 12.3%。

根据公告指出，搜房网将计划回归开放平台战略。在这些调整完成前，搜房网预计公司营收将下滑，不过，搜房网有信心在 2017 财年获得整体盈利。

业绩公告后当天，房天下的股票价格至收盘大涨 22.56%，收盘价格每个 ADS 为 3.25 美元，全天交易量超过约 1 700 万个 ADS，总市值重新回到 15 亿美元。

然而，就在股价猛涨和华尔街为房天下的未来欢呼的同时，房天下又遭遇到一个目前看来是不大不小的问题。据人民网 2017 年 3 月 29 日消息，搜房网（房天下）旗下公司涉及虚假宣传“商改住”，执法部门已启动执法程序，注销该公司房地产经纪机构备案。据报道称，目前房天下网站已下架全部涉嫌“商改住”项目的信息。该消息一出，搜房网股票价格在 2017 年 3 月 29 日开盘后一度大跌 11.2%。有数家华尔街“诉棍”闻风出动，兴奋不已，发起集体诉讼调查，有的连讼诉状都已经起草好了。看来，一场新的诉讼可能即将爆发，倘如此，搜房网又不得不和“诉棍”们狭路相逢了。真是一波未平一波又起。

## 申明和信息来源

本案例的主要信息来源于相关法律文件，案件中所提到的指控内容，可能属实，也可能并非属实，本书对此并无任何立场；同时由于本案是撤诉结案，所以也意味着这些指控的事实认定在美国证券相关法律下并未予以确认。本案例的主要信息来源包括：

- Class Action Complaint; Case 2: 15 - cv - 08508 - CAS - JEM Document 1 Filed 10/30/15.
- Amended Class Action Complaint; Case 2: 15 - cv - 08508 - CAS - JEM Document 35 Filed 03/25/16.
- Order to dismiss; Case 2: 15 - cv - 08508 - CAS - JEM Document 45 Filed 10/18/16.
- Stipulation of Voluntary Dismissal ; Case 2: 15 - cv - 08508 - CAS - JEM Document 46 Filed 10/27/16.

## 40. 文思海辉：强强合并，利润不翼而飞？

中概上市公司之间互相并购的并不少见，退市的也很常见，意图资本跨境套利而私有化的在2015年则更为常见，但两个上市公司进行平等合并之后就进行私有化退市的则只有文思海辉了。

文思和海辉是如何借助美国资本市场实现高速增长？中国的软件外包行业和美国资本市场之间的十年恩怨如何？文思和海辉为何要选择合并？强强合并的协同效应如何？文思海辉各自的并购和平等合并得失如何？合并后不久为何就匆匆选择私有化退市？才出华尔街又落“黑石”之手的文思海辉，在私有化之后命运如何？黑石能否成功出售文思海辉？文思海辉数年前借助资本市场创下高速增长奇迹是否就此成为传奇？中国软件外包行业的里程碑式增长能否再现？

针对这些问题，不同的人有不同的解读和回答，并无统一标准；但如要更好地探索其中的答案，则需要我们进一步了解从赴美上市到合并到私有化退市至今，这大约十年之中，文思和海辉所经历的那些重要的事、重要的发展阶段、所处的环境重大变化。这些无疑就是一家中概公司的公司史，而公开财务数据则是上市公司历史的最好描述。接下来，我们以文思海辉的公开财务信息为线索，去考证和探究这家中概公司过去约十年期间的发展历程。

几件大事：

- 2007年12月12日，文思信息（1995年成立）在纽交所上市发行价8.5美元（每股等于1个ADS），IPO时候的公司总市值约3.1亿美元；
- 2010年6月30日，海辉（1996年成立）在纳斯达克上市，发行价10美元（每个ADS等于19股），IPO时候的总市值约为2.78亿美元；
- 2010年12月31日，文思信息的股票价格达历史最高水平，每个ADS为41.06美元；对应总市值超过18亿美元；

• 2011 年 2 月 8 日，海辉的股票价格达历史最高水平，每个 ADS 股价 34 美元，对应总市值超过 12 亿美元；

• 2012 年 8 月 10 日，文思和海辉公布达成合并协议，新公司市值约 8.75 亿美元；

• 2012 年 11 月 9 日，文思和海辉正式对等合并，文思退市，保留海辉上市，公司更名为 PACTERA；新公司员工总数超过 23 000 人，是中国最大的软件外包服务公司；

• 2013 年 5 月 20 日，文思海辉宣布收到黑石私有化非约束邀约；

• 2013 年 10 月 17 日，文思海辉和黑石基金旗下公司签订私有化协议，交易总金额为 6.358 亿美元；

• 2014 年 3 月 28 日，正式完成私有化退市。

几个发现：

• 同印度和国际同行比较，文思和海辉两家公司的毛利率相对较高，但管理费用和销售费用占收入比重持续偏大，影响了盈利空间的提升；

• 借助国际资本市场下的平台，文思和海辉在合并之前，各自都进行了为数不少、单个规模不大的并购交易；这些超过 40 起的并购为文思海辉的快速发展提供了强劲动力；

• 两家公司合并之前，文思的业绩从 2011 年下半年开始进入拐点，呈现滑坡趋势，并持续到 2012 年合并前；

• 文思和海辉的合并交易所引发的直接财务成本（费用）巨大，超过 5 000万美元；而私有化交易成本加大了 2013 年度的业绩滑坡；

• 华为业务的流失给文思海辉 2013 年的业绩带来冲击；

• 合并重组融合、私有化退市费用、股票回购支出，削弱了文思海辉的财务实力，合并重组还在某种程度上影响了团队的生产效率，导致毛利率下滑；

• 文思海辉合并整合之后，面临的挑战是如何恢复营业收入增长和毛利率水平，同时需要对 SGA 的比重进行战略控制，以保持稳健的整体盈利模式。

## 文思：从一路高歌到艰难岁月

2007年12月12日，文思信息（1995年成立）在纽交所上市发行765万个ADS（其中公司新发行630万个，限售135万个）；发行后摊薄的总股本为36 051 407股，发行价8.5美元（每股等于1个ADS），融资总额约6 500万美元，交易代码VIT；IPO时候的公司总市值约3.1亿美元（36 051 407×8.5）；从IPO到2012年4月23日，文思股票价格从最低4.2美元到最高41.06美元；2010年12月31日，文思信息的股票价格达历史最高水平，每个ADS为41.06美元；对应总市值超过18亿美元。

文思在IPO之后马上遇到全球金融危机爆发，资本市场受到冲击，所以文思的股票价格在2007年底IPO之后的相当长一段时间内比较低迷，处于破发甚至腰斩状态；最低的交易价格竟然是4.2美元，不到发行价8.5美元的一半。然而，正是在这样股价低迷的岁月里，文思的业绩可以说是一路高歌，不但收入金额增长高速，而且仍然保持了IPO前约40%的高毛利率和约15%的经营利润率。文思约40%的毛利率远高于印度公司Infosys、Wipro、Cognizant 30%的毛利率；约15%的经营利润率也比印度同行10%的利润率要高不少。文思IPO之后的几年内不但原有自身对欧美的业务发展迅速，还得益于IPO前刚刚并购加入的对诺基亚业务、对日业务和SAP业务的增长，而来自华为软件的外包业务更是文思业绩增长的推动器。虽然说数年后华为业务的瞬间消亡给已经是内外交困的中国外包行业釜底抽薪，但在此之前，华为软件业务对文思、海辉、软通等在美上市的中国软件外包公司业绩的高速增长所起到的促进作用不可忽视。从某种角度而言，或许正是早期的这种促进作用，才导致来自华为业务的消亡对文思海辉在合并之后业绩的负面影响同样是不小的。

2010年是文思上市之后的顶峰之年，这一年，一方面，美国资本市场复苏，全年共有37家中国企业在美国上市，总融资额高达37亿美元，中国概念股在华尔街再次受到热捧；另一方面，文思的基本面继续保持健康的高速增长，从2007年上市之后的历次季度和年度业绩承诺都得到实现，文思已经成为华尔街分析师新关注的中概公司，尤其是在这一年文思又成功地获得了包括美国Expedia和香港马会在内的外包业务。正是在这样的内外环境大好的背景下，文思的股票价格也达到了历史最高水平，于2010年底每股价格突破40美元，总市值超过了18亿美元。同年，其他几家中国软件外包公司海辉、软通、柯莱特也相继在美国上市。2010年不仅是文思的顶峰之年，更是中国软件外包公司在美国资本市场的辉煌之年。

“日中则昃，月满则亏”看来是普遍规律。如果说2010年是文思的鼎盛之年，那么2011年文思则进入了艰难岁月。美国资本市场对中概股的态度出现逆转，尤其是东南融通事件引发了中概股的全面危机，文思和海辉等在内的软件外包公司首当其冲。面对突来的危机，中概软件外包公司采取了公开银行存款信息等措施，以图挽救投资者信任，但收效甚微，因为中概股危机爆发所带来的冲击，并不是短时间内具体某家中概公司自身可以抵挡的。

从2011年4月1日开始，文思进行了总额为4 000万美元的股票回购计划，主要在5月、8月、9月和10月进行了回归，总共回购了2 394 573个ADS，平均回购价格14.509美元，实际回购总金额大约3 400万美元。

对文思而言，面临华尔街新的不利因素，公司的业绩趋势也开始出现某种程度的逆转，业绩的基本面出现了变化。文思在IPO前后的业绩数据中，大多是毛利率保持在40%以上、管理和销售费用占收入比重在25%左右，由此可以保持15%左右的经营利润率。然而，从2011年开始，这个40%：25%：15%的损益表结构出现了变化。

首先是毛利率的下滑，这可以从图40－1、图40－2、图40－3和表40－1、表40－2的文思季度财务数据中看出。2011年第一季度的毛利率首次出现同比下滑。毛利率是衡量软件外包公司盈利能力十分重要的指标，这个数据的高低和趋势直接影响到投资者对公司盈利能力的预期，也就直接影响到股价表现。文思在这个季度的毛利率不仅是首次出现同比下滑，而且还是首次将政府补贴作为成本的冲减项目，这也是当时其他几家中概外包公司的共同处理方法，这其实变相表现出公司的毛利率的压力。

有了2011年第一季度的第一次毛利率同比下滑之后，文思在2011年的后续几个季度保持了毛利率同比下滑的趋势，而2012年则出现了毛利率环比下滑的情况。从2011年之前40%左右的毛利率下滑到2012年最低接近31%的毛利率，这足以说明文思的基本面发生了变化。2011年每个季度的业绩公告中，文思都对毛利率的同比下滑作出解释，主要是工资上涨幅度和新业务投入这两方面的原因；对于2012年第二季度的毛利率下滑原因，则包括了大客户裁员等不利因素。

工资上涨幅度超过收费率上升直接导致了毛利率的下降，这其中也包括了人民币对美元在当时的不断升值因素。文思的不少离岸外包业务是以美元计价，折合成人民币的收入则会减少，而人工成本则大多是以人民币支付，这样就会降低毛利率。虽然文思的报表是以美元列示，但因人民币对美元升值所形成的汇率差则属于报表折算差额和损益没有关系。据公开信息披露，在文思和海辉合并之后，公司将与经营活动相关的汇率差异作为经营成本的调整项目，如此可抵消人民币对美元升值给成本带来的不利因素。但2016年人民币面临美元贬值的压力之下，此等会计处理方法对毛利率的影响则又恰好相反。

毛利率下滑的另一个重要因素是文思在包括垂直解决方案业务方面的投入，尤其是金融业务方面的投入。提升高价值（high value added）业务比重，尤其在垂直解决方案（如：金融、电信、医疗、旅游等行业），一直是中概软件外包公司所追求的，符合公司和行业的战略方向。但作为在美上市的公司，资本市场对公司的业绩表现具有强大的敏感度，如何平衡短期业绩和新兴业务投入之间的关系，不仅仅是简单的战略选择，更多的是需要公司在明确可动用资源底线的前提下进行严格的战略控制。要增长，要向高端业务转型，要拓展新业务，但这一切不能以过多地牺牲整体业绩为前提，守住业绩底线，进行渐进的转型和变革，这对于已经成为在美上市公司的软件外包公司而言，或许是一个既无奈又现实的选择吧。

其次是文思和海辉的销售、管理及行政费用（SG&A）占收入的比重一直在25%以上，这个比重和印度同行比较是偏高的（后者这个比重一般不会超过20%，大多是在15%左右）。SG&A中的主要项目是薪酬，如何降低这个比重应该是中国软件外包公司保持可持续竞争力不得不从战略角度予以考虑的问题。本来随着业务规模的高速增长，这个指标应该下降。然而，从2011年开始，这个比重不降反升，2011年度竟然高达28.9%，出现失控现象。这个比重的上升和期权费用上升有很大关系。

从2011年开始，文思每个季度的SG&A中的期权费用大约为200万美元，平均占 SG&A 的 10%，大约占收入总金额的 3%。期权费用的上升，则主要是由于和 2010 年之前相比较，文思的股票价格大幅升高，这样 2010 年下半年开始新授予的员工期权成本就大幅度增加（期权成本约等于期权授予日股票价格的 1/3）。如果不考虑期权成本，则于 2011 年及 2012 年，文思的 SG&A 占销售收入的比重约为 25%，这个比重和 IPO 前后持平。倘若文思在 IPO 之后，其 SG&A 占销售收入比重仍然能够保持不超过 25% 的水平，那么盈利的压力就会减轻不少。

对在美上市的中概公司而言，如何运用期权激励并非是个简单的管理课题。公司在 IPO 之前或者在股价低迷的时候，授予期权的对应成本就比较低，而且由于股票价格上升存在更多的想象空间，所以这时候的激励效果反而比股价高位时候的效果要好。相反，如果股价已经处于高位状态，那么不仅期权成本偏高，被激励者心里预期边际效应反而下降。此外，员工期权可分为两种：一种是和雇佣期限相关的（service based）；另外一种是和员工的业绩相关的（performance based）。前者期权一次性授予到位，而不考虑员工在未来的业绩表现；后者则依据员工业绩考核，定期预约评估符合期权授予的条件，这样期权的激励和员工的业绩表现可以更加密切地联动起来。不过，从披露信息看，文思和海辉的员工期权都属于前者。

文思从 2011 年开始的业绩压力和当时外部因素也有直接关系。据披露，欧洲某电信公司业务的下滑和大规模裁员、来自华为外包业务的减少，以及文思境内几家公司 2012 年度所得税优惠到期，这些都给文思业绩预期带来了不少压力。于 2012 年第二季度业绩公告之后，文思调低了 2012 年全年的业绩指引；调低业绩指引，这是文思上市之后第一次，也是最后一次。

总之，从 2011 年到文思海辉合并之前的共 7 个季度业绩公告中，我们可以看出文思业绩基本面发生了重大变化，公司在毛利率持续下滑的同时，SG&A 仍然保持增长，而且其所占销售收入的比重超过 27%。一方面毛利率下滑，另一方面 SG&A 增长无法得到战略性控制，这样“上吐下泻”的情况一直持续到文思和海辉合并之前。

如果不考虑期权费用和并购形成无形资产的摊销（2011 年和 2012 年每年约 1 200 万美元），那么文思于 2011 年 SG&A 占收入的比重大约降低了 4

个百分点至25%，净利润率也会提升4个百分点至约12%；而这个费用对2012年预计的影响大约是3个百分点，SG&A占收入的比重会下降到24%左右，净利润率会上升到8%左右。虽然32%左右的毛利率确实说明公司的盈利能力出现大规模下滑，但如果能够持续保持32%的毛利率、24% SG&A和8%的毛利率，即32%：24%：8%的损益表结构，那么文思的盈利水平仍然不比海辉和国内同行逊色，也同样不比Inforsys、Wipro、Cognizant还有Accenture这样的国际公司逊色。

**图40－1　文思股票价格趋势**

所以如果说文思从2011年之后开始进入艰难岁月，那其实是针对文思自身的历史业绩比较而言，或者说是针对华尔街对文思的每个季度步步惊心紧逼、鞭打快牛的期待而言，如果刨除这些因素，文思仍旧能够保持30%的收入年增长率，仍旧能够保持32%：24%：8%的损益表结构所呈现的盈利模式，那么又有谁能否认今天的文思可能又会达到一个新的里程碑呢？

**表40－1　　文思相关财务数据**　　单位：千美元

| 指标 | 2007 | 2008 | 2009 | 2010 | 2011 | 2012Q1 | 2012Q2 | 2012Q3 | 2012Q4 |
|---|---|---|---|---|---|---|---|---|---|
| 收入 | 62 714 | 102 663 | 148 066 | 211 550 | 283 137 | 86 100 | 94 700 | 96 240 | 277 093 |
| 增长率 | 116% | 63.7% | 44.2% | 42.9% | 33.8% | 50% | 38.8% | | |

续表

| 指标 | 2007 | 2008 | 2009 | 2010 | 2011 | 2012Q1 | 2012Q2 | 2012Q3 | 2012Q4 |
|---|---|---|---|---|---|---|---|---|---|
| 毛利 | 24 170 | 39 752 | 57 236 | 81 515 | 98 619 | 27 000 | 30 900 | 30 220 | 88 181 |
| 毛利率 | 38.5% | 38.7% | 38.7% | 38.5% | 34.8% | 31.4% | 32.6% | 31.4% | 31.8% |
| 管理及销售费用 | 16 180 | 25 905 | 34 710 | 51 901 | 81 848 | 24 300 | 26 000 | 27 236 | 76 618 |
| 占收入百分比 | 26% | 25% | 23.4% | 24.5% | 28.9% | 28.2% | 27.5% | 28.3% | 27.5% |
| 经营利润 | 8 850 | 14 705 | 22 877 | 31 871 | 20 863 | 3 100 | 5 500 | 5 136 | 13 799 |
| 营业利润率 | 14.1% | 14.3% | 15.5% | 15.1% | 7.4% | 3.6% | 5.8% | 5.3% | 5% |
| 净利润 | 9 621 | 16 089 | 21 508 | 29 863 | 22 193 | 3 300 | 4 700 | 4 922 | 12 963 |
| 净利率 | 15.3% | 15.7% | 14.5% | 14.1% | 7.8% | 3.8% | 4.9% | 5.1% | 4.7% |
| ADS | 13 446 | 40 696 | 41 576 | 43 406 | 45 248 | 43 938 | 43 900 | 43 698 | 43 623 |
| EPS | | | 0.52 | 0.69 | 0.49 | 0.08 | 0.11 | 0.11 | 0.3 |
| EPS | | | | | | 0.16 | 0.19 | | |
| 期权费用 | 996 | 1 391 | 1 565 | 3 247 | 8 444 | 2 382 | 2 155 | 2 276 | 6 813 |
| 员工数（人） | | | 8 374 | 11 044 | 14 958 | 15 693 | 15 605 | | |

注：①2011 年销售成本比 2010 年同比上升 41.9%，主要由于工资总额上升 47%，约 5 000 万美元；外包费用从 1 590 万美元上升到 1 920 万美元；

②2011 年 SG&A 比 2010 年同比增长 57.7%，系由于工资增长 72.5%，从 2 120 万美元增长到 3 660 万美元；期权费用从 280 万美元增长到 770 万美元；办公室租金和水电费从 960 万美元上升到 1 330 万美元（由于新增加澳大利亚子公司等）；折旧和摊销从 640 万美元上升到 870 万美元所致；

③2010 年 SG&A 比 2009 年同比增长 49.5%；工资增长 48.8%，从 1 430 万美元增长到 2 120 万美元；办公室租金和水电费从 640 万美元增长到 960 万美元；折旧和摊销从 450 万美元增长到 640 万美元。

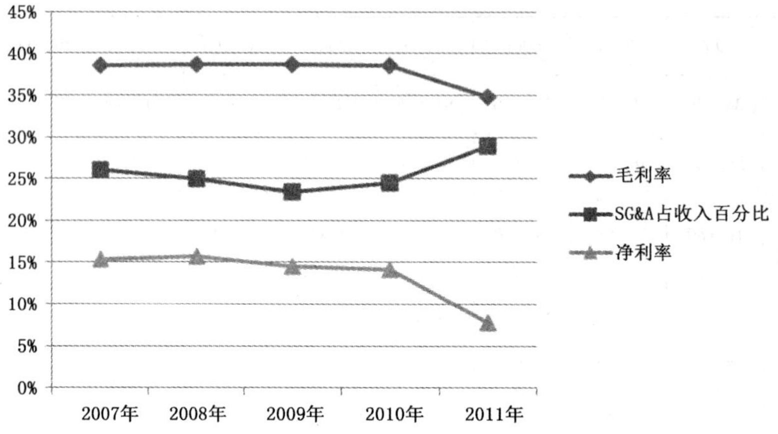


**图 40－2　文思合并前年度财务数据**

**表 40－2　　文思季度财务数据**　　单位：千美元

| 指标 | 2011 年 | | | | | 2012 年 | | | |
|---|---|---|---|---|---|---|---|---|---|
| | Q1 | Q2 | Q3 | Q4 | YTD | Q1 | Q2 | Q3 | YTD |
| 收入 | 57 408 | 68 247 | 70 300 | 87 188 | 283 137 | 86 100 | 94 700 | 96 240 | 277 093 |
| 增长率 | 29.5% | 31.8% | 25.9% | 46.3% | 33.8% | 50% | 38.8% | 36.9% | 41.4% |
| 毛利 | 21 499 | 24 848 | 23 982 | 28 289 | 98 619 | 27 000 | 30 900 | 30 220 | 88 181 |
| 毛利率 | 37.4% | 36.4% | 34.1% | 32.4% | 34.8% | 31.4% | 32.6% | 31.4% | 31.8% |
| 管理及销售费用 | 15 759 | 17 954 | 20 240 | 25 895 | 81 848 | 24 300 | 26 000 | 27 236 | 76 618 |
| 占收入百分比 | 27.5% | 26.3% | 28.8% | 29.7% | 28.9% | 28.2% | 27.5% | 28.3% | 27.5% |
| 经营利润 | 6 781 | 7 685 | 2 586 | 3 811 | 20 863 | 3 100 | 5 500 | 5 136 | 13 799 |
| 营业利润率 | 11.8% | 11.3% | 3.7% | 4.4% | 7.4% | 3.6% | 5.8% | 5.3% | 5% |
| 净利润 | 6 926 | 7 137 | 3 190 | 4 939 | 22 193 | 3 300 | 4 700 | 4 922 | 12 963 |
| 净利率 | 12.1% | 10.5% | 4.5% | 5.7% | 7.8% | 3.8% | 4.9% | 5.1% | 4.7% |
| 加权股数 | 46 159 | 45 827 | 44 996 | 43 606 | 45 248 | 43 938 | 43 900 | 43 698 | 43 623 |

续表

| 指标 | 2011 年 | | | | | 2012 年 | | | |
|---|---|---|---|---|---|---|---|---|---|
| | Q1 | Q2 | Q3 | Q4 | YTD | Q1 | Q2 | Q3 | YTD |
| EPS | 0.15 | 0.16 | 0.07 | 0.11 | 0.49 | 0.08 | 0.11 | 0.11 | 0.3 |
| EPS Non - GAAP | 0.20 | 0.21 | 0.14 | 0.20 | 0.74 | 0.16 | 0.19 | | |
| 期权费用 | 1 745 | 2 118 | 2 262 | 2 320 | 8 444 | 2 382 | 2 155 | 2 276 | 6 813 |

注：①2011Q1 毛利率同比从 40.4% 下降到 37.4%，主要由于政府补贴的减少、工资增长压力加大、更多比重收入来自中国市场从而受到春节期间的季节性影响。

②2011Q2 毛利率同比从 39.7% 下降到 36.4%，主要由于工资增长压力所致；同比期间的政府补贴分别为 30 万美元（2011 年）和 80 万美元（2010 年）。

③2011Q3 毛利率同比从 36.3% 下降到 34.1%，主要是由于工资增长幅度高于向客户收费率的幅度，同时由于某些项目在本季度进度临时延迟，无法确认收入。

④2011Q4 毛利率同比从 38.3% 下滑到 32.4%，除了持续存在的工资上涨幅度大于收费率原因之外，还由于在 BI 业务投入、BFSI 垂直业务投入的暂时性影响以及美国在岸交付团队在本季度处于过渡阶段和初始设立阶段，这些临时性影响导致了本季度毛利率的同比下滑。

2011Q4 的经营利润同比从 900 万美元下降到 380 万美元；Non - GAAP 经营利润也同比从 1 020 万美元下滑到 740 万美元；Non - GAAP 经营利润率同比从 17.1% 下滑到 8.5%；其中有个重要原因是公司在金融行业垂直解决方案业务的扩张导致了 210 万美元的经营亏损，该业务新近成立，公司预计将会在 2012 年第一季度盈利。

⑤2012Q1 毛利率下滑，同比从 37.4% 下滑到 31.4%，是由于工资增长幅度，以及 BFSI 和咨询垂直解决方案业务的持续投入，这些投入对公司财务存在短期影响，而且过去三个季度该业务初期基础投入反而比较集中。

⑥2012 年第一季度公告预计公司 2012 年全年收入 3.68 亿美元，30% 的年增长率；预计 2012 年 Non - GAAP EPS 为 0.86 ~ 0.92（年增长 16.2% ~ 24.3%），考虑到业务追加投入和多元化投入、工资增长、所得税税率提高（14% ~ 16%，2011 年约为 10%）；预计 2012 年全年 GAAP EPS 为 0.54 ~ 0.60。

⑦2012Q2 毛利率同比从 36.4% 下降到 32.6%，该下滑除了由于工资增长幅度之外，还由于几个主要大客户负面影响；公司在 2012 年 7 月对员工期权的行权价格进行下调，该调整增加待摊销期权费用约 320 万美元，摊销期从 6 个月到 4 年不等。

在公告 2012 年第二季度业绩同时，对第三季度和全年业绩预测进行了更新：第一，预计第三季度收入同比增长 35%，达 9 500 万 ~ 9 700 万美元；第二，Non - GAAP EPS 从 0.18 ~ 0.20；下调原因主要由于诺基亚裁员影响和华为拟和四个竞争对手中的一家成立合资公司；第三，预计 2012 年全年收入为

3.72 亿~3.76 亿元，同比增长 31%~33%；第四，下调 2012 年全年 Non-GAAP EPS，预计全年该数据为 0.75~0.81，主要由于以上两个客户的负面影响，同时预计实际所得税率为 14%~16%。公司在 2012 年 10 月 31 日重申了该业绩预测。

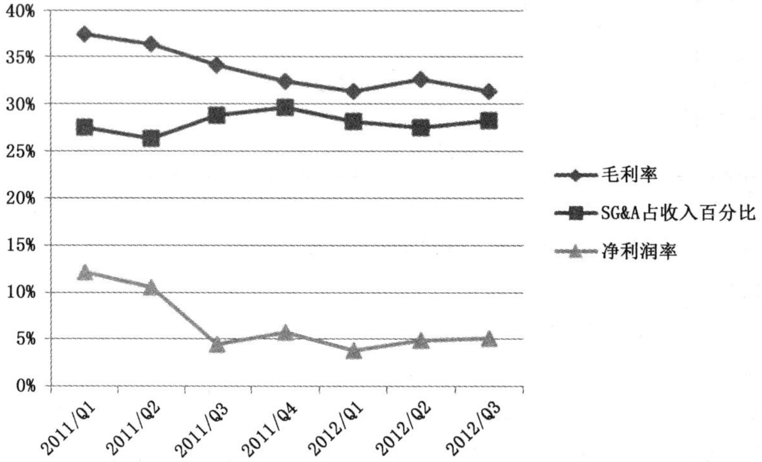


图 40-3　文思合并前各季度财务数据

## 海辉：往事不必再提，上市重获新生

2010 年 6 月 30 日，海辉（1996 年成立）在纳斯达克上市，发行价 10 美元（每个 ADS 等于 19 股），交易代码 HSFT，共发行 740 万个 ADS（其中 100 万个 ADS 为限售）；包括随后增发，总融资约 7 945.4 万美元（扣除发行成本 863.3 万美元后）；依据招股书披露，IPO 共新发行 640 万个 ADS，新发行股份占稀释后总股本的 23%，由此可以推算出 IPO 时候海辉的总市值约为 2.78 亿美元。2011 年 2 月 8 日，海辉的股票价格达历史最高水平，每个 ADS 股价 34 美元，对应总市值超过 12 亿美元。

如果说文思在 1995 年成立之后，历经风险投资的引入、IPO 前并购及 IPO 后的健康、高速发展这超过 10 年的历程中，公司创始人团队的基因始终是公司核心竞争力的关键因素，那么从海辉的发展历程来看，其核心竞争力中所缺的或许正是这个因素。

海辉在 2010 年 6 月底成功 IPO 之后不久，其创始人就离开公司，当时有媒体将海辉的赴美成功上市描述成为是 VC 的盛宴。此后至今，海辉的管理团队构成更多体现出职业经理人的特征，而这或许是海辉的核心竞争力之一吧。

海辉在 2007 年也曾冲刺赴美 IPO，但无疾而终。从公司披露的财报来看，2008 年海辉冲销了近 378 万美元的 IPO 费用，同时还确认了商誉贬值费用 478 万美元和商标商号无形资产贬值费用 576 万美元，从而导致 2008 年公司巨额亏损上千万美元。从商誉和无形资产贬值的会计处理可以看出，海辉当时冲刺 IPO 的失败，可能引发了原先并购交易的失败；当然也不排除可能因为当时并购交易未达到预期效果，所以导致 IPO 失败。这两者之间谁因谁果，还是互为因果，外界无从知晓，但无论如何，这在公司发展历程来看，这些弯路和废棋，虽属不堪往事，但其中的经验教训值得借鉴和反思。

海辉在业务规模和盈利能力都逊色于文思。在 IPO 之前海辉于 2007 年和 2008 年都是亏损，即使从 2009 年开始盈利，其毛利率、经营利润率和净利润率都不如文思。文思在 2011 年之前始终保持接近 40%（38% 以上）的毛利率，15% 的经营利润率和超过 14% 的净利润率；而海辉对应的毛利率则是接近 35%，经营利润率约为 9%，净利润率约为 8%；两者净利润率的差异除了是毛利率差异所导致之外，还由于文思的 SG&A 占销售的比重约为 25%；而海辉的这一比重约为 27%。

正如前文所述，2010 年是中概股的丰收年，更是中概股软件外包公司的鼎盛之年，海辉于 2010 年顺大势成功 IPO，实现了公司发展的新里程碑。此后当年，公司迅速完成了数起并购交易，在 2011 年和 2012 年又完成了各 7 起并购交易，这些并购交易都给公司上市后的业绩增长提供了有力支撑。

海辉在 2010 年 6 月 30 日 IPO 之后，短期之内股票价格大幅度攀升，至 2011 年 2 月 8 日每个 ADS 价格突破 33 美元，远高于每个 ADS 10 美元的 IPO 价格。然而好景不长，2011 年 2 月 23 日海辉宣布将为 2010 年提供 350 万美元的坏账准备金，并对 2010 年业绩预期作出了调整，从此前预期每股收益 0.82 ~0.83 美元向下修正至 0.67 ~0.68 美元。受此消息影响，海辉当日收盘股价大跌 17.92%，盘中最高幅度达 23.6%。股票收盘价格从前一天的 31.4 美元下降到当天的 25.77 美元，而且当天成交量高达 200 万个 ADS。这对于刚刚上市半年左右的年轻中概公司而言，确实是个重大挑战。海辉的股票价格从此告别巅峰时刻，步入了迅速下跌的轨道。

此后不久，东南融通事发，海辉和文思等中概软件外包公司受到牵连，甚至整个中概股公司在华尔街陷入危机。在这场中概危机之中，中概股在华尔街的大势受阻，个股也是难以保全；所以即使海辉公司自身的业绩继续保持高增长的势头，其股票价格仍然无法回到上市之后半年内的辉煌阶段。此后直至和文思于 2012 年 11 月 9 日正式合并之前，海辉的股票价格在大部分时间段每个 ADS 是低于 15 美元的，而中间有段时间还处于破发阶段（见图 40 -4，这个历史价格尚未追溯考虑海辉和文思合并时候的 ADS 比例调整之影响）。

海辉借助中概股于 2010 年的大势成功赴美上市，并短暂地体会到华尔街热捧所带来的股价迅速攀升兴奋。在短暂兴奋过后，海辉则陷入了股价的长期低迷。寻求和文思合并，对于海辉来说是应对行业做大、做强的需要，同样不排除也是基于突破公司市值被低估这一困境的考量；其实，对文思而言，又何尝不是如此呢。图 40 -4、图 40 -5 和表 40 -3、表 40 -4 系海辉的相关财务数据等情况。

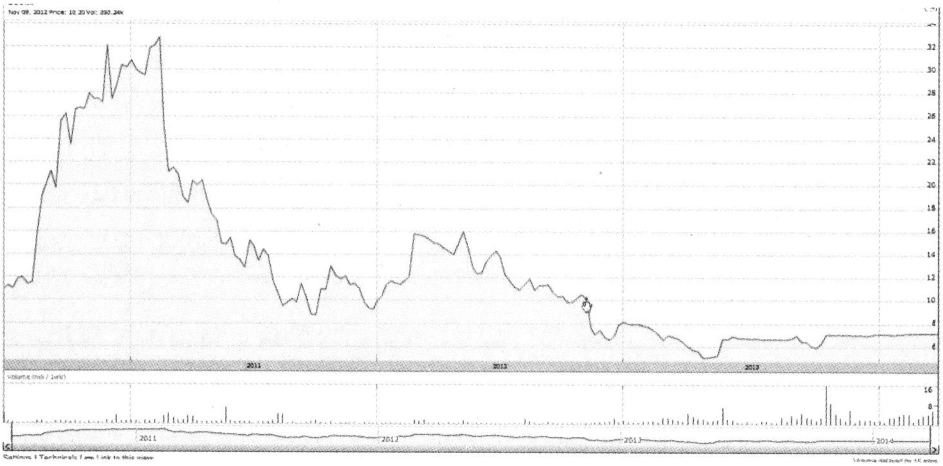


**图 40 -4　海辉股票价格**

**表 40－3** **海辉相关财务数据** 单位：千美元

| 指标 | 2007 年 | 2008 年 | 2009 年 | 2010 年 | 2011 年 | 2012 年 | 2013 年 |
|---|---|---|---|---|---|---|---|
| 资产负债 | | | | | | | |
| 现金等价物 | 39 229 | 46 881 | 54 842 | 169 893 | 113 856 | 143 714 | 148 518 |
| 无形资产 | | | | | 15 198 | 55 303 | 44 612 |
| 商誉 | | | | | 37 348 | 102 659 | 102 222 |
| 其他长期资产 | | | | | 1 259 | 5 912 | 5 190 |
| 总资产 | 96 668 | 86 100 | 104 242 | 255 092 | 273 179 | 737 606 | 744 877 |
| 总负债 | 22 246 | 16 699 | 26 151 | 80 140 | 63 289 | 195 282 | 194 604 |
| 损益数据 | | | | | | | |
| 收入 | 63 051 | 100 720 | 91 456 | 146 579 | 218 989 | 359 031 | 670 019 |
| 增长 | | 59.7% | －9.2% | 60.3% | 49.4% | 63.9% | 86.6% |
| 毛利 | 15 616 | 30 425 | 32 697 | 53 861 | 76 562 | 124 429 | 193 523 |
| 毛利率 | 24.3% | 30.2% | 35.8% | 36.7% | 35% | 34.7% | 28.9% |
| 管理费用 | 12 617 | 19 010 | 18 981 | 30 509 | 38 533 | 89 875 | 136 863 |
| 占收入百分比 | 20% | 18.8% | 20.8% | 20.8% | 17.6% | 25% | 20.5% |
| 销售费用 | 5 599 | 8 345 | 5 968 | 9 310 | 16 924 | 27 741 | 46 706 |
| 占收入百分比 | 8.9% | 8.2% | 6.5% | 6.4% | 7.8% | 7.7% | 7% |
| SG&A % | 28.9% | 27% | 27.3% | 27.2% | 25.4% | 32.7% | 27.5% |
| 经营利润 | －2 600 | －11 256 | 8 100 | 12 578 | 19 281 | 1 957 | 10 852 |
| 营业利润率 | －4.1% | －11.2% | 8.9% | 8.6% | 8.8% | 0.6% | 1.6% |
| 所得税 | －770 | 703 | －1 061 | －1 934 | －1 718 | －1 210 | －4 968 |
| 净利润 | －920 | －10 711 | 7 363 | 12 057 | 18 398 | 3 325 | 7 837 |

续表

| 指标 | 2007 年 | 2008 年 | 2009 年 | 2010 年 | 2011 年 | 2012 年 | 2013 年 |
|---|---|---|---|---|---|---|---|
| 净利率 | -1.5% | -10.6% | 8.1% | 8.2% | 8.4% | 0.9% | 1.2% |
| ADS 数量 | 4 970 | 4 331 | 20 441 | 36 352 | 42 956 | 49 444 | 84 953 |
| 员工数（人） | | | | 5 521 | 7 321 | 23 270 | 22 068 |

注：①2013 年毛利率的下降原因：a. 日元对美元的贬值；b. 主要电信公司客户收入意外下降；c. 重组损失和生产效率下滑，由于和文思合并的融合过程所导致（年报第 80 页）；

②2013 年管理费上升，除了因为合并之外，还因为公司私有化的专业服务费用部分在 2013 年；

③所得税税率于 2012 年和 2013 年将分别为 13% 和 21.3%，如果不考虑和文思合并费用不可抵扣所得税因素的影响；

④2012 年比 2011 年管理费用大规模上升主要原因：a. 2 220 万美元合并相关费用（其中 1 980 万美元与文思相关）；b. 非期权工资费用上升 1 540 万美元；c. 期权费用上升 550 万美元；d. 无形资产贬值 550 万美元；

⑤2012 年销售费用比 2011 年上升，主要是工资增长 610 万美元。

**表 40－4　　海辉相关费用数据**　　单位：千美元

| 指标 | 2007 年 | 2008 年 | 2009 年 | 2010 年 | 2011 年 | 2012 年 | 2013 年 |
|---|---|---|---|---|---|---|---|
| 期权费用 | | | | | | | |
| 成本 | 268 | 362 | 321 | 606 | 234 | 165 | 466 |
| 管理费用 | 1 214 | 1 405 | 720 | 3 136 | 4 906 | 10 405 | 21 466 |
| 销售费用 | 8 | 35 | 56 | 259 | 516 | 494 | 926 |
| 总计 | 1 490 | 1 800 | 1 100 | 4 000 | 5 700 | 11 100 | 22 858 |
| 并购摊销 | | | | | | | |
| 成本 | 152 | 50 | 16 | 188 | 696 | 1 609 | 571 |
| 管理费用 | | | | | | 236 | 476 |
| 销售费用 | 1 716 | 1 565 | 60 | 687 | 1 981 | 4 213 | 9 387 |
| 总计 | 1 868 | 1 600 | 76 | 900 | 2 700 | 6 100 | 10 434 |

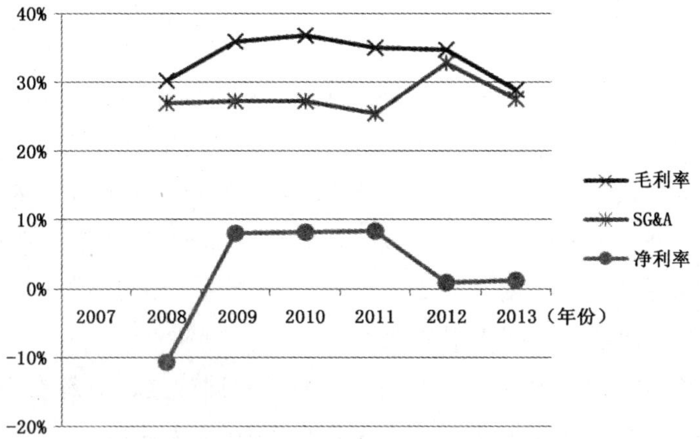


**图 40－5　海辉年度财务数据**

## 得得失失话并购

并购作为企业实现战略目标的最佳手段之一，这在中概股公司身上更是得到验证。对文思和海辉这样的中国软件外包公司而言，由于底子薄，在客户基础、交付内容、团队能力方面都存在巨大的提升空间，而资本市场对每个季度业绩的短期、迫切且持续的要求，更是企业进行并购的动力所在。如果说企业迫于业绩压力而进行并购，同样，借助资本市场，尤其是海外资本市场的力量，进行并购，则可以说是借力打力了。

文思和海辉在正式合并之前，各自都进行了约 20 起的并购交易，所以两家公司合计的并购交易大约在 40 起左右（见表 40－5）。虽然公司财报并没有披露其收入年增长有多少是来自并购交易，但文思和海辉在 IPO 之后每年能够保持至少 30% 以上的收入增长率，和这些并购的成功执行是分不开的。相比较文思和海辉各自的体量，这些并购交易规模并不大，除了在文思 2007 年 IPO 之前外，其他的并购交易时间也不是十分密集。所以可以看出，文思和海辉在并购交易战略执行上还是比较谨慎的。

从表 40－5 可以看出，文思在 IPO 之前的 2006 年和 2007 年进行了几宗并购交易，但在 IPO 之后的 2008 年、2009 年和 2010 年 3 年之中每年则只发生一起并购交易。而在2008年~2010年这3年之中文思的业绩增长迅速，从中或许可以说明文思在IPO之前的几宗并购交易十分成功，或许也可以说明文思在这3年中没有压力或者动力进行新的、更多的并购，或许说明在这3年之中文思尚未寻得合适的并购目标。或许正是由于这3年之中，文思并无成功借助资本力量进行大规模的成功并购，所以2011年出现了业绩压力。然而，这些或许只是假设，并无公开披露信息可以证明。而从2011年开始，文思的并购交易又开始频繁起来，当年度共完成了6起并购交易，不过从2011年开始，文思的股票价格已经步入逐步下滑的轨道。

和文思在IPO之后并无频繁的并购交易所不同的是，海辉在2010年6月份IPO之后，迅速进行了密集并购，先是在2010年7月和10月完成了各1起并购，在2011年和2012年更是各完成了7起并购交易。海辉从2010年到2012年期间，保持50%以上的年收入增长率，可以说和这些密集并购是分不开的（见表40-6）。

**表40-5　　文思并购交易明细**　　单位：千美元

| 目标名称 | 日期 | 股权比重 | 总对价 | 首付/现金/股票 | 或有对价/股票/现金 | 商誉 | 无形资产 |
|---|---|---|---|---|---|---|---|
| Envisys | 2006/1 | 100 | 327 | 327 | | 281 | 46 |
| Prosoft | 2006/9 | 100 | 627 | 627 | 774 | 850 | 212 |
| Sunbridge | 2006/12 | 100 | 302 | 191 | 111 | 119 | 71 |
| ITC | 2007/3 | 100 | 6 006 | 1 357 share | 4 649（cash） | 2 839 | 1 538 |
| Solution | 2007/5 | 75 | 1 624 | 1 562 share | 62（原来332） | 0 | 208 |
| Solution | 2008/7/8 | 10/15 | 1 339 | 927 cash | 412 share | 795 | 7 |
| Megainfo | 2007/3 | VIE | 3 102 | 776+252Sha | 1 995（2：1） | 1 916 | 577 |
| VIT Japan | 2007/5 | 48.99% | 376 | 209 | 167 | 16 | 13 |
| Chosen | 2007/7 | 100 | 9 350 | 858+989 | 2 533+4 616 | 7 503 | 1 193 |
| Tianchuang | 2008/5 | 100 | 258 | 243 | 15 | 203 | |
| WIT | 2008/10 | 100 | | 1 080（cash） | 18个月考核 | 214 | 48 |

续表

| 目标名称 | 日期 | 股权比重 | 总对价 | 首付/现金/股票 | 或有对价/股票/现金 | 商誉 | 无形资产 |
|---|---|---|---|---|---|---|---|
| TP | 2009/7 | 100 | 8 644 | 4 856 | 3 788 | 6 277 | 5 206 |
| Financial S | 2010/7 | 67 | 4 059 | 670 | 3 389（1 555） | 2 490 | 966 |
| Viatt | 2011/1 | 20 + 80 | 4 687 | 1 524 | 3 163（1 484） | 4 454 | 1 162 |
| Lifewood | 2011/4 | 100 | 10 798 | 5 630 | 5 168（2 561） | 6 386 | 5 656 |
| Oracle Con | 2011/4 | 100 | 2 036 | 471 | 1 565（953） | 1 056 | 700 |
| Australlia | 2011/7 | 80 | 4 048 | 478 | 3 570（1 573） | 3 661 | 1 415 |
| BJ DPC | 2011/8 | 100 | 4 387 | 1 863 | 2 524（1 400） | 2 362 | 1 452 |
| Seattle T | 2011/10 | 100 | 5 913 | 3 000 | 2 913 | 4 815 | 1 796 |

注：2009 年底、2010 年底、2011 年底商誉余额分别为：2 478 万美元；2 807 万美元；5 206 万美元。

和其他中概公司类似，文思和海辉在企业并购中，所采用的对价通常是包含现金和股份支付两部分。尤其是 IPO 之前，以股份作为对价支付更为常用；由于此时企业股票价格通常比较低，被并购方看重的更多是上市公司股票的预期升值，因此也比较容易和上市公司齐心协力共同打拼业绩。同时，由于文思和海辉在并购交易模型中都引入了业绩考核机制，通常以并购交易日之后的 6 个月至 18 个月的业绩作为基础，确定并购或有对价的最终金额。业绩考核下的或有对价机制，虽然防范了目标公司可能存在的业绩不确定性风险，但在考核期之后的风险则无法防范，甚至还可能会加倍爆发。其最终剩余风险如何，则取决于公司的风险管理能力，尤其是如何在考核期之内加快融合，以做到协同效应的最大化。当然如果仅仅是迫于短期的业绩压力而进行并购，那么其风险得失就容易取舍，只不过如此并购通常并非是在美上市公司长期有效的战略。

并购可以促进企业快速增长，但并非所有的并购风险都可以得到妥当管理。完美的并购模型、严谨的并购合同条款、透明的业绩考核机制、默契的团队融合和流程整合等等，即使将这些多方面的内部风险因素都防范到位了，而一些外部因素所引发的风险则更加难以防范，比如：上市公司本身的股票价格大幅度下滑，导致以股份支付的对价失去了成长预期，那么目标公司的融合难度就加大，甚至导致整合失败，出现双输的局面。这样的案例在中概股公司中并无先例。因此，除了需要拥有专业的并购团队和丰富的整合经验，如何审时度势地进行并购交易则看来只能说是管理战略层面的艺术了。

**表 40－6　　海辉并购交易明细**　　单位：千美元

| 目标名称 | 年度 | 股权比重 | 总对价 | 首付 | 或有对价 | 商誉 | 无形资产 |
|---|---|---|---|---|---|---|---|
| Horizon | 2010/2 | 100% | 1 389 | 545 | 844 | 1 076 | 860 |
| Echo Lane | 2010/4 | 100% | 2 711 | 1 155 | 1 556 | 1 854 | 670 |
| ISL | 2010/7 | 100% | 2 174 | 2 174 | 0 | 1 217 | 380 |
| Besure SAP | 2010/10 | 100%？ | 4 733 | 2 500 | 2 233 | 3 463 | 1 270 |
| Beans | 2011/1 | 100%？ | 2 042 | 574 | 1 468 | 1 115 | 927 |
| Business Team | 2011/2 | 100% | 2 500 | 2 500 | 0 | 1 547 | 953 |
| NouvEON | 2011/7 | 100% US | 14 160 | 6 757 | 7 403 | 10 930 | 6 483 |
| HURO | 2011/10 | 100% | 7 293 | 3 282 | 4 011 | 3 361 | 3 979 |
| Logoscript | 2012/2 | 100% | 1 399 | 1 158 | 241 | 794 | 233 |
| Longhaul | 2012/3 | 100% | 1 494 | 772 | 722 | 1 015 | 479 |
| Glory | 2012/6 | 100% | 6 616 | 3 016 | 3 555 | 3 746 | 3 863 |
| Bearing Point | 2012/7 | 100% | 7 465 | 3 601 | 3 864 | 4 266 | 2 357 |
| Newton | 2012/8 | 100% | 1 464 | 1 241 | 223 | 557 | 605 |
| HiSoft Jinxin | 2012/10 | 40% | 12 938 | 1 203 | 11 735 | 0 | 0 |
| Vanceinfo（7.49） | 2012/11 | 100% | 326 778 | | | 54 407 | 43 980 |
| Pactera Financial | 2013/1 | 33% | 6 294 | 3 000 | 3 294 | | |
| Innoveo | 2014/1 | 100% | 3 200 | 1 200 | 2 800 | | |
| Others（3） | 2011 | 100% | 2 237 | 1 245 | 992 | | |

## 平等合并：利润不翼而飞？

2012 年 8 月 10 日，文思和海辉公布达成合并协议，新公司市值约 8.75 亿美元；2012 年 11 月 9 日，文思和海辉正式对等合并，文思退市，保留海辉上市，公司更名为 PACTERA。

为了进行和文思股票 1 比 1 的对等合并，海辉首先将其 ADS 和普通股之间的比例进行了调整，原先是 1 个 ADS 等同于 19 个普通股，调整为 1 个 ADS 等同于 13.9482 普通股，也就是说原先的 1 个 ADS 等同于合并后的 1.3622 个 ADS。在 2012 年 11 月 9 日，两家公司正式合并日，海辉原先的 ADS 交易价格几乎相同比例的下调。

此次交易，从会计角度而言，是海辉收购文思，收购对价为 3.27 亿美元；合并后成为中国最大的软件和 IT 外部公司，员工总数超过 2.3 万人，在中国、欧美、澳大利亚、东南亚设立有全资公司；当年度模拟的两家公司总收入约 6.7 亿美元，其中超过 6 成的业务收入来源于海外（其中近 4 成来自美国）。

这家合并新成立的公司，可以说是行业的强强联合，合并之初曾被寄予厚望，正如海辉公司 CEO 给其员工内部邮件所描述："此次合并使我们更有希望成为中国的 Infosys，中国的 Cognizant，也大大提早了我们原定于 2015 年成为 10 亿美元公司的时间进程表。"

然而，至少从合并后的相关期间所公布的财报来看，似乎只能用惨不忍睹和出乎意料来描述。从表 40 - 7 中合并后 5 个季度财务数据可以看出：首先，新公司在合并后的第一个季度，也就是 2012 年第四季度就爆出了 1 750 万美元的经营亏损，在这个季度里，新公司一次性确认了 1 980 万美元的整合费用、551.5 万美元的商标和商号贬值费用；而在接下来的几个季度中，毛利率持续下跌，甚至跌破 30% 的水平；SG&A 占收入的比重仍然居高不下，直到 2013 年第四季度，这个比重才有所降低。

2013 年的业绩大幅度下滑并非完全是由于合并整合费用和私有化退市费用这些一次性费用所导致，还由于合并后新公司的收入增长速度大大减缓，甚至还出现负增长所导致。同样从表 40 - 7 数据可以看出，2013 年的收入同比的模拟增长是 -0.5%，这说明合并后两家公司的收入不但没有保持原有的增长速度，反而出现负增长。公司对此给出的解释是由于合并整合影响了生产效率以及来自华为的业务减少，这两个原因所导致。从公司季度公告所披露信息看，即使不考虑华为业务减少的因素，那么2013年第二至第四季度的收入同比增长也只有6.6%、7.2%和9.5%，这是远低于两家公司在合并前各自至少30%以上的同比增长率。看来合并所带来的负面影响确实不小（合并后业务下滑还体现在业务结构的变化，那就是曾经是文思和海辉两家公司最为核心的欧美业务比重下滑，国内业务比重上升）。

**表40－7　　文思海辉合并后季度相关财务数据**　　单位：千美元

| 指标 | 2012Q4 | 2013Q1 | 2013Q2 | 2013Q3 | 2013Q4 | 2012 | 2013 |
|---|---|---|---|---|---|---|---|
| 收入 | 142 202 | 152 320 | 163 050 | 173 119 | 181 530 | 359 031 | 670 019 |
| 模拟增长 | | 0.5% | －2.1% | －1.5% | 1.2% | 0 | －0.5% |
| 毛利润 | 47 613 | 39 470 | 44 855 | 50 794 | 58 404 | 124 429 | 193 523 |
| GP | 33% | 25.9% | 27.5% | 29.3% | 32.2% | 34.7% | 28.9% |
| SG&A | 65 152 | 43 199 | 46 482 | 48 410 | 44 580 | 122 472 | 182 671 |
| SG&A 占收入百分比 | 45.8% | 28.4% | 28.5% | 28% | 24.6% | 34.1% | 27.3% |
| 经营利润 | －17 539 | －3 729 | －1 627 | 2 384 | 13 824 | 1 957 | 10 852 |
| 营业利润率 | －12.3% | －2.4% | －1% | 1.4% | 7.6% | 0.6% | 1.6% |
| 所得税 | 2 359 | 2 383 | 218 | －341 | －7 228 | －1 210 | －4 968 |
| 净利润 | －14 517 | －1 672 | －986 | 2 657 | 7 838 | 3 325 | 7 837 |
| 净利率 | －10.2% | －1.1% | －0.6% | 1.5% | 4.3% | 0.9% | 1.2% |
| 调整后净利率 | 13.3% | 6.6% | 6.5% | 9.9% | 10.4% | 12.9% | 8.2% |
| ADS（个） | 66 235 | 84 159 | 80 736 | 84 304 | 85 285 | 49 444 | 84 953 |
| EPS | －0.22 | －0.02 | －0.01 | 0.03 | 0.09 | 0.05 | 0.09 |
| EPS | 0.24 | 0.12 | 0.14 | 0.18 | 0.20 | 0.91 | 0.64 |
| 期权费用 | 5 841 | 6 983 | 5 338 | 5 292 | 5 245 | 11 064 | 22 858 |

续表

| 指标 | 2012Q4 | 2013Q1 | 2013Q2 | 2013Q3 | 2013Q4 | 2012 | 2013 |
|---|---|---|---|---|---|---|---|
| 无形资产摊销 | 2 295 | 2 704 | 2 653 | 2 549 | 2 528 | 6 058 | 10 434 |
| 贬值费用 | 5 515 | 0 | 0 | 0 | 0 | 5 515 | 0 |
| 整合费用 | 19 800 | 2 066 | 3 527 | 579 | 0 | 20 225 | 6 039 |
| 退市费用 | 0 | 0 | 0 | 4 251 | 3 180 | 0 | 7 359 |
| 调整费用合计 | 33 451 | 11 753 | 11 568 | 12 671 | 10 953 | 42 862 | 46 690 |

注：①如果不考虑华为的因素，那么在模拟基础上，2013 年第四季度的总收入同比增长 9.5%；

②如果不考虑华为的因素，那么在模拟基础上，2013 年第三季度的收入模拟同比增长 7.2%；

③如果不考虑华为的因素，那么在模拟基础上，2013 年第二季度的总收入同比增长 6.6%；

④2013 年第一季度的总收入同比增长 0.5%；公司表明收入增长乏力主要由于华为因素、日本市场不振及并购融合的负面影响。

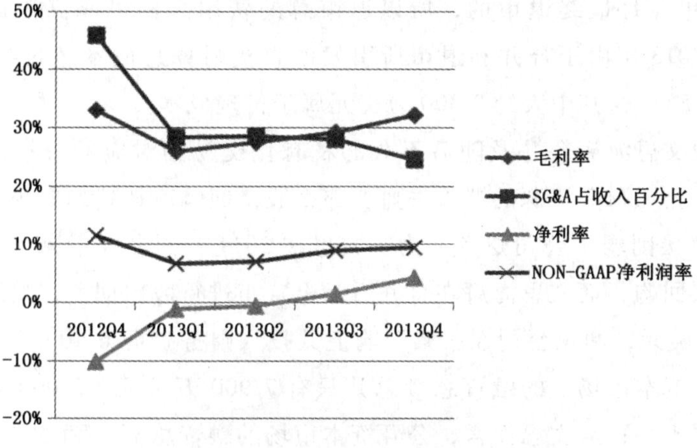


**图 40－6　文思海辉合并后季度财务数据**

据公司披露，华为业务所对应的收入在文思和海辉合计超过 9 500 万美元，这大约为两家公司 2012 年总收入的 15%；而这部分收入将在 2013 年逐步消失。2013 年 12 月 27 日，文思海辉将华为业务出售给中软国际，总对价为 4 960万美元，同时文思海辉需要补偿约 250 万美元。华为的软件外包业务在过去几年中保持了高速增长，对文思和海辉各自的业绩起到很大的作用。而在面对资本市场低迷情况下，华为业务的流失对文思海辉而言无疑是雪上加霜。但这是来自华为的选择，并非文思和海辉所能控制。这种来自外部环境的变化，所考验的就是企业的核心竞争力。

总之，文思和海辉的平等合并交易在财务成本上对双方而言是巨大的，从公开披露数据看：2012 年的合并整合费用高达 1 980 万美元，2013 年的此等费用高达 600 万美元；此外，还于 2012 年第四季度一次性确认无形资产贬值费用 550 万美元；如果考虑到文思评估的无形资产增值（主要是客户关系、软件技术等）所带来的将来费用摊销额增加的影响（约 500 万美元），那么，由于合并而直接产生的、可以识别的财务成本超过 3 600 万美元。和评估形成的无形资产贬值或者摊销所不同，这其中约 2 600 万美元属于付现成本，会直接减少公司的净资产。这个 3 600 万美元总金额远高于文思于 2011 年 2 200 万美元和 2010 年约 3 000 万美元的净利润，是海辉 2011 年净利润的 2 倍、2010 年净利润的 3 倍。

此后 2013 年，文思海辉又发生了高达 735 万美元的退市费用，由于公司是在 2014 年 3 月最终退市的，所以退市总的费用金额可能高于此数。所以 2012 年和 2013 年由于合并和退市所引发的直接财务总成本超过4 300万美元（3 600 + 735），这其中大约 3 300 万美元属于付现成本。

如果说文思海辉合并及随后不久的私有化交易相对应的直接巨额财务成本，造成了公司财务资源的严重失血，那么股票回购所耗费的资源从某种角度而言则是直接削弱了公司财务实力。文思在 2011 年进行了总额约为 3 400 万美元的股票回购，而文思海辉在合并后马上宣布进行股票回购，最终回购总额为 3 000 万美元，两家公司在股票回购上共投入财务资源 6 400 万美元。对海辉而言，从资本市场上的融资总额总共只有 7 900 万美元，3 000 万美元的回购力度实属不小；对文思而言，公开资本市场的融资总额（两次）共计约 1.5 亿美元；所以两家公司的股票回购总额约为融资总额的 1/4。

股票回购原本是为了稳定股价，向投资者展示公司的信心，这也是当时中概股公司面对危机而普遍采用的救市措施之一；然而，股市有其自身规律，尤其在大市低迷当前，个股是很难力挽狂澜的；除非类似阿里和百度这样的巨头，才具备实力通过股票回购对股价进行长期托底，对其他市值和财力偏小的中概公司而言难度比较大。大隐隐于（不利大）市，股价长期低迷，正可抵御资本市场短期逐利和浮躁心理对公司的负面影响，所以对公司而言未必是坏事，尤其是文思在 IPO 之后的两年时间内也经历股价长期破发和腰斩。

从客观角度而言，股票回购、合并整合及私有化事件都是重大的财务失血事件，在后续股权融资存在难度的情形下，对于底子本来就很薄的软件外包公司而言，这些失血事件都削弱了公司财务实力和发展后劲。

图 40 - 7 为文思海辉合并之后至退市前的公司股票价格走势情况。公司于 2012 年 11 月 9 日正式合并当天的股票收盘价格为 10.2 美元，此后一路走低，大部分时间低于 7 美元以下，2013 年 5 月 2 日的最低 4.95 美元价格，至 2014 年 3 月 27 日公司退市前最后一天的交易日收盘价格为 7.24 美元。

图 40 - 7 文思海辉合并后至退市前股票价格走势

如果抛开合并融合费用（600 万美元）、私有化费用（740 万美元）、期权费用(2 300 万美元)和并购无形资产摊销费用（1 100 万美元）这些总计约 4 700万美元的费用而言，2013 年的净利润率大约为 8.7%。这个盈利能力与海辉 2009 年和 2010 年相比不差多少，但 2013 年毛利率偏低（仅 28.9%），而且业务增长乏力（2013 年度模拟同比是负增长 0.5%），这正是公司下一步发展的隐患所在。如何恢复营业收入增长率和毛利率水平提升，应该是合并整合结束和私有化退市之后，文思海辉必须面对的挑战。

## 私有化：才出华尔街，又入“黑石”手？

面对来自资本市场的压力，文思海辉作出了私有化退市这样的战略选择：

• 2013 年 5 月 20 日，文思海辉宣布收到黑石私有化非约束邀约，拟私有化价格为每个 ADS 7.5 美元；

• 2013 年 10 月 17 日文思海辉和黑石基金旗下公司签订私有化协议，价格为每个 ADS 7.30 美元；这个价格是 5 月 30 日 收盘价格 5.26 美元的 39% 溢价，是前 30 天交易日平均收盘价格的 35% 溢价；对应的交易总金额为 6.358 亿美元；

• 2014 年 3 月 28 日正式完成私有化退市。

退市之后的文思海辉，可以避免华尔街每个季度的业绩压力，进行休养生息和战略调整，所以从某种角度而言是如释重负。虽然美国资本市场对短期业绩的过分注重从而透支了中国软件外包公司的中长期成长潜力，但不可否认的是，在过去数年中，成功赴美上市对包括文思海辉在内的中国软件外包公司的高速增长是有强大的正面促进作用。而离开了资本市场之后的文思海辉，靠什么作为纽带来凝聚一个超过两万人员工的生产力，靠什么来吸引更多的外部团队和资源加入（比如用什么来并购），从而保持和推动新公司的业务增长，这值得认真考虑。

文思海辉本身是由两个独立的上市公司合并而成的，在合并之前，不论是文思还是海辉，都尚未形成成熟的管理体系。所以两家本身尚处于管理模式探索阶段的公司合并之后，其整合的难度外人不可知，但可以想象。合并之后，不仅是如何整合的问题，可能还需要考虑整合的方向在哪里，达到这个方向的具体目标是什么，实现这些目标的路径又是什么　问题虽然两家公司已经在 2013 年经历了整合，但合并的后遗症可能不会在短期内消失，可能还会影响退市之后的业务增长。

此外，文思和海辉的业务团队之中，本身有不少是通过各自并购形成的，这些并购交易超过 40 起，而其中有些交易的考核期于 2013 年尚未结束。公司私有化退市之后，这些目标公司的考核期可能也行将结束，所以这部分业务在考核期之后是否还能够持续增长和保持盈利水平，也存在不确定性。

还有一个值得考虑的因素是管理模式的稳定性。文思和海辉合并之后，文思从原先的创始人团队管理过渡到以海辉为主导的职业经理人管理，虽然新公司仍然要面临华尔街的短期业绩压力，但公司的管理主动权并不受资本市场的影响。而文思海辉退市之后，公司的大股东变成了黑石，虽然私募基金在公司业绩上不如华尔街短视，但资本的逐利本性不会变，私募基金对所投资公司的业绩期待仍然是迫切的；因此，倘若私有化之后公司的业绩无法得到提升，或者保持，甚至恶化，那么私募基金对公司管理的直接介入也十分常见。倘如此，文思海辉的休养生息战略可能会受到影响。

目前我们并没有详细的公开财务信息可以了解文思海辉私有化之后的业绩表现。不过有媒体披露 2014 年文思海辉的营业收入大约为 7.13 亿美元，以及 2015 年 12 月穆迪将文思海辉的企业信用评级从 Ba3 下调至 B1；穆迪指出，2015 年前 9 个月，文思海辉调整后的营业利润率从 2014 年同期的 8.7% 跌至不到 3%。如果这些报道所涉及的数据真实，则表明公司私有化后的第一年业务同比增长低于 10%，而且 2015 年的盈利水平也在降低。媒体还报道黑石拟以不低于 10 亿美元的对价出售文思海辉。

这个出售能否成功？最后的对价会是多少？文思海辉会在国内 A 股资本市场上市，还是在香港资本市场重新上市？这些问题的答案日后自然会揭晓。其实我们在关注这些资本运作的同时，更加关注文思海辉在退市之后的几年休养生息之后，是否有更多的沉淀、更多的技术积累、更强的核心竞争力，或者说是否仍然保持原先的成长基因。假设再次借助公开资本运作手段，文思海辉能否向 9 年前或 6 年前那样，在上地的这片白桦林中再次创造出中国软件外包行业的高速增长奇迹，而不是让过去的奇迹成为永久的传说。

## 故事最新进展

据报道，黑石集团于 2016 年已经成功将其所持有的文思海辉股份出售给海航集团旗下某公司；海航集团成为文思海辉的最大最终股东。

# 41. 中手游在美集体诉讼最新战果解读

（本文于 2016 年 4 月 25 日首发于百度百家）

- 春节给发行商“红包”是否算贿赂？
- 投行的研究报告能否作为指控中手游涉赂的证据？
- 媒体对中手游涉赂的报道能否成为指控的证据？
- 市场部经理作为秘密证人的证言是否被法官采纳？
- 中手游到底是否进行了贿赂活动？
- 九名高管的撤职到底和所谓的涉嫌贿赂是否有关系？
- 法官是否认可了中手游的独立调查报告结果？
- 关联交易中关联方与否认定的关键要素是什么？
- 做空公司对中手游所涉关联交易的私下调查是否可成为指控的证据？
- 中手游的相关交易到底是否构成需要披露的关联交易？
- 本案还存在哪些疑点？

## 一场人事调整引发的股价暴跌诉讼案

• 中国手游集团于 2012 年 9 月 25 日登陆美国纳斯达克，是国内首家登陆纳斯达克资本市场的手机游戏公司，是港股上市公司第一视频的子公司。2012 年 9 月，中国手游集团通过“介绍上市”方式在纳斯达克挂牌，上市以来总共融资 1.2 亿美元。

• 2014 年 3 月 26 日，中国手游第二次公开融资总额高达 7 870 万美元，上市后股价最高超过 40 美元，最高市值超过 10 亿美元。

• 2014 年 6 月 19 日公司电话会议披露称，包括总裁在内的 9 名高管集体被免职，要求这些高管在 3 天内完成工作的全部交接，当天公司股价暴跌

22.57%，交易所叫停股票交易，停牌价格为14.63美元。

• 2014年6月20日，集体诉讼爆发，最初的诉讼期间从2012年9月20日至2014年6月19日；后来诉讼期间改为从2013年4月26日至2015年1月14日；原告指控被告在中国境内从事贿赂活动，从事关联交易而且未向投资者披露，还缺乏对公司的有效管理；包括公司、CEO、总裁及CFO和美国瑞士信贷、巴克莱等在内的5家投行成为被告；这些投行在中手游2014年股票发行交易中获得了约450万美元的承销收入。

• 2014年6月20日，成立了由四名独立董事组成的独立委员会，聘请美国盛信律师事务所协助其调查这些指控。

• 2014年8月14日，公司宣布独立委员会已完成对贿赂相关的市场传闻的调查，调查的结果显示没有发现任何对公司或是公司内任何人贿赂指控的证据。

• 2014年8月18日，国外媒体报道公司COO和CEO将各自购买中国手游1 000万元人民币美国存托股票。

• 2015年1月16日，GeoInvesting机构发布了做空报告，指该公司涉嫌通过将未对外披露关联关系的空壳公司营收计入公司营收，营业收入虚增。

• 面对做空，中国手游CEO和COO指出该指控报告错漏百出，不仅有大量欠缺根据的推断臆测，还有许多针对过去事件及具体情况的错误解读。

• 2015年5月18日，中手游公告，其手段买家集团发出的非约束性私有化收购邀约。

• 2015年6月9日，中手游公告签订私有化协议。

• 2015年7月27日，股东大会批准私有化协议。

• 2015年8月10日，中手游完成私有化。

在股东集体诉讼方面：

• 2014年11月20日，法官作出裁决合并所有诉讼为一个集体诉讼案件，并任命了原告首席代表和律师代表。

• 2015年2月2日，原告律师提交合并诉讼状，共56页，指控内容远比最先的仅仅19页的诉讼状内容要丰富。

• 2016年3月7日，法官作出裁决，同意被告的申请，驳回原告指控，同时允许原告中一个月之内修正诉状重新起诉。

在加入中手游之前，Y 是 ZHONGZHENG（中正公司）的创始人和 CEO，2013 年 6 月 Y 成为中手游发行业务（publish arm）的总裁。在此同时，Y 将其在中正公司 70.8% 的股权予以转让（Divest），这部分股权转让给中手游公司发行支持中心（publishing support center）的总经理 DJ。Y 从 2013 年 10 月至 2014 年 6 月 19 日期间担任中手游公司的总裁。

## 高管涉嫌贿赂，指控是否成立

原告指控中手游公司在 Y 管理期间从事贿赂活动。原告占有是依据第二号秘密证人所提供的证据，该秘密证人从 2013 年 6 月至 2015 年 1 月期间担任中手游某子公司上海公司市场部经理职位。据其透露，在移动游戏领域，仍然盛行渠道为王的理念，所以，为了维护同游戏发行商的关系，中手游通常在春节期间向对方提供包括“红包”在内的现金送礼。

原告对中手游的另外一个指控依据是香港投行野村证券香港公司（NOMURA HK，下称野村香港）于 2014 年 6 月 19 日的一份研究报告：据该报告透露，中手游曾经在某个电话会议中透露其解除 9 名高管的职务是基于他们涉嫌卷入相关贿赂事件。然而，原告并无法提供所谓该电话会议的会议记录，而且中手游也否认其高管职务解除是同涉嫌贿赂有关。野村香港的报告公开的第二天，中手游的股票价格下跌 4.57 美元，跌幅高达 24%，并于 14.33 美元收盘。原告虽然也援引相关媒体报道，指中手游 9 名高管职务变动和涉嫌贿赂有关，然而这些媒体报道的之一信息来源仍然是 NOMURA 的这份研究报告。

2014 年 6 月 20 日，中手游公告因对发行业务进行重组，所以暂时解除 9 名高管的职务。2014 年 6 月 26 日，市场对于公司高管涉嫌贿赂的传闻导致中手游决定启动内部调查；2014 年 8 月 14 日，中手游公布内部调查结果，并无发现任何证据证明中手游或者其任何雇员从事贿赂活动；4 天之后，中手游任命 Y 为公司 COO。

面对原告的指控，被告指出，法院应该拒绝采纳野村香港的研究报告作为证据；被告认为，因为这个研究报告本身在信息精确性（Accuracy）、完整性

（Completeness）和可靠性（Reliability）方面标明有免责条款，所以这个报告不适合作为原告指控被告的证据。

法官并没有认同被告的这个抗辩逻辑。法官指出，投行研究报告的免责条款仅仅是套话而已（boilerplate disclaimers），而针对这样的套话，被告为何就可以直接因此指明报告其中的某一描述事项不可信呢？（这个所谓的具体事项就是指，野村证券在该报告中指出中手游在某次电话会议中透露其对高管职务的解除是基于涉嫌贿赂有关）；被告在抗辩中并没有具体说明这个原因，所以法官并不认同被告的抗辩逻辑；相反，法官反而认为，野村证券的这份研究报告中所提到的中手游公司涉嫌贿赂之事项不能如此轻易地予以排除，真正致命的、导致该研究报告无法作为原告指控被告的，则是由于该研究报告的发布时间。

法院认为原告对中手游关于贿赂的指控上不符合证据同期的原则（contemporaneous falsity），因此这个指控不充分。这个原则要求，如果要指控某个时期的舞弊事项，则其所提供的指控证据必须在时间上和所指控事项的发生时间保持一致。

法院指出，野村证券香港的研究报告和相关媒体报告，这些原告指控所依据的信息，其报告时间超过中手游公布其 2013 年年报时间之后的 3 个月，更是超过中手游公布 2012 年年报之后时间的 1 年以上；因此这些证据和原告所指控的对象，两者在时间上存在错配（不同步）；法官认为，用年报之后才出现的相关研究报告和媒体报道，来指控中手游 2012 年和 2013 年的年报存在不实和虚假陈述，这不符合对虚假陈述的证据同期的原则；因此法官不支持原告对被告的这个指控。

所以，本案其实留下的疑点之一就是：到底中手游是否有在所谓的电话会议中提到其高管解雇是由于涉嫌贿赂？如果电话会议中没有提到，为何野村证券的报告会有如此表述？难道是野村报告出现误导？这个电话会议难道没有留下录音或者会议记录？这些疑问法官没有进一步追问，而其真实情况如何，外界至今也无从知起。

## 重大关联交易，是否隐瞒

原告指出中手游和中正公司之间存在大量关联交易，但并没有进行披露。原告指出，首先，中手游公司总裁 Y 通过将其在中正公司的股权转让给中手游公司 DJ 和 DCH 这两名员工，从而秘密控制中正公司；此外，中正公司是中手游的主要游戏开发商，在 91 无线苹果应用商店中，中手游公司将中正公司描述成为其数款游戏的开发和运营商，其中一款极为成功的游戏为“超级英雄”，该款游戏的月运营收入高达 640 万美元；原告还指出，在诉讼相关期间的对外公开信息披露中，中手游没有披露其总裁 Y 在中正公司的相关经历，在 2013 年年报中也没有披露 Y 曾经是中正公司的 CEO。

原告还引用了做空研究机构 GeoTeam 调查报告，该报告于 2015 年 1 月 15 日发布；第二天中手游的股票价格下跌 1.49 美元，跌幅为 7%，收盘价为 17.54 美元。该研究报告指出以下四个疑点：

①中手游总经理 MSZ 的电子邮件地址结尾是 daw. so，而这刚好是中正公司的网址域名。

②中正公司中 91 无线苹果应用商店上所留的电话号码和中手游公司所发布的其他游戏相关联。

③2014 年 10 月 16 日，中正公司通过工商局变更其注册地址，而该地址正是中手游公司全资的外资子公司地址，也是中手游公司某游戏部深圳的办公室地址。

④2014 年 11 月，GeoTeam 拜访了中正公司以上这个新地址，该办公室展示出了中手游的标志，而且前台人员宣称其没有听说过中正公司。

然而法官指出，虽然原告指控中手游的总裁 Y 仍然秘密控制着中正公司，但是原告并没有提供任何证据可以表明该等控制存在。

原告虽然指出 Y 分别于 2013 年 6 月份及之后的 2014 年 2 月份，将其在中正公司的股份转给了中手游公司的两名员工：DJ 和 DCH，然而，原告并没有说明中手游公司总裁 Y 和其两名员工 DJ 和 DCH 的何种性质关系，也没有说明是否 Y 仍然对中正公司拥有决策权（控制权）。

或许原告已经意识到其诉讼状在关联交易认定上的指控存在致命的不足，

所以在被告提出申请驳回起诉的动议之后，原告书面回复反对被告的这个动议，原告指出：①持有中正公司股份的两名员工中手游员工 DJ 和 DCH 都是在中手游总裁 Y 直接控制（direct control）之下，也是在其直接监督（direct supervision）之下。②况且，即使中手游总裁 Y 对这两名员工不构成直接控制，那么中正公司仍然可以认定为是中手游的关联公司，因为这两名持有中正公司股权的员工本身也是中手游公司的经理。

然而法院认为原告的以上补充指控内容并不在诉讼状之内，而是在反对被告动议的书面回复之中，依据美国案例法，原告不允许通过采用这样的方式来对其原先诉讼状进行补充或者修正，所以法院没有采纳原告的这两个最新的指控证据。

对中手游来说这确实是有惊无险，因为如果法院采纳了原告这两个证据，那么对中手游就十分不利了。至于原告为何在诉讼状中没有指出这个证据，其实这两项证据并非是新收集的内容，也仅仅是补充说明而言，所以看来原告律师在指控逻辑的完整和严密性上有待提高。

## 对中手游欺诈（Scienter）的指控是否成立

原告指出，中手游等被告对涉嫌贿赂和关联交易进行隐瞒这本身就是其动机所在；此外，如果披露这些信息则可能会对公司 2014 年的公开招股 IPO 带来不利的影响。因此，被告的欺诈动机是存在的。

然而法官认为，原告并没有指出被告是否从所指控的贿赂交易和关联交易中存在具体的个人不当得利；所以原告对被告在欺诈要素的指控仅仅是结论性的，并无法从原告的诉讼状中强有力地推导出中手游存在欺诈的动机和机会。

担心影响公司公开招股 IPO，仅仅这样的指控还无法满足欺诈动机成立。除非原告能够证明中手游本身就存在舞弊行为，利用虚假的信息上市，然后将上市融资所获得资金通过内部交易形成不当得利。但是，很显然，本案的诉讼状并没有提出这方面的指控。

法院认为原告的诉讼状也无法充分指出被告存在有意识的不当行为（conscious misbehavior）或者任何重大过失（recklessness）行为，如果存在这两种行为中的任何一种，则也符合集体诉讼中欺诈要素。

原告指出：

①被告清楚知道其对关联交易和内控缺陷的披露是存在义务的，因此也就知道其所做的对外陈述存在重大误导。

②本案舞弊事项是如此简单和明显（simplicity and obviousness），从而可以从中推定被告的行为是欺诈性质。

③中手游的 CEO 和 CFO（也是本案的被告之一）签署了关联当局申明书，但其关联交易的披露却没有包括中正公司的相关交易。

④中手游的 CEO 知道中正公司是属于关联公司，因为其本人和中正公司时任 CEO Y（本案被告之一，中手游公司总裁）之间保持有私人密切关系；而且中手游公司的 CFO 是有权接触相关内部信息，而这些内部信息足以透露出中手游和中正公司之间的实质关系。

⑤中手游公司对外信息披露中没有披露其总裁 Y 曾经在中正公司任职的信息，这足以说明中手游公司及其 CEO 和 CFO 是积极隐瞒这些信息的。

⑥被告隐瞒涉嫌贿赂事项乃企图所在。

⑦所涉及的涉嫌贿赂事项和关联交易事项，都是同中手游公司的核心业务（core operation）相关。

法院指出，原告并无法说明为何中手游公司的 CEO 和 CFO 对所谓贿赂事件和关联交易是应该知情而没有知情，其中是如何存在重大疏忽的，原告仅仅是指出 CEO 和 CFO 有义务知情，因此以上 7 点中的前 3 点都无法获得法官认同。

至于第 4 点指控，法官指出，原告并没有说明为何中手游 CEO X 和中正公司原 CEO Y（本案中手游的总裁）之间的私人关系，可以证明被告对所谓的关联交易是知情的；而至于中手游 CFO 可以接触到某些内部信息这样的指控也不充分，因为原告无法指明所谓内部信息是何种具体报告或者陈述资料；原告仅仅是模糊地指出某些信息来源（sources of Information），这最多是属于初始的信息（raw data），这样的信息中集体诉讼案例法中是不会得到采纳的。本案中，原告并无法指出中手游公司的 CEO 和 CFO 可以获得何种信息来显示 Y 将其在中正公司股权进行转让这一交易属于虚假行为。

对于第 5 点，法官指出，原告并没有说明中手游的 CEO 和 CFO 是否对其总裁 Y 仍然和中正公司保持关联关系知情，虽然公司公告遗漏披露了其总裁曾经在中正公司担任 CEO，但仅仅如此指控并没有涉及中手游公司故意隐瞒该信息的企图。

对于第 6 点，原告认为中手游否认涉嫌贿赂正好可以说明其 CEO 和 CFO 对此是知情的。法官指出，中手游事件的后续发展（正如诉讼状所描述）恰恰是说明所谓的涉嫌贿赂事件不存在，因为公司成立的独立调查委员会，并出具了调查结果表明不存在贿赂行为；更为重要的是，原告也无法从这些期后所发生的系列事件（如中手游进行内部调查等等）指出中手游之前的对外信息披露在发布时候其管理层中主观意识（state of mind）上存在欺诈。所以现在看来，中手游所启动的独立调查及所出具的调查结论，对挫败原告的指控还是起到一定作用的。

对于第 7 点，原告引用了核心业务的法律原则（core operation doctrine）。这一原则是指公司是有义务确保与核心业务相关的信息不能误导，所以如果重大不实陈述或者信息隐瞒是与公司的核心业务相关的，那么可以从中判定公司存在欺诈企图。但本案的法官认为，原告并无法充分指控中手游对所谓的不实陈述和信息隐瞒是知情或者应该知情的，仅仅是这个核心业务原则本身尚不足以判定中手游存在欺诈的主观意识。

至此，法官认为原告对中手游存在欺诈主观意识的指控并不充分。

美国证券集体诉讼的还有一个重要条件是损失的因果关系（loss causation）。本案中，法官认为原告目前的诉讼状尚无法充分指控中手游存在重大不实陈述或者信息隐瞒，也无法充分指控中手游存在欺诈的主观意识，因此对于损失的因果关系是否成立也就不需要做进一步的法律分析。

基于以上的法律分析，法官同意了中手游等被告的申请，驳回原告的起诉，同时法官允许原告中 30 天之内修改诉讼状之后重新起诉。

至此，在同原告的抗辩中，中手游是首战告捷。

据披露，原告于 2016 年 7 月 18 日，提交了第二次修正的合并诉讼状。看来，此案争辩还在持续中。

## 申明和信息来源

本案例的主要信息来源于相关法律文件，案件中所提到的指控内容，可能属实，也可能并非属实，本书对此并无任何立场；同时由于本案并未经过陪审团和法院的最后判决，被告并不承认这些指控，所以也意味着这些指控的事实认定在美国证券相关法律下并未予以确认。本案例的主要信息来源包括：

- Consolidated Complaint, Case 1: 14 - cv - 04471 - KMW Document 54 Filed 02/02/15.
- Opinion and Order, Case 1: 14 - cv - 04471 - KMW Document 84 Filed 03/07/16.

# 42. 宜人贷：股价大跌之后的集体诉讼案

（本文于2016年8月25日首发于百度百家）

2016年8月24日，宜人贷几乎崩盘，大部分网贷公司进入死亡倒计时？

宜人贷（NYSE：YRD）是中国在线金融服务平台，2012年由宜信公司推出。宜人贷通过互联网、大数据等科技手段，为中国城市白领人群提供信用借款咨询服务，并通过“宜人理财”在线平台为投资者提供理财咨询服务。2015年12月18日，宜人贷在美国纽交所成功上市，成为中国互联网金融海外上市第一股。宜人贷以每股10美元发行7 500 000ADS，本次募资总额为7 500万美元，每个ADS相当于公司普通股2股。然而，宜人贷IPO后首日交易，股价开盘即遭遇下跌，最终以每股9.1美元的价格收盘，比发行价及开盘价下跌9%，首日破发。宜人贷上市后的一段时间内股票价格长期低迷，最低收盘价格为每股3.35美元，但后来一路涨势迅猛，最高收盘价格高达每股42.34美元。

2016年8月24日（美东时间），宜人贷股价当天收盘与前一天相比，跌幅超过22%；全天的交易量解决500万个ADS，是日均交易量的5倍以上；这几乎可以说是崩盘了。如果从8月22日算起，短短几天之内，宜人贷的股票价格已经缩水超过30%（见图42-1）。

和宜人贷股价暴跌相关，2016年8月24日，中国银监会正式发布《网络借贷信息中介机构业务活动管理暂行办法》（以下简称《办法》），这是一份正式规范P2P网贷平台业务的管理文件。

中国银监会的这份管理办法明确提出：P2P公司不得吸收公众存款、不得归集资金设立资金池、不得自身为出借人提供任何形式的担保等，还增加了不

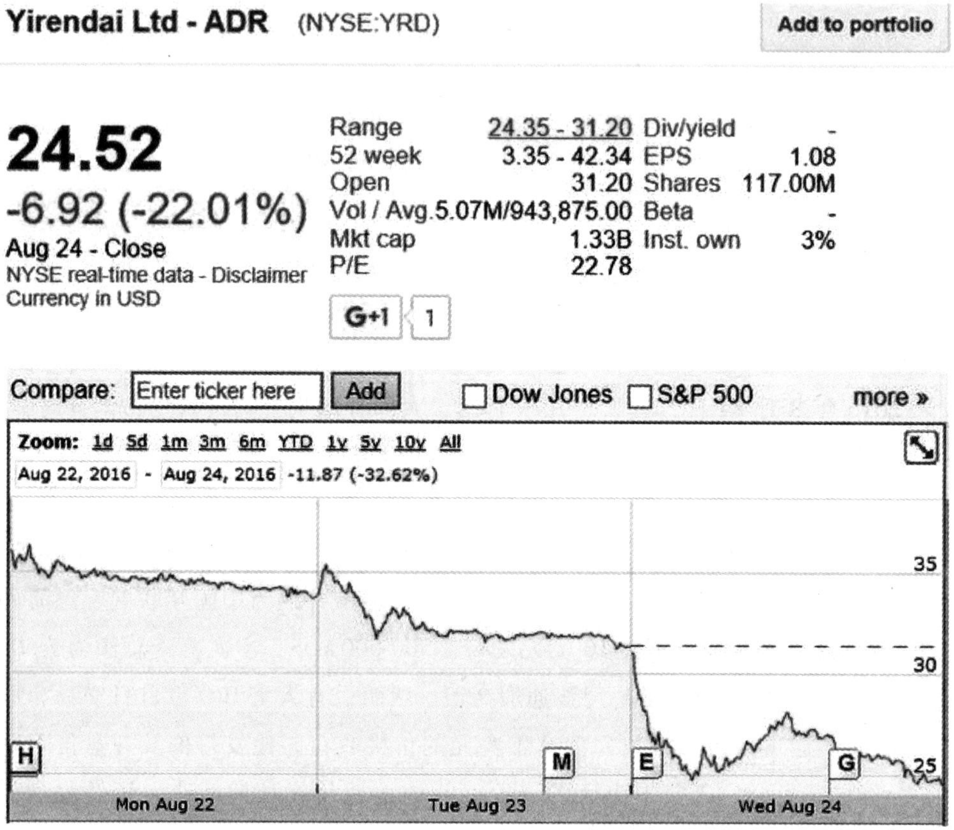


图 42－1 宜人贷股票价格走势

得从事债权转让、不得提供融资信息中介服务等高风险领域内容，对打着网贷旗号从事非法集资等违法违规行为，坚决实施市场退出。在具体负面清单内容中，除上述要求外，还包括网络借贷平台不得发售金融理财产品、不得开展资产证券化等形式的债权转让等 13 项禁止行为。

该《办法》进一步明确了网络借贷机构的定位为信息中介机构。信息中介不是信用中介，这意味着网贷机构不允许设立资金池，且经营活动必须在线上，线下不得从事营销活动和虚假宣传。

《办法》的出台必然会加快国内互联网金融行业洗牌的速度。根据《办法》，银行资金存管将成为网贷平台发展的硬门槛，直接掐住平台的命门。目前市场已上线银行资金存管系统的平台比例并不多，这就意味着大部分平台将因不符合监管要求而退出市场。

银监会表示，《办法》明确单一借款上限，单一自然人在一个平台上的借款上限是20万元，在多个平台上的借款上限是100万元。单一组织在一个平台上的借款上限是100万元，在多个平台上的借款上限是500万元。

对于大额资金交易平台，监管层目前似乎并不鼓励。有业界人士认为，从现存的两千多家“网贷”机构看，做小额资产端的，多数风险控制比较好，经营比较正常，而做大额业务的，多数涉及自融自保、期限错配和设立资金池、参与房地产等限制性行业，背离了网络借贷的本意。监管层的意思是不希望网贷与传统金融进行正面竞争，网贷行业只能做小额借贷，让多数平台做不下去，被淘汰或主动退出这个行业，只剩余一些大的规范平台，这或许就是监管的目的。

在主要监管主体上，《办法》首次明确了中央监管部门和地方政府“双负责”的安排，明确提出银监会及其派出机构主要负责网贷的制度设计、规则制定和日常行为监管，明确由地方政府的金融监管部门（金融办、金融局）负责机构监管，包括机构备案、登记、风险防范和处置。

《办法》对网贷设置了负面清单管理，即划定底线，明确哪些东西“网贷”机构不能干。同时，按照简政放权的要求，对“网贷”机构实行“备案管理”，而不是传统意义上的持牌许可。备案管理主要解决“网贷”机构资料的齐全性，而不是门槛高低，没有资本金限制，没有高管人员的限制，没有股东的限制，但备案必须有必要的资料、手续，备案登记机构必须持续、无条件地向监管机构报送经营信息。

ICP证也将成为网贷平台的一大门槛，对此，工信部的职责是做好电信业务的经营许可准入工作。《办法》第五条规定，网络借贷信息中介机构完成地方金融监管部门的备案登记后，应当申请相应的电信业务经营许可，未申请电信业务经营许可不得开展网贷信息中介业务。

银监会在网贷行业新规的发布会上指出，下一步将制定网贷客户资金第三方存管具体办法，明确银行业金融机构对网络借贷资金的监督管理职责以及存管银行的条件等，以此满足当前网贷行业资金存管的市场需求。

根据《办法》，网络借贷信息中介机构不得从事或者接受委托从事的活动包括：为自身或变相为自身融资，直接或间接接受、归集出借人的资金，将融资项目的期限进行拆分，从事股权众筹等业务等13项活动。

《办法》出台后，宜人贷CEO在接受腾讯科技专访的时候指出，经过研究，该《办法》对宜人贷没有特别大的影响，因为公司的信息披露已很完善，唯一的影响就是个人在同一平台有借款20万元的限额，但实际上20万元以上的借款在宜人贷很少。《办法》规定了12个月的调整期限，宜人贷股价3个月就可以调整完。

## 股价暴跌之后，美国股东集体诉讼战正式爆发

继2016年8月24日股价暴跌超过22%，交易量超过500万个ADS之后，在纽约交易所上市的中国P2P第一股宜人贷（YRD）现在又面临新的挑战：华尔街“诉棍”开始围攻宜人贷。

2016年8月26日（美西时间周五），华尔街律师Scott + Scott LLP向加州中区联邦法院递交诉讼状，宜人贷在美国的股东集体诉讼战正式打响。

宜人贷于2015年12月18日在美国纽约交易所成功上市IPO，IPO价格为每个ADS 10美元。孰料上市仅仅半年之后，宜人贷就遭遇股东集体诉讼，这也是2016年中国概念股在美国遭遇的第一起集体诉讼案。

这起集体诉讼案的诉讼期间为2016年5月11日至2016年8月24日。5月11日是宜人贷公布2016年第一季度业绩的时间，而8月24日则是中国银监会公布《办法》之日，也是宜人贷股价暴跌之日。从2016年5月11日至8月24日，宜人贷的股价收盘股票分别为11.25美元和24.52美元，中间最高收盘价格为8月18日的37.5美元，这一期间的股价变动如图42－2所示。

原告指控宜人贷在诉讼期间进行了重大不实和误导性陈述，而且还隐瞒了公司在业务经营和前景方面重大的负面信息。具体而言，原告指出宜人贷没有披露如下信息：①在客户申请贷款方面，宜人贷所面临的欺诈事件正在增加。②为打击该行业日益增加的欺诈事件，中国政府部门颁布了相关反欺诈规定，而实施这些规定则会为宜人贷的业绩带来不利影响，宜人贷没有披露该信息。③由于以上两个原因，宜人贷在涉及公司业务经营和前景方面的陈述存在不实

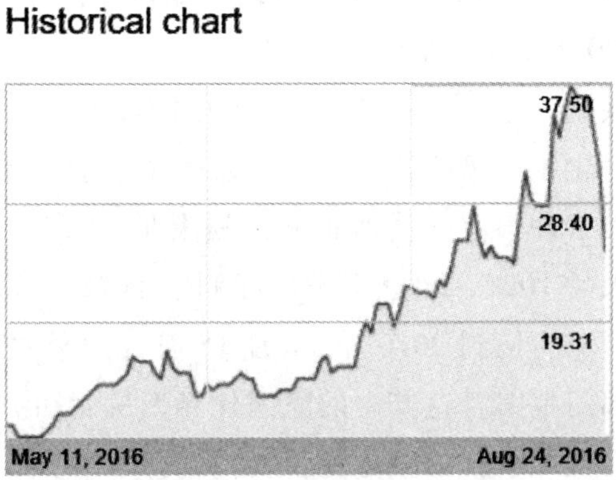


**图 42－2　宜人贷股价变动**

和误导，或缺乏合理基础。

对于集体诉讼，宜人贷回应：我们认为该起诉状中的指控没有任何依据，并准备积极应诉并维护公司权益。

此后又陆续有数家律所向法院提交诉讼，指控宜人贷。据媒体报道，至少有八家律所发起诉讼，这些律所包括：Khang & Khang Bronstein；Gewirtz & Grossman；Lundin Law；The Wagner Firm；Goldberg Law；Law Offices of Howard G. Smith；Rosen Law Firm；Glancy Prongay & Murray。

不过从目前的起诉状来看，原告所指控的内容并不具体，比较类似泛泛指控，宜人贷认为原告的指控并无任何依据。从宜人贷后续的股价表现来看，在经历此次暴跌之后，股价又开始回升，于 2016 年 10 月 21 日其收盘价格又重新回到 30 美元以上。所以，如果没有其他具体且属于宜人贷自身的负面事件发生，原告如果仅仅初步凭借这个诉讼状试图成功指控宜人贷，难度颇大。

2016 年 11 月 15 日，宜人贷发布了 2016 年第三季度财报：营业收入 8.767 亿元（折合 1.315 亿美元），同比增长 137%；净利润为 3.44 亿元（折合 5 160 万美元），同比增长 308%；管理费用增至 1.89 亿元（折合 2 830 万美元），上季度仅为 7 333 万元，增加了约 2.6 倍；去年同比的金额为 3 460 万美元；本季度管理费用占收入的比重高达 21.6%，而去年同期的比重仅为 10%。宜人贷财报透露，本季度管理费用增加的最主要原因是旗下一款极速贷款产品（Fast Track Loan Products）遭遇有组织欺诈事件，宜人贷为此损失了8 130万元（折合1 220万美元）的风险准备金。

财报还披露，该欺诈事件是在2016年7月份被发现的。此后，宜人贷停止了该产品，并在强化相应风险管理之后，该产品才于7月底重新推出。

显然，这个欺诈事件给宜人贷所带来的损失是巨大的，8 130万元的损失接近本季度营业收入的10%，超过本季度净利润的20%。这个事件是在2016年7月份被发现的，但为何到2016年11月15日才对外披露，也未见公司对此欺诈事件向公安部门报案，这其中的原因外界无从而知。估计在股东集体诉讼中，原被告双方会就此事件的披露是否妥当进行争辩。

在宜人贷公布2016年第三季度财报之后的一个月左右时间里，宜人贷的股价又呈现下跌状态，截至2016年12月20日，一个月之内股价下跌约27%（见图42－3）。在宜人贷上市一周年的日子，其股价也出现异常下跌，这些或许都会对集体诉讼造成影响。

**图42－3 宜人贷股价变动**

## 申明和信息来源

本案例的主要信息来源于相关法律文件，案件中所提到的指控内容可能属实，也可能并非属实，本书对此并无任何立场。同时，由于本案并未经过陪审团和法院的最后判决，被告并不承认这些指控，所以也意味着这些指控的事实认定在美国证券相关法律下并未予以确认。本案例的主要信息来源包括：

- Class Action Complaint.

# 43. 从中概更换审计师看上市公司和审计师的关系

以下两个案例是对在香港上市的中概公司更换审计师的情况分析。

## 阿里影业前任审计师为何说走就走

阿里巴巴影业集团有限公司（以下简称阿里影业），曾用名是文化中国传播集团有限公司（简称“文化中国”），而之前的名称是上联水泥股份有限公司（简称“上联水泥”）。

公司的股东包括阿里巴巴（控股股东）和腾讯，第二大股东中还是“小燕子”的夫君（在报道该投资时候，媒体习惯将“小燕子”放在其夫君前面，其实据年报披露是其夫君名下100%控股公司持有该股份），虽然在入股不到半年后就迅速套现近10亿港元，但第二大股东的地位没有变，而且董事会成员中有大名鼎鼎的巨星“少林寺觉远”李连杰。

在美国上市的阿里巴巴公布了2016财年第一季度业绩公告中所披露的信息，其中披露阿里影业在该季度给阿里巴巴公司一次性带来了超过247亿元人民币的利润，占了阿里巴巴当季度净利润（约308亿元人民币）的大头，绝对金额远超阿里巴巴主营业务带来的营业利润，后者当期金额仅为51.6亿元人民币。至少从这个季度数据看，阿里影业的巨大成功，让阿里巴巴集团的主营业务暂时性黯然失色。从阿里影业最新公布的财务数据看，该公司2014财年的总收入不到2亿元人民币，亏损约4亿元，其过去6个月的最高市值超过100亿美元，目前市值大约为470亿元港币，不可不谓是被投资者热捧的明星上市公司。不过令人好奇的是，这么耀眼的明星公司，其审计师为何说不干就不干了呢？

2015年1月21日，阿里影业董事会宣布德勤已经提出辞职，并于当日生效。德勤的正常程序包括每年考虑是否愿意继续为审计客户提供服务（annual consideration），在决定是否辞职前，德勤考虑了多项因素，其中包括与审计有关的专业风险、审计酬金水平及鉴于目前工作量可动用的内部资源。德勤、阿里影业董事会和审核委员会确认，关于德勤辞职之事，并无存在需要提请股东关注的事项。

审计师说是经过其正常的每年内部评估程序后作出这个决定的，不过在年底资产负债表日已过（新年年初）才作出辞职的决定，可能说明审计师这个年度评估工作滞后，也可能是在2013年股东大会批准之后，公司和审计师之间尚未签署审计合同。该公告并没有明确审计师离职的具体原因，外界也无从猜起，不过审计师指出其是经过考虑了多项因素之后决定离职的，我们不妨分析一下公告中披露的审计师所考虑的多项因素在作出离职决定时会对公司造成多大影响。

## 专业风险

近年来，德勤从中概股辞职已经不是新闻，但之前更多的辞职原因从公开角度看，主要是审计师认为公司管理层的诚信出现了问题。比如几年前的东南融通和中国高速频道，虽然审计师在东南融通的集体诉讼中最终得以幸免，但在高速频道案件中，审计师于2015年5月则不得不以1 200万美元的赔偿了结诉讼。

阿里影业的情况显然不同于前面所提到的那些因财务舞弊而退市的中概公司。阿里巴巴高层不可能，也不至于，更没必要进行财务舞弊，当然不排除流程执行层面或者操作层面出现一些财务小违规这个固有风险，但这个风险水平应该属于可控的。阿里影业于2014年8月15日公告其可能存在会计违规，后来聘请普华永道于9月份入场进行调查，并于2014年11月12日出具了调查结果，这个财务违规应该是阿里巴巴入股影业之前的行为，阿里影业因此进行了2013年度报表重述，公司还决定进行内控整改，阿里巴巴集团还派出了其法务总监出任阿里影业的公司秘书。从这个角度来看，阿里巴巴对公司治理非常重视，阿里影业的公司治理在强化、在改进，而这对于审计师的专业风险只能起到降低作用。

如果说公司的治理环境改善反而减低了审计师的专业风险，那么难道是阿里影业的业务复杂，所需要的会计和审计技术难度高，从而可能会因为审计师的胜任能力不足而引发专业风险？德勤作为全球会计公司营额排名第一的“四大”之一，其任何一个审计团队都是高手中的高手，何况就阿里影业目前业务模式来看并不会涉及十分特殊、复杂的会计判断（虽然之前在可转换债券计量上出了点会计差错），所以不大可能会因为胜任问题而引发专业风险。

## 审计薪酬

阿里影业（及其前身公司）年报中所披露的支付给审计师的服务费用如表 43 – 1 所示。

**表 43 – 1　　阿里影业核数师服务费用**

| 内容分类 | 2014 年 | 2013 年 | 2012 年 | 2011 年 | 2010 年 |
|---|---|---|---|---|---|
| DTT——审计 | – n/a | 2 600 | 3 100 | 1 800 | 1 550 |
| DTT——非审计（含中期审阅） | 1 203 | 660 | 410 | 2342 | 950 |
| PWC——审计 | 2 200 | n/a | n/a | n/a | n/a |
| PWC——非审计（财务调查、内控和税务咨询） | 7 150 | n/a | n/a | n/a | n/a |
| 合　计 | 10 553 | 3 260 | 3 510 | 4 142 | 2 500 |

注：2014 年度为千元人民币，其他年度为千元港币。

从以上数据来看，过去几年中二三百万元港币的年审费并不高，不过 2014 年的非审计费用金额与历年的审计费用相比十分耀眼。这个费用主要是聘请 PWC 进行财务调查和内控税务咨询的费用，从中可看出，企业如果日常公司治理工作没有做到位，迟早是会有代价的，所以上市公司在内控管理、财务建设方面的投入不能省。此外，非审计费用远比审计费用高，对事务所的投资回报来说，这也似乎说明审计业务不如非审计业务诱人。当然，2014 年非审计费用这个数据也可以说明阿里影业在公司治理方面是舍得投入的。

从 2014 年审计费用来看，后任审计师费用和上年比较绝对金额相差无几。况且如今的阿里影业已经不是原来的文化中国，更不是早年上联水泥，阿里影业现在是个估值数百亿元港币的公司，手握大量现金，正准备进行更多并购交易，对审计师来说潜在的商机无限。按照通常的商业判断逻辑，哪怕现在审计薪酬偏低，审计师也犯不着辞职，辞职后不仅2014年的年审服务机会没有了，而且也意味着将这块将来的生意大蛋糕拱手送人了。所以审计薪酬似乎并非是主要或者关键因素。

## 可动用内部资源

这个因素基本可以不用分析。

从以上几个因素分析来看，似乎很难看出审计师辞职的具体原因。那具体原因到底是什么呢？从公告所披露的另外一个字眼中可能给以给出答案，那就是“愿意”（英文公告对应动词是“wishes”）。在商业社会中，审计师凭什么可以（或者说凭什么不可以）对上市公司说“愿意”（也或者说“不愿意”）呢？“愿意”来源自“意愿”，能根据自己的“意愿”发出声音，说明其有自身的独立思维和自由意志，而在商业社会中的理性经济人（审计师也是其中一个），能够维持独立思维和自由意志的，除了需要秉持坚实的价值观之外，则必须有强大的实力做后盾，不然无法在商业社会立足，而这个实力对审计师来说，至少包括了优势品牌、专业胜任能力、雄厚的经济实力、丰富的人力资源和自信。商场如此，审计行业如此，其实对个人的职业规划来说，也是如此。

## 德勤离去，阿里影业如何了？

德勤由于“不愿意”而走了，走的时间是这么的紧迫，1月21日，留给企业挑选新的审计师时间并不多。很快，控股公司的审计师（也是阿里影业此次财务违规的外聘调查机构）普华永道被聘任为阿里影业的2014年度审计师。2015年3月31日审计师出具了2014年度阿里影业的无保留意见审计报告。看来，阿里影业并没有受到德勤辞职的影响。接下来阿里影业又推出了一系列重大举措，内容包括：4月8日公告宣称阿里巴巴集团可能将线上电影售票业务和娱乐宝业务注入；4月21日用8.3亿元人民币全资收购粤科软件；6月份又刚刚进行了以每股2.9港元的42亿股新股配售，此后公司的现金储备超过145亿元港币。截至2015年8月24日，阿里影业的股价跌至1.65港元，高于阿里巴巴2014年0.5港元的购买价，也比“小燕子”2014年12月1.6港元的认购价高，低于2个月前的2.9港元配售价格，低于过去6个月的最高价格即4.9港元。考虑到公司巨额现金储备、阿里巴巴的巨大实力和其对影业的雄心壮志，阿里影业能否演绎出更加动人的前景？

就阿里影业对阿里巴巴集团报表（“美国报表”）未来影响来看，阿里影业非常好，则对美国报表影响会好；阿里影业一般好，则对美国报表影响可能会好；阿里影业不好，则对美国报表的影响很可能不好。因为阿里巴巴美国报表在2016财年第一季度一次性确认了高达247亿元收益，这个收益其实会给报表带来后续影响。在美国会计准则下，这个投资需要评估确认部分无形资产和商誉，前者需要进行摊销，直接影响了将来的投资收益，而且如果影业市值变动（如果长时间大规模缩水），美国报表不得不进行无形资产和商誉的估算和确认。当然这仅仅是从报表数据的角度进行预期分析，可以想象的是，互联网大潮下的“生态布局”热，有可能催生一门新的会计学科——“互联网生态会计”，从会计的角度识别和分析“生态布局”的风险和影响，并寻求避险方案，让会计更好地为战略布局服务。会计的同仁们，加油吧。从这个角度看，在资本市场剧烈变动的情况下，时下互联网巨头和非巨头所热衷进行的“生态布局”都会面临这个固有风险。生态布局同企业主营业务之间的协调效应（synergy）如何尽快体现，这可能是巨头们不得不考虑的问题。正所谓：生态有风险，布局须谨慎。不过人类需要冒险精神，企业家必须有冒险精神，不然人类如何进步？不然世界怎么会如此精彩呢？

## 佳兆业为何不得不“更换”普华永道

2016年7月15日，停牌16个月之后的佳兆业集团控股有限公司（1638.HK）再次公开发声，不过这次是发出更换核数师的公告。根据该公告，公司协议终止和罗宾咸永道会计师事务所（普华永道）的核数师关系，并从2016年6月24日开始，聘用致同（香港）会计师事务所有限公司为新的核数师。

公告指出，由于审计师无法承诺跟从公司的时间表行事，所以公司拟终止和普华永道的审计师关系。公司要求审计师于2016年9月或者之前完成2014

年的年报审计工作，但审计师认为还有若干审计程序未能完成，何时能完成也无法知道，所以无法承诺佳兆业的时间表要求，因此双方协议终止审计关系。据说，此前该关系维持了十年。

审计师为何无法承诺佳兆业的时间表？审计师的辞职信透露了重大信息

佳兆业的公司公告中列出了审计师辞职信的部分内容，而这封辞职信却透露出了佳兆业 2014 年年报无法出台的重要原因：有待调查和重大未决事项。详见如下：

**（1）2014 年若干协议的发现及会计记录的确实性**

佳兆业管理层于 2015 年 2 月发现数份与第三方签订的协议，当中大部分为 2014 年之前签订，而少数于 2014 年签订。佳兆业管理层指出 2013 年度及以前的财务报告有若干重大错误，当中涉及将若干“非计息负债及非控股权益”重新分类为“借款”，涉及资金约 206 亿元，另有约 19.69 亿元的“利息”需将其资本化为“开发中物业、持作销售的已落成物业及开发中投资物业的成本”，或在综合收益表中支销。对这些合同对方的认定和回复等方面，审计师无法获得可信的审计证据。审计师要求公司董事会就这些合同进行调查，但公司董事并不同意此项要求。由于审计范围受到限制，审计师无法确认这些交易的完整性和准确性。

有媒体报道认为，佳兆业的债务危机，很大程度上来自于隐性债务的暴露。所谓隐性债务，也称表外负债，这是房企普遍会采用的融资模式，即利用项目进行股权型融资，约定收益和股权回购期限，作为债权人的项目小股东给项目提供“股东贷款”。这就是所谓“明股实债”，在房企财报中一般不会被计入负债，但如果房企遭遇严重困境，这些债务就会立刻显露出来。真相果真如此？

**（2）发现不明的现金付款及收款**

在审核 2014 年度财务报表的过程中，普华永道发现佳兆业在当年以及往年有来自多名第三方的大额收款及付款，当中部分款项为佳兆业其中一名承包商支付的建筑付款。2014 年度，佳兆业非建筑付款的收款、付款总额分别为 108 亿元和 119 亿元，其中来自多名第三方的“其他应收款”及“其他应付款”分别为 17 亿元和 27 亿元，其后该数额被调整为 25.5 亿元和 32 亿元。普华永道表示，上述涉及第三方的付款与收款均无合法的文件证据作佐证，管理层也未能透露第三方的身份以及与佳兆业集团的关系。这个不明现金交易第三方到底是谁？有媒体报道认为：其实，在佳兆业危机爆发之初，20余家金融机构针对佳兆业项目的财产进行保全申请，在“被申请人”一栏中，一些与佳兆业看上去并无关联的公司也赫然在列。难道这些便是隐匿于佳兆业上市公司外围的关联平台？难道这些公司与佳兆业之间发生的业务并未被上市公司作为关联交易披露？

**（3）购回已出售的项目公司**

佳兆业在日常业务过程中不时向第三方出售项目公司，以达到出售项目尾货以及拟开发项目的目的。截至2014年年底，佳兆业购回于已出售的若干项目公司，涉及金额约49亿元，而这些买方均为上述第2点中的不明现金交易的第三方。部分项目由原价买回，其中有4项购回项目与原本售价相差2.5亿元。

在2014年上半年，佳兆业也以总代价27亿元向上述第2点中提到的不明现金交易第三方出售6个项目公司，其中4项交易随后被取消，原本支付的14.78亿元被退回，8.24亿元的项目销售收入及纯利于下半年冲回。这些项目公司所对应的资产和负债计入2014年度的财务报表中。目前，仍有3个项目公司及1个被取消交易的项目公司法定拥有权并未转让至佳兆业。

综上，佳兆业向购回项目公司的卖方、被取消项目公司的买方总共支付了63亿元，超过相关合约金额1.7亿元。更为重要的是，所有这些付款都没有三方合同证明（三方指佳兆业公司、收款人、回购项目公司的卖方/被取消项目公司的买方）。所有这些付款的指定收款人皆为上述第2点中提到不明现金交易指称的第三方。这些巨额款项付款给了谁？这个不明现金交易的第三方到底是谁？原因何在？审计师必须要知道这个过程，而且必须能有充分的证据来证明其真实、完整和可靠。

佳兆业在2014年里还以29亿元的代价向上述第2点中提到的不明现金交易第三方购买了5个项目公司，该公司拥有若干开发中物业及1个拟开发项目。

审计师认为，以上交易的实质和性质是什么，无法确信。比如：交易定价是否合理？付款安排及收款人的身份无法确定，审计师无法获得交易对方可信任的回复，审计师也无法和交易对方会晤，所以审计师无法确认这些交易是否发生（Occurrence）、是否完整（Completeness）、是否准确（Accuracy）、估值是否合理（Valuation）。由于审计师无法对这些重大交易活动的这四方面在财务报表中隐含（Assertion），所以也就影响到审计师能否对整体报表发表审计意见。

**（4）出售东莞及惠州的附属公司**

2014 年，佳兆业以 5.6 亿元的价格出售了位于东莞及惠州的 10 家附属公司，并确认 4.2 亿元的亏损。截至 2014 年年底，对于上述出售，佳兆业仅收到 0.5 亿元的付款。截至 2014 年 12 月 31 日，这些公司的法定拥有权已经转让给买方。审计师无法获取足够证据证明这些交易的商业实质和理由，包括估值是否合理，审计师也无法会晤买方以获取审计证据。也就是说，为何有这些交易？这些交易的目的何在？其估值/作价过程如何？审计师必须知道这些。

**（5）重新指定已收垫款所得款项为其他应付款**

佳兆业将原本入账为应付原订约方的“已收取垫款所得款项”转为另外第三方的“其他应付款项”，涉及金额约 7.6 亿元。为何要作出如此重新指定？其实质是什么？审计师需要知道。但是，目前看来，审计师并无法获取可信任的对方确认或者回复，也无法和交易的另外两方会晤以获取必要的审计证据。

**（6）物业项目的锁定**

自 2014 年 12 月起，佳兆业的若干项目被相关部门或者锁定、或者限制、或者拒绝、或者暂停，发生了业务中断事件，所对应的物业总价值约 316 亿元人民币，而与此相关的物业项目在 2014 年财年已经确认了约 19.8 亿元的收益（应该是收入，笔者认为，公告原文是收益）和约 5.7 亿元的毛利，年底对应的应收账款余额约 2.89 亿元。审计师指出，公司于 2014 年度对此类相关资产并未计提任何贬值准备。虽然业务中断事件后来有所更新，但审计师并未获取详情，也未能与有关方进行沟通。

**（7）持续经营存在不明朗因素**

此外，审计师辞职信中还指出，自 2014 年 12 月起，佳兆业的若干现金、物业及设备、土地使用权、投资物业、持作销售物业及发展中物业已被冻结，因而未能转让或抵押该等资产，而若相关法院决定行使其权力，部分相同类别的资产可能受到相同限制。所有该等条件显示存在重大不明朗因素可能会对佳兆业能否继续持续经营产生重大疑问。

从审计师的辞职信来看，除了以上重大事项之外，公司所启动的独立调查工作和审计师之间的沟通也存在问题。以下为审计师在辞职信中所透露出来的审计师与公司在沟通过程中的重要日期：

• 2015 年 2 月，审计师就审计相关未决事项要求公司董事会进行调查；

• 2015 年 3 月份，公司董事拒绝了审计师的这一要求，反而要求审计师在此基础上继续完成 2014 年的年报审计工作；

• 2015 年 4 月，审计师和公司的董事会和审核委员会就审计重大未决事项召开会议；

• 2015 年 4 月 29 日，公司公告成立独立委员会进行调查；

• 2015 年 5 月 7 日，审计师告诉公司董事会，其需要评估调查独立专业顾问的专业能力、客观性和独立性，包括调查的范围和程序等；

• 2015 年公司公告其聘请法律顾问协助调查；

• 2015 年 10 月 29 日，公司公告其聘请富事高咨询公司协助调查；

• 2015 年 5 月 29 日，审计师和独立委员会及该法律顾问举行会议，知晓富事高的调查尚未结束，但并未获知调查的范围及状况详情；

• 2015 年 5 月 30 日，佳兆业董事会要求普华永道于 2016 年 9 月或者之前完成 2014 年年报的审计工作；

• 2016 年 6 月 17 日，普华永道书面告知佳兆业，由于其没有参与独立调查的范围确定工作，也不了解独立调查的目前情况，因此无法评估独立调查对审计的影响，也无法估计如需要额外审计程序所花费的时间，所以无法承诺按照佳兆业所要求的审计完成时间表；

• 2016 年 6 月 20 日，佳兆业告知普华永道，其拟终止和普华永道的核数师关系，双方最终协定终止审核关系。

这里面有一些疑点，比如：为何公司的董事会最初拒绝审计进行独立调查的这一要求？董事会的这一决定是基于哪些考虑？这些是否有董事会纪要或者董事之间的沟通过程是否有保留记录？此外，为何在启动独立调查之后，审计师要求介入独立调查范围和程序的评估无法得到满足？如果从严格的公司治理角度看，公司的董事会和审核委员会很难会作出这样的决定，其具体原因外界无从而知。

普华永道走了，新的审计师如何面对普华永道辞职信中所列的各个问题？佳兆业股票将会何时复牌？复牌后，公众投资者会有何反应？如何从上市公司治理角度看待佳兆业“更换”审计师事件？这些问题都值得持续关注。

2016 年 12 月 19 日，已停牌超过 20 个月之久的佳兆业集团发布了富事高审核佳兆业及附属公司审计事项的独立调查结果，报告指出佳兆业集团若干前雇员精心策划企图隐瞒 41 项共计金额高达 352 亿元人民币（以下金额同为人民币）的借款协议，以及与 12 名第三方无清晰业务目的往来现金付款（250 亿元）及收款（216 亿元）。佳兆业集团于 2012 年 12 月 31 日至 2014 年 12 月 31 日与非银行金融机构订立了 41 项借款协议，总贷款融资额为 352 亿元。截至 2014 年 12 月 31 日，根据公司计算，来自上述 41 项借款协议的未偿还负债约为 308 亿元。上述协议未曾向佳兆业集团核数师普华永道披露或提供，导致公司发现佳兆业集团当时的会计记录存在重大会计错误。

佳兆业现任管理层提供的资料显示，佳兆业集团若干前雇员通过制作虚构协议及文件，与包括集团前成员、供应商、汇款代理及若干其他第三方串通等手段，精心策划企图隐瞒上述 41 项借款协议。

## 健康的审计关系，要如何注意?

近年来，中概股公司频频出现审计师离职事件，并由此引发了某些企业的危机。企业家和管理层如果没有正确意识到和审计师之间应该建立起何种健康的商业伙伴关系，那么其资本运作之路将有可能会颇为坎坷。那么，对于拟带领企业走向资本之路的创业者和企业家来说，和审计师之间建立健康的商业伙伴关系应该注意什么呢？简单来说是两要、两不要。我们先谈谈什么是两不要吧。

不要通过施加压力来影响审计师的独立性。对企业家来说，尤其是对于打算创业后上市的企业家来说，这世界上至少有两种人他不可轻易施加压力，一个是他心爱的人，另一个就是他以为付了钱就可以买到家的审计师。如果说给前者施加压力，其最坏结果有可能会把自己逼疯之外，那么给后者施加压力最坏的影响则是被抛弃，钱财两空。当然我讲的都是最坏结果。在东南融通事件中，其CFO曾在电话会议中告诉投资者审计师是他仅次于家人之外的关系密切者，然而后来发现竟然发生过他试图扣押审计师和工作底稿的现象（这当然应该不是该CFO所愿见到的），这更是加快将该公司推向末路的边缘。催服务进度可以，有时候催得越猛出活儿越快，但需有个底线，不合理的时间限制也会构成对专业判断独立性和专业地位独立性的影响，说穿了就是企业需要避免审计师违背其职业意愿独立之思维和自由之意志，这是有实力的审计师固有的内心底线。

不要唯价格论，以压审计费为荣。这一点上市公司的审计委员会（在香港叫审核委员会）需要摆正立场。虽然不能简单地说便宜没好货，但也不能相信物美价廉之说。审计费偏低虽然不一定会影响审计整体质量，但肯定会影响服务的局部品质，而且如果费用过低则甚至会降低公众对审计结果的信任度，曾发现有做空机构竟然以某中概公司的历年审计费偏低来质疑公司财务报表的可信度（当然该质疑最后未得逞）。还有一点，从市场规律看，一时的折扣和压价很有可能会导致期后各种方式的价格反弹，所谓买的没有卖的精。因此，上市公司没必要人为压低服务费用，也不应当被故意、恶意压价所诱惑，应该以合理的市场价格购买审计服务。

既然有了两不要，那两要是什么呢？要审计质量，要增值服务。尤其是对中国概念股公司来说，利用外部审计提升企业的全面风险管理水平和流程的运营效率，让企业的人员（尤其是财务和运营人员）在同外部审计师的长期配合过程中获得专业知识提升、职业精神的感染，让各业务部门的负责人理解和了解企业风险和关注所在，利用好外部审计师所提供的信息来提高绩效管理和企业管理水平，这其实才是双赢的结果。当然，如何利用好外部审计师的服务，这本身也是一门管理艺术。

# 44. 美国为何要查阿里巴巴和百度的审计底稿？

- 美方为何此时要查阿里巴巴和百度的审计底稿？
- 是否和中概股危机有关？
- 是否和SEC调查阿里巴巴有关？将来是否会有更多中概审计被调查？
- 中美专业领域的较量是否正式开始？

据华尔街日报和路透社2016年8月5日报道，在美国上市的阿里巴巴和百度及其外部审计师（分别为普华永道香港和安永北京）正准备接受美国上市公司会计监管委员会（PCAOB）的检查。据知情人士透露，预计PCAOB未来几个月将调取审计机构对阿里巴巴和百度账目的审计工作底稿。此举可能是PCAOB对这些审计机构开展更加全面检查的序幕。

该报道还指出，在美上市中概股公司的审计机构应当由谁审查，中美之间关于这个问题的长期争议或将实现突破。确切说，这里所涉及的是中概股公司审计的跨境监管问题。我们不妨先回顾一下这个问题产生的原因和过去几年所发生的一些重要里程碑事件。

## 中概股危机

2011年上半年中概股仍然十分火爆，包括人人、奇虎360，IPO时候的市盈率都非常高，但中概危机在2011年下半年全面爆发。从全年角度看：做空、破发、缩水、停牌、退市、私有化、停止上市、集体诉讼这些词语成为2011年中概股的主题词。2011年在美新上市的公司仅有11家，第四季度甚至一家都没有上市。这一低迷现象延续到2012年，2012年全年，只有两家中国企业在美国成功上市，中国企业赴美上市进入冰封期。在美国上市的中国企业在2010年退市的仅有3家，上市的高达42家，而到了2011年，退市的企业数量激增到41家，上市企业减少至14家。2012年，在美国上市的中国企业退市的数量超过20家，包括同济堂、乐语中国、康鹏化学、安防科技、中消安、泰富电气和环球天下等。迅雷、盛大文学、拉手网、凡客，神州租车等也取消了赴美IPO计划。那些已经上市的中国概念股价值出现大幅下跌，有的公司股价出现拦腰折半，甚至一批中概股沦为了“仙股”，面临被摘牌的尴尬境地。2010年共有55家中国公司赴美IPO，其中50家已经破发；2011年以来，赴美IPO的10个中国概念股，除了奇虎360外全部破发。截至12月底，纳斯达克中国指数下跌至151.79点，与高峰时相比跌幅达38%。

1996年成立的东南融通是金融软件制造和服务公司，员工超过8 000名。2007年10月24日，东南融通在纽约证券交易所挂牌，IPO发行价为ADS 17.5美元（1 ADS = 1普通股），融资达1.826亿美元。东南融通股价在2010年11月达到42.73美元的峰值，最高市值曾达24亿美元。2011年4月26日东南融通被Citron指控造假；2011年5月23日东南融通宣布德勤已经于2011年5月22日终止了与东南融通的业务关系；2011年8月17日，东南融通在停牌整三个月后正式退入粉单市场。东南融通事件全面引发中概危机。

## 中美审计跨境监管之争

中概做空潮爆发之后，美国监管方加强了对中概股的监管。

2011年5月27日，SEC向德勤上海发出传票，要求后者于2011年7月8日之前提交和东南融通审计相关的工作底稿，但是德勤上海一直没有向SEC提交任何相关文档。

2011年9月8日，SEC向美国地区法院提交申请，要求强制执行该传票（subpoena enforcement action）。

2012年5月9日，SEC对德勤上海发起行政诉讼（an enforcement action of administrative proceedings），要求德勤上海提供相关工作底稿。这是SEC第一次依照《萨班斯法案》106条款起诉外国会计师事务所，该条款明确了外国会计师事务所向SEC提交审计底稿的责任。

2012年12月3日，SEC对中国“四大”和大华会计师事务所发起行政诉讼，要求这些事务所提交9家在美上市的中国概念股相关审计底稿。

2013 年 5 月，中美双方先后宣布，中国证监会、财政部与美国上市公司会计监管委员会（PCAOB）的执法合作备忘录已经在 5 月 7 日签署，于 10 日正式生效（共 8 页），谈判两年有余的中美审计跨境执法合作破冰。PCAOB 此后开始收到中国证监会方面提供的相关调查案件的审计底稿文件。根据该份协议，PCAOB 要向中国证监会和财政部提出要求，经过中方审核同意之后，允许 PCAOB 针对正在调查的案件从中国方面获取相关审计底稿。

2013 年 7 月中方开始向 PCAOB 提供相关文件。值得注意的是，该备忘录的一个重要限制在于没有将 SEC 囊括进去。PCAOB 方面表示，该备忘录无法解决 SEC 针对会计师事务所拒绝提供审计底稿而发起的诉讼，也就是说，PCAOB 可以基于自身调查案件而从中方获得文件，在告知中方后和 SEC 共享，但是 SEC 不能通过 PCAOB 向中方调取前者所需要的其他案件的审计文件。

2013 年 12 月 13 日，媒体报道，中方至少已经向美方提供了 6 家中概公司的审计底稿。

2014 年 1 月 22 日，在经过 12 天的听证之后，行政诉讼法官 Cameron Elliot 初步裁定，中国“四大”和大华会计师事务所故意（willfully）拒绝向 SEC 提供相关审计工作底稿，属于故意违背《萨班斯法案》的 106 条款、Dodd Frank 法案和 1934 年的证券交易法案。由此，行政诉讼法官向这五家会计师事务所发出 6 个月的业务禁止令，暂停审计美国上市公司 6 个月。当然，这个是初步裁定，并不马上生效，允许被告上诉。“四大”会计师事务所马上联合声明，将会上诉。中国证监会公开表示对该裁定结果失望，并认为这一裁定无视中方在推进中美跨境监管合作所做的努力和已经取得的进展。双方的谈判开始陷入僵局。

此后，在中国证监会协助下，中国“四大”所向 SEC 陆续提供了相关审计底稿，在此过程中，“四大”所申请 SEC 重新考虑禁止令，而 SEC 的执法部门也正有此意。

2015 年 2 月 6 日，SEC 和中国“四大”所达成和解协议，“四大”所每家各同意付款 50 万美元，同时承认其之前没有向 SEC 提交相关文档。同时，SEC 要求“四大”所在接下来的四年中，在向 SEC 提供类似资料方面，确保执行 SEC 所要求的具体步骤（包括底稿提供要及时、要有效等等）以满足

SEC 的要求。如果“四大”所无法满足这些要求，SEC 可以重新指控“四大”，而 SEC 对大华所的诉讼则仍然持续进行。

单纯从技术层面看，如果向 SEC 提供中国境内注册的会计师事务所审计工作底稿，无疑会增加这些事务所本身及其所审计中概股公司的诉讼风险，包括 SEC 提起的诉讼和股东集体诉讼，因为在股东集体诉讼中，原告也可以采用 SEC 起诉状中的相关详细内容，尤其是审计工作涉及大量职业判断，既然是判断，那么指控方就很容易根据审计结果对所实施的审计程序提出异议，而从美国法律角度看，涉及审计程序的争议如果原被告无法达成一致意见，那么就需要通过庭审过程中陪审团来做最终裁决，这无疑增大了诉讼的复杂程度。不过在美国证券案例法下，被 SEC 起诉之后，如果达成和解，那么 SEC 的指控通常不会成为股东集体诉讼的证据，而且，正在进行的另外一场诉讼起诉状中所指控的内容，通常也不能成为股东集体诉讼的起诉证据。

## 美方此次来者何人？何意？

此次要检查阿里巴巴和百度审计底稿的是 PCAOB 是美国国会依照《萨班斯法案》于 2002 年成立的，专门负责监督对在美国上市公司进行审计的会计师事务所。此前，会计师事务所主要靠行业自律。SEC 又是负责监督 PCAOB，在和美国财政部及美联储协商后，SEC 提名并任命了 PCAOB 的五位委员。目前该委员会中两名委员来自法律行业，另外三名来自会计行业。SEC 还负责审批 PCAOB 的年度预算，其经费来源于在美上市公司、经纪公司等机构的年度会计支持费用，目前每年总费用大约为 2.5 亿美元。

媒体认为，此次 PCAOB 对阿里巴巴和百度的外部审计工作是一种常规性检查（inspection），而不是一种执法调查（enforcement）。常规性检查并不代表被检查方存在任何违规情况，后者是指有证据显示上市公司存在会计违规时，监管机构介入的调查。据媒体报道，中国财政部和证监会同美方 PCAOB 所达成的备忘录是允许相关涉案事件的审计底稿检查，并未允许对会计师事务所进行常规检查。所以现在允许检查阿里巴巴和百度的审计工作底稿，则可能意味着中美双方有关部门在审计跨境监管上的合作进一步加深了。

不过，此次调查在时间点上有特殊之处。几年前爆发的中国概念股危机已经过去了。如果说前几年是由于中概股危机从而引发 SEC 和PCAOB对中概股及其审计师的监管强化，中概股在经历 2011 年和 2012 年轻危机之后，一些害群之马公司已经遭到市场清洗，但也有一批中概股脱颖而出，重新受到市场追捧。虽然近几年每年有超过十起针对中概股的集体诉讼，但是被驳回或者小金额和解居多，而且，2016 年至今尚未发生针对中概股的集体诉讼。所以，此次 PCAOB 盯上阿里巴巴和百度，似乎应该和中概股危机没什么必然联系。

PCAOB 的常规检查分为一年一次和三年一次。前者针对一年之内向超过 100 家上市公司出具审计报告的会计师事务所，后者则是针对向不到 100 家上市公司出具审计报告的事务所。PCAOB 网站上还公开列出哪些国家和地区目前还不允许 PCAOB 对审计事务所进行检查，除了中国和中国香港地区外，还有意大利、法国、希腊等国不允许 PCAOB 进入检查。网站上列出的信息还包括，在美国上市公司中，哪些公司的审计师目前 PCAOB 无法进行检查，而名单中大部分是中国概念股公司。

倘若如此，那么阿里巴巴和百度之后，估计将会有更多的中概股审计工作会面临 PCAOB 的直接挑战。那么在中概股危机之后，此次 PCAOB 盯上阿里巴巴和百度的审计工作底稿，很有可能是该机构多年寻求国际化监管战略的最新举措，即向中概股这块阵地发起战略总攻，而阿里巴巴和百度可能仅仅是这场总攻的序幕而已。

此外，SEC 目前正在调查阿里巴巴的相关会计事项（菜鸟网络的报表合并与否，及含菜鸟网络在内的阿里巴巴整体关联交易政策）。

按照 PCAOB 的惯例，PCAOB 和 SEC 及司法部之间可以进行证据、信息方面的共享，不过，基于上市公司的保密性考虑，如果 PCAOB 和 SEC 进行的调查涉及同一上市公司，那么在 SEC 公布调查结果之前，PCAOB 并不会先行公布其调查结果。据阿里巴巴年报披露，SEC 对其启动的调整年初就已经开始，至今未见结果。此次 PCAOB 寻求对阿里巴巴外部审计师普华永道审计工作底稿的调查，是否和 SEC 对阿里巴巴正在进行的调查有关系，外界目前还不得而知。PCAOB 要调查阿里巴巴和百度的审计底稿，当然需要经过中国相关监管部门的批准和同意，从这个角度而言，倘若 PCAOB 果真能获得这个审计底稿，则或许意味着中美之间就审计的跨境监管而曾经出现的争议出现了某种程度的缓和。但同时，PCAOB 是美国专门监督上市公司会计师的法定机构，它对中概股公司审计工作底稿的调查涉及的不仅仅是审计质量，还可能会涉及所调查审计目标公司的公司治理和会计水平。中概股公司的公司治理是中国公司治理水平和会计水平的重要代表，“四大”会计公司的工作也是中国会计师行业审计服务质量的重要代表，因此，PCAOB 的此次调查，或许意味着中美在会计专业领域较量的开始。而且，正如前文所述，不排除将来会有更多的中概股审计工作会面临来自 PCAOB 的直接挑战。既然是一种较量，当事各方虽然不至于如临大敌，但估计谁也不敢掉以轻心。总之，训练有素的专业人士们，时刻做好迎战的准备吧！

第二部分

# 华 尔 街

# 45. 美国证监会 SEC 近年所查大案要案

（本文于 2015 年 8 月 27 日部分内容发表于新浪科技创事记）

世人都喜欢听华尔街的敲钟声，没人喜欢 SEC 的敲门声。然而如果没有 SEC 的敲门声，长久以往，则华尔街的钟声也会消失。美国资本市场的强大，其中有一个非常重要的原因就是 SEC 对资本市场的严厉监管。虽然在美国资本市场的几次危机中（包括 1999 年的网络科技泡沫破裂、2002 年安然事件、麦道夫案件及 2007 年爆发的金融危机），SEC 都饱受来自国会和媒体的指责，然而，不得不说的是，SEC 近年来还是查处了一些大案要案。

## 为投资者索赔，SEC 蛮拼的

我们不妨先看一下以下来自 SEC 年报的信息：

- 2011 年 SEC 共处理 735 起执法案件（enforcement actions），没收或者罚金总金额 28 亿美元；
- 2012 年 SEC 共处理 734 起执法案件，共没收或者罚款金额 31 亿美元；
- 2013 年 SEC 共处理 686 起执法案件，共没收或者罚款金额 34 亿美元；
- 2014 年 SEC 共处理 755 起执法案件，共没收或者罚款金额 41.6 亿美元（有几个历史案件在庭审中获胜）；
- 2015 年 SEC 共处理 807 起执法案件，共没收或者罚款金额 42 亿美元；
- 2016 年 SEC 共处理 868 起执法案件，共没收或者罚款金额超过 40 亿美元。

以上罚没金额大部分是作为返还投资者损失的补偿。能为投资者挽回多少损失，这是SEC对资本市场进行事后监管的重要内容和尽职能力考核指标（KPI）之一。在2007年开始的金融危机系列诉讼案件中，由SEC和其他监管机构共同发起的对银行诉讼所追回的罚款等金额总共超过400亿美元，这远远要高于股东集体诉讼中所获得的赔偿。

## 2007年金融危机前的反舞弊调查

1998年时任SEC主席Arthur Levitt有一著名的演讲叫“Numbers Game”，其中他严厉抨击了美国上市公司普遍存在的财务舞弊现象，还罗列出了常见的舞弊手段，包括：

- 通过重组冲销巨额不良资产，清理资产负债表（Big bath charges）；
- 通过储备账户调节利润（Cookie Jar reserves）；
- 通过不恰当的收入确认来调节利润（Revenue recognition），包括：
- 通过向渠道压货提前确认收入（Channel Stuffing）；
- 虚假的三方或者多方循环交易（Round - trip Transactions，如时代华纳和美国在线案例）；
- 通过形式符合而实质虚假的交易来确认收入（Sham Transactions）等。

此后，美国资本市场掀起了一场聚焦大公司财务舞弊的公司治理风暴，在这场风暴中许多著名的大公司中枪，有的倒下后再也没有起来，涌现出了包括施乐、世通、安然等旷世案件。SEC在这场公司治理风暴中也扮演了很重要的角色，这些大公司及其高管皆被SEC起诉，有的向SEC支付了巨额赔偿以了解诉讼，有些高管还面临司法部的刑事指控。1998～2007年的十年间，SEC总共调查了347起和财务财会舞弊相关的美国上市公司案件，这些案件累计的财务舞弊总金额接近1200亿美元，通过对这些案件的调查和起诉，SEC罚没的总金额超过40亿美元，这些案件中有超过60名的公司CEO和超过50名的公司CFO被司法部刑事起诉，其中分别超过40名CEO和30名CFO认罪。

表45－1列出了这个阶段SEC所调查的大案要案，从中可以看出，SEC的调查确实硕果累累。

表 45－1　SEC 调查大案（金融危机前主要财务会计舞弊案件）

| 公司（披露年份） | 案由简介 | 和解/处罚金额及其他 |
|---|---|---|
| 安然诉讼案件（2003） | 通过会计游戏、利用账外实体隐瞒债务，SEC 指控投行们在安然财务舞弊中涉嫌协助和教唆 | SEC 除了起诉安然前高管之外，还起诉相关投行，投行和 SEC 的总和解金额达 4.5 亿美元，其中摩根大通 1.35 亿美元，花旗 1.01 亿美元，加拿大帝国商业银行 8 000 万美元 |
| Sunbeam（2001） | 向渠道压货提前确认收入，虚增净利润数千万美元，1997 年利润虚增超过 60% | 公司在集体诉讼中赔偿 1 500 万美元，2002 年 CEO 和 CFO 达成和解赔偿不超过 100 万美元，2003 年安达信审计合伙人、公司财务总监兼首席会计官、销售副总裁被 SEC 起诉后和解。安达信在股东集体诉讼中赔偿 1.1 亿美元 |
| 世界通信公司（2002） | 财务舞弊费用资本化 38 亿美元 | 罚款 5 亿美元外加 2.5 亿美元的股票和解赔偿 |
| Global Crossing（2002） | 进行互换交易但没有充分披露，公司破产 | 调查 3 年后，2005 年 CEO、CFO 和财务副总裁同 SEC 达成和解赔偿，个人各自赔偿 10 万美元 |
| Adelphia Communication（2005） | 23 亿美元账外负债隐瞒 | 公司破产保护，家族股东 Rigas 赔偿 15 亿美元以免于刑事起诉，其中 7.15 亿美元用于赔偿投资者损失 |
| Waste Management Inc.（2002） | 1992～1997 年累计虚高税前利润 17 亿美元 | 安达信被 SEC 罚款 700 万美元，数名公司高管罚款总金额接近3 100万美元，其中 74 岁的创始人高管 Buntrock 个人赔偿接近2 000万美元 |

续表

| 公司（披露年份） | 案由简介 | 和解/处罚金额及其他 |
| --- | --- | --- |
| 施乐公司（2002） | SEC 指控 1997～2000 年累计虚高收入 30 亿美元，税前利润虚增 15 亿美元。后来报表重述收入金额高达 61 亿美元，税前利润重述金额高达 19 亿美元 | 公司 2002 年被罚款 1 000 万美元，2003 年 6 名前高管（CEO、COO、CFO、财务总监、助理财务总监、会计政策总监）被 SEC 起诉，个人罚款总金额约 2 200 万美元，审计师毕马威 2005 年被罚款 2 247.5 百万美元（其中没收 3 年审计费 980 万美元，罚款 1 000 万美元及利息） |
| 帕玛拉特（2003） | 资产高估近 50 亿美元 | 公司破产重组，同意整改，没有罚款 |
| Homestore（2003） | 通过大量的循环虚假交易虚增收入 65% 并收回扣 | 2002 年起诉 CFO 、COO 和 VP，和解赔偿 460 万美元；SEC 总共起诉 16 名公司高管，其中 11 人同时被司法部刑事起诉。2010 年 CEO 和 SEC 和解赔偿1 190百万美元，该 CEO 于 2010 年 被判刑 4 年半，CFO 和财务副总裁被判刑 6 个月，COO 被判刑 1 年。由于公司的大力配合，SEC 决定不起诉公司 |
| Vivendi（2003） | 2000～2002 年数千万美元调整虚增 EBTIDA，隐瞒两子公司对外财务承诺等 | 公司罚款 5 000 万美元，没收 CEO 个人折合 2 500 万美元的离职补偿，交给托管账户，CEO 和 CFO 总罚款超过金额 100 万美元 |
| Bristol－Myer Squibb Company（2004） | 通过向渠道压货（Channel Stuffing）收入虚增 15 亿美元，并用“Cookie Jar”调节利润 | 赔偿 1.5 亿美元，其中 1 亿美元属于罚款，5 000 万美元属于赔偿投资者损失 |
| CA 国际（2004） | 收入提前确认 33 亿美元，妨碍 SEC 调查 | 和 SEC 及司法部达成和解罚款 2.25 亿美元用于赔偿投资者损失，CEO 和 CFO 等高管被判有罪，公司同意协助政府向三名高管追讨会计舞弊业绩相关的报酬，仅 1998 年其报酬金额就高达 11 亿美元 |

续表

| 公司（披露年份） | 案由简介 | 和解/处罚金额及其他 |
| --- | --- | --- |
| Kmart（2005） | 存货过分和不当采购 8.5 亿美元导致破产，隐瞒披露 | 2010 年 CEO 原先判决赔偿约1 000万美元，后该判赔偿 550 万美元，此外 CFO 和 5 名业务高管也被 SEC 起诉后和解 |
| Raytheon Company（2006） | 数亿美元开票未发货，收入提前确认 | 罚款 1 200 万美元，高管罚款超过 120 万美元 |
| 奎斯特通信国际（2004） | 1999～2002 年收入虚增 38 亿美元，费用低估 2.3 亿多美元 | 罚款 2.5 亿美元，用以赔偿投资者，包括 CEO、CFO 和总法律顾问在内的高管也受到 SEC 起诉 |
| 壳牌公司（2004） | 虚高石油储备 44.7 亿桶（23%）并于 2002 年高估未来的现金流 66 亿美元 | 罚款 1.2 亿美元（其中 1.135 亿美元用于投资者公平基金，赔偿给遭受损失的投资者），外加约 3 000 万美元交给英国监管机构的罚款 |
| Cardinal Health Inc.（2007） | 2000～2004 年收入分类错误 50 亿美元、会计政策变更没有披露等 | 3 500 万美元罚款（CEO，Ohio Dublin）；前 CFO、CAO 和财务 SVP 也被 SEC 于 2009 年起诉后和解；公司在集体诉讼中和解赔偿 6 亿美元 |
| 通用电气 GE（2009） | 2002 年和 2003 年累计超过 10 亿美元的会计错误 | 罚款 5 000 万美元，SEC 采用风险导向调查方法 |
| 戴尔（2010） | 向投资者隐瞒由于戴尔使用 AMD 的 CPU 而收取 Intel 所支付给戴尔的巨额排他款项，导致报表得到粉饰，经营业绩虚增而收入高估 | 公司罚款 1 亿美元，董事长/CEO、前 CEO 和前 CFO 三个人总共罚款 1 100 万美元；财务副总裁和助理财务总监也受到 SEC 起诉后和解 |
| 盛腾公司（2001～2007） | 通过储备操纵利润，20 世纪 80 年代早期开始造假，持续到 1998 年其造假金额超过 5 亿美元，曝光后市值当天缩水 140 亿美元，为安然之前的最大造假案 | 前 CEO，已经 64 岁被判 12 年，最高法院拒绝了他的减刑上诉；前 CEO 被法院判决个人罚款 32.75 亿美元。SEC 对该 CEO Forbes 2001 年起诉，2009 年最终判决，共 7 名公司高管被 SEC 起诉，包括会计副总裁在内的 2 名会计人员被判刑 |

续表

| 公司（披露年份） | 案由简介 | 和解/处罚金额及其他 |
|---|---|---|
| 时代华纳公司（2005） | 财务舞弊虚假交易，虚增利润 | 和解赔偿 3 亿美元 |
| Dynergy Inc.（2002） | 涉及利用 SPE 进行 3 亿美元的账外融资交易和虚假循环交易 | 公司罚款 300 万美元，2007 年 CFO、税务总监、会计经理和 SEC 达成和解 |
| AIG 保险集团（2006） | 通过虚假保险和再保险交易调节利润，2004 年报表重述净资产虚增 22.6 亿美元，相当于净资产总额的 2.7% | 和解赔偿加罚金总金额约 8 亿美元（没收 7 亿美元，罚款 1 亿美元）；AIG 还和其他包括联邦和州在内的监管机构达成另外 8 亿多美元和解，总和解金额超过 16 亿美元 |
| 南方保健公司（2003） | 财务舞弊，利润虚增 14 亿美元 | SEC 诉讼总和解赔偿 1 亿美元 |
| Delphi Corporation（2006） | 虚构交易虚增利润涉及 3.25 亿美元会计造假，企业破产 | 由于企业破产 SEC 没有罚款公司，对 13 个高管和外部相关人士提及起诉，和解 |
| 印度软件巨头萨蒂扬（2011） | 5 年连续会计舞弊金额超过 10 亿美元，高估收入、银行存款等 | 罚款 1 000 万美元外加整改要求，审计师普华永道印度也被 SEC 起诉罚款 600 万美元 |
| IPG 广告巨头（2008） | 1997～2000 年报表重述，子公司约 1.8 亿美元会计无法平衡 | 1 200 万美元和解 |
| 北电网络（2007） | 2000 年收入高估 14 亿美元，2002 年和 2003 年进行数亿美元的通过调节储备账户进行利润操控 | 罚款 3 500 万美元 |
| 朗讯科技（2004） | 涉嫌 2000 年超过 11 亿美元收入高估和 4.7 亿美元税前利润高估 | 9 名高管被起诉，由于公司对 SEC 调查不合作，最后和解罚款金额高达 2 500 万美元，另 3 名高管总计约 30 万美元的罚款和罚没收入 |

续表

| 公司（披露年份） | 案由简介 | 和解/处罚金额及其他 |
|---|---|---|
| 泰科国际（2006） | 1996～2002 年累计至少 10 亿美元的利润虚增 | 5 000 万美元罚款，没收 1 亿美元 |
| Deutsche Bank AG（2015） | 金融危机期间隐瞒亏损 | 处罚 0.55 亿美元 |
| Computer Sciences Corporation（2015） | 操纵报表，隐瞒重大合同所存在的问题 | 公司被处罚 1.9 亿美元，CEO 和 CFO 被处罚超过 500 万美元 |
| 孟山都（2016） | 将回扣确认为销售费用，虚增毛利润，导致 2009 年和 2010 年报表重述 | 2016 年 2 月被 SEC 罚款 8 000 万美元 |
| 瑞典石油服务公司 Weatherford International（2016） | 通过所得税会计科目虚增利润 | 罚款金额 1.4 亿美元，案件直接责任人税务副总裁和经理也被处罚 |

注：数据来源于公开信息。

## 金融危机爆发后的“秋后算账”调查

在 2007 年次级债金融危机爆发之后，SEC 更是再显威力，连同司法部门 DOJ 对华尔街各大银行发起了“秋后算账”式的调查和支付行动。为强化对金融危机的调查，2009 年 SEC 调查部门进行了重组，成立各专业小组，运用风险分析和大数据技术进行调查。表 45－2 为 SEC 所调查的与 2007 年金融危机相关的大案要案。

**表 45－2　SEC 近年调查大案（2007 年次级债金融危机相关案件）**

| 公司名称 | 披露年份 | 和解/处罚金额及其他 |
|---|---|---|
| 高盛 | 2010 | 5.5 亿美元 |
| 摩根大通 | 2011 | 1 536 万美元，摩根大通还同意在第二次 CDO 交易中返还投资者 5 600 万美元 |
| 加拿大皇家银行 RBC | 2011 | 3 040 万美元，全部返还投资者 |
| Countrywide Financial CEO，Angelo Mozilo | 2011 | 罚金 2 250 万美元，此为 SEC 历史上对高管个人的最高金额罚金，非法收入没收 4 500 万美元 |

续表

| 公司名称 | 披露年份 | 和解/处罚金额及其他 |
|---|---|---|
| Morgan Keegan &Company, Morgan Asset Management | 2011 | 2 亿美元，用于投资者公平基金，最终返还投资者 |
| 摩根大通、UBS 美洲银行证券 | 2011 | Municipal Securities 以 1.34 亿美元和解，在其他监管诉讼中的另外和解金额为 3.91 亿美元 |
| Option One Mortgage Corporation | 2012 | 以 2 820 万美元和解 |
| Mizuho Financial Group | 2012 | 以 12 750 万美元和解 |
| 奥本海默 | 2012 | 以 3 500 万美元和解 |
| Fannie Mae | 2012 | 待决 |
| Freddie Mac | 2012 | 待决 |
| 摩根大通（含 Bear Stearns） | 2013 | 2.97 亿美元，承认 15 页纸的违反证券法指控 |
| 瑞士信贷证券美国公司 | 2013 | 1.2 亿美元 |
| 美洲银行 BOA | 2013、2014 年 | 以 2.45 亿美元和解，并承认高达 13 页的指控 |
| UBS 证券 | 2013 | 以 5 000 万美元和解 |
| RBS 证券 | 2014 | 以 1.5 亿美元和解 |
| 美林证券 | 2014 | 以 1.31 亿美元和解 |
| 摩根士丹利 | 2014 | 以 2.75 亿美元和解 |
| 花旗集团 Citigroup | 2015 | 处罚 1.8 亿美元 |

注：数据来源于公开信息。

从中我们不难发现华尔街各大投行的不光彩历史。这些大投行有的曾经被指控在安然事件中协助和教唆，孰料后来玩得更大，有的直接成为 2007 年次级债金融危机的始作俑者（发行了 1 万多亿美元的次级债），有的后来又卷入汇率操纵案和金属操纵案。当然，这些银行所遭受的惩罚也是十分严厉的。2016 年 12 月 23 日，德意志银行和瑞士信贷遭遇美国司法部重罚，金额高达 125 亿美元；巴克莱银行正在和司法部谈判，可能会遭受起诉；司法部和 SEC 同时还在调查汇丰银行、RBS 苏格兰皇家银行和 UBS 瑞银。此前，已经有六家美国银行挨罚超过 460 亿美元，欧美银行因次级债而挨罚总金额将超过 600 亿美元。联手司法部和华尔街各大投行之间进行斗法，一直是 SEC 核心的监管工作内容之一。

## 后金融危机时代 SEC 调查新动向

2013 年 4 月 8 日 SEC 新主席玛丽·乔·怀特（Mary Jo White）女士上任后，继续强化 SEC 的执法调查工作，采取激进又具创新的执法方式（aggressive and innovative approach to enforcement），并将调查的中心从金融危机重新转移到企业财务会计舞弊案件上。SEC 新主席上任以来，SEC 执法调查的新动向包括以下内容：

- 2013 年 7 月 2 日 SEC 宣告成立财务报告和审计紧急部门（Financial Reporting and Audit Task Force，Financial Task Force）和风险及数量分析中心（The Center for Risk and Quantitative Analysis，Analytics Group）这两个部门，将大数据技术运用到财务舞弊调查中。

- "窗户漏洞理论"（Broken Window），就是说只要是违反证券法规的行为，不论大小，一律都抓。从 SEC 近年起诉的案件来看，其所涉及的违规金额最低的竟然只有 4 000 美元，看来确实是老虎要抓，小苹果也要摘。

- 启用举报制度，2013 年举报奖励超过 1 000 万美元；

- 强化对资本市场中介机构的监管（会计师、律师、基金董事和其他职业机构），比如 2014 年起诉安永在游说方面存在独立性，安永以 400 万美元和解，这是第一起涉及游说独立性的 SEC 案件还有就是 SEC 起诉"四大"会计公司在中国的成员所。此外，SEC 还查处了一系列和中概股反向并购上市相关的会计师事务所，但总的来看，SEC 对会计师和律师这些中介机构是否起诉，在决定前是十分谨慎的。

- SEC 的起诉案件大多和解，不和解的在庭审中则 SEC 以失败居多（包括最高法院经常否决 SEC 的立场）。从 2013 年开始对于大案件仅仅和解不行，SEC 要求这些公司认错，比如：BOA 美洲银行和摩根大通在同 SEC 的诉讼中已经书面承认错误，并同意缴纳巨额罚款。过去"既不承认也不否认"（no admission - no - deny policy）和解花钱走人的政策发生了变化，这个新政策对大公司会产生威慑力，意味着大公司不是仅仅凭财大气粗就可以和解走人。2015 年，由于在 General Employment Enterprises 项目的审计失败，SEC 处罚美国 BDO 会计师事务所及其五名合伙人，该所共处罚 210 万美元并承认错误，五名合伙人也遭受不同处罚，此案是 SEC 历史上首次要求会计师事务所承认错误的案例。

同时，SEC 也越来越多地介入海外反贿赂调查案件中（见表 45-3）。

表 45-3　　SEC 近年所调查的海外反贿赂法重大案件

| 公司名称 | 和解/处罚金额及其他 |
|---|---|
| 美国通用电缆（General Cable） | 被司法部和 SEC 共同处罚 8 200 万美元 |
| Odebrecht 和 Braskem（巴西公司 2016） | 被司法部、SEC 联同巴西和瑞典共罚 54.57 亿美元（历史最高纪录罚款） |
| Teva 制药（以色列公司 2016） | 在俄罗斯等国行贿，被 SEC 和司法部共罚款 5.19 亿美元 |
| VimpelCom 电信公司（2016） | 在乌兹别克斯坦行贿 1.14 亿美元，被 SEC 连同司法部和丹麦监管部门共罚 7.95 亿美元 |
| 摩根大通（2016） | 由于“亚洲招聘门”事件被 SEC 和司法部等处罚 2.64 亿美元 |
| 巴西航空工业（2016） | 在多米尼哥、沙特、莫桑比克、印度行贿被罚 2.05 亿美元 |
| 葛兰素史克（2016） | 在华业务行贿，罚 2 000 万美元，此前在中国被罚 30 亿元人民币 |
| Och-Ziff（对冲基金）（2016） | 行贿非洲高官，公司被重罚 4.12 亿美元，CEO 被罚 220 万美元 |
| 阿尔卡特朗讯（2010） | 总和解金额达 1.37 亿美元 |
| Technip SA（巴黎工程公司 2010） | 总和解金额达 3.38 亿美元 |
| 戴姆勒克莱斯勒（2010） | 总和解金额达 2 000 万美元 |
| Johnson & Johnson（2011） | 向 SEC 和 DOJ 的总和解金额为 1.85 亿美元 |
| 辉瑞制药（2012） | 和解总金额为 4 500 万美元 |
| Weatherford International Ltd.（2013） | 向 DOJ 和 SEC 及其他部门总和解金额超过 2.5 亿美元 |
| 法国道达尔（2013） | 向 SEC 和 DOJ 总和解金额为 3.98 亿美元 |
| Alcoa Inc.（2014） | 总和解金额为 3.84 亿美元 |
| 雅芳公司中国业务行贿案（2014） | 总和解金额 1.3 亿美元 |
| 惠普 HP（2014） | 总和解金额为 1.08 亿美元 |

注：信息来源于公开信息。

## SEC 调查和“四大”会计公司

SEC 对会计师的执法调查总是比较谨慎，做起诉的并不多。有统计资料显示，1998~2007 年的 SEC 调查财务舞弊案件中共有 87 个案件涉及对审计师采取调查行动，但其中仅有 11 起是属于 2002 年《萨班斯法案》之后才发生的。在重大的审计失败案件中，“四大”的合伙人被 SEC 起诉是很常见的，如安达信在安然项目中的审计合伙人、毕马威在施乐项目中的审计合伙人、安永在盛腾项目中的审计合伙人。不过据 SEC 执法部门总监 Andrew Ceresney 在 2016 年 9 月 22 日公开演讲中所透露的信息显示，自从 2013 年 4 月份 SEC 新主席怀特女士上任之后，SEC 对审计师的监管力度明显加强。2013~2015 年，SEC 在财务报告舞弊领域的调查案件几乎是翻了一倍，2013 年此类调查案件是 53 起，而 2015 年此类案件的调查则是 114 起。在此期间，SEC 依据 102（e）规则对会计师的执法案件从 2013 年 37 起增加到 2015 年 76 起，在 2015 年，SEC 对 57 名会计师和 19 家会计师事务所发起了执法诉讼。

表 45-4 为近年来 SEC 对“四大”（包括原先的安达信公司）会计公司的主要诉讼案件。

**表 45-4　近年 SEC 调查/起诉案件（“四大”会计公司）**

| 公司名称 | 披露年度 | 和解/处罚金额及其他 |
|---|---|---|
| 中国“四大” | 2014 | 因拒绝提供审计底稿被起诉，总罚金 200 万美元（每家 50 万美元） |
| 安永 | 2002 | 和审计客户 People Soft 的独立性问题遭 SEC 起诉 |
| 安永 | 2004 | 因为独立性被罚款 216 万美元 |
| 安永 | 2009 | 因为 Bally Total 审计失败被罚款 850 万美元 |
| 安永 | 2008 | 在三个审计客户上独立性存在问题被罚款没收总金额 290 万美元 |
| 安永 | 2007 | 安永爱尔兰公司在审计项目 Smartforce 公司上，1995 年起连续三年报表重述，罚款没收 72 万美元 |
| 安永 | 2007 | 向 AIG 和 NCP 提供 SPE 相关会计咨询，影响独立性，被罚款和没收 179 万美元 |

续表

| 公司名称 | 披露年度 | 和解/处罚金额及其他 |
|---|---|---|
| 安永 | 2014 | 审计独立性问题被罚款400万美元 |
| 安永 | 2016 | 瑞典油服公司 Weatherford International 审计失败，和解金额11 840 107 美元 |
| 安永 | 2016 | 罚款930万美元，因审计合伙人与客户关系过密 |
| 德勤 | 2005 | 因为 Adelphia 公司审计失败，总和解金额2 500万美元 |
| 德勤 | 2011 | 德勤上海因为东南融通案被 SEC 起诉 |
| 德勤 | 2012 | 德勤南非公司因为独立性，行政诉讼和解约20万美元 |
| 德勤 | 2015 | 审计独立性问题被罚款100万美元 |
| 毕马威 | 2003/2005 | 因为施乐公司审计失败，总和解金额为2 247.5万美元 |
| 毕马威 | 2004 | Gemstar 审计失败罚款1 000万美元 |
| 毕马威 | 2011 | 向两个审计客户提供税务服务，影响独立性罚没和利息总金额约270万美元 |
| 毕马威 | 2013 | Tier One Bank 审计失败，SEC 起诉毕马威合伙人和经理，之后禁止他们执业 |
| 毕马威 | 2014 | 审计独立性问题被罚款820万美元 |
| 普华永道 | 2002 | 咨询审计捆绑或有收费安排，影响审计独立性，罚款500万美元 |
| 普华永道 | 2003 | Smar Talk Tele Services Inc 审计失败，和解罚款100万美元 |
| 普华永道 | 2003 | Microstrategy 软件客户财务欺诈，普华永道项目合伙人主动离职作为和解条件 |
| 普华永道 | 2011 | 由于萨蒂扬审计失败被 SEC 罚款600万美元，并被禁止接纳新客户6个月，PWC 印度还被 PCAOB 起诉罚款150万美元。萨蒂扬被 SEC 罚款1 000万美元 |
| 普华永道 | 2016 | SEC 起诉其加州某合伙人，因对某风投基金（Burrill Life Science Capital Fund）审计失责 |
| 安达信 | 2001 | 因为 waste management 审计失败被起诉 |

注：信息来源于法院和 SEC 公开文档、相关网站和媒体报道。

## SEC 调查和中国概念股

SEC 对中概公司进行执法调查最早的案例是网易公司，该案件后来以 140 万美元和解，第二家被调查和起诉的是 UT 斯达康公司。

据报道，从 2011 年开始有超过 170 家在美上市的中概公司遭遇 SEC 正式或者非正式调查，这其中主要是反向借壳上市的企业，有超过 60 家中概公司在经过调查后遭遇 SEC 的行政或者民事起诉。这 60 多家中概公司中，同时遭受股东集体诉讼的超过 30 家（包括网易公司、双威教育、数百亿电商等），同时还遭受美国司法部调查和起诉的有 2 家（中国东北石油和 UT 斯达康）。涉及和解赔偿金额最大的是中国高速传媒公司，被 SEC 起诉后缺席判决公司赔偿 41 894 082.05 美元，另外承担民事罚款 725 万美元，CEO 被缺席判决赔偿 17 718 359.07 美元，外加罚金 150 万美元。中概公司在美集体诉讼赔偿金额最大的东南融通公司，在被 SEC 起诉之后，至今尚未应诉。

虽然现在不少在美中概公司拟私有化退市，但走向国际资本市场仍然是不少中国企业的选择。面对当前国内和国际资本市场的动荡，中概公司如何把握机遇，在寻求提升企业整体价值的同时，评估和管控好过程中风险、避开陷阱，做到攻防兼具，既能把握商机、创造价值，又能识别和防范风险，这应该是管理层需要从战略角度认真考虑的。

总之，在美国资本市场中，面对全天候的新闻媒体聚焦报道、股东集体诉讼和举报制度，加上 SEC 的严厉监管，上市公司及其高管们应该未雨绸缪，提高公司治理水平和进行全面风险管理，防止重演“会计数字游戏”的故事。

## 怀特女士离职后，SEC 监管趋势将会如何

2016 年 11 月 14 日，SEC 新闻公告，美国第 31 任 SEC 主席怀特女士将离职，结束其在奥巴马总统执政期间的任职。怀特女士于 2013 年 4 月出任 SEC 主席职务，在她任职的三年多期间，贡献杰出，除了大力推进 Dodd - Frank Act 法案和 JOBS Act 法案之外，在监管执法行动领域主张激进和创新的方式（aggressive and inovative approach），有几点更是十分耀眼：

①三年多来，SEC 累计开出了超过 134 亿美元的罚单（这些罚款收入大部

分返还给投资者）。

②三年多来，SEC 调查了 2 850 起执法案件。

③三年多来，SEC 共对超过 3 300 家公司进行执法行动。

④三年多来，SEC 共对超过 2 700 名公司高管（包括上市公司 CEO 和 CFO 在内）进行惩罚。

⑤三年多来，共超过 70 名被告（包括公司 44 家和 29 名个人），因为违规，在接受 SEC 处罚的同时，公开向 SEC 低头认错。要求违规者认错而不是简单地和解赔偿，是怀特女士担任 SEC 主席的监管创举之一。在会计师行业，第一家被 SEC 要求承认错误的是 BDO。

⑥大力推行前任所设立的举报人奖励制度（SEC's whistleblower program），就在怀特女士离职公告发布的当天，SEC 也公告出最新一笔举报人奖金高达 2 000万美元，从 2012 年第一笔奖金开始，此项奖金的累计金额已经高达 1.3 亿美元。

⑦在监管执法行动中，推行“Broken Window”（破窗理论），既打“老虎”又抓“苍蝇”。

⑧引入包括大数据在内的高科技，提高监管效率。

⑨怀特女士坚持 SEC 必须保持真正的独立性（truely independent），SEC 的独立性，是投资者保护的关键所在。

⑩在中概股监管领域引人注目的事件包括：处罚“四大”中国成员所；给分众传媒及其时任 CEO 开出巨额罚单；对阿里巴巴进行问讯；PCAOB 拟查阅百度和阿里的审计工作底稿。

怀特女士无疑是一位令资本市场各方都敬畏的“铁娘子”，这次她选择离职是否意味着其所推行的监管措施将会存在变数？有意思的是，2016 年 11 月 15 日，也就是在 SEC 公布怀特女士离职的第二天，包括谷歌、脸书、苹果、亚马逊和中概股阿里巴巴在内的股票在开盘后全线上涨，难道这是华尔街为怀特的离职而欢呼？

下一任 SEC 主席是否会继续推行如此严厉的监管措施，在和中概股相关的审计跨境监管方面是否会增加合作及对正在进行的阿里巴巴会的问讯是否有影响？这些问题都十分值得关注。

2017 年 1 月 5 日，美国当选总统特朗普宣布敲定 SEC 下届主席人选：杰伊·克莱顿（Jay Clayton），他是华尔街律所 Sullivan & Cromwell 的合伙人。特朗普在声明中表示，Clayton 是一个在金融、监管等许多方面都非常有天赋的专家，他能确保金融机构在繁荣、创造就业的同时遵守相关规则。美国需要撤销许多压制投资和企业运营的监管条例，在对金融业监管的同时，不伤害美国工人的利益。

美国各界对特朗普的这一决定反应激烈。前不久，美国媒体透露，下届 SEC 主席人选可能会是华裔女检察官 Debra Wong Yang。与 Debra 的强硬打击公司犯罪风格相比，这位克莱顿刚好扮演相反的角色，克莱顿不是检察官背景出身，相反是公司舞弊和欺诈的辩护律师出身，当然，克莱顿的职业背景还包括资本市场服务（非辩护）。华尔街日报文章则认为，和曾经报道的拟提名 Debra 相比较，特朗普的此项提名是来了个 180 度的大转变。

媒体认为克莱顿和华尔街的关系太近了，从克莱顿的简历来看，他的职业生涯主要是服务于华尔街，他的大客户包括高盛，他是高盛次债危机时引入巴菲特 50 亿美元投资交易的法律顾问，并在高盛获取美国联邦政府救助交易中提供法律服务，而且目前他的妻子仍然供职于高盛，担任高盛私人财富管理顾问。特朗普新班子成员有明显的高盛帮。克莱顿在资本市场上的耀眼履历还包括他曾参与了阿里巴巴在美国上市交易。

克莱顿所在的律所曾经为数家次级债危机罪魁祸首的著名银行提供辩护，包括高盛、JP 摩根、巴克莱银行等。该所宣称在 2013 年 JP 摩根和美国司法部就次级债的 130 亿美元重罚案件中其作为 JP 摩根的代表律师，对质司法部。该所还是投行贝尔斯登的代表律师，在该投行倒闭出售给 JP 摩根的时候提供服务。所以，该所其实是代表了华尔街大投行的利益，是这些投行的代表律师和许多被美国政府指控案件的辩护律师。该所的网站上宣称克莱顿参与了该所的一些此等案件辩护，但并没有指明具体是哪些案件。

在现任 SEC 主席怀特女士的监管政策下，仍然有自由派议员（Warren）指责 SEC 监管力度不够。特朗普的此项提名一出，马上就有民主党议员提出反对意见。民主派议员 Sherrod Brown，也是银行监督委员会成员，马上指出：“这位克莱顿在其整个职业生涯中都是在帮助华尔街如何逃避惩罚。”（an attorney woh's spent his career helping Wall Street beat the rap)。

克莱顿也曾经质疑美国的《反海外贿赂法》效果，于2010年，他还协助意大利石油巨头公司Eni就被SEC指控违反《反海外贿赂法》和SEC达成高达3.65亿美元的重罚和解。这些年来，SEC和司法部DOJ在反海外贿赂上联手，查办了系列国际大案。巴西的两家公司因此遭受重罚总金额超过50亿美元，创下历史重罚纪录。如果克莱顿上位，则很有可能会影响该法案的执行。

美国政治运动机构（Progressive Change Campaign Committee）的联合创始人Adam Green，将特朗普的这个提名比喻成：在华尔街上，给“鸡舍”挑了只“狐狸”当看守（fox guard the henhouse on Wall Street）。这里当然是指此项提名存在严重的利益冲突（conflict of interests）。不过，华尔街则是对此项提名欣喜若狂，投资顾问协会（the Investment Adviser Association）则高度赞扬克莱顿是值得尊敬的人选。

不过，由于政府机构道德规范的约束，尤其是在面对潜在的利益冲突情况下，在任职的初期，SEC主席往往都需要十分谨慎处理和其先前客户的关系。况且，来自国会民主党的议员们估计会紧盯这位新主席如何践行特朗普在竞选期间许下的“严厉监管华尔街”的政治诺言。

# 46. 人性与市场对决：SEC 的内幕交易调查

（本文于 2015 年 7 月 1 日首发于百度百家和新浪科技创事记）

2015 年 6 月中下旬以来，国内、外资本市场相继爆发涉及内幕交易的数起监管案件，一时间，内幕交易成为资本市场的热点。先是 6 月 20 日，中国证监会公布严肃查处发行部处长李某违纪违法问题，紧接着 6 月 23 日奇虎 360 宣告私有化引发了美国证监会（SEC）对某中国公民涉嫌内幕交易的起诉，然后是 6 月 26 日，美国法院对高通前高管汪某内幕交易案作出刑事判决。华人因内幕交易被 SEC 或者美国司法部起诉的案例并不少见，通过盘点这些历史案例，我们不仅可以了解 SEC 近年来在打击内幕交易方面的最新情况、体会人间百态、感悟人性使然，更重要的是可以从中发现铲除内幕交易这一毒瘤对资本市场诚信建设的重要性和实现这一目标的艰巨性。

## 案件盘点，看人间百态

通过 SEC 网站所提供的公开信息，我们盘点一下那些被 SEC 调查并起诉的、涉及中概股公司或华裔的内幕交易案件。

2015 年 6 月 26 日，高通公司前执行副总裁兼全球商业运营部总裁汪某因内幕交易、洗钱和妨碍司法等罪名被法院判处有期徒刑 18 个月，并处罚款 50 万美元。汪某已于 2014 年 7 月承认从事内幕交易并非法获利 24 万美元，其说服了他的股票经纪人和兄弟帮助掩盖这一骗局，他的股票经纪人也承认合谋妨碍司法和洗钱，并将于 2015 年 7 月 17 日被宣判，此前美国司法部已对汪某的兄弟发出了通缉令。汪某从落后的农村走出，从安徽大学到人民大学法学硕士再赴美弗吉尼亚大学获法学硕士，而后进入美国顶级律师事务所，再就职高通，不断晋升，被誉为“跨国公司华人高管第一人”。2013年9月23日SEC和美国司法部分别同时起诉被告，媒体报道称SEC此举是“杀猴儆鸡”。

2015年6月23日，SEC对一名中国公民H提起诉讼，指控其涉嫌利用奇虎360私有化方案进行内幕交易，获利超100万美元。目前，该投资者的股票经纪账户已被冻结，有媒体报道指出此被告是四三九九网络股份有限公司董事长兼总经理。奇虎360私有化的信息于2015年6月17日公布，没想到SEC竟然在一周左右时间锁定奇虎360并起诉其内幕交易，不能不说是神速。

2015年4月29日，SEC起诉两名中国人涉嫌在58同城和赶集网并购交易过程中内幕交易，而这起并购交易是2015年4月14日才正式对外公告，SEC在不到两周时间内锁定内幕交易并提出诉讼。

2012年10月12日，SEC公告称已与香港Well Advantage公司就“中海油—尼克森证券内幕交易案”达成和解，被告已同意支付总额为1 400多万美元的非法获利和罚款。Well Advantage系中国富豪张某的个人海外投资公司。2012年7月27日SEC提及诉讼，称于2012年7月19日和7月22日被告大笔购入尼克森公司股票，被告于2012年7月23日中海油公布对尼克森收购交易抛售这些股票，所有被告非法获利超过1 300万美元，其中Well Advantage公司非法获利超过700万美元。

2012年4月4日，SEC对6名中国人提及诉讼，指控他们在众品食业私有化交易中涉嫌内幕交易，全部嫌疑人获利超920万美元，目前这6名嫌疑人的账户均已被冻结。这是又一起中概私有化过程中爆发的内幕交易，而这起中概私有化公告的时间是2012年3月27日，又是仅仅一周左右时间SEC就快速锁定内幕交易嫌疑人并提及诉讼。

2011年12月5日，SEC起诉四名中国人在环球雅思被培生教育集团并购私有化退市中涉嫌内幕交易，涉案金额约270万美元，而该起并购是在2011年11月21日宣布的，SEC在两周左右时间锁定涉嫌内幕交易人员并提起诉讼。

2007年5月10日，SEC起诉大摩华裔分析师王某和其在ING的丈夫陈某从2005年12月到2007年3月期间涉嫌系列内幕交易。这对华人年轻夫妇在2007年5月被联邦调查局逮捕，随后被保释，他们的儿子于6月出生9月夫妇对共谋罪和内部交易罪认罪，夫妇俩被判一年半有期徒刑，法官进行判决后，允许他们先后服刑，以便能够轮流照顾幼子，法官还判决他们上缴 61.1 万美元赃款。法官表示，对这一案件的唯一解释即是当事人的贪婪。

2007 年 5 月 8 日 SEC 起诉一对香港夫妇涉及新闻集团收购道琼斯的内幕交易，被告从未买过道琼斯股票，但却在 4 月 13 日至 4 月 30 日间买进了 41.5 万股道琼斯股票，而其当时已获得关于新闻集团即将提出收购的“重要的非公开信息”。道琼斯股价在新闻集团收购要约公布前一个交易日收于 36.33 美元，但在 5 月 1 日公布后则跳涨至 55 美元以上，5 月 4 日，被告抛售总价值约 2 300 万美元的股票，非法获利近 820 万美元，美国道琼斯公司董事、香港东亚银行主席李某疑泄漏并购消息也因此成为被告。2008 年 2 月 5 日被告和 SEC 达成和解赔偿 2 300 万美元。

2007 年 9 月 6 日 SEC 对 UT 斯达康高管薛某提及诉讼，指控被告于 2005 年 9 月和 10 月期间，通过得知内幕消息在消息发布前卖出股票，避免了 42 万余美元的损失。被告和 SEC 达成和解协议，薛某同意将其 420 226 美元的收入上缴，同时支付 31 万美元的罚款，加上利息共计 87.2 万美元。

2005 年 1 月 25 日，SEC 起诉网易一名前高管梁某，指控称梁某在该公司准备发布其 2003 财年第三季度收益报告前已经获悉其所在部门收入将低于预期，并于公司发布收益报告的前两天售出了 47 000 股网易股票，从而避免了 70 万美元的个人损失。被告支付 35.5129 万美元的民事罚款，并归还交易所得的本息共计 73.1169 万美元，处罚还包括在 5 年内不允许其在上市公司内担任负责人或董事。

回顾以上案例，我们该如何规避在美资本市场内幕交易的风险呢？

## 兵贵神速和“破窗理论”

和查处财务舞弊等执法案件相比较，SEC 查处内幕交易案件的特征是快、狠、准、猛。尤其是在涉及重大并购、私有化等重大交易情况时，往往是重大交易公布几天之内、内幕交易完成 24 小时之内，SEC 就能锁定内幕交易内容，冻结相关账户资产，并通常在一至两周之内提及诉讼。兵贵神速，对内幕交易作出快速行动，一方面反映出 SEC 的执法能力，另一方面也反映出 SEC 对内幕交易的执法意志。这样一来才有威慑力，才可增强投资者信心，否则查处时间滞后，或者案件久拖不结则失去此等效果。

SEC 对内幕交易调查的快速行动，不仅和 SEC 雄厚的信息技术力量有关，比如通过和美国金融业监管局（FINRA）信息共享可快速定位、分析相关交易信息，成立新部门运用大数据进行交易监控等，但更为重要的是和 SEC 对内幕交易一贯优先的执法立场有关。

从 SEC 过去几年在内幕交易指控案件数量来看，每年 50 起左右，占全年执法案件约 700 件的不到 10%，和内幕交易相关的年处罚金额占近 SEC 执法年处罚总金额约 35 亿美元的不到 10%，所以不论从案件数量，还是从所罚没的总金额来看，似乎内幕交易在 SEC 所有执法案件中所占的分量并不重大，但事实并非如此。

从 SEC 过去数年向国会述职和向公众公开的年报中所披露的每年执法描述中可以看出：对于内幕交易的执法 SEC 是优先级执法（top priority）、严厉执法（aggressively pursue）等。这个公开年报也就是 SEC 的问责报告，该机构在美国过去数次财务舞弊风波中备受指责，包括来自国会的指责，如安然事件、麦道夫欺诈案、2007 年次债危机等。因此挽回 SEC 对资本市场监管的威信和公信力是“后金融危机时代”历任 SEC 主席上台来的重要职责，强化执法也就顺理成章了。

2013 年 1 月 24 日，玛丽·乔·怀特女士受到美国总统奥巴马正式提名，担任 SEC 主席一职，成为 SEC 史上第一位担任过检察官的主席，她在 10 多年的检察官生涯里建立了自己“铁腕”声誉，在打击白领犯罪和复杂证券及金融欺诈罪行方面毫不留情。金融危机后出台的《多德弗兰克法案》也大大加强了对内幕交易打击的力度，该法案还规定，如果涉案金额超过 100 万美元，内幕交易的举报者可获得追回资金的 10% ~30% 作为奖励。

SEC 在查处内幕交易案件上，一方面信息技术比较成熟，另一方面违规与否相对好判断，不像财务舞弊案件，因此对 SEC 来说相对是执法成本低、见效快、易于促成当事人认罪或配合和解、市场反馈，并十分有助于重塑和强化 SEC 市场监管的严厉风格。

和媒体对前述中概或者华裔涉及内幕交易案件所报道的“杀猴儆鸡”相

反，SEC 新主席在执法过程中所推崇的是“破窗理论” （Broken Window Policy）。这个“破窗理论”是指，不论漏洞有多大，只要是漏洞，那么都会威胁整个窗户的安全。因此，SEC 对内幕交易的最新打击原则是无论案件大小，只要发现，则会严厉打击，这或许就类似于我们通常所说的“老虎和苍蝇”一起抓。

SEC 近年查处的两个最大内幕交易案件，莫不属于 SAC 资本案和帆船集团（Galleon Group）内幕交易案。SAC 案件号称美国历史上最大的内幕交易案件，对冲基金 SAC 资本，员工提前从内幕人处获得了某医药公司新药临床试验的结果，并从事内幕交易，因此获益 2.76 亿美元。SAC 资本为此向 SEC 和司法部分别支付了 6 亿美元和 12 亿美元以达成民事和解，SAC 资本还被法庭勒令退还了其管理的所有客户资金，而其拥有百亿美元资产的 CEO 史蒂芬科恩被指控涉嫌“监管疏忽”，若罪名成立可能被永久性禁止从事证券行业。2014 年 9 月 8 日，直接操作内幕交易的基金组合经理被判入狱 9 年，罚款 930 万美元。

在帆船集团（Galleon Group）内幕交易案中，该对冲基金创始人兼 CEO、亿万富翁拉杰·拉贾拉南（Raj Rajaratnam）最终被认定 14 项欺诈罪名成立，被判 11 年监禁并面临 6 380 万美元的罚款。卷入此案件的还有英特尔战略投资主管、麦肯锡咨询公司董事、IBM 高级副总裁等数十名企业高管，先后共 21 人因此案被捕并认罪，真正体现了“一个也不能少”的原则。

除了以上两只“大老虎”之外，SEC 近年也查处了一些金额较小的内幕交易案件，从其网站所披露的信息看，最小的内幕交易案件所涉及金额只有 4 000美元。

## 人性使然和任重道远

从以上案例来看，似乎不论是社会名流还是普通职业经理人甚至是更为普通的无职业人士，不论是那些属于世界五百强的大公司，或令人尊敬的大投行、大会计公司、明星对冲基金公司，还是尚属名不见经传的土豆公司，在利益诱惑面前是人人平等，其都有可能会投身于内幕交易。这一方面和自以为内幕交易是隐蔽的、无人知晓这样的侥幸心理有关，另一方面是和内幕交易这样貌似无本万利的特征有关，而且获利快、赚快钱，因此属于可送亲人、送好友，当然更是要送自己的顺手大礼了。其实在 SEC 的严厉打击环境之下，内幕交易并非是低风险、高回报的生意。归根结底，在财富金钱的诱惑面前，人性的贪婪往往是大有作为，而且经常是大胆作为。有人说财富给人带来的贪婪，远比人性因贪婪所创造的财富要多。诚信是资本市场的基石，内幕交易是侵蚀诚信的毒瘤，彻底铲除之虽然很难，但对此行为进行快速、严厉打击已经是中外资本市场监管的共识，反之，任由内幕交易盛行，则有可能出现人们仍普遍坚守诚信底线，但只好对市场保持观望、退出，市场则会萎缩、甚至消亡；人们普遍放弃对诚信的期待，向底线进军，互拼底线，市场则在将崩溃前进入短暂的疯狂，人类将屈服于财富诱惑，因贪婪而退化。因此，为抑制人性中普遍贪婪的一面，为确保资本市场的持续、健康发展，建立和执行这样一套制度，以实现对内幕交易的快速、严厉打击，对市场的制度设计者来说，则是一项虽任重道远却是必须要为之的任务。

# 47. 安永：2016 年秋，来自 SEC 的两张罚单

## 瑞典油服公司审计失败案

此案据说是因为安永遭遇了“史上最具有对抗性的、最具有挑战性的、最为苛刻”的客户：瑞典油服公司（Weatherford International，WI）。

2016 年的秋天对安永来说，似乎是有点颇不宁静：9 月 19 日，因为独立性问题，SEC 给安永开出了金额高达 930 万美元的罚单。

10 月 18 日 SEC 新闻公告：和安永就瑞典油服公司审计失败案达成和解：安永总的和解金额为 11 840 107 美元（包括 900 万美元罚没、1 840 107 美元利息和 100 万美元罚款）；SEC 还对安永的一名审计合伙人和一名税务合伙人分别作出惩罚，禁止他们向美国上市公司提供服务；SEC 还要求安永落实系列整改措施。安永对 SEC 的指控是既不承认也不否认，但接受 SEC 所开出的和解条件。

这次给安永闯祸的是美国安永休斯敦公司。看来，德州休斯敦真是国际会计公司的滑铁卢，14 年前，也在这个城市，另外一家会计巨头的休斯敦办公室坏事了，从而导致整个会计公司全球业务解体。

2011 年 3 月 1 日，瑞典油服公司（世界第四大油田服务供货商）宣布对 2007～2010 年的财报进行重述，同时指出公司税务会计的报告流程存在重大内控缺陷，该重述下调了净利润金额高达 5 亿美元，其中 4.61 亿美元是会计低估所得税所导致。此公告之后，该公司股票价格下跌 11%（每股跌 2.38 美元，收盘价格为 21.14 美元），市值缩水超过 17 亿美元。2016 年 9 月，SEC 对该公司开出了超过 1.4 亿美元的罚单，并处罚了直接进行税务会计造假的税务总监和税务经理。

2001～2013年3月，安永是WI的审计师。2013年3月7日，该公司辞退安永。从审计费用金额上看，该公司曾经是安永全球第13大需要紧密关注的客户（close monitor），也是美国安永西南地区第三大审计客户。

SEC指控安永（休斯敦办公室）审计没有发现该公司所存在的长达四年的所得税会计欺诈，并指控安永的该项目审计合伙人Craig R Fronckiewicz（“F”）和该项目税务合伙人Sarah E. Adams（“A”）失职。F是该审计项目的协调合伙人（coordinating partner），并对2006～2010年的审计和季报审核承担责任，2004～2005年，F是该审计项目的项目合伙人（engagement partner），而A从2001～2006年是该审计项目的高级税务经理。

## SEC的调查发现

（1）2010年，WI公司的年底应收所得税余额高达4亿美元，而安永审计团队在季度审核过程中没有进行额外询问（additional inquiry），也没有执行其他合适的审核程序。

（2）在整个四年期间，安永总部已经指出对需要提高所得税会计的审计质量，然而安永的该审计团队并没有采取有效措施，从而导致WI公司的所得税会计欺诈没有被防止。

（3）至少从2004年开始，安永内部就将WI列为对事务所有高度风险的客户（significant risk to the firm），并将其锁定为需要“高度关注的客户”（close monitoring），主要是因为：①该公司经常在年末或者季度末进行重大和异常的交易；②该公司可以在不经过多层级审核情况下，对会计账目进行调整；③该公司税务结构复杂；④该公司管理层业绩压力大；⑤该公司在遵循公认会计准则方面打擦边球的压力很大。其后，安永审计团队还指出该公司的CEO属于专横跋扈型（domineering）。

（4）2005年，安永的审计团队就已经发现该公司所得税会计存在很多错误，然而，安永最终认为这些错误仅仅代表财务报告领域的一个重大缺陷（significant deficiency），并不构成实质性薄弱环节（material weakness）。而以上几点其实已经构成审计的重要警示信号（red flags），但安永审计团队并没有依照安永的审计流程要求，对WI公司的所得税会计执行恰当审计程序，从而没有发现财务欺诈。

（5）在 2007 年审计中，WI 公司税务总监和税务经理操控的所得税会计调整分录金额高达 4.397 亿美元（虚增所得税收益 1.54 亿美元），对此结账调整分录，安永的税务部高级职员（tax senior，请注意，不是审计部员工）对此提出疑问，并通过电子邮件询问 WI 公司税务经理，WI 的税务经理仅仅是口头简单予以解释（说该调整是基于公司内部交易的匹配），安永税务团队（包括税务合伙人 A）没有进一步进行追问。安永税务合伙人就这样在该工作底稿上签字，而审计合伙人 F 对这张标明来自 WI 公司口头解释的工作底稿根本就没有签字，SEC 认为安永的这两位合伙人明知道该调整分录影响重大，然而没有进行实质性审核工作底稿和验证程序，这违反了安永的内部要求。

（6）2008～2010 年，WI 税务部门人为篡改会计分录，每年调整金额涉及 2.866 亿～3.036 亿美元，每年低估所得税费用分别达 1.063 亿美元、1.016 亿美元和 1.003 亿美元。这些调整分录都是在年底结账时进行的，SEC 指出，安永的审计团队在没有获取、审核、分析调整依据的情况下，就作出审计结论。

（7）关于 2008 年审计 SEC 指出，安永对该公司 2008 年所得税会计的审计工作是安永税务部门的专业人员执行的，而且并没有获得安永审计部门的足够帮助（注：审计部门不是税务专家，税务部门不是审计专家，这是“四大”的正常现象，所以对于所得税会计的审计工作，需要审计部和税务部共同介入把关）。就在离 WI 向 SEC 提交年报的前一天，安永的税务高级员工和第一年税务经理仍然没有从 WI 公司获得这些所得税会计调整的合理解释，安永税务经理所提出的疑问应当引起审计部门的注意。然而，就在该问题未得到解决的情况下，安永审计和税务两位合伙人在“所得税会计审核备忘录”（income tax review memorandum）工作底稿上签字，认为 WI 公司的所得税会计处理并无重大错误，然而第二天，税务合伙人却要求该税务经理进行追加（补充）审核工作，该税务经理在审计底稿中指出 WI 公司约 3 亿美元的所得税调整项目存在错误，在审计底稿中没有最终合理解释的情况下，WI 公司当天向 SEC 提交了经过安永审计的年报。SEC 指控安永审计合伙人 F 在没有复核相关审计底稿的情况下出具了审计意见。

（8）关于2009年审计，SEC发现，安永这两位审计合伙人并没有在所得税会计调整的工作底稿上签字，合伙人没有对审计底稿中存在的一些明显错误进行把关，而且，在本年度审计过程中，安永审计团队在已经确定该客户所得税会计流程存在内控缺陷的情况下，并没有执行足够的实质性审计程序，从而导致该年度所得税费用低估1亿美元，由此导致利润高估66%。

（9）关于2010年季度审核SEC发现，WI公司的应收所得税余额从年初的1.558亿美元上升到年底的4.416亿美元，其中前6个月增长1.234亿美元，然而从审计底稿来看，安永审计团队没有对此进行过甚至是最低层次的审核程序（even minimal review），安永的税务合伙人曾经关注过该余额，也和审计合伙人讨论过，并询问了WI公司的税务总监（VP副总裁，下同），然而该税务总监并没有给予答复，安永也没有进一步追问，仅仅是希望公司在年底审计的时候对此进行核对。直到2011年2月，在确定所得税会计报告流程存在实质性薄弱的情况下，安永的审计团队才对该余额进行追加审计程序，从而发现WI公司长达四年造假所导致的4.61亿美元的资产高估，WI公司不得不进行报表重述。

WI公司先进行了第一次报表重述，而稍后又发现了更多的所得税会计处理错误，并于2012年2月和7月进行了两次报表重述。直到2012年8月，WI公司才向安永透露了其所得税会计造假的内幕：这些造假会计分录都是该公司税务总监（副总裁）和税务经理，在事先假设一个实际所得税税率（effective tax rate）基础上，进行倒推而计算出来的虚假分录，此种情况持续了四年之久。安永闻后顿时惊恐，即刻通知该公司审计委员会，要求进行内部独立调查。从此，该公司的所得税会计造假被彻底揭露。

SEC还指出：

（1）安永对WI公司的审计和季度审核工作并不符合美国公共会计监督委员会（PCAOB）的要求。

（2）安永明知其在所得税会计领域的审计存在不足，需要提高，然而，该审计团队并没有依照安永公司的要求，没有对WI公司的所得税会计执行有效的审计程序。

（3）安永在该审计项目的人员安排（staffing）、培训和监督上不足，安永内部将该客户描述成为“具有十分对抗性的客户”（a very adversarial client），是“最具有挑战性和苛刻的客户之一”（one of most challenging and demanding clients）。曾经有安永的审计经理拒绝被派往该项目，并以辞职相威胁。安永合伙人明知道该客户的复杂性，而且该审计项目人员流动性十分强，团队满意度低，在这个情况下，安永派出的审计经理缺乏上市公司审计经验，也缺乏国际税务会计的经验和培训。SEC 还指出，安永审计合伙人并没有对所得税会计的审计底稿进行所要求的二次审核，该合伙人仅仅是草率复核（cursory review）了该工作底稿。

**SEC 对安永的指控**

（1）SEC 的 102（e）规则和《美国 1934 年证券交易法》的第 4C 条款（对会计师不恰当执业操守的规定）（improper professional conduct）；

（2）没有保持应有的职业关注和职业怀疑态度；

（3）对所得税会计调整分录和余额的审计没有获得充分有效的审计证据；

（4）对审计团队的监督不到位；

（5）在员工培训、胜任能力和熟练程度方面存在相关问题；

（6）对季度报告进行审核时候，没有执行追加询问或者执行追加程序；

（7）对所要求应该予以记录的工作底稿内容没有记录到位。

当然，SEC 也注意到安永事后采取了一系列补救措施，然而，作为接受安永和解的条件，SEC 和对安永提出了多达十几条的整改要求。对于 SEC 的指控，安永既不承认也不否认，但同意 SEC 开出的和解条件。

在本案中，安永遭遇了“史上最具有对抗性的、最具有挑战性的、最为苛刻的”客户，然而，在和这个“刁钻”客户的博弈过程中，安永却出现了审计失败，令人可惜。本案再次说明审计是高风险的职业，尤其在企业存在欺诈的情况下，审计的风险更是难以控制。

延伸阅读：SEC 严惩假账，瑞典油服公司受罚 1.4 亿美元

2016 年 9 月 27 日，SEC 公告，在纽交所上市的瑞典石油服务公司（WI）就其财务造假事件与 SEC 达成和解，罚款总金额高达 1.4 亿美元。

SEC 在公告中指出，为配合公司业绩符合华尔街预期，WI 公司的税务副

总裁和税务经理竟然在财务系统中故意调节所得税费用。WI公司曾经对外炫耀其所得税架构的行业优势，为了确保WI公司实际所得税税率（Effective Tax Rate，ETR）接近于正常情况下一般公司的平均税率，WI的税务会计人员竟然多次在公司财务系统已经关账的情况下伪造所得税费用调整分录，连续两年将公司的所得税费用分别调低1亿美元和1.54亿美元。WI公司所得税会计的造假，导致投资者误以为该公司所得税架构安排远胜于同行，而最终，该公司不得不于2011年和2012年共三次对财务报表进行重新编报（re-statement）。

2012年2月21日，WI公司对外公告其将对2010年之前的财务报表进行重述，因为公司发现大约有2.25亿~2.5亿美元的所得税费用处理不当。除了对WI公司开出高达1.4亿美元的罚款之外，SEC还对该税务总监和税务经理分别罚款334 067美元和30 000美元，同时禁止他们在5年之内向美国上市公司提供财务相关服务。

SEC对WI税务会计人员的处罚表明，所得税会计处理也是一个容易进行财务造假的领域，尤其是通过递延所得税资产和负债科目的人工调节，这里面由于涉及复杂的专业判断，所以财务造假比较隐蔽。

WI公司由于所得税会计造假而引发的报表重述，除了遭受SEC重罚之外，还连续两年遭到投资者的集体诉讼。第一起诉讼案件爆发于2011年3月4日，最终2014年1月29日以5 250万美元赔偿和解；第二起股东诉讼案件爆发于2012年3月22日，最终2015年7月1日以高达1.2亿美元的赔偿和解。在第一起诉讼案件中，原告还将WI公司的外部审计师安永纳入被告，但法官认为原告无法充分指控安永在该公司的财务欺诈中存在主观故意，因此驳回原告对安永的起诉。所以，由于所得税会计造假，该公司所付出的总赔偿金额超过3.1亿美元，可谓代价惨重。

值得关注的是，同样是这家公司，2013年因为违反美国《反海外贿赂法》，被美国司法部（DOJ）和SEC等执法部门处罚总金额超过2.5亿美元。

## 违反独立性处罚案

SEC于2016年9月19日新闻公布：对专业服务公司安永（Ernst &

Young）罚款 930 万美元，原因包括该公司的一位审计合伙人与客户发展“罗曼蒂克”（恋爱）关系，这是监管机构首次针对大公司员工和外部审计员之间的私人关系采取执法行动。

SEC 的调查发现，安永一位高级合伙人与其负责审计的纽约一家上市公司的首席财务官发展了不适当的亲密友谊关系。另一位高级合伙人与其负责审计的另一家上市公司的首席会计官卷入“罗曼蒂克”关系。美国证交会表示，安永对这两段关系都未能采取适当举措。

美国证交会执法部主任安德鲁·塞雷斯尼（Andrew Ceresney）表示：“安永没有采取足够举措来察觉或者阻止这些合伙人与客户建立过于亲密的关系，违背了他们作为独立审计人员的角色。”有关审计人员独立性的检查机制一般评估雇员是否与审计客户存在亲戚、雇佣或财务关系，这些关系可能影响他们彻底且独立审查公司账簿。

SEC 指控的第一位合伙人的这些“过分亲密关系”的具体情况如下：

美国证交会发现，安永在芝加哥的前合伙人格雷戈里·贝德纳（Gregory Bednar）拿出逾 10 万美元款待一家审计客户的首席财务官及其儿子。从 2012 年 1 月至 2015 年 3 月期间，他和这家审计客户的 CFO 多次互相在对方家中过夜，双方家庭之间一起外出过夜度假（不是基于业务目的的度假）。此外，在审计期间，他和这位 CFO 之间互相发了数百条的个人短信、电子邮件、语音信息等，该合伙人还和这位 CFO 的儿子交上朋友，经常请这位公子看体育比赛并送些礼物。

SEC 认为安永的这位合伙人和客户之间是属于“过度娱乐”（Excessive Entertainment）。安永和贝德纳没有承认或否认这些指控。安永同意支付 497.5 万美元罚款，贝德纳必须支付 4.5 万美元罚款并被暂停执业 3 年。

SEC 指控的安永第二位合伙人的情况如下：

在另一起案件中，美国证交会发现，安永合伙人帕梅拉·哈特福德（Pamela Hartford）在审计 Ventas 期间，作为该审计项目的负责合伙人，与该公司财务高管罗伯特·布雷勒（Robert Brehl）保持“浪漫”关系，这违反了审计员独立原则。哈特福德的上司——安永合伙人迈克尔·卡缅斯基（Michael Kamienski）知晓两人关系，但未能展开合理调查，或在内部提出关切。

安永、哈特福德、卡缅斯基和布雷勒没有承认也没有否认上述调查结果。安永同意支付436.6万美元，哈特福德和布雷勒同意各自支付2.5万美元罚金。哈特福德和卡缅斯基都被暂停执业3年，布雷勒被暂停执业1年。不过以上受处罚的合伙人目前都已经离开了安永。

SEC近年来对审计师的独立性监管日趋严厉，2015年德勤因为审计独立性问题被SEC罚款100万美元，2014年，毕马威和安永由于审计独立性问题被SEC分别罚款820万美元和400万美元。

审计师的“经济警察”角色是法律所授予的，要能够客观和公正，其前提是要求审计师能保持其独立性，否则审计师失去的不仅仅是自身的公信力，也将会丧失其职业的合法性。正所谓：适度娱乐，保持独立；珍惜感情，远离假账。

## 申明和信息来源

相关案例的主要信息来自相关法律文件，案件中所提到的指控内容可能属实，也可能并非属实，本书对此并无任何立场。同时，由案件并未经过陪审团和法院的最后判决，而是以和解结案，被告并不承认这些指控，所以也意味着这些指控的事实认定在美国相关法律下并未予以确认。相关案例的主要信息来源包括：

- Ernst & Young to Pay $ 11.8 Million for Audit Failures; https://www.sec.gov/news/pressrelease/2016-219.html.
- Ernst & Young, Former Partners Charged With Violating Auditor Independence Rules; https://www.sec.gov/news/pressrelease/2016-187.html.
- Oil Services Company Paying $ 140 Million Penalty for Accounting Fraud; https://www.sec.gov/news/pressrelease/2016-194.html.

# 48. 黑石集团：IPO 集体诉讼案

- 如何判断信息的重要性？
- 信息的重要性从定量的角度是否有参考指标？
- 从定性的角度，应该考虑哪些因素？
- 黑石所隐瞒的信息是否重要？
- 原被告双方是如何在重要性原则的基础上进行抗辩的？
- 地区法官和巡回法官在重要性原则的分析上有什么不同？

## 长期处于破发状态的黑石股票价格

2007 年以前，黑石是一个投资界的传奇。作为全球最大的私募股权基金公司之一，当时黑石管理的资产达 884 亿美元，其 2001 年以来的年资金平均增长率达 41.1%，员工人均利润以 9 倍高于华尔街知名投行高盛。由于美国次贷危机导致了金融界的大动荡，在上市前一年也就是 2006 年，黑石集团的销售额和净利润大幅增加，收入增长率和净利润增长率分别为 66.9% 和 70.31%，但是上市后的 2007 年，财务数据显示，这一年黑石的收入增长减缓，净利润出现下滑，到了 2008 年，情况变得极为糟糕，收入和净利润的下滑幅度分别达到 -111.45% 和 -171.65%。

2007 年 5 月 20 日，正在筹备中的中投公司下了第一单，斥资 30 亿美元以购入黑石集团普通股，作价为 IPO 价格的 95.5%，占黑石集团扩大后股份的 9.37%（未计入超额配售），投资锁定期为 4 年。中投不在董事会拥有席位，不享有投票权，投资地位被动。2007 年 6 月 22 日黑石上市首日，股价很快从发行价 31 美元飙升至 38 美元，按收盘价 35.06 美元算，中投一日暴赚 5.5 亿美元。不过，第二个交易日黑石股价大跌，使中投的账面盈利从 5.5 亿美元缩水至 2.835 亿美元。接下来，在次贷危机的阴影下，黑石集团无法独善其身。

2009年年初，黑石股价下探至最底部3.55美元/股，中投浮亏约27亿美元，亏损幅度一度达到83%。中投对黑石的投资全部为普通股，没有表决权和管理权，股价下跌只能通过补仓降低持股成本。2008年10月初，中投公司通过子公司增持了黑石2.5%的股权，成交价格在9～10美元之间，约耗资2.5亿美元。

2007年6月27日，黑石宣布完成了首次公开发行：一共发行了1.533亿股普通股，其中包括以每股净价格29.682美元向摩根士丹利和花旗集团领导的承销团超额配售的2 000万股普通股，总募集资金额为45.5亿美元。

2008年3月10日，黑石发布公告其2007年全年和第四季度的业绩。其中，黑石披露到，确认对Financial Guaranty Insurance Company（FGIC）的投资减值1.22亿美元。2008年4月15日，黑石的股票交易价格在17～17.5美元之间，和当时IPO的31美元的价格相比，缩水高达45%。2008年4月15日，股东集体诉讼爆发。黑石股票走势如图48－1所示。

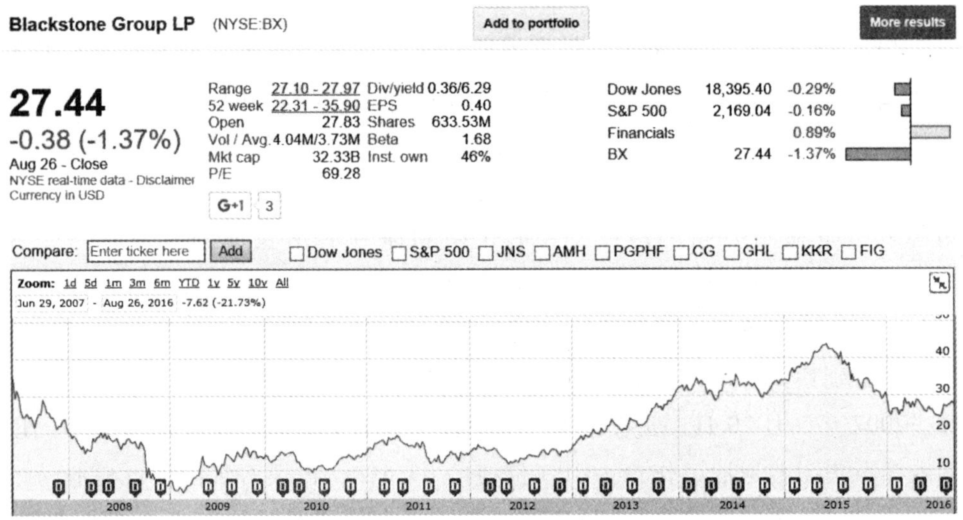


**图48－1 黑石股票走势**

黑石将其商业模式描述为“全球领先的替代性资产管理者和金融咨询服务提供商”（leading global alternative asset manager and provider of financial advisory services）。其实，该公司的核心业务就是“拿别人的钱生钱”。截至2007年

5 月 31 日，黑石所管理的资产总金额高达 884 亿美元，主要包括：对冲基金资产（hedge funds），公司私人权益基金（corporate private equity funds），投资于对冲基金的基金（funds of hedge funds），夹层基金（mezzanine funds）及封闭型互助基金（closed－end mutual funds）。

黑石将其业务分为四大版块，分别为：①公司私人权益（corporate private equity），主要管理由各大公司投资形成的私人权益基金资产；②地产业务（real estate），负责管理黑石的地产投资基金；③可市场化的替代性资产管理业务（marketable alternative asset management），主要负责管理各种对冲基金、夹层基金和其他替代性投资工具；④金融咨询业务（financial advisory group），提供并购交易分析等咨询服务。

黑石所管理的各种基金通常是有限合伙的形式，包括机构投资者和各种养老金投资者作为这些基金的有限合伙人（limited partner），而黑石自己则通过其所控制的子公司，作为这些基金的普通合伙人（general partner）。所以，通常情况下，黑石公司自身并不直接持有其所管理组合资产的股份。相反，黑石的主要业务收入来源于两部分：①收取所管理资产 1.5% 的管理费（management fee）；②向有限合伙人收取所投资资产利润的 20%，作为业绩奖励费/提成费（performance fee）。然而，如果基金的业绩如果实在太差，那么这个业绩奖励费需要返还给有限合伙人（clawed－back）。

黑石于 2007 年 3 月 22 日向 SEC 提交 IPO 招股书初稿，于 2007 年 6 月 21 日招股说明书正式生效。黑石以每股 31 美元的价格共出售 1.53 亿股份，IPO 总融资金额超过 45 亿美元，其中大部分是黑石现有股东将老股出售（老股东大量套现）。然而，截至 2008 年 4 月 15 日，也就是集体诉讼首次爆发日，黑石的股票价格缩水至每股只有 17 美元左右，而截至 2008 年 10 月 27 日，也就是集体诉讼合并诉状提交日，黑石的股票价格只剩下每股大约 7.75 美元。

原告指控黑石的招股书存在重大不实陈述和信息遗漏，没有披露黑石所管理的资产组合中，某些资产表现不良和出现缩水的情况，由此可能会引发黑石需要向有限合伙人退还业绩奖励收入的风险（claw－back of performance fee），而且也会引发黑石业绩奖励费收入下降的风险。具体而言，原告指出，黑石由于疏忽而没有披露以下三大资产组合的负面情况。

（1） FGIC

FGIC 的主要业务是为其他公司发行的债券提供保险，是单一险种保险人（monocline financial guarantor）。黑石持有 FGIC 23% 的权益。原告指出，2003～2007 年间 FGIC 的业务模式从原先比较保守的方向朝高风险领域转型，原先 FGIC 主要向市政债券提供担保（municipal bonds），之后，FGIC 开始向抵押债券提供担保（collateralized debt obligation），也就是通常所说的向次级债提供担保。原告指出，黑石向 FGIC 的此项投资直接导致黑石也面临次级债的相关风险，尤其是在黑石进行 IPO 的 2007 年 3 月，次级债市场正明显处于崩溃的边缘。原告认为，黑石作为 FGIC 的主要投资者，有责任在黑石招股书中对这一已经知晓的趋势（then－known trends）和不确定性进行披露，因为如果不进行披露，则很有可能导致黑石的历史财务数据对其将来的业绩预期失去指引意义。然而，黑石的招股书中并没有披露黑石对 FGIC 的投资，而于 2008 年 3 月，黑石冲销了该笔投资金额，高达 1.22 亿美元。

黑石指出，其自身并没有持有 FGIC 23% 的股份，而是黑石其管理的其中一只私人基金在 2003 年 8 月 6 日的一宗集体交易中大约投资 3.32 亿美元，从 GE 资本手中购买获得 FGIC 23% 的股份。

（2） Freescale Semiconductor

根据黑石的招股书披露，黑石所管理的私人基金对 Freescale 的总投资金额大约为 31 亿美元，而原告指出，黑石没有在招股书中披露，就在黑石进行 IPO 不久前，由于产品设计缺陷和质量问题导致新手机发布延迟，Freescale 刚刚丢失一份向其单一最大客户摩托罗拉生产无线 3G 芯片的独家合同。该消息是摩托罗拉 CEO 于 2007 年 3 月 21 日在投资者会议上对外宣布的。原告指出，失去该合同对 Freescale 的业务有重大的负面影响，也直接影响到了黑石所控制的私人投资基金业绩。

（3） 房地产投资

原告指出，黑石在房地产行业中有巨大的投资，而在黑石 IPO 之际，房地产市场已经开始恶化，尤其是信用市场的负面发展已经开始严重影响了房地产市场。因此，原告认为，在黑石 IPO 的时候，黑石应该能够预计到公司可能会面临和房地产投资相关的业绩奖励收入的退回（clawed－back）风险，而且在地产投资业务方面，公司的业绩奖励收入也不可能增加。原告还指出，在黑石的招股书中其宣称“房地产行业正快速增长和投资者对房地产相关资产的需求仍然强劲”等。这些对外陈述明显属于重大误导，因为在黑石 IPO 的时候，美国房地产正在面临严重下滑。

原告指控认为，对以上三大业务，黑石没有在招股书中披露已经知晓的业务趋势，而这些内容则很有可能会对黑石的经营业绩构成重大影响。因此，黑石的招股书违反了 SEC 的相关规定（SEC 于 1989 年 5 月 18 日所发出的招股书管理层讨论和分析部分的要求 Release No. 6835）。原告还指控认为在黑石招股书中的财务报表不符合公认会计准则，招股书隐瞒了那些足以令人认为投资于黑石是高风险的重大信息。

原告指控黑石违反了 1933 年证券法的第 11 和第 12（a）条款。原告指控被告疏忽大意（negligence），而不是舞弊欺诈。

相比较 1934 年证券交易法和 SEC 10（b）-5 规则下的指控而言，1933 年证券法第 11 条款下的指控，对原告举证责任的要求比较低。通常而言，只要原告能够阐明其购买了相关证券，并且被告的招股书存在重大不实陈述或者信息遗漏（隐瞒）即符合起诉的标准。

本案中，原告的起诉依据是原告信息披露遗漏（omission）。原告指出，被告对相关信息的遗漏，导致以下问题：①招股书中的某些确定性陈述（affirmative statements）存在误导；②违反了 SEC 的 S-K 303 条款，该条款要求公司需要在招股书中，对已经或者可合理预计将会重大影响（有利或者不利）收入或者持续经营利润的那些以经知道的趋势或者不确定性（known trends or uncertainties）进行描述（describe）。在美国相关案例法下，如果公司违反了 SEC 的此项条款，则很有可能会需要承担证券法第 11 条的责任。当然，这里面还是需要满足重要性原则（materiality）。

重要性原则是属于法律解释和事实认定相结合的课题（a mixed question of law and fact），而且往往是属于具体情况各不相同（a fact-specific inquiry），需要从定量和定性两方面进行分析（quantitative and qualitative inquiry）。从定量角度，法官比较倾向采纳 SEC 于 1999 年给出的百分比（staff accounting bulletin NO. 99，SAB 99）作为指引。SAB99 指出，5% 通常可以作为是否存在不是陈述的重要性水平判断的起始标准。当然，在法官考虑是否驳回起诉的时候，除非原告所指控的内容是如此明显不重要（so obviously unimportant），否则不能以不符合重要性原则而驳回起诉。

## 法官对本案所指控内容的分析

### 关于对 FGIC 和 Freescale 的投资

关于这两个投资，法官认为，不论是从定量还是从定性角度而言，都不符合重要性原则。

一方面，黑石在 FGIC 上的投资金额为 3.31 亿美元，这仅占黑石在其 IPO 时所管理总资产的 0.4%，远低于巡回法院在摩根大通案件中所定下的 5% 这个重要性量化指标。如果考虑到黑石对 FGIC 冲销投资金额 1.22 亿美元，那么其量化的百分比就更低了。原告又指出，黑石在 FGIC 投资项目上的冲销金额（贬值金额），占黑石 2007 年公司私人权益部门收入下滑的 69%，该部门 2007 年的收入金额为 8.81 亿美元，和上一年相比较，下滑 18%。然而，法官指出，2007 年黑石的公司私人权益部门收入金额为 8.81 亿美元，仅占该公司当年度总收入 31.2 亿美元的 18%。所以，从定量角度看，FGIC 对应冲销的 1.22 亿美元并未达到重要性水平，因为相对应黑石 2007 年 31.2 亿美元的总收入而言，这个金额仅占 0.4%。

另一方面，黑石在 Freescale 上的总投资金额为 31 亿美元，这仅占黑石在 2007 年 IPO 时所管理总资产 884 亿美元的 3.6%，这个比重也是低于巡回法院在摩根大通案件中所确定的 5% 重要性水平。况且，原告也没有指出，Freescale 失去了摩托罗拉独家供应合同会导致黑石在项目上的投资贬值为零。当然，如果本案是涉及 Freescale 本身的股票投资所对应的招股书，那么，失去摩托罗拉的独家供货合同这个信息则会符合重要性水平。然而，本案并非涉及 Freescale 的股票买卖，而是针对黑石，Freescale 仅仅是黑石公司私人权益部门所投资的 43 家公司的其中一家而已。

法官又指出，原告所指控内容不符合重要性原则的原因，不仅仅是因为从黑石所投资这些项目的金额比重来看，如果从黑石公司的架构来看（the structure of the Blackstone enterprise），同样也不符合重要性原则。任何一个投资项目公司本身的业绩，仅仅是在基金层面进行损益计算之后，才会体现出对黑石公司自身业绩的影响。也就是说，这些被投资公司的业绩影响，但并不直接影响黑石公司的自身业绩。正如被告所指出的，黑石收取优先的利润分配权（a preferred allocation of income，a carried interest）或者业绩奖励（an incentive fee），当然，这个业绩奖励是只有在某一投资基金的回报指标实现了的情况下，黑石才可以收取。在基金层面，由于是投资组合，因此，其中某一个投资项目的业绩不良表现可能会被其他投资项目的良好业绩所抵销。其实，黑石公司私人权益基金部门即使在冲销了 1.22 亿美元的 FGIC 投资之后，2007 年度仍然有 8.21 亿美元的收入，正好说明了这一点。况且，即使黑石冲销其在该项目上的所有投资，那么这个金额 3.31 亿美元占黑石 2007 年度总收入 31.2 亿美元的金额也仅仅只有 1% 左右。

所以，黑石的股东在某个投资基金整体盈利的情况下，获得了优先的所投资项目利润分配权，或者业绩奖励，而在某个基金整体亏损的情况下，则需要面临奖励返还（claw - backs）的风险。因此，本案原告中所指控的黑石基金所投资项目的负面信息，与黑石其他任何一个投资组合项目的负面或者正面信息相比，这两种信息之间我们很难作出原则性区分，更不用说黑石众多子基金所投资的项目。所以，如果这些被投资项目的相关信息都需要披露，那么就会导致投资者因为信息泛滥，而无法获得真正有用和重要的信息，而对如此众多细节的信息进行披露，也是证券法所不鼓励的（甚至是禁止的）。

综上所述，不论从定量还是从定性角度而言，原告在 FGIC 和 Freescale 这两个投资项目上对黑石的指控，都不符合重要性原则。

当然，法官又指出，这并非意味着一个公司规模的大小和商业模式结构可以使其免除承担证券法的责任。相反，本法官的本意就是要避免出现这样的结果。因此，如果从定量角度分析看，原告指控的内容所涉及金额较小，但如果其性质的影响比较大，那么仍然可能符合重要性原则。

本案中，原告指控被告隐瞒了所投资某些项目一些信息，但是，原告并没有指控被告隐瞒了任何非法的交易或者行为。原告仅仅是认为，黑石需要在招股书中披露其所投资项目的一些相关风险和已经存在的趋势，并没有指控黑石隐瞒了任何违法的信息。

虽然黑石的公司私人权益基金在 Freescale 上的投资金额巨大，而且在 FGIC 投资项目上冲销的投资损失绝对金额也不小，但这两个项目也仅仅是该业务部门所投资的 43 个投资组合公司的一小部分，况且，该部门也仅仅是黑石 4 个业务部门中的其中一个而已。因此，关于 FGIC 和 Freescale 这两个项目上一些信息的遗漏，和黑石整体经营活动的主要环节并没有直接关系。

在如何进行信息重要性的定性分析上，巡回法院提出的第三个要素是看资本市场反应。本案中，当黑石涉及 FGIC 和 Freescale 两个项目的信息公开之后，黑石的股票交易价格大约为 14.5 美元，然而，一个月之后，也就是在第一个诉讼状提交的时候，黑石的股票价格上升至约 17.5 美元。而且，原告的诉讼状并没有指控被告因为业绩无法达到分析师的预期而隐瞒某些信息，或者作出某些不实陈述，比如，没有指控被告将亏损的业绩伪造成为盈利的假象，没有指控被告因此违反了债券相关的某些义务，或者其他某些合同契约义务。虽然黑石的管理层从某种角度而言也是公司成功 IPO 的受益者之一，因为被告隐瞒了原告所指控的这些信息无疑也会导致黑石公司管理层的回报得到增加，然而，原告所指控的黑石投资组合项目中的这两项所涉及金额，相对于黑石所管理的总资产而言，从量化的角度看并未达到重要性标准，因此，如果仅仅从定性角度而言可能会有所担心，但这并不足以说明原告所指控黑石隐瞒的信息符合重要性原则。所以，法官认为，从法律角度而言，原告对被告的这两项指控不符合重要性原则。

**关于房地产投资**

原告指控被告的招股书在房地产投资业务方面的描述存在不少陈述，然而，原告的指控内容仅仅是一小段而已。原告指控黑石没有在招股书中具体明确地指出房地产市场正在恶化，所以黑石的招股书存在重大遗漏。原告还指出，黑石在招股书中宣称房地产行业正经历历史性高增长和流动性，而实际情况则是房地产发展已经过了其顶峰（passed its zenith），正在经历长久的持续下降。最后，原告指出黑石招股书中关于房地产业务的风险披露存在重大误导，因为这些所披露的风险其实已经具体化了（materialized），也就是说这些风险已经出现了，并不仅仅是预期的。法官认为，原告的这个指控由于以下几个原因不成立。

首先，原告的诉讼状并没有指出任何事实，或者任何一项房地产投资项目能够将 2006 年后期和 2007 年早前所爆发的次级债危机及几乎是在同时间下滑的房屋销售价格同黑石的房地产投资业务相联系起来，黑石的房地产投资业务中有 85% 是和商业地产和酒店地产相关的。

原告仅仅是指出黑石投资于房地产行业，而房地产行业正在恶化。但是，原告并没有阐明，居住房产抵押市场的危机和居民房屋价格下滑是如何对黑石的房地产投资业务可能（possibly，而更不用说是非常可能 plausibly）产生可预计的重大影响。所以，原告的指控并没有区分可能产生影响（possibility）和非常可能产生影响（plausibly）之间的界限。因为，依据美国案例法，如果指控的力度仅仅是在“可能”而不是“非常可能”，则很难成立。况且，原告仅仅是结论性地认为美国的房地产市场已经过了顶峰期，如果原告自身对这些结论是如此坚持，那么就刚刚好证明被告的那些乐观性陈述并不会构成误导性陈述（affirmative misrepresentation），如黑石宣称“房地产行业正在经历历史性最高增长”及“房地产资产的重置成本正在保持增长”。

其次，至于原告认为黑石没有在招股书中对房地产市场状况做一般性披露，法官认为这样的指控在法律上不具有可诉性（not actionable）。因为证券法第 11 和第 12（a）（2）条款并没有要求上市公司披露那些公众已经知情的信息。在 2003 年的美林证券诉讼案例中，法官指出，虽然美国的证券法内含哲学理念是要求全面的信息披露，但是，对于理性投资者能够合理情况下获得的信息，上市公司并没有披露的义务。对于诸如宏观经济条件这些大众容易知情的信息而言，如果没有披露，并不会构成重大信息遗漏，因为此等信息本身已经构成投资者可获得总信息的组成部分。美国第三巡回法院在于 1993 年在 Donald Trump Casino 案例中也指出，上市公司没有告知投资者目前的经济环境不景气，但这并不影响投资者的总体决策信息，因为投资者对此等信息可以公开获得。本案中，原告也仅仅是指控黑石没有披露其在房地产投资的负面事项和不确定性，然而，原告仅仅是指出黑石没有指出美国的房地产市场正处于长期下滑之中，原告并没有指出黑石隐瞒或者遗漏投资者并未知晓的任何信息。

最后，原告指控黑石没有披露已知道的趋势（known trends），因此违反了 SEC 的 Items 303 条款规定。法官认为这个指控也不成立，因为原告并没有指出，黑石在其IPO时候已经知晓和房地产信贷相关的某些事项对其房地产投资者组合可能会有重大影响。或许，作为老练的房地产投资者，黑石应该知道房地产信贷风险除了和次级债危机相关之外，还是有可能和其他因素有关。然而，原告的如此推测并不够，原告并没有指出任何具体事实证明黑石知晓任何趋势将会对其所投资的房地产项目产生重大影响，原告仅仅是一般性指控，理由并不充分。法官认为，原告起诉状最为致命的缺陷，是其试图强迫别人进行猜测到底原告所主张的哪些内容黑石应该在招股书中进行披露。

原被告双方为已经知道的趋势进行了口头辩论。原告认为可知道的趋势（knowable trends）也属于已经知道趋势（known trends），因为对于可知道趋势如果不知道，则说明疏忽大意了（negligence），而在1933年证券法的第11和第12（a）条款下，因为疏忽大意而出现招股书误导则需要承担责任。但是，法官并不同意原告的这个逻辑，法官指出，所谓已经知道的趋势（known trends）是SEC在Items 303条款中给出的要求，这个要求，不论是在SEC的书面文字上还是至今美国证券案例法上都是指已经知道的趋势，并不是指可以知道的趋势。在重要性原则的认定上，SEC的Items 303条款和证券法第11及第12（a）条款对此要求是不一样的，后者可以考虑疏忽大意的情况，而前者则只能按照其书面文字所确定的含义来分析（即只能考虑已经知道的趋势，不包括可以知道的趋势）。

## 原告对黑石财务报表公允性的指控

原告最后还指控黑石的财务报表中，高估了其在FGIC和其他地产基金投资的价值。法官指出，这个指控其实是以上各项指控的衍生指控（derivative allegations），因此，基于以上相同原因，该指控也不充分。正如以上所分析，原告所指控黑石在FGIC项目上涉及次级债的风险，从法律角度看，并未符合重要性原则。同理，原告的此项指控依据是房地产市场正处于自由落体的下跌过程中（midst of the freefall），但这是属于结论性的指控，原告并没有提供具体事实表明其和黑石所投资具体项目之间的实际关系。

原告还指控黑石的财务报表违反了美国公认会计准则（GAAP），因为依据美国公认会计准则SFAS 159号准则，黑石对FGIC的投资应该按照权益法核算（equity method），或者允许一次性选择使用公允价值法（fair vale option）。然而，实际上，黑石并没有进行选择，而是按照公允价值法进行核算，所以违反了 GAAP 的要求。然而，法官指出，当时 SFAS 159 号准则并未生效，黑石已经明确披露其并不打算提前采纳该号准则，而是正在对其的影响进行评估。

基于以上分析，同时由于本案的原告不同意修改诉讼状，因此，于 2009 年 9 月 22 日，法官驳回了原告的起诉。

## 第二巡回法庭的最新裁决

原告并不接受联邦地区法官的裁决，很快进行了上诉。原告上诉人（plaintiffs - appellants）和被告被上诉人（defendant - appellees）于 2010 年 8 月 25 日进行了辩论。2011 年 2 月 10 日，美国联邦第二巡回法庭（上诉庭）对此案作出裁决，驳回了一审的裁决，要求地区法院进行重新审理。那么，巡回法庭是如何作出不同于地区法庭的法律分析呢？

巡回庭法官指出，在考虑是否驳回起诉的时候，如果案件主要需要考虑的问题是重要性原则（materiality），由于重要性原则是每个案件需要具体情况具体判断的（fact - specific finding），所以，在诉讼的这个阶段，原告所需要承担的举证责任更为轻微（even lower）。因此，在这一点上，巡回庭法官并不同意地区法官的观点，巡回法官并不认为对理性投资者而言，原告所指控的内容即使在表述上也可以看出来是如此的不重要（so obviously unimportant）。

**关于 FGIC 和 Freescale 两个项目上的投资**

对于原告在这两个投资项目上的指控内容，即 FGIC 业务模式从保守向高风险转变，及 Freescale 失去摩托罗拉的独家供应合同，被告指出这些指控主要来自媒体的新闻报道和分析师会议，被告认为这些内容其实已经属于公众可以获得的信息（public knowledge），已经属于公众投资黑石时总体决策信息的一部分（total mix of information），因此即使黑石在上市的招股书中没有披露，也不会构成对重要性原则的违背。

巡回法官指出，一般而言，投资者决策总体信息或许包括那些公开的已经知情的信息，而且美国有一些案例法确实也有作出如此的裁决。但是，并不能因为有案例在先，就可以认为上市公司因此就没有义务披露公众已经知情的信息。同样，也有案例法指出，1933 年证券法第 11 条款下的信息披露义务，并不局限于那些属于某上市公司自身特有的非公开的信息（firm - specific and non - public）。同样，SEC 也要求上市公司对某些影响其业务的趋势进行披露，而且在某些情况下，SEC 的这个要求甚至还包括那些并非属于某上市公司特有的，也还包括某些公众已经知情的内容。比如，媒体的一些零星报道则并不能视同为是投资者公开已知的总体决策信息一部分，而且，从案例法来看，上市公司以此作为抗辩理由，试图免除自己的信息披露义务，往往很难得到法院的支持。

法官认为，本案中，原告指控的重点是，某个特定的已经知晓的趋势、事项，或者不确定性，是否并且在多大程度上对黑石的投资会存在可合理预计到的重大影响，而这个潜在的未来影响是确定的，但并不为公众所知晓，尤其在对 FGIC 的投资项目上，黑石在招股书中甚至连提都没有提到，所以也就更谈不上是属于公众所已经知晓的信息了。

巡回法官再次强调的一点是，原告指控的焦点是 SEC Item 303 条款下所要求披露的信息，原告并不是要求黑石仅仅披露其对 FGIC 的投资，也不是要求黑石仅仅披露房地产市场的下滑趋势，更不是要求黑石仅仅披露 Freescale 丢失了其和摩托罗拉的独家供货合同，原告是要求黑石披露，这些在黑石 IPO 时候就已经知晓的趋势、事项或者不确定性，到底是如何（以何种方式）对黑石将来的收入可能产生重大影响的。虽然，黑石在 FGIC 和 Freescale 的投资金额低于 5% 的这个所谓重要性标杆水平，但巡回法庭、发行地区法庭在进行重要性原则定性分析的时候出现了错误，原因如下：

第一，地区法官和被告黑石都太注重黑石的公司结构（structure），也太注重这样的情况：投资组合中某一项目的亏损或许会被另外一个项目的收益所抵销。然而，在进行重要性原则评估的时候，如果黑石为了规避某个具体负面信息的披露义务，将投资组合中各个项目对业绩管理费（performance fee）的正面和负面影响综合起来（抵销后）考虑，那是不妥当的。这里问题的重点并不在于投资组合中某个项目的贬值会影响到基金的收入，SEC Item 303 条款的重点在于，是否黑石已经合理地预计到这个影响重大与否。法官指出，只要是相关法律要求必须披露的，或者从理性投资者角度而言属于重大信息的，那么黑石就有披露的义务。在诉讼是否驳回阶段，以黑石的公司结构（structure）作为抗辩理由是不合适的。当然，黑石还是可以说服陪审团其公司结构足以确保原告所指控的内容不符合重要性原则，但是，就法律角度而言，我们认为，黑石以此作为抗辩理由并不成立。

第二，地区法官认为原告所指控的内容和黑石的主要经营活动无关，这个结论是错误的。SEC 的 SAB 99 号规则指出，对重要性原则的定性分析（qualitative materiality）需要考虑原告的指控是否和被告主要经营活动相关。本案中，黑石的公司私人权益部门（corporate private equity segment）对黑石而言是如此重要，并且该业务部门还向黑石的其他业务（资产管理和金融咨询服务）提供价值，任何理性的投资者都希望知道其对公司收入的负面影响。所以，原告所指控的内容至少从表面上看是符合重要性原则的。而且，黑石在 Freescale 上的投资金额占公司私人权益部门所管理总资产的 9.4%，还是该部门所管理第二大投资项目的几乎三倍规模，所以即便与黑石整个公司财报相比，这个金额从数量上看可能不算重大，但是，从定性角度而言，它对黑石公司重要业务部门的重要性是不言而喻的。因此，从定性角度看，原告的指控符合重要性原则。

第三，地区法院在进行重要性原则分析的时候，并未考虑到这个重要因素，那就是：原告指控被告隐瞒的信息标志着黑石盈利局面的改变，甚至代表了某个趋势的变化，而这正好是 SEC 的 Item 303 条款所要求披露的（已经知道的趋势对公司的影响如何）。本案中，原告指控黑石没有披露这两个项目（FGIC 和 Freescale）对黑石关键业务部门收入可能存在的重大影响。黑石没有披露该信息，正好是隐瞒了其盈利状况将可能出现变化，也隐瞒了会导致这个变化发生的一些趋势、事件或者不确定性。

以上几个从定性角度考虑，加上地区法官已经指出的因素表明：黑石隐瞒这些信息其实有助于增加其管理层所获得的报酬，这已经足以说明原告已经充分指控被告隐瞒重大事实，而这些事实依据 SEC 的 S－K 规则 303 条款是需要披露的。

**房地产投资的重大信息隐瞒和不实陈述**

巡回庭的法官认为，地区法官的法律分析存在错误。首先，如果按照地区法官分析，原告必须能够在诉讼状中指出哪项具体房产投资或者黑石所持资产可能会因为某个已知趋势的存在而可能出现风险，而地区法官的这一法律分析，恰恰忽视了原告指控的核心内容，原告是指控被告隐瞒了某些需要披露而没有披露的信息。是什么呢？原告所指控的，就是黑石没有披露其在房地产投资上的某些重大细节（material details），尤其是面临当时住房价格下滑、次级债违约率上升及复杂的抵押证券正面临更多问题的这样的大环境，到底这对黑石的那些在招股书里未具体指明投资的项目有何重大影响，重大影响的方式会是什么（Manner），这个正是黑石没有披露的，也正是原告指控的核心所在，而这些信息，正是 SEC Item 303 条款所要求披露的。面对这个已经知晓的趋势（known trends），其对黑石投资和收入存在可以合理预计的重大影响，然而，黑石在招股书中没有披露该信息。

其次，地区法官认为原告并没有将住房地产价格下滑这一现象和黑石主要是在商业地产商进行投资这两个现象建立法律逻辑联系（link），但是，巡回法官指出地区法官在该法律分析中存在两个错误。一方面，黑石的招股书中披露，公司在住宅地产领域至少有一定规模的投资，所以，如果基于对原告有利角度的推测，该住宅投资在规模上至少也有 30 亿美元，并且至少占黑石地产部门所管理资产的 15%。仅此一点，就足以说明住宅地产价格下滑和黑石的地产投资业务之间存在某种联系。另一方面，即便黑石的地产投资主要集中在商业地产领域，在住宅地产市场面临倒塌的情况下，尤其是在房地产抵押证券化的复杂交易安排下，投资者很有可能认为其将对商业地产投资产生负面影响。

最后，巡回法庭的法官还指出，原告指出了数个事实，正好说明被告在招股书中的信息披露存在误导。第一，原告提供了图表说明美国住房市场价格的季节性调整后的价格信息，该信息正好说明黑石在招股书中所宣称的美国房地产行业正在经历历史上最高增长水平这样的陈述不属实（这里法院是假设原告的信息是真实可靠的）。因为该图表显示美国的房产价格从 2005 年年末开始出现下滑。第二，黑石招股书中宣称，投资者对地产的强劲需求部分原因是因为持续合理的利率水平，然而，原告指出从 2004 年 6 月份开始，美国主要的短期和基准利率已经开始上涨，包括住房贷款利率在内。

所以，法官认为，原告的指控已经符合重要性原则。首先，房地产业务在黑石的经营活动中扮演重要角色（significant role），因为毕竟房地产业务占据了黑石所管理总资产的22%。其次，从定性角度看，原告所指控的内容也符合重要性原则，因为这些所隐瞒的信息掩盖了黑石可能盈利趋势存在变化这样的重大情况。最后，这些信息的隐瞒，从某种程度上而言对公司管理层自身薪酬的增加也是有帮助的。

当然，黑石和地区法官都提到了法律上的一种担心，即如果本案中原告的指控符合重要性原则，是否就会导致类似黑石这样的公司在招股书中 不得不披露其投资组合内容和所投资的地产业务资产信息；当然，这样或许会导致投资者面临过多没有必要的信息，而忽视了真正的重要信息；而这也是证券法所不允许的。巡回庭的法官认为，该担心虽有一定合理性但并不必要，因为：①只有属于重大的信息（material），才有可能会涉及证券法第 11 和第 12（a）（2）条款所规定的义务，而且，并非黑石所投资的所有地产项目都符合重要性标准。②就信息隐瞒的责任而言，所隐瞒的信息必须是属于上市公司有披露义务的。本案中，正是因为 SEC 的 S－K 规则 303 条款，黑石才对这些所指控隐瞒的信息具有披露义务，所以，如果不具备这个法定披露义务，那么黑石并不会违反证券法，即使所涉及的信息属于重大信息（注意：这里是指信息遗漏和隐瞒的指控）。所以，只有同时满足这两个条件，即重要性原则和披露义务，招股书信息隐瞒的指控才会成立。

基于以上分析，巡回法庭法官认为地区法官的裁决存在错误，因为：就FGIC、Freescale 和房地产投资业务而言，原告已经充分指控黑石招股书隐瞒了重大的，且依据 SEC S－K 规则 303 条款要求必须要披露的信息，而指控黑石违反美国公认会计准则和风险披露不充分，这属于前面主要指控（Primary allegation）衍生而来的指控（Derivative allegation），或者说是次要指控（Secondary allegation）。由于主要指控成立，该衍生指控也就成立。由此，巡回法庭的法官推翻了地区法官的裁决，要求本案重新审理。

2013 年 8 月 13 日，法院批准了原告提出的集体诉讼股东确认申请，同天，原被告双方同意，原告主动撤回对被告 1933 年证券法第 12（a）（2）条款的指控。

2013 年 8 月 28 日，原被告双方达成和解赔偿协议，赔偿金额为 8 500 万美元，并于 8 月 30 日获得法院的初步批准，于 2013 年 12 月 18 日获得最终批准。至此，本案结案。

## 申明和信息来源

本案例的主要信息来源于相关法律文件，案件中所提到的指控内容，可能属实，也可能并非属实，本书对此并无任何立场。同时，由于案件并未经过陪审团和法院的最后判决，而是以和解结案，被告并不承认这些指控，所以也意味着这些指控的事实认定在美国相关法律下并未予以确认。本案例的主要信息来源包括：

- Consolidated Complaint; Case 1: 08 - cv - 03601 - HB - Filed 10/27/08.
- Opinon and Order; Case 1: 08 - cv - 03601 - HB - FM Filed 09/22/09.
- Opinon and Order; United States Court of Appeals For the Second Circuit. Case: 08 - cv - 03601 - HB - FM Filed 02/10/11.
- Settlement Agreement. Case 1: 08 - cv - 03601 - HB - FM Document 171 Filed 08/28/13.

# 49. 脸书：大意失荆州？超 41 起诉讼缠身

- 美国年度最大的 IPO，为何上市后破发不断、诉讼缠身？
- 脸书为何在 IPO 路演中突然大规模下调业绩预测？
- 业绩预测的突然下调为何仅在小范围内电话通报？
- 脸书的招股书到底隐瞒了什么信息？哪些信息构成了重大误导？
- 一份经过大投行、会计公司和 SEC 把关的招股书，为何会存在重大误导？
- 媒体已经广泛报道的信息，脸书是否还有披露义务？
- 公司在美国 IPO 时候，是否有义务披露其业绩预测？
- 脸书的虚假陈述属于“欺诈”还是“疏忽大意”？
- 同一诉由、同一法官，为何股东派生诉讼可以驳回，但股东集体诉讼却不行？两个诉讼原因相同，指控的思路有何不同？
- 巨额 IPO，脸书是否需要作出巨额赔偿？

脸书（FACEBOOK）的 IPO 曾经是美国史上最大的 IPO 交易，脸书如今以超过 3 500 亿美元的市值仅次于苹果、谷歌和微软，列美国最大市值科技公司第四。脸书的创始人扎克伯格，年纪轻轻，成为世界级富人，今天的脸书在美国资本市场和互联网领域是如此辉煌。然而，就在脸书刚刚 IPO 之后就遭遇股价暴跌和超过 41 起的股东集体诉讼，并且在 IPO 之后的相当长时间里股价处于破发的状态，在那段时间里，又有谁能想象到其会有今日的辉煌呢？脸书的股票价格趋势如图 49－1 所示。

## 美国史上最大的 IPO 交易

2012 年 5 月 18 日，脸书 IPO 公开上市。2012 年 3 月 31 日，脸书披露其

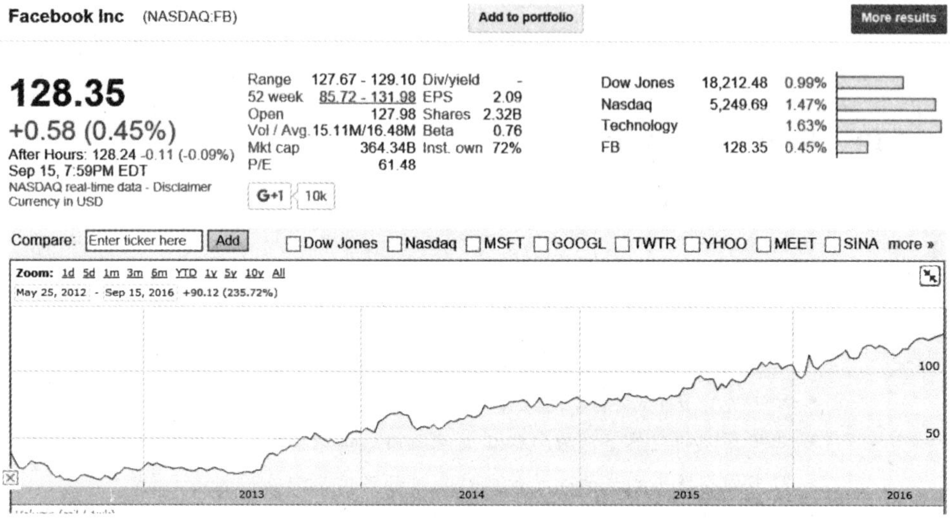


**图 49－1　脸书的股票价格趋势**

网站月活跃用户数量大约为9.01亿，其中一半是通过互联网登录的，这个用户数大约占全球人口的13%。脸书的业务收入主要来自于广告业务，2009年、2010年和2011年，广告业务收入占总收入的比重分别为98%、95%和85%。

IPO之前，脸书的股票是在非公开场所进行交易。2012年2月1日，脸书向美国SEC提交IPO申请（注册登记资料/招股书）。2月这一稿的招股书就移动端用户发展的相关风险作出了具体披露，并指出，这一发展趋势可能对脸书的收入能力存在影响，比如：

- 由于移动端目前并没有广告投入，因此移动用户的增长或许（may）会对公司的业务收入存在负面影响；
- 我们的广告业务收入可能会（could be）受到某些因素的负面影响，如：移动端客户的增长；
- 我们目前并没有从移动用户获得任何业务收入，我们从中获取业务收入的能力尚未得到证明，这或许（may）会对我们的财务业绩带来负面影响；
- 招股书还披露到，公司将客户体验置于短期财务业绩之上，因此公司会经常作出产品更新，而这有可能会短期降低业务收入。

2012年2月28日，SEC对脸书第一稿招股书出具反馈意见（comment letter)，要求脸书就移动端用户增长这一现象，确保充分披露其对公司收入和财务业绩的影响，而不是仅仅披露其有可能存在负面影响，SEC 还要求脸书披露任何对收入或者经营业绩已经产生或者合理预计可能会产生的、那些已知的趋势（known trends）或者不确定性（uncertainties）。

2012 年 3 月 7 日，脸书回复了 SEC 的反馈，指出其无法确定移动端业务发展对收入的潜在影响，所以无法披露，因为有的移动端客户也同时是 PC 端客户，地动和 PC 之间并非是互相替代的关系（substitute），而是增量（incremental）的关系。

然而，脸书还是在新的招股书中对此作出了一些更为具体的披露，如我们无法量化移动用户和 PC 端用户之间的替代情况，但可以预计移动用户的增长在将来会高于 PC 端用户；我们目前并未从移动客户产生收入，移动客户的增长率高于 PC 客户的增长率，如果我们的客户货币化政策不成功，那么我们的收入会受到负面影响，等等。

但同时，在 2012 年 4 月份修改的招股书中，脸书又对移动用户的发展作出了正面描述：公司的日活跃客户（DAUs）占月活跃客户（MAUs）的比重在增加，我们确信这个增加完全是由于移动端客户数量增长所导致，我们还确信，这个比重的提升，会总体上对公司收入的增长有积极影响，因为用户量的增长使我们可以向用户提供更多的商业化内容，也为我们提供了更多的货币化（monetization）机会。

脸书从 2012 年 3 月份开始准备 IPO 的路演，在路演准备过程中，脸书对其移动用户货币化能力作出公开的陈述。在 2012 年 3 月 7 日的招股书修改稿中，脸书宣称其已经开始在移动端推广其第一款核心广告产品。

2012 年 4 月 16 日，脸书的 CFO ，本案的被告自然人之一——Ebersman，向 IPO 承销团的分析师提交了脸书 2012 年第二季度和全年的收入盈利预测数据，其预计公司第二季度的收入金额约为 12 亿美元，全年度的收入为 50 亿美元，季度和年度同比增长率分别为 34% 和 35% 。分析师们根据这个基础数据，作出了各种分析数据，季度和年度同比最高增长率为 35% 和 39% 。承销团依据这个预测数据向投资者推介脸书公司的股票。

2012 年 5 月 3 日，脸书更新招股书，宣布 IPO 定价区间为每股 28 ~ 35 美元，并于当天在网上公开了其 IPO 路演的视频资料。该视频中，公司 COO Sandberg（本案的被告自然人之一）宣称，由于移动工具比较小而且需要新的广告格式，所以移动端业务对很多公司而言是个挑战，但对脸书而言并非如此，因为脸书刚刚投放了一款新的广告工具，使广告可能成为脸书移动用户体验的很自然组成部分之一。此间，据媒体报道，投资者对脸书的新股发行十分期待，热情高涨，有媒体指出这是在谷歌上市之后未见到的热情。

2012 年 5 月 7 日，脸书进行了第一次公开路演活动。在路演过程中，投行分析师向潜在投资者推荐该公司股票时指出，该公司 2012 年的收入同比增长至少 35%，对于脸书的移动业务不仅没有表示担心，反而指出，移动业务的客户货币化是脸书业务长期增长的巨大机会。然而，2012 年 5 月 7 日，仅仅是在第一次公开路演之后的几个小时，脸书管理层确信公司将无法实现原先的第二季度和全年的收入预测目标，这主要是由于两个原因：一方面，2012 年第二季度脸书的用户大量从 PC 端转移到移动端，而前者对应的广告数量相对于后者要大许多，因此，脸书的广告收入并无法实现原先预测目标；另一方面，脸书于第二季度对广告产品进行了某些修改，降低了某些页面的广告时长，由此进一步加剧了由于移动客户增加而对广告收入的负面影响。

2012 年 5 月 7 日的晚上，脸书 CFO Ebersman 告知了摩根士丹利此消息。

2012 年 5 月 8 日，脸书下调了其原先的收入预测目标：将第二季度的收入下调 1 亿美元，下调幅度为 8.3%，季度最低的收入预测是 11 亿美元；全年的收入下调 1.75 亿美元，下调幅度为 3.5%，年度收入预计为 48.25 亿 ~ 48.5 亿美元之间。这个修正意味着脸书第二季度的收入同比增长率只有 23%（原先预计是 34%），年度同比增长率则只有 30%（原先预计是 35%）。

由于下调幅度如此之大，脸书最高管理层决定需要将该信息告知给 IPO 承销商。据电子邮件显示，脸书的财务负责人（treasurer）Herman 向摩根士丹利告知了这一信息，后者建议脸书的 CFO 将此信息立刻通知给承销团的所有分析师，以便于分析师修正其估值模型，向潜在的最大投资者提供最新的估值信息。

2012 年 5 月 9 日，脸书更新了其招股书，同时提交了简要的招股书补充资料（Free Writing Prospectus，FWP）并作出如下补充披露：第一季度中所出现的日活跃客户数量（DAUs）比广告投放数量增长快这种趋势仍然在第二季度持续，我们认为这一趋势的原因，部分是由于移动用户的增长，而在移动端，公司最近才投放少量赞助文章，部分是由于广告产品修改之后所导致的某些页面广告数量减少。然而，即便是以上的简要披露，仍然有媒体可以从中发现脸书在移动业务货币化过程中遇到了问题。有报道甚至怀疑脸书能否实现其第二季度的收入预计目标。

2012 年 5 月 9 日、10 日和 15 日，脸书的财务负责人 Herman 向承销商分析师总共打了 19 个电话，逐一通报了脸书突然急剧下调收入预测数据的情况。她在电话中指出："许多投资者关心平均每个用户的广告数量下降的趋势（主要由于移动业务所导致）是否为一次性现象，还是属于持续性现象，正如你们从脸书最新的招股书补充披露中所看到的，该趋势仍在持续发生。你们可以自行决定是否需要修改你们的估值模型，我们对公司业务的长远信心并没有改变，但短期而言，该趋势确实存在。"

据此，承销商分析师纷纷修改了各自的估值模型，主要分析师的修正信息如表 49 - 1 和表 49 - 2 所示。

**表 49 - 1　　脸书 2012 年年度盈利预测修正数据**　　单位：亿美元

| 投行分析师 | 5 月 9 日前数据 | 5 月 9 日后数据 | 差异 |
|---|---|---|---|
| 高盛 | 12.07 | 11.25 | -6.79% |
| 摩根大通 | 11.82 | 10.96 | -7.27% |
| 摩根士丹利 | 11.75 | 11.11 | -5.45% |
| 美洲银行 | 11.66 | 11.00 | -5.66% |

**表 49 - 2　　脸书 2012 年第二季度盈利预测修正数据**　　单位：亿美元

| 投行分析师 | 5 月 9 日前数据 | 5 月 9 日后数据 | 差异 |
|---|---|---|---|
| 高盛 | 51.69 | 48.52 | -6.13% |
| 摩根大通 | 50.44 | 48.39 | -4.06% |
| 摩根士丹利 | 50.36 | 48.54 | -3.61% |
| 美洲银行 | 50.40 | 48.15 | -4.46% |

在 IPO 之前，已经有媒体对脸书下调业绩预测作出相关报道，然而这些报道仅仅是指出脸书的收入预测数据可能会受到影响，或者说移动业务或许会对脸书的收入有负面影响，而除了承销商分析师之外的其他分析师们，由于他们并没有收到脸书财务负责人的电话通报，仍然广泛期待脸书能够到达原先公布的收入预期数据，这些非承销团分析师们对脸书 2012 年第二季度和全年收入的普遍预测业绩是 12 亿美元和 50 亿美元，这个数据接近甚至稍微高于脸书原先公布的预测数据。

然而，市场对脸书 IPO 的热情依然十分高涨，脸书决定同时提高 IPO 的规模和价格，这在美国 1995 年之后的 IPO 历史上仅有 3.5% 公司有过如此决定。

2012 年 5 月 12 日，脸书宣布提高 IPO 定价区间，从原先的 28 ~ 35 美元，上调至 34 ~ 38 美元。路透社报道指出，脸书之所以敢于提高 IPO 定价，是由于其已经成功说服投资者相信公司能够从移动业务转型中获利。

2012 年 5 月 16 日，脸书决定提高 IPO 规模 8 400 万股，提高幅度高达 25%。

2012 年 5 月 17 日，脸书完成 IPO，总共发售超过 4.21 亿股，每股价格 38 美元，总的融资金额超过 160 亿美元，成为美国历史上最大规模的 IPO 交易之一。

## IPO 后的密集诉讼

2012 年 5 月 18 日，脸书股票开始公开交易，股票以每股 42.05 美元开盘，然而开盘后仅仅 15 分钟股票价格就开始下跌，几乎跌至 38 美元。眼看就要跌破发行价，这迫使承销商不得不以每股 38 美元的价格买入数百万股，以确保股价不再大幅度下跌。当天收盘价格为 38.23 美元/股。

然而，第二个交易日，也就是 2012 年 5 月 21 日，脸书的股票价格继续下跌，而且交易量巨大，当天的收盘价格为每股 34.03 美元。2012 年 5 月 22 日，股价持续下跌，收盘价格为每股 31 美元，同 IPO 价格相比较，股价下跌了 18%。

市场认为，脸书股票价格在 IPO 之后就大跌是因为媒体披露了该公司在 IPO 前突然下调业绩预测。路透等媒体指出，脸书在如此晚的时间内突然下调业绩预测，可能说明该公司业务的急剧恶化，因为业绩突然下调的时间正好处于 IPO 路演开始和中间过程中。在任何情况下，业务展望的突然恶化，都会给华尔街带来恐慌，进而导致股票价格下滑。

2012 年 5 月 22 日，路透社报道，脸书 IPO 的首席承销商摩根士丹利和高盛在路演过程中都已经大规模下调脸书的业绩预测，但仅向其几个大客户告知了这一消息。在路演期间，首席承销商突然大规模下调业绩预测，这是极其不正常的事件。脸书上市后的股价暴跌，即刻引发了 41 起股东诉讼。

2012 年 12 月 6 日，美国纽约南区联邦法院裁决，将所有 41 起股东诉讼合并成为一个集体诉讼，并任命了首席原告代表，以纳斯达克为被告的诉讼（NASDAQ OMX Group Inc. 和 The NASDAQ Stock Market LLC ）也合并成为一个集体诉讼，该诉讼正在进行中。纳斯达克还被 SEC 罚款 6 200 万美元。

此外，股东还发起了派生诉讼（Derivative Actions），该诉讼于 2013 年 12 月 20 日被驳回，但原告正在上诉过程中。

首席原告于 2013 年 2 月 28 日提交合并诉讼状，指控被告违反了 1933 年证券法的第 11、第 12（a）（2）和第 15 条款。公司、CEO、CFO 等高管及 33 家 IPO 承销团投资银行成为本案的被告。被告于 2013 年 4 月 30 日向法院提交动议，请求法院驳回该起诉，此后原告和被告之间进行了多轮口头辩论，直到 2013 年 10 月 8 日，被告的动议才完整提交。

2013 年 12 月 11 日，联邦法官 Robert W. Sweet 作出裁决，拒绝被告驳回起诉的申请。接下来我们详细了解一下合并诉讼状的内容和法官的裁决过程：

合并诉讼状主要提出两个指控：

①脸书没有披露移动用户的增加和广告产品的更新这两个要素是否已经或者可以合理预计其对公司的收入有重大不利影响，也没有披露该趋势是否已经或者可以合理预计其对收入有多大程度的影响。因此，脸书的招股书违反了 SEC 规定 Regulation S – K 中的 303 条款。

②脸书招股书中仅仅用“或许”“可能”这样的措辞来描述移动客户增加的和广告产品更新对收入的影响，这样构成了重大的不实陈述。

原告指控被告违反了 1933 年证券法的第 11、第 12 和第 15 条款。其中第 11 条条款对证券发行人及在招股书上签字的人有严格的责任要求（strict liability）意思是说当事人必须要确保提交给 SEC 的注册登记文件（registration statement）保招股书不存在重大误导，否则需要承担责任，而不论该误导是否因故意（欺诈）导致，也不论投资者的损失和招股书误导之间是否存在信赖关系，也不需要符合损失的因果关系条件，原告就可以起诉被告。第 12（a）（2）条条款所规定的情况也是类似如此，只不过该条款是针对招股说明的。第 15 条条款是控制人责任条款。如果遭遇这些条款的指控，被告人只能以已尽到勤勉义务的理由（due diligence）进行抗辩。

本案件中，原告并没有指控被告存在欺诈的情形，相反，原告指控被告的行为属于疏忽大意（negligence）。

## 法官认为脸书的注册登记文件存在重大信息遗漏（omitted material information）

原告指控脸书没有依照 SEC 的 S－K 规则中 303 条款的要求，对移动业务的已知趋势影响作出相关披露。然而在法官就脸书的派生诉讼刚刚作出的裁决中，以及在美国联邦的其他数个证券集体诉讼案例的裁决中，法官认为，公司内部的盈利预测（internal forecasts）通常而言并不需要在招股的注册登记文件中披露。同样 SEC 的 303 条款也不要求公司披露其内部的盈利预测信息。

然而，本案中，原告并非指控被告没有披露其内部盈利预测信息或者预测数据，原告所指控的则是：被告的注册登记文件仅仅是披露脸书有可能（possibility）会在移动端业务遇到困难，然而，其实际情况是脸书已经发现了两个趋势，而且这两个趋势正在影响着脸书的广告收入。原告指出，由于移动客户的增加所导致广告收入下滑这个现象属于已经知道的趋势，对于这个趋势，脸书有披露的义务。

SEC 在 1989 年的相关公告中要求，对已经知道的趋势，如果公司管理层无法确定其重大影响是否可能发生，那么，公司必须要在管理层讨论和分析这部分内容中，就该趋势的影响作出披露，并对该影响进行合理可行的量化披露（quantitative disclosure）。

法官指出，脸书的招股书（注册登记文件）并没有阐明其移动端用户发展和广告收入之间存在的潜在问题，在修改的招股书中，脸书仅仅指出其日活跃客户增长率超过公司广告投放量，以及该趋势可能主要是由于移动端使用量增加所导致，且将可能对公司的收入产生负面影响。法官指出，脸书的这个披露存在两个问题：

一方面，在描述移动用户增长和广告产品变更对公司业务收入和财务业绩可能存在影响的时候，脸书所使用的文字属于泛泛性的和不确定的（generalized and indefinite terms），而其实脸书对此趋势之影响是知情并十分确定的，这个趋势对业务收入的影响不仅仅是一个简单的不确定性（a mere uncertainty），而是已知的和确定的。

另一方面，脸书在招股书的风险提示中向投资者透露，在 IPO 时，移动用户的增长并非是影响收入的唯一因素。因为，招股书指出，脸书的收入趋势还会受到公司对广告空间/库存管理政策的影响，比如广告数量、广告尺寸、所投放广告的突出与否这些因素同样也会影响到广告收入。招股书还透露，广告投放数量的减少并不一定会导致广告收入的下跌，因为公司可以在广告竞拍系统中通过提高价格储备的方法（最低价格水平），减少低质量广告的播放频率，如此就可以虽然广告投放数量减少了，但广告平均单价却提高了，所以其对收入的影响比较小。法官认为，脸书的招股书将其广告产品决策描述成可以对收入构成影响，而且导致投资者会合理认为移动用户数量的增长并不一定会给公司的广告收入带来负面影响，因为公司的广告产品决策可以抵销任何流失的收入。所以，脸书的招股书并没有披露，当公司广告产品作出变更的时候，移动用户的增长在多大程度上影响公司的整体收入。法官认为，脸书应该在招股书中向投资者进一步披露这些影响收入的变量之间的关系。

因此，法官认为，即使脸书在招股书中已经做了大量的相关披露，如公司目前尚未从移动端客户中产生收入等，但这样的披露并未完全符合 SEC 的 303 条款下的披露要求。法官认为脸书需要披露该趋势是否及在多大程度上已经或者将会对未来收入产生影响。

法官认为，日活跃用户中使用 PC 端客户数量的变动，以及这些用户使用 PC 上网的平均时间，脸书对各类广告产品的如何定价，脸书产品结构的变化等等这些都会影响到脸书的广告收入。然而，即使脸书已经知道了，移动用户的增长和广告产品变更已经对第二季度和全年的收入产生了影响，而且已经在内部预测中体现了出来，但脸书仍然没有对外披露这些趋势及其对收入的影响。正是由于脸书收入会受到以上多种因素的影响，投资者无法判断在移动用户增长这样的趋势下其对脸书的收入到底有什么影响。

法官指出，脸书没有披露2012年度和第二季度的收入预测数据，这本身并不违背SEC的303条款。然而，脸书修正了其预测数据，而稍后又向IPO承销商分析师们通报了这些修正，这足以说明公司已经知晓在IPO时这个属于重大趋势。SEC的303条款则要求公司必须披露其对重大趋势所带来影响的分析，还需要披露该趋势对公司目前的影响。

同样，虽然通常而言，公司并不需要披露尚未结账季度的经营业绩（a quarter in progress），然而在某些情况下，季度之间的（Inter－quarter）的数据更新是需要披露的，而且，SEC的303条款要求公司招股书生效的时候，其相关披露必须是准确和完整的。本案中，脸书已经知道了这个趋势对公司收入有负面的影响，所以即便这是季度之间所出现的趋势，脸书也有披露的义务。

法官还指出，脸书的财务负责人Herman在IPO之前给某些投行分析师们打电话通报预测收入下调，这个事件本身并不足以引发脸书的披露义务。虽然或许可以说，在IPO期间，公司和投行及机构投资者分享业绩预测的信息，这是行业的通用做法，但目前并不打算对此作出裁决该做法是否妥当，所以，即便这是行业通常的做法，但也不足以使公司能够豁免其应有的披露义务。脸书财务负责人向投行分析师打电话通报该信息，这个情况足以说明脸书已经认识到这个趋势是足够重大到需要向分析师们打紧急电话的。

## 法官认为注册登记文件存在重大不实陈述（material misrepresentation）

原告指出，脸书在注册登记文件（招股书）中陈述到，移动用户的增加和产品变更可能会对收入造成负面影响，但是，实际情况是，其已经造成了负面影响，所以脸书的招股书存在重大不实陈述。

被告抗辩指出，招股书上已经十分清楚描述了，由于脸书缺乏从移动用户获取实质性收入的能力，所以移动用户数量的增加正在影响公司的收入增长。

法官认为，招股书的陈述是否存在重大误导，这其实是一个具体事情具体分析的过程（a fact - specific inquiry），所以不能仅仅是聚焦在其中某一个具体的陈述，而是应该从完整的陈述内容并结合上下文的陈述来作综合判断，是看其是否会对理性投资者起到误导作用。

法官指出，招股书中某些风险提醒的表述（cautionary language）或许可以使公司豁免一些义务，但是，如果相关风险实际上已经发生（transpired）或者已经具体化了（materialized），而招股书的风险提醒仍然仅仅是针对将来（目前尚未发生的）风险，那么，这样的风险提醒并不能让公司免责。

法官指出，脸书招股书风险提醒告诉投资者，其收入增长所受到的负面影响仅仅是可能的，然而，其实际情况是已经发生了。所以，这个风险提醒仅仅是表达了如果某些或有条件（contingencies）出现的时候会有哪些负面影响产生，这个风险提醒并没有告诉投资者其实这个所谓的或有条件已经发生了。而且，就移动用户数量增长是否会影响到公司收入增长这个风险提示披露上，脸书的陈述比较模糊（ambiguity）。因为，脸书特地告诉投资者，其大部分移动用户同时也使用 PC 电脑登录网站，脸书还在 2012 年 2 月 1 日的招股书第 53 页中告诉投资者，其并无法确定移动用户和 PC 用户之间有多少是替代关系。所以，虽然脸书已经指出其目前并无法从移动用户群中产生收入，但这个披露并不足以说明移动用户的增长和广告产品的变更已经对收入增长带来了负面的影响。脸书并没有披露来自 PC 端用户的收入或者产品变更所带来的收入，是否能够抵销由于移动用户增长给收入流失带来的负面影响，而投资者从公开披露的信息中也无法作出判断。

不但如此，脸书的招股书反而还对移动用户数增长对公司的业绩前景作出了乐观陈述，脸书在招股书中多次强调，其将发挥移动业务的优势，并在 IPO 之前已经投放了付费广告产品，所以该业务收入潜力巨大。法官认为，这样的陈述，进一步导致招股书陈述的误导。而且，脸书的财务负责人，在 2012 年 5 月 9 日向 SEC 提交修改后招股书的几分钟之内，就打电话给承销团分析师们通报收入预测下调的情况，这些分析师又私下将该信息告知给某些优先客户，这更是说明了脸书没有在招股书中披露此等负面信息。

除了脸书自身之外，市场评论也特别报道了脸书在 2012 年 5 月 21 日和 22 日市场知晓之前没有公开披露其预测业绩下调的情况，当投资者知晓此信息之后，市场表现出“震惊”和“愤怒”，公司的股票价格也大幅度下滑。这些情况，综合起来看，足以表明原告已经充分指控被告的招股书存在重大误导。

被告认为，其招股书披露使用“或许”“可能”这样的措辞进行风险提示，这是一种观点的表述（mere opinion），如果属于一种观点的表达，那么就不存在所谓的不实陈述，因为陈述是针对事件描述而言，而不是针对观点而言。但法官认为，原告的起诉状已经充分说明了被告招股书的信息存在不实之处，而且这些信息就是被告自己也是无法相信的（Disbelieved），况且，原告所指控的事项属于已经发生的，并不代表是对事件将来发生可能性的一种观点表述，所以法官没有接受被告的这一抗辩理由。法官还认为，招股书中对移动用户和收入之间的乐观描述，正好导致公司相关的风险提示失去作用，因此，其加剧了招股书的误导。

## 法官认为原告的指控符合重要性原则（materiality）

重要性原则是证券集体诉讼的起诉要件之一，然而，法官指出，在考虑诉讼是否驳回的时候，重要性原则反而不是那么重要，除非原告所指控的内容从表面上就可以判断成是如此明显不重要。所以，被告以此作为抗辩理由，要求驳回起诉，则一般情况下比较难以成功。

本案中，脸书下调年度收入预测数据金额为1.75亿美元，比例为3.5%，而投行分析师们下调第二季度的收入数据比例为7%，年度数据下调比例为6%。这样的下调比例，在案例法中可以构成重要性原则。而且，脸书的招股书中多次强调其广告收入的重要性，移动用户数量增加这个趋势导致了广告收入下滑，而这个趋势对于脸书的业务而言又是如此关键，所以，该信息符合重要性原则。况且，脸书管理层的后续行为（脸书和摩根士丹利共同决定认为需要将预测下调的信息告诉承销团分析师，之后，脸书财务负责人即刻电话通知投行分析师）更是证明了该信息符合重要性原则。法官指出，被告将这些非公开的信息通知给和IPO至关重要的相关方，这样的事实正好削弱了被告认为此信息不符合重要性原则的抗辩理由。在该信息被最终公开报道之后，有市场资深人士指出，脸书的行为是极其不正常的，是很少见的，是在过去二十年美国资本市场IPO历史上未曾发生过的现象。法官还指出，资本市场对脸书收入预测信息的反馈，也足以说明该信息的重要性。在 IPO 前夕，脸书的股票认购十分活跃，而在市场公开报道收入预测下调之后，投资者表示“巨大震惊”（big shock），纷纷调高了对脸书的预警信号，有的干脆抛售股票。被告又指出，因为相同的诉由，在针对脸书的股东派生诉讼（derivative action）中，法官是驳回了股东的起诉，但是在本案中，法官指出，派生诉讼的裁决并不影响股东证券集体诉讼的裁决，因为这两起诉讼所适用的法律不同。在证券集体诉讼中，也就是在本案中，联邦证券法律对在起诉阶段的重要性原则要求比较低。而且，派生诉讼中原告所指控的内容，和本案中原告所指控的内容并不相同。在派生诉讼中，原告并没有指出任何具体事项足以进行重要性原则的判断，原告仅仅是给出结论性的指控（conclusory materiality allegations），派生诉讼起诉状的核心内容是，原告指控脸书没有披露其内部的业绩预测信息，而在本案的股东证券集体诉讼中，原告的核心指控内容是，脸书没有披露在 IPO 时对其收入已经构成重大影响的这个已知趋势。

被告又抗辩指出，在脸书于 2012 年 5 月 7 日提交修改后的招股书之后，财经媒体已经报道了移动用户增长和产品设计变更将持续对脸书的收入造成负面影响，所以市场对此已经知情，所以，任何 IPO 之后才公开的信息已经属于不符合重要性原则了。被告是援引“市场已知信息”（truth on the market）这一法律原则进行抗辩。这个抗辩原则是从“市场欺诈”（fraud on the market）这一法律原则所推导出来的。依据“市场已知信息”法律原则，如果市场对信息已经知情，那么任何误导性陈述（虚假陈述）就不会再对市场造成误导，所以，任何虚假性陈述也就不会符合重要性原则。

然而，法官指出，如果要能够成功采纳“市场已知信息”作为抗辩原则，那必须要符合这样的条件，即那个让市场已经知道的修正性信息，必须是以相同强度（intensity）和可信度（credibility）的方式在市场上公开，从而确保其能够有效抵销被告原先误导性陈述给市场带来的影响。

法官援引案例指出，如果仅仅是零星的媒体新闻报道，则还不足以认定为是构成对原先误导的修正。况且，在本案中，脸书在招股书第 31 页中明确提醒投资者在投资决策的时候，不要依据第三方的媒体报道，而只能依据其招股书所陈述的内容。所以，在看到招股书的如此信息之后，任何理性的投资者则都不应该仍然以媒体的报道作为其投资者决策的依据。

## 关于 SEC 408 规则的指控成立

根据 SEC 的 Regulation C 中的 408 规则（a）条款，公司需要对已知的财务影响作出完整和精确披露。法院援引案例指出，如果未披露的中期财务信息（interim financial information）不披露的话，那么原先已经公开的信息会存在误导，那么，公司就有义务披露个中中期财务信息，而本案就是这样的情形。

## 损失因果关系

被告抗辩指出，原告起诉状对损失的因果关系阐述并不明显，所以并不符合损失的因果关系，应该驳回起诉。

法官指出，通常而言，1933 年证券法第 11 和第 12 条款下的指控，对损失的因果关系并没有要求，原告并不需要在诉讼状中阐明这个理由（affirmatively plead）。但是，被告可以援引消极的损失因果关系作为抗辩的理由（negative causation defense），申请驳回起诉。如果被告采用这个抗辩理由，那么被告需要举证说明是其他的原因，而不是被告所谓的虚假陈述原因导致了原告的损失。

本案中，被告并未能够提供充分证明原告缺乏损失的因果关系，也未能够证明损失是由于其他原因所导致的，所以，被告的抗辩不成立。被告抗辩指出，是路透社于 2012 年 5 月 19 日和 22 日的报道导致了脸书股票价格的下跌。法官认为，这个抗辩理由属于事实认定的范畴，在目前诉讼是否应该驳回阶段，不予以考虑。

基于以上的法律分析，2013 年 12 月 12 日，法官拒绝了被告驳回起诉的申请。这是原告的重大胜利。法官的这个裁决被业界认为十分奇怪。因为就在一周之前，也是这个法官，接受了脸书的申请，驳回股东对脸书的派生诉讼，而在诉讼原因相同的情况下，相同的法官，为何在一周之后，却又拒绝了脸书申请驳回股东集体诉讼呢？为何前后一周的裁决会截然相反呢？

对此疑问，法官指出，股东派生诉讼主要是指控公司管理层违反了代理人责任（breach of fiduciary duty），其在诉讼证据上的要求高于美国联邦证券法下的股东集体诉讼。而且，派生诉讼和股东集体诉讼的指控内容也不相同，在股东集体诉讼中，法官将信息遗漏的指控（disclosure failures）和不实陈述的指控（misrepresentations），作为两个不同的、独立的指控来进行法律分析。集体诉讼的原告律师提请法官不能仅仅关注脸书在招股书中所做的风险提示，更要关注这些风险提示内容并将其与脸书公司所实际知道的公司内情联系起来。正是集体诉讼中原告律师的这个指控思路让法官也看到，FACEBOOK 的风险提示内容和公司所知道的实际情况之间是存在差异的（详见上文的法律分析）。

法律界的观察人士认为，Sweet 法官在脸书股东派生诉讼中的裁决措辞，让很多拟进行 IPO 的公司松了一口气，因为该法官在裁决书中明确指出，美国的所有法院都达成一致意见，上市公司不需要公开披露其内部的业绩预测信息。然而，Sweet 法官在脸书股东集体诉讼案件中的这个最新裁决，又让许多上市公司不得不谨慎行事，因为，上市公司需要知道其向投资者所做的公开陈述必须和其对公司所知道的实际信息保持一致。

被告脸书显然无法接受法官的这个拒绝，很快提出了中间上诉（Interlocutory appeal），申请修改 2013 年 12 月 12 日的裁决。于 2014 年 3 月 13 日，法官再次拒绝被告的申请，认为被告并未提出任何新的反驳理由，仅仅是重复原先的抗辩理由而已。

2015 年 1 月 13 日，原告首席代表向法院提交动议，申请法院批准本案集体诉讼的原告确认（motion for class certification）。

2015 年 12 月 11 日，法官批准了原告的这一申请，这意味着原告的又一次重大胜利。脸书即刻发表声明表示反对。

## 首次交易被“搞砸”，纳斯达克交易所无地自容

与此前的主要互联网公司（如 LinkedIn、Groupon 和 Pandora Media）上市交易首日均大幅上涨不同，脸书上市首日相当部分交易时间都在 38 美元的 IPO 价格线上挣扎。据路透报道：为了不让脸书首日交易就破发，承销商为此付出了数以十亿计的代价托市。为了不让自己的投行部门成为业界笑柄，大摩的交易部门为此付出的代价是用接近 20 亿美元在当天交易的最后 20 分钟买下了所有在 38 美元附近的股票，力保脸书不被破发。

脸书的股票在IPO的首次交易日，除了几乎破发之外，遭遇了更为严重的事件。原定于当地时间11：00开始的脸书交易被延迟至11：30分开始。开始股票交易后，那些代表对冲基金、共同基金和其他机构下了大规模交易指令的专业交易员等了两个多小时才得知指令将被履行还是取消。这些交易员说，这种不确定性让一些大投资者撤出了脸书股票，因为他们当时无法肯定自己买入和卖出了什么，也无法肯定买入和卖出的价格。

纳斯达克—OMX集团（Nasdaq OMX Group Inc.）首席执行长格雷菲尔德（Robert Greifeld）承认，纳斯达克的技术存在设计问题。然而，纳斯达克此刻更多恐怕还是应该庆幸最糟的事情没有发生。万众瞩目的脸书上市首日没有遭遇BATS似的崩盘（BATS闪电崩盘发生在3月，该股在上市首日在900毫秒的时间内从16美元跌至几美分，上市被迫取消）。格雷菲尔德接受记者采访时说，订单取消方面的问题影响了Facebook首次公开募股（IPO）过程。他说，纳斯达克在这次备受期待的IPO之前曾进行了数次测试，但没能检测出这些问题。格雷菲尔德说："那不是我们的光荣时刻。"鉴于脸书上市遇到的麻烦，纳斯达克打算调整IPO拍卖程序。格雷菲尔德说："纳斯达克交易所因其技术问题感到无地自容，但仍有信心在处理IPO方面继续赢得市场份额。"

2013年3月26日，SEC批准纳斯达克赔偿做市商6200万美元，据估计这些做市商总共损失超过5亿美元。其中损失最大的为瑞银集团，其损失金额约为3.5亿美元。

2013年5月29日，SEC和NASDAQ达成和解协议，纳斯达克受罚1 000万美元。这是SEC对交易所历史上最大金额的罚款。然而这个金额仅为纳斯达克母公司Nasdaq OMX Group 2012年3.52亿美元净利润的约3%。

此外，因为脸书IPO交易日的技术故障所导致的损失，纳斯达克交易所的母公司Nasdaq OMX Group也遭遇股东集体诉讼，并于2015年4月23日达成和解赔偿2 650万美元。至此，由于脸书IPO事件，纳斯达克所付出的总赔偿金额接近1亿美元。

脸书的股东集体诉讼还在进行之中，原被告之间最终是否会达成和解赔偿？还是会选择开庭由陪审团裁决？倘若如此，陪审团裁决的结果会如何？拭目以待。

## 申明和信息来源

本案例的主要信息来源于相关法律文件，案件中所提到的指控内容，可能属实，也可能并非属实，本书对此并无任何立场。同时，由于案件并未经过陪审团和法院的最后判决，尚未结案，被告并不承认这些指控，所以也意味着这些指控的事实认定在美国相关法律下并未予以确认。本案例的主要信息来源包括：

- Consolidated Complaint. Case 1：12 - md - 02389 - RWS Document 71 Filed 02/28/13.
- Opinion. Case 1：12md402389RWS Document 173 Filed 12/23/13.
- Opinion. Case 1：12md402389RWS Document 385 Filed 12/29/15.

## 50. 团购鼻祖 Groupon 的 IPO 诉讼案

- 未公开上市，就不得不进行报表重述，实属罕见；
- 扩张迅猛，内控薄弱，匆匆上市，风险失控；
- 和 SEC 多次交锋，会计风险最终爆发；
- 全额法还是净额法？加速确认还是递延确认？会计难题，惹出大祸；
- 华尔街史上第九大 IPO 交易，上市后业绩即刻变脸；
- 曾经估值 200 亿美元的独角兽，诉讼缠身，缩水超过八成；
- 一波未平，一波又起，密集诉讼，应对不暇。

2012 年 3 月 30 日，Groupon 发布公告，对 2011 年第四季度和 2011 年全年业绩进行修正，同时重审 2012 年第一季度的业绩承诺。由于发现销售退款（refund）预提偏少，公司不得不修正原先于 2012 年 2 月 8 日发布的未经过审计的收入数据，调低 2011 年第四季度的收入金额 1 430 万美元，同时调增某些经营费用，从而降低第四季度经营利润 3 000 万美元。降低第四季度净利润 2 260 万美元；2011 年前 9 个月的数据不受影响。

公司指出，由于第四季度公司的业务中混合业务（deal mix）和高价值的业务增加，而这两个业务的客户退款率比较高（refund rate），所以需要对原来公布的业绩进行修改。同时，此次公布的财务数据是经过外部审计师安永审计过的。同时公司再次强调坚守原先公布的 2012 年第一季度业绩承诺，预计第一季度的收入范围为 5.1 亿 ~ 5.5 亿美元，营业利润为 1 500 万 ~ 3 500 万美元。

公司同时还宣布的是，其审计师安永对公司内部控制发表了保留意见，安永指出该公司在结账流程的内部控制存在实质性薄弱（a material weakness in its internal controls over its financial statement close process），公司需要对此进行流程整改。

这个公告发出当天，Groupon 的股价就下跌，从上个交易日的收盘价格下跌到当天收盘价格 15 美元，跌幅超过 20%。Gronpon 的股票走势如图 50－1 所示。股东集体诉讼于 2012 年 4 月 3 日即刻爆发，并于 2012 年 10 月 29 日提交修正后的合并诉状。

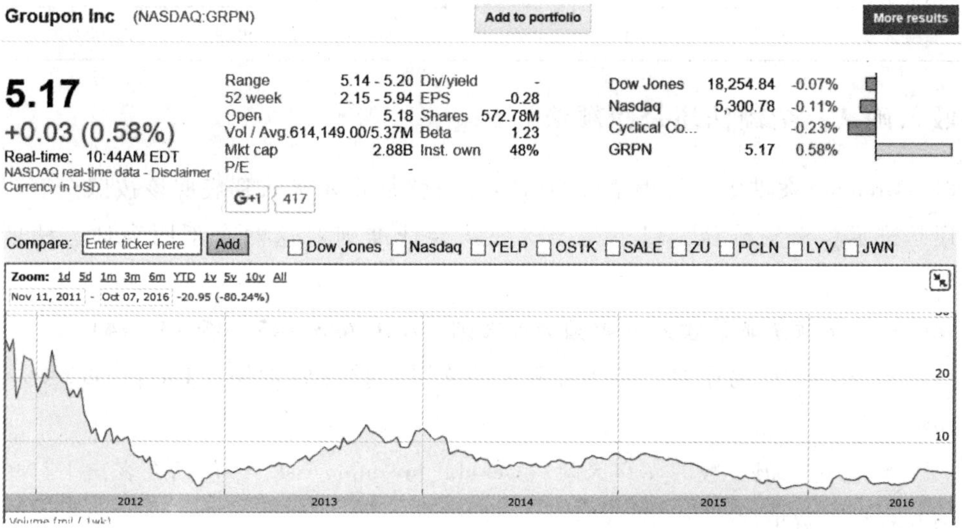


**图 50－1 Groupon 的股票价格走势**

Groupon 相关财务数据如表 50－1 所示。

**表 50－1　　Groupon 相关财务数据**　　单位：万美元

| 指标 | 2015 年 | 2014 年 | 2013 年 | 2012 年 |
|---|---|---|---|---|
| 收入 | 311.952 | 304.212 | 257.366 | 233.447 |
| 毛利 | 138.507 | 146.531 | 150.153 | 161.553 |
| 营业利润 | －7.978 | 286.6 | －1.017 | 4.815 |
| 税后净利（亏） | －8.917 | －18.47 | －8.895 | －5.103 |

注：数据来源于公司年报。

Gronpon 招股书所列损益数据如表 50－2 所示。

表 50－2　　Groupon 招股书所列损益数据　　单位：万美元

| 指标 | 2008 年 | | 2009 年 | | 2010 年 | |
|---|---|---|---|---|---|---|
| | 重述前 | 重述后 | 重述前 | 重述后 | 重述前 | 重述后 |
| 收入 | 9.5 | 0.5 | 3 047.1 | 1 454.0 | 71 336.5 | 31 294.1 |
| 成本 | 8.9 | 8.8 | 1 954.2 | 471.6 | 43 341.1 | 4 289.6 |
| 毛利（亏） | 0.5 | (8.3) | 1 092.9 | 982.4 | 27 995.4 | 27 004.5 |

## 收入确认：全额法还是净额法？

Groupon 案件中，最为争议的内容之一就是收入确认到底应该按照全额法还是按照净额法确认。以下是美国公认会计准则对这两个不同会计方法的要求。

**按照全额法确认收入（美国会计准则：ASC 605－45－45－3：14）：**

- 公司在交易中对产品或者服务的交付承担首要责任（The primary obligor）
- 公司承担一般的库存风险（General inventory risk），包括在客户下订单前和客户退货情况
- 公司有定价权（Latitude in establishing price）
- 公司对产品或者服务进行了某种修正或者更改
- 公司有权选择供应商（Discretion in supplier selection）
- 公司参与了产品或者服务的选型或者涉及（Determination of product or service specifications）
- 公司承担存货灭失的风险
- 公司承担信用风险

**按照净额法确认收入（美国会计准则：ASC 605－45－45－15：18）：**

- 公司的供应商，而不是公司自己，在交易中承担产品或者服务交付的首要责任（Primary obligor）
- 公司所赚取得部分是固定的（The amount of the entity earns is fixed）
- 供应商，而不是公司，承担信用风险

Groupon 认为其公司的收入应该按照毛额法确认收入，因为在交易中，公司向顾客提供了承诺，如果顾客购买了优惠券而无法兑现，或者顾客对优惠券的服务和产品不满意，那么 Groupon 承诺将款项退还给顾客。该公司认为，虽然 Groupon 并不直接提供这些产品或者服务，但是由于这个承诺条款的存在，导致 Groupon 在交易中成为首要责任者（primary obligator）。公司还认为，这些优惠券是 Groupon 发出来的，而且 Groupon 还对这些优惠券的价格负责，并选择由哪家商家来配合参与。所以，Groupon 认为其收入需要按照全额法予以确认。但 SEC 并不马上同意 Groupon 的看法，SEC 要求公司进一步解释公司收入确认时间点的合理性，以及该时间点和公司承担所谓的首要责任之间是否存在冲突，SEC 还要求公司解释优惠券购买客户和 Groupon 之间的权利和义务内容，以及 Groupon 和商家之间的具体权利和义务内容。

在 SEC 给 Groupon 的 2011 年 8 月 9 日信函中，SEC 更是提出了更为尖锐的问题：既然你们认为 Groupon 是交易中的首要责任人，那么请解释一下你们网站上的宣称内容和你们这样的会计立场两者之间是否存在矛盾？Groupon 在其网站上宣称：顾客们从我们网站上所购买的优惠券意味着，通过我们的服务，你们获得了商家们所提供的特别打折优惠。Gioupon 的网站上海宣称：这些优惠券是商家所提供的，商家对所提供的商品或者服务承担全部责任。

最终，Groupon 只好很不情愿地接受了 SEC 的立场，于 2011 年 9 月 16 日回复信函给 SEC。信中指出，Groupon 决定接受 SEC 的方法，将收入确认从全额法改为净额法，并对过去三年的财务数据进行修正。这个修正仅会影响收入总金额，对净利润并没有任何影响。

## 收入确认：能否采用加速确认法？

本案中另外一个争议的焦点就是收入确认到底应该在什么时间确认？是否可以采用加速确认法？

由于 Groupon 在出售优惠券时向顾客作出承诺，如果产品或者服务不满意，可以无条件要求 Groupon 退款。这是个非常有效的、极端的营销手段，这个承诺和其他团购公司的承诺比较起来显得更为大胆。其他的团购公司仅仅是承诺在一定的期限内允许退款。Groupon 的这个大胆承诺，极大地推动该公司在短时间内业务迅猛增长，但同时也带来了会计麻烦：收入应该在什么时间点确认。

如果说原先被 SEC 所质疑的第一个收入确认问题已经得到解决，这个则是一个新的收入确认会计问题。原先的问题是涉及收入确认金额大小的问题，是全额法还是净额法，而这个最新的收入确认问题是在什么时间点确认收入的问题。

Groupon 的会计政策是在优惠券售出的时候就确认收入，同时对客户退款金额作一个估计，作为收入的冲减项。这就是通常所说的加速确认方法（accelerated revenue recognition），通过估计一个退款金额或者比率，然后进行计提，也称为计提会计（Reserve accounting），类似于坏账准备。

SEC 也曾经质疑 Groupon 采取加速确认法，因为如果采取该方法，那么需要符合美国公认会计准则下的一系列条件，而 Groupon 则进行相关分析之后告诉 SEC 其是符合这些条件的。

美国公认会计准则 FAS48 明确规定，如果公司的销售安排中包含有可退回的条款（return），那么在该可退货条款有效期到期之前，不允许使用加速法确认销售收入，除非公司能够同时满足以下六个条件：①销售当日，售价实质上已经确定或者是可以确定的；②买方已经付款，或者买方付款的义务已经成立，而不取决于转卖成功与否；③即使货物灭失或者被盗，买方对卖方的义务不会因此而变化；④基于转卖为目的的代理商，其必须具备独立于卖方的经济实质（economic substance），也就是说买方不能是个空壳公司，或者说买方经济实质上是严重依赖于卖方的，倘如此，则两者之间的交易并不独立；⑤对于买方转售该产品的交易，在确保该产品未来可使用方面，卖方并没有重大的实质性义务；⑥将来退货的金额可以合理估计（这一点也是本案中最为重要的）。何为可以合理估计？

如果以上六个条件无法同时满足，那么就只能在退货期满的时候，或者以上条件满足的时候（取决于两者孰快）才可以确认销售收入。

FAS48 还指出，如果存在以下情况，那么有可能导致销售退回金额无法合理估计：①由于外部因素的存在，比如科技更新或者需求变化，从而影响了该产品（susceptibility）；②退货的周期比较长；③缺乏类似销售交易或者类似产品的历史退货记录信息，或者由于环境变化导致无法采纳和运用该历史信息，如市场营销政策发生变化和客户的关系发生变化等；④缺乏同种相类似而且是大量的交易记录（homogeneous）。

针对销售服务（不是有形产品），SEC 也允许在以下情况下，借鉴 FAS48 的收入确认方法，即加速确认法［见 SAB Topic 13（A）（4）（a）］：

①允许退款的会员资格销售，必须要同时满足以下条件：a. 如果存在相类似的大量交易，那么需要估计出退货金额。b. 退货金额的估计必须能够及时而且必须是可靠。c. 公司自身具有充足的历史数据（sufficient company - specific basis），就是说，这个历史数据必须充足，而且必须是公司自己的，其他公司的或者同行业的都不允许，而且公司确信该历史数据对将来具有预测作用（predictive）。d. 除了退款金额之外，其他诸如会员价格是已经确定的或者是可以确定的。

②除了以上会员销售之外（memberships），在服务收入确认方面，还有其他几种非常有限的情形，SEC 也允许采纳加速确认法，但必须要同时满足以下条件：a. 存在相类似的巨大交易量历史信息，SEC 指出，这需要在具体某个业务线或者服务线至少有两年的历史记录。SEC 特地指出，对于新兴公司（start - up company），包括此等公司推出新的服务（新服务，new service），或者向新类别的客户群提供服务（新客户群，new class of customer），通常需要有两年的此等历史记录之后才可以采纳加速法确认收入。b. 条件 a 中关于会员资格销售的所有四个条件都能够得到满足。

SEC 就 Groupon 采取加速确认收入的会计政策，在 IPO 的招股书审核过程中给予了很大关注。

SEC 在信函中问道：既然 Groupon 向客户提供了无条件退款承诺，而且公司业务的增长又是如此迅速，公司的新市场得到不断开拓，请向我们解释一下，为何你们坚信顾客将来退款的这个数据可以得到合理估计？也请告诉我们，你们的估计数据和实际退款金额之间的差距。

对此问题，Groupon 2011 年 7 月 14 日回复到：公司坚信基于 SAP Topic 13. A. 4 所制定的标准，我们能够合理估计退款金额：第一，公司是基于大量的相类似的交易而作出退款估计的（Homogeneous ，相类似条件）；第二，公司能够及时作出退款估计；第三，公司有充分的历史数据，而且公司确信该历史数据对将来有预测作用；第四，公司交易金额是确定的。

Groupon 还指出，公司是采用滚动的方法进行退款估计，至于 SEC 所提到公司发展迅猛和新市场，公司则认为这并不影响其退款估计。Groupon 还告诉 SEC，虽然不同地区的商家具有不同的特征，但公司并不认为这对退款估计会有重大影响，而且，至今，公司的历史数据显示，尚未发现不同地区之间存在重大不同的发展趋势对退货估计储备有任何重大影响，公司的历史数据表明，从公司成立至今，即使是在目前高速发展阶段，公司的退货率大约为 4% ，因此，公司坚信认为未来的退货金额是可以合理估计的。

原告认为，Groupon 对 SEC 的以上回复存在重大误导，因为 Groupon 根本就是缺乏历史数据和经验以及内部控制，从而无法按照 SEC 和美国公认会计准则的要求合理计算退货（退款）金额。相反，倒是有众多因素表明，Groupon 是不可能合理和可靠估计其退款金额的。原告列出的原因包括以下七个：

（1）公司缺乏几乎所有商家的可验证的退款数据，或者仅有少量数据。Groupon 不符合 SEC 所规定的两年历史经验标准，在公司 IPO 的时候，可以说几乎是零历史经验，与公司合作的商家有一半以上仅仅是在尝试和 Groupon 进行合作，而其他的商家也仅仅是才合作数月。原告还指出，Groupon 同样也缺乏来自外部可靠的数据用以估计退款数据。

（2）Groupon 在 IPO 前，对其所提供的产品线缺乏历史经验。在 IPO 之前，Groupon 推出了数个新的产品线，而对此等产品线，Groupn 则缺乏经验。这些新产品线包括：和 Expedia 合作共同推出 Groupon Gateways 旅游产品，涉及酒店和度假村等旅游相关服务，而 Groupon 此前则毫无此经验。原告通过两个秘密证人证明，Groupon 正扩张进入包括票务销售和医疗美容等在内的高端服务产品线（high - priced services），这部分服务对应的价格比较高，所以如果退款，那么涉及的金额也会比较大，而 Groupon 并无任何经验对这部分的产品线退款予以合理估计。

（3）公司缺乏相类似交易的退款数据（homogenous）。按照美国公认会计准则的要求，只有在大量、相类似的交易数据基础上，作出的退款估计才符合合理和可靠的标准，而原告则指出，Groupon 根本就是缺乏这样相类似的交易，也就是说，Groupon 的大量交易是新兴业务，缺乏相似性。

SEC［SAB Topic 13（A）（4）（a）］对业务的相似性有明确的要求，那就是，这些交易必须在交易条款（term）、交易期间（period）、客户群分类（class of customers）、服务的性质（nature of service）等方面相类似。虽然 Groupon 自己宣称其拥有 6000 万笔的交易数据，从而可以合理估计退款金额，然而这些交易并不具备相似性。原告指出，Groupon 所提供的产品五花八门，从海鲜肯德基到眼科手术等，这些产品在交易条款、交易期间和客户群等方面都不具备相似性，而且这些不同类型的交易之间的退款概率也是不同的。比如：医疗服务的退款率就相对高一些，原告提供了另外两个秘密证人对此作出指证，这些秘密证人都是 Groupon 的原雇员，而 Groupon 的管理层也多次在公开场合承认，对于不同价格的交易，其所对应的退款比率也存在很大差异。

Groupon 在退款估计上的会计处理，也是市场所关注的热点之一。路透社财经作者网站 Felix Salmon 于 2012 年 4 月 3 日发表文章“ How Groupon Account For its Deals”，公开质疑 Groupon 的会计处理。

（4）退款费用持续上升，然而其所计提的退款准备余额的比例却下滑。表 50 - 3 是相关年度年底的该公司退款拨备比率，原告认为，这些年度的拨备（计提）比率存在巨大波动，也就是说这个拨备是不稳定的，这正好说明 Groupon 无法依照美国公认会计准则合理估计退款拨备。原告还援引大学教授质疑 Groupon 退款拨备的文章指出，拨备率的波动，说明该公司缺乏稳定的历史数据来估计拨备，通常而言，公司业务规模的增长和拨备比率的增长是相同趋势的，而 Groupon 却正好相反，这很有可能说明该公司的产品（服务）组合方面发生了巨大变化。

从 Groupon 于 2011 年 9 月 16 日回复给 SEC 的信函中可以看出，随着业务规模的迅速扩大，Groupon 的退款费用急剧猛增，2011 年和 2010 年前 6 个月该费用同比从 227 000 美元上升到 23 700 000 美元，同比增长超过 10 000%。然而，表 50 - 3 则显示，退款拨备占交易总额的比率是在减少。

表 50 - 3　　2009 ~ 2011 年年底该公司退款拨备比率　　单位：美元

| 指标 | 2009 年 | 2010 年 | 2011 年重述前 | 2011 年重述后 |
|---|---|---|---|---|
| 总交易额 | 34 082 | 745 348 | 4 002 506 | 3 985 501 |
| 退款计提余额 | 2 932 | 13 398 | 37 452 | 67 452 |
| 退款计提拨备率 | 8.6% | 1.79% | 0.94% | 1.69% |

（5）Groupon 无法及时可靠估计退款金额。原告指出，Groupon 后来自己也公开承认，公司在退款估计的流程上不完备也缺少内部控制，无法可靠估计这个数据，所以这足以说明 Groupon 无法按照美国公认会计准则要求可靠估计退款数据。

原告指出，Groupon 除了存在流程缺陷之外，其相关财务人员经验缺乏，公司在其招股书中也公开承认，其管理团队的组成时间比较短，财务和会计队伍也比较新。然而，实际情况远比这个还糟，原告援引了第二名秘密证人的话说：Groupon 的财务人员中有大量的是没有任何会计工作经验的，他们几乎不知道自己应该干什么。第五名秘密证人也指出，在公司 IPO 的时候，公司的财务部门确实是一团糟，该秘密证人是当时的会计助理，负责从销售系统中导出数据计算退款拨备。她说，公司当时业务发展迅猛，而且正忙于 IPO，所以会计部门经常来不及将合作商家的付款信息和退款信息进行两者之间的核对。第六名秘密证人，也是当时财务部门的临时员工，他说当时财务部门的工作十分繁重，公司不得不雇用了 30 ~ 40 名临时人员，而这些临时人员几乎就是一群小孩（a bunch of kids），他们没有任何系统核对和余额检查的基本会计技能。

（6）所谓的外部点评（审核）并无效果，所以不可能替代历史退款数据。Groupon 也聘请外部公司进行线上和线下调查顾客对 Groupon 合作商家的评价。然而，原告指出，这样的评价结果并不客观，而且也无法满足公认会计准则的要求。此外，更为重要的是，有独立调查公司（如 Yelp）信息显示，有些商家自从和 Groupon 合作之后，所获得的顾客评价反而下降了。波士顿大学的教授也公开质疑 Groupon 所进行的商家普遍存在虚假和不可靠的现象。原告据此，认为在估计退款拨备的时候，这些外部点评信息并无法替代历史退款信息。

（7）Groupon 优惠券所允许的退款有效期偏长。Groupon 允许客户在优惠券有效期之前无条件退款，比如说对商家的服务不满意，商家无法提供服务（比如差旅安排），医疗资质不具备等。因此，Groupon 所出售优惠券的退款有效期通常在 6 ~9 个月，有的甚至更长，而这直接导致 Groupon 无法在销售确认的时候合理估计退款金额，所以销售收入的确认应该予以递延。

## Groupon 采用加速确认收入的方法属于轻率行为（recklessly）

原告认为，基于以下原因，Groupon 采用加速确认收入的方法属于轻率行为：

第一，Groupon 采用 Salesforce 这个软件来采集和记录销售相关数据，原告所提供的第一位秘密证人和第七位秘密证人（皆为该公司原来的雇员，客户经理）指出，该数据库显示，公司的退款金额日趋增长。他们还指出，公司管理层每周都会审核这些由数据库生成并进行专门的小组分析之后的销售趋势报告。通过这些分析报告，Groupon 的管理团队（包括 CEO 在内）对当时至 2012 年 1 月止的退款信息应该是知情的，如果不知情，则属于轻率。

第二，Groupon 的管理层很清楚，之所以公司能够采用加速确认收入的方法，是基于公司能够及时合理地估计退款数据。管理层也清楚知道，于 2011 年第四季度，和公司合作的很多商家都是新的，或者合作时间都很短，这并不符合公认会计准则中两年历史经验的要求（SAB Topic 13，SAB104）。

第三，Groupon 的管理层也知道，公司正在大力推广高价值的优惠券，公司的 CEO 在公开场合也承认这些服务和商品所对应的退款率也比较高，所以在 2011 年财年前后，Groupon 公司所提供的优惠券构成已经发生变化，变得更加侧重高端产品。

第四，Groupon 管理层知道，2011 年第四季度的收入中包括了一些高价值医疗产品，包括近视雷射（LASK）和冷冻溶脂（cool sculpting）这些服务。公司管理层知道这些医疗服务的退款率比较高，而且 Groupon 于 2011 年年初的交易记录表明，近视雷射的退款率尤其高。

第五，Groupon 知道，其公司内部控制流程存在重大缺陷，公司的董事长和 CEO 也公开承认公司的内控存在不足。

第六，公司的管理层知晓退款拨备率偏低，他们没有没理由确信相关期间拨备率降低是合理的（拨备率等于所计提的退款准备金余额，除以当前的总交易金额而计算出来的比率）。

第七，除了来自公司内部的各种警示信息之外，外部也对 Groupon 公司的退款拨备率偏低提出了质疑，2011 年 9 月份有分析师向 Groupon 公司的投资者关系部门询问如何评估日趋增加的退款风险时，公司的投资者关系部门告诉分析师这并不是风险。2012 年 3 月 31 日，VentureBest 网站发表了分析师文章“为何 Groupon 将会倒闭”（Why Groupon is poised for collapse），然而，Groupon 的管理层或者故意，或者轻率，他们并没有考虑这些外部的质疑。

原告指出，基于以上七个理由，可以认为 Groupon 管理层在明知退款拨备没有计提充分的情况下，于 2012 年 2 月 8 日公布其 2011 年第四季度和 2011 年全年未经过审计的业绩信息，而该业绩信息存在重大误导。

依据该信息，Groupon 公司 2011 年第四季度的收入同比增长高达 194%，为 5.07 亿美元；2011 年全年的收入增长 419%，从 2010 年的 3.13 亿美元增长至 16.2 亿美元。该业绩信息还告知投资者，公司 2011 年第四季度首次实现营业利润达 15 亿美元，而去年同期则是营业亏损 3.361 亿美元。

然而，由于退款估计的错误，2012 年 3 月 30 日，Groupon 不得不重新公布数据，对以上业绩进行下调：2011 年第四季度及 2011 年全年收入下调1 430 万美元；第四季度从营业利润变成了营业亏损 15 亿美元；2011 年全年的营业亏损高达 2.334 亿美元；同时，公司还告知投资者其内部控制存在重大缺陷。

Groupon 的业绩修正公告之后，华尔街媒体对此都倍感意外，包括纽约时报、华尔街日报都指出，此次修正确实属于十分意外，严重影响了投资者对公司数据的信心。当天，Groupon 的股票价格从 18.38 美元下跌至 15.28 美元，跌幅高达 16.9%。第二天又有媒体报道，SEC 开始对 Groupon 的会计披露进行非正式调查。当天，公司的股票价格继续下跌 1.7%，价格跌至 15.02 美元。

股东集体诉讼于 2012 年 4 月 3 日即刻爆发，并于 2012 年 10 月 29 日提交修正后的合并诉状。被告包括 Groupon 公司、公司董事长、公司 CEO、CFO、三名审计委员会成员、公司的首席会计官（CAO），以及公司 IPO 的投行（摩根士丹利、高盛和瑞士信贷）。原告指控以下内容：①所有被告违反了 1933 年证券法的第 11 条款和第 12（a）（2）条款；②个人被告违反 1933 年证券法第 15 条款（控制人责任条款）；③Groupon 和公司 CEO 及 CFO 违反了 1934 年交易法第 10（b）条款及 SEC 的 10b-5 规则；④所有个人被告违反了 1934 年交易法第 20（a）条款（控制人责任条款）。

针对原告的指控，包括 Groupon 和投行被告向法官提交动议，申请驳回起诉。就针对 1933 年证券法下的指控（第 11 条款和第 12 条款，这些条款主要针对 IPO 过程中的招股书内容），被告认为，原告并无法充分指出任何重大的不实陈述。1933 年证券法下的指控并不需要满足欺诈要素，证券发行人在该法律下所承担的是绝对责任，就是说招股书不允许存在重大误导，即使这些误导并非是被告故意造成的，甚至被告是无辜的（even for innocent misstatements），被告都需要承担绝对责任（virtually absolute liability）。原告指控 Groupon 招股书的财务报表违反公认会计准则，招股书在公司的收入确认和退款计提方面存在重大不实陈述。可法官指出，原告的这些指控，从面上来看，足以说明被告违反证券法第 11 和第 12 条款（plausible violation）。法官认为，在诉讼的这个阶段，原告并不需要详细说明 Groupon 的收入到底被虚增了多少（不需要提供具体金额），因为目前诉讼只处于初步阶段，而且尚未开始证据开示（extensive discovery）。

针对《1934 年交易法》第 10（b）条款下的指控，该指控必须要符合欺诈要素，也就是说，仅仅是指控存在重大不实陈述（或者信息遗漏）还不够，还需要能指出被告存在主观故意（或者轻率）。被告抗辩指出，原告的诉讼状并无法充分指控被告符合欺诈要素。第 10（b）条款下的指控需要符合美国《私人证券诉讼改革法案》的要求，该法案提高了起诉标准，起诉必须要符合以下要素：①能够具体指出不实陈述的每一个内容；②能提供系列事实足以令人确信不实陈述是如何形成的；③需要能提供具体事实足以强有力地推导出被告的行为属于欺诈；④损失的因果关系能够予以证明（不仅仅是能够证明损失的存在，还必须能够证明损失的因果关系）。

本案中，原告指控被告在 2012 年 2 月 8 日业绩公告中内容存在重大误导，所以于 2012 年 3 月 30 日不得不进行修正（corrective disclosure）。然而，被告抗辩指出，原告指控 Groupon 进行业绩数据修正，这最多只能说明 Groupon 原先公布的信息存在错误，并不能据此说明被告存在欺诈的主观要素。被告指出，Groupon 在发现 2 月 8 日业绩公告数据出现错误的时候马上进行了修正，所以这并不能说明公司是故意制造错误。

法官指出，原告除了指出 Groupon 2 月 8 日业绩公告具体错误所在之外，还指出被告公司的管理层可以获得或者接触 Groupon 公司的实际退款信息，对公司业绩信息的误导是事先知情（或者应该知情而由于轻率却没有知情）。法官认为，原告长达 74 页的诉讼状已经充分指控了被告对此信息的错报，主观上符合欺诈要素。基于以上分析，法官拒绝了被告提出驳回起诉的申请。至此，本案开始进行复杂的证据开示程序。

2014 年 9 月 23 日，法官批准了本案的原告集体资格确认（class certification）。2015 年 9 月 10 日，法官批准原告对投行被告的自动撤诉。

原告进行了广泛的证据开示工作，在这个过程中，总共查阅了超过 90 万页的资料，询问了 34 名证人。在历经超过一年的和解谈判之后，于 2016 年 3 月 25 日原被告双方终于达成和解赔偿方案，和解赔偿的范围包括从 2012 年 2 月 9 日（业绩公布日）至 2012 年 3 月 30 日（业绩修正日）之间买入或者获得 Groupon 公司股票的投资者（不含被告及相关人士），赔偿所对应的诉讼期间是从 2011 年 11 月 4 日至 2012 年 3 月 30 日，总赔偿金额为 4 500 万美元。

2016 年 7 月 13 日，法官批准了该和解。至此，历时约五年的 Groupon IPO 所引发的集体诉讼案落下帷幕。

然而，一波未平一波又起，2012 年 12 月 21 日，新的集体诉讼爆发。2012 年 11 月 8 日，Groupon 发布 2012 年第三季度的业绩公告，收入金额不及华尔街预期，公司同时还调低了第四季度的业绩预测，公司同时告知投资者其主营业务收入越来越多地源于低端（低利润）商品。该消息公布之后，公司的股票价格 2012 年 11 月 9 日下跌 1.16 美元，跌至 2.76 美元，当天跌幅高达 30%，和该诉讼期间的最高价格相比跌幅更是高达 78%。

不过，该诉讼最终于 2013 年 7 月 19 日被驳回，Groupon 终于又逃过一难。

2013 年 5 月 24 日，又一次新的股东集体诉讼爆发。不过这一次诉讼和业绩没有关系，而是和股东大会信息披露有关。2013 年 4 月 29 日，Groupon 发布 14A 表格（股东授权表格，proxy statement），拟于 2013 年 6 月 13 日召开年度股东大会。原告指控 Groupon 违反了 1934 年交易法的第 14 条条款和 SEC 的 14a 相关规则中不允许将表决事项捆绑的原则（unbundling rules）。原告指控 Groupon 将两个独立的，不相关的 2011 年激励计划（incentive plan）修改内容捆绑在一起，其中一个修改的激励计划是由董事已经越权批准的（an ultra vires act），所以需要由股东大会投票予以追认（ratification）。原告认为，Groupon 将这两个激励修正计划捆绑在一起交给股东投票表决，其实是迫使股东对这两个本来应该分开投票表决的内容只能进行一次投票表决，这无疑是违反了证券法和 SEC 的相关规则。此案目前正在进展中，尚未结案。

## 申明和信息来源

本案例的主要信息来源于相关法律文件，案件中所提到的指控内容，可能属实，也可能并非属实，本书对此并无任何立场。同时，由于案件并未经过陪审团和法院的最后判决，而是以和解结案，被告并不承认这些指控，所以也意味着这些指控的事实认定在美国相关法律下并未予以确认。本案例的主要信息来源包括：

- Consolidated Complaint；Case：1：12 – cv – 02450 Document #：125 Filed：10/29/12.
- Order. Case：1：12 – cv – 02450 Document #：158 Filed：09/18/13.
- Stipulation of Settlement. Case：1：12 – cv – 02450 Document #：355 Filed：03/25/16.

## 51. “四大”的抗争和赔偿血泪史

（本文主要部分于2016年8月16日在百度百家发表之后，又据案情发展予以补充）

诉讼风险是会计师事务所面临的最大经营风险；因此，“四大”国际会计公司（包括原来的“八大”“六大”“五大”）的发展和演变历程，从某种角度而言就是和众多诉讼进行抗争的过程。接下来我们先了解一下普华永道和德勤这两家会计公司在近年遭遇诉讼案件中的抗争情况，之后我们回顾一下这些国际会计公司的赔偿血泪史。

### 普华永道的抗争

普华永道为何同时遭遇天价索赔诉讼？这是否为史上最大的审计诉讼？是否会选择和解？案件前景如何？

2016的8月对普华永道来说，似乎是有点一波未平、一波又起的感觉。8月5日，刚刚在总索赔超过30亿美元的曼氏金融（MF Global）破产诉讼案件中初战失利，8月15日又遭受了另一起金额超过55亿美元的巨额诉讼：TBW破产诉讼案。此外，殖民银行破产诉讼案也将于2017年2月份开庭审理，此案件的索赔总金额高达10亿美元。所以，普华永道正同时面临三起总金额近100亿美元的索赔诉讼，一场诉讼抗争之战正在进行中。

**曼氏金融（MF Global）破产诉讼案：索赔超30亿美元**

2011年10月31日，因为豪赌欧洲债券失败，券商曼氏金融（MF Global）在纽约南区破产法院申请破产保护。这不仅是首家美国金融机构因受欧债危机影响而破产，而且按资产规模计算，这也是美国第五大金融机构破产案。之后，股东集体诉讼爆发，MF 的外部审计师成为其中被告之一，2015 年 4 月普华永道和股东集体诉讼原告达成和解，赔偿金额为 6 500 万美元。然而，在股东集体诉讼之外，普华永道又遭遇了来自 MF 破产计划托管人的诉讼。

2014 年 3 月，MF Global 的破产计划托管人对 MF 的外部审计师普华永道提起诉讼，并索赔超过 30 亿美元。原告在起诉书中指控普华永道作为审计师对 MF Global 63 亿美元的欧洲主权债务投资提供“完全错误的”建议（回购至到期交易，repurchase - to - maturity transaction），并批准 MF Global 及其当时的首席执行官 Jon Corzine 对这些债务进行表外会计处理，从而加速了该券商的破产。MF 由原新泽西州州长 Jon Corzine 管理运营。

2016 年 8 月 5 日路透社报道，美国联邦地区法院法官 Victor Marrero 作出裁决，拒绝了普华永道驳回诉讼的申请，普华永道将不得不面对这起索赔金额高达 30 亿美元的诉讼。

法官在长达 69 页的裁决书中指出，经过几年的诉讼争辩，普华永道给该公司所出的糟糕的会计建议是否是导致该公司迅速倒闭的实质原因，这个问题现在还没有定论，因此，目前还不能同意普华永道的申请，此案件目前不能驳回，需要继续进行。原告还指控普华永道提供的递延税务资产相关建议也存在问题，原告指控认为该建议导致 MF 在申请破产前不得不冲销 1.194 亿美元的税务递延资产，从而导致该季度亏损高达 1.916 美元。普华永道认为，原告方 MF Global 破产计划管理人根据“同等过错”的法律原则站在该公司立场替它说话，公司之所以无法起死回生是因为高层对于破产亦负有责任。普华永道的辩护律师 James Cusick 指出，普华永道仍然坚持其为 MF 所提供的专业服务工作，MF 的倒闭是由于其自身的经营决策和不利的市场事件所导致，而不是由于会计方面的决定而倒闭。

2017 年 3 月 23 日，备受华尔街聚焦的（MF）针对普华永道高达 30 亿美元的索赔诉讼案，在经过两周多的激烈抗辩之后，原被告双方终于达成和解赔偿。具体赔偿条款和金额并未公开，但双方皆表示满意。本案本来预计庭审将持续 5 周，MF 公司的前 CEO、普华永道的该项目审计合伙人都出庭作证。面对 MF 公司前 CEO 的指证，普华永道的辩护律师指出：MF 在倒闭前危机重重，至少有超过 99 个内部问题都可以导致该公司倒闭，而这 99 个问题中，没有任何一个是和会计问题相关的；这名 CEO 在 2017 年 1 月因为被认定在 MF 倒闭中需要承担管理责任，而被罚款 500 万美元。

美国乔治城大学法学教授 Joshua Teitelbaum 博士在福布斯撰文指出，如果普华永道需要对曼氏金融的倒闭负责，那么整个会计师行业都将会毁灭。他指出，包括国会在内的各调查委员会并没有质疑外部审计师的工作和这个会计处理；导致曼氏金融破产的不是会计处理，而是该公司管理层的错误商业决策。会计师不应该成为企业管理层商业决策失误的“替罪羊”。这个案件给业界再次提出警示，给企业出具会计建议是个高风险的服务。

**TBW 破产诉讼案：索赔超 55 亿美元**

2016 年 8 月 15 日，据《金融时报》报道，全球最大会计师事务所普华永道面临史上最大审计诉讼，索赔 55 亿美元。目前正在佛罗里达州法庭开审的案件可谓“史无前例”，不仅仅金额创审计诉讼史上最高，更为特别的是，此案中普华永道是作为金融危机期间“被害”破产公司的审计被存在欺诈行为公司的破产受托人告上了法庭。本案原告是 Taylor, Bean & Whitaker（TBW）的破产受托人美国联邦存款保险公司（FDIC），被告是普华永道。TBW 破产前曾是美国第十二大抵押贷款公司，也曾是美国政府赞助成立的政府国家抵押贷款协会（Ginnie Mae）的第五大房地产抵押贷款支持证券（MBS）发行商。由于被监管当局发现有超过 30 亿美元的虚假抵押资产，TBW 于 2009 年 8 月迅速倒闭破产。TBW 有 7 名高管被刑事指控入狱，其董事长 Lee Farkas 被判有期徒刑 30 年。

亚拉巴马州殖民银行（Colonial Bank）为 TBW 提供了大量房屋抵押贷款供其进行证券化，是 TBW 最大的客户，也是 TBW 的母公司。2009 年，在 TBW 倒闭后不久，殖民银行也破产倒闭，而普华永道是殖民银行的审计师。

2002～2008 年，普华永道给殖民银行出具了无保留审计意见，然而，殖民银行于 2009 年倒闭，所涉及总资产超过 250 亿美元，FDIC 在该破产案件中的损失高达 42 亿美元。该案成为美国历史上第六大银行破产倒闭案件。

TBW 的审计师是德勤，德勤给 TBW 出具了七年的无保留审计意见报告。TBW 倒闭之后，德勤也成了被告，2013 年德勤和 TBW 的破产受托人在三起诉讼案件中达成和解赔偿，具体赔偿金额并没有公开披露。

FDIC状告普华永道在担任殖民银行审计期间，未充分履行审计职责，未能发现殖民银行约10亿美元的资产实际上并不存在或已分文不值。虽然这实际上是TBW创始人Lee Farkas和殖民银行高管相互串通作案造成的结果，但原告认为作为殖民银行的审计，普华永道难辞其咎：直到金融危机将串通案暴露之前，普华永道在2002～2008年间，每年都为客户出具了“无保留意见”，实际上是对殖民银行财务状况“诚实度”背书。

普华永道的辩护律师指出，普华永道不是TBW的审计师，普华永道和TBW之间没有任何关系，普华永道也没有接触过TBW的任何内部资料。律师还指出，是德勤审计了TBW，连续七年，一直到TBW倒闭，德勤都没有揭发出TBW的舞弊行为。

普华永道的首席辩护律师Beth Tanis给《金融时报》的声明信中指出：“审计准则所已经明确的，任何妥当设计和执行的审计工作都有可能无法审查出舞弊行为，尤其是，当企业存在串通、伪造文档和内控越权的情况下，正如在殖民银行案件所发生的情形一样。我们相信陪审团将会理解本案中所适用的规则和标准，并作出相应的裁决。”

本案于2016年8月9日开庭，庭审将会在接下来持续大约6周。华盛顿律师Tom Lohback认为，不论本案最终裁决如何，此案件不仅将深刻改变人们对审计角色的认识，也会为原告律师的起诉策略带来重大影响。有媒体指出，如果该案件最终成立，普华永道可能需要付出55亿美元的高昂代价。但是，由于本案中普华永道本身并不是TBW的审计师，而且TBW的审计师德勤已经和破产受托人在三起诉讼案件中于2013年达成和解赔偿了，因此，估计本案如果最终需要赔偿，可能对普华永道的影响并不会很大，可能不会超过德勤的赔偿金额。何况，本案目前还仅仅是处于起诉阶段，接下来还要经过几周的双方抗辩，普华永道能否成本申请驳回起诉有待继续观察。

此外，在殖民银行于2009年倒闭之后，其托管人的FDIC于2012年起诉殖民银行的审计师普华永道，索赔金额高达10亿美元。该案将于2017年2月开庭审理。

以上三大案件总的索赔金额接近100亿美元，如果普华永道失利，则将会直接威胁到其正常的业务。有媒体报道认为这是“史上最大的审计诉讼案”，

“普华永道面临‘生死之战’”等。虽然普华永道在以上三起诉讼案件中最终的结果如何目前还无法预测，但应该还不至于到“生死”的地步，而且这绝对不是所谓什么“史上最大的审计诉讼案”。

**迅速和解**

TBW 案在美国迈阿密州法庭开审 4 周之后就迅速和解了，普华永道很快化险为夷。

据英国《金融时报》2016 年 8 月 26 日报道，普华永道已就此前史上最大审计诉讼案达成和解，但和解具体金额未披露。普华永道称“此次和解基于双方共同满意局面”。

原告出庭律师 Steven Thomas 虽然拒绝就周五的和解发表评论，但是对英国《金融时报》表示：“无论是过去数年来的经验，还是金融危机时期的惨痛教训，都证明了审计工作至关重要的责任。审计工作者需要对公众投资者保持最终的真实和责任感，我认为这是一件越来越清楚的事实。”

原告律师团称，普华永道有能力识别并阻住串通欺诈的发生，6 年时间内出现过很多明显的财务“警示”，但普华永道均“视而不见”。律师团的首席律师 Steven Thomas 称，普华永道对于殖民银行的审计是（他见过的）“最粗糙”的。

据英国《金融时报》作为原告第三位证人周三出席审判的前 SEC 首席会计师 Lynn Turner 称，普华永道违反了审计的独立性标准。Turner 指出，普华永道的一位资深审计负责人曾被转聘为殖民银行的金融监管部门高管，在这样重大的人事变动之后，普华永道本应提出“紧急豁免”，避免在 2005 年和 2006 年继续担任殖民银行的审计工作。原告律师团提出的证据之一，是普华永道分配了一名实习生来审计殖民银行几十亿美元的交易环节。据原告出具的一份 2006 年的文件显示，这名实习生负责审计殖民银行持有的抵押物资产，审计后向直接领导报告称她“感觉”抵押物没有问题，而实习生的直接领导自己也承认自己的级别“不够审计此类环节”。被告律师称：“从整个公司的审计流程中单挑出一页纸的证据和单个个人的描述是不公平的，陪审团需要了解整个过程的完整事实，而不应单独审视单一文件证据。”

这个案件虽然最后是和解了，和解的金额并没有对外披露，具体赔偿金额是多少，对外界而言是个秘密。但是，这个案件对整个会计界具有重大影响，因为本案中，普华永道并不是TBW这家公司的审计师，在这样的情况下，普华永道仍然遭遇诉讼，而最终还是进行了和解，从某种角度而言，审计师的责任被扩大了。这个案例所带来的直接影响是，审计师面临的诉讼风险无疑是增加了。

其实普华永道在同时面临以上三大诉讼案件的同时，还有另外一个重大诉讼案也在激烈抗争中。这个案件就是巴西国家石油公司（PetroBras），这家公司所涉及的假账金额据说超过170亿美元，并在过去十年期间行贿金额超过20亿美元。假账事件爆发后，于2016年12月，该公司宣布将审计师从普华永道（巴西）更换为毕马威。该公司的股票价格在过去5年之内缩水超过80%，投资者损失数百亿美元，众多投资者对该公司和相关投行及审计师普华永道发起系列诉讼。在股东集体诉讼中，于2016年2月，美国法官同意普华永道的申请，驳回涉及1934年第10（b）条款的指控，但是，法官拒绝驳回涉及1933年第11条款下的指控。因此，普华永道巴西将不得不继续进行抗争。此外，比尔盖茨基金（The Bill and Melinda Gates Foundation）也于2015年9月起诉巴西国家石油公司和普华永道，要求赔偿损失。此等案件现在尚未了结。

## 德勤的抗争

德勤加拿大所遭遇的一个重大诉讼案件，则似乎更能体现出会计师面对诉讼所展现出的抗争到底的决心。接下来，让我们一起了解一下这个案件。

这个案件是德勤加拿大二十年前的审计项目所引发的，该审计客户是Livent Inc.，该公司是20世纪90年代北美风靡的娱乐戏院上市公司，曾经上演过著名的节目包括“Phantom of the Opera”和“Joseph and the” Amazing Technicolor Dreamcoat。德勤在该审计项目上于2002年遭遇起诉，这场官司到现在还没有结束。但这是一场具有历史意义的官司，不仅仅因为涉及赔偿金额巨大，关键是涉及审计师责任如何确定的问题。所以，从目前来看，再苦再累，德勤都会将官司打到底。

德勤是该公司1989~1998年的审计师，该公司从1993~1998年期间，至少7次在资本市场进行公开融资，或者发债或者发行股票，融资总金额超过3

亿美元。公司 1999 年申请破产，先由安永接管。该公司于 1998 年进行新的私募后，新投资者进来更换管理层，之后发现大量之前的舞弊行为，包括假账、回扣、费用低估等，此后公司不得不对 1996 年和 1997 年财务报表进行重述，1996 年从原来的盈利 1100 万元变成亏损 1800 万元，1997 年从亏损 4 100 万元变成亏损 9 867 万元。该公司破产给债权人和银行带来约 5 亿美元损失，该公司的两名创始人（董事长和总裁）也被指控欺诈罪，并于 2009 年分别被判 5 年和 4 年有期徒刑，后被保释出狱。该公司破产托管人（recieversship）先是安永，后来新的托管人代表公司于 2002 年起诉德勤。

几个复杂但是又必须要面对的问题：损失如果计算，如何区分经营亏损相关的损失和审计师疏忽大意的损失？审计师应该对哪个期间的损失负责？

德勤抗辩认为债权人的损失是由于该公司的非法行为所导致，并非是审计师的工作所导致。

法官认为 1996 年之前的损失审计师不需要承担责任，但是认定从 1997 年 8 月和 9 月到 1998 年春季相关的损失，需要审计师负责，因为法官认为在这期间有太多警示信号足以表明管理层存在舞弊，审计师在当时就应该考虑辞职。法官认为，德勤最早在 1997 年 8 月份就应该辞掉这个客户，最晚也应该在 1997 年第三季度末辞职，因为德勤已经清楚知道该公司管理层不仅采纳激进的会计政策，而且对审计师施压，并试图从毕马威购买令其满意的审计意见（opinion shopping），然而德勤不但没有辞职，反而和该公司管理层在涉及有回购条款的播放权出售交易会计处理上达成妥协。因此，法官认为，德勤在 1996 年及之前的审计不存在疏忽大意（negligence），然而，在 1997 年 8 月和 9 月到 1998 年春季相关的审核工作中疏忽大意，没有尽到应有关注（due care）。但是德勤并不同意法官的观点，不过德勤的抗辩并没有被上诉庭采纳。

一审判决于 2014 年 4 月作出，一审法官裁决德勤需要赔偿 8475 万加元，外加利息，总共赔偿金额是 1. 18 亿加元，这个金额高于 2015 年安永在嘉汉林业案件中的赔偿金额（1. 17 亿加元）。所以，如果这个是德勤最终的赔偿金额，那么该案件就创下加拿大历史上审计师最高赔偿纪录。不过，法庭文件显示，德勤的保险将足以承担该赔偿金额。对此裁决，德勤自然不服。德勤很快向加拿大安大略省上诉庭上诉。然而，于 2016 年 1 月上诉法庭维持原判。德勤仍然不服，再苦再累也要将该官司打到底，德勤继续向加拿大最高法院上诉。终于，2016 年 6 月，加拿大最高法院同意审理该案件。

此案引发至少两个方面的法律争议：

第一个是，公司能否因为自己欺诈而起诉外部审计师？这个也是德勤目前的主要抗辩理由。本案毕竟是其管理层欺诈，而不是德勤参与欺诈。但是一审法官认为，德勤在相关审计期间存在疏忽大意，没有尽职，因此，如果德勤不需要赔偿，那么就会导致公司那些无辜的相关利益者（指不包括进行欺诈的责任人）丧失了法律救济。总之，法官认为，审计师需要对其疏忽大意承担责任。

第二个是，公司的投资者和债权人能否起诉外部审计师？加拿大最高法院目前的案例法下，只有公司可以起诉其外部审计师，而公司的股东和债权人是不能直接起诉审计师的。因为，最高法院的案例裁决认为，公司外部审计师的责任是确保公司的管理层能够履行其代理人责任，审计师的工作并非直接向公司股东或者债权人负责，审计师的审计报告并非是用来帮助股东个人做投资决策的。所以，在加拿大，审计师受到该案例法的保护，想成功起诉审计师并不容易。本案在一审中，法官认为，并非是债权人和股东起诉德勤，而是该公司的托管人在代表公司利益起诉外部审计师。当然，由于该公司处于托管阶段，其公司利益几乎等同于债权人的利益，所以，如果本案最终能够起诉成功，则意味着为以后债权人或者股东起诉公司外部审计师开辟出了新的路径。

该案件引起了加拿大会计、投行和法律界的广泛关注。如果加拿大最高法院的裁决对德勤不利，那么不排除以后会爆发出更加密集的针对审计师的诉讼，倘若如此，审计这个活真的没法干了。

不仅对审计行业，该案件的最终裁决也会影响到律师、投行等相关行业的责任认定。

普华永道和德勤所遭遇的以上几个诉讼案件，其风险都来源于被审计客户管理层的舞弊行为。因此，管理层的舞弊是审计师所面临的最大固有风险。如何防范、规避或者将该风险降低至可接受水平，一直都是审计师需要密切关注的问题。

## “四大”的赔偿血泪史

国际会计公司的发展、演变历程，既是一部抗争诉讼的历史，也是一部赔偿的血泪史。

《金融时报》报道指出，前安达信合伙人 Jim Peterson 曾专门写过一本分析“四大”承受诉讼损失的书，他在接受 FT 采访时说，损失在一定范围内，会计师事务所的合伙人们愿意牺牲现有和未来的收入“共渡难关”，但一旦超过一定限度，他们就会做“鸟兽散”，这一限度估计在 20 亿～30 亿美元之间。不过在经过安然事件所导致安达信过早的解体之后，美国监管当局和市场已经意识到当时矫枉过正。安达信在安然事件中曾经提出超过 6 亿美元的分期付款赔偿方案，但遭到司法部的拒绝，而司法部执意对安达信的刑事指控直接导致安达信全球解体，结果投资者从安达信获得的总赔偿仅仅只有 1 亿美元左右。安然事件和世界通信事件中的赔偿大户都是华尔街投行和商业银行，不过此后，美国联邦最高法院通过 Stoneridge 判例，对共同欺诈责任（scheme liability）进行了限制，倾向于保护投行、会计师等资本市场第三方中介。因此，在安然事件之后，即便是在 2008 年的次债危机和之后的欧债危机所引发的诉讼，美国资本市场诉讼的赔偿金额也并未创下新高，尤其是针对会计师事务所诉讼的赔偿金额也远低于之前案件的金额。

在美国资本市场中，过去 20 年来和会计师相关的诉讼标的超过百亿美元的案件十分常见，尤其是在 21 世纪初所爆发的安然、世界通信和之后的雷曼兄弟等大公司破产倒闭案件中，原告所主张的诉讼索赔金额都是超过百亿美元以上。在安然案件中，投资者索赔的金额超过 600 亿美元。相对于原告的天价索赔，会计师在这些诉讼案件中的赔偿金额并不显著。

在美国资本市场历史上，许多针对会计师的诉讼都是以和解赔偿结束，真正进入庭审的十分少见。世界通信案件中，除了安达信之外，其他所有被告都早早地和原告达成和解赔偿，唯有安达信坚持不赔偿，坚信自己的审计工作，坚持诉讼到底，一直到庭审。然而，在庭审进行过程中，安达信最终还是选择和解，原被告双方都不愿意将自己的命运交给陪审团。

表 51－1 为近年来，国际“五大”会计公司（含现在已经解体、大部分

并入其他“四大”的原安达信、安永、普华永道、华马威）在重大诉讼案件中的和解赔偿信息，通过这些信息，我们回顾一下国际会计公司的赔偿血泪史。

**表 51－1　国际“五大”会计公司近年来主要诉讼案件的赔偿信息汇总**

| 会计公司 | 涉及案件 | 会计师赔偿（万美元，除非另外注明） | 披露年份 |
|---|---|---|---|
| 安达信 | Waste Management Inc. | 会计师赔偿给公司 2 000 万美元 | 2001 |
| 安达信 | Sunbeam Corporation | 11 000 | 2001 |
| 安达信 | Baptist Fund of Arizona | 21 700 | 2002 |
| 安达信 | Charter Communications | 22 500 | 2004 |
| 安达信 | 安然公司 | 11 200 | 2006 |
| 安达信 | 世界通信公司 | 6 500 万美元 2012 年追加 3 800 万美元 | 2005 |
| 安达信 | 环球电信（Global Crossing） | 2 500 | 2004 |
| 安达信 | McKesson HBOC，Inc. | 7 250 | 2007 |
| 安达信 | 奎斯特电信公司（Qwest） | 1 000 | 2005 |
| 安达信 | 20 世纪 80 年代金融机构倒闭潮审计失败而导致联邦政府起诉 | 7 900 | 20 世纪 90 年代初 |
| 安永 | 贝恩资本投资印度公司 | 3 500 | 2016 |
| 安永 | 嘉汉林业 | 1.17 亿加元（股东诉讼）；800 万加元罚款 | 2013/2014 |
| 安永 | 被美国联邦政府起诉（因提供避税服务）并认错 | 12 300 | 2013 |
| 安永 | Rye Funds，which were managed by Tremont Group Holdings Inc，a Madoff－linked feeder fund | 2 500（庭审失败） | 2015 |
| 安永 | Philip Service（加拿大公司于 1999 年破产） | 5 000 | 2007 |

续表

| 会计公司 | 涉及案件 | 会计师赔偿（万美元，除非另外注明） | 披露年份 |
|---|---|---|---|
| 安永 | 大都会抵押和证券公司（Metropolitan Mortgage & Securities Co.） | 普华永道赔偿1 390万美元，安永赔偿1 425万美元 | 2008 |
| 安永 | Sons of Gwalia（澳大利亚） | 1.25亿澳大利亚元（澳币） | 2009 |
| 安永 | 美国在线时代华纳并购案 | 10 000 | 2005 |
| 安永 | 多收客户差旅费 | 2 000万美元（咨询公司承担200万美元） | 2004 |
| 安永 | 南方保健公司（Health south） | 13 850万美元，其中10 500万美元给股东，3 350万美元给债券持有人 | 2009，2010 |
| 安永 | 雷曼兄弟 | 9 900（股东诉讼），1 000（监管部门诉讼） | 2014，2015 |
| 安永 | 天然气公司（Williams Companies，Inc.） | 2 100 | 2006 |
| 安永 | 盛腾公司（Cendant Corp.） | 63 500万美元（集体诉讼33 500万美元，公司诉讼30 000万美元） | 1999，2007 |
| 安永 | Merry－Go－Round Enterprises Inc.，（服装零售商破产） | 18 500（审计师被判决有责任后和解赔偿） | 1999 |
| 安永 | 20世纪80年代金融机构倒闭潮审计失败而导致联邦政府起诉 | 40 000 | 1992 |
| 毕马威 | Rita Aid Corp. | 12 500 | 2003 |
| 毕马威 | Oxford Health Plans | 7 500 | 2003 |
| 毕马威 | General American Life Insurance Co | 1 800 | 2004 |
| 毕马威 | 多收客户差旅费 | 3 400（和毕博平摊） | 2004 |
| 毕马威 | 施乐公司 | 80，外加2 250万美元SEC罚款 | 2005，2008 |
| 毕马威 | Targus International（还由于拒绝配合提供底稿被法庭惩罚） | 2 250 | 2006 |
| 毕马威 | 避税业务遭遇联邦政府起诉 | 承认错误外加45 600万美元罚金， | 2005 |

续表

| 会计公司 | 涉及案件 | 会计师赔偿<br>（万美元，除非另外注明） | 披露年份 |
|---|---|---|---|
| 毕马威 | 避税业务遭遇275位客户起诉 | 18 000 | 2005 |
| 毕马威 | 未付加班费（加拿大） | 1 000 万美元（加币） | 2008 |
| 毕马威 | Vitesse Semiconductor (option backdating) | 2 250 万美元赔偿给公司；777.5 万美元赔偿给投资者 | 2009 |
| 毕马威 | New Century Financial Corp. | 4 500 | 2010 |
| 毕马威 | Lernout & Hauspie Speech Products | 11 500 | 2004 |
| 毕马威 | Countrywide Financial Corporation | 2 400 | 2010， |
| 毕马威 | Westpoint（澳大利亚） | 6 000（澳币） | 2011 |
| 毕马威 | Oxford Health Plans Inc. | 7 500 | 2003 |
| 毕马威 | Lernout & Hauspie | 11 500 | 2004 |
| 毕马威 | Fannie Mae | 15 300，和 FANNIE MAE 各承担一半 | 2013 |
| 毕马威 | Wachovia（破产后由 Wells Fargo & Co 收购） | 3 700 | 2011 |
| 毕马威 | 被 SEC 起诉，因两个审计客户的独立性问题 | 820 | 2014 |
| 毕马威 | 华盛顿互助基金（2008 年破产后由 JP Morgan 收购） | 1 850 | 2011 |
| 毕马威 | 20 世纪 80 年代金融机构倒闭潮审计失败而导致联邦政府起诉 | 18 650 | 20 世纪 90 年代初 |
| 德勤 | 韩国大宇造船 | 待定 | 2016 |
| 德勤 | 中国高速频道（China mediaexpress） | 1 200 | 2015 |
| 德勤 | False Claims Act Case（由于政府合同多收费被美国司法部起诉） | 1 138 万美元和解 | 2016 |
| 德勤 | Taylor, Bean & Whitaker (TBW) | 三起诉讼和解赔偿未披露具体金额 | 2013 |

续表

| 会计公司 | 涉及案件 | 会计师赔偿<br>（万美元，除非另外注明） | 披露年份 |
|---|---|---|---|
| 德勤 | 贝尔斯登次级债危机倒闭案 | 1 990 | 2012 |
| 德勤 | Fortress Re（aviation reinsurer） | 25 000 | 2005 |
| 德勤 | Adelphia Communications | 股东诉讼赔偿 21 000 万美元，5 000 万美元为 SEC 罚款 | 2005 |
| 德勤 | 意大利帕玛拉特 Parmalat SpA | 16 000 | 2008 |
| 德勤 | Delphi 汽车配件公司 | 3 825 | 2007 |
| 德勤 | Manhattan Investment Fund | 3 200 | 2003 |
| 德勤 | 20 世纪 80 年代金融机构倒闭潮审计失败而导致联邦政府起诉 | 31 200（保险付 75%，其余由 1 300 名合伙人承担） | 1994 |
| 普华永道 | Maxwell Communication Corporation | 6 760 万英镑（Cooper Lybrand） | 1999 |
| 普华永道 | Ambassador Insurance Co. | 18 290 | 2005 |
| 普华永道 | 多收客户差旅费（安永和 KPMG 也被告） | 5 450 | 2003 |
| 普华永道 | Homestore（互联网房产经纪） | 1 750 | 2005 |
| 普华永道 | 美国联邦政府（PWC overbilling 多收差旅费） | 4 100 | 2005 |
| 普华永道 | Microstrategy（软件公司） | 5 500 | 2001 |
| 普华永道 | 印度软件外包公司 Satyam | 2 550 | 2011 |
| 普华永道 | Telxon Corporation（computer hardware） | 总计 4 590 万美元，在股东诉讼中赔偿 2 790 万美元，后又在公司诉讼中赔偿 1 800 万美元 | 2005 |
| 普华永道 | 泰科国际电子 Tyco International | 22 500 | 2007 |
| 普华永道 | SmarTalk Teleservices, Inc.（破产） | 3 050 | 2008 |
| 普华永道 | 大都会抵押和证券公司（Metropolitan Mortgage & Securities Co. | 普华永道赔偿 1 390 万美元，安永赔偿 1 425 万美元 | 2008 |

续表

| 会计公司 | 涉及案件 | 会计师赔偿（万美元，除非另外注明） | 披露年份 |
|---|---|---|---|
| 普华永道 | AIG 会计舞弊案 | 9 750 | 2008 |
| 普华永道 | （MF Global）曼氏金融 | 集体诉讼赔偿 6 500；破产诉讼和解金额未披露 | 2015/2017 |
| 普华永道 | Centro（澳洲最大的商场） | 20 000（澳币，PWC、Centro 和 IMF 平摊） | 2012 |
| 普华永道 | Madoff 麦道夫 | 5 500 | 2016 |
| 普华永道 | 西班牙政府（PWC 涉嫌 2002 年向 IBM 出售咨询业务是虚假重组以避税） | 3 200（欧元） | 2016 |
| 普华永道 | Castor Holdings Ltd（23 年诉讼针对 Cooper Lybrand） | 22 000（加币） | 2015 |
| 普华永道 | Energy group Econcern | 2 500（欧元） | 2016 |
| 普华永道 | Taylor Bean & Whitaker Mortgage Corp | 和解未披露 | 2016 |
| 普华永道 | 巴西石油（Petrobras） | 待定 | 2015 |
| 普华永道 | 纽约州监管部门（涉嫌东京三菱银行洗钱的合规报告） | 2 500 | 2014 |
| 普华永道 | Raytheon Company | 5 000 | 2004 |

注：根据相关资料整理而成。

# 附录一　中概股的明天

财政部主管《新理财》杂志对卓继民先生的采访（2013 年第 8 期）

自中国概念股被国际做空机构“猎杀”以来，中国公司在海外的命运备受各界关注。美国证券交易委员会（SEC）近日陆续公开披露起诉中概股的文件，而其中部分已退市的中概股也难逃 SEC 的“秋后算账”。中概股到底怎么了？“谨慎回暖”是否又是一场“海市蜃楼”？为此，《新理财》记者采访了《跨洋大鏖战》一书的作者卓继民。

## 集体诉讼背后

**《新理财》：能简单谈一下您写《跨洋大鏖战》的初衷吗？**

卓继民：十几年前，我在会计师事务所担任审计经理，对当时华尔街所爆发的诸如安然、世通等令资本市场震惊的丑闻十分关注，特别是涉及原告指控、被告抗辩信息及法院裁决过程的集体诉讼案例。后来随着中概公司所涉及案件增加，中国公司不论是在美国还是国内资本市场都处于不平凡的时刻，所以我将一些案例整理出来和大家来分享，希望对中概公司更好地熟悉美国资本市场规则有所帮助，同时也希望这些案例能对国内资本市场的发展起到借鉴作用。

**《新理财》：中概股遭遇集体诉讼最主要的几方面问题是什么？**

卓继民：截至 2012 年年底，累计超过 70 家中概公司遭遇集体诉讼，其中大约 50 家是通过反向并购（借壳上市）的企业，其余 20 多家是通过 IPO 上市的企业。常见的诉讼原因包括：历史财务资料存在重大误导、涉及盈利预测的前瞻性信息披露存在误导、会计处理（尤其是收入确认）不符合公认会计准则要求、内控存在重大或者实质性缺陷等，所以概括来说，在会计处理和信息披露这两方面的诉讼原因较多。

**《新理财》：您认为造成这几类问题的根源是什么？**

卓继民：如果从自身总体角度上看，主要还是因为对美国资本市场的财务会计、信息披露和公司治理要求的重要性认识不足。中概股出现危机既有偶然性，也有必然性，因为中国的企业、管理层对美国的监管体系需要一个学习、适应、熟悉的过程，在此期间难免会遭遇挫折并付出一定的代价。从这个意义上说，并不完全都是坏事。关键是中概公司要善于反省，从中总结经验，吸取教训，在摔打中成长起来。

## 洼地中的价值

**《新理财》：能否评价一下目前的美股市场及中概股的现状？**

卓继民：今年年初以来美国股市已经开始回升，三大指数今年表现良好，IPO的市场也开始活跃起来。中国目前在美国直接或者间接上市的企业超过400多家，除了大型国企和屈指可数主要几家互联网公司之外，其他的市值普遍都比较低，总市值超过10亿美元的不多，大部分在5亿美元以下，所以股票流动性就会差一些。而且相比较A股市场，在美上市公司的市盈率普遍不高。经过前一段时间的危机，大部分中概公司的股价缩水严重，有些公司的市值甚至低于其账面现金的价值，其中也有不少优秀的企业受到影响，所以中概股现在从某种程度上说也存在投资的“价值洼地”。

**《新理财》：大批公司目前面临私有化的问题，您如何看待这股退市浪潮？**

卓继民：美国上市公司从20世纪90年代中的近8 700家减少到2012年年底的近5 000家。纳斯达克每年新上市的公司数量和退市的数量几乎相当，在成熟的资本市场，退市是一个正常的市场现象。中概股短期确实存在挫折，但会逐步好起来。我们相信还会有更多的中概公司冲刺美国股市，美国资本市场和中概公司之间仍然保持强劲的相互吸引力。所以总体看，出现退市是正常的，但退市浪潮应该是暂时的。

## 企业进退之道

**《新理财》：在美上市的中国企业目前应如何应对市场变化？怎样进行自我完善？**

卓继民：任何企业都无法掌控资本市场的变化，企业只能适应外部环境的变化，而不是试图改变市场的变化。企业的日常经营不能受一时股价波动的影响，还是要安心将业务做大和做强。从另一个角度来说，股价低迷反而给了企业一个进一步自我提高的机会，因为来自资本市场的压力减少了，诱惑也少了，管理层可以更加集中精力提高企业的内在实力，从业务模式、运营效率来提高企业长期的获利能力，也就是企业可以更多地考虑长期利益，而不受短期利益的诱惑，同时也吸收经验和教训，在涉及财务会计、内控流程、信息披露和投资者关系方面贯彻全面风险管理的理念，这样的企业就可以变成价值投资目标，成就基业长青，好企业不怕没有投资者。是否考虑私有化对不同的企业需要从其发展战略的角度作具体判断，私有化的各种目的何在？私有化之后的企业能往哪里去？毕竟私有化的时间、资金、监管等各方面所引发的成本可能比企业当时上市的时候还要高。因此不能一概而论，还是要从企业的长远发展整体考虑。

**《新理财》：在私有化的过程中，企业应注意哪些问题？**

卓继民：企业私有化过程也是充满风险的，有时甚至比当时上市的风险还要大。这里面有一系列问题企业需要考虑。企业需要从战略层面做评估，私有化是否符合企业的中长期战略，而在操作层面除了需要确定合理的私有化溢价之外，还会面临很多现实问题，比如：

- 私有化的资金来源哪里？过桥资金的成本（包括股权出让）企业能否接受？
- 上市公司的现有法律结构在私有化过程中会引发哪些在美国、中国香港和中国内地的潜在税务风险？是否符合税务豁免的重组条件？
- 原来以红筹模式上市的如果回归A股，需要拆除红筹，重新搭建由境内控股的法律架构，其法律可行性如何？
- 对于以VIE模式搭建的中概股，即使重新搭建法律架构，由于历史财务数据不能沿用，所以到中国香港或者A股市场上市的难度更大，而且还会引发 VIE 的一些潜在问题，比如原先的中国 VIE 系列合同是否实际履行？如何终止？是否就此引发诉讼？

- 私有化之后到中国香港或者中国内地 A 股市场上市的可能性有多高？时间要多长？对于打算“回流”的企业，它们又应该如何说服中国香港或者 A 股市场的投资者忘却它们在华尔街撤退的原因而认可其投资价值？

**《新理财》：能否为我们预测接下来的一段时间中，中概股面对的挑战与机遇有哪些？**

卓继民：美国资本市场已经开始复苏，流动性转好，市场普遍对美国经济的复苏抱有信心，标普 500、道琼斯指数和纳斯达克综合指数 2013 年以来都上升超过 10%，2013 年上半年美国市场大约有 90 家公司 IPO 融资总额接近 200 亿美元，约是中国香港地区资本市场的 4 倍。同时，美国政府于 2012 年 4 月推出《JOBS 新法案》，对中小企业在美国上市的门槛要求降低，比如不需要遵循 404 的合规性，这一点对中概企业特别有利，而且也有迹象表明，投资者对中概股的信心在逐渐回升，这些都是好的机遇。

当然对中概股的挑战也是十分明显的，个股企业上市的时候，在包括公司治理可靠性等方面如何说服投资者难度会加大，可能需要企业作出更多的承诺或者折让，而且上市后的业绩表现不能大起大落，商业模式需要更加明确和透明、盈利预期需要更具可预见性等等。

**《新理财》：对于已在美上市的中概股 CFO，或者筹备在美上市的公司 CFO，你有什么建议？**

卓继民：目前，大部分中概股公司还属于新兴的中小企业，在管理体系上还需要积累经验，这些公司的 CFO 在核心职责上不同于世界 500 强公司的 CFO，他们应当真正做到重视财务和公司治理，做自己能做、应该做且必须做的事。就中国大多数公司目前所处的管理阶段和治理环境而言，CFO 最核心的工作仍然是财务会计和公司治理，这也是投资人现在对中概公司最担心的领域。CFO 应该做到让 CEO、董事会、投资者对公司所公开的财务数据放心，从这个角度为他们“护航”，将投资人所最担心的风险降低到可以接受的水平。此外，CFO 需要积极参与企业战略、企业运营、业务创新或者其他价值管理以体现增值，但并不意味着因此而偏离或者忽略财务会计和公司治理的本职工作，不然就会可能导致“沉船”事件。

# 附录二　美国中概股集体诉讼案件汇总

中国概念股遭遇集体诉讼信息汇总

（截至2016年12月31日，除非另有注明）

| 公司名称 | 交易所 | 交易代码 | 诉讼日期 | 案由和进展 |
|---|---|---|---|---|
| Kandi Technologies Group（康迪汽车） | NASDAQ | KNDI | 2017/3/14 | 报表重述未决 |
| 新东方教育 | NYSE | EDU | 2016/12/16 | 留学咨询信息披露/未决 |
| 中冠农业（华奥物种） | NYSE（退市） | GRO | 2016/11/4 | 信息披露/未决 |
| 宜人贷 | NYSE | YRD | 2016/8/26 | 信息披露/未决 |
| 搜房控股 | NYSE | SFUN | 2015/10/29 | 员工“刷单”事件信息披露/驳回起诉 |
| 蓝汛通信 | NASDAQ | CCIH | 2015/10/9 | 平台转换信息披露/未决 |
| 网秦 | NYSE | NQ | 2015/8/13 | 并购信息披露和拒绝私有化方案/未决 |
| 航美传媒 | NASDAQ | AMCN | 2015/6/25 | 信息披露/未决 |
| 迅雷 | NASDAQ | XNET | 2015/6/8 | 信息披露/原告撤诉 |
| 金融界 | NASDAQ | JRJC | 2015/6/5 | 信息披露/300万美元和解 |
| 英利太阳能 | NYSE | YGE | 2015/5/29 | 信息披露/未决 |
| 唯品会 | NYSE | VIPS | 2015/5/19 | 会计政策/原告撤诉 |
| 乐逗游戏 | NASDAQ | DSKY | 2015/4/2 | 信息披露/未决 |
| 优酷土豆 | YOKU | NYSE | 2015/3/25 | 会计政策/原告撤诉 |

续表

| 公司名称 | 交易所 | 交易代码 | 诉讼日期 | 案由和进展 |
| --- | --- | --- | --- | --- |
| 联拓集团 | NYSE | LAS | 2015/3/17 | VIE/100 万美元和解 |
| 500 彩票网 | NYSE | WBAI | 2015/2/27 | 信息披露/250 万美元和解 |
| 阿里巴巴 | NYSE | BABA | 2015/1/30 | “工商局白皮书事件”信息披露/驳回 |
| 世纪互联 | NASDAQ | VNET | 2014/9/12 | 未决 |
| 鑫达集团 | NASDAQ | CXDC | 2014/7//15 | 未决 |
| 中国格瑞 | NASDAQ | CHOP | 2014/11/26 | 2016 年 5 月 16 日驳回，允许修改第三稿诉状 |
| 东北石油之审计师 | OTCBB | CNEP | 2014/12/31 | 之审计师 Baker Tily（审计师 2014 年 12 月和 SEC 和解）；2016 年 2 月 24 日驳回后，重新递交诉状；审计申请驳回被拒绝，2016 年 10 月和解 92.5 万美元。 |
| 平潭远洋渔业 | NASDAQ | PME | 2014/ 11/ 24 | 报表重述/2015 年 1 月 16 日原告撤诉 |
| 聚美优品（JUMEI） | NYSE | JMEI | 2014/12/11 | 2017 年 1 月 10 日，驳回起诉 |
| 鲈乡小贷 | NASDAQ | : CCCR | 2014/8/6 | 未决 |
| 中国陶瓷 | | | 2014/6/6 | 2015/7/22 和解，现金 31 万美元，股票 53 万美元 |
| 巨人网络 | 纽交所 | GA | 2014/4/30 | 私有化退市导致诉讼，原告自动撤诉 |
| 鼎联控股 | NASDAQ | TRI | 2013/12/20 | 2015 年和解，90 万美元 |
| 中国手游 | NASDAQ | CMGE | 2014/6/20 | 驳回起诉，允许重新提交诉状 |
| 澜起科技 | NASDAQ | MONT | 2014/2/19 | 被告驳回起诉的申请被法官拒绝 |
| 兰亭集势 | NYSE | LITB | 2013/8/27 | 2014 年 9 月 5 日在诉讼驳回申请裁决前和解赔偿 155 万美元 |

续表

| 公司名称 | 交易所 | 交易代码 | 诉讼日期 | 案由和进展 |
|---|---|---|---|---|
| FAB Universal 精彩公司 | NYSE | FABU | 2013/8/11 | 2015 年 7 月 10 日 150 万美元和解，2016 年 1 月 28 日法院批准。 |
| 中石油 | NYSE | PTR | 2013/9/3 | 反腐败信息披露/结案，2015 年驳回起诉，上诉后维持原判 |
| 丽华国际 | NASDAQ | LIWA | 2014/5/1 | 公司管理层挪用资产/2016 年 4 月被告申请驳回被法院拒绝，未决 |
| 中国陶瓷 | NASDQ | CCCL | 2014/6/16 | 审计师致同辞职年报无法提交/2015 年 7 月 22 日达成和解协议，2016 年 4 月 22 日法院批准；2016 年 8 月 2 日，原告撤诉 |
| 龙腾矿业（L&L Energy，Inc.） | NASDAQ | LLEN | 2013/9/23 | 2014 年 12 月 15 日 350 万美元和解，2015 年 8 月 3 日法院批准 |
| 网秦 | NYSE | NQ | 2013/10/25 | 2015 年 10 月和解赔偿 500 万美元 |
| 宝飘（Pacific Bepure Industry Inc.） | OTCBB | PBEP | 2013/4/1 | 2014 年和解 |
| 龙威石油 | AMEX | LPIH | 2013/1/7 | 2013 年 3 月份其中一原告自动撤诉，其他原告的诉讼合并成集体诉讼，未结案 |
| Silvercorp metals inc. 稀尔威 | 美加两地 | | 2012/12/28 | 指控个人部分被驳回，但法院拒绝驳回对公司指控，2014 年 10 月达成 1 400 万美元和解赔偿 |
| 乔兴移动 | NYSE | QXM | 2012/12/19 | 2013 年 5 月 23 日缺席审批裁决公司赔偿 15 756 978 美元 |
| Sinohub，Inc.（协诺物流） | NYSE | SIHI | 2012/11/20 | 2015 年 6 月 26 日 60 万美元和解，11 月 13 日法院最终批准 |
| 艾瑞泰克（China Agritech Inc.） | OTC – BB | CAGC | 2012/10/4 | 第一次案件诉讼于 2012 年 10 月 2 日被驳回；第二次案件诉讼于 2014 年 1 月 10 日自动撤诉 |

续表

| 公司名称 | 交易所 | 交易代码 | 诉讼日期 | 案由和进展 |
|---|---|---|---|---|
| 尚德电力 | NYSE | STP | 2012/8/2 | 2015 年 500 万美元和解 |
| 新东方 | NYSE | EDU | 2012/7/23 | VIE/ 2014 年 7 月达成和解赔偿 475 万美元 |
| 飞鹤乳业 | NYSE | ADY | 2012 | 在 UTA 州盐湖城起诉，2015 年 5 月份和解赔偿 650 万美元 |
| 东方生物 | OTC – BB | AOBI | 2012/6/22 | 2014 年 9 月 23 日驳回起诉 |
| 安博教育 | NYSE | AMBO | 2012/6/11 | 2014 年 10 月 24 日达成和解赔偿 150 万美元 |
| 云南香格里拉藏药 | OTC – BB | TBET | 2012/5/25 | 2016 年 5 月 31 日，与审计师达成和解赔偿 207.5 万美元；2015 年从投行破产法庭获得 1 400 万美元的和解赔偿 |
| 双威教育 | NASDAQ | CAST | 2012/5/25 | 2012 年 12 月 7 日驳回起诉，2012 年 12 月 10 日上诉；二审推翻地方法院判决；但是公司后来没有应诉，2016 年 11 月 8 日，公司被缺席判决赔偿 6 580 万美元，外加利息；对审计师德勤的诉讼被驳回 |
| 侨兴环球资源 | NASDAQ | XING | 2012/4/27 | 再次被告，2014 年 7 月原告缺席判决 |
| 西蓝天然气 China Natural Gas | PINK SHEET | CHNG | 2012/4/20 | 2013 年 9 月 24 日第一次驳回后，10 月 23 日重新起诉，2014 年 2 月 24 日驳回起诉 |
| 中海油 | NYSE | CEO | 2012/2/29 | 一审驳回，原告上诉，于 2014 年 2 月 3 日第二巡回法院维持原判 |
| 天一制药 | NASDAQ | CSKI | 2012/2/24 | 2012 年 5 月原告撤诉 |
| New Energy Systems Group | American SE | NEWN | 2012/2/10 | 2014 年驳回起诉 |

续表

| 公司名称 | 交易所 | 交易代码 | 诉讼日期 | 案由和进展 |
|---|---|---|---|---|
| 科莱特 | NYSE | CIS | 2012/1/5 | 2014年3月19日签订和解合同，和解赔偿275万美元 |
| 源德生物 | NASDAQ | CMED | 2011/12/19 | 原告撤诉 |
| 分众传媒 | NASDAQ | FMCN | 2011/12/12 | 2014年5月13日和解赔偿370万美元 |
| 中国有机农业 | OTC－BB | CNOA | 2011/11/29 | 第一次和解再次被告，2013年9月30日驳回起诉，已经结案 |
| 科元塑胶宁波 | OTC | KEYP | 2011/11/15 | 涉嫌关联交易未披露，2014年8月8日CFO个人被告申请驳回被拒绝，2014年2月4日律师起诉其审计师，公司和CFO被SEC罚款100万美元，审计师被禁止3年并罚款3万美元2015年4月27日和解赔偿265万美元 |
| 中汽系统 | NASDAQ | CAAS | 2011/10/26 | 2013年1月原告同意撤诉 |
| AgFeed Industries，Inc. | NASDAQ | FEED | 2011/10/18 | 2014年700万美元和解；另遭遇SEC起诉，于2014年以1 800万美元和解 |
| 泛华保险 | NASDAQ | CNISURE | 2011/10/17 | 2014年3月19日和解662.5万美元 |
| 晶科能源控股有限公司 | NYSE | JKS | 2011/10/11 | 先被驳回起诉，原告继续上诉，巡回法庭裁决重新审理，于2015年9月15日双方和解总金额505万美元 |
| 龙腾矿业 | NASDAQ | LLEN | 2011/8/26 | 未结案 |
| 中国能源技术（Sino-Tech Energy Limited） | NASDAQ | CTE | 2011/08/19 | 2013年3月达成2 000万美元和解，其中公司赔偿200万美元，投行赔偿1 800万美元，审计师安永华明诉讼尚未了结 |

续表

| 公司名称 | 交易所 | 交易代码 | 诉讼日期 | 案由和进展 |
|---|---|---|---|---|
| Mindray Medica International Limited | NYSE | MR | 2011/7/21 | 自动撤诉 |
| A – Power Energy Generation Systems Ltd. | NASDAQ | APWR | 2011/7/5 | 2013 年 367.5 万美元和解赔偿 |
| 安防科技 | NASDAQ | CSR | 2011/7/21 | 原告撤诉 |
| 中国医药 | PINK – SH | CHME. PK | 2011/7/15 | 2013 年 5 月达成和解赔偿协议 70 万美元 |
| 江波制药 | NASDAQ | JGBO | 2011/7/15 | 2014 年 9 月驳回起诉，原告继续上诉，但被告缺席，于 2014 年两自然人被告被缺席判决共同赔偿 27 472.498美元，外加利息 |
| 潍坊昱合畜禽有限公司 | OTCBB | YUII | 2011/6/24 | 2014 年 1 月份和解赔偿 270 万美元 |
| 中国消防安全集团 | NASDAQ | CFSG | 2011/6/22 | 原告撤诉 |
| 万得汽车 | NASDAQ | WATG | 2011/5/31 | 2013 年 1 月 300 万美元和解 |
| 永业国际 | NASDAQ | YONG | 2011/5/26 | 私有化/2015 年 6 月达成 600 美元和解赔偿 |
| 东南融通 | NYSE | LFT | 2011/5/23 | 2013 年 11 月 14 日公司和董事长缺席被判决赔偿 8 亿多美元外加利息，总计超过 10 亿美元赔偿；2014 年 12 月 21 日 CFO 被陪审团裁决需要负责，2015 年 5 月 22 日，CFO 和解赔偿 230 万美元，CFO 赔偿比例为 1%，董事长 50%，公司 49% |
| Sino Clean Energy，Inc. [索昂生物（中国清洁能源）] | NASDAQ | SCEI | 2011/5/6 | 2013 年 200 万美元和解 |
| 大连傅氏 | NASDAQ | FSIN | 2011/5/6 | 2013 年达成和解 315 万美元 |

续表

| 公司名称 | 交易所 | 交易代码 | 诉讼日期 | 案由和进展 |
|---|---|---|---|---|
| Gulf Resources, Inc. | NADAQ | GFRE | 2011/4/29 | 2013 年达成 212.5 万美元和解赔偿 |
| HQ Sustainable Maritime Industries Inc. | American SE | HQS | 2011/4/28 | 2013 年达成 275 万美元和解赔偿 |
| 德尔集团（Deer Consumer） | NASDAQ | DEER | 2011/4/28 | 2012 年 12 月 21 日以 212.5 万美元部分和解，2013 年 3 月 8 日对外部审计师 Goldman Kurland Mohidin LLP 提起诉讼 |
| 郑州神阳科技（ZST Digital Networks, Inc.） | NASDAQ | ZSTN | 2011/4/25 | 2013 年 170 万美元和解 |
| 天人果汁 | NASDAQ | SPU | 2011/4/20 | 2013 年 9 月 13 日 220 万美元和解，审计师 BDO 未决 |
| 数百亿 SUBAYE | NYSE | SBAY | 2011/4/15 | 2011 年 12 月 1 日驳回起诉，2013 年其加拿大审计师遭遇集体诉讼，公司和 SEC 达成和解 |
| Universal Travel（旅程天下） | NYSE | UTRA | 2011/4/15 | 2016 年 7 月和解审计师赔偿 207.5 万美元（该协议也包括 2015 年 1 月 14 日签订和解协议 200 万美元），2013 年 SEC 和解 93.5 万美元 |
| 普大煤矿（Puda coal） | NASDAQ | PUDA | 2011/4/14 | 2014 年 6 月审计师 Moore Stephens 诉讼被驳回之后于 2016 年 12 月以 12.5 万美元和解；2013 年对投行的诉讼驳回申请被拒绝，SEC 诉讼未送达；2015 年 3 月 27 日，SEC 和麦格理达成 1 500 万美元和解；2015 年 10 月 16 日集体诉讼案件中投行和解赔偿 860 万美元；公司及其董事长于 2017 年 2 月 8 日被缺席判决共同赔偿 2.28 亿美元 |

续表

| 公司名称 | 交易所 | 交易代码 | 诉讼日期 | 案由和进展 |
|---|---|---|---|---|
| 盛世巨龙（China Century Dragon Media.，Inc.） | NYSE | CDM | 2011/4/1 | 2013年6月19日法院批准投行和解赔偿77.8万美元，然而公司被判赔偿470万美元，原告的总损失索赔金额为630万美元，公司被告律师仅仅出现之后就不参与应诉，也拒绝答复合并诉状，2012年4月3日法院作出被告缺席审判 |
| 岳鹏成电机（China Electric Motor，Inc.） | NASDAQ | CELM | 2011/4/1 | 2013年3月、5月、6月和公司投行及审计师达成和解总赔偿约377.8万美元 |
| China Intelligent Lighting and Electronics，Inc. | Amex Emerging Co | CIL | 2011/4/1 | 2012年9月5日对驳回对某些个人被告起诉；2014年6月26日Malone Bailey等会计师和解赔偿633 950.13美元；2014年9月8日对公司被告缺席判决8 443 364.87美元 外加利息 |
| Advanced Battery Technologies. Inc. | NASDAS | ABAT | 2011/4/1 | 2013年以27.5万美元合解（最终于2014年批准） |
| 纳伟仕 | NYSE | NIV | 2011/3/29 | 2014年以135万美元和解 |
| 综合能源 | NASDAQ | CBEH | 2011/3/25 | 2012年7月12日被告动议被驳回；2013年4月22日个人被告动议被驳回；2014年10月7日会计师Sherb和解赔偿40万美元 |
| 盛达科技 | NASDAQ | SDTH | 2011/3/18 | 2015年3月27日KPMG香港和解190万美元 |
| 艾瑞泰克 | NASDAQ | CAGC | 2011/2/11 | 2012年9月和解（金额未披露） |
| 高速频道 | NASDAQ | CCME | 2011/2/4 | 原告缺席判决2015年5月6日法官批准德勤香港赔偿1 200万美元 |

续表

| 公司名称 | 交易所 | 交易代码 | 诉讼日期 | 案由和进展 |
|---|---|---|---|---|
| 中国阀门 | NASDAQ | CVVT | 2011/2/4 | 驳回后原告重新提交诉讼状，诉讼部分被驳回 |
| Tongxin Interhational，Ltd. | NASDAQ | TXIC | 2011/1/3 | 2012 年以 300 万美元和解 |
| 麦考林 | NASDAQ | MCOX | 2010/12/3 | 2012 年 3 月 5 日驳回起诉，2012 年 12 月 26 日上诉庭维持原判 |
| 中国教育集团 | NYSE | CEU | 2010/12/2 | 2012 年 10 月 242.5 万美元和解 |
| 绿诺科技 | NASDAQ | RINO | 2010/11/12 | 2012 年 6 月份 700 万美元和解，2015 年 8 月份审计师 Frazer Frost 和解赔偿 168.5 万美元 |
| 中国绿色农业 | NYSE | CGA | 2010/10/15 | 2014 年 3 月份 250 万美元和解赔偿 |
| 多元水务 | NYSE | DGW | 2010/9/20 | 2013 年 9 月和解赔偿共 515 万美元 |
| 多元印刷 | NYSE | DYP | 2010/9/20 | 2013 年 6 月 430 万美元和公司及高管和解赔偿，2015 年 3 月 20 日法院批准投行的和解金额 1 893 750 美元 |
| 中国生物 | NASDAQ | CHBT | 2010/9/19 | 2015 年 3 月 31 日签订和解合同赔偿 140 万美元，另外被 SEC 起诉 |
| Search Media Holdings Limited | NYSE | IDI | 2010/9/13 | 2011 年以 275 万美元和解 |
| 西蓝天燃气（China Natural Gas Inc.） | NASDAQ | CHNG | 2010/8/26 | 由于银行借款披露不当遭起诉，2016 年和解赔偿 150 万美元 |
| 东方纸业（Orient Paper，Inc.） | AMEX | ONP | 2010/8/6 | 2012 年 6 月和解赔偿 200 万美元 |

续表

| 公司名称 | 交易所 | 交易代码 | 诉讼日期 | 案由和进展 |
|---|---|---|---|---|
| 东北石油 | NYSE | NEP | 2010/6/11 | 涉嫌大量关联交易没有披露，2011年10月驳回起诉，但第二巡回法庭推翻了一审裁决，于2013年8月20日达成和解赔偿250万美元；SEC也正式起诉。2013年5月28日，DOJ司法部起诉CEO和财务VP，该两位中国人在美国加州定居。香港审计师Baker Tily被SEC起诉后于2014年12月和解，审计师2014年12月31日又被股东集体诉讼 |
| 阿特斯太阳能 | NASDAQ | CSIQ | 2010/6/3 | 2013年3月27日驳回后原告又提诉讼状，2013年12月20日上诉法庭裁决维持一审原判，原告继续上诉，未决；SEC起诉于2014年12月和解公司罚款50万美元，SVP罚款5万美元 |
| 富麒国际 | NASDAQ | FUQI | 2010/3/19 | 2014年和解赔偿750万美元，外加利息；SEC诉讼于2013年7月1日达成和解 |
| 第九城市 | NASDAQ | NCTY | 2009/10/21 | 2011年5月20日起诉驳回 |
| China Organic Agriculture, Inc. | OTCBB | CNOA. OB | 2008/12/12 | 2010年9月60万美元和解 |
| 晶奥太阳能 | NASDAQ | JASO | 2008/12/3 | 2012年12月450万美元和解 |
| 诺亚教育 | NYSE | NED | 2008/10/29 | 2011年2月8日175万美元和解 |
| 圣火制药 | AMEX | KUN | 2008/8/21 | 2010年10月达成80万美元和解 |
| 华奥物种 | NYSE | GRO | 2008/4/11 | 2010年6月375万美元和解 |

续表

| 公司名称 | 交易所 | 交易代码 | 诉讼日期 | 案由和进展 |
|---|---|---|---|---|
| 分众传媒 | NASDAQ | FMCN | 2007/11/27 | 2011 年 10 月 200 万美元和解 |
| 巨人游戏 | NYSE | GA | 2007/11/26 | 2011 年 7 月 1 300 万美元和解 |
| China Expert Technology | NASDAQ | CXTI. PK | 2007/11/21 | 3 次驳回，法院允许起诉审计师 PKF 和 BDO，2013 年第和解，两审计师和解赔偿 420 万美元 |
| 山东富维 | NASDAQ | FFHL | 2007/10/7 | 2010 年 9 月 215 万美元和解 |
| 江西赛维 | NYSE | LDK | 2007/10/1 | 2010 年 3 月 1 600 万美元和解 |
| UT 斯达康 | NASDAQ | UTSI | 2007/9/4 | 2010 年 3 290 万美元和解 |
| 中电光伏 | NASDAQ | CSUN | 2007/9/7 | 2009 年 10 月 105 万美元和解 |
| 乔兴环球电话 | NASDAQ | QXM | 2007/8/9 | 2008 年 7 月 240 万美元和解 |
| 新华财经媒体 | NASDAQ | XFML | 2007/5/22 | 2009 年 2 月驳回 |
| 博帝森 | AMEX | BBCZ. PK | 2006/11/15 | 2008 年 9 月驳回 |
| China Energy Savings Technology, Inc. | NASDAQ | CESV | 2006/5/1 | 原告撤诉．但 SEC 发起了一系列诉讼，2006 年 12 月 4 日 SEC 起诉公司相关高管并在 2009 年 4 月 27 日获得裁决，这些高管被没收罚款总金额高达 3 400 万美元；SEC 还在 2009 年 9 月 30 日起诉公司的股票承销商于 2010 年 8 月 6 日裁决赔偿 252.7745 万美元；SEC 还起诉审计师 More Sephens 没收金额 12.95 万美元 |
| 中航油 | OTC－BB | CAOLF. PK | 2005/5/1 | 未在 120 天内送达诉状，驳回 |
| 新浪 | NASDAQ | SINA | 2005/2/15 | 2006 年 9 月驳回 |
| 前程无忧 | NASDAQ | JOBS | 2005/1/21 | 2006 年 11 月驳回 |

续表

| 公司名称 | 交易所 | 交易代码 | 诉讼日期 | 案由和进展 |
| --- | --- | --- | --- | --- |
| UT 斯达康 | NASDAQ | UTSI | 2004/11/17 | 2009 年 5 月 950 万美元和解，SEC 和 DOJ 同时起诉，后两者总罚款金额为 300 万美元 |
| 空中网 | NASDAQ | KONG | 2004/8/19 | 达成 350 万美元和解 |
| 中国人寿 | NYSE | LFC | 2004/3/16 | 驳回后原告撤诉 |
| 亚信集团 | NASDAQ | ASIA | 2001/12/4 | 并入 IPO Allocation 汇总案和解赔偿 |
| UT 斯达康 | NASDAQ | UTSI | 2001/10/31 | 并入 IPO Allocation 案汇总和解赔偿 |
| 网易 | NASDAQ | NTES | 2001/10/22 | 达成 430 万美元和解，SEC 罚款 140 万美元 |
| 中华网 | NASDAQ | CHINA | 2001/6/28 | 并入 IPO Allocation 案汇总和解赔偿 |

# 后记

都说十年磨一剑，《跨洋大鏖战》和《跨洋大鏖战Ⅱ》两部作品陆续出版了，从资料收集、构思、动笔写稿到最终出版，前后整十年。今天随着《跨洋大鏖战Ⅱ》收官付梓，更是感慨万千，在此略表一二。

感慨之一：书成于巧。《跨洋大鏖战》和《跨洋大鏖战Ⅱ》得以成书完全是一个巧合。十年前笔者在美国南加州大学法学院求学，学习美国的公司法、证券法、民事诉讼法，尤其是美国联邦证券诉讼相关案例法。这个学习过程激发了笔者进一步探究在美上市公司治理和集体诉讼这一课题的兴趣。法学院毕业后，笔者继续服务于中国概念股公司，直接投身于中国企业的赴美上市工作和上市后的风险管理和公司治理；而这期间，中概股一方面在华尔街越发引人关注，另一方面也遭遇做空、诉讼、SEC调查等风险。在经历中概股、体验中概股之后，学习中概股，关注中概股，也就成了笔者的日常习惯。

感慨之二：书成于思。日有所思、夜有所想、下笔成文、章节成书，《跨洋大鏖战》和《跨洋大鏖战Ⅱ》最终得以成书，是一个日积月累的过程、是一个为满足好奇心而不断探究的过程，也是一个水到渠成的过程。十年来，在家里、在旅途中、在火车上、在飞机上、在湖边、在海边、在沙滩上、在清晨、在午后、在黄昏、在深夜……我满脑子装的都是案例、逻辑、分析和抗辩。活水的源头在于思维和灵感，灵感常如泉涌，思维也跟着自然启动，此时，则不敢怠慢，即刻将思维的活动过程变成文字和段落；再经过积累，又变成文章；日积月累，这些文章没想到竟然成了书稿。

感慨之三：书成于助帮。十年煎熬，换来《跨洋大鏖战》两部作品，加上之前出版的《现代企业风险管理审计》，若没有众人相帮相助是难以完成的。其中包括：我的大学专业老师：中央财经大学李爽教授和孟焰教授；中国智库学者暨福建省政府发展研究中心卓祖航研究员；还有我的学友：国家开发银行吴频博士、北方国际合作股份有限公司财务总监余道春博士、中央财经大学博士生导师余应敏教授；还有公司治理和风险管理专家、北京国家会计学院刘霄仑副教授、中国原子能研究院总法律顾问李树源先生、彼得·德鲁克社会学习中心组织总裁、管理培训资深专家、光华慈善基金会理事赵华女士、原盛大云 CFO 宁九云女士、原凯鹏华盈（KPCB）创业投资基金董事尹雷先生、北京天达共和律师事务所合伙人蔡启孝律师、普华永道会计师事务所合伙人程明先生、美国 SAP 公司陈林楠女士、我的大学同学和校友张巍女士、陈晔女士、雷冬梅女士、唐永格女士、梁恩泽先生；还有我在纽约的朋友丁晓松女士、龚杰先生、Frank Xin 先生和黄海波先生，以及中概股风险管理专家周颖先生、中概股法律专家邹香光女士等。他们既是我的良师又是益友，他们慷慨大方地或为本人系列拙作作序、点评，或提出宝贵的指导意见，或为拙作的出版发行提供热心的帮助和鼓励。在此，深表谢意。

在此，我最需要感谢的是我的太太，她不仅是拙作的第一位读者，并给出独到、细致的反馈；而且，多年来，因为我要写作，她默默地做出很多牺牲，并给我以极大的理解、支持和帮助。我对她深表敬意和爱意。

我还更要感谢中国出版传媒集团两考中心主任徐洁女士、编辑梁飞先生、张若丹女士以及本人系列拙作的所有出版、编辑团队成员；他们对本人系列拙作的长期鼓励和支持，令我感动；他们的职业和敬业精神，更是令我钦佩。

最后需要特别感恩的是父母大人给我的至深影响和激励。他们虽然生居乡村，但一生重文重教，总是教导大家要做一个知书达理的文化人。在依稀的童年记忆里，母亲一边给我喂饭，一边打理家务的美好情景难以忘怀；在那物质匮乏的年代，母亲总是想着法子给一群兄弟姐妹筹措学费，绝不辍学一人。父亲自幼爱书好学，无论走到哪里，无论年岁多高，总是书不离身。记得小时候，父亲白天带我们下地干活，夜晚教我们读《论语》《三字经》《千家诗》《弟子规》《增广贤文》，讲《三国演义》和《红楼梦》的故事。那情那景无不彰显父母之大爱。如今长大了，学会了写书，每当有新作问世，父母自然十分喜悦，但也是一再嘱咐：足矣，不宜再写了，此乃费神耗体之事，要保重身体。天下父母心溢于言表。两年前中秋夜，我回到老家，望着夜空圆月，呼吸着庭院满园桂花散发出的淡淡清香，回想起父母的身影和言语，阵阵暖流心中激荡，不会作诗的我，忽然诗性而起，当即赋诗一首。现将该诗抄录于此，以飨读者，同时也表达我对深爱父母的纪念之意：

恰逢中秋归故里，
皓月长空净如洗；
闲庭信步思万千，
一花一草是故人；
母喂孩提似昨日，
随父耕作忆犹新；
走南闯北数十载，
此地生长此地恋；
故人圆满西鹤去，
恩如桂花满人间。

公元二零一七年一月于北京